杜威晚期著作

John Dewey

1925—1953

复旦大学杜威与美国哲学研究中心　组译

杜威全集

《经验与教育》、《自由与文化》
《评价理论》以及论文

第十三卷

1938—1939

[美] 约翰·杜威　著
冯　平 刘　冰 胡志刚　等译

华东师范大学出版社

The Later Works of John Dewey，1925 – 1953
Volume Thirteen：1938 – 1939，*Experience and Education*，*Freedom and Culture*，*Theory of Valuation*，and Essays
By John Dewey
Edited by Jo Ann Boydston

Published by agreement with Southern Illinois University Press，1915 University Press Drive，SIUC Mail Code 6806，Carbondale，IL 62901，USA

上海市版权局著作权合同登记　图字：09 – 2004 – 377 号

《杜威全集·晚期著作》(1925—1953)

第十三卷(1938—1939)

主　　编　乔·安·博伊兹顿(Jo Ann Boydston)

文本编辑　芭芭拉·莱文(Barbara Levine)

目　录

中文版序

《杜威全集》中文版终于由华东师范大学出版社出版了。作为这一项目的发起人，我当然为此高兴，但更关心它能否得到我国学界和广大读者的认可，并在相关的学术研究中起到预期作用。后者直接关涉到对杜威思想及其重要性的合理认识，这有赖专家们的研究。我愿借此机会，对杜威其人、其思想的基本倾向和影响，以及研究杜威哲学的意义等问题谈些看法，以期抛砖引玉。考虑到中国学界以往对杜威思想的消极方面谈论得很多，大家已非常熟悉，我在此就主要谈其积极方面，但这并非认为可以忽视其消极方面。

一、杜威其人

约翰·杜威(John Dewey，1859—1952)是美国哲学发展中最有代表性的人物。他不仅进一步阐释并发展了由皮尔士创立、由詹姆斯系统化的实用主义哲学的基本理论，而且将其运用于社会、政治、文化、教育、伦理、心理、逻辑、科学技术、艺术、宗教等众多人文和社会科学领域的研究，并在这些领域提出了重要创见。他在这些领域的不少论著，被西方各该领域的专家视为经典之作。这些论著不仅对促进这些领域的理论研究起到过重要的作用，在这些领域的实践中也产生过深刻的影响。杜威由此被认为是美国思想史上最具影响的学者，甚至被认为是美国的精神象征；在整个西方世界，他也被公认是20世纪少数几个最伟大的思想家之一。

杜威出生于佛蒙特州伯灵顿市一个杂货店商人家庭。他于1875年进佛蒙特大学，开始受到进化论的影响。1879年，他毕业后先后在一所中学和一所乡村学校教书。在这期间，他阅读了大量的哲学著作，深受当时美国圣路易黑格尔学派刊物《思辨哲学杂志》的影响。1882 年，他在该刊发表了《唯物主义的形而上学假定》和《斯宾诺莎的泛神论》两文，很受鼓舞，从此决定以哲学为业。同年，他成了约翰·霍普金斯大学的哲学研究生，在此听了皮尔士的逻辑讲座，不过当时对他影响最大的是黑格尔派哲学家莫里斯(George Sylvester Morris)和实验心理学家霍尔(G. Stanley Hall)。两年后，他以《康德的心理学》论文取得哲学博士学位。

1884 年，杜威到密歇根大学教哲学，在该校任职 10 年(其间，1888 年在明尼苏达大学)。初期，他的哲学观点大体上接近黑格尔主义。他对心理学研究很感兴趣，并使之融化于其哲学研究中。这种研究，促使他由黑格尔主义转向实用主义。在这方面，当时已出版并享有盛誉的詹姆斯的《心理学原理》对他产生了强烈的影响。杜威对心理学的研究，又促使他进一步去研究教育学。他主张用心理学观点去进行教学，并认为应当把教育实验当作哲学在实际生活中的运用的重要内容。

1894 年，杜威应聘到芝加哥大学，后曾任该校哲学系主任。他在此任教也是 10 年。1896 年，他在此创办了有名的实验学校。这个学校抛弃传统的教学法，不片面注重书本，而更为强调接触实际生活；不片面注重理论知识的传授，而更为强调实际技能的训练。杜威后来所一再倡导的"教育就是生活，而不是生活的准备"、"从做中学"等口号，就是对这种教学法的概括。杜威在芝加哥时期，已是美国思想界一位引人注目的人物。他团聚了一批志同道合者(包括在密歇根大学就与他共事的塔夫茨、米德)，形成了美国实用主义运动中著名的芝加哥学派。杜威称他们共同撰写的《逻辑理论研究》(1903 年)一书是工具主义学派的"第一个宣言"。此书标志着杜威已从整体上由黑格尔主义转向了实用主义。

从 1905 年起，杜威转到纽约哥伦比亚大学任教，直到 1930 年以荣誉教授退休。他以后的活动也仍以该校为中心。这一时期不仅是他的学术活动的鼎盛期(他的大部分有代表性的论著都是在这一时期问世的)，也是他参与各种社会和政治活动最频繁且声望最卓著的时期。他把两者有机地结合在一起。他对各种社会现实问题的评论和讲演，往往成为他的学术活动的重要组成部分。从 1919 年起，杜威开始了一系列国外讲学旅行，到过日本、墨西哥、俄罗斯、土耳其等国。"五四"前夕，他到了中国，在北京、南京、上海、广州等十多个城市作过系列讲演，于 1921 年 7 月返美。

杜威一生出版了40种著作，发表了700多篇论文，内容涉及哲学、社会、政治、教育、伦理、心理、逻辑、文化、艺术、宗教等多个方面。其主要论著有：《学校与社会》(1899年)、《伦理学》(1908年与塔夫茨合著，1932年修订)、《达尔文主义对哲学的影响》(1910年)、《我们如何思维》(1910年)、《实验逻辑论文集》(1910年)、《哲学的改造》(1920年)、《人性与行为》(1922年)、《经验与自然》(1925年)、《公众及其问题》(1927年)、《确定性的寻求》(1929年)、《新旧个人主义》(1930年)、《作为经验的艺术》(1934年)、《共同的信仰》(1934年)、《逻辑：探究的理论》(1938年)、《经验与教育》(1938年)、《自由与文化》(1939年)、《评价理论》(1939年)、《人的问题》(1946年)、《认知与所知》(1949年与本特雷合著)等等。

二、杜威哲学的基本倾向

杜威在各个领域的思想都与他的哲学密切相关，这不只是他的哲学的具体运用，有时甚至就是他的哲学的直接体现。我们在此不拟具体介绍他的思想的各个方面和他的哲学的各个部分，仅概略地揭示他的哲学的基本倾向。杜威哲学的各个部分，以及他的思想的各个方面，大体上都可从他的哲学的基本倾向中得到解释。这种基本倾向从其积极意义上说，主要表现为如下三点。

第一，杜威把对现实生活和实践的关注当作哲学的根本意义所在。

在现代西方各派哲学中，杜威哲学最为反对以抽象、独断、脱离实际等为特征的传统形而上学，最为肯定哲学应当面向人的现实生活和实践。如何通过人本身的行为、行动、实践(即他所谓的以生活和历史为双重内容的经验)来妥善处理人与其所面对的现实世界(自然和社会环境)，以及人与人之间的关系，是杜威哲学最为关注的根本问题。杜威哲学从不同的角度来说有着不同的名称，例如，当他强调实验和探究的方法在其哲学中的重要意义时，称其哲学为实验主义(experimentalism)；当他谈到思想、观念的真理性在于它们能充当引起人们的行动的工具时，称其哲学为工具主义(Instrumentalism)；当他谈到经验的存在论意义，而经验就是作为有机体的人与其自然环境的相互作用时，称其哲学为经验自然主义(empirical naturalism)。贯彻于所有这些称呼的概念是行动、行为、实践。杜威哲学的各个方面，都在于从实践出发并引向实践。这并不意味着实践就是一切。实践的目的是改善经验，即改善人与其自然和社会环境的关系，一句话，改善人的生活和生存条件。

杜威对实践的解释当然有片面性。例如，他没有看到人类的物质生产活动在人的实践中的基础作用，更没有科学地说明实践的社会性；但他把实践看作是全部哲学研究的核心，认为存在论、认识论、方法论等问题的研究都不能脱离实践，都具有实践的意义，且在一定意义上是合理的。

值得一提的是：与胡塞尔、海德格尔等人通过曲折的道路返回生活世界不同，与只关注逻辑和语言意义分析的分析哲学家也不同，杜威的哲学直接面向现实生活和实践。杜威一生在哲学上所关注的，不是去建构庞大的体系，而是满腔热情地从哲学上探究人在现实生活和实践各个领域所面临的各种问题及其解决办法。在杜威的全部论著中，关于政治、社会、文化、教育、心理、道德、价值、科学技术、审美和宗教等多个领域的具体问题的论述占了绝大部分。他的哲学的精粹和生命力，大多是在这些论述中表现出来的。

第二，杜威的哲学改造适应和引领了西方哲学由近代到现代转向的潮流。

19 世纪中期以来，西方哲学发展出现了根本性的变更，以建构无所不包的体系为特征的近代哲学受到了广泛的批判，以超越传统的实体性形而上学和二元论为特征的现代哲学开始出现，并越来越占主导地位。多数哲学流派各以特有的方式，力图使哲学研究在不同程度上从抽象化的自在的自然界或绝对化的观念世界返回到人的现实生活世界，企图以此摆脱近代哲学所陷入的种种困境，为哲学的发展开辟新道路。西方哲学由近代到现代的这种转折，不能简单归结为由唯物主义转向唯心主义、由进步转向反动，而是包含了哲学思维方式上一次具有划时代意义的转型。它标志着西方哲学发展到了一个新的、更高的阶段。杜威在哲学上的改造，不仅适应了而且在一定意义上引领了这一转型的潮流。

杜威曾像康德那样，把他在哲学上的改造称为“哥白尼革命”（Copernican revolution）。但他认为康德对人的理智的能动性过分强调，以致使它脱离了作为其存在背景的自然。而在他看来，人只有在其与自然的相互作用中才有能动作用，甚至才能存在。哲学上的真正的哥白尼革命，正在于肯定这种交互作用。如果说康德的中心是心灵，那么杜威的新的中心是自然进程中所发生的人与自然的交互作用。正如地球或太阳并不是绝对的中心一样，自我或世界、心灵或自然都不是这样的中心。一切中心都存在于交互作用之中，都只具有相对的意义。可见，杜威所谓哲学中的哥白尼革命，就是以他所主张的心物、主客、经验自然等的交互作用，或者说人的现实生活和实践来既取代客体中心论，也取代主体中心论。他也是在这种意义上，既反对忽视主体的能动性的旧的唯物主义，又反对忽视自然作为存在的根据和作用的旧的唯心主义。

不是把先验的主体或自在的客体，而是把主客的相互作用当作哲学的出发点；不是局限于建构实体性的、无所不包的体系，而是通过行动、实践来超越这样的体系；不是转向纯粹的意识世界或脱离了人的纯粹的自然界，而是转向与人和自然界、精神和物质、理性和非理性等等都有着无限牵涉的生活世界，这大体上就是杜威哲学改造的主要意义；而这在一定程度上，也正是多数西方哲学由近代到现代转向的主要意义。杜威由此体现和引领了这种转向。

第三，杜威的哲学改造与马克思在哲学上的革命变更存在某些相通之处。

西方哲学从近代到现代的转向与马克思在哲学上的革命变更的政治背景大不相同，二者必然存在原则性区别；但二者发生于大致相同的历史时代，具有共同的历史和文化背景，因而又必然存在相通之处。如果我们能够肯定杜威的哲学改造适应并引领了西方哲学从近代到现代转向的潮流，那就必须肯定杜威的哲学改造与马克思在哲学上的革命变更必然同样既有原则区别，又有相通之处。后者突出地表现在，二者都把实践当作哲学的根本意义而加以强调。马克思正是通过这种强调而得以超越旧唯物主义和唯心主义辩证法的界限，把唯物主义和辩证法有机地统一起来，建立了唯物辩证法。杜威在这些方面与马克思相距甚远。但是，他毕竟用实践来解释经验而使他的经验自然主义超越了纯粹自然主义和思辨唯心主义的界限，并由此提出了一系列超越近代哲学范围的思想。

杜威的经验自然主义并不否定自然界在人类经验以外自在地存在，不否定在人类出现以前地球和宇宙早已存在，而只是认为人的对象世界只能是人所遭遇到（经验到）的世界，这在一定程度上类似于马克思所指的与纯粹自然主义的自在世界不同的人化世界，即现实生活世界。杜威否定唯物主义，但他只是在把唯物主义归结为纯粹自然主义的唯物主义的意义上去否定唯物主义。杜威强调经验的能动性，但他不把经验看作可以离开自然（环境）而独立存在的精神实体或精神力量，而强调经验总是处于与自然、环境的统一之中，并与自然、环境发生相互作用。这与传统的唯心主义经验论也是不同的，倒是与马克思关于主客观的统一和相互作用的观点虽有原则区别，却又有相通之处。

杜威是在黑格尔影响下开始哲学活动的。他在转向实用主义以后，虽然抛弃了黑格尔的绝对唯心主义，甚至也拒绝了黑格尔的辩证法，但是在他的理论中又保留着某些辩证法的要素。例如，他把经验、自然和社会等都看作是统一整体，其间都存在着多种多样的联系；他在达尔文进化论的影响下，明确肯定世界（人类社会和自然界）处于不断进化和发展的过程之中。他所强调的连续性（如经验与自然的连续、人与世界的连续、身心的连续、个人与社会的连续等等）概念，在一定程度上就是统一整体的概念、进化和发展的概念。这种概念虽与马克思的辩证法不能相提并论，但毕竟也有相通之处。

三、杜威哲学的积极影响

杜威实用主义哲学对现实生活和实践的强调，对西方哲学从近代到现代转向的潮流的适应和引领，特别是它在一些重要方面与马克思哲学的相通，说明它在一定程度上体现了时代精神发展的要求。正因为如此，它必然是一种在一定范围内能发生积极影响的哲学。

实用主义在美国的积极影响，可以用美国人民在不长的历史时期里几乎从空地上把美国建设成为世界的超级大国来说明。实用主义当然不是美国唯一的哲学，但它却是美国最有代表性的哲学。实用主义产生以前的许多美国思想家（特别是富兰克林、杰斐逊等启蒙思想家），大多已具有实用主义的某些特征，这在一定意义上为实用主义的正式形成作了思想准备。实用主义产生以后，传入美国的欧洲各国哲学虽然能在美国哲学中占有一席之地，其中分析哲学在较长时期甚至能在哲学讲坛上占有支配地位；但是，它们几乎都毫无例外地迟早被实用主义同化，成为整个实用主义运动的组成部分。当代美国实用主义者莫利斯说：逻辑经验主义、英国语言分析哲学、现象学、存在主义同实用主义"在性质上是协同一致的"，它们"每一种所强调的，实际上是实用主义运动作为一个整体范围之内的中心问题之一"。① 就实际影响来说，实用主义在美国哲学中始终占有优势地位。桑塔亚那等一些美国思想家也承认，美国人不管其口头上拥护的是什么样的哲学，但是从他们的内心和生活来说都是实用主义者。只有实用主义，才是美国建国以来长期形成的一种民族精神的象征。而实用主义的最大特色，就是把哲学从玄虚的抽象王国转向人所面对的现实生活世界。实用主义的主旨

---

① Morris, Charles W. *The Pragmatic Movement in American Philosophy*. New York: George Braziller, 1970, p. 148.

就在指引人们如何去面对现实生活世界，解决他们所面临的各种疑虑和困扰。实用主义当然具有各种局限性，人们也可以而且应当从各种角度去批判它，马克思主义者更应当划清与实用主义的界限；但从思想理论根源上说，正是实用主义促使美国能够在许多方面取得成功，这大概是一个不争的事实。

在美国以外，实用主义同样能发生重要的影响。与杜威等人的哲学同时代的欧洲哲学尽管不称为实用主义，但正如莫利斯说的那样，它们同实用主义"在性质上是协同一致的"。如果说它们各自在某些特定方面、在一定程度上体现了现代西方社会的时代特征，实用主义则较为综合地体现了这些特征。换言之，就体现时代特征来说，被欧洲各个哲学流派特殊地体现的，为实用主义所一般地体现了。正因为如此，实用主义能较其他现代西方哲学流派发生更为广泛的影响。

杜威的实用主义在中国也发生过重要的影响。早在"五四"时期，杜威就成了在中国最具影响的西方思想家。从外在原因上说，这是由于胡适、蒋梦麟、陶行知等他在中国的著名弟子对他作了广泛的宣扬；杜威本人在"五四"时期也来华讲学，遍访了中国东西南北十多个城市。这使他的思想为中国广大知识界所熟知。然而，更重要的原因是：他在理论中所包含的科学和民主精神，正好与"五四"时期中国先进知识分子倡导科学和民主的潮流相一致。另外，他的讲演不局限于纯哲学的思辨而尤其关注现实问题，这也与中国先进分子的社会改革的现实要求相一致。正是这种一致，使杜威的理论受到了投入"五四"新文化运动和社会改革的各阶层人士的普遍欢迎，从而使他在中国各地的讲演往往引起某种程度的轰动效应。杜威本人也由此受到很大鼓舞，原本只是一次短期的顺道访华也因此被延长到两年多。胡适在杜威起程回国时写的《杜威先生与中国》一文中曾谈到："我们可以说，自从中国与西方文化接触以来，没有一个外国学者在中国思想界的影响有杜威先生这样大的。我们还可以说，在最近的将来几十年中，也未必有别个西洋学者在中国的影响可以比杜威先生还大的。"①作为杜威的信徒，胡适所作的评价可能偏高。但就其对中国社会的现实层面的影响来说，除了马克思主义者以外，也许的确没有其他现代西方思想家可以与杜威相比。

尽管杜威的实用主义与马克思主义有原则区别，但"五四"时期中国马克思主义者对杜威及其实用主义并未简单否定。陈独秀那时就肯定了实用主义的某

① 引自《胡适哲学思想资料选》(上)，上海：华东师范大学出版社，1981年，第181页。

些观点，甚至还成为杜威在广州讲学活动的主持人。1919年，李大钊和胡适关于“问题与主义”的著名论战，固然表现了马克思主义与实用主义的原则分歧，但李大钊既批评了胡适的片面性，又指出自己的观点有的和胡适“完全相同”，有的“稍有差异”。他们当时的争论并未越出新文化运动统一战线这个总的范围，在倡导科学和民主精神上毋宁说大体一致。毛泽东在其青年时代也推崇胡适和杜威。

“五四”以后，随着国内形势的重大变化，上述统一战线趋向分裂。20世纪30年代后期，由于受到苏联对杜威态度骤变的影响，中国马克思主义者对杜威也近乎于全盘否定了。20世纪50年代中期，为了确立马克思主义在思想文化领域的主导地位，从上而下发动了一场对实用主义全盘否定的大规模批判运动。它在一定程度上达到了预期的政治目的，但在理论上却存在着很大的片面性。当时多数批判论著脱离了杜威等人的理论实际，形成了一种对西方思潮“左”的批判模式，并在中国学术界起着支配作用。从此以后，人们在对杜威等现代西方思想家、对实用主义等现代西方思潮的评判中，往往是政治标准取代了学术标准，简单否定取代了具体分析。杜威等西方学者及其理论的真实面貌就因此而被扭曲了。

对杜威等西方思想家及其理论的简单否定，势必造成多方面的消极后果。其中最突出的有两点：一是使马克思主义及其指导下的思想理论领域在一定程度上与当代世界及其思想文化的发展脱节，使前者处于封闭状态，从而妨碍其得到更大的丰富和发展；二是由于扭曲了马克思主义哲学和现代西方哲学的关系，忽视了二者在某些方面存在的共通之处，在批判杜威哲学等现代西方哲学的名义下扭曲了马克思主义哲学一些最重要的学说，例如关于真理的实践检验、关于主客观统一、关于个人与社会的关系等学说都存在这种情况。这种理论上的混乱导致实践方向上的混乱，甚至在一定程度上导致实践上的挫折。

需要说明的是：肯定杜威实用主义的积极作用并不意味着否定其消极作用，也不意味着简单否定中国学界以往对实用主义的批判。以往被作为市侩哲学、庸人哲学、极端个人主义哲学的实用主义不仅是存在的，而且在一些人群中一直发生着重要的影响。资产阶级庸人、投机商、政客以及各种形式的机会主义者所奉行的哲学，正是这样的实用主义。对这样的实用主义进行坚定的批判，是完全正当的。但是，如果对杜威的哲学作具体研究，就会发觉他的理论与这样的实用主义毕竟有着重大的区别。杜威自己就一再批判了这类庸俗习气和极端个人主义。如果简单地把杜威哲学归结为这样的实用主义，那在很大程度上就是把杜威所批判的哲学当作是他自己的哲学。

四、杜威哲学研究在当代中国的积极意义

改革开放以来，中国政治和思想文化上的“左”的路线得到纠正，哲学研究出现了求真务实的新气象，包括杜威实用主义在内的现代西方哲学研究得到了恢复和发展。以 1988 年全国实用主义学术讨论会为转折点，对杜威等人的实用主义的全盘否定倾向得到了克服，如何重新评价其在中国思想文化建设中的作用的问题也越来越受到学界的关注，对杜威等人的实用主义的研究由此进入了一个新阶段。“五四”时期，由于杜威的学说正好与当时中国的新文化运动相契合，起过重要的积极作用；今天的中国学界，由于对马克思主义哲学和现代西方哲学都已有了更为全面和深刻的理解，对杜威的思想的研究也会更加深入和具体，更能区别其中的精华和糟粕，这对促进中国的思想文化建设会产生更为积极的作用。

对杜威哲学的重新研究在当代中国的积极意义，至少包括如下三个方面：

第一，有利于对马克思主义哲学有更为全面和深刻的理解。

这是因为，杜威哲学和马克思的哲学虽有原则性区别，但二者在一些重要方面有相通之处。这主要表现在二者都批判和超越了以抽象、思辨、脱离实际等为特征的传统形而上学；都强调对现实生活和实践的关注在哲学中的决定性作用；都肯定任何观念和理论的真理性的标准是它们是否经得起实践的检验；都认为科学真理的获得是一个不断提出假设、又不断进行实验的发展过程；都认为社会历史同样是一个不断发展的过程，社会应当不断地进行改造，使之越来越能符合满足人的需要和人的全面发展的目标；都认为每一个人的自由是一切人取得自由的条件，同时个人又应当对社会负责，私利应当服从公益；都提出了使所有人共同幸福的社会理想，等等。在这些方面将马克思主义与杜威的实用主义作比较研究，既能更好地揭示它们作为不同阶级的哲学的差异，又能更好地发现二者作为同时代的哲学的共性，从而使人们既能更好地划清马克思主义和实用主义的界限，又能通过批判地借鉴后者可能包含的积极成果来丰富和发展马克思主义。

第二，有利于对中国传统文化的批判继承。

杜威哲学和中国传统文化有着两种不同的联系。以儒家为代表的中国传统文化是一种前资本主义文化，没有西方资本主义文化的理性主义特质，不会具有因把理性绝对化而导致的绝对理性主义和思辨形而上学等弊端；但未充分经理性思维的熏陶又是中国传统文化的缺陷，不利于自然科学的发展，更不利于人的个性的发展和自由民主等意识的形成。正因为如此，以儒家为代表的中国传统文化往往被历代封建统治阶级神圣化和神秘化，成为他们的意识形态，后者阻碍了中国科学技术的发展、人民的觉醒和社会历史的进步。“五四”新文化运动的主要矛头就是针对儒家文化作为封建意识形态的方面，以此来为以民主和科学精神为特征的新文化开辟道路。杜威哲学正是以倡导民主和科学为重要特征的。杜威来到中国时，正好碰上“五四”新文化运动，他成了这一运动的支持者。他的学说对于批判作为封建意识形态的儒学，自然也起了促进作用。

但是，儒家文化并不等于封建文化；孔子提出的以“仁”为核心的儒学本身并不是统治阶级的意识形态。直到汉武帝实行“罢黜百家，独尊儒术”的政策以后，儒学才取得了独特的官方地位，由此被历代封建帝王当作维护其统治的精神工具。即使如此，也不能否定儒学在学理上的意义。它既可以被封建统治阶级所利用，又能为广大民众所接受，成为他们的生活信念和道德准则。历代学者对儒学的发挥，也都具有这种二重性。正因为如此，儒学除了被封建统治阶级利用外，还能不断发扬光大，成为中华民族宝贵的思想文化遗产。儒学所强调的“以人为本”、“经世致用”、“公而忘私”、“以和为贵”、“己所不欲，勿施于人”等观念，具有超越时代和阶级的普世意义。新文化运动的代表人物并不反对这些观念，而这些观念与杜威哲学的某些观念在一定程度上是相通的。杜威哲学在“五四”时期之所以能为中国广大知识分子接受，在一定程度上正是因为中国文化传统中已有与杜威哲学相通的成分。正因为如此，研究杜威的实用主义思想，对于更清晰地理解儒家思想，特别是分清其中具有普世价值的成分与被神圣化和神秘化的成分，发扬前者，拒斥后者，能起到促进作用。

第三，有利于促进对各门社会人文学科的研究。

杜威的哲学活动的一个突出特点，是他非常自觉地超越纯粹哲学思辨的范围而扩及各门社会人文学科。我们上面曾谈到，在杜威的全部论著中，关于政治、社会、文化、教育、道德、心理、逻辑、科学技术、审美和宗教等各个领域的具体问题的论述占了绝大部分。他不只是把他的哲学观点运用于这些学科的研究，而且是通过对这些学科的研究更明确和更透彻地把他的哲学观点阐释出来。反过来说，他对这些学科的研究都不是孤立地进行的，而是通过其基本哲学观点的具体运用而与其他相关学科联系起来，从而把对这些学科的研究形成为一个有机整体，并由此使他对这些学科的研究可能具有某些独创意义。

例如，杜威极其关注教育问题并在这方面作了大量论述，除了贯彻他对现实生活和实践的重视这个基本哲学倾向、由此强调在实践中学习在整个教学过程中的决定作用以外，他还把教育与心理、道德、社会、政治等因素紧密地结合在一起，从而使教育的内容更加丰富、全面。他的教育思想也由此得到了更为广泛的认同，被公认为是当代西方最具影响的教育学家。值得一提的是：无论在中国还是在苏联，杜威在教育上的影响几乎经久不衰。即使是在政治和意识形态影响极为深刻的年代，杜威提出的许多教育思想依然能不同程度地被人肯定。陶行知的教育思想在中国就一直得到肯定，而陶行知的教育思想被公认为主要来源于杜威。

我们这样说，并不是全盘肯定杜威。无论是在哲学和教育或其他方面，杜威都有很大的局限性，需要我们通过具体研究加以识别。但与其他现代西方哲学家相比，杜威是最善于把哲学的一般理论与其他人文社会学科密切结合起来、使之相互渗透和相互促进的哲学家，这大概是不可否认的事实。在这方面，很是值得我们借鉴。

五、关于《杜威全集》中文版的翻译和出版

要在中国开展对杜威思想的研究，一个重要的条件是有完备的和翻译准确的杜威论著。中国学者早在“五四”时期就开始从事这方面的工作。当时杜威在华的讲演，为许多报刊广泛译载并汇集成册出版。“五四”以后，杜威的新著的翻译出版仍在继续。即使是杜威在中国受到严厉批判的年代，他的一些主要论著也作为供批判的材料公开或内部出版。杜威部分重要著作的英文原版，在中国一些大的图书馆里也可以找到。从对杜威哲学的一般性研究来说，材料问题不是主要障碍。但是，如果想要对杜威作全面研究或某些专题研究，特别是对他所涉及的人文和社会广泛领域的研究，这些材料就显得不足了。加上杜威论著的原有中译本出现于不同的历史年代，标准不一，有的译本存在不准确或疏漏之

处，难以为据。更为重要的是，在杜威的论著中，论文（包括书评、杂录、教学大纲等）占大部分，它们极少译成中文，原文也很难找到。为了进一步开展对杜威的研究，就需要进一步解决材料问题。

2003年，在复旦大学举行的一次大型实用主义国际学术讨论会上，我建议在复旦大学建立杜威研究中心并由该中心来主持翻译《杜威全集》，得到与会专家的赞许，复旦大学的有关领导也明确表示支持。2004年初，复旦大学正式批准以哲学学院外国哲学学科为基础，建立杜威与美国哲学研究中心，挂靠哲学学院。研究中心立即策划《杜威全集》的翻译。华东师范大学出版社朱杰人社长对出版《杜威全集》中文版表示了极大的兴趣，希望由该社出版。经过多次协商，我们与华东师范大学出版社达成了翻译出版协议，由此开始了我们后来的合作。

《杜威全集》（*Collected works of John Dewey*）由美国杜威研究中心（设在南伊利诺伊大学）组织全美研究杜威最著名的专家，经30年（1961—1991）的努力，集体编辑而成，乔·安·博伊兹顿（Jo Ann Boydston）任主编。全集分早、中、晚三期，共37卷。早期5卷，为1882—1898年的论著；中期15卷，为1899—1924年的论著；晚期17卷，为1925—1953年的论著。各卷前面都有一篇导言，分别由在这方面最有声望的美国学者撰写。另外，还出了一卷索引。这样共为38卷。尽管杜威的思想清晰明确，但文字表达相当晦涩古奥，又涉及人文、社会等众多学科；要将其准确流畅地翻译出来，是一项极其庞大和困难的任务，必须争取国内同行专家来共同完成。我们旋即与中国社会科学院哲学研究所、北京大学、清华大学、中国人民大学、北京师范大学、南京大学、浙江大学、武汉大学、北京外国语大学，以及华东师范大学和上海社会科学院哲学研究所等兄弟单位的专家联系，得到了他们参与翻译的承诺，这给了我们很大的鼓舞。

《杜威全集》英文版分精装和平装两种版本，两者的正文（包括页码）完全相同。平装本略去了精装本中的"文本的校勘原则和程序"等部分编辑技术性内容。为了力求全面，我们按照精装本翻译。由于《杜威全集》篇幅浩繁，有一千多万字，参加翻译的专家有几十人。尽管我们向大家提出在译名等各方面尽可能统一，但各人见解不一，很难做到完全统一。为了便于读者查阅，我们在索引卷中把同一词不同的译名都列出，读者通过查阅边码即原文页码不难找到原词。为了确保译文质量，特别是不出明显的差错，我们一般要求每一卷都由两人以上参与，互校译文。译者译完以后，由复旦大学杜威与美国哲学研究中心初审。如无明显的差错，交由出版社聘请译校人员逐字逐句校对，并请较有经验的专家抽查，提出意见，退回译者复核。经出版社按照编辑流程加工处理后，再由研究中心终审定稿。尽管采取了一系列较为严密的措施，但很难完全避免缺点和错误，我们衷心地希望专家和读者提出意见。

复旦大学杜威与美国哲学研究中心的工作是在哲学学院和国外马克思主义与国外思潮创新基地的支持下进行的，学院和基地的不少成员参与了《杜威全集》的翻译。为了使研究中心更好地开展工作，校领导还确定研究中心与美国研究创新基地挂钩，由该基地给予必要的支持。《杜威全集》中文版编委会由参与翻译的复旦大学和各个兄弟单位的专家共同组成，他们都一直关心着研究中心的工作。俞吾金教授和童世骏教授作为编委会副主编，对《杜威全集》的翻译工作作出了重要的贡献。汪堂家教授作为常务副主编，更是为《杜威全集》的翻译工作尽心尽力，承担了大量具体的组织和审校工作。华东师范大学出版社与我们有着良好的合作，编辑们怀着高度的责任感，在组织与审校等方面做了大量的工作，在此一并表示衷心的感谢。

刘放桐

2010 年 6 月 11 日

导　言

史蒂文・卡恩(Steven M. Cahn)

1939年底,约翰・杜威度过了他80岁生日,全国报刊纷纷地表达对杜威的 ix
敬意。美国哲学协会提名杜威为该协会名誉主席,并请求他终身保留此称号。恰逢此盛会举行了保罗・阿瑟・席尔普(Paul Arthur Schilpp)主编的《在世哲学家文库》(The Library of living Philosophers)的首卷发行式。该文库提供了与杜威同时代的哲学家,比如伯兰特・罗素(Bertrand Russell)、乔治・桑塔亚那(George Stantayana)、汉斯・赖欣巴哈(Hans Reichbach)和阿尔弗雷德・诺斯・怀特海(Alfred North Whitehead)等,对杜威哲学的批判性分析和评价。怀特海在该书中对杜威作了这样的评论:"我们所生活的时代深受杜威的影响。"①这一评论彰显了编者将杜威列在《在世哲学家文库》首位的合理性。怀特海继续强调了杜威哲学思想对于美国文明发展的意义,并且他认为,杜威对于他的时代的影响,就如奥古斯丁(Augustine)、阿奎那(Aquinas)、笛卡尔(Descartes)和洛克(Locke)在他们的时代所扮演的角色一样。

更值得一提的是:当杜威的朋友和追随者正筹划以何种方式庆祝杜威的终身成就时,杜威不仅继续以非同寻常的速度发表文章,而且出版了三部比较长的优秀作品——《评价理论》(*Theory of Valuation*)、《经验与教育》(*Experience and Education*)、《自由与文化》(*Freedom and Culture*)。我相信,在如此高龄有如此的成果,在哲学史上是无与伦比的。

---

① 《约翰・杜威的哲学》(*The Philosophy of John Dewey*),《在世哲学家文库》,保罗・阿瑟・席尔普编,纽约:图德出版公司,1951年,第477页。

本卷收集的短篇作品展示了杜威广泛的哲学兴趣，其中包括形而上学、认识
x 论、科学哲学、伦理学、社会哲学、政治哲学、美学以及教育哲学。在当今时代，很多为人称道的哲学家都很少涉足他们所选分支之外的领域。要知道，哲学界的大部分伟人认为，他们的思想体系在所有的哲学领域都有解释力；并且，他们毫不犹豫地在一个又一个领域应用自己的主要观点，以检验其观点的有效性。杜威继承了这一传统，因而对几乎所有的哲学领域都作出了重要的贡献。

杜威一直认为，获得关于任何问题的真理的最可靠的方法，就是科学所展示的探究范式——评价假说的方法，即描述假说的含义(implications)，并将假说置于可控条件下进行实验检验的方法。简言之，杜威强调应该根据观念引导行动所产生的结果，而不是根据观念的起源而判断观念。

反对杜威观点的意见，主要来自承认科学方法在获得事实经验方面的有效性，但却否认科学方法在价值问题上作用的那些人。在《评价理论》一书中，杜威对于这种常见的挑战给予了详细的回应。《评价理论》一书是他为《科学的统一性基础》(*Foundations of the Unity of Science*)两卷本而写的，本书由澳大利亚哲学家奥托·纽拉特(Otto Neurath)主编。纽拉特是维也纳学派的领军人物；该学派是一个逻辑实证主义团体，在20世纪20年代至30年代以维也纳大学为中心。

正如我们在《评价理论》这本专著中所见，杜威与逻辑实证主义者的观点不同，但他与纽拉特的私交很好，所以被他说服参与了这个项目。关于纽特拉如何成功地获得杜威的支持，欧内斯特·内格尔(Ernest Nagel)作了这样的描述：

> 当纽特拉、悉尼·胡克(Sidney Hook)和我一起去杜威家拜访他时，纽特拉在劝说杜威参与该项目时显然遇到了阻力。杜威有一个反对意见——也许还有其他的，但这是我所能回忆起的唯一的一个，即逻辑实证主义者倾向于相信原子事实或原子命题，而杜威不认为存在原子事实或原子命题，所以他不准备给《百科全书》(*Encyclopedia*)投稿。
>
> xi 当时，纽特拉说着磕磕绊绊的英语，解释他那个版本的逻辑实证主义，但这种尝试并不十分成功。认识纽特拉的人，一定会记得他体型魁梧。当纽特拉意识到自己的解释未能打动杜威时，他站起身(几乎占了杜威的整个起居室)，举起了右手，就好像他站在法庭上进行宣誓一样，庄严地申明："我

> 宣誓，我们不相信原子命题。”这个声明，让纽特拉获胜。杜威同意撰写专著，就这样结束了这次谈话。杜威说，“好吧，我们应该庆祝一下”，说完拿出了一瓶酒并开始调酒。①

就这样，杜威开始撰写《评价理论》。

杜威关于伦理判断(ethical judgment)本质的精髓在于：伦理判断既不是纯粹情感的表达，也不是对超验秩序(transcendent order)的揭示，而是关于人们理想的陈述。伦理判断源自经验，并可以在经验中得到检验。因此，一旦考虑了达成目的所需要的手段以及目的本身的结果，被欲求的(desired)也许就被证明为不值得欲求的(desirable)。

杜威对手段和目的连续性的强调，招致一些人的反对。反对意见认为，杜威否定了目的本身(end-in-itself)这一观念。比如，布兰德·布兰夏德(Brand Blanshard)②就曾质疑道：“是什么让杜威得出了这么奇怪的理论——我们可以认为目的本身没有价值？”③然而，这并非杜威所提出的论点。正如杜威在《民主与教育》(*Democracy and Education*)一书中所写：“在教育方面，唯一能确定的是：人们传授科学给学生，目的是使科学在学生的生活中成为目的本身，即某种因为对生活经验作出贡献而有价值的东西。”④杜威继续得出这样的一般性结论：“有些事物的用处不是对什么东西有用，它们本身就是有用处的。此外任何其他的看法都会导向谬误。如果不是事物在某一点上有内在的用处，即它本身就是有用的，人们不会停止对工具性的用处的提问，而工具性的用处的价值在于它对其他事物有用处。”⑤ *xii*

---

① 《杜威对话录》(*Dialogue on John Dewey*)，科利斯·拉蒙特(*Corliss Lamont*)编，纽约：地平线出版社，1959 年，第 11—12 页。

② 布兰夏德(1892—1964)，美国哲学家，其哲学思想是在英国新黑格尔主义的影响下形成的，其特点是试图在现代西方的反理性思潮面前维护理性，恢复唯理论传统的权威。但是，他抛弃了唯理论传统的进步方面和黑格尔的辩证法原则，把感性活动建立在所谓“原始经验流”之上。著作有《思想性质》等。——译者

③ 布兰夏德：《理性与善》(*Reason and Goodness*)，伦敦：乔治·艾伦-昂温出版公司，1961 年，第 180 页。

④ 杜威：《民主与教育》，纽约：麦克米兰出版公司，1916 年，第 282 页(《杜威中期著作》，第 9 卷，乔·安·博伊兹顿编，卡本代尔和爱德华兹维尔：南伊利诺伊大学出版社，1980 年，第 249 页)。

⑤ 同上书，第 283 页(《杜威中期著作》，第 9 卷，第 250 页)。

不过，杜威也强调要在诸善之间进行明智的选择，而这种选择依赖于经验的考虑。“例如，人们想到了一个目的，但当人们在权衡实现这一目的的手段时，发现要花费太多的时间和精力才能实现这个目的，或者发现一旦实现这个目的，随之而来会招致一堆麻烦，或有可能将来会碰到一些麻烦，就会将这个目的鉴定为‘坏的’，并因此而放弃这个目的。”①。通过这种经验的方式，可以形成评价(valuation)。

就像杜威的伦理理论遭到情感主义和直觉主义的夹击而腹背受敌、进退两难一样，他的教育理论也左躲右闪着两种危险的非此即彼的选择。早在 1902 年的《儿童与课程》(*The Child and the Curriculum*)中，杜威就已经确定了他那时称为“旧教育”与“新教育”的弱点。

旧教育观点的支持者认为，课程是教育过程的重点。就像杜威所表述的这些人的立场是：“教材提供目的，同时也决定方法。儿童不过是尚未成熟而有待成熟的人，是识见浅陋而有待深化的人，是经验狭隘而有待拓展的人。他就是要接受、认可。当他顺从听话时 ，他的任务就完成了。”②这里的重点在于秩序与纪律；老师理应发号施令，学生理应俯首顺从。

另一方面，“新教育”的支持者不顾课程而仅仅把注意力放在儿童身上。杜威这样描述他们的特点：“确切地说，我们必须站在儿童的立场上，以儿童为出发点。决定学习质与量的，是儿童而非教材……学校中一切死板、机械和形式的教
xiii 学活动，其根源都正是在于把儿童的生活和经验隶属于课程。”③这里的重点在于自发和自由。如果学生展示主动，那么在学习过程中，教师就一定不要干涉。

简而言之，“旧教育”让孩子服从课程；“新教育”让课程依从儿童。“旧教育”要求教师主动，而学生被动；“新教育”则要求学生主动，而教师被动。

也许对于 20 世纪教育思想最普遍的误解，就在于假设杜威支持“新教育”。事实上，杜威既反对“旧教育”，也反对“新教育”。下面是杜威对于“新教育”的评论：

---

① 杜威：《评价理论》，芝加哥：芝加哥大学出版社，1939 年，第 24 页(《杜威晚期著作》，第 13 卷，乔·安·博伊兹顿编，卡本代尔和爱德华兹维尔：南伊利诺伊大学出版社，1988 年，第 212 页)。

② 杜威：《儿童与课程》，芝加哥：芝加哥大学出版社，1902 年，第 8 页(《杜威中期著作》，第 2 卷，第 276 页)。

③ 同上书，第 9 页(《杜威中期著作》，第 2 卷，第 276—277 页)。

> 我们希望儿童从他自己的内心“发展”出这个或那个事实或真理。我们叫他独立地思考事物或完成事情，而不提供为发动和指导思想所必需的任何周围环境的条件。无中不能生有，粗陋也自变不了雅致——而这正是当我们让儿童最终依靠他所实现的自我，并要求他从已实现的自我中构想出有关自然或行为的新真理时必然发生的①。

那么，杜威取代“旧教育”和“新教育”的立场是什么呢？在杜威看来，教师的职责是引导学习过程，所以儿童的不成熟能够在我们称之为作为人类探究的系统化结果的“课程”中得到完善。教育的目的是发现一条连接儿童自身经验和反映在艺术、科学与工业中的人类成熟经验的通道。一个教师如若不顾儿童而只在意课程，那么就像一个自己到了目的地却把旅游团远远地甩在后面的导游；而一个教师如若不顾课程而只在意儿童，那么就类似于和旅游团在一起，却不能把他们带到任何地方去的导游。杜威强调说，我们既不能忽视儿童，也不能忽视课程，无论牺牲其中哪一个都会导致教育的失败。

“旧教育”和“新教育”的支持者们在 20 世纪初的二三十年间，一直硝烟未 *xiv*
散。当他们各自所了解的立场被贴上标签时，这一切才有所改变。1938 年，杜威出版了《经验与教育》，这一系列的讲座是为国际教育荣誉学会（Kappa Delta Pi）而作的。在这些讲座中，杜威不再说“旧教育”和“新教育”，而是用“传统教育”（traditional education）和“进步教育”（progressive education）取而代之。

进步教育需要专门的解释，因为杜威本人经常被看成是进步教育的主要支持者。然而，实际上，杜威本人很少用“进步教育”这个术语。他更愿意谈论为了一个“进步社会”的教育，而杜威所说的“进步社会”指一个一代比一代更进步的社会。杜威认为，进步教育仅仅是一种使个体理智，有科学方法，从而使他们的社会更好、更进步的教育。

以杜威的名义使用进步教育，但却为与先前被称为“新教育”一样的立场（正如我们所见，这一立场是杜威所反对的）争辩的人，将“进步教育”这个词变成了陈词滥调。在《经验与教育》一书中，杜威明确地表示了他对进步教育的反对态度，但却被误解为对教育权威的拒斥和对学生任性的称赞。杜威从来没有陷入

---

① 《儿童与课程》，第 18 页（《杜威中期著作》，第 2 卷，第 282 页）。

这一论调之中——即只要承认学生的尊严，就必须让教师放弃集体活动的领导角色，这一点怎么强调都不为过。事实上，杜威充满敬意地引用了拉尔夫·沃尔多·爱默生(Ralph Waldo Emerson)[①]的格言——“尊重孩子，始终如一地尊重他，但也尊重你自己。”[②]

杜威很清楚地表明，教师对于教室里所发生的一切负有责任，对于保持权威也有责任。但是，要知道，保持权威，并不是说教师要以权威的方式行动，以绝对掌控的姿态凌驾于所有学生的意志之上。恰当的关系是导游，而不是神。《经验与教育》一书分析和说明了这个导游角色的合适范围与界限。

xv 20 世纪 30 年代的教育争议，与 30 年前发生的关于学校教育的争论有着惊人的相似；而在第二次世界大战前夕的美国社会、政治和经济情况，却与 20 世纪初期的情况极为不同，而且不久后，它以无与伦比的速度发生着无法预知的改变。因此，杜威在 80 岁高龄时出版了《自由与文化》一书。他对维持政治自由具有重要作用的文化因素的研究，意义非凡。杜威不仅提出了应对新问题的旧对策，而且对国内和国际形势作了预言式的分析。他认为，在未来几年将发生的事情，会严重地威胁我们民主的繁荣。

例如，他强调，在 20 世纪 30 年代普遍存在的种族和宗教偏见逐渐削弱或暗中破坏了对人性的信任。曾经一度对天主教、犹太人、黑人的偏见，成了惯例而非例外。杜威意识到内在于这种嫌恶本身的罪恶，并且告诫人们：这种罪恶具有严重地危害民主生活方式的可能性。

杜威同样分析了左派和右派独裁的相似性。他注意到，无论一个政府是法西斯主义的，还是极权主义(totalitarianism)的，都不可避免地要压抑基本的自由，迫害异议者，并且进行领袖崇拜。在其他人对俄国政府持一种同情态度时，杜威反对任何形式的极权主义，包括苏维埃版本的极权主义；他坚持公开讨论、自愿结社与自由选举的重要性。

---

① 拉尔夫·瓦沃多·爱默生(1803—1882)，美国散文作家、思想家、诗人。1837 年，爱默生以“美国学者”为题发表了一篇著名的演讲辞，抨击美国社会的拜金主义，强调人的价值。它被誉为美国思想文化领域的“独立宣言”。——译者

② 《民主与教育》，第 62 页(《杜威中期著作》，第 9 卷，第 57 页)。

杜威也没有陷入孤立主义(isolationism)①。在德国 1939 年进攻后,杜威强烈支持美国参与遏制法西斯浪潮的行动。并且,他充分认识到国内和国际事务的相互交织(他同时代的很多人都没有认识到这一点)。甚至在原子能时代之前,他就描写了由于遥远影响而导致"我们听任那些超乎意料、突如其来、肆虐我们情感的事件随意摆布"②。

《自由与文化》的核心章节之一是现代世界中的个体发现:他们在巨大力量的掌控之下,而对于这种巨大的力量,他们既无法控制,也无法理解。杜威意识到新科技如何导致资本在大公司集中,政府和工业相互依赖。也许最重要的是,杜威认识到,我们当今所说的"媒体"(the media)所具有的强大力量。 xvi

他对于后面这种现象进行了特别深入的描述。他强调现代形式的通讯如何让公众受到或微不足道或耸人听闻事件的干扰,并引起公众情绪的混乱,以及在服务公众兴趣的伪装下宣扬偏见;并且一言以蔽之,制造了杜威所说的"虚假的公众意见"③。特别值得注意的是,杜威早在电视时代之前就描述了这些问题。

面对个体行动影响力的减弱,以什么步骤来应对呢? 杜威不认同马克思主义或者放任自由的资本主义过于简化的规划,取而代之的是:他迫切而坚定地主张推进政府的民主化进程,主张强化公共生活;并主张采取措施,促进经济条件的公平。他认为,经济条件的公平是平等权利的必要条件。

最重要的是,杜威相信,通过科学态度在学校的传播,依靠科学态度来解决公众问题并创造文化价值,从而使人们对于事件的控制力得到极大的提高。杜威强调一个民主社会尤其便于促进科学方法,因为无论是民主,还是科学,都依赖于"探究的自由、对不同观点的宽容、交流的自由,以及将所获得的发现传达给

---

① 孤立主义是一种外交政策。它通常由防务和经济上的两方面政策组成。在防务上,孤立主义采取不干涉原则,即除自卫战争外,不主动地卷入任何外部军事冲突;在经济文化上,通过立法,最大程度地限制与国外的贸易和文化交流。作为一种外交政策,孤立主义一直饱受争议。典型的反例就是工业时代以前的传统经济模式。国家或地区之间能够互通有无,在一般情况下总是利大于弊的,其道理显而易见。孤立主义对贸易的封锁,将导致人民生活更加贫困。孤立主义源于美国独立战争前后的早期外交,在 20 世纪曾一度盛行于美国。20 世纪初,孤立主义势力一度削弱,但在 30 年代重新抬头并达到高峰。——译者

② 杜威:《自由与文化》(纽约:G·P·普特南出版公司,1939 年,第 45 页[本卷第 94 页(均为边码,下同。——译者)]。

③ 同上书,第 148 页(本卷第 168 页)。

作为智识的终极消费者的每一个人”。①

杜威以利用“合作行动中的集体理智”②而非一个特殊的政治平台来结束他的《自由与文化》一书。“合作行动中的集体理智”，这个富有特色的措辞点明了杜威哲学立场的本质：致力于一个自由的社会、一种批判的理智，以及为其发展而需要的教育。

xvii 在本卷中，杜威的著述如此强调教育，这看似巧合，其实从他的立场看，教育哲学是哲学最重要的一种形态(phase)。查尔斯·弗兰克(Charles Frankle)曾经注意到这一点，他说，对于杜威，“所有哲学归根结底都是或隐或显的社会哲学”③。我将拓展这一洞见并建议，对杜威而言，所有哲学归根结底都是或隐或显的教育哲学。如他自己所说，“一般哲学中的任何一个重要问题，都会把最吸引人的焦点集中在决定合适的研究主题、教育方法的选择，以及学校的社会组织和管理上”④。

当然，其他哲学家也意识到了教育的重要性，例如康德曾这样写道：“对人来说，人可以为之献身的最大难题就是教育问题。”⑤但我知道，只有两个重要的哲学家在他们的哲学著作中展示了这一点：一个是杜威，另一个是柏拉图。柏拉图也发现，如果不讨论各种研究主题的比例、教学方法和学习策略，任何重大的哲学问题都无从谈起。

但是，杜威教育哲学的基础是他对民主和科学方法力量的信念；而柏拉图教育哲学的基础，则是他对贵族和纯粹理性(pure reason)力量的信念。柏拉图预设了一个已经规划好了(planned)的社会；而杜威所说的社会，则是一个不断规划中(planning)的社会。柏拉图认为，辩证推理是获得真理的手段；而杜威主张，只有通过理智(intelligent)活动，才能获得知识。柏拉图把他的理想社会的成员

---

① 《自由与文化》，第102页(本卷第135页)。

② 同上书，第176页(本卷第188页)。

③ 《约翰·杜威哲学新探》(*New Studies in the Philosophy of John Dewey*)，斯蒂夫·卡恩编，汉诺威：N·H·新英格兰出版社，1977年，第5页。

④ 杜威：《终极价值或终极目的取决于前件或先验推断还是实际或经验探究》(The Determination of Ultimate Values or Aims through Antecedent or A Priori Speculation or through Pragmatic or Empirical Inquiry)，本卷第260页。

⑤ 康德：《教育》(*Education*)，安阿伯：密歇根大学出版社，1960年，第11页。

分为三个等级，而杜威指出，柏拉图忽略的是“每个个体构成他自己的阶层”[①]。

就建构教育哲学的广度和深度而言，只要说约翰·杜威是唯一可以同柏拉 xviii
图相比较的思想家就足够了。本卷展现了杜威思想的精妙与力量，它几乎反映
了杜威近八十年的经验和毕生投身于理性反思的结晶。

---

① 《民主与教育》，第104页（《杜威中期著作》，第9卷，第96页）。

经验与教育[1]

① 在校对此文时，曾参考姜文闵翻译的《经验与教育》，人民教育出版社，2005 年 1 月，谨致谢意。——译者

前　言

所有社会活动都包含冲突，而种种论辩就是这些冲突在理论上的反映。 3
如果教育这样一个重要的社会利益不是实践与理论冲突的舞台，那么就不是一个健康的标志。对于理论，至少对于形成教育哲学的理论来说，实践的冲突和由这些冲突所引起的辩论只是提出了一个需要解决的问题。明智的教育理论需要处理的事情是查明存在冲突的原因，然后提出一个比理论冲突的各方在实践和理念上都更深刻和更具有包容性的实施计划，而不是站在冲突的这一边或那一边。

关于教育哲学任务的这一规划，并不意味着要尝试调和各种对立的思想学派，以求得中庸之道；也不意味着要从各个不同学派的思想中，东挑一点或西挑一点而将其混合起来。教育哲学的任务意味着需要引入一套新的观念，以指导一种新型的实践。正因为如此，离开传统和习俗而开发出一种教育哲学，是一件非常困难的事情。同样的道理，根据新的一套概念管理学校，要比因循守旧困难得多。所以，每一种在新思想和新号召下所进行的活动迟早回到过去似乎更简单、更基本的想法和实践上去——目前教育正试图复兴古希腊和中世纪的原则，便是一个明证。

因此，在本书的结尾处，我建议：探求新教育运动的前景以适应新的社会秩
序的现实需要，应该考虑教育本身的意义，而不必考虑关于教育的一些“主义”， 4
甚至连“进步主义”也不必考虑。因为抛开教育本身的意义，任何打着“主义”的旗号而考虑和行动的运动，都会陷入反对其他主义之中，而这不经意间就受到了其他“主义”的控制。于是，对它来说，构成它的原则的就是对那些“主义”的反

对，而不是对各种实际需要、现实问题和可能性加以综合性、建设性的全面研究。本文试图引起人们对教育问题更广泛更深刻的关注，从而提出更恰当的解决这些问题的参照标准，这就是本文的价值之所在。

1.
传统教育与进步教育的对立

人类喜欢从极端对立的方面思考问题。人们倾向于用“非此即彼”(*Either-* 5
Ors)的方式来表达他们的信仰,认为两个极端之间没有调解的可能性。当不得不承认极端的主张行不通时,他们仍然倾向于认为自己的理论是完全正确的,而只是实际环境让他们不得不作出妥协。教育哲学也不例外。教育理论的历史表明内发论和外铄论两种观念的对立:内发论认为,教育以自然禀赋为基础;而外铄论则认为,教育是克服自然倾向,通过外部强制而形成习惯的过程。

就现在学校的实际情况而言,内发论和外铄论的对立趋向于采取传统教育与进步教育对立的形式。如果不是对传统教育的思想作精确的阐述,那么可以概略地将其表述为:教材的内容由过去已经成型的知识和技能组成,因此学校的首要任务就是把这些知识和技能传给新的一代。在过去,已经建立了各种行为标准和规则;所以,道德训练就是培养学生形成符合这些规则与标准的行为习惯。最后,学校组织的一般模式(我是指学生与学生之间,以及学生与老师的关系)构成了学校与其他社会机构大相径庭的一种惯例。只要回想一下普通的教室、课程表、班级的划分、考试、升级制度,以及维持各种秩序的规则,我想,你就会理解所谓的
“组织模式”到底意味着什么了。例如,你将学校的场景与家庭的场景作一个对 6
比,就能认识到学校与其他社会组织形式之间的明确区别究竟意味着什么了。

刚才提到的三个特点,规定了教导和规训(instruction and discipline)的种种目的和方法。其主要目的是为了让青少年获得教材中已经组织好的知识体系和已经准备好的理解教材的各种技能,以便为未来所要担负的责任和为取得成功做好准备。因为教材如同适当行为的标准一样,都是从过去延续下来的,所以总

的来说，学生必须温顺、接受和服从。书本，尤其是教科书，是过去知识和智慧的主要代表，而教师是使学生和教材有效地联系起来的器官(organs)。教师通过传送知识和技能，以及强迫执行行为规则，成为教材和学生之间的媒介。

我作这样简要的概括，目的不是为了批评这种基本的哲学。所谓新教育和进步学校的兴盛，就其本身而言，是不满意传统教育的结果。事实上，它是对传统教育的一种批判。如果明确地将这种含蓄的批判表达出来，那么大致如下：传统教育的方案本质上是一种自上而下和来自外部的强加(imposition)。它将成人的种种标准、种种教材和种种方法强加到那些只能缓慢地成长到成熟期的青少年身上。这个分歧如此之大，以至于指定的教材、学习方法和行为方式与青少年所具有的能力不相吻合。这些指定的教材、学习方法和行为方式超出了青少年学习者已有的经验范围，是他们力所不及的。结果，必须强迫他们接受；尽管好的教师会用巧妙的方法来掩饰这种强迫，以消除其明显的野蛮特征。

但是，成人作品与青少年的经验和能力之间的鸿沟是如此之深，以至于这种特殊情形使小学生们无法积极地参与所教内容的发展进程。于是，小学生们的任务就是按照所教授的内容去做和学习，就像600名战士的任务就是打仗直至战死
7 一样。在这里，学习是指获取已经被录入书中和长辈头脑中的知识。而且，所教授的内容基本上是静止的思想。它是被作为一个已经完成的作品而教授的，在教授过程中并没有考虑这一作品最初是如何被建立起来的，以及未来会发生哪些变化。在很大程度上，这种教育假设未来社会的文化产品与过去的差不多，然而在一个由变化所支配而绝无例外的社会里，还依然用它作为教育的资料。

如果想要确切地阐明蕴含在新教育实践中的教育哲学，那么，我想，我们可以在现时存在的各种进步学校中发现：某些共同的原则，即与自上而下的强加相对的，是个性的表达和培养；与由外部强加的纪律相对的，是自由活动；与向文本和教师学习相对的，是向经验学习；与通过训练获得孤立的技能和技巧相对的，是将技能和技巧当作实现直接而切身之需要这一目的的手段；与为未来做准备相对的，是充分利用目前的生活所有的机会；与给学生静止的目标和材料相对的，是使学生了解不断变化的世界。

行了，所有的原则本身都是抽象的。它们只有在应用它们而呈现的结果中，才能变得具体。正因为这些原则和规定是如此根本和深远，所以，一切都取决于它们在学校和家庭中被付诸实践时被给予的解释。在这一点上，前面所说的“非

此即彼”的哲学显得特别切题。新教育的普遍哲学也许是正确的，但抽象原则的差异不能决定德育和智育的实施方式。当一种新的运动拒绝它所取代的运动的目的和方法时一定会有危险，它可能消极而非积极地、建设性地发展自己的原则。因此，在实践中，它从被它所拒绝的东西那里寻找线索，而不是从自己哲学建设性的发展中寻求解决问题的答案。

实际经验过程和教育过程之间有着密切和必然的联系，我认为，可以在这里发现新哲学根本的统一性。如果真是如此的话，那么，新哲学要积极和建设性地发展自己的基本理念，就依赖于有一个正确的关于经验的观念。教材的组织问题便是一个例子，稍后将对此作详细的讨论。对于进步教育而言，这个问题是： 8
在经验中，教材的地位和意义是什么？组织的地位和意义是什么？教材如何发挥作用？在经验中，有没有固有的东西，有助于把教材的内容循序渐进地组织起来？如果不能把经验材料循序渐进地组织起来，那么会有什么后果？如果一种哲学建立在拒绝和全然敌对的基础上，就会忽视这些问题。它往往会假设，因为旧教育基于现成的组织，所以只要完全拒绝这种组织原则就万事大吉了，而无须努力寻找在经验基础上组织原则的意义究竟是什么，以及组织原则如何在经验的基础上形成的。我们可能会通过比较新旧教育的所有差异，得到与之类似的结论。拒绝外部权威，问题就演变成要寻找经验内部的权威因素。拒绝外部权威，并不意味着拒绝所有的权威，而意味着需要寻找更有效的权威之源。旧教育是将成人的知识、方法和规则强加在青少年身上，但这并不是说成人的知识和技能对未成年人的经验没有指导价值，只有基于极端的“非此即彼”哲学才会如此认为。相反，如果将教育立足于个人经验，那么，成人和未成年人之间的接触就会比传统学校中曾有过的接触更为频繁，也更为密切。因此，未成年人受到的指导也会更多。这样一来，问题就在于：如何才能在不违反“通过个人经验学习”这一学习原则的基础上建立这些接触？解决这个问题，需要一种哲学，这种哲学应该对形成个人经验所具有深刻影响的各种社会因素加以思考。

上述说法表示新教育的一般原则就其本身而言，并不能解决进步学校在行为实施和管理上的任何实际问题。然而，这些原则却提出了一个需要在新经验哲学的基础上加以解决的新问题。如果以为反对旧教育的思想和实践已经足矣，便走向另一个极端，那么，这些问题根本没有被认识，更不能说得到解决了。 9

如果我们认为，很多较新的学校对教材的组织几乎不予重视；在教学进程中，似乎成年人任何形式的指导都是对个人自由的侵犯，并且认为教育应该关心现在和未来，而这个观念意味着“过去”在教育中的作用很小或者几乎没有作用，那么我相信，你们会充分认识到这意味着什么。这些缺陷并没有被夸大，它们至少说明：假如一个教育理论和实践仅仅是消极地反对曾在教育中流行的东西，而不是根据一种经验理论和以教育潜力为基础，积极和建设性地发展目的、方法和教材，这将意味着什么。

毫不过分地说，正如它曾经反对过的传统教育一样，一种基于自由思想的教育哲学也可能会成为一种教条。任何理论和实践，如果不以批判自身的基本原则为基础，都会变成教条。我们说新教育强调学习者的自由，这非常好。但是，接下来问题就出现了：自由意味着什么，在什么情况下才能实现自由？我们说，传统学校常见的是外在的强迫限制，而不是促进青少年智力和道德的发展。这也非常好。但是，承认这个严重的缺陷却又衍生出这样一个问题：在促进未成年者的教育发展中，教师和书本究竟扮演着什么角色？我们承认，传统教育应该用过去的事实和观念作为研究的材料，但对解决现在和未来的问题并没有帮助。这非常好。现在我们的问题就是：要在经验中找出过去的成就和现在各种困境之间实际的联系，即如何把过去的知识转化为应付未来的有效工具。我们可能
10 反对把过去的知识作为教育的目的，而只强调它作为一种手段的重要性。当我们这样做的时候，就会遇到教育史中的一个新问题：青少年如何才能了解过去，如何才能使这种了解成为鉴定和评价现在生活的有效媒介？

2.

需要一种经验理论

简言之,我想提出的重点是:对于那些坚信新教育的人来说,拒绝传统教育的哲学和实践,会产生新的教育问题和新的困境。我们将盲目而混乱地进行工作,直到承认这个事实,直到完全明白仅仅告别旧教育解决不了问题。因此,接下来,我想指出新教育所面临的一些主要问题,并提出解决这些问题的几种主要途径。我认为,在所有的不确定性中,有一个永久性坐标可以作为我们的借鉴,即教育与个人经验之间的有机联系。或者说,新的教育哲学致力于某种经验和实验的哲学。但所谓"经验"和"实验",并不是不言自明的观念(selfexplanatory ideas)。更确切地说,"经验"和"实验"的含义是需要探索的问题的一部分。要想知道经验主义的意义,我们必须理解什么是经验。 11

所有真正的教育都来自经验,这一信念并不意味着所有的经验都真正地具有教育的性质,或者相同地起着教育作用。经验与教育不能直接划等号。因为有些经验具有错误的教育作用(mis-educative)。任何对经验的生长起抑制或歪曲作用的经验,都具有错误的教育作用。有一种经验可能使人产生冷漠,造成人们缺乏感受性和责任感,因而会限制将来获得更丰富经验的可能性。再则,一种特定的经验虽然可能在一个特殊的领域里增加一个人特定的技能,但也会使这个人墨守成规,其结果将缩小经验继续增长的范围。一种经验可能立即会带来欢愉,但也会使人养成懒散马虎和无所谓的态度,而这样的态度会改变后续经验的性质,从而使一个人无法得到这些经验本应给予他的东西。此外,经验可能是 12
彼此分离的,虽然每个经验自身是令人愉悦的,甚至是令人兴奋的,可它们彼此之间不能持续地连贯起来。因此,人们的精力就会被消耗,人也就会变得心不在焉。每个经验都可能是富有活力的、生动的、“有趣的”，然而其非连贯性可能使人们形成不自然的、分散的和离心的行为方法，后果是人们无法控制未来的经验。一旦出现这种情况，他们或者以享受，或者以不满和反抗来应对未来的经验。这时，奢谈自我控制是徒劳无功的。

在传统教育中，有很多上面所提到的消极经验的例子。如果认为传统的课堂不是青少年获得经验的地方，即使这种想法没有明显地表达出来，也是一个巨大的错误。然而，当进步教育强调通过经验学习而与旧教育形成尖锐对立时，这种想法依然是人们所默认的。在传统教育里，学生或教师所具有的经验大部分是错误的，作出这样的判断是恰当的。例如，有多少学生变得对观念麻木不仁，又有多少学生因为受其体验过的学习方法的影响而丧失了学习的动力！有多少学生通过机械地练习而获得一些专门的技能，以至于其判断能力和明智行事的能力在新的情况下受到限制！有多少学生一提起学习过程就感到无聊和厌倦！有多少学生发现他们所学到的东西与校外的生活情境如此大相径庭，学校并没有给他们以控制校外的生活情境的力量！有多少学生一提起书本就联想到枯燥乏味的苦差事，以至于他们能接受其他一切东西的“约束”，却唯独不能接受华而不实的阅读材料的“约束”！

我提出这些问题，并不是为了全面地非难旧的教育，而是为了强调这样一个事实：第一，青少年在传统学校确实具有了种种经验；第二，困难不在于缺乏经验，而在于从与未来经验相关的立场来看，这些经验是不完整的和错误的。这个
13 观点积极的一面与进步教育联系起来看，甚至更为重要。强调经验的必要性，甚至强调活动在经验中的必要性，这都是不够的。所有事情都依赖于经验的性质。任何经验的性质都有两个方面：一方面是直接的，即令人愉快的或令人不快的；另一方面，是它对后来经验的影响。第一个方面是显而易见的，容易判断。而第二个方面，即一种经验对后来经验的影响，却难以从表面上作出判断。因此，它给教育者提出了一个问题，即教育者的职责就是为学生安排那种不仅不会让学生感到厌恶，而且能激发其活动兴趣的经验；它带给学生的，不仅仅是直接的快乐，而且能促使学生获得未来值得向往的各种经验。正如人的生死是不由自主的，经验的生死也是不由自主的。经验不依赖于欲望或意图，每种经验都在未来的经验中获得生命。因此，以经验为基础的教育的核心问题，是从现在的各种经验中选择一种能够富有成效和创造力地活在后来经验之中的经验。

以后，我会更加详细地探讨经验的连续性原则，或者可以将其称为经验的连续性（experiential continuum）。在这里，我想简单地强调这一原则对于教育经验哲学的重要性。像任何理论一样，教育哲学也必须用文字和符号来表述。但是，它不仅是一种语言的表述，而且是指导教育的一种计划。像任何计划一样，它必须依据要做什么以及如何去做而建立它的结构。教育是属于经验、由于经验和为着经验的一种发展过程，越是明确和真诚地坚持这一主张，对经验有个明确的界定就越发重要。如果不把经验理解为一种决定教材、教学和训练的方法，以及学校的物资设备和社会组织的计划，那么，这种经验就完全是虚幻和不切实际的。如果不把经验看作开始着手实施的行动计划，那么，经验就是一种流于文字的形式。它也许能令人兴奋激动，但也可以被另一种文字的形式替代。所以，我们不能因为传统教育是照本宣科，其中计划和方案都是从过去流传下来的，就认为进步教育应当是那种无计划的即兴发挥。

传统学校没有任何首尾一贯的教育哲学，但仍然可以继续进行下去。在这 14
一方面，它所要求的一切是一组抽象的名词，如文化、训练，以及我们伟大的文化遗产，等等。实际的指导不是凭靠这些抽象的名词，而是凭靠习俗和已经建立起来的常规。正是因为进步学校不能依赖已经建立的传统和习惯，所以不得不或多或少随意而杂乱地进行，或者直接被一些观念所引导，把这些观念清晰地连贯起来，构成了一种教育哲学。反对传统学校所特有的组织，就需要建立一种以观念为基础的组织。我认为，稍微有一点儿教育史知识就能认识到，只有教育的改革者和创新者才感到需要有一种教育哲学。而那些墨守成规的人只需要几个好听的名词来证明现存的实践，因为其实际的教育工作是按照常规和制度化了的习惯来进行的。进步教育的教训在于，它比以往任何一个创新者都更为迫切地需要一种基于经验哲学的教育哲学。

我曾顺便提到过，我所谈的教育哲学可以套用林肯对民主的说法，即教育哲学是属于经验、由于经验和为着经验。“属于”、“由于”、“为着”这些词没有哪一个是不证自明的（self-evident）。其中每一个词都是对一种发现和对实施一种秩序和组织原则所提出的挑战，而这种原则来自对教育经验所具有的意义的理解。

因此，新教育要设计出适应自身的各种教材、方法以及社会联系，要担负比传统教育更为艰巨的任务。我认为，进步学校在实行过程中所经历的很多困难，以及遭受的很多批评，都是因此而引起的。如果认为新教育在某种程度上比旧教育更容易些，那么，这些困难会越发加剧，所遭受的批评也会越发增多。我想，这种信念差不多就是目前的状况。这也许再次说明了：进步教育所要做的一切事情，就是*不要*做传统学校所做的——非此即彼的哲学就发源于此。

15 新教育在原则上比旧教育*更简单*，对此，我欣然承认。新教育的原则与成长原则相一致，而在旧教育中，教材选择、课程安排和教学方法上有许多人为之处，并且总是人为地导致不必要的复杂性。但是，容易和简单不是等同的。发现什么真的简单，但基于这个发现去行动，是一项极其艰巨的任务。一旦人为的和复杂的东西在制度上确立起来并成为一种根深蒂固的习惯和惯例之后，人们沿着这条道路走，会感到更加容易。而相比之下，采用新的观点并从新的观点出发而找出实际的内容，却更加困难。旧的托勒密天文学系统其周期和本轮，比哥白尼的体系更为复杂。但是，在实际的天文现象还没有按照哥白尼体系的原则加以解释之前，遵循旧的知识习惯是最简单的，所遇到的阻力也最小。于是，我们又回到这个观念，即尝试给学校工作以新的方向，需要一种首尾一贯的经验理论，这种理论为适当的教育方法和教材的选择与组织提供一种积极的指导。这是一个缓慢而艰苦的过程，也是一个成长的过程。在这个过程中，会有很多障碍物妨碍成长，并使成长偏离正道而走上歧途。

关于组织，我后面还有一些话要说。在这里需要说的或许就是：我们必须避免以这类组织的观念思考组织的倾向，即我们必须避免以标志传统教育的关于内容（或教材）、方法及社会联系的这类组织的观念来思考组织。我想，组织的观念之所以遭到诸多反对，是因为人们难以摆脱旧学校的学习情境。一提到“组织”，就几乎自然而然地想到我们所熟悉的那种组织，并且对它反感，这使我们对任何组织的观念都畏缩不前。另一方面，现在正在凝聚力量的那些教育界的反动分子，利用新型学校缺乏适当的智力和德育组织这个事实，不仅想证明建立组织的必要性，而且将任何一种组织都等同于实验科学兴起之前所建立的组织。以经验和实验为基础而建立的组织概念遭到失败，使那些反动分子轻而易举地
16 获得了胜利。但是，今天的经验科学给我们提供了最好的知识组织的方式，这可以在任何领域找到证明。这个事实使我们这些自诩为经验主义者的人，没有理由在关于秩序和组织问题上成为弱敌（pushovers）。

3.
经验标准

前面所说的是有必要形成一种经验理论，以便使教育能够在经验基础上合 17
理地进行。如果这是有道理的，那么接下来要讨论的事情显然就是构建这一理论中一些至关重要的原则。因此，我不会因为要作一定数量的哲学分析而表示歉意，在这里不作这样的分析，也许是不合适的。但是，可以让你们放心的是：在一定程度上，这种分析本身并不是目的，而是为了得到一些标准，这些标准将在以后的讨论中被采用。它们是具体的，而对大多数人来说，这些是比较有趣的问题。

我已经提到我所说的连续性原则，或曰经验的连续性。我曾指出，在每一次尝试区别有教育价值的经验和无教育价值的经验时，总会涉及这个原则。这种区别不仅对于批判传统类型的教育是必要的，而且对于发起和实施一种不同的教育也是必要的。争论此间的区别，看似很多余。然而花点时间研究这种观念的必要性，毕竟是有益的。我想，人们可以有把握地假定，一方面，提倡进步运动比奉行传统学校的程序似乎更符合我们的人民所崇尚的民主理想，因为传统学校的程序有太多专制的性质；另一方面，进步运动之所以受到人们的好评，因为它的方法是温和的，而相比之下，传统学校的做法往往是粗暴的。

我要提出的问题是：为什么我们更喜欢民主和人道的安排，而不是专制和粗
暴的做法？我说的“为什么”，指的是偏爱它们的理由，而不仅仅是指那些导致我 18
们偏好的原因。在这些原因中，有一个可能是：我们不仅从小在学校里受到这样的教育，而且通过报刊、讲坛、演说、法律和立法机构受到这样的教育，因而认为民主是所有社会组织方式中最好的组织方式。我们可能由于环境的原因而被民

主观念同化，民主已经成为我们精神和道德习以为常的一个部分。但是，类似的原因却导致其他人在另外环境中得到了与我们极为不同的结论——例如，那些人更喜欢法西斯主义。我们偏爱某种东西的原因，与我们应该偏爱它的理由并不是一回事。

在这里，我的目的并不是要详细地分析这个“理由”。我仅提出一个问题：与不民主的社会安排和反民主的社会生活相比，民主的社会安排能使人生经验获得一种优良的品质，民主社会能更广泛地被人们所接受和受到人们的喜爱。我们能否找到最终不归结为这种信念的任何理由呢？最终人们将确信：尊重个人自由和合乎礼仪的良好人际关系原则，比压制、强迫和暴力的方式，有助于使更多的人获得更好的经验。难道不是这样吗？我们相信，通过相互协商和劝说而获得信任，比用其他的方式获得信任，能在更广阔的范围内提供更高质量的经验，难道这不是我们偏爱民主的理由吗？

如果对这些问题的回答是肯定的（我本人也看不出有其他任何理由来证明我们对民主和人道的偏爱），那么，我们接受进步教育的终极原因就是因为它依据和运用人性的方式，以及它与民主有着密切的关系。这个理由又回溯到这个事实，即在各种不同经验的内在价值之间作出区分。这样，我便回到经验连续性原则，把这个原则作为区别各种不同经验内在价值的标准。

实际上，如果按照生物学的观点来解释习惯的话，那么，经验的连续性原则是建立在习惯这一事实基础之上的。习惯的基本特点是：每项做过和经历过的经验都可以改变做着和经历着这种经验的人，无论愿意与否，这种改变都会影响后续经验的性质。凡是经历此过程的人，或多或少都会变得与以前不一样。习惯原则的这种意义显然比普通的习惯概念更深刻，虽然它也包含后者作为其特例之一。普通的习惯概念是把一个习惯或多或少地视为固定的行事方法。这个
19 习惯原则包括感性态度和理性态度的形成，包括我们基本的敏感性以及满足和应对生活中遇到的所有情形的方法。从这个观点来看，经验连续性的原则是指每个经验不仅吸收了过去经验的品质，而且以某种方式改变了后来经验的品质，正如诗人所说：

经验犹如一道闪亮的拱门，
隐现着尚未涉足的世界，

我一步步地向它靠近，
而它一点点离我远去。

然而到目前为止，我们还没有区分各种经验的根据。因为这种原则是普遍适用的。每种经验中都有某种连续性。只有当我们注意到经验连续性所具有的作用方式时，才有区分各种经验的基础。我可以用我曾经发表过的一个观念与所引起的异议作为例证来说明这是什么意思。我的这个观念就是：如果用主动分词“成长着”（*growing*）来解释成长，教育过程就意味着成长。

成长，或作为发展的成长，不仅是身体的成长，而且是智力和道德的成长，是对连续性原则的证明。有一种反对意见认为，成长可以有许多不同的方向。例如，一个人开始了他偷盗的职业生涯，他可以在偷盗这个方向成长；并通过练习，可能成长为一个高度专业化的盗贼。因此，有人争辩道：只说“成长”是不够的，还必须指定成长的方向以及成长所趋向的目标。对此，我们必须作进一步的分析，然后再断定这种反对意见是无可争辩的。

毫无疑问，一个人的确可以成长为一个高明的窃贼、一个黑帮老大，或者一个能干但腐败的政客。但是从成长即教育、教育即成长的角度来看，问题在于，总的来说，这种方向的成长是促进还是妨碍一般成长。这种成长是为进一步的成长创造条件，还是设置种种障碍，使在这种特定方向成长的人丧失在新方向上
继续成长所需要的动因、刺激和机会？一种特殊方向的成长，对于其他方向的发 20
展所要养成的态度和习惯有什么影响？我将让你自己去回答这些问题，我仅简单地说，当且仅当一种特殊方面的发展能引导继续成长时，它才符合教育即成长的标准。这是因为，“成长”这个概念必须具有普遍适用性，而不是局限于特殊的应用。

现在回到连续性问题，我把这个连续性作为一个标准，用以区别有教育意义的经验和有错误教育意义的经验。正如我们已经看到的，任何经验都有某种连续性，因为它们都能对态度起更好或者更糟的影响。这些态度因为造成偏爱和厌恶，并使追求目的的行动更容易或更困难，所以能够有助于决定未来经验的性质。此外，每种经验都对未来经验的客观条件有一定程度的影响。例如，一个牙牙学语的幼儿具有了一种新的技巧和新的欲望。但是，他也拓宽了后续学习的外部条件。当他学会阅读时，同样开辟了一个新的环境。假如一个人立志要做

一名教师、律师、医生或股票经纪人，那么，当他或多或少实现了这些愿望的时候，他未来行动的环境就或多或少地被确定了，而且这使他相对而言更易感受和回应某种情境，而不是受其他的事情的影响。如果他做了其他的选择，那么，其他的事物就一定会成为他的一种刺激物。

连续性原则虽然可以某种方式应用于每一种经验，然而现有的经验性质却能影响原则的适用方式。我们谈谈对儿童的溺爱或娇生惯养。过度放纵儿童的影响是连续性的。它造成儿童的一种态度，使儿童在以后会自然而然地要求别人和所有的事情都满足他的欲望和任性。过度放纵会使儿童追求一种为所欲为的情境，并使他对那种需要努力和毅力克服困难的境况反感且无力应付。毫无疑问，经验的连续性原则能使他滞留在较低的发展水平上，而这在某种程度上，限制了其能力的未来成长。

21 另一方面，如果一种经验激起好奇心，增强创造力，并树立起足够强烈的愿望和目的，使其在将来能够克服任何艰难险阻，那么，经验的连续性就会以一种非常不同的方式起作用。每种经验都是一种动力，其价值只能根据它所推进的方向而进行判断。作为成年人，作为教育者，应该拥有更加成熟的经验，这种经验使他能够对年轻人的每一种经验作出评价，而经验尚不成熟的人就无法做到这一点。教育者的任务是注意一种经验所引领的方向。如果教育者不用较强的洞察力去帮助经验不成熟者组织经验所需的情景，反而放弃他自己的见解，那么，他拥有更成熟的经验这一点就没有意义了。不把经验的动力考虑在内，以致不把经验所推动的方向作为判断和引导经验的根据，这是对经验原则本身的不忠诚。这种不忠诚有两个方面：其一，教育者对他应该从自己过去的经验中获取认识的理解是错误的；其二，他不忠于所有人类的经验最终都是社会性的，它涉及联系和沟通。就道德方面来说，经验成熟的人无权对年轻人保留他自己经验所给予他的富有同情的理解力。

然而，一说起这样的事情，就有走向另一个极端的可能，即认为我所说的只是为来自外部的、变相的灌输寻找借口。因此，这里有必要加以说明：成年人能够运用他自己更丰富的经验所给予的智慧，而不需要强加单纯的外力控制。一方面，他的职责就是机敏地看到哪些态度和习惯正趋于形成。在这一方面，如果他是一个教育者，应该能够判断什么样的态度实际上是有利于成长的，而什么样的态度是对成长不利的。此外，他还必须对各个人作为个体有同情的理解，使自己了解正在学习的儿童实际正在想什么。就家长和教师而言，在其他许多事情中都需要具备这些能力，这就使得与遵循传统的教育模式相比，以生活经验为基础的教育制度及其实施要获得成功更加困难。

但是，事情还有另一个方面。经验并不单在个体内部进行。经验确实在个 22
体内部进行，因为它影响着欲望和目的的形成，但这并不是事情的全部。每一个真正的经验都有其主动的一面，在某种程度上，经验改变了经验的客观条件。让我用一个更宏观的例子来加以说明。文明与野蛮之间的差异在于，先前的经验改变将要发生的经验所需的客观条件的程度。现在的道路、快速运输的方法、工具、农具、家具、电灯与电力的存在，都是这种客观条件改变的例证。如果毁掉现有文明经验的外部条件，那么，我们的经验就要回归到野蛮民族所具有的经验。

总之，我们从生到死都生活在人和物的世界中。因为前人所获得的经验被流传了下来，所以这个世界大部分与以前是一样的。假如忽略了这一事实，就会把经验看成似乎是个人身体和心灵内部的东西。不言而喻，经验不会发生在真空中。个人以外还有产生经验的种种来源。经验不断地从这些来源中汲取养分。一个住在贫民窟的儿童和一个生长在文明家庭中的儿童，拥有不同的经验；一个乡村的男孩与城市的男孩相比，具有不同的经验；海边长大的男孩与内陆草原长大的男孩的经验也不一样，没有人会对此产生怀疑。通常情况下，我们认为这些事实太司空见惯而根本不值得一提。但是，一旦我们认识到这些事情的教育作用，就发现它们表明了第二种方式，即教育者不必强制实施，就可以直接指导儿童的经验。教育者的主要职责是：不仅要知道利用周围环境形成实际经验的一般原则，而且要认识到哪些环境有利于促进未成年人成长的经验。他们尤其应该知道如何利用物质的和社会的环境，以便从物质的和社会的环境中提取一切有助于建立有价值的经验的东西。

传统的教育并不需要面对这个问题，它可以有条不紊而巧妙地避开这个责
任。人们认为，有课桌、黑板和一个小操场的学校环境就足够了。人们也不要求 23
教师熟悉当地的社会条件，如物质的、历史的，经济的和社会的等，并利用这些社会条件作为教育资源。相反，以经验与教育的必要联系为基础的教育制度，如果要忠实于自己的原则的话，就必须经常将上述这些东西纳入考虑之中。这是为什么进步教育比传统教育更难进行的又一个理由。

制订教育计划时有意识地使客观条件服从受教育者的个人情况，这是可能的。只要使教师、书籍、仪器和设备的作用，以及所有能代表年长者成熟经验的成果，都有意识地服从于儿童当时的倾向和感情，这种情形就会发生。任何认为只有取消对个体自由的外部控制和限制才能赋予这些客观因素以教育意义的理论，最终总是基于这种观念，即只有使客观条件服从具有这种经验者的心境时，经验才是真正的经验。

我的意思并不是说应该将客观条件拒之门外。我们生活在种种事物和种种人物的世界中，我们必须承认，客观条件一定会参与到我们的生活之中；对客观条件作出相当多的让步，这是不可避免的事实。但是我认为，如果对一些学校和家庭的情况进行考察，我们就会发现：一些家长和教师是根据将客观条件服从内部条件的观念而行动的。在这样的情况下，内部条件不仅是首要的，在某种意义上，它们的确也是首要的；而且只要它们存在，就决定着整个教育过程。

让我用婴儿的情形来加以说明。婴儿对食物、休息和活动的需求从一个方面来说，自然是首要的，有决定意义的。父母必须为婴儿提供营养，保证婴儿舒适的睡眠，等等。但这些事实并不意味着，无论什么时候，只要婴儿吵闹发怒，父母就要去喂他，而不需要有一定的喂奶和睡眠的时间。明智的母亲不仅顾及婴
24 儿的需要，而且不会免除自己调节客观条件以满足婴儿需求的责任。如果她在这方面是一个明智的母亲，她就会借鉴专家的经验以及自己过去的经验，让自己明白最有利于婴儿正常发育的一般经验是什么。这些客观条件并不服从于婴儿直接的内部条件，客观条件肯定是有序的，它们与直接的内部条件形成一种特殊的*交互作用*(*interaction*)。

刚才所用的“交互作用”这个词，是用来解释经验的教育功能和能力的。“交互作用”是经验的第二个主要原则。这个原则赋予经验的客观条件和内部条件两种因素以同样的权利。任何正常的经验都是这两种条件的交互作用的结果。两者合二为一，或者相互作用，形成我们所说的情境(*situation*)。传统教育的问题不在于它强调控制经验的外部条件，而在于它忽视了经验的内部因素，而这些内部因素决定着有什么样的经验。从一个侧面来说，传统教育违反了交互作用的原则。但是，新教育并不能以此为由而从另一个侧面违反交互作用的原则——除非根据前面已经提到的极端的*非此即彼*的教育哲学。

我们从婴儿发育的客观条件需要加以调节的例证说明：首先，家长有责任安

排婴儿饮食、睡眠等相关的外在条件。其次，该责任是利用过去所储备的经验而完成的。这表明(比如说)，要听取有能力的医生的建议，听取研究身体健康成长的专家的建议。那么，母亲用过去的知识提供调节身体营养和睡眠的客观条件，这限制了父母的自由，还是增加了父母完成其职责的知识，从而拓展了他们的自由呢？毫无疑问，如果一味迷信医生和专家的建议和指导，而且无论在什么条件下都服从这些建议和指导，那么，家长和儿童的自由都会受到限制。但是，这种限制也是对个人判断中所运用的知识的一种局限。

调节客观条件在哪些方面限制了婴儿的自由呢？当婴儿还要玩耍时让他睡 25
觉，或者在婴儿想吃东西时不给他食物，或者当婴儿为引起注意而哭闹时，不抱他，不爱抚他，每当这些时候，婴儿的直接活动和意愿肯定会受到某些限制。即使当母亲或保姆把即将跌入火中的幼儿拉开时，也是对幼儿的自由的限制。关于自由，我下面将有更多的说明。在这里，只要提出问题就足够了。问题是：究竟应该根据一些相应瞬间的偶然事件来看待自由的意义，还是应该在经验发展的连续性中看待自由的意义？

具体而言，所谓个人生活在世界之中，实际上就意味着个人生活在一系列的情境之中。当我们说，他们生活“在”这些情境中时，所谓“在……中”的涵义，与我们说钱“在”口袋中，或漆“在”罐子中的“在……中”的涵义是不同的。进一步说，所谓个人生活在世界之中的涵义，是指个人和各种事物交互作用，以及个人与其他人的交互作用。“情境”和“交互作用”这两个概念是不能分开的。一种经验始终是个人与当时构成他的周围环境交互作用的产物。不论后者是否包含人或与之谈论的一些问题或事件，他谈论的话题，或者他正在玩的玩具，或者他正在读的书(这里，他的情境可能是英格兰或古希腊或任何一个假想的地方)，或者他正在做实验的那些材料，都是情境的一部分。换言之，环境就是个人需求、欲望、目的和能力发生交互作用，以创造经验的种种情境。甚至当一个人做白日梦时，他也是在与其幻想中所构造的对象发生交互作用。

连续性原则和交互作用原则彼此不可分离。它们相互交叉，又相互联合。可以这么说，它们是经验的经纬两个方面。各种不同的情境一个接一个地相继发生。但是，由于连续性原则，有些东西可以从过去传递到后来的情境中。当个人从一种情境到另一种情境时，他的世界、他的环境就会扩大或者缩小。他并不认为自己生活在另一个世界中，而是认为这是同一个世界的不同部分或不同方

26 面。他在一个情境中已经学会的知识和技能，可以变成有效地理解和处理后来情境的工具。只要生活和学习继续下去，这个过程就会继续下去。不然的话，如果造成经验的个别因素是分裂的，那么，经验过程就会是无序的。一个分裂的世界，一个各个部分、各个方面分裂的世界，是个体人格分裂的标志和原因。当这个分裂达到一定程度时，我们就会称这个人疯了。另一方面，只有当连续的经验彼此整合为一体时，一个完整的人格才能存在。只有在相关对象彼此整合为一体的世界中，才能形成完整的人格。

连续性和交互作用积极生动地结合，为衡量经验的教育意义和教育价值提供了标准。因此，一个教育者与发生交互作用的情境有着随即和直接的关系。作为交互作用中一个因素的个体，就是特定时间内的他之所是。交互作用中的另一个因素，是在一定范围内可被教育者所调节的各种客观条件。正如上面指出的那样，所谓“客观条件”，这个词涉及的范围很广。它包括教育者做了什么和怎么做的，不仅指教育者说话的内容，而且指他们说话的音调。它包括设备、图书、仪器、玩具和游戏。它包含个体与发生交互作用的材料，而最为重要的是，它包括个人所参与的各种情境下的整个社会的结构。

说到客观条件在教育者的权力调节范围内，这当然意味着，教育者有直接影响别人经验的能力，因此也有影响他们所受教育的能力，这使教育者肩负确定环境的职责，即确定那些与学习者的现有能力和需要进行交互作用，以创造有价值的经验的环境的能力。传统教育的弊病不在于教育者自身承担提供环境的责任，而在于并没有顾及创造经验时的其他因素，即并没有考虑那些学习者的能力和目的。传统教育认为，一组特定的情境即使不能唤起个体的反应，这一情境本
27 质上也是值得向往的。这种相互适应的缺乏，使教和学的过程变得偶然。那些有了合适情境的人就能轻松地学习，而其他人则只能竭尽全力地去学习。因此，选择客观条件的责任，就与理解学习者的需求和能力的责任连带在一起。某些教学材料和某些方法已被证明对某些人在某些时间是有效的，这还不够；因为还必须确保它们在特定的地点、特定的时间对特定的个人也具有教育性的经验。

不用牛排喂小孩，并不是否定牛排的营养价值。不教小学一年级或五年级学生三角函数，也不是对三角函数反感。具有教育作用和有利于成长的，并不是学科本身。如果不适合学习者达到的生长阶段，任何一个学科的内部，或者说任何一个学科本身，都不具有教育价值。不考虑个人能力和需要的观念其根源在

于:认为某些学科和方法具有内在的文化价值,或者对心智的训练具有内在的好处。没有抽象的教育价值。传统教育之所以大幅度地缩减教育资料,使教育资料变成预先消化好的食物,其理由就是认为:某些学科及其方法,加之熟悉一定的事实和真理,这本身就具有教育价值。根据这一观念,只要按照教材的数量和难度,把教材分为逐年逐月的份额,制订出年级教学计划,并期望学生接受所规定的东西。如果学生不接受这些东西,如果他逃学或心不在焉,以至于最后对这门功课产生一种强烈的反感,那么被认为是他自己的过错。至于是不是因为教材或指导教材的方法有问题,则不予以追究了。交互作用的原则清晰地表明:教材如若不适合个人的需要和能力,会使经验丧失教育作用;同样,个人如若不适应教材,也会使经验丧失教育作用。

因而,连续性原则应用在教育中,就是指在每一个教育过程的阶段中,都要 28
考虑到未来。这种观念容易招致误解,尤其在传统教育中,这个观念遭到了严重的误解。人们认为,学生获得某些技能和其后来(也许是在大学或者在成人生活时)所需要的学科知识,理所当然就是为未来的需求做准备了。可是,“准备”却是一个捉摸不定的观念。在一定意义上,每一种经验都应该使人为后来更深刻、更广泛的经验做准备。这是经验的生长性、连续性和经验重建的特殊意义。但是,如果认为学习算术、地理、历史等这些知识可能对未来有用,以为学这些知识一定有这样的效果,那就错了。同时,如果认为获得了阅读和计算的技能,就一定会自动地进行准备,也是错误的。因为这些技能的应用条件总是不同于其当时获得的条件。

几乎每个人都有过机会回想起他的学生时代,并且自问一下:他在学校教育中累积的知识产生了什么结果,而他所获得的技能为什么必须在改变了的形式下重新学习,才能加以利用。的确,很幸运,为了取得进展,为了继续提高自己的智力,他没有忘掉自己在学校里学到的很多东西。说那些科目没有被真正学好,并不能解释这些问题,因为那些科目至少被学到足以让一个学生通过考试了。问题在于,用于学习的教材是孤立的,就像把知识放在互相隔开的封闭的船舱里。如果要问,这些知识会怎么样?会去哪里?那么,正确答案只能是:它们仍然在之前储存它们的那个封闭的船舱里。同样,如果未来的情境和学习教材时的情境一样,那么,这些知识可以被回忆起来并被付诸应用。但是,由于这些知识在当初学习时是孤立的,与其他的经验没有什么关联,所以它在实际生活的情

29 境中便无法发挥作用。这样的学习违背了经验的规律。这种学习无论在当时多么精深,都不能给予未来以真正的准备。

所谓"准备"的不足,还不止于这一点。也许,教育学中最大的错误观念,即一个人只学他那时正在学的那种特定的东西。关于养成忍耐的态度,喜欢或不喜欢等"附带学习"(Collateral Learning),可能比而且往往比学习拼写或地理、历史更为重要。因为这些态度对未来的价值更为根本。最重要的态度是能养成继续学习的欲望。如果继续学习的动力减弱而不是加强,则会发生比缺乏准备严重得多的事情,因为这在实际上剥夺了儿童的天赋能力。如果儿童的天赋能力没有被剥夺,他本来能够应付他生命过程中遇到的种种情境。我们经常看到一些人,他们几乎没有受过学校教育,可学校教育的缺失竟成为正面的资产——这些人至少保留了朴素的常识和判断能力。在实际生活情境中运用朴素的常识和判断能力,使他们具有了从已有经验中学习的宝贵能力。如果在学习的过程中失去了自己的灵魂,丧失了对有价值之物的欣赏能力,以及对与这些东西相关的价值的欣赏能力;如果丧失了运用已学知识的欲望,甚至丧失了提取未来经验意义的能力,那么获得预设好的地理知识或历史知识,获得读写能力又有什么意义呢?

那么,在教育计划中"准备"的真正含义是什么呢?首先,它意味着一个人(无论年轻或年老)能从他现在的经验得到对他有用的一切。如果把准备当作控制的目的,那么就会由于假定的未来而牺牲现在的种种潜在的可能性。一旦出现这种情况,为未来所做的真正的准备就会丧失或被扭曲。把现在视作仅仅是为未来做准备的观念是自相矛盾的,它忽略甚至否定了,一个人通过现在经验的这些条件才能为他的未来做准备。我们始终生活在我们生活的时间
30 里,而不在其他的时间里,所以只要提取每一种现在经验的全部意义,就是在为未来要做的同样的事情进行准备。归根结底,对任何事情来说,这才是唯一的准备。

上面所说的一切,其意义在于必须对各种条件给予细心的考虑;正是这些条件,使每种现在的经验具有了价值的意义。不要以为现在的经验究竟是什么无关紧要,只要现在的经验是令人满意的就可以了。其实,结论正好与此相反。这是又一个容易从一个极端走向另一个极端的事例。由于传统教育往往为了遥远的或几乎不可知的未来牺牲现在,所以人们相信,教育者对于目前儿童所经历的

经验没有责任。但是，现在和未来的关系不是非此即彼的关系。无论如何，现在总是影响着未来。已经成熟的人们应该对这两者的关系有所了解。因此，他们有责任建立种种条件以使现在的经验可以对未来产生良好的影响。教育即成长，即成熟，这应该是永远的现在时(ever-present process)。

4. 社会控制

31 我曾经说过，如果以人的生活经验来解释教育，那么，教育计划和方案就是致力于制订和采取一种明智的理论，如果你觉得合适，可将其称为经验哲学。否则，教育计划和方案就只能任凭偶然的理智之风随意摆布。我曾经提醒大家注意两种构成经验的基本原则：连续性原则和交互作用原则，以便说明经验哲学的必要性。如果有人问我，为什么要花这么多时间来阐述一种相当抽象的哲学。这是因为发展学校的实践尝试，是基于教育寓于生活经验的观念，而这不免会产生一些矛盾和混乱；为了避免出现这些矛盾和混乱，就要求教育的计划和设计以经验的一些概念为指导，并且以此而将具有教育性的经验与缺乏教育性的经验以及具有错误教育性的经验区分开来。现在我将讨论一组实际的教育问题，我希望对这些问题的讨论，可以比之前的讨论提供更具体的话题和材料。

连续性和交互作用这两个原则是衡量经验价值的标准，二者之间的联系如此紧密，以至于很难说究竟应该把什么特殊的教育问题放到首位来讨论。把问题划分为教材问题，或教与学的方法问题，虽然很方便，但却难以让我们选择和组织讨论的话题。因此，我选择话题的先后次序可能有些随意。不过，我还是从个人自由和社会控制这个老问题开始，进而讨论这一问题自然而然引出的其他一些问题。

32 考虑教育问题，暂不考虑学校的问题，而从考虑人的情境问题开始，这样往往很好。我认为，没有人会否认，一般的好公民事实上受到大量的社会控制，而且相当部分的控制并不会让人觉得限制了个人的自由。甚至那些理论上的无政府主义者，他的哲学使他相信国家或政府的控制是十足邪恶的；但他也相信，在废除国家的统治后，将有其他形式的社会控制发挥作用。的确，他之所以反对政府的管理，源于他相信：只有在废除了国家之后，对他来说的那种更常态的控制模式才能发生作用。

我们不采取这种极端的立场，让我们注意一些支配日常生活的社会控制的例子，从中寻找社会控制的基本原则。让我们从儿童本身的情况开始。儿童们在课间休息或放学之后玩游戏，他们捉迷藏、玩“一只老猫”的游戏，玩棒球和橄榄球。这些游戏都涉及规则，这些规则规范着他们的行为。这些游戏不是随意进行的，也不是由临时想起的一些动作连续组成的。没有规则，就没有游戏。一旦出现纠纷就需要有一个裁判员来做裁判，或者用讨论和仲裁的方法去解决；不然，游戏就被打乱了，玩不下去了。

在这样的情境中，存在一些相当明显的控制特征。对此，我希望引起人们的注意。第一，规则是游戏的一部分。规则不是外在于游戏的东西。没有规则，也就没有游戏；规则不同，游戏也就不同。只要游戏合理而且顺利地进行着，那么，做游戏的人就不觉得自己正在服从外部的强制，而认为他们是在玩游戏。第二，有人有时会觉得一个判决不公平，甚至可能因此而生气。但他并不是反对规则，而是反对犯规，反对裁判偏向一方和不公平的行为。第三，规则是相当标准化的，因此用规则来引导的游戏也是标准化的。像计数、分队、挑选场地以及占据什么位置，还有各种动作等，都有公认的一些方式。这些规则获得了传统和先例的认可。或者那些玩游戏的儿童看过专业比赛，他们想模仿比他们年长的人。一种约定俗成的惯例因素非常强。通常，一群儿童是在成人改变了规则之后，才 33
改变他们的游戏规则，因为在他们看来，这种改变游戏规则会使游戏更加巧妙，或更能吸引观众。

现在，我愿意得出的一般结论是：对个体行为的控制受到个体所处的整个情境的影响，在这整个情境中，个体分享经验、合作或发生交互作用。即使在竞争激烈的游戏中，也存在参与或分享共同经验的事情。换句话说，那些参与游戏的人并不认为他们是被某个人呼来喝去，或者正在受场外上司或长辈的意志所控制。当确实出现激烈争论的时候，通常是因为裁判员或有人不公平地偏向一方；换句话说，在这种场合，有人企图把他自己的个人意志强加给其他人。

用一个游戏的例子来证明在个体自由不受侵犯的情况下，个体受社会控制的一般原则，这似乎将过重的负荷加在单一的例子上。但是，如果我们想到其他的一些案例，我认为，从这种特殊事例得出的结论可以证明这个一般原则是正当的。一般说来，游戏都有竞争性。如果我们以所有小组成员都参加的合作活动为例，比如在一种有良好秩序且其成员相互信任的家庭生活中，这个观点会更加清晰。在所有的这些案例中，建立秩序不是依靠任何一个人的意志或欲望，而是依靠整个小组的活动精神。这种控制是社会性的，但个体是社会的一部分，而不是处于社会之外。

我的意思并不是说在上述情况下没有施展权威的机会，或者说，父母没有必要介入，或者没有必要行使正当的直接控制。我想说的是：首先，与全体人员都参与的情境中实施控制的机会相比，在家庭中实施控制的机会相对较少。更重要的是，在一个规范良好的家庭或其他社会团体中，我们所讨论的权威的实施并不仅仅是个人意志的体现；家长或教师是作为整个团体利益的代表或代理人来运用权威的。对于第一点，在一个秩序良好的学校里，对这个人或那个人的控制
34 主要是依赖各种活动，以及维持这些活动的情境。教师要把他或她以个人方式行使权威的机会减少到最低程度。其次，在必要时，他或她说话办事是为了团体的利益，而不是为了显示个人的权力。武断任意的行动和公平合理的行动之间的差别，就在于此。

此外，为了使人们在经验中体会到这种区别，无论是教师，还是儿童，都没有必要用语言表达出来。很少有儿童感受不到那些受个人权利和欲望驱使的行动与公平行动的差别，即使他们不能用语词清楚地表达出来，并将其提炼为一个理智原则。我甚至可以这么说，儿童比成年人对这种差别的征兆和表现更加敏感。儿童在与别人一起做游戏时，就知道这种差别了。如果一个儿童的行为能够增加他所做事情的经验价值的话，那么，这些儿童愿意，甚至乐于接受这个儿童的建议，并让他当他们的领导者。然而，儿童们讨厌那种指手画脚的举动并会因此而退出活动。当问起他们为什么退出活动时，他们会说：照那样做，他"太霸道了"。

我不希望用讽刺的方法来描写传统学校。但是，我认为，这样说是公平的，即在传统学校里，教师的个人命令经常使用得过分，以及传统学校的秩序完全凭靠服从成年人的意志。出现这种情况的原因，是由于传统学校的情境几乎迫使教师不得不这样做。传统学校不是一个通过参与一些共同活动而组成的集体或社会。因此，它缺乏正常的和恰当的控制情境。为了弥补这个缺失，在相当的程

度上，不得不依靠教师的直接干预，即通常所谓的“维持秩序”。教师能够维持秩序，是因为秩序在教师的维持下，而不是存在于正在进行的共同活动之中。

结论就是：在进步学校里，社会控制的主要来源是被当作一项社会事业来做
的工作的性质，在这种社会事业中，所有的个体都有机会作出贡献，所有人都觉
得对这一事业负有责任。大多数儿童都天生地“爱好交际”。他们比成年人更讨
厌孤独。真正的共同体生活是以社交天性为基础的。但是，共同体生活并不是 35
自发而持久地组织起来的。它需要思想和预先规划。教育者有责任弄清关于个
体的知识、关于教材的知识，这些知识使他有能力选择对社会组织有益的活动。
在这种社会组织中，所有的个体都有机会参与共同活动，并知道对于共同体的责
任。因此，控制产生于共同活动自身，而不是来自外在的权威。

对于儿童，我并非那么罗曼蒂克地以为每一个学生都会作出回应，或者任何一个有正常的强烈冲动的儿童，在每一个场合都能够作出恰当的、期望的回应。可能有一些儿童，在他们进入学校时，就已经受到校外有害环境的影响，变得相当被动和过分温顺，因而不能作出什么贡献。也会有一些儿童，因为以往的经验而使他们盲目自大，或蛮横不守规矩，甚至桀骜不驯。但可以肯定的是，社会控制的一般原则不能以这些事情为前提。没有一般法则可以用来对待这些事情，这也是事实。教师必须区别对待这些儿童。这些儿童虽然可以被分成一些笼统的类别，但没有两个人是完全一样的。教育者不得不尽他或她之所能，找到造成顽抗态度的原因。如果教育过程要继续下去，教师（他或她）就不能使一种意志对抗另一种意志，以确定哪种意志更强大；也不能让不遵守纪律和不参与活动的学生持久地影响他人的活动。在特定的时候，拒绝这些学生参加共同活动也许是唯一可用的方法，但这样做并没有解决问题。因为这样做可能会强化儿童不良的反社会态度，如强化儿童通过不良行为来引人注目的态度。

这些例外的事件很难证明一个规则，也很难提供一些线索用以证明应该有
什么样的规则。因此，我将不过多地强调这些例外情况的重要性，虽然现在进步
学校确实经常出现这些例外情况，因为家长把儿童送到进步学校，也许是把进步
学校作为最后的一种手段。我并不认为，进步学校控制的弱点是这些例外的事
件造成的。这些弱点更可能发生于没有预先安排这种工作（我指的是学生将要 36
参与的各种活动），不能创造一种情境来控制这个、那个以及其他学生所做的事
情和做事情的方式。没有预先安排的失败，通常可以追溯至缺少经过充分考虑

的预先规划。造成这情况的原因是多种多样的。必须提出，其中一个重要的原因是这样一种错误的观念，即认为这样的预先规划是不必要的，甚至认为，这样违反了他们所倡导的正当的自由权利。

当然，现在由教师预先作出的规划可能是相当僵化的，又有一些被认为不可改变的样式，尽管在实施规划的过程中运用一些技巧和形成某些尊重个人自由的假象，但也免不了规划是外在的，其结果是成年人强迫儿童接受这些规划。然而，这样的规划并不是这种原则固有的必然的产物。如果教师不能安排有助于共同活动和组织的种种情境，使个人通过从事共同活动而控制个人的冲动，那么，我不知道教师较高程度的成熟，以及对于世界、教材和学生心理的知识，究竟还有什么用处。那种预先作出的规划迄今为止是如此的僵化，几乎没有给个人思想的自由发挥，或者为独特的个人经验作出贡献提供空间，但我们不能因此认为必须拒绝所有的规划。相反，教育者义不容辞的责任就是制订一种更加明智的规划，当然，这是一种更具挑战性的规划。教师必须全面地关注个体学生的能力和需要，必须同时设置为了取得经验而提供教材和内容的情境，从而满足学生的各种需要和发展他们的能力。这种规划必须足够灵活，以允许个人经验自由地发挥；而且必须足够稳定，以赋予能力发展明确的方向。

现在我们有一个合适的机会来谈谈教师的职责和任务。经验发展的原则源于交互作用，这意味着教育本质上是一种社会过程。一些个人组成社会团体的程度，决定了这种性质能够实现的程度。拒绝教师成为团体的一分子，是荒谬
37 的。作为团体中最成熟的成员，教师有指导团体生活的责任，即有指导团体成员交互作用和相互沟通的责任。儿童的自由应该得到尊重，但更成熟的个人却不应该拥有自由，这种想法太荒谬了，根本无需反驳。拒绝教师积极指导和参与社会活动的倾向，是从一个极端走向另一个极端的实例。当学生组成一个班级而不是一个社会团体时，教师必然是从外部发挥作用，而不是所有人都参与的交往过程的命令者。如若教育以经验为基础，教育经验被看作一种社会过程，那么，这种情况就发生了彻底的改变。教师丧失了外部发号施令的命令者或独裁者的地位，而成为该团体活动的指导人。

在将游戏的指导作为正常社会控制的一个例子进行讨论时，我曾提到过一个作为规范的约定俗成的因素。在学校生活所说到的礼貌中，也可以发现类似的因素，尤其是在礼貌行为和谦恭有礼的言辞方面。我们对人类历史上不同时

期、不同地区的不同风俗了解得越多，就越能认识到行为方式如何随时间和地点的变化而存在差异。这一事实证明大量的习俗因素参与其中。任何时代或任何地点，没有任何一个团体会没有关于礼貌的规矩，例如问候他人的一些适当的方式。不过，这些习俗中的特殊方式不是固定的和绝对的。某些形式的习俗的存在，并非因为这些习俗本身就是一种习俗性的强制。习俗是所有社会关系的伴随物，最起码，是防止或减少社会摩擦的润滑油。

当然，这些社会形式有可能变得如我们所说“徒有其表”。它们可能变成没有任何实质意义的一些空洞的外部形式。但是，避免社会交往中空洞的、纯仪式化的形式，并不意味着要拒绝所有的形式因素。说得更恰当些，它只是表明需要发展一些适合社交情境的、相互作用的交往形式。一些到进步学校参观的人，为偶尔碰到一些缺乏礼貌的事情而感到震惊。对这种情境比较了解的人则认为，
这种缺乏礼貌的事情，在一定程度上，是因为儿童正热衷于他们进行的活动。例 38
如，当他们兴致勃勃地投入自己的活动时，可能碰撞到彼此或者碰撞到参观者而没有道歉。有人可能会说，在学校工作中，这种情况要比拘泥于外在形式而缺乏理智和情感上的兴趣要好得多。但是，缺乏礼貌也是教育的一种失败，因为这是由于没有学到人生中最重要的一门功课：彼此迁就和相互适应。如果这样，那么，教育就走在一条偏颇的道路上，因为在学校形成的各种态度和习惯妨碍了未来的学习，而未来的学习可以使个人与他人的联系和沟通变得欣然从容。

5. 自由的性质

39 社会控制问题的另一个方面是自由的性质，我想对此再啰嗦几句。只有理智的自由，才是唯一永远具有重要意义的自由，也就是说，理智的自由是能够对本质上有价值的目的作出观察和判断的自由。我想，关于自由最常见的错误，是把自由认定为活动的自由，或外部活动和身体活动的自由。但是，人的外部活动和身体活动无法与人的内部活动分开，也无法与思想、欲望和目的的自由分开。在典型的传统学校的教室里，课桌是固定排列的，对学生实行军事化的管理，学生们只准按照特定的信号进行活动。通过这些方式，限制了学生身体的活动，从而也就限制了学生知识的自由和道德的自由。必须彻底废除这"紧身夹克"(strait-jacket)①和铁链囚徒(chain gang)②，只有这样，个体的智力和精神才有自由生长的可能；而只有智力和精神的自由，才能保证个体真正的、持续的正常成长。

增加外部活动的自由只是一种手段而不是目的，这个事实依然存在。但是，增加外部活动的自由，并没有解决教育的问题。就教育而言，一切都取决于如何运用增加的自由，用它来服务于什么目的？这种自由的增加带来什么后果？让我首先说一下增加外部自由可能带来的益处：首先，对于教师来说，如果没有外部自由的存在，那么，他实际上不可能了解他所关注的那些个体。强制下的安静和服从，使学生掩盖其真实的本性。这种安静和服从会形成一种虚假的一致。

---

① 紧身夹克，用来盖在不清醒的人或为防止逃跑手臂被绑起来的犯人身上的厚袍子。——译者
② 铁链囚徒，尤指在户外劳动时被铁链拴到一起的一组囚犯。——译者

它们注重表面形式，认为形式在实质之先。他们鼓励学生保持表面上的专心、端 40
正和顺从。每个熟悉这种体制之下的学校的人都知道，在这种表面现象的背后，活跃着各种不可阻止的思想、想象、欲望和淘气的举动。只有当一些失控的行为露出马脚时，教师才能察觉这些事情的真相。一个人只需要将这种高度虚假的情境和校外正常的人际关系，如一个有良好教育的家庭对比一下，就会认识到：这种虚假的情境，实际上严重地阻碍了教师熟悉和理解这些受教育者的个体。而教师如果没有这样的洞察力，要使教材和教法能够适应个体，使个体的心灵和品质的发展确实得到指导，恐怕只能诉诸偶然。这是一种恶性循环。教材和教法的机械统一造成了一种始终如一的不动性，而这不动性反过来又造成教材和教法永久不变的一致性。但是，在这种由强制获得的一致性背后，一些个体难免会以不正常和被禁止的方式进行活动。

增加外部活动自由的另一个重要的益处，表现在学习过程的性质上。前面曾经说过的旧教育的方法，注重被动性和接受性。身体静止，可以极大地有助于被动性和接受性。在标准化的学校中，逃脱被动性和接受性的唯一方法是不守规矩或违抗命令。在实验室或工厂里，是不可能完全安静的。传统学校把安静尊为第一美德，这个事实表明传统学校的非社会性。当然，全神贯注的理智活动可以不带有身体活动，这种事情自然是有的。但是，如果长时间缺少身体活动，就会使理智活动取得成绩的能力迟缓。即使对儿童来说，也应该有短暂的时间去静思。但只有在身体活动之后，并且习惯于只用手和脑子之外的身体其他部分进行有益的活动之后，儿童才能有真正的静思的机会。活动的自由是维持正常的生理和心理健康的重要手段。希腊人认识到健康的身体和健康的心灵之间
的关系，我们现在仍然应该向他们学习。但从上面提到的所有方面看，外部活动 41
的自由只是一种手段，运用这种手段，可以获得判断的自由和实现精心选择的目标的自由。至于需要有多少外部自由，是因人而异的。随着成熟程度的增加，对外部自由的需要会减少。然而，如果完全没有外部自由，会阻断成熟的个体与那些能够使他的智力自我锻炼的新材料的接触。外部自由活动的量和质是成长的一种手段，这是教育者在每个发展阶段必须思考的问题。

然而，把这种自由当作目的本身，乃是最大的错误。如果这样，就会破坏作为秩序的正常来源的共同参与的合作活动从而把原来应该是积极的自由变成了某种消极的东西。因为对自由的限制，即自由的反面，是一种值得赞赏的力量，

它仅仅是自由的一种手段。也就是说，它是一种构造目的的力量、一种明智地进行判断的力量、一种利用欲望所产生的后果来判断欲望价值的力量、一种选择和安排手段以实现所选择的目标的力量。

在任何情况下，自然冲动和欲望都是一种起点。但是，如果不对这些以原始形式展现自身冲动和欲望进行某些建构和改造，智力就不可能获得生长。这些改造包括抑制冲动的最初形态。通过个体自己的沉思和判断而形成的抑制，替代了来自外部强加的抑制。老话说“停下来想一想”(stop and think)，是一种健康的心理状态。因为思想会使冲动的直接表现停下来，直到那种冲动开始与其他的活动趋势相联系，从而形成一个更全面和更连贯的活动计划。其他的活动趋势导致使用眼、耳、手来观察客观情境，同时唤起对过去已经发生的事情的回忆。因此，思考会延缓直接的行动，同时能通过观察和回忆的结合，对冲动形成一种内部控制。观察和回忆的结合，是沉思的核心。这些解释了“自我控制”(self-control)这个耳熟能详的短语。教育的理想目标是培养自我控制的能力。
42 但是，仅仅取消外部控制并不一定能产生自我控制。“跳出油锅又堕入火坑”的事情很容易发生。换句话说，为了躲避一种形式的外部控制，而陷入另一种更加危险的外部控制之中，这种事情很容易发生。冲动和欲望如果没有理智的指导，就难免会受偶然情境的控制。为逃避其他人的控制而受制于心血来潮和任性，任凭冲动支配而没有明智的判断，这些都是有百害而无一利的。如果一个人以这样的方式来控制自己的行为，那就是对自由的一种错觉。实际上，他在受一种他不能控制的力量所摆布。

6. 目的的意义

因此，把自由定义为构建目的（purpose）和实施、实现所构建的这种目的的 43
能力，是一种正确的直觉。这种自由等同于自我控制，因为目的的构建和方法的组织是一项富含智慧的工作。柏拉图曾经将奴隶定义为实施他人目的的人。根据柏拉图的定义，受自己盲目欲望束缚的人也是奴隶。进步教育的哲学更强调学习者参与目的的构建，以此来指导他在学习历程中的活动。我想，在进步教育哲学的观点中，没有其他观点会比这一观点更加中肯。传统教育中最大的缺点，是无法确保学生积极参与其学习目的的构建。但是，目的的意义不是自明的，也不能自我解释。越是强调目的在教育过程中的重要性，就越需要理解目的是什么、如何发起目的，以及目的如何在经验中发生作用。

一个真正的目的往往是因冲动发动的。如果一种冲动受到阻碍而不能立刻实现，那么，这种阻碍就会把冲动转换为欲望。然而无论是冲动，还是欲望，它们本身都不是目的。目的是一种所期望的结果（end-in-view）。也就是说，目的关涉对实施冲动后所产生的结果的预见。对结果的预见，包含理智的作用。首先，它要求观察周围的客观环境与条件。因为冲动与欲望并不能单独地产生结果，而要通过与周围环境的交互作用或彼此合作才能产生结果。比如简单的行走冲
动，要由行走活动与所站地面的交互作用才能实现。在寻常环境中，我们不用太 44
注意地面的情况。但是，当处于困难的情境时，比如攀登陡峭崎岖的山岩时，或遇到无现成的路可走时，我们就必须仔细观察周围的环境。由此可见，运用观察是把冲动转化为目的的一个条件。当遇到铁路道口的标志时，我们必须一停、二看、三听。

但是，单凭观察是不够的。我们必须理解所见、所闻、所触的意义。这种意义包括按照所见而行动所产生的结果。一个婴儿会看到火的光，并可能受到光的吸引而伸手去抓火。但当他碰到火时，便产生了一种结果。那时，婴儿就会发现，火的意义除了它的光之外，还有它的燃烧力。我们之所以能预见这种结果，是因为以前的种种经验。对于因为以前的经验而熟识的事情，我们没有必要停下来回忆这种经验究竟是什么。我们不必特意回想以往热与燃烧的经验，就能明确地知道火意味着光和热。但是，对于一些尚不熟识的事情，我们无法知道所观察到的情境将会产生什么样的结果。除非我们回忆以往的经验，将这些经验与眼前发生的情况进行对比，看看它们有哪些相似之处，从而形成对目前情境中可预期的结果的判断。

由此可见，目的的形成是一项十分复杂的理智的运用。它包括：(1)观察周围的种种情况；(2)由回忆或由经验丰富的人的劝告和警示而获得以往在相似情况中发生的事情的知识；(3)综合观察、回忆而推断它们的意义，从而作出判断。目的与原始的冲动和欲望不同。目的将原始冲动和欲望转换为计划和方法，需要在现有的情况下，以某种方式观察客观条件，并在此基础上预见行动的结果。“乞丐好骑欲望之马”(If wishes were horses, beggars would ride)。对于某些东西，人们的欲望可能会很强烈，以至于往往对实现此欲望所产生的后果弃之不顾。这些显然不能作为教育的典型范例。教育至关紧要的问题在于：在作出观
45 察和判断之前，延缓以欲望为基础的直接行动。只要人们不误解我的意思，就会明白这一点与进步学校的实施是相关的。过分地强调把活动作为目的，而不强调理智的活动，就会导致将自由与欲望和冲动立即付诸实施相提并论。人们之所以把它们视作等同的，是因为混淆了冲动与目的的差别。如刚才所说，在预见到冲动付诸实施后的结果之前，要延缓进行明显的活动，否则就无目的可言。而没有观察，没有知识和判断，就不可能有预测。当然，仅有预测是不够的，即使预测极其精确也是不够的。理智的预期，关于结果的观念，必须与冲动和欲望相交融，才能获得活动的动力。这样理智的预期就能给予盲目的活动以方向，而欲望则会给予活动以动力。这样一来，一个想法就能成为一种活动计划。假设一个人有一个欲望，想要有一个新家，即要建一所新房子，那么无论他的欲望有多么强烈，也不可能直接实施。他必须形成一个他所想要的房子的观念，包括房间的数量及布局等等。他必须拟定一个计划，绘制一张设计图，制订一份说明书。如

果他不估算一下自己的财力，他所做的上述一切不过是闲暇时光的娱乐而已。所以，他必须考虑可以用来实施这个计划的资金以及信贷额度。他还需要调查他可利用的土地、价格，以及这些土地与商业区的远近程度，还有与邻居的融洽关系、与学校的距离及设施，等等。诸如支付能力、家庭的大小和需求，可能的位置等等，这一切都是客观事实，都需要认真地思忖。这些并不是原来欲望的一部分，但要保证欲望能够成功地转化为目的，以及目的转化为行动计划，就必须考虑和观察这些事实。

我们每个人都有欲望，除了那些极端冷漠、对任何事无动于衷的人。欲望是行动的终极源泉。商人渴望财源滚滚，将士渴望战无不胜，父母渴望家庭和睦、子女成材等等，不胜枚举。欲望的强度是衡量努力的尺度。除非欲望能够转变为可实施的手段，否则就是空中楼阁。还需要多长时间或采用什么手段的问题，46
取代了所计划和想象的目的，因为手段是客观的。如果要形成一种真正的目的，我们就必须研究和了解手段。

传统教育倾向于忽略作为动力源泉的个体冲动及欲望的重要性。但是，进步教育并不能以此为由，而将冲动、欲望和目的混为一谈。如果学生要参与形成促使他们活动起来的目的，就必须重视仔细观察、广博的知识和判断的必要性。在一种教育计划中，欲望及冲动的发生并不是最终目的，而只是形成一种活动计划和活动方法的诱因和要求。再说一遍，这种计划只能通过研究各种条件和获得各种相关知识才能形成。

教师的职责就在于察觉这种可以被利用的诱因。因为自由在于运用明智的观察及判断，以形成一种目的。教师对学生智力练习给予指导，其目的是有助于自由而非抑制自由。目前，进步学校的教师似乎不敢对小组成员应该做什么提出建议。我曾经听说，有些教师在教室里放置好物品和材料后，就放任自流地让学生完全自由活动。教师甚至不愿意提出关于怎样利用这些材料的建议，唯恐这样限制了学生的自由。那么，为什么要提供这些材料呢？莫非因为材料是一种暗示，或是其他？更重要的是，在任何情况下，无论在什么地方，都必须为学生的行动给出暗示。因此，很难理解为什么会认为一个具有更丰富经验、更开阔眼界的人所给出的暗示，反倒不如偶然事件所给的暗示更为正确。

教师滥用职权并强迫学生按照他所指出的路径活动，遵从教师的目的而不是学生的目的，这种情况是可能发生的。但是，避免这种危险的方法并不是教师

在教育活动中完全退出。首先，教师要明智地认识到学生的能力、需求，以及以
往的种种经验；其次，教师要利用班级中各个学生的建议，以使他自己的建议发
47 展成一种计划或设计。换言之，这个计划是一种合作的、共同的活动，而不是自
上而下的命令。教师的建议并不是不可更改的模型，而只是一个起点；从这个起
点出发，通过小组成员在学习过程中的经验而作出的贡献，发展成一种计划。这
种计划是通过互惠的“传授-接受”(give-and-take)的模式发生的，即教师除了接
受之外，还要传授。目的的形成与发展依赖于社会的理智过程，这就是重点
所在。

7.

进步教材的组织

前面我已多次提及经验中的客观条件，以及它们对进一步经验的促进或阻 48
碍作用。言外之意，这些客观条件，无论来自观察的、记忆的，还是从他人那里得来的，或者是想象的，都已被视作研究和学习的素材；或者更概括地说，都已被视为课程学习的材料。不过到目前为止，还没有明确地界定过教材。现在，就来讨论一下教材问题。当用经验概念来表达教育的涵义时，一个需要考虑的问题就跃然纸上。任何被称为学科的东西，无论是数学、历史、地理，或是自然科学中的任何一门，都必须取材于日常的生活经验。在这一方面，新教育与那些始于日常经验思想以外的事实和真理的教学程序，形成了鲜明的对比。因此出现了这样一个难题，即要找出将这些事实与真理带回经验的途径和方法。无疑，新的教育方式在早期的小学教育中获得巨大成功的主要原因，就在于新方法遵循了与旧方法相反的原则。

但是，在经验范围之内搜集学习材料，这只是第一步。下一步的工作则是促使那些已有的经验发展为更加全面、更加丰富以及更有组织性的形式，即逐渐地接近于提供给有技能的、成熟的人的那种教材形式。不脱离教育与经验的有机联系，就可能发生这样的变化。这一事实表明，这种变化发生在学校之外，并与
正规教育没有关系。例如，婴儿对客观环境的认识，从一开始就受到空间和时间 49
的限制。这种环境由于经验自身固有的动力而不断地扩大，而不需要学校教育的指导。随着婴儿学会伸手抓东西、爬、走和说话，其经验中本来固有的材料得以拓展和深化。当这些经验与新的对象和事件发生联系时，又产生新的力量，而运用这些力量能够改进和拓展其经验的内容。于是，婴儿生活的空间与时间得

以拓展了，他所处的环境，即经验的世界，不断地变大了，也变得更加丰富了。当儿童完整地经历这段稚龄期之后，他的教育者必须找到种种自觉且有意识的方法，以对待前些年他的“天性”所取得的成就。

上面详细地说明了两种情况，几乎没有必要去坚持第一种情况。新教育的学校最重要的格言就是：教学应当始于学习者已具有的经验；而这种经验在学习过程中获得的经验和能力，又为进一步的学习提供了起点。对于另一种情况，我不太确定。这种情况就是：应当通过经验的增长，使教材的扩充和组织有序地发展。不过，教育经验的连续性原则要求用同等的注意和思想去解决此类的教育问题。毫无疑问，这一方面的问题比另一方面的问题更加困难。那些与学龄前儿童，如幼儿园的儿童，或小学低年级的孩子们打交道的教育者，在确定儿童们过去的经验范围，或发现与这些经验有重要关系的活动时，不会遇到太多的困难。而对于年龄大一点的儿童，教育者所要面临的这两方面的问题都变得更加困难。要找出每个人的经验背景，以及指导经验中已具有的材料，并把这些材料引导到更大、更具组织性的领域之中，是比较困难的。

存在这样一种错误的观点，即认为只需要简单地向学生提供一些新经验就可以了，相比让他们更富能力和更灵活地处理熟悉的事物，更符合经验发展原
50 则。同样重要的是，把新的对象和新的事件与早期的经验理智地联系起来，这意味着在事实和观念有意识的结合方面有了一些进展。因此，教育者的职责就在于，在现有经验中选择那些有可能和有希望提出一些新问题的事物，这些新问题可以激发新的观察和新的判断方法，从而进一步拓展未来的经验领域。教育者绝不能把学生已获得的经验当作固定不变的死材料，而应该将它们当作一种动力和媒介，用这些动力和媒介去开辟新的领域。在新的领域里，会对理智地运用现有的观察力和记忆力提出新的需要。学习过程的连续性原则必须成为教育者永恒不变的座右铭。

相比其他任何职业的人来说，教育者应当更具有前瞻性。医生在他的病人恢复健康后，就可以认为自己的工作完成了。无疑，医生还有责任告知病人以后如何生活，以及如何避免同样的疾病。但是，病人如何处理日后的生活，毕竟是病人自己的事情，而不是医生的事情；更重要的是，从目前的观点来看，当医生为病人的未来生活提供指导和建议时，他实际上是在履行教育者的职责。律师的工作是为他的客户打赢一场官司，或者使客户避免某些纠纷。但是，如果律师在

事情结束之后再做进一步的工作，那么也就变成一个教育者了。从教育者工作的性质来看，教育者有义务去考虑他现在的工作：看看完成了什么，或还有哪些没有完成，因为未来的目标和现在的目标是联系在一起的。

这里还需要再次说明，对进步学校的教育者来讲，他们所面对的问题要比传统学校的教师更加困难。传统学校的教师的确也需要向前看，但是除非他的个性和热情使他超越传统学校的限制，否则很可能陷于如何应对下一个考试期或晋升到第二年级的事情中，因为他可以在传统学校制度所要求的范围之内去设想未来。而对于那些将教育和实际经验联系起来的教师而言，则要义不容辞地担负更为艰巨的任务。他必须关注引领学生进入新领域的可能性，这些新领域隶属于他们已经获得的经验，并把这种知识作为选择和安排影响学生现有经验的种种情境。

由于传统学校的学习是由教材构成的，而教材的选择和安排是建立在成年 51
人对儿童未来所需之物的判断上，这就意味着被选择的学习内容是来自学习者当下生活经验之外的。因此，这些材料只与过去有关；它们仅被证实，在过去的年代对人们有用。有一种正确的观点，认为教育应当从现在的经验中提取材料，并应该培养学习者解决现有问题和未来问题的能力。但是，这一观点常常被误解为进步学校可以在极大的程度上忽略过去。这就走到了另一个极端。也许，这种不幸是在某种情境中自然生成的。如果现在和过去能够一刀两断地分割开来，这个结果就是正确的。但是，过去所取得的成就，为理解现在的要求提供了唯一的手段。正如一个人要理解他现在自身所处的境况，必须回顾自己的过去，现在社会生活中的种种问题也与过去有着直接和密切的联系。因此，学生如果要解决现有的问题，要为解决现有的问题找到最好的办法，就不可能撇开产生这一问题的根源。换句话说，正确的原则认为，学习的目的在于未来，它的直接材料必须源于当下的经验，当前的学习材料即在现在的经验之中；而学习材料能够取得怎样的成效，取决于现在的经验向后延伸到什么程度。它只有能吸纳过去，才能向未来拓展。

如果时间允许的话，讨论那些未来不得不面对的当代种种政治和经济问题，就可以明确且具体地证明这一普遍论断。而要理解这些问题的性质，我们必须知道这些问题的缘由。造成现在社会种种弊病和混乱现象的制度和习俗，并非是一朝一夕形成的。这些问题的背后有着长久的历史。试图通过对现有现象的简单观察而寻求解决之道，必然导致采取肤浅的措施，其结果只会使现有的问题更加严重，也更加难以解决。割裂与过去知识的关系，仅仅由现有知识构成的政策，就如同个体缺乏考虑而掉以轻心的行为。摆脱那种将过去视为目的本身的
52 学校制度的方式，是将认识过去作为理解现在的手段。除非这个问题得到了解决，否则，教育思想和实践之间的冲突将连绵不绝。一方面，反对派声称，即使不是唯一的，教育的主要任务也应当是传承文化遗产。另一方面，也有人认为，不必顾及过去，而只需应对现在和未来。

进步学校迄今为止最大的弱点就在于对知识性教材的选择和组织，我认为，这是在当下环境中不可避免的事情。这种不可避免，就如同打破形成旧教育模式的刻板枯燥的教材的束缚，是正确而合理的。此外，经验的范围极为广泛，经验的内容随着地域和时间的变化而多种多样。所有进步学校不可能只制订一套唯一的课程，否则意味着它放弃了与生活经验相联系的基本原则。再说，进步学校是新生的事物，它们的发展历时不足一代的时间。因此，可以想见，在选择和组织教材的过程中必然会存在一定程度的不稳定和含糊松散的现象。然而，这不能被当作根本批判和抱怨进步学校的理由。

不过，如果正在往前发展的进步教育未能认识到，选择和组织适合于研究和学习的教材是一项根本性的工作，那么，这是一个正当的批判理由。即兴而为的优势在于能够利用各种特殊机会，防止教和学的一成不变和呆板停滞。学习的基本材料不能粗略草率地信手拈来。凡是有理智自由的地方，必定会发生难以预料的种种特殊事件，应该利用这些特殊事件。但是，在一种持续性活动的发展中利用这些特殊事件，与期望这些特殊事件提供主要的学习材料，这两者是截然不同的。

除非某种经验能够将我们带到无法产生问题的地方，否则，问题总能够激发思考。在现在经验中发现的种种情况，将被用来作为种种问题的缘由，这一点将
53 以经验为基础的教育与传统教育区分开来。对于传统教育而言，问题总是来自外部。尽管如此，成长则依赖于运用理智去克服现存的困难。再重复一次，教育者的部分责任就是同等地看待两件事情：第一，从现在经验条件中提出的问题，同时是学生能力范围之内的问题；其次，这些问题必须能够激发学习者积极地探索知识并产生新的观念。由此获得的新事实和新观念就能成为取得未来经验的基础，而在未来的经验中又产生出种种新的问题。这个过程是一个持续不断的

螺旋形。过去与现在之间不可避免的关联是一个原则，这个原则的适用性并不仅仅局限于历史研究。以自然科学为例。当代社会生活的现状在极大程度上是自然科学应用的结果。不论在乡村抑或城市，每个儿童和青年的经验都是由电、热和各类化学过程的多种运用所决定的。没有任何一个儿童的饮食会不涉及准备和消化过程中的化学和物理学原理，也没有任何一个儿童能够不依靠人造光源进行阅读，或者在乘坐汽车或火车时不接触科学所产生的作用和过程。

一种正确的教育原则应该如此：学生首先应当从熟悉日常的社会应用开始，进一步学习科学的材料，以及材料中的科学事实与科学定律。坚持这种方法，不仅是理解科学本身最直接的途径，而且是学生逐渐成熟后理解当今社会经济和工业问题最可靠的途径。因为当今的社会经济和工业问题在很大的程度上，是科学在商品生产和分配以及服务和流通过程中的应用。尤其是科学在商品流通过程中的应用，成了决定个体和社会群体彼此之间的现实关系最为重要的因素。因此，认为那些类似研究实验室和研究所的研究过程不是儿童日常生活的一部分，因而不属于以经验为基础的教育之范围，是一种非常愚蠢的见解。未成年人无法像成年专家那样研究科学事实和原理，这是不言而喻的。但是，这个事实并 54
不能免除教师利用现有种种经验的责任。这一事实向教育者提出了重要的问题，即教师应该在利用现有经验的过程中，通过分析种种事实和定律，逐渐地把学习者引向具有科学体系的经验。

如果现有的经验无论在细微之处，还是在宽泛的维度上，都确实是由于科学的应用而引起的，那么，首先要把科学应用于商品的生产及分配过程和服务及流通上面；其次，要把科学应用于人与人维持彼此交往的种种社会关系上面。由此，教育必须引导学习者掌握最终系统地构成科学的那些事实和原理。如果学习者远离这样的教育，就不可能理解当前的社会力量，也不可能控制和支配这些社会力量。这种原则的重要性不在于使学习者熟悉科学的教材，也不在于仅仅限于了解当下社会的种种关系。而且，科学的种种方法指出了建设未来更好的社会秩序所需要采取的措施和方法。尽管科学的应用已经创造了现有的社会条件，但并未遍及所有可应用的领域。因为到目前为止，科学的应用或多或少或偶然地受到蒙昧时代的制度遗留下来的影响，比如，受到私利和私权的影响。

我们几乎每天从各个地方听到这样一种说法，即人类不可能理智地指导他们的共同生活。一方面，我们被告知人类关系的复杂性，比如国内的和国际的各种关系的复杂性；另一方面，人类作为过于受情感与习惯驱使的生物这一事实，使得基于理性智慧的大规模的社会规划和管理无法实现。如果真的从儿童的早期教育开始，通过持续不断地研究和学习，进行任何有系统的努力，并且把经过科学验证的理智方法作为最主要的教育方法，那么，这个看法将更为可信了。在习惯的固有本性中，没有任何东西能够阻止理智的方法变成日常应用的方法；在情感的本性中，也没有任何东西能够阻止人们对理智方法产生强烈的情感。

55 这里所说的是科学被作为一种例证，说明可以在现有的经验中，对教学材料作出进步的选择，以形成一种特定的组织：这一组织是自由的，而不是外部强加的，因为它与经验本身的成长相吻合。利用学习者的现在经验生活中的教材，以达到科学的目的，这也许是提供这种基本原则的最好的例证。这种基本原则是把现有经验作为一种工具，将学习者带入一种比由教育生长所产生的经验更广泛、更精确且更有组织的周围世界，包括物质的世界和人文的世界。霍格本(Hogben)在最近的著作——《大众数学》(*Mathematics for the Million*)里表明，倘若数学能被视为一面文化的镜子，以及一种促使文化进步的主要动力，那么，数学就可以像自然科学那样，对所期望达到的目的有所贡献。无论如何，知识的进步主义组织是根本的理想。关于知识的进步主义组织，我们同样可以看到种种最有活力的*非此即彼*的哲学。实际上，简要地说，人们往往认为，传统教育基于一个知识的组织概念，而几乎完全忽视了现时的生活经验。既然如此，以生活经验为基础的教育就理应鄙视关于事实与观念的组织。

刚才我曾将这种组织称为一种*理想*，我的意思是：从消极方面来看，教育者无法将已经组织好的知识作为起点，然后按照定量，一勺一勺地喂给学生。但是，作为一种理想，组织事实与观念是一个持续不断的教育过程。如果不能使人们认识更多的事实，吸取更多的观念，并将事实与观念更好地组织起来，那么，任何经验都不具有教育意义。有一种意见认为，组织是一种与经验无关的原则，这是一种错误的观念。没有组织，经验就会成为分散而混乱的东西。少年儿童的经验是以家庭生活为中心的。现代精神病学家已经认识到，扰乱家庭的正常关系，是导致个体后期发生种种精神障碍和情绪障碍的最深重的根源。这一事实也证实了经验连续性的重要性。在早期的教育中，如幼儿园和低年级教育的一个重大进展，是维护了经验组织中社会和人的中心位置，而不是像原先的旧教育
56 那样，以暴力改变这个重心。但是，教育上的一个突出问题，如音乐中的突出问

题一样，是转调的问题。就教育而言，所谓的转调，意味着从以社会和人为中心的活动转向更为客观、合乎理智的组织形式。然而，我们应该记住的是：知识的组织本身并不是目的，而只是一种手段；运用这一手段，可以理解和明智地安排种种社会关系，尤其是安排那些将人们连接在一起的社会关系。

当教育在理论和实践上都以经验为基础时，不用多说，成年人和专家所编制的教材不能提供教育的出发点。然而，它却为教育提供了一个应当不断前进的目标。几乎不用多说，科学地组织知识的最基本的原则之一，就是因果原则（the principle of cause-and-effect）。科学专家们对这一原则的掌握以及对其的解说方式，与儿童在经验中接近这一原则的方式是非常不同的。然而，无论是对因果关系，还是对因果关系意义的理解，都不是外在于人的经验的，甚至不是外在于儿童的经验的。当一个两三岁的儿童学会靠近火炉取暖，但又不会过于靠近火时，他就掌握并运用了这种因果关系。任何理智的活动都符合这种因果关系的要求，并且符合这种因果关系到什么程度，将这种因果关系铭记到什么程度，理智本身的发展也就达到什么程度。

在早期经验的种种形式中，因果关系本身不是采取抽象的形式，而是表现为方法和想要达到的目的之间的关系。判断力和理解力的增长，本质上就是形成目的和为了实现目的选择和安排方法的能力的生长。儿童最基本的经验充满着这样一些方法和结果的关系。一顿煮好的饭，或者光的来源，都能用来证明这种关系。教育上的困难不在于缺少以方法和结果的关系来验证因果关系的种种情境。然而，不利用这些情境以引导学习者理解特定经验中的因果关系，却是极其常见的事情。逻辑学家把为达到某一目的而选择和组织的方法，命名为“分析与综合”。

这一原则为在学校中进行种种活动奠定了基础。从教育意义上讲，没有比 57
在为学校的各种活动辩护的同时，谴责对教材进行进步的、与儿童相适应的计划和组织，更为荒谬的了。理智的活动与无目的活动的区别在于：理智的活动是从对当下各种条件的分析中选择出方法来——这就是“分析”，然后安排这些被选出来的方法达到预期的目标或目的——这就是“综合”。显而易见，越不成熟的学习者，其观念中的结果就越简单，使用的方法也越原始。但是，感知结果与方法的因果关系这一活动组织原则，甚至适用于幼儿。相反，如果一种活动是盲目的，那么便失去了教育意义。随着成熟程度的增加，各种方法之间的相互关系问题变得日益紧迫。随着理智观察从方法与目的的关系转变为更为复杂的各种方法之间的相互关系问题，由于难度的增加，原因和结果的观念也变得突出和明确起来。认为学校中应当有商店、厨房的理由，并不仅仅因为它们提供了相应的活动机会，还因为它们为这类活动提供了参与和学习的机会，从而使学生关注方法与目的的关系，并且考虑事物之间的相互作用产生一定结果的方式。在原则上，这与科学研究应该有实验室的理由是同样的。

除非知识的组织问题可以在经验的基础上予以解决，否则，一定会产生反向作用，即趋向于从外部施加强制的组织方法。有证据显示，现在已经出现了这种反向作用的征兆。我们被告知：我们的学校，无论新学校还是旧学校，在主要任务方面都失败了。也就是说，我们的学校并没有发展学生批判性辨别能力和推理能力。我们被告知：由于积累了各种各样未经消化的知识，由于企图获得在商业界直接有用的各种形式的技能，窒息了学生的思考能力。我们被告知：这些弊端来自科学的影响，以及过于强调种种现时需要而牺牲了过去留传下来的、历经
58 考验的文化遗产。有人主张，必须将科学及其方法放在次要的位置，必须回到亚里士多德和圣托马斯（St. Thomas）逻辑学体系所提出的终极的第一原理的逻辑，只有这样，才能使年轻人在他们的理智生活和道德生活中有可靠的停泊地点，而不至于随波逐流。

如果科学的方法曾经被始终如一地运用于学校所有学科的日常工作，那么，我将更强烈地感受到这种情感诉求。我认为，倘若要使教育不至于漫无目的地随波逐流，那么必须在以下两种办法中选择其一。一种办法是诱导教育者回到科学尚未发展起来的几百年前的理智方法和观念。这一诉求可能在情绪上、知识上以及经济上不安定的情况下获得短暂的成功。因为在这样的情况下，依靠固定的权威的欲望是强烈和主动的。然而，这种办法脱离现代生活的实际情况。因此，我认为，从这个方向寻求救赎是非常愚蠢的。另一种可供选择的办法是系统地利用科学的方法，把这种方法当作理智探索和开发经验内部固有的可能性的模式和理想。

这些问题所涉及的内容对于进步学校具有极为特殊的影响。如果不能不断地关注经验的理智内容的发展，如果不能不断地关注日益增长的事实和观念的组织，最终只会加强一种向知识上和道德上的权威主义倒退的倾向。目前在这里讨论科学方法，既不是合适的时机，也不是合适的场合。但是，科学方法的某

些特征，与建立在经验基础之上的教育方案有着紧密的联系，因此必须对此加以注意。

第一，科学的实验方法比其他方法更重视观念。如果行动不受先在的观念(leading idea)所指导，就没有科学意义上的实验。观念被用来作为假设，而不是作为最终的真理。观念在科学范畴内要比在其他任何地方受到更加小心翼翼、谨慎地使用和检验，其原因就在于此。一旦观念本身被当成第一真理，那么就没有任何理由对它进行严格的审查了。如果观念被当作固定的真理而接受，那么，事情到此就完结了。但是，如果把观念当作假设，那么就必须不断地对它进行检验和修正。这里所要求的一个必要条件，就是必须用系统的概念或术语对观念进行精确的阐述。

第二，观念或假设必须接受由它们指导的行动所产生的结果的检验。这个 59
事实意味着，必须细致而严格地观察活动的结果。在一种活动的结果没有经受观察和检验时，人们只能从活动中获得暂时的快乐。但是在理智上，这样做不会有所收获。因为它无法提供关于活动发生的种种情境的知识，也无法使观念得到阐明和扩展。

第三，实验方法所表现的理智方法，要求人们追踪观念、活动以及观察的结果。所谓追踪，是指反思式评论和提要式的总结，对发展中的经验结果的显著特征进行辨别和记录。反思是回顾过去做了什么，以便提取纯粹的意义，这些意义是下一步明智地处理经验的“股本”。这是理智组织的核心，也是心灵训练的实质。

我不得不用普遍的或者通常说的抽象的语言来解释上述原则。但是，上面说的与下述的要求是有机地联系在一起的。这一要求就是：为了使经验具有教育价值，就必须将经验延伸到正在拓展的教材领域，即延伸到关于事实、知识和观念的教材中。只有当教育者将教和学视作改造经验的不断持续的过程时，上述要求才能得以实现。反过来，只有当教育者保持高瞻远瞩，将现有的每一种经验都当作影响未来经验形成的动力时，上述要求才能依次得以实现。我清楚地知道，我对科学方法的这种强调可能会引起误解，因为它可能使人们想到这只是专家们在实验室研究中所使用的专门技术。但是，我所强调的科学方法的意义，与专业技术几乎毫无关系。我想强调的是：科学方法是认识和理解我们生活于其中的这个世界各种日常经验的唯一可靠的手段。也就是说，科学方法提供了一种工作的模式和各种条件，在这些条件下，经验得以继续向深度和广度拓展。如何使科学方法适用于不同成熟度的个体，一直是教育者所面临的一个问题。该问题中一些不变的影响因素是：观念的形成、依据观念的行动、对产生的结果
60 进行观察，以及为将来使用而进行的对事实和观念的组织。无论是观念、行动、观察，还是组织，对于 6 岁儿童和 12 岁、18 岁的儿童来说是不一样的，更不要说对成年的科学家了。但是，如果经验能够对教育产生实际的作用，那么在每一个阶段，经验都会不断地扩展。因此，无论在经验的哪一个发展阶段，我们要么按照经验所提供的模式去做，要么忽视理智在发展和控制活跃、变化的经验中所应有的地位。除此之外，别无选择。

8.

经验：教育的方法与目标

教育要完成其使命，无论对个体学习者而言，还是对社会而言，教育都必须 61
以经验为基础，而这种经验总是来自个体的实际生活。在我前面所说的观点中，我将这一原则视为理所当然。我没有企图劝说人们接受这个原则，也没有企图证明这个原则是正当的。教育上的保守主义和激进主义一样，对现有的整体教育状况深为不满。但至少有一点，这两个教育学派中的有识之士在这个方面有许多一致的看法，即教育制度必须选择一种运动的方式，要么退回前科学时代(pre-scientificage)的理智与道德水平，要么朝着更有效地利用科学方法在经验的增长和扩大的发展方向迈进。我只是试图指出一些条件，如果教育选择后一种路径，那么就必须完全满足这些条件。

我如此相信教育拥有的潜力，尤其当人们认为教育是对日常经验发展中所包含的种种可能性的发展给予智力引导时，我不认为在这里还有必要再批判其他路径，或为经验路径进行辩护。我能想到的采取经验路径可以预测到的失败，是由于没有充分地理解经验和实验方法。世上没有一种训练像经验训练这样，受制于理智发展和理智指导的检验。因此，我所能了解的人们暂时反对新教育的标准、目标和方法的唯一理由，就是那些公开宣称接受了新教育的标准、目标和方法的教育者，在实践中并没有忠实于这些标准、目标和方法。我曾不止一次地强调过，新教育之路并不是一条比老教育之路更容易走的路，相反，它是一条
更艰辛、更困难的路。除非新教育得到大多数人的支持，否则，其处境就会异常 62
艰难。但要获得大多数人的支持，就需要新教育的信奉者在这方面进行许多年严肃认真和齐心协力的工作。我相信，新教育未来的最大的危险就在于，人们把

这条路看得无比简单，因而使新教育的课程成为临时凑合的东西，即使不是临时凑合，至少也几乎是一天一天、一周一周地对付着做。正因为如此，我并不打算赞美新教育的原则，而只想说明新教育必须具备的条件。如果满足了这些条件，那么，新教育一定会沿着正确的道路成为卓有成就的事业。

在前面，我经常用“进步教育”和“新教育”这样的名称。然而，在本文结束之际，我必须公开声明我坚定不移的信念，即根本的问题并不是新教育和旧教育的对立，也不是进步教育与传统教育的对立，而是究竟什么才能配享“教育”之名的问题。我希望并且相信，我不是仅仅因为某个目的或某种方法用了“进步的”之名就赞成支持它们，根本的问题在于教育本身的性质，而不在于用什么形容词来修饰它。我们缺少的和所需要的是纯粹和简单的教育。只要我们专心致力于探究教育究竟是什么，以及具备什么样的条件才能实现这种名副其实的教育，而不是徒有其名或空喊口号，那么，我们就能取得更确实、更迅速的进步。我之所以强调一种健康的经验哲学的必要性，唯一的理由就在于此。

自由与文化[①]

① 此书写作于 1939 年，是杜威应出版社之约（出版社为向杜威 80 岁生日献礼而向杜威约稿）而作。

1. 自由问题

什么是自由？人们为什么珍爱自由？对自由的想望是为人之本性所固有， 65
还是特定环境下的产物？人之需要自由，是将自由作为目的，还是将自由作为获得其他东西的手段？保有自由是否意味着责任，以及这些责任是否过于沉重而令人不堪承受，所以大部分人才会为了更安适的生活而甘愿放弃自由(liberty)？[①] 争取自由是否如此艰难，所以大多数人轻易地放弃争取自由和维护自由的努力？自由本身以及与自由相伴随的那些东西，是否和生计保障同等重要？是否和食物、居所、衣服同等重要？甚至和活得开心同等重要？我们美国人被教导着去相信，所有的人对自由都念兹在兹，人们是否真的一直如我们之所想？认为普通人争取自由的努力是政治历史的动力，这种古老的见解有任何真理性吗？我们过去为争取政治独立而进行的斗争，真的是被对自由的想望所激发的吗？或者说，其实是因为希望摆脱诸多令人困苦之物，而这些令人困苦之物的共同点就是让人感到痛苦，除此之外，就无其他的共同之处吗？

对自由的热爱，仅仅因为要摆脱某些特殊的束缚吗？当消除了这些束缚之后，如果没有其他令人不堪忍受的东西，对自由的渴望就会逐渐趋于消逝吗？再有，对自由的想望和与他人平等的想望，特别是与从前被称为上等人平等的想望，这两者在强度上怎么比较？因自由而获得的结果和由于与他人联合、团结而

---

① liberty 与 freedom 在许多情形下几乎是同义，一般不作区分。相对来说，liberty 的政治性和权利性色彩更强一些，freedom 的含义则更广，与人的本体论议题更相关。汉语最好找到两个译名。杜威在这里也没有区分二者，故按照习惯都译为"自由"。——译者

涌出的愉悦感，这两者怎么比较？与他人的融合感，团结的力量所导致的受人尊敬，这些会使人产生一种满足感，如果人们相信放弃自由可以获得这种满足，那么，他会放弃自己的自由吗？

66 当前世界的状况将诸如此类的问题摆在了所有民主国家的公民面前。这些问题尤其以特殊的冲击力摆在我们面前，因为在我们这个国家里，民主制度与特定的传统，即与以《独立宣言》作为自己“意识形态”经典表述的传统息息相关。这个传统教导我们：获得自由是政治历史过程的目标，自治（self-government）是自由人的固有权利；而当达到自治时，人们对它的珍视将超过任何其他东西。然而当我们环顾整个世界，我们看到，在许多国家，那些据称是自由制度的制度与其说被推翻了，不如说被人们心甘情愿地、显然是热切地放弃了。我们可以推断，这足以说明，在他们那里，自由制度仅仅是名义上的，从来没有在现实中真正存在过。或许我们可以用这样的方式来安慰自己，相信是一些非常事态，例如国家的失败或屈辱，致使人们欢迎一切承诺恢复国家尊严的政府，而不管它是什么形式的政府。但是，我们国家的情形以及其他国家民主的丧失，都迫使我们追问自由社会，亦即追问我们自己的前途和命运如何。

也许有一段时期，上述问题看起来主要或仅仅是政治问题。现在，我们知道，绝不仅止于此。因为我们认识到，产生上述所描述的情形的原因，很大一部分是由于政治依赖于其他力量，其中最明显的是政治对经济的依赖。这里也牵扯到人性构成问题，因为把对自由的爱视为人性构成中所固有的，是我们传统的一部分。大众的民主心理是一种神话吗？这种人性的老派教义，又与一种伦理信念紧紧地相连。这种伦理信念认为，政治民主是一种道德上的正当；作为政治民主基础的道德法则，是任何社会组织都应当遵守的基本道德法则。如果放弃作为自由政府基础的自然权利和自然法则的信念，那么，自由政府还有其他的道德基础吗？认为美国移民是为争取独立而战，并且认为他们是有意识、有目的地将他们的政府建立在一种心理和道德理论的基础之上的，这种想法虽然可笑，但是民主的传统，无论称之为梦想还是透彻的远见，却是同政治制度应当服务于人
67 性和道德目的的信念紧密地联系在一起的，以至于这种联系破坏之后，就会发生剧烈的震动。有什么其他的东西可以取代这些信念，提供这些信念曾经提供过的支持吗？

这些问题背后的难题，以及使这些问题成为迫切问题的各种力量，都超出了

构成民主的早期心理和道德基础的那些特殊信念。从公职退休后，晚年的托马斯·杰斐逊(Thomas Jefferson)与约翰·亚当斯(John Adams)保持着友好的哲学通信联系。杰斐逊在他的一封信中，对美国当时的情形发表了自己的看法，并且表达了他对将来美国地位的希望："自由的进展鼓励了这种希望，希望有一天，人类心灵能重新获得两千年前它曾经享有的自由。我们这个国家已经在人身自由上为世界树立了榜样，它还需要在道德解放上为世界树立榜样。因为到目前为止，道德的解放对我们来说，还仅仅是名义上的。对公众意见的肆意审查，在实践上破坏了法律所确立的理论上的自由。"此后的情况发展，可以导致我们把他所表述的这一观点颠倒过来。杰斐逊认为，文化自由是政治自由的最终结果，而我们需要探究，如果没有文化自由，政治自由能否维持。我们再也难以轻易地希望将政治自由当作唯一的必要条件，认为只要有了政治自由，其他一切东西迟早都会随之而来——我们坐享其成就行。因为我们现在知道，除了政治制度之外，还存在工业、科学、艺术和宗教等种种关系，而这些关系都影响着人们日常的交往，因而深深地影响着表现在治理和法规中的各种态度和习惯。如果政治和法律的东西会反过来会塑造其他事物的说法是真实的，那么认为政治制度是结果而非原因的看法，就具有更高的真理性。

正是认识到这一点，所以才对这一主题进行讨论。尽管不容易表达，但我们还是用"文化"一词来概括包括人类交往和共同生活的各种条件的复杂体。问题是要知道：哪一种文化本身具有这样的自由，以至于它能孕育和产生作为它的附属物和结果的政治自由。科学和技术的状况如何？艺术(包括美艺术[①]和工艺)、友谊和家庭生活、商业和金融、每天日常交往中的相互迁就所造就的态度和性向(disposition)，等等，这些状况又如何？无论人性的天然构成如何，作为对制 68
度和规则的反映，而最后又形成制度和规则样式的人性的实际活动，是由组成特定文化的各种职业、兴趣、艺术、信念的整体所创造的。当文化发生变化时，特别是当美国生活在政治组织成型后变得日益错综复杂时，新的难题取代了早先政治权力形成和商品流通中起主导作用的那些难题。认为对自由的爱是人所固有的，因此，即使只有一次由于废除教会和国家所施加的压迫而获得的机会，它也将抓住以建立并维护自由制度——这种看法现已不再适用了。当来到一个新国

---

① 美艺术(fine art)，指绘画、雕塑、建筑、诗歌、音乐等艺术。——译者

家的移民感到，他们与压迫他们的那些力量之间的对立，实际上是阻碍他们获得永恒自由的全部时，产生这种看法是极为自然的。但我们现在必须承认，形成目前的文化状态还需要一些积极的条件。从过去所存在的压迫和压制中解放出来，标志着一种必要的过渡，但过渡仅仅是通向某种不同的东西的桥梁而已。

早期的共和主义者即使在他们那个时代，也不得不注意到：以“文化”一词所概括的那些一般条件，与政治制度有着密切的联系。因为他们认为，国家和教会的压迫曾对人性施加了腐蚀性影响，使人性丧失或者扭曲了追求自由的原始冲动。这实际上是承认环境可能比自然倾向更加有力。这证明了人性在一定程度上的可塑性，因此需要不断地给予关注——正如成语所说的：永远提心吊胆，乃是自由的代价。建国之父们已意识到，权力之爱是人性的特点。对权力的爱是如此强烈，以至于必须筑起不可逾越的藩篱，防止公职人员越权，因为这种越权会逐渐摧毁自由制度。承认人们由于长期的习惯而将锁链当成关乎体面的项链，意味着相信第二人性或习得的人性要比原始人性更加强有力。

杰斐逊至少超越了这一点。因为他对制造业和贸易发展的恐惧，以及对农耕营生的偏好，等于接受了这样一种观念，即认为由某种营生而培植出来的兴
69 趣，可能从根本上改变原始人性以及与之相应的制度。杰斐逊当时所担忧的发展苗头，现在已经不可阻挡地变成了现实，并且远远地超过了他所能预期的程度，这已是不争的事实。我们今天面对的，正是这个事实的后果——农民和乡村的人口成了城市的工业人口。

有极为确定的证据可以证明，经济因素乃是文化的一个内在部分，不管人们口头上的信仰是什么，经济因素决定着政治措施和法规实际的转变。尽管后来模糊的政治和经济的联系成了一种时尚，甚至对那些呼吁注意两者关系的人提出非难，但无论麦迪逊还是杰斐逊，都完全意识到了这种联系，并意识到这种联系对民主的影响。然而，认识到这种联系要求普遍的商品流通、财产和防止贫富两极分化，与明确地承认文化和人性之间有密切的关系，以致文化可以塑造思想和行为的样式，却是两回事。

经济关系和政治制度一样，不能与习性分开而孤立地看待。自然知识的情况，或者说，自然科学的情况，是文化的一个方面；工业和商业、商品的生产和流通、公用事业的管理都直接依赖于自然科学的情况。只有考虑到 17 世纪新自然科学的兴起和它发展到目前的状态，我们才有可能理解生产、商品流通在

经济上的原动力是什么，并最终理解消费在经济上的原动力是什么。工业革命的进程和不断前进的科学革命的进程之间的联系，就是一个毋庸争议的证据。

人们一直没有将艺术、美艺术当作影响民主制度和个人自由的各种社会条件中一个重要的组成部分。甚至在承认工业和自然科学状况所具有的意义之后，我们仍然倾向于对文学、音乐、绘画、戏剧、建筑等另眼相看，认为它们与民主的文化基础这样的东西没有什么密切的关系。甚至就连那些自诩为忠实的民主政体的信仰者，也常常满足于将这些艺术的成果视为文化的装饰品，而不是将其当作那种如果民主制要成为现实的话，所有人都应该分享的快乐。极权国家的状况，也许会导致我们修正这种想法。因为那里的情况表明，无论引
导创造性艺术家进行创作的冲动和力量是什么，艺术成果一经问世，就成为最具 70
强制性的交流手段，情绪由之唤起，舆论由之形成。剧院、电影院和音乐厅，甚至画廊、辩论、公众游行、大众体育和休闲机构，在管制下都成为宣传机构的一部分，从而使独裁政权的权力能够得以保持，而不至于被大众当作是压迫性的。我们开始意识到，在塑造公众情绪和舆论方面，情感和想象比资讯和理性更有力量。

其实，远在当前危机爆发之前就有一种说法，即如果一个人能控制一个国家的歌曲，那就不用操心是谁制定的法律了。而历史的研究也表明，原始宗教之所以拥有决定信仰和行为的力量，就是因为宗教能够通过仪轨和典礼、神话和传说而影响人的感情和想象；而所有这些手段从表面上看，都具有艺术作品的特点。迄今在近代世界一直具有影响力的教会，继承了宗教具有感性感染力的各种方式，并使这些方式适应于教会的目的，将它们整合进自己的结构之中，以赢得和保持大众的忠诚。

一个极权政体总是用控制感情、欲望、情绪和意见的方式来控制它所统治的所有人的全部生活。既然全能主义国家(totalitarian state)①必定是全能的，那么以上所言就显然是不言而喻的。如果考虑不到这一点，我们就无法理解，为什么在德国和在俄国现存政府与教会之间会重燃战火且交战甚激。这种冲突并不是某个领导人一时的心血来潮和恣意妄为。这其实是任何想要它所统治的所有人

① totalitarian state，既可译为“极权主义国家”，也可译为“全能主义国家”。——译者

民完全彻底地忠诚和臣服于它的一切政体所固有的特点。一个极权政体如想万古长青，必须首先且始终利用我们习惯称为内在的冲动和动机来控制人们的想象力。宗教组织也是通过这些手段来统治的，而且恰恰是因为这个缘故，宗教便成为任何走上极权主义道路的政体的天然对手。因此，在我们民主国家的人们看来，极权国家中最令人可憎的特征，恰恰就是极权国家的提倡者向人们推荐的
71 东西。这些极权国家的鼓吹者谴责民主国家所缺乏的，就是这些东西。他们说，民主国家没有利用公民们性格的所有方面（无论是情感的，还是意识形态的），因此致使仅仅用一些外在的和机械的方式来获得公民的支持。我们也许可以将此视为一种有时似乎已经降服了全体人民的集体幻觉症的症状。但即使如此，如果我们要避免这种集体幻觉症，那么就必须承认上述因素的影响——即极权主义的存在所依靠的，不仅仅是外部高压。

最后，道德因素也是我们所说的"文化"这个社会力量的复杂体中一个内在部分。现在，不同的人以不同的理由主张，道德信念和道德判断是没有科学根据和无法用科学来证明的。无论人们是否同意这种看法，有一点是肯定的：人类对某些事情总比其他一些事情更为珍视，人类为自己所珍视的事情而奋斗，为了这些事情而付出时间和精力，因而可以说，如果我们要确定某事的价值的话，最好的标准就是看我们为其花费了多少心血。不仅如此，如果有一群人想要组成一个名副其实的共同体的话，那么，他们就必须有共同珍视的价值。如果没有共同珍视的价值，任何所谓社会团体，如阶级，人民，国家，都将分崩离析为彼此机械地被迫结合在一起的分子。至于所珍视的价值究竟是自身就有一种活力和效力的道德价值，或者仅仅是一些生物、经济等其他条件发生作用后的副产品，至少就目前来说，我们还不必细究。

对多数人来说，这一保留似乎十分多余，因为大多数人已经习惯于相信，至少在口头上相信，道德力量是一切人类社会兴衰的最终决定因素；而宗教还教导人们相信，宇宙的力量和社会力量一样，也是根据道德目的调节的。不过，之所以要作出上述保留，是因为有一个哲学流派主张，只有物理事件才能成为认知的对象，推动人类行为的价值观念是没有任何科学依据的。马克思主义信仰的特征也是否定价值观念在事件的长期发展中有任何影响，它认为，最终控制着一切人类关系的是生产力。认为价值观念和价值判断不可能有理智规则
72 (intellectual regulation)的看法，为许多炫目于数学和物理科学成就的知识分子

所共有。这些晚近的言论暗示，至少文化中的另一个因素应当得到我们的关注，这一因素就是：存在着各种社会哲学和互相竞争的意识形态。

以上讨论的意图，应当说是很明显的。自由问题和民主制度的问题，与存在何种类型的文化问题紧紧地联系在一起，与自由文化对自由政治制度的必要性紧紧地联系在一起。这个结论的重要性，远非将它与建立民主传统的先辈们较朴素的信仰进行比较这么简单。需要将人类心理问题、原初状态下的人性构成问题包括进来。且不仅仅是一般地包括，而是要涉及其具体的构成，以及它们在相互关系中的地位。因为时下公认的每一种社会哲学和政治哲学，经过研究就可以发现，它们都包含某种关于人性构造的观点，即人性自身如何以及人性与物理性质的关系如何。这里就人性问题所说的，同样适用于文化中的其他因素，所以没有必要再将它们一一列出；但如果我们要认识涉及人类自由问题各种因素的重要性，那么必须牢牢地记住这些因素。

就一般意义来说，通盘考察文化中这一组因素和那一组要素与社会制度有怎样的联系，就特殊意义来说，考虑它们与政治民主有怎样的关系，这个问题很少被提出来。然而，这个问题却是任何关于社会制度和政治民主原则的批判性研究的基础；关于这个问题所蕴含的某种结论，最终决定了关于具体问题的争论所采取的立场。问题在于，在这些因素中，是否有哪种因素具有如此的支配性，以至于它就是因果关系上唯一的原动力，而其他因素则成为第二性的和派生的结果。对于这个问题，通常有一种被哲学家们称为一元论立场的回答。最近最明显的例子，就是相信在最终的意义上，经济条件是人类关系的决定性力量。也许，指出这一点非常重要：其实，这种观点的出现相当晚近。在 18 世纪的鼎盛时期，启蒙运动这个时期流行的观点将最后的最高的地位赋予了理性、科学的进展和教育。即使在之前的那个世纪，也曾有人提出这样的看法，用某一历史学派的箴言来说就是："历史是过去的政治，政治是当前的历史。"①

由于经济的解释在当前十分流行，所以这种政治的解释，现在看来似乎已经 73
成为某一特殊群体的历史学者的奇思怪想。但是，它不过仅仅将民族国家形成时期所一贯奉行的观念以简要的方式表达出来而已。我们可以将当前对经济因素的强调，看作对早前近乎完全忽视经济因素在理智上的复仇。就连"政治经济

① 这是 19 世纪英国历史学家弗里曼(Edward Augustus Freeman，1823－1892)的名言。——译者

学”术语本身，也暗示着经济方面的考虑曾经怎样一度完全从属于政治方面的考虑。亚当·斯密(Adam Smith)的《国富论》(*Weath of Nations*)在终结这种从属状态上影响巨大，但从书名看，它仍然延续了这一传统(尽管在内容上并非如此)。[1] 我们发现，在希腊时期，亚里士多德曾将政治置于具有支配性的位置，以至于他将所有的日常经济活动都降为家政管理(household)，在他看来，一切道德正当的经济实践其实都是家庭经济。[2] 而且，不管近来马克思主义怎样时髦，奥本海默(Oppenheimer)[3]还是提出了大量的证据来支持这样一个论点：政治国家是军事征服的结果，在军事征服中战败的一方成为被统治者，而征服者通过对被征服者的统治，建立了最初的政治国家。

我们不能因为极权国家那些赤裸裸的极权主义，就认为极权国家的兴起是早期政治制度因素至上理论的隔代还魂。但是，同那些将政治从属于经济的理论相比，无论与马克思主义还是与英国古典学派相比，极权主义的确标志着那些被认为在任何现代国家行为中已经永远消失了的观念的还魂，尤其是意味着消失了的实践的还魂。而借助于控制工业、金融和商业的科学技术，这种实践已经复苏和扩展；相比之下，早期为了政府的利益而采取重商主义经济政策的政府官员们所用的手法，在他们这个行当中就显得最为笨拙了。

道德应当是(即使它还不是)社会事务的最高裁决者，这个观念并没有像过去那样得到广泛的接受，而当前的情况却支持着这样一个观点：当道德的力量像它被设想的那样发生影响的时候，它和那些在事实上调节人类彼此关系的习俗是相同的。然而，这个观念仍在为讲坛说教和报刊社论所倡导，比如说什么采用
74 黄金法则[4]将会迅速消除社会的失调和纷争；还有，在我动笔的此时此刻，报纸

① *Wealth of Nations*，是斯密《国富论》(*An Inquiry into the Nature and Causes of the Wealth of Nations*)书名的缩略，直译为“国家的财富”。杜威借此意指财富、经济因素乃是从属于国家、政治因素之下。——译者

② 经济(economy)的词根“eco-”，具有家园、住所、家政的意思，经济学最初即家政学、家庭管理学。——译者

③ 弗兰茨·奥本海默(1864－1943)，德国犹太社会学家、政治经济学家。——译者

④ 当时基督教文化背景中的黄金法则(Golden Rule)，是指“你们愿意人怎样待你，你们也要怎样待人”的原则，语出《圣经·新约》。自17世纪以来被称为黄金法则，大致意指此法则是诸法则中最重要、最宝贵、最光彩夺目的。——译者

正在报道名为“道德再武装化”运动的进程。[①] 就更深层次而言，宣称伦理和已经确立的习俗之间的同一性的论点提出了这样一个问题：除了发展新的、普遍接受的传统和习俗之外，能否克服长期以来将人们凝聚为一个社会群体的习俗的崩溃所带来的后果？按照伦理和习俗同一性的观点，发展新的习俗，就等于创造新的伦理。

然而，为了凸显前述问题的重要性，这里需要提出：在文化中，有没有一个要素或一个方面是占支配地位的，或者说是它常常产生和调节其他的因素；或者，经济、道德、艺术、科学，等等，无非是一些彼此相互作用的因素的多个方面，其中每一个因素都影响其他的因素，同时又为其他的因素所影响？用哲学术语来说，即我们的观点到底是一元论的，还是多元论的？一元与多元的问题还可以对所列的每一个因素提出：经济、政治、道德、艺术究竟是一元的，还是多元的？这里，我将举例说明这样一种立场，它不是以上述因素的任何一种为出发点的，而是以那些不同时代有影响的关于人性构成的理论为出发点的。因为这些心理理论的特征在于，试图严肃地将人性的某种构造成分作为行为动机的唯一根源；或者，至少是将所有行为还原为少数几个所谓原始“力量”的作用。一个比较晚近的例子是古典经济学的利己学说，它将利己当作人类行为的主要动机；就具体内容来说，这种见解是与这样一种观念联系在一起的：快乐和痛苦是人类一切有意识的行为的原因和目的，人类行动的原因和目的就是趋乐避苦。所以，就有这样一种看法，即认为利己和同情是人性的两种组成因素，它们互相对立、互相平衡，就如离心力和向心力是天体自然界的动力一样。

目前，关于什么控制着人类活动这个问题，在意识形态上最得意的心理学答案就是：权力之爱。很容易找到人们选择这一答案的原因。在追求经济利益上获得成功，事实上主要是因为拥有更大的权力，而经济上的成功又反过来增加了 75
权力。于是，随着民族国家的兴起而来的是如此巨大、公然的陆军和海军力量组织，以至于政治越来越明显地成为强权政治，于是可以得出这样的结论：政治除

① moral re-armament，又译为“道德重整”，是 1938 年由美国路德宗牧师布克曼(Frank Buchman)发起的组织(又名牛津团契小组)，主要是因为当时欧洲国家都在重整战备和再武装化。布克曼认为，仅凭物质武器重整不能解决问题，必须有道德和精神的再武装化，从改变世界和改变个人开始。该运动和组织在 2001 年更名为“改变之始”(Initiatives of Change)，脱去宗教的色彩。——译者

了强权之外再无其他,尽管权力已经被装饰得更加体面和高雅。达尔文的生存竞争和适者生存学说的一种解释,曾被用来作为一种意识形态的依据;一些著作家,特别是尼采,曾经主张(当然不是以通常被说成的那种粗陋形式)以权力伦理来反对他所想象的基督教的牺牲伦理。

因为人性这个因素在文化的产生中总是以这种或那种方式与周围的条件发生相互作用,所以这个主题近来得到了特殊关注。但是,关于人性中"占统治地位动机"的流行理论时不时被新的理论取代。这种情况提出了一个很少人提及的问题,即这些心理学实际上是否本末倒置了?它们是不是先从关于当时集体生活的标志性倾向的观察中,得出了关于人性中占统治地位因素的看法,然后把这些倾向汇集起来作为某种所谓心理的"力量",再将这种心理的力量作为这些倾向的原因?人性被认为由内在的、对自由的爱的强烈影响推动着,是在为建立代议制政府而进行斗争的时期;利己动机被提到显著的位置,是在英格兰由于工业生产的新方法而提高了金钱的地位的时候;同情被作为心理图像的一部分,是由于有组织的慈善行动的增长;而今天所发生的事,很容易就变成将权力之爱当作人类行为的主要动力。所有这一切,都耐人寻味。

无论如何,通过人类学家的工作,已经广为人的文化的观念蕴含着这样一个结论:无论人性的天然构成因素是什么,一定阶段和一定群体的文化都是人性天然构成因素之排列的决定性要素,是文化决定了划分每一群体、家庭、部落、人民、宗派、党派、阶级活动边界的行为模式。所谓文化,决定天然倾向的次序和排
76 列,以及为了获得人性自为的满足,人性产生了各种特殊的一群或一系列的独特社会事实,这两种说法至少同等的真实。问题在于发现:文化的诸要素是如何互相作用的,以及人性的各种要素和现存环境互相作用所产生的境遇怎样使人性的这些要素互相作用。例如,如果我们美国的文化在很大程度上是一种金钱文化,那么,这不是由于人性原始的或与生俱来的结构自然而然地倾向于获得金钱上的好处。不如说,这是某种复杂的文化刺激、推动和强化了人性的天然倾向,结果使人产生了某种欲望和目标模式。如果我们将迄今所有存在过的共同体、民族、阶级、部落都考虑进来,也许可以确定:既然人性在天然构造上是相对恒定的,那么为了对由不同联合体形式所导致的多样性作出一种满意的解释,就不能孤立地求助于人性。

原始人因为那些难以解释的事情(人们现在对它们已经理解得相当清楚

了)，从而认为血液具有不可思议的魔法般的性质。流行的关于种族和固有的种族差异的信念，实际上都是这些古老迷信的延续。人类学家几乎都同意：我们在不同“种族”所发现的差异，不是由于固有的生理结构中的任何因素造成的，而是由于养育人们的不同文化条件对不同群体成员产生作用的结果；这些文化条件从人出生的那一刻起，就不停地对未经雕琢或原始的人性发生作用。众所周知，婴儿出生时不会说任何一种语言，但当他开始说话时，无论说哪一种语言，其实都是他处于其中的那个共同体的语言。像大多数有规律的现象一样，这个事实并没有引起人们的惊奇，人们也没有由此得出关于文化条件之影响的概括。它被当作理所当然而视而不见；作为事实，它是如此“自然而然”，因而显得不可避免。只有当人类学家的系统探究兴起之后，人们才注意到，导致既定群体拥有共同语言的文化条件，也产生该群体其他的共同特性——这些特性如同母语一样，将一个群体或社会与其他群体或社会区别开来。

文化是各种习俗的一个复杂体，它具有保存自身的倾向。文化只有通过使其成员原始或天然的素质发生独特的变化，才能不断地保存自己。每种文化都 77
有自己的模式，有自己的要素能量的独特排列。由于它本身的存在所具有的力量，以及由系统探求而谨慎采取的各种方法，文化改变着生来不成熟的、未经雕琢的或原始的人性，从而使自己延续下来。

当然，以上论述并不意味着生物遗传和个体天然差异是不重要的。这些论述只是想表明，当生物遗传和个体天然差异在既定社会形式下起作用时，它们是在那个特定的社会形式之内被塑造和发挥作用的。它们并不是使一个种族、一个群体、一个阶级与其他的种族、群体、阶级区别开来的内在特性，而是标志一个群体内部的各种差异。无论所谓“白种人的责任”①是什么，这种责任都不是遗传所赋予的。

看起来，我们离开始提出的问题已经很远了，好像已经忘记这些问题了。其实，经过这段旅途，恰恰是为了发现开始所提出问题之所以为难题的本质。维持民主制度，并不像某些建国之父们设想的那样简单——尽管他们中更有智慧者已经意识到了这一点。对于这个新的政治试验来说，其外在条件是如此幸运：大

① white man's burden，西方种族中心主义的一种说法。该说法认为，将西方先进文明传播给落后的民族，乃是白种人(即西方人)的责任。——译者

洋将这些移民与那些想榨取他们的政府分隔开来；封建制度已被抛在身后；如此众多的、想逃避宗教信仰和信仰形式限制而移居到此的移民；特别是，有面积如此巨大的自由土地和丰富的未被占用的自然资源。

文化决定人性中的哪些因素是占主导地位的，决定人性因素互相联系的模式和排列；文化的这种功能，超出了引起注意的任何特殊的单个因素。它恰恰也影响着关于个体性的观念。认为人性内在地、完全地是个体性的，这个观念本身就是一种个人主义文化运动的产物。对大多数历史时期来说，甚至没有一个人认为心灵和意识是内在的个体性的。如果有人提出这个观念，也会被作为不可避免地带来无序和混乱的源头而遭到拒斥。当然，这并不是说，那时关于人性的观念比后来的要好；而是说，这种观念同样是文化的函数。我们有把握说的是：人性和其他生命样式一样，既倾向于分化（这种分化朝着个体相互区分的方向运
78 动），又倾向于个体的结合和联合。在低级动物那里，生理-生物的因素决定了在既定动物或植物种类中，何种倾向是支配性的，以及联合和分化这两种因素的比率——例如，决定昆虫是研究者所称的“独栖的”，还是“群居的”。对人类而言，文化条件取代了严格意义上的自然条件所占的地位。在人类历史较早的时期，就有意识的意向而言，文化条件几乎像生理条件那样起作用；文化条件被当成是“自然而然”的；文化条件的变化被认为是不自然的。后来一段时期，文化条件被看作在某种程度上取决于有意识的构造。因此有一段时期，激进分子将他们的政策等同于这样一种信念，即认为只要根除人为的社会条件，人性就几乎会自动地产生某一类型的社会安排；这种社会安排会在其所想象的绝对个体的本性之内，给人性以自由的空间。

社会性倾向，例如同情，已得到了承认。但是，它们被看作本性上孤立的个体特性，比如说，类似于为了自己免于威胁，而与他人联合以求得到保护的倾向。如果存在人性与个体性完全同一的话，那么，这种完全同一究竟值得欲求还是不值得欲求，完全是毫无意义的纯粹理论问题，因为这种完全同一根本不存在。某些社会条件促进了导致分化的心理成分；其他一些社会条件，则刺激了产生蜂巢或蚁穴式的团结方向的心理成分。人类的问题在于，保证每一种构造成分的发展，从而解放另一种成分，促使另一种成分成熟。合作，用法国的经典用语来说，就是博爱（fraternity）。这既是民主理想的一部分，也是个人人格的起点。听任各种使得合作服从于自由和平等的文化条件发展（最明显的是经济方面），可用

来解释自由和平等的沦落。① 间接地，由于这种沦落，又使当前盛行将个人主义这个词污名化，同时赋予社会性这个词以免于批评的道德荣光。但是，认为等同于零的个人（哪怕是以最大的规模）联合在一起，人性就可以实现；与认为在互相之间仅仅由于绝对的私利才开始相互联系的人那里，人性就可以实现，这二者同 79
样是荒谬的。

因此，合作的诸个体的自由问题，是一个需要在文化的背景中审视的问题。文化状态是多种因素相互作用的状态，这些相互作用的因素主要有：法律和政治、工业和商业、科学和技术、表达和交流的学问、道德的学问，或者人们认为宝贵的价值和人们评价它们的方式；最后还有（尽管是间接的因素），人们借以为之辩护或批判他们生活基本环境的一般观念体系，即他们的社会哲学。我们感兴趣的是自由问题，而非这一问题的答案。因为我们确信，除非将自由问题放入既构成文化，又同天然人性因素互相作用的诸要素的背景中考虑，否则其答案是毫无意义的。这种讨论的基本假设是：任何因素的孤立化，无论这种因素在特定时代有多么突出，都是对理解力和理智行动的致命损害。孤立化的做法随处可见，无论是将人性中的某种因素当成至高无上的动机，还是将社会活动的某一形式当成至高无上的动机，都是如此。既然自由问题在这里被认为是人性内外诸多因素相互作用的方式问题，那么，我们下一步的任务就要探讨未经雕琢的人性和文化之间的交互关系。

---

① 此语晦涩。大体是说，被作为绝对个人理解的虚假合作性占据了统治地位，真正的合作性被压抑了，这反过来导致自由和平等的沦落。因为分（自由和平等）、合（合作性）两种倾向处于一种既互相矛盾又互相促进的张力之中，一方的虚假化会导致另一方的沦落。其最明显的社会表现就是纯粹个人私利方面即经济领域的巨大发展，但经济领域中的个人联系还不是真正意义上的合作，对自由和平等仅从私利、经济去理解也是不充分的，但这造成了表面上的"使合作特性屈从于自由和平等"，实际却是"使私利上的合作屈从于私利上的自由和平等"。——译者

2.

文化与人性

80 和英国的自由传统一样，美国的自由观念也与个体性的观念、与这个个体的观念联系在一起。这种联系如此密切、如此频繁地被提及，以至于个体与自由的联系似乎是内在的、固有的。如果听到自由的源泉和基础曾被设想为其他，而不是被设想为个体的本性，许多人一定会感到惊讶。然而，在欧陆传统中，与自由观念联系在一起的是合理性观念。欧陆传统认为，依据理性的命令而自我克制的人，才是自由的；而那些顺从肉欲和感官的人，被肉欲和感官支配的人，是不自由的。因此，黑格尔在美化“国家”的同时，写了一本历史哲学。根据这种哲学，人类历史进程的运动，从只有一个人自由的东方世界的专制国家，到初见曙光的所有人都自由的西方世界的德国。在下面的情形中，我们也可以发现赋予自由以意义的背景之间的类似分歧。时下，极权主义德国的代表人物宣称，他们的政体给予他们国家百姓的自由，是一种比民主国家百姓所获得的自由“更高”的自由，因为民主国家的个体是混乱而无纪律的，因而是不自由的。欧陆传统的味道弥散在一些广为人知的说法中：区别自由与放纵，因为在古典传统中，法则和理性的关系就如孩子和父母的关系，因此将自由等同于“法则下的自由”。就很多社会问题的处理而言，只有这样，欧陆人才觉得满意。这种关于法则和理性关系的说法，将法则的来源和根据归因于与自由无关的东西，也就是说，它断定自由的条件不可能决定他们自己的法则。就此而言，这种说法直接地(即使不是有意的)导向极权国家。

81 然而，不必远涉欧陆，我们就能注意到在不同的文化背景中，自由所具有的不同的实践意义。19 世纪早期，尽管在理论上，英国和美国都把自由与使得人成为个体（在个体这个词的独特的意义上）的那些性质联系在一起，但在实践方面，它们却有巨大的差异。两者之间的差别可谓彻底，如果不是因为这种差别富有启发性，那么，人们一定会觉得可笑。杰斐逊这位自由、自治制度信条的最初和系统的传播者发现，同自由和自治制度密切联系的个体所有权是农民阶级所具有的特征。在他更为悲观的时候，他甚至预言随着制造业和商业的发展，这个国家将发生像欧洲那样“人相食”的情况。但在英格兰，新自由的大敌是土地所有者，新自由在社会和政治表现上与制造业阶级的活动和目的联系在一起。

当然，富有启发性的不在于这种差别的事实本身，而在于造成这种差别的原因。其实，这些原因并不难找到。土地所有者构成了大不列颠的贵族。拜封建制度所赐，土地所有者的利益集团控制了立法机关，而这种控制与工商业的发展是敌对的。而在美国，封建制度的遗迹非常微弱，以至于制订反对长子继承权的法律，几乎就是消除封建制度所需要做的唯一事情。在这个国家，很容易将农场主（farmers）理想化为坚毅的自耕农（yeomanry）[①]，认为他们体现了与原先盎格鲁-撒克逊人热爱自由和大宪章、反对斯图亚特王朝专制统治的斗争等相关的一切美德。农民是自给自足、具有独立性的阶级，他们不需要任何人的恩宠，因为他们拥有和管理自己的农场，在生活上和观念上都不依赖他人。还有一段历史，同样，如果不是因为富有启发性的话，回顾它也许让人觉得好笑：就在美国由一个农业国变为城市工业国的这段时间，对于诸如“首创精神”、“创造力”、“活力”和“内在地促进进步”这些品质，英国自由放任的自由主义将它们和制造业联系在一起；而在美国，法院、商业和金融的政治代表们则将它们从杰斐逊式的个体 82
身上转移到英国意义上的个体，即企业家身上。

如果对不同的情境赋予自由以不同意义的历史进行更广泛的研究，一定会加强以上的这些考虑。在以上的考虑中，我只举一个例子，却是很重要的一个例子，说明文化与整个自由问题的联系。这些事实和前一章的结论完全一致，那个结论归结起来就是：“文化”，这个已经成为人类学核心观念的概念，被应用在广

① yeomanry，既有自耕农、自由民，又有英国志愿骑兵队的意思。历史上，有些地方的志愿骑兵队曾颇为仇视工人和工业，也许杜威意在双关。本书中的 farmer，一般译为“农场主”，少量依上下文译为“农民”；实际上，美国当时有大种植园主和自耕农两种，大种植园主指拥有 20 名奴隶以上的人，自耕农很多人也有少量奴隶。本书经常提到的杰斐逊，便是大种植园主。他拥有 100 多名奴隶，但将自己看作自耕农。——译者

泛的社会问题上了，这使古老的个体和社会关系问题呈现出新的面貌。且不论文化观念对这个问题答案的影响，文化观念甚至剥夺了曾用来构想个体和社会关系问题的那些术语的合法性。因为在已有的关于个体和社会关系问题的大部分表述中，问题是这样被提出的：所谓个体和社会之间似乎存在着一种内在的差别——这种差别相当于对立。因此，那些喜欢将理论分成两派的人就出现了这种倾向：将个体和社会分置两端，而主张不同一端的两派的立场如此对立，以至于凡是一派坚持的，另一派就加以否定。一派主张，只有依靠某种或明或暗的强制，社会风俗、传统、制度、规则才能得以维持，而这种强制是侵害个体天赋自由的；而另一派主张，个体本性上就需要强制，因而一个突出的社会问题就是要找到一些力量，将那些顽劣之徒置于社会控制之下，或将其“社会化”。一派的褒义词却是另一派的贬义词。这两个极端可以用来界定表述这个问题的术语。大部分人居于这两派中间，采取调和的立场。一个经典的表述是：法律和政治的基本问题是发现合法的自由与恰当地使用法律和政治权力两者之间的边界，以使每一方都可以在自己的权限范围内维持自己的领地；只有当自由超出它恰当的范围时，法律才开始发挥作用。在最激进的自由放任派的自由主义看来，法律作用的发挥，仅仅当需要警察维护治安时，才具有正当性。

根据霍布斯(Hobbes)的看法，人生来就是反社会(anti-social)的，如果任由
83 人性自由地发挥，必然会出现一切人反对一切人的战争；只有当人们体验到这种战争的恶劣后果时，再加上恐惧的动机，才能引导人们服从权威；甚至即使如此，人性仍然难以驯服，以至于对抗人性的掠夺本能的唯一的安全保障，就是使其居于主权国家①的统治之下。今天很少有人持霍布斯这样极端的观点了。但是，在一些社会学的读物中，仍然不难发现其基本问题被这样表述，似乎问题在于罗列和分析那些驯服个体和使个体“社会化”的力量。这些作者和霍布斯的主要区别在于，他们更少地单纯强调政治压力；而是意识到，原始人性中也有使人易于服从社会法律和规定的倾向。英国新工业阶级成功地反对封建制度表面上总体消失之后仍然存在的那些限制的结果，使这个流行的公式偏重于自由一边，而主张只要一个人的行为没有限制其他人的自由，他就是自由的。此外，这种限制不

---

① sovereignty，意为“主权国家的统治权力”即“主权”，或译为“君权”。在霍布斯的语境下，君主与主权(国家)密切相关。这里随行文进行了变通。——译者

是由审视一个人的行为对他人产生的具体后果来决定的。它由一个形式的法律原则而确立，例如，每个到一定年龄的正常个体在与他人建立契约关系的权利上是平等的，不管实际条件是否给予契约双方以平等的自由行动的范围，或者使“自由”契约仅仅是单方面的。

然而，我的目的并不是要翻出穷究这些老问题或道德上的类似老问题，就像什么利他或利己的倾向在人性中各自的地位这些无聊的问题。这里涉及的只是这些问题所设想出来的情境，只是它们作为问题而被提出来的观念背景，而暂且不论所得到的答案。就现在所达到的智识成果而言，我们可以看出，关于人性固有构成的这些意见忽视了这样一个根本问题，即人性的构成因素是如何被激发或被抑制的，是如何被加强或被减弱的，以及它们的样式如何在与诸多文化条件的相互作用中被决定的。由于忽略了这一点，那些关于人性的观点就为特定的群体擅用，服务于他们所希望贯彻的目的和政策。那些希望为权力统治他人提供正当性的人，便采用了人性构成的悲观主义见解；而那些希望摆脱压迫的人，84
便在人性的天然构成中发现了能提供这种伟大承诺的性质。这里有一个以往智识探索者很少进入的领域，即一个关于方式的故事——以这种方式提出的关于人性构成的观念，被认为是关于心理的研究结果的观念，其实不过是不同群体、阶级、派别希望看到的、长期以来就存在或新近采取的实际措施的反映而已。因此，原来被认为是心理学的东西，实际上只是政治信条的一个枝杈。

因此，我们要再回到早先论述过的原则上。主要的困难在于，这些问题已经定势化，似乎一端是人性结构问题，另一端是社会规则和权力的性质问题，而实际上真正争论的焦点是“自然的”和“文化的”的关系问题。卢梭(Rousseau)对艺术和科学的攻击(正如他对现存法律和政府的攻击一样)，震惊了 18 世纪他的同时代人，因为他宣称，由于其运行而导致不平等从而败坏人性的那些东西，恰恰就是人类借以让人类不断进步的那些东西。不过，在某种意义上，他阐述的文化与自然问题，只是他自己将所有重点和优先权都放在人性上；因为对于他来说，虽然人性未经雕琢精炼，但只要原始平等的丧失没有导致那些败坏人性的条件产生，人性就可以保持其自然的善。康德(Kant)及其德国后继者们，接受了卢梭这个令人不快的悖论的挑战。他们试图颠覆卢梭的立场，将所有历史解释为持续的文化过程，通过这个过程，人的原始动物性得以升华，从动物性变为人所特有的人性。

但是，卢梭和他的反对者在以新形式提出的问题的讨论中，许多源于传统处理问题方式的因素被保留下来了。在德国哲学中，因拿破仑的入侵而兴起的国家主义(nationalism)，使这个问题进一步复杂化。尽管德国人在这场战争中被打败了，但在文化上，他们却更优越——在德国国家主义的宣传中所使用的“文化”一词，仍然保持着一种观念：正如人类对动物的统治具有正当性一样，文化的优越性赋予对文化低等的人的统治一种正当性。此外，法国革命以及卢梭的著
85 作影响了德国思想家，使他们将文化的原因与法律和权威的原因等同起来。个体自由，在大革命时代的哲学家看来，是人类的“天赋权利”(natural rights)；而在此后扮演反应者角色的德国哲学家那里，个体自由仅仅是原始的、人的动物本能的、感性的自由。“更高级的”和真正的自由的产生，还需要一个服从普遍法则的阶段，因为普遍法则表现着非自然的、更高级的人性本质。从这种观点定式化开始，德国所发生的事情，包括极权主义的兴起，都打上了这个观念的印迹。预计某种终极和最终的社会状态(既与原来的“天赋”自由不同，也与当前的服从状态不同)的存在，在德国学术智识成果影响下所形成的所有社会哲学(例如马克思主义哲学)中都起着重大的作用。这种对未来状态的料想，和基督再临(the Second Coming)的观念具有同样的功能。

然而，如果没有从人类学研究那里获得的材料，这个问题无论如何也不会以新的形式被提出来。因为人类学对大量不同文化所作的研究表明，个体和个体自由与社会风俗、习惯、传统和规则的关系问题是以一种笼统的形式加以叙述的，所以无法经受智性的和科学的攻击。如果以自然科学的方法作评判的话，社会领域的研究方法仍是前科学的和反科学的。因为科学是通过分析性观察，以及通过在事实间相互关系的基础上对所发现的事实的解释，才得以发展的。而社会理论的研究却建立在一般的“力量”(forces)之基础上——无论这种力量是内在的自然“动机”，还是所谓的社会力量。

如果不是由于习惯上的惰性(这除了适用于明显的行为，也适用于意见)，那么，这个发现会让人惊讶不已：今天的作家非常熟悉物理科学的研究方法，然而在人类和社会现象的解释上却求助于“力量”。在物理科学中，他们意识到，电、热、光等等，不过是一些作用方式的名称——确定的、可观察的具体现象在相互关系中，以这些方式活动着；他们也意识到，所有这些描述和解释都是根据所观察到的独特事件间的可证实的关系作出的。他们知道，电、热等等指称，不过是

事件间关系(这些事件间关系是由对实际发生的事情的观察而确定的)指称的缩
略表达。但是在社会现象领域,他们却毫不犹豫地通过作为力量的动机(如对权 86
力之爱)的指称来解释具体现象,尽管这些所谓的力量,不过是以抽象词语表达的、所解释的那个现象的副本。

从文化和自然相互关系的角度进行陈述,才能让我们摆脱含混的抽象和炫目的一般化概括。这种角度的进路使人的注意力转到存在的各种文化和各种人性的构成因素上,包括人与人之间的天然差异——这些差异并非仅仅是量上的差异。研究要着眼于:人性特定的构成因素(无论是天然的,还是经过纹饰的)以哪些方式与一定文化特定的、明确的构成因素*相互作用*;人性为一方,社会习惯和规则为另一方,这二者之间的冲突和一致乃是这些独特的相互作用模式的结果。在一定的共同体中,实际上,一些个体赞同既有的制度,而另一些个体则反对这些制度——反对的情形有温和的恼怒不满,也有暴力反叛。这些作为结果的差异一旦充分地显现出来,可被标签化,也就取得了保守和激进、前瞻或进步和反动等等的名号。这些差异跨越了经济上的阶级。因为甚至革命者也必须承认,他们的问题之一是为了唤起积极的反抗,要让被压迫阶级意识到自己被奴役的状态。

这个事实甚至对最粗浅的观察来说也是显而易见的,它足以驳倒这种观念:可用个体和社会关系的方式来提出问题,好像个体和社会这些名称代表着任何实际的存在一样。这个事实表明,研究的首要和基本的问题是人性和文化条件的*相互作用的方式*,以及要探明不同人们的不同的人性成分,与不同的习惯、规则、传统、制度(这些东西被称为"社会的")之间相互作用的结果。一种谬论支配了传统上这个问题的提出方式。它将特定的互相作用的结果当成了原因,即将这种结果——好结果、坏结果或兼而有之的,当成了这一面或那一面最初的原因,或者当成了已经存在之物或应存之物的原因。

例如,的确,奴隶阶级存在时,奴隶们有时会甘愿地接受他们被奴役的状况; 87
的确,有一些人虽然本身在既有的压迫和非正义中并没有遭受痛苦(除了通常所说的道德的痛苦),但却成了争取平等和自由运动的领袖;的确,所谓固有的社会性"本能"曾引导人们趋向合作,当然,这种社会"本能"也曾导致人们组成以相互忠诚为特征的犯罪团伙。现在看来,实际上,怎样的相互作用决定着这两方面发生作用的要素及其结果。对此进行分析性观察,无论如何,是十分不易的。但是，认识到这种观察的必要性，乃是对实际事件进行恰当判断的前提。如果将问题看作好像仅仅是个体“力量”为一方，社会力量为另一方，力量的性质事先已经知道了，那么就会阻碍我们对所提出的策略进行评估。如果我们想让自由问题置入它所本属的背景中来讨论的话，那么必须从另一套前提出发。

上一章开篇所提出的一些问题，都是真正的问题。但它们不是一些抽象的问题，而且不能以笼而统之的方式进行讨论。对于这些问题，需要讨论文化的条件，讨论科学、艺术、道德、宗教、教育和工业等等各种条件，以便在这些条件中发现何者能实际促进人性天然构成因素的发展，而何者会实际阻碍这种发展。如果我们想要个体是自由的，就必须找出其合适的条件是什么——这也许是老生常谈了，但至少可以指出我们的着眼点和行动的方向。

除此之外，它还告诫我们要消除这样一些观念：相信民主的条件会自动地自我维持，或者将民主的条件等同于贯彻落实宪法所规定的那些条款。这些观念会转移我们对正在进行的事情的注意，正如变魔术的人口中念念有词，而试图让观众无法发现他实际上究竟在做什么。因为实际在进行的事情，可能是正在形成那些会敌视任何形式的民主自由的各种条件。这本来是不需要重复的陈词滥调，但那么多声名显赫的人谈起这个问题时，好像他们自己相信或者想让别人相信：只要遵守那些已经成为惯例的规则，就可以有效地保护我们的民主传统。这个老掉牙的原则也警告我们要当心这种看法，即认为形成极权国家的因素在我
88 们这里十分罕见，所以“我们这里不可能出现极权国家”；特别是要当心这种观念，即认为极权国家仅仅依赖于残酷的镇压和恐吓。因为对一个曾经存在科学精神的国家来说，即使大规模地施行清洗、死刑、集中营、剥夺财产和生计手段，如果没有人类素质(human constitution)中所谓的理想主义因素支持的话，任何一个政权都无法持久。一些人士倾向于将以上说法解读为：在为独裁和极权国家辩解或提供正当性。对于试图发现是什么使得在其他方面明智和高贵的人们会赞赏(至少是暂时地)极权主义情形的努力来说，这些人士的反应方式是危险的。它以憎恨代替了理解的努力；憎恨一旦被唤起，就会在精巧的操纵下去反对其他对象，而这些对象并非是起初唤起憎恨的东西。它也诱导我们相信：只要我们对在极权主义中所见的邪恶事物也在我们之中发展着这一点视而不见，就会对别人所患的那种疾病有免疫力。如果认为只有这些东西才危害着民主，那么就会使我们丧失警惕而不去注意那些原因；而正是那些原因，导致我们名义上所

珍视的那些价值逐渐地被削弱。它甚至会让我们忽略我们眼神中的喜色，比如我们在种族偏见中所闪烁的那种眼神。

要从远处判断形成纳粹信仰的那些政策是由于诉诸人性中哪些更好的要素，这是极端困难的。除了诉诸恐惧，除了想要逃避自由公民本应承担的责任，除了在过去培养起来的服从的习惯所加强的顺从的冲动，除了想要补偿过去遭受的屈辱的欲望，除了过去一个世纪以来不断加强的民族主义情绪（这不是单单在德国）的行为之外，我们可以相信，还有一种爱好新奇的心理。在这个具体的事例中，这种爱好采取了理想主义信仰的形式，特别是在年轻人中，他们热衷于创造一种全世界迟早都会采用的新的制度模式。有一种人性因素，无论在观念还是在实践中都经常被忽视，那就是源于参与创造性活动的满足感；这种满足的程度，与所参加的创造性活动的范围成正比。

还可以提一下其他的一些原因，不过得承认，人们非常可能会真诚地质疑或
否认这些原因的作用。从与他人的联合感中所产生的满足，这种感觉能强烈到 89
成为一种与他人神秘地融为一体之感，并被误认为是高级的爱的表现。与他人的共享感，以及一扫人们之间障碍的感受，在过去愈是被压抑而无法表现，当拥有时所获得的满足就愈为强烈。相对来说，效忠于所属省份的感情（在德国，曾至少和在我国的“州权情感”一样强烈和有影响力①）很容易被摧毁；同样容易的是（尽管容易的程度要低一些），习惯性的宗教信念和实践被屈从于种族和社会的联合感之下，这些事情发生得如此容易，似乎可以证明其底下有一种对情感融合的渴望。当参加世界大战的时候，在许多国家都表现出这种东西。这时，使个体间彼此分离的障碍仿佛已经被清除了。假如没有一种新政权所承诺填补的空白，人们就不会如此乐意地服从废止政党、废止曾有很大权力的工会等诸如此类的禁令。至于在一个有严格的阶级区分的国家，平等感在多大程度上与齐一化的事实相伴随，人们只能猜测了。但是，有充分的理由可以使我们相信，这种平等感曾经是一种强烈的因素，它使“卑贱”的人们甘愿地接受被强制剥夺其物质

---

① 在现代德国和美国的形成过程中，省、州、邦之间的关系比较松散，并没有后来意义上强势的中央政府。provincial loyalty，或可译为“省地忠诚”和“省籍忠诚”，并不以弱主权政府为必然前提（例如可以谈论罗马帝国下的省籍忠诚问题）。这里的意思，杜威显然暗含了这段历史；不过，也许杜威最关键的意思在于，它以传统社会形态为前提，现代社会倾向于摧毁这种地区性的忠诚。——译者

利益，以至于作为补偿来说，至少以短时间来说，高贵的平等感可极大地超过由更匮乏的食物、更艰苦和时间更漫长的劳作而带来的欠缺——人不仅是靠面包而活着的，这就是心理学的真理。

相信"理想主义"因素的作用，与所进行的残酷迫害(这种迫害表明，处于支配地位的，与其说是为了实现不论出身和地域而与他人联合的欲望，不如说是虐待狂)，似乎是矛盾的。但是历史表明，社会的联合统一曾不止一次地是由于某种敌对团体的出现——无论真的出现了，还是被宣称要出现。长期以来，这已经成为政客权术的一部分，因为这些政客希望保持自己的权力，所以培植这样的观念：若不如此，必将被敌人所征服。这就提示我们，绝不能忽略强有力的、不间断的宣传作用。因为进行这种宣传的意图向我们表明：有某些社会条件，其相互作
90 用会产生这种宣传的社会奇观。相互作用中另外一些有利的因素，还包括产生于现代科学的那些技术，那些技术使得改造大众性向的手段成倍地增长；而且，那些技术与经济的集中化相结合，使大众意见如同有形的商品一样，成为可以大规模生产的东西。对于关心维持民主自由的文化条件的人来说，这既是一个警告，又是一个提示。警告比较清楚，就是关于宣传的作用问题，在我们这里，宣传在当今是通过更间接、更少官方性的渠道运作的。提示则是：印刷出版业和无线电广播的发展，导致根据公开宣称的公共目的，明智和诚实地运用交流媒介，成为一个首要的问题。

以上所说采取的是举例方式，如果愿意的话，也可以把它看作一种假设。但即便如此，这些提示也可用来支持这种观点：只有当一种社会统治形式可以满足人性中此前没有得到表现的因素时，这种统治形式才能持续下去。另一方面，为了摆脱已经变得陈腐和饱和的因素，几乎任何东西，只要它与原来的东西不同，都会受到欢迎。这个一般原则仍然成立——即使所提供新的发泄口的是人性中一些更低级的东西，诸如恐惧、怀疑、嫉妒、自卑；这些因素为早先的条件所激发，现在又有了更充分表达的渠道。通常的观察表明，尤其是对年轻人的观察表明，最令人恼怒和憎恨的事情莫过于先激起一种冲动倾向，然后将它压制下去。我们还应该注意到，在人们觉得不确定和不安全的时期，常常伴随着或多或少的焦躁和困扰，此时会产生任何东西都比现在要好的感觉，并且会产生对秩序和稳定的欲望，无论这种秩序和稳定要付出何种代价——这就是为什么革命之后会有规律地出现反动(reaction)的道理，而且解释了列宁用"革命有理"(revolutions are authoritative)①的说法所表达的事实,尽管不是列宁所给出的理由。

在这些因素中,哪些与我们民主条件的维持有关以及是否都同样相关?在目前的情况下,这些问题并不像以这些因素为例证的那条原则这样关键。从反面来说,我们要摆脱对单一的纯粹力量信仰的影响,无论这种力量被设想为心理所固有的,还是社会所固有的。这也包括从对可恨之物的单纯憎恨中摆脱出来, 91
并且意味着拒绝乞灵于一般化的论述,诸如法西斯制度是紧缩资本主义阶段可预期事物的表现,因为法西斯制度是抵抗临近的崩溃的最后一阵痉挛。我们不能不假思索地立刻拒绝任何一种主张,因为它也许具有某种真理性。但是,最基本的要求是避免笼而统之、含糊其辞的理由,诸如这个国家是极权国家、那个国家是独裁统治之类。我们必须通过既广泛又精细的观察来分析条件,直到发现所发生的特殊的相互作用;我们必须学会根据相互作用而不是影响力来思考问题。我们甚至应该去研究:使相互作用着的因素具有它们自身影响力的条件是什么。

这种告诫根本不是什么全新的东西。美国政治民主的创立者们没有天真到沉溺于纯粹的理论,他们意识到文化条件对民主政府成功运作的必要性。我可以很容易地从托马斯·杰斐逊那里找来长篇大论说明他的坚持:如果要确保政治民主,那么,出版自由、普遍的学校教育、当地邻近群体通过紧密会谈和讨论而管理自己的事务等等,就是必不可少的。他还用几乎等量齐观的表达担忧的说法来支持上述论述,他担忧摆脱了西班牙奴役的南美国家能否实现共和制。

杰斐逊明确地表达了他的这种担忧,即南美国家的传统会以国内的军事独裁代替外国的征服。一种"愚昧、盲从和迷信"的背景,可不是个好兆头。在某个场合,杰斐逊甚至走得如此之远,他暗示所能发生的最好事情:南美国家名义上继续置于西班牙的主权之下,并且处于法国、俄国、荷兰、美国的集体保护之下,直到它们的自治经验准备好了,可以完全独立的时候为止。

在我国民主先驱们的立场中后来发展起来的弱点,其真正根源并不在于他们将自由问题和培育自由的实证条件分割开来,而是因为他们没有,在他们的那 92

① "revolutions are authoritative"中的"authoritative",直译应为:有权力的、有权威的。因此,此处之"理"非"理智"之"理"。——译者。

个时代也不可能将他们的分析进行到底。这种缺憾最明显的例子，是他们对公共出版和学校教育的信仰。他们强调，出版自由和公共公众学校对提供民主制的合适条件来说是必要的，这当然并没有错。但是对他们来说，出版自由的敌人乃是官方政府的审查制度和控制。他们未曾预见到，非政治的原因可能会限制出版自由；也没有预见到，经济因素会使集中化格外有甜头。而且，他们没有看到，读写教育如何成为专制政府手中的武器；也没有看到，欧洲推进初等教育的主要原因会是军事力量的升级。

如果抛开对教育体制所有组成因素的持续关注来谈一般意义上教育的无效，那么，德国就是很好的范例。德国的中小学很有成效，因而德国的文盲率在全世界是最低的；德国大学的学术和科学研究也闻名于整个文明世界。事实上，在不久以前，有一位杰出的美国教育家还将德国教育作为我国教育要追随的范例，以求弥补我国高等教育制度的缺陷。然而，德国的初级教育却为极权主义宣传提供了会识字的饲料[①]，而德国的高等学校则是反对德意志共和国的大本营。

这些例证很简单，也许人们太熟悉了，没有多大的说服力。然而，这些例证清楚地表明，如果没有一种观念和信息快捷而广泛的沟通机制（例如新闻出版），没有能使这种机制得以利用起来的普遍的读写文化程度，在一个广大的区域内实行民主制度是不可能的。尽管如此，也恰恰是这些因素给民主制度带来了问题，而不是向其提供了一劳永逸的解决方案。新闻媒体将人们的注意力转移到琐事，成为党派的机构或灌输某一群体或某一阶级观念的工具，而这些观念假公共利益之名，行自我利益之实——除了这些事实之外，我们还看到当前遍布全世界的如此景象：个体由于诸多孤立事件公开报道的影响而感到惶惑，情感上陷入不知所措之中。一个世纪以来，人们相信：公立学校体制因为其运作性质，势必
93 成为它早年的倡导者所言的“共和国的支柱”。而现在，我们却意识到，有关公立学校的一切——它的官方控制、组织和管理的行政机构、教师的地位、教学的内容和方法、流行的训导模式，都向人们提出了很多问题；同时，就学校和民主制度

① 会识字的饲料（intellectual fodder），意即为宣传机器提供了有文化知识的合格的齿轮。教育提供了智力上的准备，否则，人们“听不懂”那些宣传。并且关键在于，这种教育会让人充当且能充当宣传的齿轮，即成为宣传机器的“饲料”，宣传机器的开动要靠这些齿轮、油料和饲料。故“饲料”可能兼有准备和动力的意思，但主要是动力的意思。——译者

的关系来说，这方面的问题在很大程度上被忽视了。事实上，人们从各种技术性角度关注过这些事情，但其关注角度恰恰是使核心问题被模糊了的一个原因。

经过许多世纪的挣扎和错误的信仰之后，自然科学现在拥有了将特殊事实和一般观念彼此有效地结合在一起的方法。但是，关于理解社会事件的方法，我们现在还处在前科学时代，尽管有待理解的事件乃是以史无前例的程度应用科学知识的结果。关于社会事件的信息及其理解，目前的状态是：一方面有大量未经消化、互不关联、各自被孤立地描述、因而很容易被扭曲地涂上利益色彩的事实；另一方面，则是大量未经证实的一般化概括。

这些一般化概括十分笼统，和它们试图概括的事件相距甚远，因此只是一些意见，并且往往是一些党派和阶级的战斗口号和标语。它们时常是披着理智语言外衣的党派欲望的表达。作为意见，这些笼而统之的概括辩来辩去，而且随着时髦的变化而变化。它们在实践上与科学的一般化概括完全不同，因为科学概括表达的是事实与事实之间的关系，当科学概括被用来涵盖更多事实时，便受到它们所应用于其中的材料的检验。

浏览一下报纸的社论栏，就会知道什么叫“未经验证的意见”；它们所发表的一般原则貌似经过深思熟虑的判断，其实则不然。各个新闻栏目也诠释了什么叫“大量歧异的无关事实”。源于日报业的流行概念——“有轰动效应”(sensational)，在说明“感觉”(*sensations*)一词的含义方面，远比心理学书籍对这个题目的阐述更令人大开眼界。[①] 所谓有轰动效应的事件，越是从与它们有联
系的、赋予它们以意义的事件中孤立出来，就越能造成轰动效应。它们吸引喜欢 94
粗俗东西的人。通常关于谋杀、幽会地点等等的报道，都属于这种类型。这些报道还配以夸张的字体、夸张的色彩，以塑造出一种人为的紧张气氛。“一种对事物的反应，如果它的意义越是由它与其他事情的关系所提供的，它就越是理智性的(intellectual)，而越非感觉的(sensational)”，这不过是自明之理。这只是描述同一件事情的两种说法而已。[②]

当前条件下读写教育的一个结果是：造就了一大批嗜好瞬间“刺激”的人，这

---

① sensational/sensation，有新闻上轰动效应、刺激等意思；在心理学上，则是指人的感官的感觉，尤其是触觉。在下文中，杜威将它和 intellectual 看作方法论上的两个极端而进行对立。——译者

② 意指理智性的、感性的、感觉的等等，和“在事物联系中寻找事物意义”、“将事物孤立出来”，是等价的两套说法。——译者

些刺激由冲力刺激神经末梢而产生，但却断开了与大脑功能的联系。因为这些刺激和激动没有得到恰当的整理，所以根本无法产生理解（intelligence）①；同时，依赖外来刺激的习惯又弱化了运用判断的习惯。总之，如果还有人说“后果并没有比现在更糟”，那真是献给人性忍耐力的颂词了。

由于科学发现的应用而产生的这些新机制，自然极大地扩展了影响相关感官和情感的特殊事件，或“新闻”的范围和种类。电报、电话、无线电广播等不断地报道着发生在全球各个角落的事情。就大部分事情来说，作为受众的个体除了在情感上的反应——一种瞬间即逝的激动之外，无法做其他任何事情。这是因为，由于彼此之间缺乏联系和组织，因此不可能有那种通常一个人未亲身经历时所产生的补偿式的、对情境的想象性再现。我们且慢为住在乡下的人在现代信息交流工具发明之前所处的情境大加怜悯。我们应该记得，对于可能影响人们生活的事情，他们要比今天的城市居民知道得多得多。那时候的乡下人不知道这么多零碎的资讯，但是他们一定知道——在真正理解意义上的“知道”——影响他们自己事情的那些行动的各种条件。而今天，影响个体行动的信息遥不可知，我们听任那些超乎意料、突如其来、肆虐我们情感的事件随意摆布。

95 不难看出这些考虑与对维护自由所涉及的文化条件的关系。这与我们共和政府的创立者们所耽溺于其中的、现在看来对民主过分简单的看法有直接的联系。在这些创立者的心目中，人的日常活动激发起创造力和活力，人拥有的信息来源即使非常狭小，也相当直接地促进着他们要做的事情，而信息来源又完全在他们所能控制的范围之内。人们的判断是针对他们活动和接触范围之内的事物而作出的。但是，报刊、电报、电话和无线电广播已经永远地扩展了普通人可资利用的信息范围。如果否认一种迟钝的心灵已经开始出现，这是愚蠢的。这种状况为有组织的宣传洞开大门，使其可以持续地煽动情绪，将许多意见压而不发——暂且不论这些，还有大量的信息难以进行判断；即使要作判断，也无法有效地进行，因为人们竭力想要判断的材料实在是太分散、太零乱了。今天的普通人周围被现成的精神物品包围着，如同被现成的食品、物品和各种小玩意儿包围着。他不能像他的祖先拓荒者那样，亲身参与制造精神产品和物质产品。而那

---

① 一般译为“智力”。——译者

些拓荒者由于亲身参与精神和物质产品的制造，所以尽管对整个世界发生着什么知道得很少，但对自己周围的事情更加了解。

镇民大会（town-meeting）式的自治政府，足以管理当地事务，如学校建筑、地方财政收入、地方道路和地方税收的征缴。参与这些形式的自治政府，是参与更大规模的自治政府的良好预备。但是在目前的条件下，诸如道路和学校这样的事务，即使在乡村地区也不仅仅具有地方性意义；就参与镇民大会可以唤醒公共精神而言，它当然是好的，但也仅止于此。它不能提供公民对国家事务作出明智判断所必要的信息——要对国家事务作出明智的判断，现在还需要了解世界的状况。学校的读写教育，无法替代由以前那种具有教育意义的直接经验所获得的品性。① 与这种由缺乏相关个体经验而产生的空白同时发生的，是大量无 96
关的偶发事件的冲击所导致的迷茫，二者共同造就了对有组织的宣传的反应态度。这些宣传日复一日地灌输同样的、少数几条简单的信念，还断言这些信念是对国家福祉至关重要的“真理”。简言之，如果我们要理解有组织的宣传在当前的力量为什么这么大，就一定要考虑机械工具的巨大发展所造就的人性态度。

互不相干的事实在数量和种类上日益增长，不断地影响着普通人，这种影响比较容易把握；而流行的各种普遍化论述对普通人的影响，就没有这么容易把握；这些普遍化论述得以被当作对实际事件的解释，但却不受观察事实的检验。它所唤起的与其说是批判性探究，不如说是默认。人们之所以会低估这些普遍化论述或“原则”的影响，是因为普遍化论述已经融合在人们的习惯之中，因而虽然受其驱使却几乎意识不到它们的存在。或者，即使意识到它们，也把它们当成习以为常的自明真理。习惯一旦根深蒂固而成为人的第二天性，它们就像恒星的运动一样不可避免了。这些被表述在一定时期流行语中的“原则”和标准，通常仅仅是一些套话，它所表达的不过是人们无意识地赖以生活而没有在理智的意义上信仰的东西。因而，生活在不同条件下和形成不同习惯的人们会提出不同的“原则”，这些“原则”会作为由敌视我们制度的外国人提出的瘟疫之源而被拒绝。

① 在杜威看来，教育不仅仅是学校教育，很多活动（但并非所有）可以是教育性的。学校教育搞得不好，也可能没有什么教育性，特别可参见他的著作《民主与教育》。——译者

在所有的人类事务中，意见既是最肤浅的，也是最顽固的。它们之间的区别，归因于它们和无所不在又不为人察觉的习惯之间是否有联系。还有口头习惯，那些口头禅也具有权力。即使公式化的套话只是一种语言仪式时，人们仍会继续附和它。甚至口惠(lip-service)也有实践上的效果，它能造成理智和情感的分裂；这种分裂也许不是故意为之的伪善。但是，它们造成了一种不真诚、一种行为和表白之间的不兼容——在这些事情中，让我们感到惊奇的是：显然，一个人“相信”他自己说的话，却根本没有意识到他所说的和所做的，两者之间是不一
97 致的。像在目前这样的时代，实际事情已经发生了巨大的变化，口头上公式化的套话明显地落后于这些变化，即明显地存在着文化时滞(cultural lags)。所说与所做之间的裂缝，使这些不真诚愈发深入和普遍。同时，首先自欺的人，才能最有效地欺人。最让人困惑不解的人类现象之一，就是人们“真诚地”做着某种事情，而逻辑演绎却很容易证明这些事情与真诚是不相容的。

这种类型的不真诚，比有意而为之的伪善更为常见，也更加有害。当环境快速地变化，人们的反应和外在的习惯也快速地变化，但是在这之前所形成的情感和道德态度却没有发生相应的再调整，在这样的时期，前述那种不真诚就会普遍地存在。这种“文化时滞”在目前随处可见。当今情况变化的速度比以往所知的任何时代都要快得多，以至于可以这样说，最近一个世纪人们生活和交往情况的变化，较之前几千年间的变化要大得多。变化的步伐如此迅捷，其背后的传统和信仰要跟上变化的步伐，实际上是不可能的。不是零星的个体，而是很多人应对周围环境所采取的行为方式，与他们所熟稔的口头反应没有联系。可是，这种口头上的反应，表达了那些饱含感情的性向；这些性向在言辞上找到了出口，却没有在行动上表现出来。

如果不考虑在人格构造中所发现的道德上和宗教上的裂隙，就不可能充分地评估文化对今天构成自由的那些因素的影响。如果不从当前的无序状况中创造性地整合理智和道德，我们就不可能成功地在理论或实践上处理如何创造真正民主的问题。一边是与过去情感和意气彼此吻合的态度，一边是因为必须处理当前情况所不得不具有的习惯，这种态度和习惯之间的裂隙和分裂，就是当前人们不断宣称忠于民主，但其实却既没有想过，也没有在实际行动上逐渐向这种
98 宣称相应的道德要求靠拢的主要原因。无论这种分裂发生在商人、牧师、教师还是政治家那里，其结果就是：真正民主之所由产生的环境条件不断恶化。对我们

的民主形成严重威胁的，不是外国极权国家的存在。这种威胁就在我们个人的态度中，在我们自己的制度中。这些情况和外国的情况很相似，在那些国家，正是由于这些情况的存在，外部权威、规训、齐一化和对“领袖”的依赖取得了胜利。因而这里也是战场，在我们自己这里，在我们自己的制度里。

3.

美国背景

99 独裁统治和极权国家在欧洲的突然出现，向人们提出了前面论及的那些问题；与此同时，我们国家的事情也直接给我们自己提出了类似的问题。现在提出的问题是：一个半世纪以前形成民主信仰的实际原因到底是什么。研究独立宣言、十三联邦的创立和正式通过联邦宪法等历史事件的历史学家们告诉我们①：促使美国独立战争的领袖们起兵反抗的原因，是由于大不列颠加在美国殖民地上对工业和贸易的种种特殊限制，以及各种横征暴敛；历史学家们也告诉我们：出现在成型学说中的所谓“对固有的自由权利的限制”，事实上是加在工业营生上的负担，而这使那些声名显赫的、有影响力的人物遭受了经济损失。

根据这些历史学家的看法，这些情况引发了美国独立革命，但他们没有从对这些具体情况的论述中得出一个反讽的结论：当时所提出的关于自由、自治政府和共和国制度等理念，是出于有意的不真诚；是试图欺骗那些如果不看到这些旗号，就对斗争不感兴趣的人。不如说，这些独立战争的领导人将他们所遭受的特殊限制概括为“压迫”这一普遍观念；并以相同的方式，将他们摆脱特定麻烦的努力概括成为自由而斗争——此自由乃是作为一个无所不包的政治理想意义上的自由。

美国移民和英国官员之间的距离——物理上的距离被如此一般化，以至于成为一种观念的符号；这种观念认为，凡是非自愿接受的统治，都是与人性和人

---

① 1775 年，独立战争开始；1776 年，发表《独立宣言》，此时并未明确地说是联邦国家起来反对英国，而是十三个州同时反对英国而已；美国最初是松散的十三个州的联邦，史称十三联邦，于 1781 年成立，以通过《联邦条例》为标志；后来，1788 年，《联邦宪法》通过，国家的统一化进程加速。——译者

权不相容的。用现代心理学的语言说，一个群体为摆脱某些特定的迫害而进行
的局部斗争，会被“合理化”而成为全人类为获得抽象意义上的自由进行的普遍
斗争；和其他在危机时刻迸发的“理想化”一样，这种“合理化”能使人们在斗争中 100
吃苦耐劳，投入更大的精力，使斗争得以持续，直到最后消除当前的迫害。作为
历史学家，他们没有推论说，以热爱自由之名所做的一切事实上不过是为了从特
定的恶中解放出来；也没有推论说，消除了这个特定的恶之后，人们就不热爱自
由了，转而去享受他们因机而得的特定的善。但是，他们对事实的论述却隐含了
这种结论。

这些历史学家也没有得出结论说，经济力量是推动人们集体行动的唯一力量，以及生产力的状态是决定社会关系的最终因素。历史学家们没有冒险走得这么远，以至于得出这些普遍的一般化概括。但是，在作为历史学家的本职范围内，他们已经指出特定的经济因素对导致美国独立革命的影响，以及在十三联邦时期的混乱之后，经济条件的变化对制定《联邦宪法》某些条款的影响。他们已经提醒人们注意，农场主和商人的利益冲突对政治事件有持续的影响。例如，他们表明，在共和国最初的三四十年里，民主共和党人（the Republic）和联邦党人所拥护的政策的差异，代表了农业和商业两个部门和集团的利益的差异，这些冲突在以下的事务上具有不同的党派态度：集中化政府还是非集中化政府，司法系统的权力，特别是最高法院的权力大小，自由贸易还是保护性关税，对法国和英国的外交政策如何，等等。①

① 这里的民主共和党人指1792年由杰斐逊成立的党派，是后来美国民主党的前身，不是现在的美国共和党。《联邦条例》下的美国，作为一个国家，极为松散。例如国会是唯一的中央权力机构（所谓总统乃是国会主持人），权力极为有限，尤其是没有征税权，国会甚至经常由于找不到各邦代表来参加而陷入困顿，这就是杜威说的“混乱时期”。为了解决美国成为一个国家的问题，各派开始制定宪法。1788年前后立宪时期，有联邦派和反联邦派之争，联邦派即国内熟知的联邦党人，主张相对强势的中央政府；反联邦派则相反，担心政府的强势会损害个人自由。这个时期，汉密尔顿以及前文提到的麦迪逊，都是联邦派的代表人物，其论战著作便是《联邦党人文集》。《联邦宪法》通过之后，由于联邦政府的一些作为，出现了联邦派和共和派的斗争，理念上的原因与前一个阶段联邦派和反联邦派的斗争大体类似，但历史背景已经完全不同了（因为宪法已经通过了）。此时的麦迪逊成为民主共和党人，反对汉密尔顿；前文提到的杰斐逊便是此时的民主共和党的创立者和著名代表。所以，我们要注意联邦派的两个时期。至于各个政治派别是否直接与特定利益挂钩，特别是美国宪法的制定是否与特定群体，甚至特定个人的利益挂钩，人们的认识是有所变化的。最初，历史学家认为，这些人主要是出于普遍的理想而斗争、立法；后来认为，是（转下页）

也可一提《独立宣言》和《美国宪法》在风格上的显著差异。《独立宣言》的调门要激进得多，这比较容易解释，因为它的起草者是独立运动领袖中对民主信仰最为坚定、最为坦率的人。① 因缘际会，使得他在这个历史的关节点上成为民主的喉舌；而当斗转星移，使得其他一些人成为制宪会议的弄潮儿时，他却在法国，未能出席。② 在第一种情况下，必须把国家中的全部力量以自由的名义聚合起来，反对外国的敌人。在后一种情况下，已经取得地位的人最迫切的需要似乎
101 是：保护既得经济利益免于大众的猛烈攻击——他们是以自由之名而破坏秩序和稳定的。此外，当时也有妥协的需要，以将不同方面统一在单一的联邦政府下。甚至终其一生，这位《独立宣言》的作者都在恐惧，担心君主制和寡头制倾向会破坏共和制度的基础。③

(接上页)出于群体乃至个人的利益(如 1913 年比尔德的《合众国宪法的经济解释》)；1950 年以后，主流意见认为，这些争论主要反映的是地区利益而非明显的个人利益之争。杜威所见到的材料，应该是比尔德之类的观点。大体来说，联邦党人主张中央集权，国家应当发展商业经济；民主共和党人主张有限中央政府，美国不应成为高度商业化和都市化的社会(但要注意，杰斐逊等人并非绝对仇视商业，而是担心工商业发展的某些后果)。两派在各地、各阶层都有支持者(这点值得指出)，但一般来说，联邦党人的支持者集中在美国东北部商业中心，以及南部一些港口城市；民主共和党人的支持者，则集中在美国南部和西部的农村地区。自由贸易和保护主义之争很复杂，一方面，农产品是当时美国的比较优势，且政府主要财源之一是从英国进口品的关税，故民主共和党人相对倾向于自由贸易，而联邦党人则相反；但另一方面，由于对外关系、理念、工业品和商业的快速发展等原因，这两种政策取向的斗争一直在持续。并且大体来说，那时候总的倾向是自由贸易，所谓自由和保护都是相对的。

关于对外政策，要注意当时的历史背景。法国在北美地区的殖民活动引起了忠于英国的殖民者的担忧，从而促进各个殖民地走到一起。在英法殖民地战争之后开始的美国独立战争，其中有法国的巨大支持，但美国一直有强大的亲英势力。此后，美国与法国、英国各有抵牾和合作，大体上可视为弱国在英法两大强国的夹缝中求生存。不过，大体来说，联邦党人相对更亲英，民主共和党人对法国、包括对法国大革命更有好感(英国本土对法国大革命的态度也有反对和欣赏两派)。1794 年与英国签订的杰伊协议虽然换来了与英国的短暂和平，但在外交政策上引起了两派的恶斗。法国大革命(1790 年)后，美国与法国的关系逐渐恶化。——译者

① 指杰斐逊，为《独立宣言》的主要执笔人。——译者

② 制宪会议于 1787 年召开。此时，杰斐逊为驻法国公使，没能参与宪法的制定；这里“其他一些人”，显然包括麦迪逊等。麦迪逊在《美国宪法》制定上起了很大的作用，且倾向于限制政府，所以也是杜威心目中的英雄。——译者

③ 美国作为英国殖民地，有不少人支持英王，并不反对君主制。寡头制倾向可能主要指 1788 年后的联邦政府的作为，颇有集中倾向。这样，需要一个稳定的富裕阶层的支持(特别是财政上的)，于是造成了一个统治阶层。而且，当时很多人认为，良好的共和国中，不应当有政党的对立和反对派(华盛顿也支持这种看法)，这样的结果容易造成某种势力的独大。在两个方面，汉密尔顿都是代表人物，被麦迪逊等反对者视为权力体系中的“利益相关和独断专行的多数派”，认为联邦派有可能走向一种独裁的权力结构。——译者

在历史学家满足于指出特定经济因素会在特定历史关头起作用的地方，马克思主义的社会哲学作出了彻底的一般性概括。马克思主义认为，这种一般性概括揭示了决定所有社会运动变化及其最终结果的法则；而对这些社会变化，历史学家仅仅在细节上进行研究。对历史学家来说，这种一般化概括不如说是一条实践上的准则：如果想要保障某种政治上的结果，就必须设法使经济条件倾向于产生这些结果。如果想要建立和维持政治上的自治政府，就必须设法不让产业和金融条件自动地妨碍其目标。

这种立场为众多具有不同色彩的政治观点和实践政策留出了巨大的空间——从一旦垄断势力过分坐大时，可以采取政治行动来约束垄断倾向，一直到试图对产业和金融进行"社会化"。而另一方面，马克思主义的立场提出了据称是科学的普遍法则；它依照（无论是实际依照，还是宣称依照）所定型的"法则"，推导出在实践上的政策。

无论经济因素对政治条件的影响采取温和的形式还是极端的形式，这种影响的事实使合众国成立时存在的民主自由问题极其复杂了。最初形成的民主理论是简单的，因为它所位于其间能生效的条件是简单的。作为理论，它设定人性中广泛存在对自由的欲望，存在摆脱外界施加于个体的、对个人信仰和行为强制的欲望。和这种自由欲望的信仰结合在一起的，是使人们不得不为独立而斗争的那些条件所产生的信仰：实现自由欲望，最主要的敌人是政府官员无限制地扩 102
大自己权力的倾向。于是，只要有反对滥权的保证，就被认为足以建立起共和制政府。

这后一个关于谁是自由的敌人的信仰，是当时反英独立斗争的外在表现。[①]对那些条件的记忆（这些条件使许多人宁愿从原来的国家移民）[②]，加强了这个信仰。杰斐逊，所有美国领导人中最明智、最坦率的人，就他在法国驻任期间个人所观察到的情形来说，加强了这个信仰。他在那里的经历，使得他无条件地支持这种说法：在一个压迫性政府的国家，任何人要么是铁锤，要么是铁砧。这个

① 美国独立战争的导火索是英国对美洲殖民地的税收，特别是1765年的印花税被认为开创了恶劣的先例，即不经讨论和当地议会（人民代表）的同意，就可以随意征税，此即所谓滥权。——译者

② 这个原来的国家即"英国"，"那些条件"经常为人们提及的是当时的宗教限制，因为英国确立了国教。——译者

信条从以下事实获得了否定的支持(如果我可以用这样的字眼)①:在18世纪晚期,对于自由,除了政府之外,没有其他有组织的敌人出现在地平线上而清晰可见——尽管杰斐逊怀着恐惧,预见到了另一个敌人的兴起,即制造业和商业的增长,以及拥有巨大人口的城市的发展将会带来的敌人。

无论如何,从理论上说,这个信条的核心在于:将自由等同于成为“个体”的那种状态,将所达到的自由程度视为个体性实现程度的度量。对这种态度和信仰,有两种不同的解释方式。第一种方式认为,这种信条表达了拓荒时期的那些条件,它在拓荒时期的条件下是适合的;但如果认为,这是关于个体和政府的普遍真理,那就太过天真了。另一种方式则认为,尽管这种信条具有某种梦想的色彩,但是它表达了一种原则——只要人们想过真正的人的生活,那么,审慎的思考就会支持这个原则。无论将它叫做梦想,还是叫做洞见,这种信条都已经深深地渗入对美国人生活有巨大影响的传统之中。

然而,这种传统的影响具有两面性。一方面,传统导致人们努力地使传统得以存在的条件永恒化,甚至不断加强这些条件。但另一方面,传统导致人们形成各种习惯,习惯的形成会妨碍人们对实际发生的事情的观察。这可能会导致一种幻觉:当共和制度已经衰退时,人们仍然认为它是充满活力的。现在有些人认为,经济发展的反民主效应已经将本质性的民主摧毁了,以至于只有通过对产业
103 和金融的民主化和“社会化”,政治民主才能得以恢复。无论怎样评价这种观点,它的存在标志着社会条件发生了巨大的变化。对美国的建国之父们来说,如果通过任何政治力量对商品及服务的生产和商品流通进行控制,那将使他们为之奋斗的一切化为乌有。然而,当发生了通过政治行动对经济事务进行社会控制的运动时,即使是一种温和的运动,类似的信念仍会以特殊的力量被提出来——这种运动随后被人们谴责为摧毁了“美国主义”。无论哪一方是正确的(如果要

① 按照通常的说法,否定的就不能是支持。但这里的意思很明显:因为当时尚无自由的其他有组织的敌人,所以认为“自由的主要敌人乃是政府滥权”的信条是正确的。如果用黑格尔式的“否定”来看,后来出现了自由的其他有组织的敌人(经济规模和产业结构的变化,以及大城市的出现所导致的问题),虽然是对前一阶段的否定,但也恰恰证明了前一阶段的真理性,包括“自由的主要敌人是政府的滥权”的真理性。所以对黑格尔式哲学的术语来说,“否定的支持”根本不是什么悖论性的术语。因为杜威之前曾有明显的黑格尔主义的阶段,后来由黑格尔主义转向实用主义,故这里杜威说“如果我可以用这样的字眼”,有明显的对黑格尔式哲学的调侃意味(当然,其中的意味是很复杂的)。——译者

作非此即彼的选择的话），这种分裂无助于民主事业。

我们不是在考虑决定哪种社会理论流派是正确的。目前，我们甚至也不是在考虑：是否政府行为必然有损于个人自由的维持，或者如果没有组织化的政治支持，个人自由是否将变成空壳。目前的关注点在于：相对于早期自由的条件来说，现在自由的条件已经变得更为复杂，这可能促使人们力主为了保存民主制度，恰恰要扩展政府的功能；但政府功能的扩展对于我们传统的缔造者来说，乃是战斗所针对的敌人——这种情形使自由条件的复杂化变得很明显了。无论哪一派的社会哲学是正确的，在人们将自由和民主问题视作本质上完全由个人选择和个人行动程度高下而衡量的个人的问题之后，[①]情况已经发生了变化。因为对早期的观念来说，必须做的一切只是维持人对自由的欲望的生机就够了（它认为，人对自由的欲望是个体构造中固有的），且早以狐疑的目光看待政府官员的行为。给定这些基本条件，维持自治所需要的手段，这是简单的。所有手段不过是如下几项：明确各官员对于公民所负有的个人职责，官员不过是公民所委任的而已；普遍选举权；经常性地进行选举，这样，官员就要经常性地报告他们如何运用了手中的权力；少数服从多数的原则；使政府部门尽可能地小，这样，人们就可以知道他们的代表们到底在捣鼓什么。加上从英国带来的封建体系所有痕迹的彻底消除，以上那些手段就足够了——如果再通过一部《权利法案》并有效地执行的话[②]。因为《权利法案》为人们提供了保障，以能对抗政府官员加于个人 104
自由的某些特殊的侵害，例如任意拘捕。[③] 它通过保障言论自由、出版自由、集会自由、信仰自由等权利，创建了自治的道德条件和心理条件。这样，在保障这些权利的前提下所设想的少量和简单的政府机构，就能起到保证自由制度事业的作用。

---

① 意即自由和民主仅仅是关乎个人选择和个人行动的问题。有没有自由，就是看其能否有个人选择和个人行动的自由。——译者

② 《权利法案》于 1689 年在英国议会通过，主要是约束国王权力、保护私有财产权、宗教自由等。后来，美国在 1787 年制定宪法时没有权利条款或人权法案、权利法案，被很多人认为是巨大的遗憾。1789 年美国第一条到第十条宪法修正案，就是美国的《权利法案》。所以，这里的《权利法案》不是专称。——译者

③ 例如，英国《权利法案》第 10 条规定："不应要求过多的保释金，亦不应强课过分之罚款，更不应滥施残酷非常之刑罚。"美国宪法第五修正案规定："未经法律的正当程序，任何人的生命、自由、财产不受剥夺。"——译者

影响政府机构运行和《权利法案》所规定自由的维持的条件，远比一个半世纪以前要复杂得多。这种情况非常明显，无需讨论。无论一个人相信必须增强对经济活动的社会控制，还是必须以最大的可能程度容许私人在产业和交换领域的创造力，两派都承认，非个人性力量（impersonal forces）达到了早期共和国的人们做梦都想不到的规模。

无论其他方面有没有合理地解决，有一点是肯定的，即相对于个人活动，在决定事件的过程中，非个人性的活动比重已经大大上升了。相对于手工工具来说，机器就是非个人性的力量。自由土地，大量没有被占用和使用的自然资源，这些东西使人与大自然进行面对面的个人性接触[①]，并使个体性的个人彼此之间保持非常紧密的关系；但现在取而代之的是巨大规模的非个人性的力量，使得原因和结果之间的距离非常遥远，以至于无法感知因果之间的联系。一个典型的例子是生产中的变化：在之前的工场中，相对来说，数量很少的"帮工们"与雇主肩并肩地一起工作；而在现代工厂中[②]，成百上千的劳动者从来没有见过工厂的所有者（更有甚者，由于所有者是分散的股东，彼此也互不相识），他们所接触的只是所有者委托的、直接负责某项工作活动的人。为了维持巨大规模的生产，需要大量的资金，这甚至使个人财务上的负债（liability）与所有权分离开来。[③]财产（权）的含义，整个地发生了变化。古旧意义上"私有的"财产（权），已经消失了。或者看一个另外的例子（如果这需要的话），在乡村生活中，每个人都知道其他人的性格，但现在取而代之的是：在拥塞的城市中，人们不认识与自己住同一层楼的人，以及在政治方面，人们被号召去为大量的人投票，而对许多候选人甚至连名字都不知道。

105 现在的问题是，在个人所为与行为结果（甚至包括反过来作用于个人的结

① 即当时的美国人以务农、放牧为营生。——译者

② 按恩格斯的经典描述，中世纪以来的工业生产有三个阶段和形态：手工业，雇员（帮工和学徒）人数很少，每个人完成整个物品的生产；工场手工业，雇员人数较多，聚居在一起，按照分工原则，每个人完成一部分生产程序；工厂工业，产品由机器生产，工人的工作是监督和调整机器的运转。这里，杜威的"工场"指前两个阶段，尤其是第一个阶段。——译者

③ 此语不是特别明确。狭义上，指例如股份公司中，股东虽然具有所有权，但乃是一种分割的所有权，且公司的负债并非是股东个人的负债，公司（非个人性的机构）和个人被分开了。有一种解读将 liability 作广义的"责任"，即筹措资金这种责任，不需要股东亲为，似乎仅仅属于经营行为中的事情。这与所有权并不对立，分开对于"古旧意义上的财产（权）的消失"来说，并不那么令人瞩目，故取前一义。此话或可商。——译者

果)之间,隔着不定数量、不定指向的递相孳生的条件。这种时空间隔如此宽广,以至于无法预先设想决定最终结果的诸多因素。甚至即使预见到这些因素,该发生的还是要发生。一般人对这些因素的控制力,并不比对导致地震发生的那些因素的控制力更强。生产锐减和随之而来的雇主和雇员双方情况的不稳定,随后是大规模的失业,这种情形的一再发生是最具说服力的例子。在考虑到雇员方面的不进取和不胜任,以及雇主方面的轻率等原因之后,这种失业危机的情况一再发生,只能被理解为超出个人控制的力量在起作用。当前有人建议停止拿救济金的人的选举权,如果有人再建议剥夺所有没有还清债务的雇主的选举权,那么,这些建议就贯彻了圣经的一句话:“没有的,甚至连他看起来有的东西也要夺过来。”①

当造成失业的条件和目前一样广泛和错综复杂时,政治行为就对工人(无论是就业中的,还是失业的)有重要的影响,而一旦这些条件消失,当雇佣的机会相当普遍和有保证的时候,政治行为就对工人没有多大的影响。在所有的工业化国家,都有这样的运动,旨在提供工作岗位的政府项目;都有这样的计划,旨在消除工厂主和金融巨头破产所带来的不幸。也就是说,通过失业救济和官方救济,为人们提供生计支持。这些措施的主要特征是缓解性的,说明是症状而不是原因得到了治理;这个治标不治本的事实,反过来进一步证明,基本的经济条件已经远远地超出了个人的控制,以至于人们只好诉诸紧急的措施。但是,人们的不幸并没有得到补救,在某些方面还恶化了。这个事实唤起了一种反动,人们重新将希望寄托在个体的创造力上——也就是说,事件的过程任由那些拥有大量储备资源的人来决定。

没有什么东西妨碍这种反动持续的势头。因为目前美国政治最重要的现象
就是:最能触动选民的,是那些极易被视为致使选民和美国遭受灾难的罪恶。既 106
然这些罪恶或多或少地被归咎于执政党的所作所为,各个党派和各式政策路线很明显地在调节经济情况和防止大范围灾难方面相对无力,所以就出现了政党和政策荡秋千式的往复运动。现有政治形式在控制现代工业的运行和社会效应方面的无力,导致人们不信任议会制度和所有形式的民选政府的有效性。这解

① 即马太效应,语出《圣经·新约》的“马太福音”第二十五章,原文是:“凡有的,还要加给他叫他多余;没有的,连他所有的也要夺过来。”杜威比这更进一步,更辛辣。——译者

释了为什么现在民主同时受到来自左和右两个方面的攻击。没有理由假定，像美国这样高度工业化的国家会是例外。

有产阶级(possessing class)相对更有保障，然而其成员被一再发生的周期性衰退，弄得极度心神不宁。受衰退影响最直接的农场主、工人等等，因为彼此直接利益的分歧而无法实现政治上的联合，因而在政治生活上伴随着衰退而出现了平民党运动(populist movements)、公平交易(square deals)和新政(new deals)。[①] 但是，以为富裕阶层、雇主阶层和投资者阶层不会心神不宁，那就完全错了。在某种意义上，这种不安刺激他们采取政治行动来加强对政治行为上的代理人的控制。当对有产阶级立场来说是激进的集团的行动增强时，特别是当这些激进集团没有有效地从根本上救治局势时，经济上的获益阶级的行为也会增强。当失序状态达到可以称得上"巨大"的时候，中产阶级(middle class)[②]对"法律和秩序"的强调就占了上风。颇有讽刺意味的是：两个具有不同经济地位的群体对安全的欲望叠加起来，使得他们更加乐意放弃民主的行动方式。对立双方对安全的欲望的重合，是导致欧洲国家独裁取代议会的一个因素。在美国，法西斯主义运动的危险也来自类似的根源。如果假设一个阶级在经济上有相对优势的地位就能推行独裁统治，那么是很荒唐的，除非这个经济上优势的阶级有强烈的民众支持——这意味着要有经济上相对不利的阶级的支持。"安全"一词覆盖了很多歧异的利益诉求，而所有这些利益诉求都会影响维持民主所要求的那些条件。

107 简言之，我们的政治形式成型时所不可能预测的经济发展，使民选政府机构

---

① 平民主义以维护普通人利益为宗旨。这里指19世纪末期美国发生的平民党运动，即主体为在工业化运动中受损的农场主，针对大企业、大银行以及联邦政府发起的抗议运动。公平交易，指美国西奥多·罗斯福总统内政的三条基本纲领和因之而来的一系列行政行为：自然资源保护、管制企业和消费者保护(自然资源保护也许看起来奇怪，其实，这个政策当时大受猎人和渔民的欢迎)。新政，指美国富兰克林·罗斯福总统为对抗当时的大萧条(1929—1933)所采取的一系列经济措施，主要包括整顿银行、以政府行为创造就业机会等等。显然，杜威看到两任罗斯福总统都加强了行政权力对经济的干涉。——译者

② middle class的最初使用是在1745年。早期的意思大抵指贵族和农民之间的阶级，不同的地方有资产阶级、第三等级等称呼。此时，它可以译为"中间阶级"。至迟在1913年，有人用它指拥有一定人力资本的、处于上层阶级和工人阶级之间的阶级，如管理者、高级公务员、专业人才等。再后来，指工人贵族、白领、专业人才等。这两种都可以通译为"中产阶级"。美国没有西欧的封建制，且此时杜威的写作时间在人力资本意义上的middle class的使用之后，故只能译为"中产阶级"。——译者

的运行陷入迷茫和不确定的状态中，因此使民主的理念处于一种根本的紧张之中。情况的变化，已经远远地超出杰斐逊当年所担心的那些具体后果——制造业和贸易的发展将会以农业为代价。杰斐逊事先并没有预料到，作为工业化的结果，发生在大不列颠的工人政治力量的加强，以及这种加强在政府的自由化中所扮演的角色。就此而论，杰斐逊和汉密尔顿原来各自代表的利益集团，关于联邦政治权力运行的主张现在交换了位置，但这个事实并没有什么特别令人奇怪的地方。① 因为杰斐逊式的原则，包括自治政府、人民具有最高权威、政府的目的是普遍幸福和福利等原则，今天被用来支持的政策和当年杰斐逊所热望的相反。

实际问题更深刻一些。由于一般社会运动所存在的迷茫状态，所以没有导致取向非常明确的持续性的政治运动。不可否认，美国和其他国家一样，一般的趋势是增加对私人产业和金融的公共控制。但是，这个运动在理论上是不清晰的，其实践后果不是始终如一的。事实上，现在能复兴赫伯特·斯宾塞的一个论点，有大量的证据来支持它，也即经济情况如此复杂、如此盘根错节，其中各项精妙平衡的因素互相依赖，以至于公共机关所计划的政策必定会产生从整体上看无法预见的结果——而且常常与所想要的结果相反，正如我国所发生的那样，最明显的例子是关于控制农产品生产的措施在实施后所发生的一切。②

到此为止，我已经谈了经济条件对民主政治的习惯和信念十分直接的影响。在我国，这种在根子上逐渐被淘空及腐蚀的影响，尚未达到如欧洲国家采取国家社会主义那样的程度。但是，它已经导致不确定感、迷茫，以及不断增长的对政治民主在当前情形下是否适宜的怀疑。在政治民主和当前情形之间的关系中，有必

① 从现象看，杰斐逊代表的是农场主的利益，当年要求限制政府权力；汉密尔顿代表的是工业金融业的利益，要求扩大政府权力。如今在危机下，底层劳动者要求加强政府权力和干预，而工业金融业倒要求抵制干预，所以双方的立场似乎前后互换了。其背后的东西是社会发生了深刻的变化。——译者

② 1929 年美国大萧条之前，美国的农产品就处于过剩状态，加上国际竞争，价格不断下跌，导致大萧条的形成。时任总统胡佛在 1929 年提出农业行销法，在 1930 年通过霍利-斯穆特关税法，购买剩余农产品，提高农产品进口关税，控制农产品产量。但是，他在限制产量方面无所作为，在国际贸易方面造成各国报复，引起了连环的贸易战（因为贸易不通，各国更倾向于武力，所以它与“二战”的发生也有关联）；且由于关税的提高，导致农民购买不起工业品。1933 年起，罗斯福新政直接控制农产品数量，规定基本农产品的生产配额，对休耕的土地予以补贴。这样，农产品价格很快稳定下来并有所上升。然而，由于有补贴，耕作减少，造成佃农、农场工人被辞退，这些农民就彻底破产了；而且在政策上，小农户的利益被忽视了。总的来说，这些政策都有其意料之外的后果。它们的提出、实施以及后果引起了很大的争议，杜威对此印象深刻。——译者

要指出条件的变化(相对来说,人们曾经可以凭借个人技巧和洞察力看到和控制
108 这些条件)所带来的另外一个后果。正是人们的联合行动(这种联合是为了保障个人不受非个人性力量强烈的破坏性影响),表明了纯粹个人能力影响事件进程的相对无力。群体占据了以前恰恰是个体占据的地位,这几乎是社会学家的老生常谈了。例如,一方面,为了调整工资、工时和工作的物理环境而以集体的力量讨价还价,人们成立了工会;另一方面,出现了联营、合并、辛迪加、托拉斯和雇主协会(常常控制着武装的罢工破坏队)。[1] 当集体行动具有个体努力所不能声称拥有的能力时,就给自行(self-actuated)和自治个体的理论以重重的一击。

有组织的联合,已经对民主信条中主张"所有人既是自由的又是平等的"信条产生了冲击。平等的信条从来不意味着有些批评者所强加给它的东西。它从来没有断言自然禀赋的平等。它是道德、政治和法律的原则,而不是心理的原则。[2] 托马斯·杰斐逊和约翰·亚当斯同样相信存在着"自然的贵族制"。心理上不平等的明显存在,倒是建立政治和法律平等之所以重要的一个原因。因为否则的话,无论出于有意还是无意,那些具有较高天资的人就可能使能力较低的人处于实际上被奴役的状态。在用来证明某种行为过程正当性的所有词汇中,"自然"和"自然的"这两个词可能是最为模糊的词语。它们十足的模糊性,导致被用在任何想要的手段和目的的证明上。这两个词可以意味天然的、原始的或与生俱来的、与从教化中习得的、与作为经验的结果不同的生来就有的东西。它们还可以意味人们习惯的东西、通过习俗而适应的东西、想象力无法想象例外的东西。习惯是第二自然(second nature)[3],而在通常的情况下,第二自然和第一自然同样有力和迫切。此外,"自然"具有确定无疑的道德重要性,意味着正常的因而是正当的东西,意味着应当所是的东西。

---

① 辛迪加和托拉斯是两种垄断组织,按照杜威的解读,乃是一种个人联合起来对抗非个人性力量的组织。辛迪加指同一生产行业的企业签订共同销售产品和采购原料的协定。参加辛迪加的企业在商业上失去了自主性,其主要是在采购与销售领域。托拉斯指由许多生产同类商品或在生产上有密切关系的企业组成的大垄断企业,可以分为以金融控制为基础的托拉斯、以企业合并为基础的托拉斯等。托拉斯覆盖整个采购、生产、销售。

这里用的 strike-breakers(罢工破坏者),指在其余工人罢工期间顶替他们工作、继续上班的工人。——译者

② 杜威这里用"心理",是指内在的精神方面,而非强调生理方面;这种内在的精神方面,即心理方面的素质。人和人在自然上是不同的,故有平等的问题。——译者

③ 或译为"第二天性",这里照顾上下文,采取现译。——译者

“人天生(by nature)就是自由和平等的”,这种断言在无意中、也可能有意地 109
利用了“自然的/天生的”(natural)前两种含义所具有的威望来加强这句话中的道德力量。然而,道德意义上的“合乎自然/合乎本性”(naturalness)为政治和法律提供了伦理命令的基础,这是民主理论的公理性的前提预设。被当成道德权利的自由,其行使起来,尤其是在经济事务中,严重地损害了另一个道德权利,即损害了法律和政治平等。尽管我们也许不相信蒸汽、电力等的革命性影响会让平等的道德信仰化为乌有,但这些东西的运行产生了新的麻烦问题。法规、行政措施、司法裁决对维持平等和自由的影响,无法根据直接的个人后果来进行估量。我们首先必须估量法规等对复杂的社会条件的影响(这很大程度上是猜测的),然后推断新的社会条件对作为个体的人们的影响。

18 世纪乐观的理性主义假设,无论在其他天资方面有多么不平等,每个人都拥有相同程度的理性能力和常识能力,但即便如此,要判断目前情况下政治和法律行为的原因和后果,被假设的这种能力还不足以提供充分的解释。所谓社会领域中的实验,与自然科学的实验非常不同;不如说,它是一种试错的过程,其间伴随着一定程度的希望和大量的对话。立法活动或多或少地是一种理智的即兴之作,为的是用拼凑的政策来缓和形势。另一个明显的选择似乎是权力集中,这将导向独裁。既然立法活动最多仅仅能通过原则性的措施,而这些措施不能自我解释,更不能自我执行;同时,由于等待法院裁决法律具体是什么意思,既耗费时日和资财且又不确定,所以本就拥有很大权力的行政机关就成倍地扩张了——尽管这些机构的设立不符合三权分立的信条,而该信条在名义上仍是宪法的原理。秉持自由观点的人在对独裁的恐惧下,与那些其特殊的和反社会的旨趣受到这些新设立的委员会行为的不利影响的人联合起来,沉湎于不分青红
皂白的攻击之中——他们没有看到,新行政机关如此不可避免是必需的,以至于 110
实际问题是在防止僵化官僚机构形成的那些条件下,建立起一个理智的、能干的行政部门。

与此直接相关的问题是:早期理论和实践假设了自由和平等之间固有的、也可以说是预定的和谐。随着工业和贸易中将自由付之实践,由此所产生的经济上的不平等已经反过来损害了机会平等的存在。只有那些以特殊理由为口实的人才会坚持:实际上,在最民主的国家里,在最有利的条件下,甚至在接受公共经费维持的学校教育这类事情上,穷人和富人的孩子享有同样的机会。富人的孩

子由于在一个不公正的环境中成长而常常受到损害，而这并不是一种令人感到安慰的补偿。

自由和平等关系问题的早期构想方式，也许最清楚地体现在法国大革命中。人们费了好大的劲儿去防止联合组织和协会的增长，甚至包括自愿性的联合组织和协会的增长。① 大革命的领袖们如此相信自由、平等、博爱的信条，以至于认为联合组织与自由是敌对的。在英国，将工会看成是“阴谋”(conspiracies)②从而订立了反对工会的法律(尽管英法的根据有所不同)。但无论对联合和组织的恐惧源于何处，是源于自由，还是源于对自由的反动，这种恐惧都证明了问题的存在。甚至已故老校长艾略特(Eliot)③也宣扬一种并非罕见的关于自由的某种类型的信念，他对工会的增长会限制工薪阶层的工作自由，即限制个体决定何时、何地、做何种工作的自由，抱有戒备性的恐惧。当问题涉及破产的企业时，这种态度仍大规模地出现。“原则上”欢迎集体讨价还价的人，在原则被系统地应用时却退缩了。需要重申，这里切题的不是谁对谁错的问题，而是要指出这样一个事实：现有技术所产生的工业和商业的情况，以一种完全无法预知的方式导致了组织与自由之间关系的问题——这个结果用哲学的术语来讲，叫做“二律背反”。

111 个体只有和大规模的组织联系起来才可能是自由的，与大规模的组织会限制自由，两方面都有令人信服的证据。无论如何，工薪阶层在工会有组织的协作，与资方雇主在联营、联合、合并、托拉斯、辛迪加、君子协定等形式中的有组织的协作④，两者是同一个问题的两个方面；而不定的、边界含混的所谓消费大众，则依次等同地怀疑两者，认为它们每一个都在既定时刻给人们制造明显的不便。

---

① 法国大革命的制宪会议(1789—1991)，通过了关于禁止行会和雇工协会的法令；1791 年发生了大规模罢工，该年制宪会议(即国民议会)通过列霞白利法，规定工人无需隶属任何工会(行会固然是强制性、资质性的，工会也有不少强迫加入的情况)，可以有决定何时、何地、做何种工作的自由，并重申禁止行会和工会。其理由明显是经济上的个人主义和自由主义。——译者

② conspiracy，还有不常用的“协作”的意思。——译者

③ 艾略特指 Charles William Eliot(1834—1926)，1869—1909 年任哈佛大学校长，是美国高等教育改革的旗帜性人物。他主张学术自由，以及按照学生心理特点组织高等教育。按照杜威的看法，学生的天然倾向之一就是联合和协作，那么，这里引述的艾略特的说法，显得与艾略特要求按照学生心理特点来组织教育活动的教育理念不合了。——译者

④ 注意这里的“协作”和前文的“协会”，杜威用的是同一个词 associations，既表示合作、联合的关系，也表示其组织的形式。——译者

但是,随着快捷的运输和通讯而导致的对空间障碍的消除而带来的大规模生产和大规模商品流通,究竟如何在没有大规模合并和集中化的情况下成为现实,这不可能有答案。然而我们发现,许多在字面上而非在精神上坚持早期民主信仰的人,对已经成为现实的这两种形式的组织中这一种或那一种都表示遗憾或进行谴责,认为它摧毁了民主和自由的理想——这个事实表明出现了一种新的问题,无论其解决方案如何。

如同已经暗示的那样,不断增长的对于议会机构效力(efficacy)[①]的不信任,乃是事情不断复杂化的结果。主要按照党派的可用性而选举出来聚集在一起的一群人,如何既有知识又有技巧地应付现在已经存在的、广泛的、连环套式的复杂情况呢?只要总统对自己的信念表现出高度坚持,立法机构和行政机构之间便会产生某种程度的冲突,这是美国生活中一个老问题了;事实上,这个问题在历史上并非美国所独有:一旦发生这种冲突,行政首脑会倾向于宣称自己是大众的代理人,而立法机构在选举上则会靠近各种特殊利益集团。一般观念认为,立法机构以及法院和行政机构因为协作、教育,有时会因为腐败而照顾特殊利益。这种观念增加了立法机构在所遇条件下有效作为的难度。这种不信任同时给了暴民煽动者(rabble-rouser)和酝酿中的独裁者以机会。暴民煽动者在言辞上说,为了被压迫的大众而反对压迫;但是在历史事实上,无论他有意地或不知不觉 112
地,通常成为一种新式压迫的代理人。[②] 正如休伊·朗(Huey Long)在接受采访时所说:法西斯主义将会来到美国,不过是在保护民主免受敌人侵害的名义下来到美国。[③]

任何对当前政治和经济关系的充分讨论,都需要扩展到对乡村、城市、郡、州和国家情况的讨论,其结论将会卷帙浩繁。这些结论将在细节上加强这个论点,

---

① 这里不仅指一般意义上的效率、技巧问题,而且主要指扶偏救弊的能力(efficacy 本来主要指"药效"),所以又有"合法性"意义上的效力问题。——译者

② 这里的"历史"(historic),指有历史重大意义的,颇有黑格尔式历史的味道,而非指简单的史实;"代理人",让人想起"理性的狡计"的说法。——译者

③ 休伊·朗(1893—1935),美国民主党人,当时最有争议和魅力的政治家之一。他善于利用广播媒体,曾任路易斯安那州州长,任期内绕过议会行事,被时人指责违反州宪法和被称为独裁者,他的回应是"我就是州宪"。他宣扬以税收均分财富来拯救当时的大萧条,是当时非常有希望的总统候选人,1935 年被政敌暗杀。文中提到的采访是在 1932 年,朗的原话是:"法西斯主义将以反法西斯主义的名义来到美国;按照我个人长期的经验,恐怕它将以国家安全的名义来到美国。"——译者

即工业和政府的相互联系和相互依赖，使民主政治问题有了全新的面貌。能够引用的事实很多，这里我仅从中抽取一个事实。没有法人(corporation)[①]的合法化，现代工业不可能发展到目前这种程度。法人乃是国家(state)的产物，也就是说，是政治行动的产物。[②] 没有立法机关和法院的行动，法人便不可能存在。当第一个允许企业法人成立的法令通过时，早期限制政治权力以及政治权力去集中化的许多主张，事实上被宣布为不合法了。企业利益和政府权力之间的尖锐斗争，在很大程度上可以看成是这样一种斗争，即国家的或早期民主制传统的"孩子"出生后，是否将控制其父母后来的活动。由法院决定的、国家创造的(state-created)法人的活动，确实证明了政治和企业以紧密的多种方式进行着交叉和混合。在我们政府架构形成的时期，所有这一切都无法被预见到。关于公共马车时代和火车飞机时代的差异的说法，尽管简练而有冲击力，但最多仅仅是大量的人类关系变化的一种提示而已，这些变化是工业得以运行的工具手段的变化所导致的。人类这些新的关系，需要权利和义务新的界定。当主要问题是如何维持作为个人的人们之间的和平关系时所作出的界定时，不足以界定此时的权利和义务，即当巨大的联合组织在很大程度上取代人们作为有效行动的基本单元的时候。变化的必然性本身，仅仅是使"现有的民主机构能否胜任促进变化"的问题变得迫切起来而已。

这就是经过大概思考后向人们呈现出来的基本问题。较之于这个或那个阵
113 营所推动的各种计划和政策，这个问题拥有更优先的地位。例如想一想这种主张——既然在劳动和资本两个方面来说，工业过程都是集体性的，那么，所有权和控制也必然是集体性的，结果是从租金、利息和股息中取消私人收入(private income)。从民主的立场看，这个出于维持民主的利益而提出的目的，提出了是否可能用民主方法来实现这个目的的问题。民主的手段能产生这种变化吗？假设能够产生，那么在变化产生之后，商品及服务的生产和商品流通能否不在集中化权力(这种集中化的权力可摧毁民主)的支配下进行呢？对这两个问题中第一

① 注意 corporation 内涵的丰富性，除了身份意义的"法人"之外，在行为上指"合伙"，在组织形式上指美式"股份有限公司"，也指法西斯意大利时社团、工团等的"组合"。这里主要兼指法人和公司的意思。——译者

② 在中译"国家"的几个词 country、nation、state 中，state 主要与政治、权力、正义等相关。——译者

个问题的回答，暴露出自诩社会主义者中间所存在的深刻分歧。一部分社会主义者主张，可用公认的民主手段来实现转变；但更多目前风头正健劲的一部分社会主义者则主张，民主国家内在地与那些正好要被消灭的东西捆绑在一起。因此，除了相信暴力推翻现有的政治统治政权，将权力移交给工人代表，而且是都市工厂的工人代表之外，去相信其他手段可以产生这个变化，都是荒谬的，或者更坏——是出于有意的欺骗。根据这种看法，政治国家从来就是、并且就其本性而言，就是政治上占统治地位的阶级的武器。既然现在的统治阶级是资产阶级，对这些社会主义者来说，其公理就是："在资本主义制度下如求变化，就必须从完全推翻资本主义制度开始。"

假设巨大的变化已经发生了（暂不论通过这种程序还是那种程序），那么然后呢？追问这个问题，几乎要人们注意到，此前基础性的问题被相对忽视了。对大部分人来说，他们会给出"毕于当日善与恶，切莫空怀千岁忧"[①]这类答复。既然尝试设想一个还不存在的社会性国家（social state）的各种细节，乃是一种乌托邦式的空想，那么，人们的精力或者忙于推动产生暴力革命，或者忙于进行和平过渡到社会主义社会所要求的教育过程。后一种忙于教育的社会主义者中，有很多人继续保持着我们的民主传统。他们相信，民主方法的持续运用，可以让民主方法成熟起来；这样，当特殊问题出现时，民主方法可以有效地处理它们。不过，流行的观念是将社会主义等同于国家社会主义或政府社会主义，而民主社会主义者遭到这类社会主义的强烈反对（或许作为过渡阶段还可接受）。这个事 114
实表明，"然后……"的问题没有引起足够的注意，而工团主义式（syndicalist）[②]的社会主义者是将这个问题思考得最清楚的派别了。

迄今为止，产业的社会控制形式大多是在政府支持下，由政府官员实施调节或履行所有权。在国家社会主义、布尔什维克社会主义以及民主国家里，都是如此。然而，无论在理论上，还是在实践上，人们并没有搞清楚国家社会主义与国家资本主义到底有何本质的不同。即使我们被迫永远地放弃早期那种信念——

---

① 大意指判定今日之善恶即可，无需远虑；也有"今日之好事坏事都忙不过来，哪有时间去考虑今后的事情"的意思。下文紧接着，杜威将其发挥为"对将来的细节的考虑乃是空想"。——译者

② 来自法语，词根来自 Syndicalisme，意为"工会"，故译为"工团主义"。其思潮颇为复杂，大抵是强调以工人运动达成政治目标，最后由工人而非资本家来控制企业和社会；其中的一支反对当时的工人政党，认为其官僚化，故与无政府主义相关。——译者

认为政府行为在其自身动力的作用下，必然与自由的自治敌对，但也不意味推翻“拥有政治权力的官员会滥用权力”这种观点的相关历史证据，我们离推翻这个观点还差得很远。如果不表明所托付的新的私人掌控或个人掌控，能被控制成可以合理地确保按照公共目的而行动的话，那么时不时有人呼吁的关于从私人手中拿回产业控制权的信念，就是天真的。我不是说这个问题不能被民主地解决，也不是说像自由放任式个人主义的拥戴者常常随意预计的那样，产业的“社会化”一定会带来兵营化(regimentation)。我是说，民主问题采取了新的形式，要理解现在运行的经济因素与民主目的和方法之间的关系，还没有太多的经验可资借鉴。

由于缺乏足够可资借鉴的经验，就容易提出一些笼统的理论，并以笼统的理论来反对笼统的理论；将人类问题思考为个人主义和社会主义双方对峙的流行表述，既是当前社会的经济因素分化的反射性表达，也是笼统理论互相反对的例证。在这种观念的对立中，每一方的理论都靠对方的虚弱来获取力量，困惑也随之增加。预想只要产业被“社会化”，新的社会秩序就会降临，乃是乌托邦式的空想。它并不知道“社会化”意味着什么，仅仅从否定方面进行一些设想，即废除从固定投资中获得私人的收益、利息、租金和回报——如果以上说得没错的话，那么，继续重复产业和个人独立、创新精神以及其他可欲的品质之间的关系的套话，就很不现实了；因为那些品质仅仅在农业拓荒时代[1]，才有意义。关于现有的所谓资本主义政权和民主之间存在预定和谐的观念，是人类历史所进化出来的形而上学思辨中最为荒唐的部分。

115 在这个问题上，利益集团、政党、派别的冲突特别有害，因为这个问题是人类共同的问题；处理这个问题的方式及结果，会同等地影响每一个人。首先必须研究科学的合作类型。人们从理论上设想，利益上的冲突可以使人们更清楚地认清不同利益的纠缠，认清以何种能经受考验的方式进行协调。然而，既然冲突的每一方都假设他们已经占有了真理，那就等于否定了需要对条件进行任何科学性的仔细考察来决定应采取的政策，于是党派斗争就成了分裂和混乱之源。

本章的讨论仅仅强调了我们文化中的经济方面，因而是片面的。但是，工业

---

① 指美国民主奠基时期，亦即美国立国前后的殖民拓荒时期，即本书多次提到的杰斐逊时代的那种社会条件。——译者

化和商业化在决定当前文化性质中的地位，使得分析经济状况成为最为必要的事情，这是显而易见的。但是，要产生产业和收入分配方面所期望的变化，就控制手段而言，只有在与科学、道德以及我们共同经验其他方面的变化的相互配合下，才能取得成功——即使仅仅从这个理由出发，我们也可以说，那些使对经济方面的强调成为合理的事实并没有证明，只要直接和单独地解决了经济问题，合作性民主的自由（cooperative democratic freedom）问题就可以得到解决。这些事实清晰地指明，就获得完全民主的经验的全部条件而言，包括经济条件和法律条件，均尚未具备。无论从积极意义还是消极意义来看，这些事实都暗示出：对那种赋予经济因素以排他的至高地位的理论进行批判性考察，是十分重要的。各种因素相互作用的重要意义，在对比中将更为明了。

4.

极权主义经济与民主

116 瞄准新方向的社会运动，会伴随一种“简化”（simplification）。空想会对也许模糊专一视线的东西置之不理；计划会对可能阻碍精力集中的东西视而不见。这些被遗漏的东西往往到后来才被注意到。到那时，人们就会认为，原计划之所以未能实现，是由于遗漏了这些东西的缘故。经过一段时期的狂热之后，接踵而来的是失望和灰心丧气；希望过后，是冷静的、批判性的反思。任何一种对社会的宏大展望，其实践价值在此时总是遭到人们的否定。在一段时期的浪漫理想主义之后，接着而来的是所谓的冷酷的现实主义，这当然也是一种情绪上的幻灭。我们曾处于高度的浪漫当中，直到极权国家的兴起所带来的挑战，迫使我们对基本的原则重新进行思考。

初期的简化所带来的益处，容易在后来遭到忽略。无论是在最初的时候，还是在后来批判初期简化的时候，对简化所获得的益处以及所造成的损害的定位，都是错误的。简化可以形成对人类事务运行中一些新倾向的清楚认知；而这些新倾向更充分和更自由地运行，可以使人类的生活更加丰富。从这点来看，简化是有益的。夸大化常常通过鲜明的对比[1]，使新因素凸显出来；随后承认新因素，积极推进新因素的产生，新因素的运行就不再是或多或少地无意识的，而是有意而为之了。损害来自所形成的理论是以绝对化的术语来表述的，这样的理论被看作适用于一切时代和一切地方，而不是仅仅适用于当下的情况和有明确的界限。后来，当情况变得让原有观念无法继续有效的时候，反动就开始了，但

① 简化中有夸大化，二者不是对立的。——译者

这种反动仍是以同等笼统的方式来进行的。原来的观念被作为纯粹的幻想而被抛弃；与激起先前观念的条件相反的某种更新的运动，往往又被赋予同样的绝对性。

随着自然科学及相应的技术的兴起，理论方面的简化有两大类。通过夸大化，得到简化的理论，这种夸大化或者夸大人的因素，夸大发源于人性的构造成分，或者夸大“外部的”环境因素。流行观念通常或多或少地是混淆的、前后矛盾的妥协性的东西，它们从每一派别的观点中吸取一些要素，以偶然的方式将这些要素混合在一起。如果我们在本章和下章思考这两派的理论，这些要素的性质也许可以得到澄清——这两派的理论都是将片面的简化推到极端；这种极端在所给定的前提下是合乎逻辑的，但却因为前提的绝对化性质而误导人的行为。因此，这种理论的方法与将社会事件看作人性和文化条件双方要素的相互作用的理论相比，形成了根本的对立。事件被解释成这个样子，似乎相互作用中的某一方就是全部。在本章，我将批判那种将人的因素尽可能地几乎缩减至零的社会理论，因为它对事件的解释以及形成的政策，都是排他性地根据环境所给予的条件来进行的。马克思主义可以作为这种绝对主义的典型例子，这种绝对主义的形成是由于将相互作用的某一因素孤立出来，而赋予其至高无上的地位。之所以将马克思主义作为典型例证，既是因为它当前十分流行，又因为它宣称自己是关于社会变化唯一的严格意义上的科学理论，因而是改变未来唯一的严格意义上的科学方法。 117

既然这种理论已经陷入实践与党派之争，而且由此激发了人们的感情，那么在目前的讨论中，将它作为使当下现实问题明晰化的所谓“客观的”或“现实主义的”理论的一个例证，就几乎是白费力气。恰好是这种理论的本质特征，其拥戴者在态度上易于变得绝对；无论有意还是无意，对他们理论的任何批判，他们都视作为仅仅是阶级偏见的表演——目前，这种态度可以归结为这样一种做法，即把任何反对都称之为“亲法西斯主义的”。对于不是这种理论的忠实信徒而言，我作这种说明也许能促进他们的理解：这里的批判并不否认经济因素在社会中的地位，也不否认当前的经济体制倾向于产生与民主自由相敌对的结果。不如说，这些东西都被作为前提接受下来了。批判的目的在于表明：这种不可否认的 118
因素一旦被孤立出来，被当作所有社会变化的唯一原因将会发生什么。虽然一个人可能主张，如果要有真正的和充分的民主，就必须从根本上改变当前对商品及服务的生产与商品流通的控制；然而，他还可能接受这里所作出的批判——事实上，提出或接受这种批判，正是因为他相信需要有那种经济控制上的改变。

马克思主义对某个因素的孤立化（这个因素仅仅在和其他因素的相互作用中才能实际地发挥作用）所采取的形式，是主张在既定时代，经济上生产力的状态最终决定所有形式的社会活动和社会关系，包括政治的、法律的、科学的、艺术的、宗教的以及道德的。在其最初的理论公式中，有一个往往被后来的论述忽略了的重要限制。因为那里承认，政治的关系、科学等等一经产生，就能作为后来一系列事件的原因而起作用；在承担这种角色时，在某种程度上，它们就能改变原来产生它们的那些力量的作用。

后来对这种限制的忽视，将它降到脚注的地位；从整体上看，这并不是偶然的。因为有实践上的理由，使这种限制遭到忽视。如果承认这种限制的话，单凭对现有条件的观察（而不是抽象理论），就能告诉人们：在既定时代，哪些结果正是由次生结果产生的；在这里，这些次生结果自身已经获得了作为原因的地位。唯一的方法就是去调查，通过调查来确定具体的原因，调查哪些结果的原因是（比如说）科学，哪些结果的原因是纯粹的（如果可以这么说的话）经济生产力。接受和运用这种方法，将在事实上废除"经济决定"被认为具有的无所不包的特征。它将使我们在相对和多元的立场上，考虑大量相互作用的因素——毫无疑问，经济因素是诸多因素中一个非常重要的因素。

如果以比马克思所考虑到的更为充分的程度来接纳这种限制，那么，马克思将有显著的历史地位。马克思并不是第一个承认经济条件在决定政治和法律形式中重要性的人。经济与法律等之间的密切关系，在亚里士多德的政治哲学中几乎是老生常谈。它以不同的形式为英国作家所重述，而这些英国作家影响了
119 我们共和国奠基者们的观念。我国的奠基者们一致强调财产分配的某种状态和大众政府的安全维持之间的联系。但是，马克思将财产关系回溯到生产力的作用上，在他之前，没有人这么做过。马克思也区分了生产率的力量状态和既定时代的生产的实际状态，指出后者通常与生产力之间有一个落后的时滞。他用大量的细节表明，落后的原因是生产力为法律和政治状况所束缚，而这种法律和政治状况乃是之前的生产体制遗留下来的。马克思从后一观点出发，对当前事务的批判是穿透性的，它具有持久的价值。

然而，在那些接受马克思主义极端形式的人看来，马克思主义简化的巨大优

点却在于这个事实，即它将早期社会革命的浪漫理想主义和宣称的彻底“客观的”科学分析结合在一起。这表现在它提出了单一的、无所不包的“规律”公式，这个规律又进一步提出了适当的方法；经济上受压迫的阶级依照这种方法，可以获得最终的解放。它远远地超出了提供一种应用于历史学和社会学的探究的观点。它宣称陈述了一个规律——也是唯一的规律，按照这个规律，经济关系决定社会变化的过程。这个规律就是经济状况决定阶级的存在，不同阶级之间永远处于战争之中，其结果是：社会变化的方向是生产者摆脱过去使他们居于从属地位的枷锁而获得解放。最终的结果，是无阶级社会的产生。

接受某种经济决定论的观点，是很有可能的。但是，接受这个观点并不意味着一个人成了马克思主义者，因为马克思主义的本质在于认为：阶级斗争乃是经济力量影响社会变化和进步的途径。这个“规律”不是、也不被打算用来对历史事件进行研究。它来自黑格尔式的辩证形而上学。它的方法的起源，正像马克思自己说的，是颠倒了的黑格尔。[①] 黑格尔的体系是一种辩证唯心主义，它认为，逻辑范畴通过绝对的（the universe）理性结构片面的和不完全的表达（formulation）所固有的内在运动，产生出它们的对立面；进而，这些对立面的综合构成了对事物本质更高级和更充分的理解，直到最后所有可能的观点及其所 120
有表面矛盾都成为一个无所不包的体系的“有机的”组成部分。

马克思将辩证唯心主义改造成辩证唯物主义——其中，辩证冲突作为终极综合和终极和谐的手段，被保留下来了。不过，动力（causal power）[②]变成了经济上的阶级，而不再是观念。辩证唯物主义的“唯物主义”，因而不同于仅仅建立在物理学结论基础上的“粗俗的”唯物主义，正如终极的社会主义，或者无阶级社会的最终合题，不同于早期共产主义者的“乌托邦式空想的”社会主义。“乌托邦式空想的”社会主义之所以是乌托邦式的，因为他们将权力或冲力赋予给人类偏爱的价值，因而将动力归之于道德因素。对马克思来说，经济运动必然是自我决定式地朝向它的终极目的，正如在黑格尔体系中，逻辑范畴的运动朝向终极目的一样。因此，马克思的主义不仅推翻了黑格尔体系的唯心主义的理性主义，并强烈

① 原文为“he stood Hegel on his head”，是一个成语。这里有多重意思，既指马克思完全否定了黑格尔，在方法上与黑格尔完全相反；也指黑格尔的唯心论乃是非现实的，从现实而言是头脚倒立的，但从理论而言，头毕竟是头，所以颠倒之后就是以黑格尔的头立地了。——译者

② 或译为“动因性力量”和“因果性力量”。——译者

地谴责它；而且，马克思以科学的名义，否定人的价值判断（valuation）具有推动性力量。

马克思主义没有成为浪漫主义的绝对主义的一种类型，而是发展成另一种类型，这种类型与科学以及科学规律所获得的权威地位更为融洽。对所有社会现象总结出一些规律公式，是令人咂舌的智力成就；但更令人咂舌的是提出一条规律，这条规律以绝对的必然性而起作用；把握了这个规律，就能让人观察到现有资产阶级的资本主义的“矛盾”，同时又确定地指出目标，矛盾自身的辩证法会推动社会向这个目标行进。历史的规律成了革命行动的规律——一切为了清晰地想象一个目标，以及为此目标而集中情感和精力所能做到事情。

社会现象的因果必然性观念，以及发展或“进化”的观念，是一个世纪之前人们智识上的基调；其中发展和进化的观念，是后来达尔文主义生物发展观念的先导。康德曾经教导说，因果必然性观念乃是自然科学的前提；德国科学家至少是不加质疑地接受了这个观念，特别是因为康德在两个领域之间作了明确的区分：一个是科学的领域，另一个是自由支配的领域，即道德的领域。休谟对必然性观念所作的批判不受欢迎，甚至在他的批判名扬天下之后也是如此，因为这个批判
121 与怀疑论联系在一起。无论如何，康德似乎对休谟作出了充分的答复。

几乎每一方面都尝试创立关于社会现象的科学，就此而言，接受必然规律的观念被认为是必不可少的。奥古斯特·孔德（Auguste Comte）引入了一个词——“社会学”，作为全面综合的名称；同时，他发现社会学的基础在于发展三个必然阶段的“规律”。[①] 此后，赫尔伯特·斯宾塞毫不费力地发现了一个单一的公式，以涵盖宇宙的、生物的、心理的和社会的等所有现象，将科学安排引入人类事件的早期尝试，以这种或那种形式利用了必然的“进化”阶段的原则。

上世纪40年代，是人们对激进政治运动寄予厚望的时代。当时，所有运动都有明显地侧重于经济的特征，同时一些运动公开地宣称是社会主义的和共产主义的，特别是在当时的法国。在德国，有一段时期，黑格尔的哲学取得了支配性地位，以至于所有重要的差别都只是黑格尔学派各翼之间的差别。所有这些情况加在一起，就无怪乎使马克思看到：如果给黑格尔辩证法中的原则以经济的解释，那么将会给关于社会变化的科学提供确定性基础；与此同时，这个原则也

① 指孔德认为，只有到人类的第三个阶段即实证科学阶段，社会学才得以可能和流行。——译者

为革命运动提供了实践活动上的最高指导。

如上所述，重要的社会运动都发展了某种哲学来指导（至少是名义上）它们在实践上的努力，并且用此来提供一种事后的（*ex post facto*）的证明。在这个方向上，德国文化特别热衷且特别多产，所有试图从其他基础来处理实际情况的人，都被认为这证明了他们乃是“经验主义者”。而“经验主义者”可是个贬义词，其含义相当于将那些人称为“冒牌庸医”。对马克思主义来说，那些接受了排他性地以物质为基础的规律之外任何规律的人，都是乌托邦主义的空想者。因此，辩证法公式乃是从所有的现代哲学家中，就非科学的意义来说最形而上学的哲学中借用来的这个事实，并没有遏制马克思主义合题（synthesis）[①]的流行，因为它具有实践效果的特征似乎不仅为实际的经济状况和马克思的预言所肯定，也特别为正在发生的、日益增长的阶级冲突所肯定。

阶级斗争的观念具有特别适时的性质，因为这种观念教导说，当时所存在的
阶级斗争是资产阶级的资本家与无产阶级之间的斗争，即资本家与既无土地又 122
无任何形式储备资本的工人阶级之间的斗争。此外，马克思对于大不列颠工厂体系的具体事实的研究，用相当多经济上的普遍化来概括支持他的普遍理论；这些经济上的普遍化概括对于任何理论来说，都能证明它们是可靠的[②]——比如他指出的这些经济上的普遍化概括：日益恶化的经济危机的周期、合并和集中的倾向，等等。否定之否定原则的简化的浪漫主义教导说，通过暂时的无产阶级专政作为中介，阶级斗争最终将开启一个无阶级的社会。在无阶级的社会里，作为政治上压迫权力的国家将会消亡，所有的政治机构将成为共同利益事务的民主管理的“器官”。即使反对所有压迫性权力的无政府主义者，也会在对这种终极后果的冥思中感到满足。

马克思主义者起劲地也是自然地反对将他们的信条和过去的神学体系等同起来的任何暗示。但是，一切绝对主义都倾向于采取一种神学形式，都倾向于激起情感上的狂热，这种狂热与过去进行十字军战争的宗教如影随形。此外，在我们时代之前的几个世纪里，神学上的关切和冲突所涉及的当时的利益，现

---

① 或译为“（理论）综合”，这里依据上下文采取了不同的译法。——译者

② 即这些经济上的普遍化概括是可靠的。杜威在此处还隐含着这样的意思：不能因为的确有经济危机，所以马克思主义就是正确的。——译者

在已无法在想象中予以复原了。也就是说，这些神学的关切和冲突，比起我们现在回顾它们所呈现的样子，事实上更是“实践的”。同样，一旦与现有经济状况及其由此而产生的新形式的压迫联系起来，大一统式的、本质上思辨的马克思主义的学说立即就呈现出实践的色彩。理论和实践的结合，并没有任何让人感到新奇和特殊的东西；在这种结合中，实践上的事情(practical events)[①]赋予抽象的理论以确定的色彩，同时其理论作用在于充当行动灵感的源头，也提供了集合起来的口号和旗帜。解释圣经通常是为了消弭裂缝和不融贯之处；而每一种绝对主义的信条都表明，人们解释圣经的才能没有任何的限制。因而，人们总能让实践上发生的事情与教条协调一致，然而教条却偷偷摸摸地使自己适应实践上的事情。

没有必要从理论方面研究马克思主义哲学的所有内容。这里应当关心的，是它宣称支持关于社会发展的一种严格的科学形式，这种社会发展是不可避免
123 的，因为它是科学的。用评价文学作品的话说，马克思主义声称自己是“特别科学的”，但这种声称“过时了”。因为正如*必然性*和寻找*单一*的无所不包的规律是上个世纪40年代智识基调的典型产物，而*可能性*和*多元主义*成了目前状态下科学的特征。因果必然性观念旧有的解释，遭受了猛烈的冲击——对于熟悉晚近思想发展的人来说，这无需多言。然而，也不必走向极端——完全废弃因果必然性观念，以证明对目前论题具有重要意义的论点[②]。

认为在任何给定的观察系列的事件中都可以发现因果顺序，以及认为所有系列的事件由*唯一*的因果规律连接成*单一*的整体，这两种观念有天壤之别。即使承认前一种观念的原则是科学探究必然的预设，后一个观念仍是形而上学的和超科学的。当自然科学开始争取自己的独立时，以及后来当人们试图将社会现象从任意的自由意志的领域中拯救出来时[③]，那些希望推进新的斗争的人，从占支配地位的神学那里借来了一种使之广为人知的观念，即无所不包的单一的因果力(causal force)的观念。这种力的本质及其起作用的方式，在为科学辩护的新的护教学中被根本改变了。但是习惯的要求，在维持思想的旧形式中得到

---

① 或译为“实际发生的事情”，这里为照顾此处理论与实践的关联，取现译。——译者

② 指用完全否定因果观念来否定马克思主义，“目前具有重要意义的论点”指对于马克思主义的批评。——译者

③ 即指就社会现象形成社会科学。——译者

了满足——正如第一辆“无马马车”①,仍然保留了它所取代的马车的外形。先是废弃了超自然力,随后废弃了自然(在自然神论的理性主义时期,自然取代了神的地位),这些废弃所遗留下来的空白由因果力的观念修补完好了。只是慢慢地随着科学工作及其所获得的特殊结论的进展,使人们认识到:科学并不是神学在单一的终极解释上的竞争者,因而也就不再需要这种正当性证明了。②

这种废弃不意味着,对广泛性的一般化概括的寻求也已经被放弃。它意味着一般化概括的本质和功能发生了变化。现在,这些一般化概括在效果和功能上是描述如何使得一个领域向另一个领域转变的公式,而这些领域的质的差异仍然被保留下来了。例如,能量守恒原理叙述了一个极度综合的一般化概括。如果依照那种已经被抛弃的科学哲学来看,能量守恒原理就会被说成是提出了一种力,这种力可以同时是电力、机械力、热力等等,但它不是这些力中的任何一 124
个,而是在所有具体的力背后不可描述的物自身。但在实际的科学程序中,能量守恒原理却是这样的公式,即一旦满足某种条件,所有这些具体形式的能量中的一种可转化为另一种。

同样的原则也适用于近来发现的化学元素的蜕变。化学元素蜕变原理并没有抹煞划分各种现象的质的差异,而仅仅是阐述了在何种条件下,一种元素会变成另一种元素。基于科学的实践操作如何对待差异,与已经发生的理论上的变化是一致的——正像现代化学工业不同于古代炼金术士的幻想一样。在今天,没有人会想着从一个所谓的某种单一终极的力之作用的普遍规律出发,去从事一定的发明,例如比空气重的飞艇、内燃机,等等。发明者将观念转化为可行的技术装置时,他是从对特殊材料的检验开始的,尝试用特殊的方法将这些材料结合起来。

那些实践的技术,即导源于马克思主义关于单一的原因性力量(causative force)的单一的无所不包的法则的那些技术,所追随的模式正是在科学探究和科学工程中已经抛弃了的模式。依照马克思主义的实践技术,必须尽可能地以多种方式、在多种场合推进阶级斗争。因为根据辩证方法,阶级斗争理论的本质

① 指汽车。——译者

② 意即科学无需提供那种单一的终极解释,所以也就无需用“因果力量”这类东西来为自己作辩护。——译者

并不在于承认作为事实的阶级冲突——尽管就事实的承认而言，它曾对19世纪早期普遍和谐以及普遍的相互依赖的观念作出了必要的纠正。它的突出特征是：社会进步要通过加强作为资本家的雇主阶级和作为无产阶级的受雇阶级之间的冲突来达到，这样的话，道德的最高原则就是加强受雇阶级的权力。

如果用物理学来类比的话，大概是这样的：先假设曾经有一种“自然憎恨摩擦”的理论。然后人们发现，没有阻力，无法做任何机械功；而没有摩擦，也就没有阻力。然后，人们得出结论：通过放弃润滑和放大摩擦，普遍的摩擦状态由于其自身的辩证法会导致各种能量之间的相互调适，这将给做有用功提供最有可
125 能的条件。社会的特点是利益集团的冲突和摩擦；对利益集团进行某种扩展以及更进一步的团块化，可以用来定义阶级。也可以承认在某些条件下，阶级冲突可以刺激社会进步；甚至可以承认，一个没有利益集团对立的社会，将会沉沦为死气沉沉、毫无希望的社会。但是，通过尽可能地加强冲突来获得普遍和谐的观念，和前述物理学的事例是类似的①。非马克思主义者经常把“经济上利益集团之间的激烈冲突是存在的”这个命题，等同于真正的马克思主义的论点，即认为这种冲突乃是导致社会向可欲的无阶级社会方向变化的唯一的原动力(agency)②。

这里所作的批判，并不指向马克思基于实际状况的观察所作出的任何一般化概括。相反，这里的含义是说，有必要对实际状况进行持续不断的观察；在现在观察到的东西的基础上，对所有早期的一般化概括进行检验和修正。马克思主义内在的理论上的弱点，在于它假设一时一地的一般化概括(甚至那时仅仅通过将观察到的事实放在一个从形而上学的源泉推导出来的前提之下，才能作出这个一般化概括)不再需要持续不断地诉诸观察，不再需要对处于工作性假设地位的一般化概括进行不断地修正。在科学的名义下形成的是一个彻底反科学的程序，与此相应的是：所作出的一般化概括具有了终极“真理”的性质，因而在任何时间和地点都是有效的。

自由放任的个人主义同样沉溺于这种横扫一切的一般化概括，只不过是在

---

① 大意是说，物理学中摩擦的作用乃是事实，但假设摩擦的辩证法的作用和是最有效率的做功的最终原因，就是形而上学了；利益集团冲突乃是事实，但假设利益集团冲突的辩证法的作用和是普遍和谐的最终原因，就是形而上学了，这两者仍可类比。——译者

② 即非马克思主义者只承认其揭示的事实，对后一个动力的预设弃之不顾。——译者

相反的方向上罢了。无疑,与对立统一规律一致的是:这种相反方向的个人主义的存在,对于营造有利于马克思主义的文化氛围是有作用的。但是,两个相反的错误并不能构成一个真理,特别是当这两个错误有共同根源的时候。撇开一些历史事实不讲,这个马克思主义的教义甚至可被看成是古典经济理论中那种观点的一般化版本,即经典理论主张,在开放市场中,完全的自由竞争可以自动地产生个人和国家的普遍和谐,而马克思只是将个人竞争转换成了阶级斗争而已。

上边选择了以马克思主义为例,说明关于社会因果关系一元论的"整块宇 126
宙"(block-universe)[①]式的理论。一些年之前,亚当·斯密的一些观点被与功利主义伦理学和心理学结合在一起,发展出了自由放任的观点。那时候,用自由放任做例子是合适的。现在选择以马克思主义为例,主要是因为俄国革命将马克思主义带到了最突出的位置。俄国革命以马克思的名义行动,宣称是对马克思主义理论有效性的一次大规模的展示。苏联将注意力牢牢地锁定在马克思主义理论上,而没有任何其他的观念曾经因为自身的原因如此成功地获得关注。这导致马克思主义在某些方面成为一种令人恐怖的、具有威胁性的东西,同时又在其他方面具有了巨大的权威。当其他国家以俄国革命为例来证明马克思主义阶级斗争理论和无产阶级专政时,马克思主义导致了旧有的社会主义政党的分裂。俄国发生的事件所提出的问题,使马克思主义学说在全球每个国家都具有了现实的意义。

这种事件的发生,必定激起强烈的感情和相应解释上的冲突。就当前的情况来说,分裂不仅扩展到理论上,也扩展到对这种情况的事实认定上。一个人可以根据他所认为的权威来源去发现相关的数据(无论是实际的数据,还是宣称的数据),以支持关于苏联实际情况的几乎所有的观点。事实包括统计资料、被用来表明苏联在国家工业化和农业机械化上超常的进步、生产率上的巨大增加,以

① 整块宇宙的观点来自物理学,特别是来自广义相对论。该观点认为,时间是没有意义的,时间不过是空间的一种纬度,时间隐含于整块的宇宙之中,并不真正单独是一种性质,所有的存在都是宇宙同一时刻的历史(可以想想现在所见来自遥远星球的光线,不过是"很久以前"的光线这类问题)。整块宇宙观,一般被认为与所谓过程哲学是对立的,即它否定发展,一切都被一次性地给出了。——译者

及更重要的是创造了真正的工人的共和国[①]，随之而来的是广大民众物质和文化生活水平的显著提高。但是，一个人也可以找到证据来证明这种观点，即无产阶级专政[②]先是成了一个政党对无产阶级的专政，然后是一小撮官僚对党的专政，最后是这些官僚为了维护权力，采纳被推翻了的沙皇专制统治所有的压迫性措施，并且在执行这些压迫性措施的技巧上大大地提高了。一个人可以发现，在政府控制的政体而非社会控制的政体之下，以收入上巨大的不平等为特征的经济上的阶级正在逐渐形成。这种事实的问题无法通过辩论来解决。因此，尽管我对于手头上可获得的证据指向何种结论有明确的想法，但在这里将不对涉及
127 具体事实的真相如何争议采取什么立场。

就目前涉及的主题和问题来说，只要有一定数量的、无可否认的事实就够了。一个一元论的理论，在实际执行上所伴随的是一个政党对出版机构、学校、无线电广播、剧院以及一切交流手段的控制，甚至对私人聚会和交谈进行有效的管控。关于事实状态如何的巨大分歧（这一点上文提到了），其成因之一是由于这个事实，即有效的独裁（如果不是有效的独裁，那么根本算不上是独裁）对新闻、旅游、信件和一切私人交流施加了完全的控制。结果，只有少数人能够接触到有关政治方面的信息来源，而这些少数人正是以最大的兴趣阻止自由调查和报道的那群人。

压制信仰、言论、出版和聚会的自由，不在有争议的事实之列，因为这是独裁的本质，因而也是革命宣称所实施的学说的本质。对所有异端人士的残酷迫害和惩罚，也不是一个有争议的事实。一系列的审判，使发动俄国革命的男男女女中的每一个都被剥夺了生命（正如被剥夺了政治活动的权利一样），除了少数相对次要的角色之外。每一个早期重要的领导人被流放、囚禁或处死，在事实性上并无争议。只有证明这种行动的正当性，才是一种有争议的事情。我们断定这些受迫害的人对他们自己的人类解放事业来说是叛徒，或者断定他们是某个小圈子希望将所有权力独揽于手中的这一欲望的牺牲品，就判断阶级斗争的革命方法背后理论的标准来说，并不十分重要——正如我们对事件中所涉及的各方

① 苏联的全称是“苏维埃社会主义共和国联合体”（the Union of Soviet Socialist Republics）。——译者

② 在此，杜威用的都是 dictatorship，通译为“独裁”；但在与无产阶级相关时，通译为“无产阶级专政”。所以，此处将该词统一译为“专政”，下面仍译为“独裁”。——译者

当事人的性格的判断，对判断这些行动正当与否无关紧要一样。

事实性上没有争议的事件，证实了从其他历史事例获得的结论：绝对主义原则对异议是不宽容的，因为对“绝对真理”（The Truth）的异议，比智力上的错误更加严重。对“绝对真理”的异议，是一种恶的和危险的意志存在的证据。当占统治地位的教条是明明白白的神学教条时，有一套术语来描述这种恶的意志；当占统治地位的教条是政治教条时，措辞就不同了，“反革命”取代了“异端”。

然而，它们所激起的心理和道德性向，以及表达这些性向的活动却格外相 128
似。此外，没有一种普遍化的理论在应用到具体事件上的时候能够自我解释。必须有某个团体来说明这个理论对影响这种或那种情况的意义，而那些仅仅作解释工作的团体是无力的，除非这个解释团体有权力来实施这些决定。任何团体被给予权力但无需为自己施行权力负责，此种情况是极端危险的。这在民主社会是一个常识。越是宣称据以执行这种权力的原则是绝对的，就越会任意而不负责任，这两者是成正比的。为了维护这个原则，反对异端或反对反革命的行动，最终必须用所宣称的目的的终极性（finality）[①]来为那些被认为代表这个原则的官员们进行粉饰。神圣性曾经环绕着国王们。俄国早期虽然曾经由于强调集体行动的极度优先性而反对颂扬美化个人，但现在这一点却让位于拜占庭式的对领袖的谄媚。

这个国家[②]，就其作为压迫性的统治权力来说，并没有在不断地变弱，这是另一个没有争议的事实。相反，国家行为在强度和范围上都增长了；党内派别、工会和原来苏维埃的独立活动，现在至少被判定为与维持无产阶级是敌对的——如果不是被判定为反革命的话。这是原初马克思主义学说的一部分，即任何拥有权力的阶级都不会放弃权力，除非有更强的力量迫使它放弃权力。将这个学说的特定方面应用到现在掌权的那些人身上，是这个辩证法理论必有的“矛盾”之一。也许值得一问：宣称的马克思主义者经常分裂为各个宗派，宗派之间的斗争同他们与所宣称的敌人的斗争一样残酷，这种现象是否和阶级斗争学

① finality 还有“不可改变性”意思。这里的意思是说，苏联执政党将自己的目的说成是与终极目的、不可改变的目的即客观规律相关的（如无产阶级革命和无产阶级专政这个目的，指向的是终极的、必然到来的无阶级社会，是其必然阶段），而自己（“人类官员们”）就是这种终极目的、不可改变的目的的现实化身。——译者

② 指苏联。——译者

说有着同样的关联①？

因为尽管认为个人的怨恨处于非个人性的经济力量势力范围之外，但仍然是原来学说的一部分②，但人们仍可以怀疑，历史上是否有任何一种神学家之间因为神学争议所造成的憎恨，在恶毒程度上超过正统的马克思主义信条的信徒，在对待异端人士上所展现出来的那样；而且，他们对待在某些方面赞同马克思主义的异端人士，甚至比对待所谓资本主义的代表更为恶毒。因为前一类人是异
129 端，后一类人仅仅由于信仰对他们自己来说是自然的东西③。正如异教徒(pagans)不同于异端(heretics)④，异教徒只是不知道任何更好的东西。对待异端，在独裁统治的国家运用的是物理力量，而在美国这样的国家，代替物理力量的是语言暴力(verbal abuse)——说他们是法西斯主义分子或法西斯主义的帮凶，算是最温和的表述了。

我国的自由主义者对俄国极权主义表现出莫大的同情，甚至到了这样的程度，竟断言俄国本质上是一个民主制国家，可以和它联手一起反对法西斯国家。出现这种情况，是不足为奇的。因为自从推翻沙皇统治之后，苏联在许多方面所取得的进步是毋庸置疑的。尽管其政治事务的实施是高深莫测的，但这些进步却显而易见并广为人知。更具决定性的事实在于，那些看到我国现有经济体系所具有的妨害性力量的人，被这个事实打动了：一个国家已经做了一些事情来推翻那种经济体系。我们也没有认真对待社会哲学和政治哲学的习惯。我们是经验主义或"实用主义"地对待社会哲学和政治哲学的，把它们当成和有用的聚会口号差不多的东西。我们没有意识到，在欧陆，尤其是那些受德国观念影响的有教养的人，对所谓"经验主义"指导的行动的轻蔑，甚至比我们对抽象理论的轻蔑更胜一筹。此外，明显不幸的事件发生时，它们很容易被解释成是早期专制统治培养的倾向残余的结果，或者被解释为仍然具有一种准亚细亚式(quasi-Asiatic)

---

① 指无产阶级和资产阶级斗争的残酷性与阶级斗争学说有关，现在派别之间斗争的残酷性同样与阶级斗争学说有关。——译者

② 可能指历史是由非个人性的经济力量推动的，个人的情绪包括怨恨等是一些不起本质作用的东西。——译者

③ 指资本主义的代表必然信奉维护资本主义的理论，所以这是自然的。——译者

④ heretics 指离经叛道者，偏离正统学说；而 pagans 如果在基督教背景中，指完全在基督教信仰之外的人。——译者

性格[①]的表现——尽管事实上，确实是这些态度使马克思主义大一统理论的兴盛成为可能。

然而，这里并没有贬低经济因素对文化其他成分的影响（因而目前当然也没有贬低其对政治因素的影响）；不过，即使民主方法缺乏足够的物质手段，它们也被证明对于要产生有利于自由的经济上的变化来说，是必不可少的。同很多其他人一样，我不时地指出，当前产业和金融体制对民主目的和方法的现实所具有的有害后果。对此，我仍然秉持以往的看法。但是，极权主义国家的情况将事实活生生地展现在我们的面前，以往的批评，包括我自己的批评在内，都没有充分地认识这些事实：现在仍然存在的那些形式鼓励讨论、批评、自愿结社的自由，并因而在有选举权和代议制的国家与独裁国家之间划了一道鸿沟，无论这些独裁 130
国家是左派当政还是右派当政——左的独裁国家和右的独裁国家的差别随着它们互相借用对方的技术，正在不断地缩小。

马克思主义理论认为，所谓民主国家的政府仅仅是资本家阶级的工具，它利用立法机关、法院、军队和警察去执行自己的意志，维持自己阶级的最高统治地位。但是，对政府行为的经常性批判、提出互相冲突政策的多党局面、经常性的选举、与少数服从多数规则相伴而生的讨论，以及公共教育，特别是政治行为不过是大量交互影响的文化因素中的一个因素等等，这些现象的作用有一种将其视为片面的民主制的批评者们还没有认识到的价值。有一种批评认为，如果将我们的民主制同极权主义政治统治相比较，那么，政治民主的大部分更多地是形式的，而非实质的。如果我们接受这种批评，便会增强民主政治的价值。政治从属于经济，对于那些被培养为视社会倾向（其中许多倾向既非政治的，也非经济的）的无限多元性的活动为理所当然的人们所具有的意义，是没有民主传统的国家不可能具有的。甚至对于英国人来说，也很难理解政治为什么在我国不像在英国那样吸引人们的兴趣，很难理解这究竟是如何发生的。如果在我们这里所产生的结果经常是团结的松弛和行为方向的游移不定，那么在社会事务中，我们就产生了某种均衡状态以及判断上一定的平衡。任何社会结果的产生，都有大

① “亚细亚社会”一般被设想为专制的、暴君式的、停滞的、臣民奴性的等（还有一些更具体、也更离谱的想象，兹不列出）。马克思本人就做过关于亚细亚社会的研究。这里，杜威用“准亚细亚式”，虽然是设想他人观点的语气，但其含义是很复杂的。——译者

量不同因素的作用，我们对此视为理所当然。在坚持这种或那种特殊的措施和目标上，则会有暂时的波动[①]。但是，这至少有足够的民主，而随着时间的推移，任何倾向在和其他倾向的相互影响中终将达到平均水平。平均化所呈现的性质，可能会招致轻易的批评。但是，如果与实行一元论观念所产生的狂热相比，各个倾向的平均化向中道的运动，乃是壮美的成就。然而所培养起来的想象力的习惯，使人们更容易将一个诸如俄国这样追求大一统结构的国家的情况理想化，而不是相反。要是没有达到某种平衡的那个理由，"普通人"(common man)可能就是普通的(common)[②]；而这个平衡的达到，对民主制的捍卫来说，比任何具体的法律都重要，哪怕与写入宪法的法律相比也是如此。

131 这里的意思并不是说要对经验主义的、多元主义的和实用主义的方法进行盲目的赞美。相反，人们应当吸取的教训，是要认识到将观念和观念的多元性作为实验活动中的工作假设而运用的重要性。轻率的经验主义，给隐藏于眼前可见东西之后的秘密操纵提供了机会。当我们假设自己遵循的是常识的政策(在"常识"一词最荣耀的意义上)时，除非我们在普遍观念的引导下对情况进行观察，否则就可能在事实上被那些机构牵着鼻子走；那些机构宣称自己是民主的结构，但所从事的却是颠覆自由的活动——这个一般化的警告翻译成具体的语言，即我们要当心那种先将美国主义等同于以隐藏的经济目标为依据的党派政策、然后对"美国生活方式"侃侃而谈的人。

科学中的实验方法，是当经验已经成熟时的经验主义方法的范例。它既反对"粗俗的"经验主义，这种经验主义仅仅承认按老经验来的(rule-of-thumb)行动，其建立在一系列试错的行为上，不受与已经被表述和验证过的观念的联系所调节；又反对绝对主义，这种绝对主义坚持只有一个"绝对真理"，这个唯一的真理已经为某个群体或党派所揭示并拥有。约翰·斯特雷奇(John Strachey)先生[③]，一个英国人，而非俄国人，可以用他作为例子来说明目前"共产主义"思想

---

① 指所谓均衡，不是停滞死寂，而是动态均衡，会随着具体事件、目标而起伏波动。——译者

② common具有"平均"之意。这里"达到平衡"，特别具有相互妥协、折衷(人之间、目标之间等)的意思。"达到平衡的理由"当指民主制或自由，大意是说，普通人(平均人)的达到是不容易的，看起来普通，处于各种力量的纠结、平衡之中，甚至庸常，但其实是了不起的成就。——译者

③ 斯特雷奇(1901—1963)，英国作家、政治家，曾任下院议员和陆军大臣次卿，著有《力量的竞争》(*The Coming Struggle for Power*, 1932)、《你为什么要成为社会主义者》(*Why You Should be a Socialist*, 1938)等，是20世纪30年代英国著名的马克思列宁主义者。——译者

的权威主义和一元论倾向的程度，也就是说，为齐一化理想所控制的程度。因为他说，甚至俄国之外的共产党，例如我国的共产党，都“拒绝容忍无法调和的观念的存在……不过是在断言社会主义是科学的”。人们也许不可能发现，有哪个论述比这个论述更直接和简练地否定了观念和理论是科学的或民主的所有性质。它有助于解释，为什么在我国主要是文人投到了马克思主义理论的怀抱，因为他们只有最少量的科学态度，所以极为轻易地接受了“科学”是新的绝对无误的事物这种观念。

靠重复之前在另一种联系中作出的论述，任何宣称表述了物理或社会变化
终极真理的一般化概括（如马克思主义）都无法陈述一般观念的意义，因为一般 132
观念是在与所发生的实际事件的联系中被接受的。从一天天的行动目的出发，一个理论的唯一价值系于具体事件被赋予的意义之上。人们在理论之光的引导下，在互相支持的具体关系中，审视这些具体事件。齐一化观念的最终结果是建立起高出理论的一般化概括之上的特选团体[①]，这决不是偶然的。那些根据一个重要的事情，亦即根据“我们应当做什么”来决定理论内涵的人，高居于理论之上，是最终的权威，尽管他们宣称自己是按照理论来行动的。要求观念的齐一化，“拒绝容忍无法调和的观念的存在”，首先要求有一个政党，然后由政党内部的成员经过精心挑选的委员会（council）[②]来决定与所发生的事件相关时，绝对真理（The Truth）究竟指什么——这当然同时要运用真正的神学上的解经技术，以解释一系列不相容政策的完美相容性。因此发生了下列变化：从早期将民主等同于中间阶级的资本主义，从而对民主进行谴责[③]，以及将所有其他社会主义者都标签化为社会法西斯主义者，变成当前的人民阵线式（Popular Front）[④]的政策，变成将布尔什维克主义称为20世纪的民主形态。此外，还从对纳粹德国的谴责，变成开始与它结成事实上的联盟。不过，现在却是以世界和平这个完全值

① 基督教有所谓“上帝的选民”一说，此处暗指马克思主义政党等的理论其实类似神学。——译者

② council有“宗教会议”的意思。——译者

③ 此处指马克思主义的早期理论，故middle class译为“中间阶级”。——译者

④ 20世纪30年代中期，欧洲国家的左翼政治联盟和反法西斯运动认为，要从原来的“社会法西斯”的立场转为“人民的立场”。特别是在法国，1936年，人民阵线赢得了选举，执政期间通过了新劳工法，赋予罢工权，规定了劳资集体谈判机制等。其著名口号是“一切皆有可能”。——译者

得赞许的理由来结盟的①;这个理由源于先前的正统学说,那个学说认为,只有共产主义能通过一系列国内和国际的战争来实现和平。不是作为固化的和最后的终极真理,而是作为工作假设来运用的科学方法,无需搞出一个内部委员会来宣布"绝对真理是什么",也无需发展出一套解经的体系,这种解经体系与古代神学通过解释来消除表面不融贯的做法有得一比。科学方法欢迎"无法调和的观念"的冲突,只要它们能够提出观察事实来支持自己就行。

既然这里以马克思主义作为齐一化主义的例子,这类理论将自身建立在与人性要素相分离的环境的"客观的"要素基础之上,那么在讨论的最后,我们要说说这类理论对人的性质的忽视。因为说它忽视人性,与有时候人们的说法相矛盾;这种说法认为,马克思主义的本质,至少作为实践的原则来说,是诉诸利己的
133 动机。这种说法是一些非马克思主义者作为谴责的意见而提出来的,不过,它有时也出现在自称为马克思主义者的文献中。但是,实际上,它接近于真正马克思主义学说的反面——真正的马克思主义学说认为,生产力的状态是唯一的动力。根据这种真正的马克思主义的观点,人性所有的要素都是从外部被物质性力量,即被经济力量所塑造的。如果给予人性中任何组成部分以独立的有效性,那么从马克思主义的立场看,将会重新陷入马克思主义着手摧毁的唯心主义类型的理论之中。

更为公正的批评是:马克思主义系统地忽视了人性作为有效能的因素的一切方面,仅仅注意到它之前被生产力的状态所决定。在宣称取代"乌托邦式空想的"社会主义的时候,马克思主义既排斥了心理的考虑,也排斥了道德的考虑。至于这个理论是否在事实上能做到它所宣称的东西(做不到的话,它的"唯物主义"就是无意义的),则是另一个问题。因为看起来,似乎至少需要某些机体的需要和肉欲来推动"生产力"。但是,如果这种生理-心理的因素被承认了,那么,这

---

① 指"二战"前夕和前期德国与苏联之间的协作,特别是1939年8月(该书写作的时候)两国签订的《苏德互不侵犯条约》。结盟的出发点,首先当然是为了保持两国之间的和平状态,不过很多历史学家认为,这是斯大林的拖延战术。斯大林已经意识到,苏德之间必有一战(原因按当时宣传的说法,是纳粹主义、资本主义与共产主义之间的竞争关系)。此外,有历史学家认为,苏德当时的某种协作,与在"二战"前期的苏德对芬兰、波兰用兵有一定的助推关系,因为结盟减少了相互间的顾忌,可以大胆地对其他方向进行战争,即结盟导致的是"不和平"。要指出的是,苏德签订条约之前,苏联和英法也进行了多轮秘密的谈判(当时新闻界已有报道),希望结成反希特勒同盟,但谈判破裂,之后很快签订了苏德条约。——译者

种因素就必然和“外部的”因素相互作用，并且在任何一个特定的点上，都不能说相互作用的运行停止了。

这里所涉及的问题既有理论上的效应，又有实践上的效应。例如阶级问题和阶级意识问题，在其中，阶级意识是马克思主义理论必不可少的条件。根据正统的马克思主义，无产阶级的阶级意识产生于这样一个事实，即以大规模工厂生产为代表的经济状态，使得工薪工人紧密地结合在一起，而同雇主几乎没有互动或直接的互动——曾经有过这种工人和雇主的互动，比如在使用手工工具的工场中就是如此。因此，物理的条件划分出了经济上的阶级，并且将雇主和雇员的利益冲突转化为界限分明的冲突，形成利益共同体；即使这种利益是“悲惨的”，也将雇员们结合为利益共同体。作为观察，现在的这种立场有一种无可否认的真理的因素——特别是和社论式的布道相比。那种布道告诉人们，没有什么“资本”和“劳动”的冲突，因为它们二者互相依赖。但是，观察所涉及的事实与最终的理论并不相容。阶级的形成，特别是阶级意识的形成，要依赖于理论所没有提 134
到的心理因素的作用——而心理因素，已被这个理论排除出去了。

事实上，马克思和每一个追随他的马克思主义者，都无意识地假定了人性构成因素的存在和作用，这些因素必须和“外部的”经济条件或“物质的”条件联合起作用，才能导致实际事件的产生。明确承认这些因素，将给这个理论以不同的实践视角。它可对马克思所强调的东西，予以不同的透视。事实似乎是马克思自己无意识地承袭了他那个时代流行的心理学，并且把自由放任的自由主义、乐观主义的心理学的头脚颠倒了过来。公然承认心理因素的作用，需要将价值和评价判断引入关于社会运动的理论中——就像后文所展示的那样。

任何关于社会行动和社会因果关系的大一统理论，都倾向于对呈现出来的问题采取现成的回答。这种回答的笼统特征，阻碍了对实际问题所涉及的特殊事实进行批判性考察和区分。结果，它给出的命令是一种实践上的全有或全无(all-or-none)[①]的活动，从而导致新的困难。这里我举两个例子，它们都是苏联历史上重大的事件。根据这个理论，就农民阶级的成员占有土地来说，他们属于

① 来自心理学，例如蛙的心脏，在刺激达到一定阈值之下，心脏没有反应，此为全无；达到阈值之上，心脏收缩，但增加刺激，收缩也并不增加，此为全有。金融学的全有或全无规则，指股票的卖出和买入都要彻底，不搞中间路线。杜威用此大概意指一元论的实践规则容易走向极端，这种极端化也许会带来更严重的问题。——译者

资产阶级——尽管是资产阶级类别下细分的“小”资产阶级。只有聚集在城市的工厂工人，才属于无产阶级。那么按照理论，阶级斗争也存在于城市的工人和大部分乡村人口之间。于是，就把这两群人联合起来进行共同的社会行动来讲，有一个真正的心理和政治难题。但是，理论前提笼统的或一元化特征，防止了将问题作为问题来探究。问题已经事先被解决好了，即阶级冲突的特征是这样的，革命运动的成功与城市工薪工人对乡村人口的统治紧密相联。任何关注过俄国历史的人都知道，因为接受了这个绝对主义原则，早先本已严峻的问题后来被加剧到令人恐怖的地步——尽管就列宁而言，他在应用时还有相当的灵活性[①]。

135 另一个例子是：在生产力的状态是国际化的时代，在一国建成社会主义的问题。在这里，还有一个采用哪些政策来调整国内和国际关系这样困难的问题。这个全有或全无的理论使俄国发生了完全的政治分裂，在原来的共产党内部形成了两个完全敌对的派别。商议，妥协，在对实际情况进行研究的基础上制定政策，这些可能性都事先被排除了。[②] 甚至为了努力在一国建成社会主义而抛弃原来正统的马克思主义的时候——采取抛弃正统的政策，在实践的理由上有很多东西可以用来证明它——也一定要将抛弃正统的政策证明为是这个“拒绝容忍无法调和的观念”(因为这是“科学的”学说的特征嘛)的全有或全无理论所核准的一个且唯一的政策。要证明这一点最有效的方式是：将所有持相反看法的人都当成叛徒和反革命而砍掉他们的脑袋。

一个最为炫耀和最自吹自擂具有科学基础的理论，恰恰是最系统地违反科学方法每一条原则的理论，这是具有讽刺意味的。我们从这种矛盾的情形中所学到的，是民主和科学方法潜在的联盟，以及有必要在立法和行政的技术中实现这种潜在性。科学的本性不仅在于容忍不同的观点，而且在于欢迎不同的观点。

---

① 这里当指苏联对农村的征税和后来的改造，当时引起了农民的普遍反抗；许多人认为，列宁本人是比较灵活和务实的。作为列宁的后继者斯大林，在政策上比较极端。——译者

② 主要指 1924 年列宁去世后，斯大林等和所谓托洛茨基派(主张持续革命和世界革命，认为俄国社会主义的成功有赖于发达国家社会主义革命的成功)的分裂。不过，这种争论由来已久。马克思恩格斯一般设想为几个发达资本主义国家同时进入社会主义，不过，后来也开始设想落后的国家(如俄国)率先进入社会主义的可能性，即著名的“卡夫丁峡谷”问题。在俄国革命过程中，以列宁为首的布尔什维克认为，一国可以率先获得社会主义革命的成功；孟什维克则相反，认为俄国要进行的乃是资产阶级革命。两派的形成，一般认为，是在 1903 年俄国社会民主工党第二次代表大会上。这也是分裂为两派，不过在时间上，斯大林和托洛茨基派的争论在苏联成立之后，并且逐渐酝酿，成为后来所谓“大清洗”中的一个名目。——译者

同时，科学所坚持的是：探究过程用观察事实的证据来达成结论上的一致——甚至因而主张，此时的结论要服从新的进一步研究所探明和公布的东西。我并不是宣称任何既存的民主制度在决定其政策时，曾经完全或充分地利用了科学方法。但是，探究的自由、对不同观点的宽容、交流的自由，以及将所获得的发现传达给作为智识的终极消费者的每一个人，这既与民主方法相关，又与科学方法相关。当民主制度公开地承认问题的存在，把问题作为问题而探究并以此为荣时，民主制度将使以拒绝承认对立观点而自傲的政治团体黯然失色——这早已是科学上类似团体的命运了。

5.

民主与人性

136 在政治上主张作为整体的人民的权利，与据称是上帝或“自然”(Nature)注定要某阶级实行统治的一个阶级权利的说法，形成了鲜明的对立；与整体人民权利主张同时出现的，是人们对人性问题产生了兴趣，两者在时间上的重合并不是偶然的。要想全面、深入地展现政治上民主(democracy in government)[①]的主张与对人性新的意识之间的联系，我们就必须进入相反的历史背景之中：在这个历史背景中，社会安排和政治形式被认为是自然的表现，而绝非人性(*human* nature)的表现[②]。从理论方面而言，这涉及对自然法观念悠久历史的描述，跨度从亚里士多德和斯多葛派的时代，一直到16和17世纪近代法学构建者们的时代。

关于这个发展历史和18世纪从自然法转变到自然权利(Natural Rights)的故事，是人类智识和道德历史中最为重要的篇章之一。但是要深入钻研这个问题，将会离当前的主题太远，因而我只得满足于以强调的语气重申以下的说法：将人性作为合法的政治安排的源泉，是欧洲历史上相当晚近的事情；这种看法一经产生，就标志着与早先关于政治统治、公民权和服从关系的根本理论近乎革命性的分离。因为二者的距离是如此之大，乃至在古代共和国与现代民主政府之间的根本差异的根源，都在于把人性代替宇宙的本性(cosmic nature)作为政治的基础。最后，与民主理论的变化以及进一步变化的需要相关的，是关于人性构

① 即统治、治理上的民主制，其核心在于“民主政府”问题，但主语就变成了“政府”，故采取现译。——译者

② 即是说，表现的是自然，而非人的自然/人性，自然、本性同为nature。——译者

成及其组成要素与社会现象之间关系的不充分的理论。

接下来的主题是一部三幕剧目，其中最后一幕尚未结束，正在演出的过程 137
中，而我们活着的人都是它的剧中人。让我们尽可能浓缩地讲述这个故事：第一幕是对人性片面的简化，以推进新的政治运动，并为这种政治运动作论证。第二幕是对与片面简化的人性相联系的理论和实践的反动，其理由是：这种理论乃是道德和社会无政府状态的前驱，它瓦解了人类彼此结合为有机联合体的团结。正在演出的第三幕，是重新发现人性和民主联系的道德意义，现在的陈述避免了早期陈述中片面的夸大，而从现有情况的具体角度出发。之所以先给出这个概要，因为在下文中，我将不得不对某些深究起来颇为专门的理论问题进行详细的考察。

我开始时说过，有一类理论将产生社会现象的交互作用中的“外部的”因素孤立开来，而与此并行的是一类理论将“内部的”因素或人性孤立开来。实际上，如果我遵循历史的顺序，应该首先讨论后一种理论，因为这类理论甚至比我们普遍设想的更广泛地被人们所坚持，而且更有影响力。因为现在它流行的恰当代表不是那些专业的心理学家和社会学家，那些心理学家和社会学家主张：既然分析到最后，社会仅仅是由个体的人们所构成的，那么所有的社会现象都要根据个体精神活动来理解。孤立人性理论的观点，实际上最有影响的论述在经济学理论之中，这种人性观点构成了自由放任经济学的支柱；而英国政治自由主义的发展，则与这种经济学说联系在一起。与社会事件相联系的人的动机的特殊观点，被用来解释社会事件，被作为所有完善的社会政策的基础，但这种特殊观点并没有被当成是“心理学”的。然而，作为人性的理论，它在本质上就是心理学的。我们还能发现一种观点，即认为民主和资本主义之间有内在的和必然的联系；这种观点既有心理学的基础，也有心理学的品性。因为只有根据某种人性理论的信念，人们才能说民主和资本主义两者之间就像是暹罗双胞胎(Siamese twins)①，攻击其中一个，就是对另一个人生命的威胁。

通过心理现象解释社会现象的观点，其经典表述来于约翰·斯图亚特·穆 138

① 暹罗双胞胎(1811—1874)，分别名为“恩”和“昌”，泰华混血儿，出生于暹罗(今泰国)。当时的技术无法使之分离，不过，两人顽强地活到了 63 岁(一人先去世，另一人不久去世)，并且和一对姐妹分别结婚，并育有孩子。后来，两人便成为双胞胎的代名词。——译者

勒的《逻辑》(*Logic*)——这个论述提出的时候，可能表现得几乎像是公理。“所有社会现象都是人性现象……因此，如果人的思想、感情和行动服从固定的法则，那么，社会现象也要服从法则[1]”，以及“社会现象的法则，是且无外乎是在社会状态下联合的人类的行动和激情的法则”。这似乎是为了更确定地指出“在社会状态下联合”对个体的法则、因而也对社会的法则来说无关宏旨，因此他补充说道：“社会中的人类的各种性质，都无非是从个体的人(individual man)本性的法则中派生出来，并可分解为个体的人的本性法则，除此之外别无其他。”

这个“个体的人”的指称透露出这种特殊的简化的本质，正是这种特殊的简化，支配了这个特殊学派的观点和政策。由穆勒总结的这种方法形成了一类哲学，表达和拥抱这类哲学的人在他们的那个时代都是革命者。这些人希望将某种群体的个体，即与新形式的工业、商业和金融利益攸关的那些个体，从封建制遗留下来的桎梏中解放出来。而由于习惯和利益，这一桎梏为有权的土地贵族所钟爱。如果他们现在显得不再是革命性的(这种“革命性的”不是通过武力来改变社会，而是通过改变人的观念来改变社会)，这是因为，他们的观点现在已经成为每一个高度工业化国家的保守派的哲学了。

他们试图对各种原则作智识上的精确表述，而这些原则所要辩护的一些倾向的成功实现，就是今天的革命者称之为并试图推翻的资产阶级的资本主义。这里讨论的心理学，不是当前教科书中的那种心理学。但是，它表达了个人主义的理念，这些理念使得当时激进分子的经济和政治理论生气勃勃。它的“个人主义”为今天大量的心理学，甚至那些技术化的心理学，提供了背景——几乎是所有的心理学，除了那些出于生物学和人类学的考虑，开始走新路的心理学。在这种心理学起源的时候就不是书呆子式的学说，甚至在它被写进书里时也是如此。这些书精心地阐释了那些理念，而那些理念乃是在选举运动中被倡议、被提出，
139 让议会通过以成为法律的东西。

在进行任何细节上的论述之前，我想回顾之前作过的一个论述，即任何既定时代的关于人性构造的流行观点，都是对社会运动的一种条件反射；这些社会运动或者是惯例化了，或者尽管没有惯例化，有对立力量的存在，但它们仍然要表明自己，因而需要智识和道德的系统阐释以增强自己的力量。这虽然显得有点

① 法则和规律都是 law，因为这里涉及人性和激情等法则，为了统一，采取现译。——译者

离题万里，但我还是要提及柏拉图关于如何判定人性构造成分方法的论述。柏拉图说，恰当的方法是：在试图辨明见于个体中的人性构造成分的昏暗微缩版本之前，先看它以巨大的、易于辨认的字母写就的版本，即社会阶级组织的构造成分。根据他所熟悉的社会组织基础，柏拉图认为，既然在社会中有一个劳动阶级为了提供满足肉欲的手段而进行劳作，有一个公民的士兵阶级忠诚于国家的法律，甚至可以为之献出生命，另外还有一个立法者阶级，那么，人的灵魂必然是这样组成的：底层的肉欲（在“底层”的两种意义上）[①]；慷慨的精神冲动，它超出了个人享乐，而肉欲的注意力和关注点仅仅在于为了自己的满足；最后是理性，它是立法的权力。

在发现人性构造的这三种成分之后，柏拉图又毫无困难地回到社会组织问题上来，证明有一个阶级必须由自上而下强加的规则和法律来使之处于有秩序的状态，否则，这个阶级的行为就是没有底线的，会以自由的名义摧毁和谐与秩序；另一个阶级的倾向（inclinations）是完全服从和忠于法律，完全朝向正确的信念，尽管它自身不能发现法律所由此产生的目的；而在任何秩序良好的组织的顶端，由这样一些人来进行统治，他们占优势地位的自然性质是理性，且经过教育形成了合适的能力。

很难发现有关于这个事实更好的例证了——这个事实是：任何意在发现社会现象的心理学原因和根源的运动，实际是一种反向运动，即当前的社会倾向首先被解读为人性结构，然后再用这个人性结构来解释本是推演出这个结构的那
些东西。因此，按照这种思路，对于那些反映工业和商业新运动意见的人来说， 140
将肉欲（柏拉图可是将它作为一种必然的恶来对待的）设立为社会福利和进步的奠基石，就是“自然的”。同样的事情在当前发生着：权力之爱被提出来充当一个世纪前“利己”所扮演的角色，即作为支配性“动机”——如果我给“动机”一词加上引号，那也是由于刚才给出的理由。人们所称的“动机”，在批判性考察看来，被证明是在文化条件下纹饰了的复杂态度，而非简单的人性要素。

甚至当我们论及那些的确是人性的真正要素的倾向和冲动时，除非我们完整地“吞下”某种流行的观点，否则就会发现，这些要素自己无法自动地解释社会现象。因为只有当它们通过与周围的文化条件相互作用、塑造成习得的性向之

---

① 底层（base），有最为基本的意思，也有卑鄙的、下作的意思。——译者

后，才能产生一定的结果。霍布斯是将“自然状态”及其法则等同于人性未开化的原始状态的现代第一人（自然状态和自然法则是所有古典政治理论的背景），我们就以他为例来证明以上的说法。霍布斯说：“在人性中，我们发现造成争执的原因主要有三种：第一，竞争；第二，猜疑；第三，荣誉。第一种原因使得人们为谋利而进行侵犯；第二种原因使得人们为安全而进行侵犯；第三种原因使得人们为名声而进行侵犯。第一种情况，使用暴力是为了使自己成为他人的主人；第二种情况，使用暴力是为了保护自己；第三种情况，使用暴力则是为了一些琐事，如一句话、一个微笑、一种不同的观点或任何其他贬低的迹象——或是直接地贬低他们自己的迹象，或是被认为贬低他们的亲人、朋友或国家的迹象。”①

不可否认，霍布斯所论及的性质的确存在于人性当中，的确会导致“争执”，也就是说，会导致国家之间的冲突和战争，以及一国的内战——这正是霍布斯所生活的那个时代的常态。在这个范围内，霍布斯关于妨碍安全状态到来（这对于文明的共同体来说是前提性的）的自然心理的论述，显得比今天试图把据信引起社会现象的原始人性的特征列表出来的那些人，更富有洞见。霍布斯认为，人和人关系之间彻底的自然状态，是一切人反对一切人的战争；从自然上人对人来
141 说，“像狼一样”。因此，霍布斯的意图在于颂扬精心建立的关系、具有权威的法律和规则，它们不仅应当支配外显的行为，也应当支配使人们提出某种东西以作为目的和善物的冲动和观念。霍布斯将这种权威视为政治上的主权国家(sovereign)②。但是，他的这种处理方式的精神实质，是将主权国家作为恰好与原始人性正相对的文化来进行颂扬的——已有不止一个作家，指出了霍布斯的“利维坦”与纳粹极权国家的相似之处。

在霍布斯生活的时期和当前的时代之间，可以作很多富有启发的对比，特别是关于国家间、阶级间的不安全和冲突问题。不过，我这里关心的是：霍布斯选择作为失序状态（这种失序状态使人类的生活是“残忍的和卑鄙的”）的原因的性质，正是其他人选择作为良善的社会结果的原因的那些“动机”，这些良善的结果

① 参见霍布斯，《利维坦》，黎思复等译，商务印书馆，1985年，第94页；杜威所引与中译本相差甚大，估计来自不同的版本或有所节略，这里进行了重译。——译者

② sovereign，有君主、主权国家、主权者、领袖等含义，这些含义在霍布斯那里同时具有；黎思复等译为“主权者”。sovereign指某种主体，是权力主体，前文出现的sovereignty指统治权力，是主体的权力。——译者

是和谐、繁荣和无限的进步。霍布斯对作为谋利之爱的竞争所采取的立场，被19世纪英国社会哲学完全颠倒过来了。与之前被作为战争的根源相反，竞争被当成这样的手段，即通过它，人们能发现自己最适合的职业；必需的商品能以最低的价格到达消费者手中；也能形成终极和谐的互相依存状态——只要能够允许，竞争在没有“人为”限制的情况下起作用。甚至今天，人们仍能读到一些文章，听到一些演讲，其中将当前经济困境的原因归咎为政治上对私人竞争性的谋利努力的良善作用的干预。

这里指出有两种非常不同的观念与人性的这个构成要素相对应，并不是为了决定或讨论它们孰是孰非，其目的是为了指出：它们所犯的是同一个错误。就其自身来说，冲动（你喜欢怎么称呼都行）在社会作用上既不是罪恶的，也不是良善的。它的罪恶和良善取决于它所产生的实际后果；而实际后果依赖于它在其中起作用的条件，以及与之相互作用的条件。这些条件是由以下的因素形成的：传统、习惯、法律、公众的赞同或反对，以及一切构成环境的条件。即使在同一个国家和同一个时代，这些条件也是多元化的，以至于谋利之爱（它被作为人性的特征）在社会作用上既可以是有益的，也可以是有害的。而且，尽管人们倾向于声称合作性冲动完全是有益的，但如果单纯地把它当作人性的构成要素，情况也 142
是如此。不管是竞争，还是合作，都不能被判定为人性的特征。它们乃是个体行为中某些关系的名称；当这些关系在一个共同体内实际存在时，人们就赋予它们这一名称。

即使人性中的各种倾向彼此明确有别，以至于配得上人们赋予它们的名称，以及人性如同人们有时候说的那样是固定不变的，以上的结论仍然是成立的。因为甚至在那样的情况下，人性仍然在大量不同的周围条件下起作用，仍然与这些条件相互作用；这种相互作用决定了结果和这些倾向的社会意义和社会价值，无论是积极的，还是消极的。所谓人性结构的固定性，一点儿都不能解释种族、家庭、人民得以划分彼此的那些差异——这就是说，就其本身而言和在其本质上，它都无法解释任何社会状态。对于遵循何种政策有益，它提不出任何建议。它甚至无法为保守主义提供辩护，以反对激进主义。

但是，所谓人性的不可改变性，是不能被接受的。因为尽管人的某些需要是永恒的，但这些需要所产生的结果（因为当时的文化状态，如科学、道德、宗教、艺术、产业、法律规定等的状态而产生这些结果），会反作用于人性的原始构成要素，将人性的原始构成要素塑造成新的形式。这样，整个样态就被修改了。排他性地用某种心理因素，既要解释发生了什么，又要制定关于应当如何的政策，这种做法徒劳无功，这一点谁都明白——假如它没有被证明是一种将某些政策（这些政策是某个群体或党派出于其他的理由而热切地推动的）“合理化”的便利工具的话[①]。“竞争”既可促使人们热衷于战争，又可促使人们热衷于有益的社会进步，这种情形对这里的问题极具启发性；而对霍布斯所言的其他因素的考察，支持同样的结论。

例如，曾有一些共同体十分看重个人、家庭、阶级的荣誉，将其视为所有值得珍视的社会价值的主要监护者[②]。荣誉常常是贵族阶级的主要美德，无论在民事上还是在战争中。虽然人们常常夸大它的价值，但如果否认荣誉在与某种文化条件相互作用之下产生有价值的结果，那也是愚蠢的。“猜疑”或恐惧，如果作
143 为动机，就其结果来说，甚至是一个更含混和更无意义的词。它可以成为任何形式，从胆小懦弱到谨慎、小心，以及到任何聪明的预见都无法缺少的审慎。它也可能变成敬畏——虽然人们有时抽象地夸大了敬畏，但可以成为那种使它极度可欲的对象的一部分[③]。“权力之爱”（诉诸权力是现在流行的做法），也仅仅应用于普遍的东西时才有意义，因而无法解释任何具体的东西。

以上讨论旨在于引出两条原则。第一，既定时代关于人性的流行看法通常源于这一时代的社会潮流，要么是显著而突出的潮流，要么是那些在特定群体看来应当成为主导性的不太明显的社会运动，例如处于立法地位的理性之于柏拉图，竞争性的谋利之爱之于古典经济学家。第二，即使存在所谓原始人性的构成要素，引证它也无法解释社会发生的任何事情，无法对应采取什么政策，提出任何建议和指导。这不是说，对它的引证一定是遮遮掩掩的“合理化”辩护；而是

① 意思是说，如果被用来为某种政策辩护，就不是“徒劳无功”了，就可以另当别论了；所以，单纯地以心理因素来进行解释，从学理而非派别利益上来说，是错误的路径。——译者

② 原文为 conservator，或可译为“渊薮”，但没有那种主动的气息。这是因为注重荣誉，才有了诸如责任、优雅、慷慨赴死等德性，反对轻浮、粗陋、懦弱等倾向，即注重荣誉是德性的监护者、保护者等。——译者

③ 意思是说，敬畏和某种东西结合起来，是非常好的东西，是极度可欲的。所谓被抽象地夸大，当指宗教和某些道德理论（如康德）对敬畏的强调和重视。总体的意思是：尽管敬畏不像有些人说得那么好，但毕竟有时候可以产生非常好的结果。敬畏又可以来自猜疑和恐惧，这样就反对了前面提及的霍布斯认为它们必然恶的观点。——译者

说，无论何时，只要这种引证具有实际意义，它所具有的重要性就是道德上的[1]而非心理上的。因为无论这种引证是希望保存既有的东西而提出的，还是希望发生变化的东西而提出的，都是评价的表达和根据价值估价所决定的意图的表达。如果在这样的基础上提出人性特征问题，那么，这个问题就在恰当的语境中了，并可以进行合理的检验。

然而，流行的习惯是假设：社会问题与人性构造所预先决定的某种东西有关，而与人们偏爱和为之奋斗的价值无关。这个假设是严重的社会弊病的根源。从智识发展而言，它倒退到 17 世纪之前一直统治着物理科学的那种解释方式——这种方法现在已被看作使自然科学长期停滞的主要根源。这种理论所包含的是：求助于一般化力量来“解释”所发生的事情。

只有当人们放弃一般化力量，让探究的方向转向查明所观察到的变化之间
存在的相互关系时，科学才开始稳步地发展。普通民众求助于电、光或热，将它 144
们作为一种力来解释某种特殊事件的发生，如用电来解释伴随着雷鸣和闪电的风暴，这种情况仍然存在。科学界人士自己也常常用类似的语言来谈论一些事情。但对于科学界人士来说，这种一般化的术语不过是一种方便的说法而已。它们代表所观察到的事情之间规则性的关系，而并不标志求助于所发生的事情背后的某种东西，臆想这种东西导致了这件事情的发生。我们可以举闪电的火花和电的例子。富兰克林证明闪电的火花是电的一种[2]，这就将闪电的火花与原来被认为无关的东西联系起来了；与此同时，人们就获得了如何对付它的知识[3]。但是，与原来将电作为解释性的力不同，关于“闪电是一种电的现象”的知识提出了许多特殊的问题，其中有些问题至今尚未解决。

当这种方法占统治地位时，自然科学死气沉沉；如果将那时的自然科学状态与当前社会“科学”的状态作类比还不够有说服力的话，那么，我们可以用这种方法所导致的对探究的误导作为证据。实际上，当只有一个一般化词语用以掩盖

① 此处所谓“道德上的”，是指“价值期望意义上的”、“应该意义上的”。——译者

② lightning 从构词上讲，与“电”（electricity）没有关系。中国闪电的“电”，原指阴阳相激发出的光；又称为“列缺”等，译者的家乡方言称为“缺合”，即闪电的时候如同蛋壳或冰面有裂纹，随后天又合上了，都与现代意义上的电没有关系。现代科学教育普及后，才在现代意义上用“闪电”，但日常的使用很多也意在指“闪（光）”而非现在的“电”（古代电即闪光）。——译者

③ 指富兰克林等根据电的原理发明和改进避雷针。——译者

缺乏理解的时候，就存在一种理解的幻象。社会观念被控制在闪闪发光的一般性里面。作为与知识不同的东西——意见，孳生着争吵。既然被当成原因的东西，是被用作使事物产生的力量或工具的东西，那么，除了具有关于某件事情得以发生的条件的知识之外，就没有任何控制性方法能让某事成为现实，或者防止不想让它发生的事情发生。当人们知道某种摩擦可以生火时，他们至少知道了一种可以控制的方法，即可以在需要生火的时候，将木条聚在一起摩擦。不言而喻，在人们对因果条件有更多了解以后，为有所需要时而生火的能力就会成倍地增长，并且用这种能力来达到日益增长的各种目的。这个原则适用于社会理论和社会行为的关系。

最后，本是为了解释事件过程的理论，却被用来促进和证明某种实践上的政策。当然，马克思主义是一个突出的例子。但是，它决非唯一的例子，非马克思
145 主义和反马克思主义的社会理论也常常成为这条原则[①]的示例品。功利主义用“快乐和痛苦是人类行为唯一的决定性因素”的观念来提倡一种关于立法、司法和刑罚程序的全面性理论，即它们都是指向确保最大多数人的最大幸福。建立在“需要应自由和无碍地展示”这一原则基础上对事件的解释，在实践方面被用来积极地宣传自由市场经济体制，以及所有的政治和法律措施都要适合这种自由市场的经济体制。对所谓“力”的一般化特征的信仰，使得无需追踪实际事件以检验理论。如果发生的事情明显地与信条相反，那么，这种不一致性不是被用来作为检验信仰的理由，而是被用来作为一种暗示，为这种挫败寻找特殊的借口，从而使原则本身的真理性被原封不动地保存下来。

对纯粹一般化观点的赞成和反对，并不需要求助于观察。这些主张之所以能够不沦落为单纯的言辞表达，因为它们包含了某种情感态度。当不能通过对实际发生的观察不断地检验和修正一般化观念时，一般化观念就作为单纯的理所当然之事，处于意见的领域之中。在这种情形下，意见冲突之时就是争吵不休之时。而对于现在的自然科学而言，意见冲突之时，就是查明问题和进一步观察之时。如果有任何对智识问题及其结果的概括能被无争议地提出来的话，那么，它就是对各种意见的统治，以及对各种有争议的冲突的统治。这是缺乏探究方法的结果，而恰恰这种探究方法能发现新的事实并由此而建立起信念共识基础。

① 指“本是为了解释事件过程的理论，被用来促进和证明某种实践上的政策”。——译者

社会事件在任何情况下都是复杂的，以至于难以发展有效的观察方法，以产生关于事件彼此关系的一般化概括。占支配地位的理论形式又进一步增加了障碍，使得进行此类观察不再必要——除了在辩论的争吵中任意选择一些事例。重要的是形成一些一般化观念，第一步要以此推进对问题的研究——并非假设答案是现成的，如果假设答案是现成的，那么就会认为根本没有需要解决的问题；第二步，通过这些描述被加以分析性观察的事件之间相互作用的一般化概括来解决问题。

我再回到这种特殊的社会哲学上来，它把由谋取私人利益的努力所驱动的 146
经济体制与自由民主制度的根本条件联系在一起。没有必要追溯这种理论在早期英国自由放任自由主义者那里的表达形式。尽管由于实际事件，这种哲学丧失了信誉；但在我国努力建立所谓对企业的社会控制，已经使这种哲学以其极端赤裸裸的形式复活了。当前对这些控制措施的反对，就建立在这个理论基础之上，但我们无需为目前所用的控制措施进行担保，因为已经意识到这种理论的谬误了。这个理论将资本主义解释成在生产、交换商品和服务上具有最大范围的个人自由的东西，认为资本主义与民主制是暹罗孪生子，密不可分。这种理论宣称，资本主义等于个人的创造力、独立、活力，而这些品质恰恰是自由政治制度的基本条件。所以，这种理论辩称：政府对企业活动的控制，限制了这些品质的作用；而这种限制，同时就是对政治民主得以存在的实践条件和道德条件的攻击。

在这里，我所关心的不是那些支持或反对所用措施的特殊论证的功过。我关心的是，笼统地求助于某些所谓人的动机，如含混的“创造力、独立、进取心”等等，遮蔽了观察具体事件的需要。即使观察具体事件，对事件的解释也是预先决定的，而不是来自观察到什么。通过将问题保持在意见的领域，在另一立场同样助长了求助于一般笼统观点的做法。于是，我们得到了一种针尖对麦芒的冲突：一方是所谓的“个人主义”，另一方是所谓的“社会主义”。对具体事件的考察，可以揭示某些能指明的条件；在这些条件下，对那些词语含混地指向的角色，双方[①]都有好处。

对关于试图通过引证人性的一般固有特征来支持某种政策的问题，当前“进取心/事业”(*enterprise*)被用作敬语，特别具有启发性。“事业”唯一合理的意义

---

① 指个人主义和社会主义。——译者

是一个中性的词汇，是一种承担/事业(*undertaking*)[1]。这种事业的可欲性，要看它所产生的实际结果，因而需要具体研究。但是，“进取心/事业”被赋予某种
147 可欲的人性特征的意义之后，问题就从观察的领域进入了意见外加颂扬的情感领域。“进取心/事业”和“创造力”以及“产业/勤勉”(industry)一样，可以用以描述无数对象；这些词可以用来称呼一个黑帮的活动，或者一个敲诈勒索的工会活动，也可以用来称呼对社会有用的工业企业[2]的活动。

之所以比较详细地援引这个事例，是因为它提供了一个显著的实例：首先，它将现有社会行为的模式转化为人性的心理性质；其次，它将所谓的心理事实转化为一个价值的原则——这是一个道德上的事情。社会问题是由特定的时空界限内的条件所设定的，究竟是由哪些条件所设定，这需要通过观察来确定；但现在的社会问题被当作与地点和时间没有关系而能绝对确定的事情。于是，社会问题就成了意见和论战式论证的事情——而这解决不了任何问题，因此最后的倾向就是求助于强力来作出最终的裁决。

人性组合的理论，被大不列颠激进派知识分子用来证明公众政府和自由的正当性，其学说包含的构成要素不止利己这一种动机。它的正式主张是：对他人得失苦乐的同情，也是人类禀赋中与生俱来的部分。两个性质相反的构成要素——利己和同情，被机智地联系在一起，成为一个完整的学说——偶尔也明确地与据说是类似牛顿天体力学中的向心和离心构成要素联系在一起。利己方面提供了关于公共行为和政府行为的理论基础；同情方面所关心的，是作为私人的个体之间的关系。这个学说教导说，如果政治制度的改革能够去除特权和不公平的偏袒，同情的动机将获得发挥有效和成功作用的巨大空间，因为保证特权和偏袒不公平的坏制度是引导人们通过损人而利己的主要原因。

这个理论所引起的反应比理论本身显得更加重要。19 世纪在德国发展起来的“有机唯心主义”哲学，现在成了极权主义的理论基础和辩护理由。“有机唯
148 心主义”哲学从这个理论的薄弱之处(这个理论在理论和实践上将政治和道德建

---

① enterprise 具有事业心、进取心、事业、企业等含义；undertaking 具有从事、承担、事业、企业等含义。这里杜威所涉及的，是有些学者称为事实和价值、描述意义和规范意义之间差异的问题；但杜威不是仅作语言分析，而是分析语言行动以及相关的社会行为。——译者

② 含有“勤勉地从事或承担”的双关义。——译者

立在所称的人性组合上），得到它们的线团[①]和出发点。对这个反应的形式和内容的充分叙述，将把我们带到除非进行技术性讨论，否则就无法阐述清楚的事情上去。不过，它的基本原理是简单的。

试图将政治和道德的权威来源放置在人性上面，被认为是无政府状态、失序、冲突的根源，被认为试图在最不稳定的流沙上建立社会制度和个人关系。同时，表达出这种新观点的哲学家是新教徒和北方人。因此，他们的反应并不推动他们要求接受罗马教会的教义，以作为堡垒来对抗极端个人主义观念和政策的消解性倾向。[②]

法国大革命及其中间出现的过激行为，在德国人思想中，被一致认为是试图将权威置于没有约束之地的逻辑后果。因而法国大革命被当作这种立场固有的弱点在实践上的大规模演示。对于这个将权威建立在无约束之地的学说，充其量，人们只能像为法国大革命作辩护时那样为它辩护：它有助于消除已经发展起来的弊端。作为积极的和建构性的原则，这种看法是一种悲剧性的欺罔。[③] 阐释大革命正式信条的《人权宣言》，据说是错误学说的概要，这种错误学说产生了这个时代所有特征的恶。如同刚才所指出的，这种异议（protest）拒绝把天主教会的学说作为自己批判的基础，以及作为自己提议的建设性措施的基础。它自己也受到它所反抗的个人主义所产生的条件的深刻影响。这种影响如此之深，使它自身受到批判：如果用典型的希腊-中世纪观念的语辞来说，就是强烈的“主观主义”。它找到了“调和”自由和权威、个性和法则的道路，其办法是建立一个绝对的自我、心灵、精神；人类是它们个别的、部分的显示，“更真实”和更充分的展示则要到社会制度、国家和历史中去寻找。既然历史是最后的法庭，既然历史表现了绝对精神的运动，求助于强力来解决国家间的问题，就不是“真的”求助

---

① 在古希腊神话中，忒修斯凭借线团走出迷宫，迷宫的主人是国王，而给予他线团的恰是国王的女儿阿里阿德涅，故“弱点”总是来自内部。——译者

② 这里的北方人估计指法兰克帝国的北部，即现在的德国；路德是今德国中部人，费希特是东北部人，黑格尔和谢林都是西南部人。杜威大意是说，新教徒如路德派主张因信称义等强调个人与上帝的直接沟通，无需教会的中介；有机论则认为，整个世界包括人与人都是有机联系在一起的，两者的结合既强调和论证个人的作用，又反对极端个人主义，同时无需求助于天主教会的权威。——译者

③ 意思是：在所谓德国思想看来，仅仅消除弊端，还不能够得上是“积极的和建构性的”；而法国大革命和启蒙人性论将自己充当为积极正面的原则，在实践上酿成了法国大革命这样的悲剧。所以，它们乃是“悲剧欺罔”性的理论。——译者

149 于强力，不如说是求助于绝对理性的最终逻辑。在它看来，个人主义运动是使人们认识到自然、人和社会的构造中绝对精神和绝对人格的至上性与终极性一个必然的、过渡性的运动。德国有机唯心主义要拯救这个运动中所有真实的东西，同时通过将它提升到绝对自我和绝对精神的平面上来消除其错误和危险。这里涉及该运动中诸多技术性的东西；其诸多细节的解释，要根据特殊的智识上的事件来进行。但是可以发现，它的中心和核心在于试图为个性和自由提供"更高的"辩护；其中，个性和自由与法则和权威融合在一起，而法则和权威必须是合理的，因为它们是绝对理性的展现。当代极权主义毫无困难地发现，体现在德国国家身上的德意志民族精神，从一切实践的目的来说，都是黑格尔式的绝对精神的恰当替代品。

人们常常将卢梭视为法国大革命的预言者和智识上的先驱，从许多方面看，的确如此。但是，历史总是喜欢开玩笑，玩笑之一，即卢梭也是那个后来在德国获得其充分表达形式的理论的"继父"。卢梭之所以成了这个角色，部分和间接地是由于他对文化的攻击，正如前文指出的，他的这种挑战行为是因为当时对文化的赞颂反对了人性。但是，他也正面和直接地扮演了这个角色。因为在他的政治著作中提出了这种观念，即共同意志（Common Will）是政治制度合法性的来源；自由和法则在共同意志的活动中乃是同一个东西，因为共同意志必须代表共同的善（Common Good），因而代表了每一个个体的"真正的"或真实的善。[①]

如果个体产生了与公意（General Will）[②]相对立的纯粹的个人肉欲，那么，"强迫他们自由"就是合法的（也的确是必须的）了。卢梭理论的意图，在于论述自治制度的基础和少数服从多数规则的基础。但是，他的假设被用来证明共同的或普遍的（Universal）意志和理性具体地体现在民族国家之中。共同意志或普遍意志和理性的最完美的化身是这样一些国家，其中法律、秩序和纪律的权威没有被民主主义式的"异教"所削弱——在拿破仑征服德国之后，这种观点在德国
150 被用来催生一种带有攻击性的民族精神；它为系统地贬低与德国文化相对照的

① 这里的 good 一般译为"利益"，common good 即共同利益，这种译法采取广义的"利益"含义；但在日常使用和思考中，具象经常下降为物质性和可交换性利益。由于这里上下文涉及概念界定，尽管别扭，采取现译。——译者

② 有译为"总体意志"和"普遍意志"的，其中"总体意志"的译法能较好地理解杜威这里探讨的极权主义与该理论的关联。——译者

法国物质主义文明提供了基础——这种贬低，后来扩展为对所有国家民主制度的谴责。

对人性的个人主义理论的这种反对性反应的简短阐明，表明了国家社会主义的基本图景；同时，在某种程度上揭示了民主国家所遭遇的困境。一个多世纪以前，个人主义理论被用来论证政治自治的合理性，因而有助于推进这个事业，而这个事实并没有使该理论在今天还是民主行为值得信赖的向导。今天来阅读卡莱尔(Carlyle)[①]在这个理论提出时所作的辛辣、鲜活的斥责，颇为有益。对于试图将政治权威建立在利己的基础上，以及将个人道德建立在同情的实施上，他都用猛烈的火力进行了抨击。将个人道德建立在同情实施上的做法是过度放纵的情绪主义，将政治权威建立在利己基础上的做法是“无政府状态加上警察”——它甚至也需要保存外在秩序的外表。卡莱尔呼吁纪律和秩序，甚至包括呼吁一些特选之人的领导。

当前的困境可以叙述如下：民主制的确涉及一种信念，这种信念认为，政治制度和法律从根本上必须考虑人性。它们必须让人性比在非民主制度下更自由地发挥。同时，被用来解释和论证对于人性所依赖的、关于人性的法律理论和道德理论，已经被证明是不充分的。从法律和政治方面看，在19世纪，理论越来越不适应观念和实践；这些观念和实践更多地与谋利活动有关，而非与民主制有关。在道德方面，理论倾向于以情感促进合乎黄金法则的行动，取代以前靠规训和控制的办法，但其代价是把民主理想融进所有的生活关系之中。由于缺乏关于人性与民主关系的充分理论，因而对民主目的和方法的忠诚就变成一种传统和习以为常的事情——就其本身来说，这是一件很棒的事情，但是当它成为惯例性东西之后，情况的改变使其他习惯改变时，它就容易逐渐地受到侵蚀。

如果我说的是民主制需要一种新的关于人性的心理学，这种心理学足以满
足国内外情况寄于它的厚望，那么，我一定在说一种学术上无关的东西。但如果 151
把此处的评论理解为：民主总是和人道主义、和对人性潜能的信仰联系着的，而当前的需要就是有力地重新肯定，那么，这种在相关的观念中有了发展而又在实

---

① 当指托马斯·卡莱尔(Thomas Carlyle, 1795—1881)，苏格兰哲学家、历史学家、讽刺散文家。他的文笔犀利，著有《法国革命史》、《论历史上的英雄、英雄崇拜和英雄业绩》、《过去与现在》(中译本名为《文明的忧思》)等，他是民国怪杰辜鸿铭硕士论文的指导老师。——译者

践态度中展现出来的信仰，就只是美国传统的延续而已。因为关于“普通人”(common man)的信念，除非被理解为是民主和人性之间有紧密和至关重要的联系之信念的表达，否则是没有任何意义的。

我们不能再延续这种观念，即认为一旦免除了外在的专横限制仅留下自身，人性就将倾向于产生能成功运行的民主制度。我们要以另一种方式来陈述问题。我们要看到，民主意味着“人道主义的文化*应当*占优势地位”；我们应该坦率和公开地承认，这个命题是一个道德命题——像任何涉及“什么是应当的”的命题一样。

对我们来说，显得奇怪的是：法西斯类型的极权国家是基于道德的理由，对民主构成了挑战，正如左翼的极权主义竟然是基于经济的理由对民主构成了挑战。相对而言，从经济的理由看，我们更能为民主制辩护，因为至少到目前为止，在物质方面，苏联还没有“赶上”我们，更不用说“超过”我们。但是要针对另一种极权主义(这最后可能也要针对马克思主义类型的极权主义)为民主进行辩护，就需要积极、勇敢、建构性地重新让人们想起，人性信仰对于我们文化的每一个方面所具有的重要意义：不仅包括政治和经济，还包括科学、艺术、教育、道德和宗教，等等。无论在抽象的意义上，人性多么一致和恒定，自从我们建立政治民主以来，人性在其中发挥作用和对之发挥作用的条件发生了如此巨大的变化，以至于民主现在不能单独地依赖政治制度和仅仅在政治制度中表现出来。我们甚至不能确定，目前的政治制度及其法律附属物是否真的是民主的——因为民主要在人类的态度中表现出来，民主与否应依据该制度在人们生活中所产生的后果来衡量。

民主的人道主义观点对文化所有形式的影响，包括对科学和艺术、道德和宗
152 教的影响，以及对产业和政治的影响，使它得以免于人们对于道德主义说教所作的那种批判。因为这种观点告诉我们：需要检查人的活动的每一个方面，以查明民主对人性潜能的释放、培育和结果具有何种影响。它并没有告诉我们：只要“再武装道德”，所有的社会问题都将迎刃而解。它说的是：去发现我们现有文化的所有构成成分是如何运作的，然后看什么时候和什么地方需要对文化的构成成分进行修正，以使它们的活动结果可以释放和完成人性的可能性。

曾有人说(这种说法现在也没有完全沉寂)，民主是基督教的副产品，因为基督教的教导是个体的人的灵魂具有无限的价值。现在有一些人告诉我们：既然

灵魂的信念现在已经因为科学而声誉扫地，因此所假设存在的民主的道德基础也必须被抛弃。我们也被告知：如果有关于偏爱民主胜于其他人类彼此关系安排的理由，那么，这些理由只能是民主所产生的特殊外在利益，胜过其他社会形式所能产生的利益。我们又被来自一个非常不同的阵营的声音告知：灵魂的更古老的神学教义的衰落，是民主信仰黯淡的原因之一。[①] 这两种处于两极的观点，赋予这个问题的研究以深度和迫切性：人性潜能的信仰是否有足够的根据，以及它们是否伴随着在神学基础上被宗教观念唤醒的热烈和狂热？人性是内在如此贫乏的东西，以至于人性观念是荒谬的吗？对此，我不想给出任何的答案，但是，“信仰”这个词是有意识地被使用的。因为从长远来看，民主的成败就在于维持民主信仰的可能性，在于通过实效来证明该信仰之合理的可能性。

且以“不宽容”这个问题为例。对任何人类群体（“种族的”、宗派、政治的群体）系统性的憎恨和猜疑，都意味着对人性根深蒂固的怀疑。从关于人性可能性的信仰（这种信仰具有一种宗教的性质）这一立场看，憎恨和猜疑是一种对人性信仰的亵渎。它开始可能指向某个特殊的群体，并且总会在表面上提出一些特殊的理由来支持这种憎恨和猜疑，说这个被憎恨和猜疑的群体为什么不值得信任、不值得尊敬和不值得体面地对待。但是，潜藏的态度是对人性根本的不信任。因此，这种不信任和憎恨就从对特殊群体开始，逐渐拓展到彻底摧毁“任何 153
群体的人都有获得尊重和承认的内在权利”这一信念——即使要给予某个群体的人以尊重和承认，那也只是因为特殊的和外在的理由，比如这种尊重和承认有利于我们的特殊利益和目的。没有任何一种物理上的酸，能像对那些属于某个群体、被烙上某种“光荣称号”的人们所施加的不宽容一样，具有如此之强的腐蚀力。它的腐蚀力来自它所吃下去的东西。一切形式的不宽容，其本质都是一种反人道主义的态度。不宽容运动，始于煽动对某一群体的敌视，终于否认这群人具有任何人的性质。

这里的不宽容问题是被作为民主的前途和人性的潜能信念之间具有内在关联的示例，而不是为了讨论不宽容本身，当然就它自身而言也是重要的。我们过去的宽容（tolerance）有多少是积极的呢？又有多少相当于一种容忍

① 意即如果要让民主信仰恢复活力，就要重新恢复原来的神学教义的权威。——译者

(toleration)[①],即“忍受”某种我们不喜欢的东西,因为改变它过于麻烦而对此“忍耐”呢?当前反对民主的大量反映,也许是之前就有的弱点的展露;这个弱点一直被遮蔽着,或者说,尚未显出其真正的面目。毫无疑问,对黑人、天主教徒和犹太人的歧视,并不是我们生活中新发生的事情。我们中间存在的歧视是一种固有的弱点,可以作为把柄控告说,我们的所作所为与纳粹德国并无两样。

研究我们自己的习惯态度,其中揭示出的实践上最大的不一致,可能是这两者的不一致,即政治事务上形成观点的民主方法与在其他主题上形成信念的日常所用方法之间的不一致。从理论上讲,民主方法是一种通过公开讨论而进行的劝说(persuasion),这种公开讨论不仅在立法机构的厅堂里举行,而且在报纸上、私下里谈论,在公开聚会中进行。所谓用选票代替子弹,用选举权代替鞭子,表达的是这样一种意愿,即用讨论的方法代替压制的方法。尽管民主方法在政治决策的决断上伴随着种种缺陷和偏颇,但它还是成功地将党派争端保持在一定的界限内,其成功的程度是一个世纪或更早以前的人们所难以置信的。卡莱尔将他的讽刺天赋运用于嘲弄关于“人们在会议厅通过彼此交谈就能解决社会
154 事务中什么是真的”[②],就像想通过交谈来解决乘法表中什么是真的一样[③];然而当卡莱尔这样做时,他没有看到,如果人们过去一直用棍棒互相残害和杀戮来决定7乘7的结果是多少,那么,即使在乘法表的情形中诉诸讨论和劝说,也有深刻的理由。除此之外,对他的基本答复是:社会的“真理”与数学的真理非常不同,就社会的“真理”而言,信念的全体一致性只有在一个独裁者拥有一种权力,命令其他人相信什么,或者妄称其他人相信什么的时候,才有可能。利益的调节,就是需要不同的利益有机会发出自己的声音。[④]

真正的麻烦在于我们习惯态度的内在分裂:在政治上,我们宣称依靠讨论和劝说;然后在道德和宗教问题上,系统地依靠其他方法,或者在任何事情上,依靠具有“权威”的某个人或群体。我们不必到神学问题上找例子。在家庭和学

---

① toleration 和 tolerance 基本同义。这里依据后文的解释,对 toleration 进行了意译。——译者

② 注意西方概念中“真的”含义广泛,这里其实是“何者是正确的、应该怎么做”的真理。——译者

③ 乘法表的形成和使用有一个过程。古希腊、古埃及、古印度、古罗马没有进位制,所以没有乘法表(理论上如果有乘法表就需要无限的“表”,那就失去了意义)。十进位制和九九乘法表是由中国发明,后来传到西方的。在这里的语境下,乘法表并不是指中国人熟知定型的东西,而是指待定的东西,各个位置要计算相应的结果。——译者

④ 这里的利益(interest),其“兴趣”的含义也是比较突出的。——译者

校——普遍认为,一个人性格的基本方面是在这些地方形成的——通常解决问题(智力的和道德的问题)的程序是诉诸父母、教师或教科书的“权威”。在这种条件下所形成的性向,与民主方法如此不一致,以至于当危机来临时,这些性向就被唤醒,从而积极地以反民主的方式来追求反民主的目的;正如在发出“法律和秩序”遭到威胁的叫喊时,求助于压迫性强力和压制公民自由,在徒具虚名的所谓的民主共同体中很容易获得谅解。

所需的具有民主特征的行为,要获得适当的权威性,绝非易事——一旦具备这样一些条件,它们将使人性潜能开花结果。因为这并非易事,所以民主是一条人们要走的艰难的道路。这条道路,将最大的责任重担压在最大多数人的身上。这条道路上有倒退和偏差,并且一直会有倒退和偏差。但是,它在特定时刻的弱点,从人类历史长期来看,乃是其力量所在。正因为民主自由的事业是人的潜能最可能充分实现的事业,所以,当民主自由受到剥夺和压制时,人的潜能就会在适当的时候起来反抗,要求有表达的机会。对美国民主的奠基者们来说,民主的要求,是人生而就有的对公平和平等的道德要求。我们现在不能照搬他们的词汇。知识上的变化,使他们常用的词语已经丧失了意义。但是,无论他们的诸多 155
语言如何不敷当前之用,他们所肯定的乃是:自治制度是确保人性在最大多数人之中获得最充分实现的手段。自治手段所涉及的问题,现在要复杂得多。但正因为如此,坚持民主信仰的人们,其任务就在于要抖擞精神地去复兴和坚持民主具有内在的道德性质这个原始信念,现在要将它以与目前文化状况相协调的方式陈述出来。我们已经有了足够的讨论,可以说这样的话了:民主是一种生活方式。但是,我们还要认识到:它是一种个人生活的方式,且这种生活方式为个人的行动提供了道德标准。

6.

科学和自由文化

156 启蒙时期有一个简单的信念：既然愚昧和迷信是人类遭受奴役的根源和压迫性政府的支柱，那么，一定会不断进步的科学必将通过驱除愚昧和迷信而产生自由制度。但是，现在的情况已无法让人保持这样的信念了。自然科学的进展，甚至比所能预见的进展都更迅速和更广泛。但是，自然科学在商品大规模生产和商品流通上的技术应用，需要资本的集中；这导致了产生拥有广泛的法定权利和豁免权的企业股份公司；同时，众所周知，也导致了一系列巨大和错综复杂的新问题。它提供了由独裁者们支配的、用以控制意见和情绪的有效手段，这些手段之有效，使之前专制统治者所有的机构都黯然失色。它用各种观念和所谓消息的宣传手段替代了消极的审查制度；这种宣传的触手遍及每一个人，通过每一个新的或旧的宣传机构，日复一日地进行着灌输。结果，极权国家实际上在人类历史上第一次宣称，自己的存在基础是被统治者主动同意的。虽然专制政府的历史与政治的历史同样古老，但是这种特殊现象，如同它所拥有的权力一样，令人始料不及，大吃一惊。

早期为民主而辩护的一个观点，现在遭到了最令人窘迫的反击。在工业革命取得巨大进展前曾经作为老生常谈的是：压迫性政府只得到一个相对较小的阶级的支持。人们假设，共和政府有大众的广泛支持，所以就像卢梭表述的那样，那时“人民”从一无是处变成了就是一切。现在我们听到的却反过来了。据说民主仅仅是一个数字上的花招，其基础是个体变化莫测的组合，这些个体在某
157 个时刻碰巧构成了选民的多数。道德上的意见一致（这仅仅在信念和目的一致的情况下才存在），在民主制下明显是缺少的，但却是极权国家的本质特征。这

些主张和马克思主义的共产主义者的主张并肩站在一起，互相支持——马克思主义的共产主义者主张，他们的观点是内在科学的，错误的观点与绝对真理的权威相比，根本没有存在的合法性。在某种程度上，法西斯主义的主张走得更远，因为它假装扩展到科学所诉诸的智识忠诚(intellectual loyalties)[1]之下，控制住基本的情感和冲动。

有一个关于科学的主张，迄今相对于民主国家来说，还很少有人回应；但它所提出的问题如此根本，以至于随着时间的流逝将获得越来越多的注意。[2] 它所说的是：自由放任的个人主义原则已经支配着科学的探究行为；研究者个体的趣味和偏爱被允许调节到了这种程度——由于科学的默许和纵容，加上产业中失去控制的个人主义活动，造成了当前世界智识上的迷茫和道德上的混沌状态。

这个立场如此极端，与我们所相信的一切如此对立，以至于它很容易被当成精神迷乱而忽略过去。但是由于它的极端特征，这种观点也许可以被用来指向一个真正的问题：科学的社会后果到底是什么？是不是由于技术上的应用，科学的社会后果才如此重要，以至于社会利益在重要性上超过智识利益[3]？社会主义者强烈要求对产业进行社会控制，如果没有某种对科学探索的公共管控，这种控制能得到贯彻执行吗(因为发明决定产业过程，而科学探索是发明的源泉)？这种管理会不会扼杀科学自由吗？有人说，发明(仅仅因为有科学探究的发现，它们才能存在)的社会后果如此令人不安，以至于最起码要宣布叫停科学。说这种话的人，其实是以更温和的方式表达了同一个问题。

在俄国有一个主张，认为在过去一百五十年里，科学所采取的方向是由经济上占统治地位的阶级的利益决定的，因此科学总体上成了资产阶级民主的一个
器官；也许不如政府、警察和军队作为资产阶级的器官那么自觉，但实际结果是 158
一样的。既然不可能在自然科学和社会科学之间划出任何固定的界线；同时，既然社会科学既在探索方面又在教育方面必须用新的社会秩序下的政治利益来加以管控，那么，就不可能允许自然科学有所不同地在不受政治的管控下自行发展。纳粹德国判定什么是人类学关于种族的问题的科学真理；莫斯科判定孟德

① 即忠实于真理、理智良心的意思。——译者

② 杜威的预言很有见地，科学上的个人主义和无政府主义的确崛起了。现在不少科学家就是这样看问题的，哲学家如费耶阿本德可谓典型代表，人们不得不进行多种回应。——译者

③ 这里的“利益”(interest)，同时有“兴趣”的意思。——译者

尔主义在科学上是错误的，并且规定了遗传学研究要遵循的路径。这两个国家尽管出于非常不同的理由，但都对相对论持怀疑的态度。然而，实际上除了特殊案例以外，意见管控这一氛围普遍存在，不可能不以相当根本的方式影响一切形式的学术活动——同科学一样，艺术也受到了影响。①

即使我们怀有这样的看法，认为这些观点非常极端，如同扭曲的漫画，但这里仍然有一个实际的问题：如果没有信念上的基本共识和一致性，一个社会，尤其是一个民主社会，能够存在吗？如果不能的话，要达到所需要的一致性，除了由一个公共权威代表社会统一体来对科学研究进行管控之外，还有其他的可能吗？

在这种考虑下，科学界人士受到指责，说他们对社会后果不负责任；正是在这样的语境下，潜藏的问题获得了现实的形式。采取下述主张的一些人本身就是科学家，这一主张即：过去一百年来，尤其是近五十年来，自然科学的主要方向直接或间接地由产业的需要所设定，而产业的经营为的是私人利益。与花费了大量智识上精力的问题相比，许多问题都没有得到应有的关注，因而他们说，看看那些没有被关注的问题，就能证实上述命题。

大部分直接控制是由政府实施的。政府资助承诺提高国家力量的那类探索。所谓提高国家力量，或是相较于其他国家而言，推进了生产和商业，或是可以加强军事上超凡的战斗力。间接控制，则以更加微妙的方式而进行。现代生活中，工业的地位如此关键，以至于即使在工业企业直接交给科学实验室的课题之外，对控制自然能量的实践努力（这用具体的语言来说，就是生产和分配商品）
159 表现出来的这种类型的问题，从事科学研究的人士从心理上讲，不可能不高度敏感和迅速地反应。再者，一种正面的晕轮萦绕着科学上的努力。因为人们主张（这种主张并非毫无根据）：科学事业的发展将增进社会公共福利，至少可以增进

① 杜威所指的东西包括：纳粹的人种理论认为，雅利安人最为高贵，犹太人、吉普赛人等最为低等，为所谓优生学、种族灭绝提供了借口；苏联发生了著名的李森科事件，李森科在反对孟德尔遗传学时动用了大量的政治手段，对文艺理论、创作、发表等进行程度不等的管控。顺便可以指出的是，当时德国许多社会主义者和共产党人反对纳粹的种族理论，也有抗争甚至起义（起义在1945年，在本书写作之后）；但是，苏联对诸多问题也持有进化的立场，制度等就不用说了，语言（这和人类学相关）等也是如此。这种进化的立场，在当时是一种学界潮流。闻一多曾对潘光旦说，如果潘光旦搞的优生学理论的结果是要开除中国人的球籍，就要一枪将他杀了。由此可见当时进化论和社会达尔文主义的影响。——译者

国家福利。德国在物理学研究方面领先于其他国家；也正是德国的情况表明，科学进步可以非常直接地提高国家的力量和声望。因此，有些雅慧深思的观察人士——他们可不是那些特别没有经验的人——就可能将德国大学作为我国大学应该追随的榜样。

这并不意味着在指导科学家个体的研究中，个人的经济利益扮演了重要的角色。众所周知，恰好相反。但是，注意力和兴趣不是自由普照的探照灯，以同等的闲逸投向自然宇宙的每一个部分。它们总在某些线路上活动，而文化的一般状态决定了具体的线路，以及线路在哪里。“舆论气候”（climate of opinion）[①]决定了科学活动的方向，正如物理气候决定该操持何种农活。社会想象的出现，是带有某种色调和色彩的；结果，理智会对某个方向无动于衷，而对其他方向则保持敏感。甚至有人说（而且，这种说法有大量的证据支持），19 世纪科学上占支配地位的机械论信条是由于工业生产中的机器所呈现的重要性带来的间接产物。所以，当机器生产变成了电力生产，科学的基本“概念”也随之发生了变化。

以上我谈论的是国家主义在决定科学所采取的方向中所扮演的角色。突出的例子当然是战时将科学界人士组织起来援助国家。战争的情形，使得在绝大多数时候（哪怕在名义上的和平时期，也是如此）一直不太明显、更多是以无意识的方式表现出来的倾向，变成了突出的倾向。在所有工业化国家中，政府的活动范围不断扩大，且在某些时候加速扩大，这加强了国家利益和科学探究之间的联盟。当然，如果要在科学由私人经济利益管控，与由国家主义的利益管 160
控之间作出选择的话，那么认为人们一定更喜欢后者，那么，这是可以讨论的。这可以推断，极权国家对科学的公开控制，不过是某些时候或多或少隐蔽的倾向所达到的巅峰——随之而来可以推断，这里所提出的问题并非专属那些特殊的国家。

乍一看，非常奇怪的是：对科学探究和结论进行直接控制的要求，却是由科学界人士自己通常所采取的一种态度在不知不觉中被加强了。因为他们通常所说的和所相信的是：科学对于推动人们行动的目的和价值，是完全中立和漠不关

① 一般通译为“舆论”或“思想/理论氛围”。这里的译法照顾了杜威的文字游戏，与句中“物理气候”对应。——译者

心的；科学最多提供实现目的更有效的手段，而这些目的要归因于与科学完全无关的需要和欲望。正是在这一点上，当前的思想氛围与标志启蒙运动的乐观主义信仰的那种思想氛围有极大的差别——在启蒙运动的乐观主义信仰看来，人类科学和自由将手挽手地并肩前进，共同开辟人类无限完善的时代。

毫无疑问，流行的对科学的尊重，主要是因为科学给予人们以帮助，使他们获得想要的东西，而与他们从科学那里学到的东西无关。伯兰特·罗素(Bertrand Russell)以生动的笔触描述了科学取代之前人们怀有的信仰的情形："全世界都不再相信是约书亚(Joshua)使太阳静止不动，因为哥白尼天文学在航海中是管用的；全世界都抛弃了亚里士多德的物理学，因为伽利略的自由落体理论使计算炮弹的弹道成为可能；全世界都拒斥了大洪水的理论，因为地质学在采矿等事项中是管用的[①]。"[②]这里引述的话所表达的那种东西，使新科学的结论具有很高的威望；随之而来的是，即使在某个时刻，科学迫切需要某种外在的支援以获得申辩的机会时，科学仍然很难被质疑。作为例证材料，科学令人印象特别深刻，因为亚里士多德和教会的学说曾享有巨大的权威。如果说，甚至一切优势都在旧有学说一方的情况下，科学所展示出来的可用性都能让它取得针对旧学说的胜利，那么，在没有这样的强敌作对的那些事情上，我们很容易断定科学能够获得更高的景仰。

161 实际上，除了深沟高垒保护起来的制度化的利益(这种利益以前曾获得了对比如天文学、地质学和某些历史领域内的信念的垄断权)对科学的敌视，历史证明，人们对信仰的性质和扰动旧有信仰的方法如此冷淡和漠不关心，以至于我们应该为科学有这样强大的外来的援助而感到高兴。但是，它也留下了一系列未曾触及的问题：科学知识是否有权力修正人们所珍视和努力达成的目的？是否能够证明，科学发现(这是我们所拥有的最可靠的知识)增加的仅仅是我们实现业已存在的欲望的力量；或者说，这种认为科学仅仅是有助于实现既有欲望的看法，乃是来源于之前关于人性构造的理论？欲望和知识真的各自存在于分隔的互不交流的区域吗？通常被不容置疑的态度引用作为证据的那些事实，诸如科

---

① 按照圣经传说，大洪水曾灭绝了除诺亚方舟之外的所有生物，于是生物就一次性地全部出现；但地质学的地层探索揭示了生物是进化的，且洪水是周期性的。地质学胜出的决定性因素，这里认为是因为地质学对于采矿等是管用的。——译者

② 伯兰特·罗素：《权力》(*Power*)，第 138 页。

学知识的使用，在治疗疾病、延长人的寿命和提供大规模杀伤性武器等情况中是中性的，真的能证明想要证明的东西吗？或者，它们乃是特别挑选过的事例用以支持一种学说，而该学说其实源于其他的理由而非事实的证据吗？是否真的像该理论假设的那样，人的目的和人的信念[①]是完全分隔无关的？

认为知识不能修正欲望的性质（因而不能影响目的和意图的形成），这一观念打击了旧有观念；当然，这种打击本身并不构成否定旧观念合理性的根据。也许，这种旧观念完全是错误的。尽管如此，这个观念仍然值得讨论。我们不必引证柏拉图的理论——柏拉图认为，知识，或被当成知识的东西，是人关于“善”的观念唯一的和最终的决定因素，因而也是人的行动的唯一的、最终的决定因素。也不必引证培根的洞见——培根预料，科学知识系统将成为旨在增强人类福利的未来的社会政策的基础。一个简单的事实是，近代（modern times）所有深思熟虑的自由进步运动都建立在“行动是由观念决定的”这一观念基础之上，直到休谟说出这样的话：理性是且应当是“激情（passions）的奴隶”，或者用现在的话说，理性是且应当是情感（emotions）和欲望的奴隶。当休谟说出这样的话时，他的声音是孤独的。但现在，这个观念几乎得到每个方面的回响和再回响。古典经济学派将需要（wants）作为人类行为的主要动力，把理性缩减为算计最适合满 162
足需要的手段的一种力量。生物学对心理学首要的影响，在于强调肉欲和本能的至上性。精神病学家通过表明理智上的精神错乱的根源在于情感失调，以及通过展示欲望裁制信念所达到的程度，加强了这个结论。

然而，承认早期理论忽视了情感和习惯作为行为的决定因素的重要性，夸大了观念和理性的重要性，是一回事；而主张观念（特别是有充分探究保证的观念）和情感（以及需要和欲望）分别存在于两个隔离的区域，两者没有任何相互作用，则是另一回事。正如这种观点被公开说出来后让人震惊，人性构造中存在这样的完全隔离，的确是不可能的。必须注意欲望和知识完全隔离之说的弦外之音：只要有证据支持某种想法，就必须接受这种想法，而不论人类事务是否会因此永远陷入困境。认为欲望是刚性的、固定不变的假设，表面上看起来与历史并不一致，因为历史是从人的原始野蛮状态走向现在文明状态（尽管仍有缺陷）的进步的历史。如果知识，甚至最可靠的那种知识，都不能影响欲望和目的，不能决定

① 这里的信念，主要是指科学信念、知识。——译者

哪种欲望和目的是有价值的，哪种是无价值的，那么，形成欲望的前景将令人沮丧。否认欲望和目的能为知识所影响，显然指向的是，由非理性和反理性的力量来形成它们。一个替代性选择是由习惯或风俗形成的；于是，当这种纯粹是习惯的统治崩溃时——就像目前的情形——留给人们所有的东西，就只剩下各种团体和利益之间的竞争。在这种竞争中决定何者占上风，只有通过恫吓、压制、贿赂和所有的宣传形式来塑造在决定人类行为目的中起主要作用的欲望。这个前景是黑暗的。因此，它引导人们去思考另一种可能性。培根、洛克和启蒙运动的领袖们虽然充分意识到肉欲、习惯和盲目的欲望对于行动的实际影响，但仍然汲汲于指出另一条更好的未来应追随的路；其中典型的例子，是孔多塞(Condorcet)的行为。在被囚禁、等待死亡的时候，孔多塞写下了科学对未来人类解放作用的作品。

163 培根、洛克和启蒙运动的领袖们所预期的道路尚未结出果实，这无疑是明显的事情。培根将他本人的知识作为王冠的仆人，以使大不列颠能够在军事上比其他国家更加强势——现在看来，不是培根用语言写下的东西，而是他的行为对实际发生的影响显得更有预见性。他预计随着科学的进步，人们将拥有控制自然的力量，现在这已经发生了。但与他的预计相矛盾的是：科学在很大程度上，被用来加强而非减少人对人的控制。我们能下结论说，这些早年的预言家们完全错了，或者根本错了吗？或者我们能下结论说，在塑造欲望的问题上，制度和风俗先于科学的出现而在场，而在早年的预言家们的想象中大大低估了制度和风俗的顽固性吗？事情归根到底，是否仅仅在于已经突出了如何发现手段(通过这些手段，可靠的信念将影响欲望和目的的形成，并因此而影响事件的过程)的问题，是这样吗？承认宣传塑造目的的力量，但否认科学塑造目的的力量，这可能吗？

从另一个角度看，这个问题把我们带回到基本问题，即文化和人性的关系。因为在回答“已证实的知识能否塑造欲望和目的(以及手段)”的问题上，具有决定性的事实是：在决定行为过程中发挥作用的欲望，是天生的和固定的，或者说，它们自身乃是一定文化的产物。如果后一种答案是正确的，那么，实际问题就可以简化为：科学态度是否可能成为文化中一个重大而广泛的构成因素，以至于通过文化这一中介来塑造欲望和意图？

从将这个问题表述出来，到有能力回答这一问题，这中间有漫长的路要走。

但是，这使问题以真实的而非虚假的形式呈现在我们面前。问题已经不再是关于"知识和作为人的天然心理构成的欲望之间的关系"这样一种不确定的问题。之所以说这种关系是不确定的，除了其他的理由之外，有没有与生物上的天然构成相分离的欲望这样一种东西，乃是一个可争议的问题。问题现在成了关于一种文化制度（科学方法和科学结论整个地被包含于该种文化之中①）的一个可确定的问题。

以这种方式表述问题，将从另一个方面来看待科学因其有用性而获得的尊重。到处都有这样的个体，他们因为科学对满足他们纯粹的个人欲望的明显贡 164
献，从而尊重科学，这些很可能是事实。必须承认，也有群体受到类似的影响而尊重科学。但是，人们愿意接受从科学中得出的结论以代替旧观念，其理由并不仅仅是，甚至不主要是直接的个人利益和阶级利益。航海和采矿能力的提高，已经成为文化状态中的一个部分。正是它们所获得的这样的地位，使人们倾向于替换掉与较早前文化状态相匹配的那些观念。大体来说，物理学和化学的应用也是如此，因为它们能够给予需要以更有效的满足，并且能够创造出新的需要。当物理学和化学的应用能提高作战能力时，无疑会使它们受到诸如统治者和将军之类人物的青睐，不然的话，统治者和将军之类人物对科学是漠不关心的；然而，普遍大众之所以对科学持欢迎态度，是因为科学作为和平的艺术而产生的影响。决定性的因素似乎在问：未来将控制文化的究竟是战争的艺术，还是和平的艺术？这个问题又需要探究：为什么战争是当前文化构造成分中一个如此重要的部分？

如果我提出下面这种信念作为证据，可能会处于被质疑的境地。这种信念是：技术是科学理论实践上的关联物，技术现在已经发展到这样一种程度，即人们用技术创造了一个丰裕的时代，从而取代了在自然科学发展起来前所存在的短缺经济时代；同时，随着丰裕和有保障的（security）社会的到来，冲突的原因将会减少。这也许可以当成假设的例证。使科学获得高度评价的那种有用性，也许可能是对实现普遍的或共享的福利，即实现"社会的"福利的有用性。如果经济体制这样变化，以至于科学的资源被用来维持所有人处于有保障的状态，那

① 这里的科学被包含在该种文化之中，同时含有下文所说的"科学融入文化"的意思，且用的是同根词（incorporate）；这里主要强调科学是现代文化的一个部分的意思，故取现译。——译者

么，当前关于限制科学的观点就将烟消云散。我的想象是：没有多少人会否认对科学的尊重，即使单独地考虑它的有用性，也至少部分是由于它对大众的有用性和对私人的有用性混合的结果①。如果还有人怀疑这一点，那么，请他考虑一下科学对于农业实际的和更多的潜在的贡献，以及由此所导致的食物和原料生产上的变化这些社会后果。

165 总账的另一边标记的是“借方”，“借方”登记的内容如同英国化学家索迪(Frederick Soddy)所说：“迄今为止，科学的珍珠已经被抛在猪的面前，它转过来带给我们的是百万富翁和贫民窟、战争的武器和废墟。”②这样的对立反差，是真实的。如果对立反差的存在支持了这种主张，即认为科学仅仅为实现业已存在的欲望和目标提供了更有效的手段，那是因为科学凸显了存在于我们文化中的分裂。战争为了大规模杀伤而动员科学，也为了维护生命和治疗伤员而动员科学。它所涉及的欲望和目的，不是从原始的和赤裸裸的人性开始的，而是从其修正形式开始的，即经过与复杂的文化因素相互作用的修正过的人性，其中科学是文化的一个要素；但是这样一个要素，仅在它受到科学兴起之前形成的经济和政治的传统和习俗的影响时，才产生一定的社会后果。

因为无论如何，科学对于目的和手段两者的影响都不是直接施加于个体之上；而是通过融入文化之中③，从而间接地施加于个体之上。正是在这种功能和地位中，科学的信念取代了早先的非科学的信念。这里所说的这种地位，在最糟糕的情形下，科学是作为民间信仰(folklore)的一部分而非作为科学来发挥作用的。甚至在这样的情形下，也要求人们注意民间信仰之间的差异，以及不同民间

---

① 亦即科学不仅由于私人的有用性，而且由于公众或公共有用性而获得尊重。——译者

② 索迪(1877—1956)，以对同位素假说和研究而知名，获得1921年诺贝尔奖。由于目睹青年好友在一战中阵亡等原因，他对经济和社会问题很感兴趣，提出金融和货币改革计划，著有《科学和生活》等。文中所引索迪的话，是活用《马太福音 7:6》：“不要把圣物给狗，也不要把你们的珍珠丢在猪前，恐怕它践踏了珍珠，转过来咬你们。”意思是真理、圣经这样的“珍珠”不要交给冥顽不灵的人。正文中译“它转过来带给我们……”中的“它”指“猪”，因为要和圣经中译相对应，所以没有用“猪”来替换“它”。

“总账”(或“分类账”)和“借方”是会计用语，借方与贷方相反，登记在总账式账簿的左边，对内表示资金或实物的增加和拥有，对外表示应付和负债的增加。这里，杜威指科学或人对科学的应用是有欠账的、负债的，即科学所产生的不利影响。——译者

③ 亦包含上文的“科学被包含于文化之中”的意思，即科学作为文化的一个部分，以包含了科学的这种文化来整体地影响个体。——译者

信仰所产生的结果之间的差异。如果承认民间信仰可以是一种侵略性的国家主义，其中科学作为流行的民间信仰的部分，其结果是当前战争的巨大破坏性，那么，我们至少获得了这点好处，即对问题之所在有了清晰的知识。

以上，我们是把科学作为一个包括许多结论的体系来看待的。我们忽视了在性质上作为态度的科学，这种态度体现在习惯性的意志之中：采取了某种观察、反思、检验的方法，而不是其他的方法。当我们从这个角度看待科学时，科学作为文化构成要素的重要意义就焕发出新的色彩。不少科学研究者会愤慨地否认，促成他们尊重科学的原因是由于科学物质上的有用性。如果用长期传统所习用的语言，他们会说，推动他们尊重科学的原因是对真理的爱。如果用当前的措辞——尽管没有那么夸张，但意思是一样的——他们会说，推动他们的是不可 166
遏制的探究的兴趣、发现的兴趣，以及领会所发现的事实证据指向的方向的兴趣。他们认为，最重要的东西是：这种兴趣排除了没有证据证实就得出结论的兴趣，无论这种结论多么合乎他们个人的胃口。

简言之，这的确是事实，即有那么一群人，也许人数相对而言不是很多，对科学探究有一种“没有兴趣的”兴趣（“disinterested”interest）①。这种“兴趣”已经发展成一种具有独特特征的精神面貌（morale）②。其中一些明显的要素，包括甘愿悬置信念、质疑的能力，直到获得证据为止；甘愿追随证据指向的方向，而不是首先设定个人偏好的结论；将观念作为尚处于解决过程中的事物和作为需要检验的假设的能力，而不是被肯定了的教条，以及（也许是最独特的）乐于探究新的领域和新的问题。

这些特征中的每一个都与一些天生强烈的冲动相反。不确定性对大多数人来说，是令人不愉快的；悬而不决如此难以忍受，以至于确定地预期到某种不幸的后果，通常也比长期持续的怀疑状态要好。“愿望思维”（wishful thinking）③是一个相对现代的用语；但在总体上，人们通常所相信的是他们想要相信的，除非

① 注意这里的兴趣和利益含义的交织。disinterested 具有公正的、不感兴趣等意思，这里同时具有公正、对个人利益不感兴趣之意；傅统先先生将之译为“超利害的”，正中其主要内涵。但要注意的是：超越个人利害关系而非指超越于利害之上（因为按照上下文，追求真理也是一种利益/兴趣）。这里为了上下文统一和展现杜威的文字游戏，取现译。——译者

② 注意 morale 中有“勇气”的含义。——译者

③ 这里主要在心理学的意义上使用，如果用在日常生活中，含有一厢情愿、如意算盘等意思。——译者

有非常令人信服的证据让人不可能这样做。如果离开了科学的态度，让人们听其自然，那么，猜测将易于变成意见，而意见则将变成教条。将理论和原则作为尚处于解决过程中的东西，要接受证实才行；这样的看法，与人从娘胎里就带出的东西格格不入。甚至今天，如果有人质疑某个人的某个论述，那么被质疑者常常会将此视为对他整个人(integrity)①的批评，因而这种质疑是遭人憎恨的。因为几千年来，反对在共同体内广泛持有的观念，是让人无法容忍的事情。它会招致掌管该群体的那些神灵的愤怒。对未知的恐惧，对变化和新奇的恐惧，在科学态度兴起之前的一切时代，都倾向于将人们驱使到僵化的信念和习惯那里去；他们一旦踏上不熟悉的行为的边缘——哪怕是微不足道的事情——都会疑虑不安，急需举行赎罪仪式。所接受的规则的例外，要么被忽略过去，要么在这些例外过于显著而无法忽略时，通过系统的解释来搪塞过去。培根所说的种族、洞
167 穴、剧场和市场②四种假象，导致人们急于作出结论，然后竭尽全力地防止所达成的结论被批判和变动。普通法和习俗之间的联系以及它的难以变化，是人们熟悉的例子。甚至宗教的信仰和仪式，在一开始多少都有些离经叛道；但它们一旦成为群体习惯的一部分，就固化于行为的模式之中，于是对它们的质疑就变得不虔诚了。

我提起这类人们所熟悉的事情，部分的意思是我们有理由感激科学具有无可否认的社会有用性；部分的意思是在某种程度上和某些地方，接受变化了的信念的顽固障碍已经被克服了。但是，注意这些事情的主要理由，是因为它们所提供的证明：科学已经创造了一种新的精神面貌——等于创造了新的欲望和目的。科学态度和科学精神的存在，即使范围有限，也证明了科学能够发展出一种与众不同的性向和目的，这远远超出了科学作为提供实现独立于科学的影响而存在的欲望的更有效的手段。

那些自身受到科学精神面貌所鼓舞的人，却断言其他人不能拥有这种精神面貌，不能被这种精神面貌感化——这种看法，客气点说，乃是一种不恰当的看法。

---

① integrity 又有“诚实”的意思，且“完整”和“诚实”的意思有关联，即表里如一，既是完整的，亦是诚实的。——译者

② 原文为 den，是洞穴假象(idol of cave)中“洞穴”的另一种翻译表达形式，估计是笔误或印刷错误。这里按培根在《新工具》中的学说更正。——译者

除非这种态度纯粹是由欠考虑所引起的，否则，我们很难不说它是一种职业上的自命不凡。如果同一个知识界的代表人物，一方面谴责将科学内在的重要性与科学的后果联系起来的任何观点，宣称从科学精神来看这样的观点是错误的；另一方面又主张科学不可能影响欲望和目的，这中间的不一致性需要得到解释。

只有少数人的基本性向和目的受到科学的影响，而大多数人或大多数群体则不然，这种情形证明了这个问题是属于文化方面的。这种受科学影响的差别提出的是一个社会问题：什么原因导致了这种巨大差距的存在，特别是当它有严重后果的时候？如果人们根据系统的和充分的探究所获得的证据来形成自己的信念，那么，最大的社会灾难莫过于绝大多数人是通过习惯、周遭的偶发事件、宣传和阶级偏见来形成自己的信念。公正，理智上的诚实，愿意将个人偏好服从于 168
被确定了的事实，愿意将发现与他人分享而不是利用发现来获得私利，这些精神面貌的存在甚至只在较狭小的范围内存在，都是一种最彻底的挑战。为什么更多的或大部分人不能具有这种态度呢？

对这个挑战的回答，与民主的命运是息息相关的。识字人群的扩展，书籍、报纸、期刊等出版物巨大的影响范围，使这个问题对于民主来说特别紧迫。正是这些机构，一个半世纪以前，人们还将它们视为确实是推进民主自由事业的东西；而现在，却有可能是创造虚假的公众意见和从内部破坏民主根基的东西。天天听着重弹的老调所导致的麻木不仁，可能会让人们对更粗野的宣传拥有某种免疫力。但从长期来看，消极的措施提供不了任何保证。当科学是从所研究的课题这个方面加以界定的时候，相信每一个人都有可能和希望成为科学家，这种想法是荒唐的；但与此同时，民主的未来却是与这种科学态度的广泛传播紧密联系着的。这种科学态度是避免遭受宣传误导唯一的保证。甚至更为重要的是，它是形成一种足够明智地应付当前社会问题的公众意见的唯一保证。

意识到问题，是采取步骤解决问题的前提。问题部分是经济的。这直接涉及控制出版手段的本质；完全的金融控制不是一个好兆头。言论自由、出版自由、聚会自由这些民主信念，将民主制度暴露在敌人的攻击之下。因为极权国家的议会代表们在掌权时，第一件事便是否认这些自由；他们精明地利用民主国家的这些自由来破坏民主的基础。依靠必要的财政支持，他们得以进行这样的工作，持续地在民主的地基下面挖坑道、掘泥土。也许更危险的是：最后所有的经济条件都倾向于生产和商品流通手段的集权和集中，无论个体愿意与否，这将影响新闻出版。现代企业的运行需要巨大的联合资本(corporate capital)，这导致之所以会如此的那些原因，自然也影响着出版业。

这个问题也是一个教育问题。要说清楚主题的这个方面，也许需要一本书
169 而非一个段落。不可否认，学校在教授识文断字的同时，大部分时间是在传授现成的知识。获得此类知识所用的方法，不是培养探究和检验观点的技巧的方法；相反，实际上是彼此敌视的。传授现成知识的方式倾向于钝化天然的好奇心，将沉重的一大堆不相干的素材压在观察和实验的能力上，以至于这些能力还不如在许多文盲那里更能发挥作用。当公共学校向所有人敞开大门时，民主国家中的公共学校问题的解决仅仅是迈开了第一步。在基于科学态度的形成来解决要教什么和如何教的问题之前，就民主的实现而言，所谓的学校教育工作是危险的、祸福难测的。

正如早前曾暗示的，这个问题也是一个艺术问题。很难简短地论述问题的这个方面而不使人产生错误的印象。因为近来有一个活跃的运动，该运动名义上在艺术的社会功能下进行；它主张利用艺术(从造型艺术到文学)去宣传被独断地断言为社会所必需的一些特殊观点。结果，任何涉及该主题的东西似乎都具有推荐同样东西的味道；只不过，其实施是根据民主理念而进行的反向运动罢了。其实，这里的着眼点是不同的。这里提醒人们注意这个观点，即观念有效，但不是作为纯粹的观念有效，而是作为有想象内容和情感诉求的观念有效。我已经略微地提及过这种广泛的、作为反对早期过于简单的理性主义的东西而开始流行的那种反应。这种反应倾向于另一个极端。通过强调需要、冲动、习惯和情感的地位，它常常否认观念、理智具有任何效能。问题在于，人性构成中的非理性要素如何与观念和知识统一起来。艺术，乃是使这种统一得以达成的所有原动力的总名。

这个问题还是一个道德和宗教问题。之前已经指出，与美艺术联合在一起，宗教极为有效地发生着影响。然而，宗教的历史性影响，常常在于夸大那些不受批判性探究和检验影响的学说。宗教在产生与维持民主所需要的态度不相容的
170 心理习惯上的积累性影响，可能比通常认识到的要大得多。已有敏锐的观察人士指出，极权主义在德国相对容易地取得了胜利，其中一个原因是德国之前神学信仰的衰落所留下的空白。那些失去了自己所依赖的外在权威的人，很乐意转

向另一个更切近、更有形的权威。

说这个问题是一个道德问题，是说它最终要回到个人选择和行动的问题上来。在某种意义上，这里所说的一切，都是在详述“民主政府是公众意见和公共情操的函数”这个让人耳朵起茧的老生常谈。但是，在民主的方向上形成公众意见和公共情操，与民主地拓展科学的精神面貌，直到它成为普通个体的普通本领的一部分，这二者之间的关联指示出该问题是一个道德问题。正是个体的人们，需要用这种科学的态度来取代傲慢和偏见，取代阶级和个人的兴趣，取代因习俗和早期情感联合体而感到珍贵的那些信念。只有通过许多个体的选择和积极的努力，这个结果才能得以产生。

有一位美国前总统，当他说“担任公职就是接受了公共信托(public trust)”时，曾引起政治上的轰动。[1] 这句名言说的是不言而喻的事情，尽管它仍需要得到强调。拥有知识和智识方法上的专门技巧，就是接受了公共信托，这甚至在词语上都没有成为“不言而喻”。科学的精神面貌在一些人那里已经发展到这种程度，即认为将所发现的东西传播给其他从事专门领域研究的人，是理所当然的事情。但是，科学的品行还没有发展到这种程度，即承认更广泛的传播的责任。现代科学历史性增长的各种情况，解释了为什么会出现这种增长，然而却没有证明继续增长的正当性。内部和外部的条件，使科学处于一种社会性的隐居状态；从某种角度看，这和早期修道院式的隐居颇为类似。

外部的条件是科学界人士需要克服的障碍，直到对他们来说，有可能不受命令和迫害地进行科学工作。内部的条件部分是需要探究的极端专门化，这必然配合新方法上的创新；部分是一种自保的策略，这种策略是为了维护一种的新
的、还不成熟的和正处于努力中的态度的纯粹性，使它免受来自实践事务中偏袒 171
态度的污染。古老的和根深蒂固的传统鼓励这种新态度——在那里，“纯粹”(purity)科学是被作为单纯理论上的事情，远离实践，因为理性和理论大大高于

① 直译为“公职是公共信托”，无疑，这里的 trust 蕴含着，甚至主要是“信任”的意思，即不要辜负公众的信任，但其始发意象或曰字面义就是“信托”。“前总统”指格罗弗·克利夫兰(Grover Cleveland)，是美国第 22 任(1885—1889)和 24 任(1893—1897)总统。这里所引，最初是他于 1881 年作为布法罗市市长，为了反对固化的、壁垒森严的党派利益而进行改革所提出的口号。格罗弗另一件有名的事是：1888 年在任总统期间，有传言说他殴打妻子。如果套用中国的思维，这是他有负岳父母的“私人信托”。——译者

实践；而根据传统，实践仅仅是物质的和功利的事情。由于与一些党派的利益有牵连，科学精神的中立性有丧失的风险，这似乎使已经确立的“纯粹性”传统富有重要的意义。这种“纯粹性”，就像传统女性的贞洁一样，需要各种外在的保护将它紧紧地护住。我们所需要的，是不让科学界人士出于特殊的实践上的理由而变成十字军。正如艺术上的问题是要将艺术家固有的诚实与观念的想象和情感的诉求联合起来，当前所需要的，即科学界人士要认识到，让科学态度传播开来是一种社会责任；要实现这种社会责任，就必须彻底地抛弃认为科学应远离其他所有的社会兴趣，好像只有这样，科学才具有特殊神圣性这种信念。

构成科学态度的那些品质的拓展，与物理学、化学、生物学和天文学等学科成果的传播，是非常不同的事情，尽管它们同样有价值。这种差别，就是为什么这个问题是道德问题的理由。科学是否能影响人们为之奋斗的目的的形成，或者它只是限于增强实现目的的能力，而那些目的的形成是独立于科学、与科学无关的，这个问题即为科学是否具有内在道德潜能的问题。从历史上看，神学家和他们形而上学的同盟者，曾坚持科学完全没有道德性质的立场。因为这个立场毫不含糊地指出：道德指导必然要诉诸其他的来源。而现在，却有人以科学的名义采取类似的立场，这要么是弥漫于文化各个方面的迷茫的表征，要么是民主的病兆。如果控制行为等于让欲望冲突，而又不可能用被科学地证实了的信念来决定欲望和目的，那么，在实践上，就只能选择用非理性的力量之间的竞争和冲突来控制欲望。以科学的名义否认有任何像“道德事实”(moral facts)这样的东西存在，这是一个非常极端的结论。这标志着，它将过渡阶段的看法草率地当成了终极的东西。的确，在以前，亦即在科学兴起之前，人们所曾经关心和信仰那
172 些道德价值、目的、规则和原则，科学的确不可能对它们有所影响。[①] 但是，如果说，因为欲望控制目的的形成，控制评价，因而就没有道德事实这样的事情，那么，这样的说法实际上指出了欲望和兴趣本身就是道德事实，它们需要为知识所武装起来的理智来加以控制。科学正在通过它的物理技术的成果，决定着人类彼此相互维持的关系(无论是个别的，还是群体的)。如果科学不能发展出同样

① 这句话的意思存疑。可能是指科学兴起以前，人们就有对某种道德价值的信仰，此时尚无科学，因而谈不上科学对道德价值等的影响。也就是说，没有科学，人们仍然可以有道德价值方面的信仰，故道德价值的信仰无待于科学。这样，科学作为后来者，对于道德价值等是否具有影响起码是可疑的。——译者

决定这些关系的道德技术，现代文化将陷入深深的分裂，以至于不仅民主被毁灭，而且一切文明的价值都将被毁灭。这至少是一个问题。一种文化，如果允许科学摧毁传统价值，但是不信任科学创造新价值的力量，这样的文化就是在自我摧毁。战争，既是内部分裂的征兆，也是内部分裂的原因。

7. 民主与美国

173 将本章要说的东西和杰斐逊的名字联系起来，我对此不准备作什么辩解。因为在现代人中，杰斐逊是第一个以“人”这个术语来论述民主原则的人。如果我要作辩解，也是为以前辩解，以前我过度地关心(如果作个比较的话)试图论述自治共同体的理想和实现这一理想适当方法的英国作家。如果我现在更愿意提到杰斐逊，希望不是因为美国的地方主义作祟；而是相信，只有与美国的大地血肉相连和有意识警觉地参与到争取美国独立斗争的人，才能说出如同杰斐体现着美国传统目标那样彻底和亲切的话——林肯曾这样评价它们：这些话如同“自由政府的定义和公理”。杰斐逊对问题有高度清醒的判断，这归功于他经常用实践经验来平衡理论，这使他的民主学说保持在人的界限内——但这不是我走向杰斐逊而非洛克、边沁或穆勒的主要理由。

这是因为，杰斐逊的表述形式彻头彻尾地是道德的，包括它的基础、方法和目的，都是如此。他用来论述自由制度的道德基础的那些词语，已经不再流行了。他的信仰的核心，用他的话来说就是：“没有什么是不可改变的，除了人固有的和不可剥夺的权利。”①我们总是重复《独立宣言》开篇的话，但除非我们对这些话用另外的语言解释，否则无法理解。甚至当我们能对这些话脱口而出时也是这样，因为它们所用的语言，今天不能再穿透人们的心灵了。杰斐逊写道：“这些真理是自明的：所有人受造为平等的，造物主赋予他们固有的和不可剥夺的权

---

① 参见杰斐逊，《杰斐逊选集》，朱曾汶译，商务印书馆，2011 年，第 706 页。——译者

利，其中包括生存、自由和追求幸福的权利。”[①]今天我们警惕一切宣称是自明真理的东西；我们不再倾向将政治和造物主的计划联系起来[②]；支配他的表述方式的自然权利学说，也已经被历史和哲学的批判削弱了。 174

试着把我们自己放在杰斐逊的位置上，由此，我们可以将他所用的“自然的”转换为“道德的”。杰斐逊处于他那个时代自然神论的影响之下。在他的沉思中，自然(Nature)从未远离过仁慈智慧的造物主的计划。但是，如果我们忘掉与“自然”这个词关联的一切特殊的东西，而代之以“所要实现的理想目标和价值”这样的说法，他的基本信念在实质上仍然可以保持不变——这些目标，尽管是“理想的”，但不是位于缥缈的云端，而是根源于人类需要和需求中某些深刻的和不可磨灭的东西。

如果我尝试将我所要说的东西在细节上，与杰斐逊演说和信件中细节的东西联系起来(他没有写理论性的论文)，那么，也许会显得我在进行党派性的工作；我将不时被迫地陷入词语的训诂，将他头脑中没有的观念归功于他。不过，关于美国民主所必须说的东西，这里有三点，我将明确地归于杰斐逊的名下。第一，上面已经引述了他的话——民主的目的是人(*man*)的权利，这些权利是不可改变的，注意其中的“人”不是复数的人(men)。这不是说，实现道德所要求的固有权利的形式和机制是一成不变的。那些自称杰斐逊主义者的人，尽管口口声声说自己是杰斐逊的学生，但却常常连在语词上都不追随[③]他，更遑论追随他的精神了。因为杰斐逊说：“我知道，法律和制度两者必须随着人类心灵的进步同时进步……当人们有了新的发现，揭示新的真理，态度和意见随着环境的变化而产生变化时，制度也必须发生变化，跟上时代的步伐。如果一个文明社会还停留

---

① 杰斐逊是《独立宣言》的主要执笔人，其起草的版本(即这里杜威引用的)和最后公布的略有不同。all men are created equal，不少学者认为，原来“人人生而平等”的译法忽略了其中的宗教意味，也没有注意到它可能承认后天的不平等(不加其他限制条件，“人人受造为平等的”承认后天不平等，甚至承认某种奴隶制。这恰恰是美国当时长期的现实)。特别是杰斐逊的手稿中有待定的certain，即 all men are created *certain* equal(所有人受造为某种方面是平等的)，他对此没有拿定主意。杜威这里所论也恰好印证了这种看法。因为杜威指出，《独立宣言》的用词是宗教性的，不为现在所欢迎。参见《杰斐逊选集》，第 49 页。——译者

② 紧接杜威所引的内容，《独立宣言》说：为了实现这些造物主所定的权利(即所谓造物主的计划)，那么，人就要建立政府，因而有政治。——译者

③ follow 具有追随和领会两种意思，杜威这里有双关之意，前半句主要是说这些人连杰斐逊的话都不顾了。——译者

在他们未开化的祖先的政体下，这无异于要求一个成年人仍穿他童年合身的衣服。”①

因为最后一句话中的观念可以被解释为在为政府的特定改变作辩护，所以他支持反对较早以前的制度。但是，他接着说：“每一代人都有权为自己选择他
175 们认为最能推进自己幸福的政府形式。”②因而他又说道：“一种观念认为，制度是为了国家需要而建立的，是不能触碰和修正的，甚至为了使这些制度更适合于实现它们要实现的目的，也不能触碰和修正……这种观念对反对某个君主的滥权来说是有用的措施，但是反对国家本身就极度荒谬了。”③“一代人拥有前人曾拥有过的一切权利和力量，可以改变法律和制度，使它们适合于自己。”④他在布丰(Buffon)⑤工作的基础进行了某种计算(这种计算与其说让人信服，不如说让人觉得有才气)，把 18 年零 8 个月作为一代人生活的自然跨度；并由此表明，这就是革新“法律和制度”恰当的频率，以让它们与“新的发现、新的真理和态度与意见的变化”协调起来。杰斐逊没有使用“文化”这个词；也许他的论述的光彩，在使用“文化”一词后会被削弱。但是，并非只有那些宣称是杰斐逊的追随者没有遵守他的教导。的确，我们所有人对已经建立起来的机制都过于重视了。对杰斐逊民主观点最公然的明显违反，是人们把曾费尽心血确立起来的原原本本的宪法当成崇拜的偶像。但是，远不止只有这个例子。作为民主的信奉者，我们不仅有权利，而且有义务质疑已存的机制(比如，选举的机制)，探究一些功能性组织是否比既有方法更好地表述或表达公众意见。这里，我们可以引用杰斐逊提及美国政府作为一种实验的许多段落，指出这一点并非离题之举。

我要说的第二点，与一个已经成为导致争吵和选边站队的问题紧紧地联系在一起，即州权(states rights)大战联邦权(federal power)。在这个问题上，杰斐逊站在哪一边，是毫无疑问的；他对政府侵犯自由的普遍性担忧，也是毫无疑问

---

① 杜威所引与剑桥版和中译商务版《杰斐逊选集》在副词上略有差异。中译小有舛误，这里进行了重译。参见《杰斐逊选集》，第 665 页。——译者

② 参见《杰斐逊选集》，第 666 页。——译者

③ 因为制度是为了国家需要，现在为了国家需要(此即制度的目的)都不能修改制度，即杜威说的“反对国家本身”，就是荒谬的。所引见于杰斐逊 1816 年致威廉姆·普卢默(William Plumer)的信件。——译者

④ 参见《杰斐逊选集》，第 706 页，和前面一样，杜威所引进行了变动和节略。——译者

⑤ 布丰(1707—1788)，法国博物学家，与人合著《自然史》，著有《风格论》。——译者

的——这对他来说是不可避免的，因为自由是美洲殖民地反叛英国统治的理由，也是杰斐逊反对汉密尔顿主义的根据[①]。但是，任何止步于杰斐逊主张的某些特殊方面的人，将忽视一个极端重要的基本原则。这是因为，尽管杰斐逊站在州权一边，将州权作为防止华盛顿权力过大的屏障[②]，在实践方面，他对州权的关心是相当直接的；然而同时，在他的理论著作中，首要的东西与谋划某种类似于新英格兰镇民大会的地方自治单元联系在一起。他所筹划的普遍政治组织，是 176
建立在细小的单元基础上的；这种单元要足够小，以便其所有的成员能够直接交流，关心共同体的所有事务——他的这种筹划从未被奉行实施。在所面临的实践的急务重压之下，这种筹划也从未得到过很多的关注。

但是，无需拔高这种谋划的重要意义，我们也可以在它那里发现这种迹象，这种迹象表明当前关于民主最严重的一些问题中的一个。早前我曾谈论过那种模式：当前，个体发现他们处于巨大力量的掌握之中，自己无力影响这种力量的作用和结果。这种情形使人们强调需要那些面对面的协合组织(association)，其中，人们之间的相互作用即使不能控制，也能平衡当前令人恐怖的、压倒一切的非人格的力量。这里有一个关于协合组织意义上的社会(society)和共同体(community)之间的区别。电子、原子和分子之间是互相协合在一起的。在自然界，没有什么东西是孤立存在的。自然界的协合是共同体存在的条件，但是共同体增加了交流的功能；在交流中，人们分享情感和观念，共同从事联合的事业。经济力量极大地扩展了协合活动的范围。但是，在很大程度上，这是以共同体的群体的兴趣和活动中的亲密性和直接性的丧失为代价的。美国的习惯行为——"参加"(joining)是现实问题逼出来的，但"参加"这种习惯还不足以解决问题。暴民煽动者的力量——尤其是倾向于极权主义方向的暴民煽动者——主要来自他能创造出人为的直接联合感和共同团结感(只要他能唤起大家的不宽容和憎恨)。

这里不妨引用我若干年前写下的几句话："'恶'被无批判和不加区别地将账算到工业主义和民主的头上，但如果以更理智的态度来看，这些恶也许要归因于

① 这里的汉密尔顿主义主要指中央集权，可参见前文注释。——译者

② 华盛顿代指联邦政府甚至独裁者，虽然在具体事件中可以指华盛顿本人。可参见《杰斐逊选集》，第80—85、102—105、246—247页。——译者

地方性共同体的错乱和失序。有活力和彻底的联结，只有在相互交往的亲密性中才能滋长，而这种相互交往必须限制在一定范围……要恢复较小的共同体组织的现实性，让它们的成员渗透和弥漫着地方性的共同体生活感，这可能吗？……民主必须从家园开始，而民主的家园就是邻里共同体。”[①]因为协合领域的
177 巨大扩展（这是由于空间距离障碍的消除和时间跨度的延长），很明显地，无论政治性的还是非政治性的社会机构，都不能再被限定为地方性的了。但是，在消除了直接接触的面广而浅尝的活动（extensive activities）与共同体内的互相交往的面狭而深交的活动（intensive activities）[②]之间，如何找到恰当的平衡，是民主需要解决的迫切问题。这里涉及的问题，其重要性甚至不仅仅是自治政府实践过程的学步练习——这种学步练习极为重要，所以杰斐逊念念不忘。这里涉及的问题是发展旨在交流和合作的地方性机构，以创造出稳定的和稳固的联结关系，对抗当前文化的离心力量；同时，这些机构对更大范围的、未见过面和不确定的公众的需求，保持一种灵活的反应。就一个非常大的范围来说，一个由功能性联系在一起的群体，极有可能取代由物理上的紧密性联系在一起的群体。家庭则同时融合了这两种因素。

关于杰斐逊的民主思想，我要简略地提到的第三点是他关于财产权的观念。如果有人认为他的观点是“激进的”，超出了寻常对财富集中的恐惧和积极希望普遍的财富分配，而不使任何一方面趋于极端，这是荒谬的。然而，也有人提出，杰斐逊的术语——“追求幸福”表示的是一种经济活动，这样一来，生命、自由和财产就是他认为有序的社会所应当维护的人们的权利。但恰恰就是在这里，他完完全全地脱离了洛克。结合财产权，尤其是土地财产权，杰斐逊极为正面地论述了任何一代人都不能束缚后代[③]。他主张，财产的权利是由“社会约定”（social pact）创造的，而不代表从道德上讲政府必须维护的、道德所要求的个体的固有权利。

对杰斐逊来说，追求幸福的权利几乎就是说：每个人都有权利选择自己的职业，依照自己的判断和选择行动，免于他人专断的意志所强加的限制和强制。这

---

① 《公众及其问题》（*The Public and Its Problems*），第212—213页（《杜威晚期著作》，第2卷，第367—368页）。

② 两种活动可直译为“广种薄收性活动”和“精耕细作性活动”。——译者

③ 这大体是指一代人不能代替后代人订立契约，用契约束缚后代。——译者

种限制和强制，无论来自杰斐逊尤为担心的政府官员，还是来自控制着资本和就业机会因而限制了别人“追求幸福”的能力的那些人。杰斐逊式的权利平等原则并不特别偏袒任何一类人，它所论证的是：当个人权利和财产权利发生冲突时， 178
将个人权利摆在首位是合理的。当他的观点足够恰当地被引述来反对那些对既定时代经济关系的鲁莽攻击时，如果认为在杰斐逊的民主主张里，禁止用任何政治行动来产生经济状况上的平等，以维护所有人自由选择和自由行动的平等权利，那么，这样的想法是对杰斐逊主张的彻底颠倒。

我比较具体地论及了杰斐逊在一些特殊问题上的观念，因为它们提供了一种证明：美国民主传统的根源是道德的，而不是技术性的、抽象的、狭义政治的，也不是物质意义上的功利的。说它是道德的，因为它建立在这样的信仰基础上，即相信人性有获得个体自由的能力，有能力在获得个体自由的同时尊重和考虑他人，以及在凝聚（cohesion）而非高压（coercion）的基础上建立社会稳定[①]。既然民主传统是道德的，那么对它的攻击，无论是如何做出的，无论来自何方，来自内部还是外部，所涉及的都是道德问题，只能基于道德的根据加以解决。就我们所经历的民主理想的黯淡而言，这种昏暗无光在根源和结果上都是道德上的。理想的昏暗，既是迷茫的产物，又指示出迷茫。这种迷茫伴随从旧秩序向新秩序的转变而出现，因为新秩序被预先宣布为仅仅当条件使秩序陷入一种经济体制时才能达到；而这种经济体制如此新奇，以至于人们对此没有做好充分的准备，且让原来已经建立的人与人之间的关系陷入了错乱之中。

试图将民主新秩序的新奇性降到最低，将民主新秩序所需要的、对自古以来长期珍视的传统的变化降到最低，都无济于事。我们甚至至今尚无用来阐述实现民主所涉及的道德价值秩序的共同的和公认的词汇。自然法的语言曾经几乎是基督教世界有教养的人士的通用语言，但使这种语言具有力量的条件已消失不再了。于是就有人诉诸自然权利，而自然权利被一些人设定为是孤立个体的核心——尽管在原来的美国人那里不是这样表述的。在当前，诉诸个体已经不太奏效了，因为我们无法确定个体应当摆放在何种位置。当我们被迫注意到，只有通过众人一起努力才能维护个体的自由——努力指向的是单一的目的，但其中包含大量不同的和复杂的因素——我们不知道如何在自愿的基础上将这些因

---

① cohesion 和 coercion 两词词形类似，也都具有物理和人际关系双重意义。——译者

素协调起来。

179 人们认为，个人主义与经营性的谋取私人利益的活动存在着紧密的联系，这从一方面来说，给予了个人主义以一种扭曲的意义[①]。然后，与个体的神圣性相联系的那些想象的观念和情感的弱化（甚至那些名义上保留了古老的神学信仰的人，也有这种弱化），则从道德的正面意义上，扰乱了民主主义的个人主义。曾与精神性的东西联系在一起的推动力量，已经消退了；我们现在不太情愿地使用"理想"(ideal)这个词，"道德"这个词所能赋予的力量也已很难超过个体间彼此亲善关系这样有限的范围。"人受造为社会交往的；无正义感便无社会交往的持续；故，人必受造为有正义感者。"——曾经对杰斐逊这样的实务家具有鲜活意义的三段论，对现在的人来说，几乎不可想象了。

即使我们对民主拥有不变的信仰，也不可能像杰斐逊表述其信仰那样来表述它。杰斐逊说："我唯一不担心的事情就是，我们实验的结果是人们能信任自己，可以不用主人而自己管理自己。因为如果结果证明相反，那么，我岂不是可以作出结论说：没有上帝，或上帝是邪恶的存在。"杰斐逊相信，政府在人们中唯一合法的目标"是确保协合在政府之下的普罗大众最大可能的幸福"。他的另一个信念是：自然（或上帝）在意图上是仁慈的，创造人类是为了他们在知道自然秩序的知识和在行动上遵循这种知识所要求的条件下追求幸福，这两种信念是联系在一起的。对许多人来说，此类谈论方式的语言已经过时了。这对于所有维护和推进民主理想的人来说，愈加有必要正视：人们以其共同行动获得诸个体自由（这相当于人们彼此之间兄弟般的协合）的政治制度和道德原则的道德根据。我们对自然的信仰愈弱化，对自然法则、自然权力和自然对于人类福利的仁慈意图的信仰愈弱化，就愈迫切需要建立在当前来说智识上可信的观念，以及与目前经济条件相协调的观念基础上的信仰；这种信仰会用曾与宗教事物联系在一起的某种热忱来激励和指导行为。

180 人类控制物理能量的力量，已经有了巨大的增长；在道德理想上，人们控制物理自然的力量，应当逐步用来削减和消除人对人的控制权力。我们用什么方式，才能防止利用它而产生一种新的、更精巧的、更有力量的组织机构(agencies)，

① individualism，有利己主义、注重个性两种不同的意思。——译者

以使一些人受制于另一些人呢？国家间是战争还是和平，以及从长期和世代交替来看，未来经济关系导致的是人类自由还是人类奴役，这里同时涉及这两个问题。一个世纪以前，人们做梦都想不到的力量的增长，而且只要科学探究继续发展，力量的增长就没有止境，这是一个已经得到确立的事实。而仍然有待确定的事情是：我们如何处置这种力量？就其作为一种力量来说，其自身是电的、热的、化学的问题；但如何处置它，却是一个道德问题。

物质上相互依赖(physical interdependence)[①]的增加，超过了人们可能预计到的。人们对工业中的劳动分工，曾给予乐观的预期和展望。但是，相对来说，这种乐观的东西是目前情况中最无足轻重的方面[②]。诸个体的职业、生计和生活保障，如同经济是否景气一样，都受到世界另一侧所发生的事情的影响。但是，他们无法触摸到这些事情背后的力量——也许加入国家间的战争是个例外。因为我们似乎生活在这样一个世界中：各个国家处理新的情形所造成的问题的方式是：各个国家愈来愈退缩到自身，愈来愈极端地肯定国家主权的独立性；但与此同时，国家在独立自主方向上所做的一切，都导致比之前与其他国家更为紧密地融合在一起——除了战时之外。

在现有条件下，战争迫使各个国家，甚至那些宣称为最民主的国家，向权威主义和极权主义国家转变，如同 1914 年到 1918 年的世界大战。这导致在非民主国家的意大利和德国产生了法西斯极权主义，在非民主国家的俄国产生了布尔什维克极权主义，并加速催化(promote)[③]我国在政治、经济和智识上的各种反应。将物质上的相互依赖转变为道德上的相互依赖，或者说“人”的相互依赖，乃是民主问题的一部分。甚至现在仍然有人认为，战争是把民主国家解放出来的途径！

安全和保护是自由的前提，只有与他人协合，个体才能获得安全和保护；而 181
协合会采取组织的形式，作为保证协合的手段，组织又会限制加入协合的人的自由。过去一百年来，组织的重要性增加到如此地步，以至于“组织”这个词通常完全被当成协合(association)和社会的同义词。既然在最好的意义上，组织也不过

① 直译为“物理上的相互依赖”，且和前文物理问题和道德问题区分相应。——译者
② 乐观的东西(原文是“令人满意的东西”)，大体指分工带来的生产力的提高。——译者
③ promote 在这里的意思是“使催化剂更为活跃”。——译者

是一种机制，通过这种机制协合得以进行，那么，将两者等同起来就证明仆人成为主人、手段（手段本是为了目的才被创造出来的）篡夺目的的位置已经到了何种程度。困局在于，要发展和保持个体性，就需要诸个体协合起来，而协合需要对其各个成员进行安排和协调，或者说，将他们组织起来，否则的话，协合组织将是无序的和缺乏力量的。但我们现在有一种软体动物式的组织，内部是软弱的个体，外部是紧缩的硬壳。诸个体自愿加入协合组织，但这些协合组织除了是组织之外，什么也不是；诸个体活动的条件[1]，控制了他们想要什么、不想要什么。

敏锐地感受到政府所强加的兵营化之威胁的人们，忽视了由经济系统（人们只有通过它的中介才能谋生）强加于亿万人身上的兵营化。因为以下原因，这个矛盾愈加突出：新的组织的创立多半是以自由的名义，且至少在刚开始的时候，是自愿选择的结果。但是，所导致的这种共同工作，太像机器的各个部分了，而不能代表那种表现着自由、也导致自由的合作。达到这样一种协合——这种协合能对其成员的有序化产生力量（力量由稳定性而来），且能增强人们应对变化的灵活性——这绝非民主问题中的小问题。

这个简短考察的最后，是人性和物性（physical nature）的问题。古代世界在抽象的哲学理论上解决这个问题的办法，是在宇宙范围内赋予整个自然（all nature）天然地具有人道上最高的和最理想的道德性质。在西方人的生活中，神学和教会仪式赋予这种抽象理论以直接的重要性。因为它宣布了实践上的原动力，这些原动力的作用产生和维持着宇宙，并被假定为支持着个体在此生和来世
182 的生存。物理科学的兴起[2]，导致越来越多的人怀疑这个旧有理论的智识基础。这种以科学与宗教的冲突来命名的悬而未决，证明了我们文化赖以存在的基础中的分裂，即知识形式的观念与情感的、想象的和直接推动行为的观念之间的分裂。

这种道德方面的纷扰，已经被那些远离由于智识原因而悬而未决的冲突的人极大程度地加重了。由于新物理科学实际应用的结果，使每个人都深切地体会到这种纷扰。当前产品和服务的生产和商品流通体制的所有物理特征，都是新物理科学的产物；然而，科学突出的人的后果，却仍然为建立于科学起源之前

① 这里的“条件”指协合组织，意思是协合组织控制了内部的个体。——译者

② 物理科学（physical science），通译为“自然科学”，这里照顾上下文取现译。——译者

的习惯和信念所决定。民主至今尚未成功地解决上述裂痕,而这没有理由使我们灰心——但需要我们把人的可能性和理想,一方面与科学精神和科学方法统一起来,另一方面与经济体系的运行统一起来。相当长一段时间以来,自由放任的个体主义阻碍着人们看到这个问题。这种个体主义如此对待新经济运动,似乎新经济运动仅仅是人的构造成分中基础性的、只是最近才被释放出来得以自由运行的力量的表现。它没有看到,如今所出现的巨大的扩展,事实上是由于物理能量的释放;就人的行为和人的自由而言,一个问题而非问题的解决因此而被确立起来:这个问题,亦即如何管理和指导新物理能量,以让新物理能量服务于人的可能性得以实现。

如果灾难性地不能把握到这个问题,一个运动就不可避免地走向崩溃;这种崩溃所产生的反应有多样性后果,而这种多样性正是我们当前生活迷乱状态的一部分。作为生活保障和自由生活的物质手段,其生产在无限地增长,并且在加速地增长。并不令人感到奇怪的是:很多人将现实和可能获得的好处归功于事情发生于其中的经济体制,而非科学知识(因为科学知识是对自然能量进行物理控制的源头)。他们为数众多,不仅包括这个经济体系的直接获益者,而且包括 183
比前者人数多得多的、希望自己至少是自己的孩子能充分地分享经济体系利益的人;因为无主的、大量未利用的自然资源和没有固定的阶级沟壑(阶级沟壑在欧洲仍然残存着,尽管它们在法律上废除了封建制)所提供的机会,在我们这个国家,这种人特别多。其代表是那些瞄准这个国家更高生活标准的人,以及灵敏地抓住这个国家已经提供给他们更大上升空间的人。简言之,这群人,包括其组成的两类人,都受到所获得的实际好处的强烈影响。他们拥有一种盲目的和感人的信仰,认为改善的趋势将以某种多少是自动的方式持续下去,直到它惠及自己和自己的后代。

其次,有一群人数很少的人,他们对以物理手段(我们现在对它们的控制是潜在的)为代表的巨大可能性,与前一类人有着同样的敏感,甚至更为敏感;但是他们敏锐地意识到,我们还不能实现这些可能性,所以与前一类人相反,他们看到的是灾难、残酷、压迫和挫折。这群人的弱点在于,他们也不能意识到:现有的事情状态中也涉及新的科学方法,且需要更广泛和不懈地应用新的科学方法,从而从细节上判定导致当前弊病的原因,谋划消除弊病的手段。在社会事务上,人们从来求助于笼统的精神态度,这一直没有什么变化。这导致了雄心勃勃的和压倒一切的信念和政策。人类的理想的确是综合性的。作为应当采取的立足点来说——人们从一定立场出发来察看既有的条件，决断方向的变化——不能过于综合。但是，如何产生变化的问题是一个无限定地（infinite）聚焦于手段的问题；而只有在对每一个问题表现出自身于其中的条件进行限定性（definite）[①]分析之后，手段才能得到确定。健康是一个综合性的、“压倒一切的”理想。但是，健康方向上的程度进步已经放弃了求助于万能良药，其探究所指向的是确定病症和治疗病症的手段。在这群人中，极端的代表是这样一些人，即他们相信有一个必然的历史规律支配着事件的过程，于是所需要做的，就是小心翼翼地按照规
184 律来行动。规律决定了阶级冲突按照其自身的辩证法产生出其完全的对立面，因而规律是决定行动的政策和方法的最高和唯一的裁决者。

不可否认，如果物理力量的解放要用来服务于人的目的，那么就要求有更为充分的关于人性的知识。但是，假设就像物理科学让我们能控制物理能量一样，人性的知识让我们能控制人的能量（energy）[②]，这种假设是一个错误。它遭受的是那些人所陷入的这种谬误——那些人假设，我们通过科学所掌握的物理能量一定会产生人类的进步和繁荣。完全可以设想，一种关于人性更充分的科学，仅仅是增加了这种能力（agencies）；借助这种能力，一些人可以为自己的利益来操控其他人。不能考虑问题的道德方面，即价值和目的的问题，这标志着一种重蹈覆辙，尽管是从另一个极端重新陷入一个世纪以前的理论家们所陷入的谬误。那些理论家们假定，人的需要和冲动的自由的表现（所谓“自由的”，就是政治上不应限制的），倾向于产生社会繁荣、进步与和谐。这是一个和马克思主义者所犯的错误一样的错误；马克思主义者认为，有一种经济的或“唯物主义的”历史辩证法，无需价值选择和实现价值的努力的介入，就可以产生某种可欲的（既然是可欲的，那么，在这个意义上就是道德的）结果。这正如我在一些年前写过的：“将人的科学完全同化于自然科学，只是代表了另一种形式的绝对逻辑，一种物质绝对主义。”

无论如何，社会事件将继续是人性和文化条件交互作用的产物。因此，首要

---

① infinite 和 definite，两者正相反对。这里是说，仅仅要“产生变化”乃是一种笼统的想法，无法得出相应的手段。——译者

② energy 就人来说，指人的精力。控制人的精力，隐含地指控制人的活动的指向、精力投向的方向。——译者

的和基本的问题将始终是:我们最想要何种社会结果。改进过的人性的科学在我们的控制之下,将把手段(这些手段现在是缺乏的)导向对问题的限定和对问题的有效解决上来。但是,除非这种人性科学能增强人们对科学精神的尊敬,从而使构成科学方法的态度更广泛、更深入地融合到个体的性向中去,否则,它也许会让事情变得更加复杂,如同改进过的自然科学所导致的那样。任何模糊了社会问题的基本道德性质的做法都是有害的,无论从物理理论出发还是从心理论出发。任何学说,如果排除甚至只是模糊价值选择的功能,取而代之以欲望 185
和情感,那么都削弱了个人判断的责任和行动的责任。因此,这种主张有助于产生一种欢迎和支持极权国家的态度。

我已经粗略而概要地论述了文化对民主自由所负有责任这个难题的一些突出方面。我的重点在于强调困难和障碍。强调这些,是因为当前面临一个难题这一事实。强调难题,是来自这样一种信念,即事件所透露出来的许多弱点,与不能看到促使人类走上民主道路所涉及任务的艰巨性有关。由于有上千年的非民主社会的历史作为背景,早期民主制的提倡者自然将问题极端简化。这种简化,一度是不容置疑的正资产(asset);但时间一长,它就变成了债务(liability)。

把民主运动放在历史的视野中,承认难题的广度和深度,既不令人沮丧,也不令人灰心。民主运动借以系统地阐释自身的各种观念,之前有过很长的历史。我们可以在古希腊的人文主义和基督教的信念中,追溯这些观念的渊源;也可以在反对具体形式的压迫的特殊斗争中,发现一再重复的、努力实现这些观念的这个或那个特殊方面。通过适当的裁剪和安排,我们甚至有很好的理由得出这种看法,即所有过去的历史都是争取自由的运动,先是无意识的,后来是有意识的。对历史更加清醒的观点揭示出:由于各种事件非常幸运地汇合,才导致19世纪民主制取得了快速扩展和貌似完全的胜利。如果我们要作出的结论说,由于各种事件形成一种令人不快的汇合,那么,民主制现在就面临被摧毁的更大危险。这并不是一个令人沮丧的结论。这个结论是说,过去多少靠外在和偶然的方式赢得的东西,现在要靠深思熟虑和明智的努力而获得和维持。

由此所隐含的对比,要求我们注意这个事实,即人类基底性的、持久的态度,形成于传统、习俗和制度;那时候还没有民主,事实上,那时候民主的观念和渴望 186
一经冒头,就有被扼杀的趋向。这些基本性向的持久性,从一方面看,可以用来解释为什么会出现对民主制的突然袭击；它回转到旧有的情感和智识上的习惯上去，或者说，它甚至不是回转，而是一直存在但却多少被掩盖了的态度的显现。从另一方面看，这些态度的持久性，也可以解释当前问题的深度和范围。文化有多少个方面，争取民主的斗争就会在多少条战线上继续：政治、经济、国际、教育、科学和艺术、宗教。早期多少是幸运的被赐予的东西，现在要靠我们有意的争取才能获得。这个事实，使这个问题成了一个需要在道德基础上解决的问题。

如同之前指出的，我们这些生活在美国的人，所谓幸运条件的汇合包括这个事实，即我们的先辈们发现他们处在一个新大陆上。物理上的易位所造成的冲击，导致了旧有态度相当大的调整。作为长期积累产物的思想和感受的习惯，出现了松动。较不稳固的性向，消逝了。形成新制度的任务，因此可以更加容易地进行。所产生的这种再调整，是导致一种普遍的适应性态度的主要因素。除了南北战争，这种适应性态度使我们可以与外界最少冲突的方式，温和地（尽管有暴力的传统）应付变化。正是因为这样的结果，地理意义上的新世界才变成了人的意义上的“新世界”。但是，尤其是因为这个缘故，形势是这样的：原来我们所自满的和自我庆贺的大部分东西现在要靠思想和努力来赢得，而不再是一种显然命定的进化结果了。

在当前的事态中，道德上的旧世界和新世界的冲突，对于争取民主的斗争来说，是至关重要的事情。对我们来说，它不是一个孤立主义（isolationism）[1]的问题——尽管这些有可能与欧洲战争野心实现空间隔离（Physica isolation）的物理因素，在非常时刻是一种值得珍视的因素。这种新旧冲突不是拿着武器战斗的那种冲突——尽管我们是否为了与我国所致力于追求的目的无关的目的[2]，再次拿起武器走上欧洲战场，这个问题在决定基于我们自己的理由是赢得还是输掉战争的问题上占有重要地位。我们有可能置身事外，这是因为与维护民主无
187 关，而主要与金钱上的利益有关；正如有可能，正是在为民主而战的名义之下，我们被蒙蔽而参与战争。

就冲突涉及我们的历史以及我们的民主制度而言，冲突在于我们自己的制

① 一战期间，美国颇有伤亡。20世纪20年代，美国开始实行孤立主义政策，不卷入欧洲武装冲突。此政策直到珍珠港事件后，才发生转变。——译者

② “我国所致力于追求的目的”，指民主自由之类。——译者

度和态度的内部。只有在使我们自己的政治、产业、教育，我们一般的文化成为民主理念的有用工具和民主理念进化着的表现这些任务中，扩展民主方法的应用，即扩展商议、劝说、谈判、交流、合作性理智的方法，民主才能获得胜利。诉诸武力，是第一个确定的征兆：我们正在放弃争取民主生活方式的斗争，旧世界不仅在地理上，而且在道德上征服了我们——成功地将它的理想和方法强加于我们。

如果人类经验明白无误地作出过什么结论的话，那么，这个结论就是：民主的目的要求用民主的方法来实现。权威主义现在将自身打扮成新的样子，出现在我们的面前。它们来到我们中间，宣称说它们服务于无阶级社会的自由和平等这样的终极目的。或者，它们推荐采用极权体制来与极权主义作斗争。无论它们将自身打扮成何种形式，它们的诱惑力都是来自宣称它们服务于理想的目的。我们首要的防护措施必须意识到：能服务于民主的，只能通过慢慢地、日复一日地在我们日常生活的一切方面中采用和不断地扩展与所追求的目的相一致的方法①，求助于一元论的、笼统的、绝对主义的程序。这是对人类自由的背叛，无论它们将自身呈现为何种样子。一种美国的民主制度，只有它在自己的行为中，证明了多元的、部分的和实验的②方法对于保障和维护人性力量仍在增长的效能，以及证明了这些方法服务于合作的且是自愿合作的自由的效能，才能对世界有所贡献。

我们没有权利诉诸时间来证明我们对于终极结果的自满是正确的。但是，我们完全有权利指出长期的非民主制度和反民主制度的历史过程和民主制度的晚近性，以强调我们所面临任务的艰巨性。正是民主实验的新奇性，解释了要将问题限制在日常的普通生活的某一个元素、方面和位相是不可能的。我们完全 188
有权利求助于漫长的和缓慢的时间，来保护我们免于那种悲观主义——这种悲观主义来自在某种情况下，对事件采取小跨度的短暂的视角。我们必须知道，目的是依赖于手段的，以至于唯一的终极结果是今天所达到的结果，是明天和后天所达到的结果，是在一天天、一年年和一代代不断延续中所达到的结果。只有如

① “所追求的目的相一致的方法”，目的指“民主”，方法也是“民主”。——译者

② 与上文“一元论的、笼统的、绝对主义的”相对，其中笼统的(wholesale)含有整体和不关注后果的意思，而部分的(partial)这里不是偏见的意思，而是与着眼于整体的、一揽子的、含混的解决相对，是一种着眼于部分的、具体的解决。——译者

此，我们才能保证：当问题一个接一个地出现时，利用合作行动中的集体理智所提供的所有资源，从细节上来面对它们。在民主方法精力充沛、永不偃旗息鼓、永不停歇地创造着我们所能共同行进的万古长青的道路的过程中，无论在开头还是在结尾，从根本上说，民主的方法既是简单的，又是无限困难的。

评价理论[①]

① 首次发表于《国际统一科学百科全书》(*International Encyclopedia of Unified Science*),第 2 卷,第 4 部分,芝加哥:芝加哥大学出版社,1939 年,共 67 页。

I. 评价理论的难题

如果让一个有怀疑主义倾向的人评论当前关于评价（valuing）和价值 191
（values）问题的讨论状况，他一定会找到证据来证明这种讨论是一件费力极大但收获甚微，也许一无所获的事情。因为这一讨论的现有状况表明：人们不仅在运用事实作出恰当的理论解释方面存在着相当大的分歧——这也许是理论健康发展的标志，而且在价值理论所运用的事实究竟是什么、究竟有没有价值理论可以运用的事实这些问题上，也存在着相当大的分歧。纵观目前有关这一主题的文献，我们可以发现，在这一问题上存在着两种截然相反的观点：一种观点认为，所谓“价值”，不过是情感的别名，或者说，“价值”就是一种喊叫；另一种观点认为，先验的、具有必然性的、合乎标准的、具有合理性的价值，是艺术、科学、伦理学赖以获得有效性的根据。在这两种极端性的观点之间，还有大量介乎其中的观点。通过考察目前关于价值问题的文献，我们还可以发现，对价值问题的讨论深受唯心论和实在论的认识理论的影响，也深受关于“主观的”和“客观的”形而上学理论的影响。

在这种情况下，很难找到一个事先没有作出任何妥协的起点。因为表面上看起来，适当的起点，实际上也许不过是某种以前就有的认识论或形而上学的结论。也许从这样的提问开始是最稳妥的：为什么在最近的讨论中，评价理论的问
题会显得如此重要？在智识（intellectual）发展史上是否已经存在了一些因素， 192
这些因素使科学态度和科学观念发生了显著的变化，所以现在价值问题才被凸显出来？

如果人们是在这种背景中考虑评价问题，那么，他们就会立即发现这样一个事实：在天文学、物理学或化学这些学科中，根本不包含价值事实（value-facts）或价值观念（conceptions）这样的表达。即使想入非非，也不可能将这些学科中的表达看成是意指价值事实或价值观念的。但是，在所有深思熟虑的、有计划的人类行动中，无论在个人行动中，还是在群体行动中，似乎无一不受对欲达目的之价值鉴定的左右（如不说受其控制的话）。在实践事务中，“好”的意思通常与“相对的价值”（relative values）的意思是一致的。自然科学和人类事务之间的这种明显的差别，导致了一种分歧，导致了一种彻底的分裂。在关于物理现象的那些被认为理所当然的观念与方法，和关于人类活动的那些被看作最重要的观念及

方法之间，似乎没有任何共同的基础。因为自然科学的命题涉及的是事实和事实之间的关系，这样的命题构成了被公认具有卓越科学地位的学科的主要内容，所以人们不可避免地会提出这样的问题：指导人类行动的科学命题是否可能？包含“应该”理念的科学命题是否可能？如若可能，那么，这样的命题属于何种类型？它们的基础是什么？

从历史上看，大约在 16 或 17 世纪，价值概念才被排除在关于非人类现象的科学之外。在此之前很长的时间内，人们都认为自然界之所以如此，是因为存在于自然界中的目的(*ends*)使然。这些目的的极致，是完满的或完美的“存在”。人们相信，自然界的一切变化都是为了实现这些目的，自然界的本性使其将这些目的作为自己的目标(goals)。古典哲学将存在、真与善视为同一，而且这种观点被看成是对作为自然科学对象的自然结构的一种见解。在这样的语境中，单独提出评价和价值的问题，既没有必要，也没有可能。因为今天被称之为“价值”的东西，那时整个儿都是被并入世界构架之中的。但是，当一门又一门自然科学将目的论排除在外，最后连生理学和生物学也将目的论排除在外之后，价值问题就被作为一个独立的问题而提出来了。

193 如果要问为什么当“目的”概念和“实现目的的努力”这样的说法被排除在自然之外以后，价值概念却没有像“燃素”等诸如此类的概念那样完全退场，那么，前面说过的价值概念和价值鉴定在人类事务中的地位就暗示了这一问题的答案。人类行为似乎要受诸如“好与坏”、“正确与错误”、“值得赞美的或骇人听闻的”这样一些语句所表达的需要考虑的事情所左右(如果不说受其控制的话)。所有的行为举止，只要不是盲目地仅凭情感冲动行事或只是机械地例行公事的话，似乎都包含评价。评价问题和关于人类活动和人类关系的科学结构问题，如此紧密地联系在一起。如果把评价问题置于这样的背景中的话，我们就可以清楚地看到，“这个问题是一个重要的问题”。因此，考虑关于评价的那些各不相同、互不相容的理论也就具有了重要的意义。有些人认为，物理学和化学已经穷尽了所有可得到科学证明的命题。对于这些人而言，不存在任何名副其实的价值命题或价值判断，不存在任何陈述价值的命题或判断，无论肯定命题还是否定命题，也就是说，不存在任何可以得到实验证据支持或检验的有关价值的命题。但也有一些人认为，讨论非人类问题的领域和讨论人类(包括个人的或人类的)问题的领域之间存在着区别，并认为作为存在的两个领域——物理领域和精神或心灵领域是彼此独立的。这些人主张将价值范畴从物理领域中清理出去，以保持物理领域的纯净，而将价值范畴仅放置于精神领域。第三种观点，即利用在研究物理现象的科学中没有发现价值表达这一事实，来证明物理科学的题材仅是科学题材的一部分(有时也称物理科学为纯粹的“现象的”科学)，因此需要有一种“更高”类型的题材和知识来补充；在这些题材和知识中，价值范畴高于事实范畴。

以上所列举的只是几种具有代表性的观点，并没有囊括所有的见解。将这些观点罗列出来，不是为了表明讨论的内容，而是为了界定讨论经常而明显地围绕、但却没有意识到其根由的核心问题。这一问题就是：指导人类事务的真正命题是否可能？如若可能，那么，我们也许就可以期望对这一问题的讨论尽可能少地涉及价值表达(value-expressions)了。因为在对价值表达的讨论中，已被带入大量来自认识论和心理学含糊其辞的东西；眼下我们还不可能采取这种讨论方 194
式，所以导言部分将以对所谓标示“价值事实”(value-facts)特征的那些语言表达的评论而结束。

1. “价值”这一表达，既被当作名词，又被当作动词。在此存在一个根本性争议，即“价值”一词的原始含义究竟是名词还是动词？如果有些东西在与活动没有任何联系的条件下，它们本身就是价值或具有价值的特性，那么，“价值”的动词形式(to value)就是派生的。因为在这种情况下，人们之所以把某种理解行为称之为“评价”，仅仅是因为这种行为所要把握的对象(object)。然而，如果“价值”一词的动词形式是其原始含义的话，那么作为名词的“价值”，就是指那些通常被称为有价值的东西，也就是一些活动的对象。这些东西，像钻石、矿山或森林，它们的存在本身并不受制于评价。当它们成为确定的人类活动之对象的时候，它们是有价值的。许多标示事物的名词所标示的，并不是事物的原始存在，而是事物作为活动的素材或目标(如某物被称为“靶子”)时的性质。当一个东西或一种性质被称为价值的时候，是否也存在同样的问题呢？这也是争论的一个焦点。让我们来看看下面这种说法。有人说，最好将价值“界定为一个理解过程的质的内容……价值是呈现于注意或直觉的一种特定的质的内容”。这一说法看来好像主要是把“价值”当成名词，或者至少是当成形容词来使用，以表示一个对象或对象的内在性质。但是，当说这句话的人谈到直觉和理解的过程时，他却说：“看来，使评价行为与单纯的直觉行为区别开来的是，评价行为显而易见是以感情为必要条件的。……感情有意识地另眼看待了某些特殊的内容。同时，评价行为也是激发情感的；评价是一种兴趣、一种以情感为动力的态度的自觉表达。”这段话，与前面那段话给人的印象截然相反。这个人又说，“经验的价值性质或经验的价值内容，已经与价值行为或心理态度区别开来了，价值内容是心理态度直接的对象”。当他说这番话时，并没有使问题更加清晰。他的做法就好像为到达一个目的地，却骑上了两匹背道而驰的马！

195 此外，当把注意力集中在“价值”动词形式的使用上时，我们发现，通常的说法具有双重性。只要翻一下字典，我们就可以发现，通常所说的“评价”在口语中既表示*珍视*(prizing)，又表示*鉴定*(appraising)。珍视是在珍藏、珍爱和其他诸如此类的行为，如尊重、敬重的意义上使用的。而鉴定则是在“*赋予*……以某种价值”、“把价值归属于……”的意义上使用的。鉴定是一种评估活动，在鉴定中明显地包含了比较活动。如在价钱方面，对商品和服务作出鉴定。作为动词的“价值”一词所具有的这种双重含义非常重要，因为这里隐含着关于价值问题的一个基本争议。“*珍视*”这层含义，侧重于某些具有一定个人色彩的东西，就像所有带有独特个人色彩的活动一样，“珍视”具有被称为“情感的”的性质。然而，评价作为“*鉴定*”，则主要涉及对象的相关特性，因此在鉴定活动中的理智因素要强于在其他的同类活动中。这在“鉴定”和“*尊敬*”两个词的区别中也可以看到。“*尊敬*”带有个人的情感色彩。同一动词的这两种用法，使人想到目前各派的观点意见之分歧所在。在作为动词的价值的两种用法中，哪种是基本的呢？“鉴定”和“尊敬”这两种活动是分离的，还是互补的呢？联系词源史，我们可以看到(当然，尽管一点儿也不确定)：“赞扬”(praise)、“珍视”(prize)和“价格”(price)都是从同一个拉丁词中派生出来的；而“鉴赏”(appreciate)和“鉴定”(appraise)曾一度被交替使用；而在货币价格方面，“昂贵的”仍被当作“宝贵的”和“贵重的”的同义词而使用。动词价值的双重含义在日常语言的使用中导致了一个问题，同时语言使用的这一问题由于下面的事实而被进一步扩大(如果不说被进一步混淆的话)。这个事实就是：当前的理论经常把动词价值和喜爱、享受等同起来。这些理论不仅在将价值的动词意义等同于在某物中获得乐趣、得到满足、发现某物令人喜悦这一意义上使用——欣赏、喜爱(to enjoy)，而且将价值的动词意义等同于在活动与其结果*相一致*的意义上使用——享受(to enjoy)。

2. 如果我们采用通常被认为是价值表达那些语词的话，就会发现，在理论讨论中，关于这些词的恰当地位根本没有统一的见解。例如，有人认为，“好”是指对什么而言是好的（*good for*）、有益的、有用的、有帮助的，而“坏”是指对什么而言是有害的、不利的。这是暗含一个完整评价理论的概念。而另一些人认为，“对什么而言是好的”的“好”和“自在的好”（good in itself）之“好”是极为不同的。另外，就如上面所言，还有人认为，“令人愉悦的”和“令人满足的”是最基本的价 196
值表达方式，而其他人则不同意这样的说法。讨论者对作为价值语词（value-words）的“好”与“正当”（right）各自的地位也存在着争议。

结论：“价值”一词的动词用法对我们没有什么帮助。甚至，事实证明，人们用动词的用法来指导关于价值和评价的讨论，只能导致混乱。参考语言表达，充其量只是指出某些问题，这些问题可用来限定讨论的主题。因此，就目前讨论中关于术语的情形而言，我们将在理论上最中性的意义上使用“评价”的动词和名词形式，在以后的讨论中去确定它与“珍视”、“鉴定”、“享受”等的联系。

II. 被当成喊叫的价值表达

我们的讨论将从对前面所谈到的最极端的一种观点的思考开始。这种观点认为，价值表达不能由命题构成，即它不能由表达肯定的或否定的语句构成，因为价值表达纯粹是喊叫（ejaculatory）。他们认为，诸如“好的”、“坏的”、“对的”、“错的”、“可爱的”、“可憎的”等诸如此类的表达，都与感叹词具有相同的性质；或者与脸红、微笑、哭泣等现象具有相同的性质；或者/而且与一些能使被命令者以某种特定方式行动的刺激信号具有相同的性质，就好像对牛喊“Gee”、对马喊“Whoa”一样。它们并没有表示什么或陈述什么，甚至没有谈论感情（feelings）；只不过是表示（evince）或显露（manifest）感情而已。

下面这些说法代表了上述观点。“如果我对某人说‘你偷钱是不对的’，与我只说‘你偷钱’，没什么两样……也与我以憎恶的语气说‘你偷钱’，或是加上一些特别的感叹号而写下这句话，没什么两样。这语气……仅仅用以表明说话者在说这句话时带有一定的感情。”这位作者还说：“伦理学术语不仅用于表达感情，它们还可以用于唤起感情，从而对行动产生刺激作用……‘说真话是你的责任’这个句子就既可以看作是有关诚实的一种伦理感情的表达，又可以认为是‘说真话’这种命令的表达。……在‘说真话是善的’这个句子中，命令语气已减弱，几 197
乎相当于建议了。”这位作者并没有表明，他根据什么将这些术语和“感情”称之为他所说“道德的”。不过，将“道德的”这个形容词用在感情上，似乎包含了某种用来辨别和确认感情的客观根据。当某一类别、某一结论与采取的立场不一致时，这些客观根据就用来辨别和确认那些感情。我们先将此搁下，继续来看进一步的例证：“在说‘容忍是一种美德’时，我并不是在陈述我自己的感情或陈述其他什么，而只是表示我的感情，这与我说我有这种感情是完全不同的。”因此，“就价值问题而进行争论是不可能的”。因为无论怎样，当一些语句没有表示或陈述任何东西时，根本不可能彼此不相容。在具有明显争议的或截然相反的陈述事例中，如果这些陈述是有意义的，那么，关于它们的争议就可以归结为它们所涉及的事实的差异。因为人们在一个人是否真的“偷”了或真的“撒谎”了这样具体的行动上，也许会产生争议。我们所希望或期望的就是：如果“我们能使反对者在经验事实的见解上与我们达成一致，那么，他就会和我们采取同样的道德态度去对待这些事实”。然而，为什么这种态度被称为“道德的”，而不是被称为“不可思议的”、“好斗的”，或者是随便从几千个形容词中随意挑出一个呢？答案不得而知。

如先前所提到的，我们的讨论将分析应该引起关注的事实，而不是抽象地谈论理论的功过得失。让我们从大家公认属于什么也没有说的那些现象开始。像婴儿的第一声啼哭、第一次微笑，或早期的咿呀之语、咯咯笑声和尖叫声，这些就什么也没有说。若说它们“表达(express)了感情”，那么“感情”和“表达”这两个词不免含糊其辞。如果我们可以弄清楚流泪和微笑中所涉及的问题，那么，同样能弄清楚关于无意识发出的声音中所涉及的问题。流泪、微笑和这些无意识的声音本身并没有含义，但它们是更大有机体组织状态的组成部分。它们只是有机体活动的事实，在任何意义上，它们都不是什么价值表达。然而，它们可以被当作某种有机体状态的信号。如此一来，它们作为信号或被当作征兆就会唤起
198 其他人的某些行动，以对这些信号或征兆作出反应。婴儿哭了。母亲就会把婴儿的这种哭声当作一种有充分证据的信号，从而推论出这哭声表示孩子饿了，或是有钉子之类的东西刺痛孩子了。于是，母亲就会采取相应的行动来改变婴儿的身体状态。

当婴儿长大了一些，他们就会逐渐意识到特定的哭与所能引起的活动(activity)，及其由这种活动而产生的结果之间的关联。于是，这时候，他们哭(或采取某种手势、姿势)就是为了引起某种活动，为了体验活动所产生的结果。就

有机体的反应而言，两种由于“哭”所引起的活动是不同的：一种仅仅是由于哭的刺激而引起的反应（如在沉睡中的母亲甚至还没有意识是一种哭声，就会被孩子的哭声弄醒）；另一种是把“哭”理解为一种信号或某事的迹象的活动。这两种哭也是不同的：一种是原初意义上的哭，可以把这种哭恰如其分地称为“纯粹的喊叫”；另一种是有目的的哭，这是为了引起某种特定的结果。有目的的哭，以语言媒介的形式存在。它是一种语言信号。它不仅说了些什么，而且是有意识地说，有意识地传达和有意识地告诉他人一些什么。

那么，它究竟告诉了什么或陈述了什么呢？与此问题相关，我们必须注意“感情”一词致命的含糊性。因为可能有人认为，这种有目的的“哭”所传达的一切不过是一些感情的存在，也许这些感情伴随着一种赢得他人感情的欲望。他人的这种感情，是由于“哭”这种活动而引起的。但这样的看法：(a)与使讨论得以开始的事实明显相反，(b)它引入了一个完全不必要的（如果不说是不能被经验证实的）问题。(a)因为我们所着手讨论的，并不是一种感情，而是由哭、眼泪、微笑等组成的一种有机体的状态。(b)于是，“感情”一词要么是一种严格的行为术语，是包含哭和姿势在内的整个有机体状态的一个名称；要么是被毫无必要地引入的一个词。我们所讨论的现象是有机体生命过程中的一些事件，这些事件与吃饭或体重增加没有什么两样。但就像体重增加可以被当作适当饮食的信号或根据，哭也可以作为有机体生命过程中某些特殊事件的信号或根据。

因此，不论“表示”是否被当作“表达”的同义词，“表示感情”这个短语与报告 199
所发生的事情无关。就如我们已经看到的，像哭、笑、叹息、尖叫等这些原始活动是一个更大的有机体状态的组成部分，因此，“表示感情”这个短语对此并不适用。如果哭或身体语言是故意而为之的，那么，哭所表示或表达的就不仅仅是一种感情。采用公开的语言行为，是为了改变有机体的状态，而这种改变要靠其他人采取某些行为才能实现。另举一个简单的例子：咂嘴，是或者也许是被称为“吃东西”这种原始的有机体行为的一部分。在某个社会群体中，咂嘴发出的声音被看作一种粗俗或“不礼貌的”表现。因此，当年轻人在强制力量的控制下成长时，他们就被教导不准咂嘴。而对另一个社会群体而言，咂嘴及所发出的声音则表示客人已经知道主人准备好了东西。这两种情形完全可以在可观察的行为方式和可观察的结果这一意义上进行描述。

与此相关的重要问题是：既然“感情”这个词对描述实际发生的情况是多余

的，那么，为什么在理论解释中还会引入这个术语呢？只有一个答案是合乎情理的，即“感情”这个词是从被称作心理学的理论中拿来的，而心理学理论采用了心灵主义(mentalistic)的术语，采用了所谓内知觉状态或内知觉等这类术语。就我们现在所面对的事情而言，如果要问这种内在状态实际上是否存在，那么既不切题，又无必要。因为即使存在这样的状态，根据描述，它们也完全是私人的，是仅在个人内省时才可以触及的。所以，即使有一种正当的内省理论是关于意识状态的，或者是关于作为纯粹精神作用的情感的，也没有理由从这个理论中借用“感情”这个词来解释尚无定论的事情。而且，涉及“感情”，也是多余和毫无理由的。因为这个解释的重要部分是，“价值表达”通过引起他人的反应而影响他人行为举止的作用。从经验报告的立场来看，涉及“感情”是毫无意义的，因为那种解释所用的是一些难以进行公开检查或证实的术语。如若真的存在我们所说的
200 这类“感情”，那也无法保证两个人在使用同一个词时，恰好指的是同一件事情。因为这种事情是无法接受公共观察和描述的。

因此，如果我们后面的思考能够集中于具有经验意义的部分，也就是集中于那些能引起他人某些反应的，而且如果集中于那些想使它们产生就能使它们产生的有机体的活动上，那么，下面这些说法就是有正当理由的：(1)我们所讨论的现象是社会现象，所谓“社会”这个词，在此仅是指在两个人之间，或者多个人之间，存在一种性质为相互作用或交互作用的行为方式。一个人，比如一个母亲或一个护士，将他人有机体行为所附带的声音当成一种信号，并对这种声音的性能作出反应，而不是对这种声音的原始存在作出反应。有这类行动，就表明人与人间存在着一种交互活动。我们所谈论的那些以唤起他人的反应为目的的有机体的活动，更明显地表现了这种交互作用。如果我们追随前面提到的那位作者，把他当作价值表达的东西也当作价值表达，那么，在剔除“表达”的模糊性和“感情”的不相干之后，我们就得到这样一个结论，即“价值表达”只与人与人之间的交互行为相关，或者说，它只存在于人与人交互作用的关系中。(2)一旦手势、姿势和言语被理解为信号，尤其被用作信号时，它们就是语言符号。它们就表达意义，并具有命题的性质。例如，有一个人装出病人特有的样子，并且发出病人通常发出的声音。对这件事，合理的做法就是弄清楚这个人到底真的病得不能工作了，还是装病。从其他人截然不同的反应中，一定会“引出”作为调查结果的结论。这个调查要做的，就是弄清经验上可观察的事情的真实情况到底如何；而不是去

弄清内在的"感情"到底如何。医生们设计出了具有很强实验性的检验方式。每位家长和学校老师都知道,需要警惕孩子们假装作出某种"表情"和姿势,因为他们的这些表情和姿势是为了让大人得出一种结论,而这种结论会使大人去照顾他们。对于这类例子(这类例子很容易拓展为包含更复杂因素的例子),如果人 201
们对行为只进行了短时间的观察,那么包含推论的命题就很可能是错的;但是经过较长时间的观察,或者根据多种经过仔细观察的事实材料而建立的命题,就可能是有充分根据的。在这一点上,我们正在讨论的命题与一切真正的物理学命题的特点是相同的。(3)到目前为止,还没有人提出关于人与人之间交互活动这种情形的命题是否具有评价命题(valuation-proposition)的性质这一问题。我们的推论是假设性的。如果所涉及的表达就是评价表达(valuation-expressions),即像那个特别的学派所认为的那样,那么,(i)评价现象就是一种社会现象或人际间交互行为现象;(ii)评价现象就与那些能为可被经验证实或驳斥的事实命题提供素材的现象是同样的。当然,这个假设到目前为止,还只是一个假设。它引出了一个问题,即那些以影响他人行动、唤起他人具有特定结果的活动为目的的语句,是否就隶属于评价范畴的现象。

让我们以一个人喊"着火啦"或"救命"为例。无疑,这种喊叫就是为了影响他人的行为,从而达到某种结果。这种喊叫所欲达到的结果是可观察的,并且是可用命题表述的。发生在可观察的情境中的这种喊叫,表达了某种复杂的东西。通过分析,我们可知,这种喊叫表达了:(i)存在一种将带来不良后果的境况;(ii)做出这些表达的人不能应付这一境况;(iii)如果能得到他人的援助,那么,这种境况将得到改善,喊叫者所期望的就是这种境况的改善。这三点都可以得到具有经验证据的检验,因为它们所涉及的内容都是可观察的。例如,第三个(即期望)命题,就可以通过观察确定情形中发生的事情而得到检验。先前的观察可以证实:如果语言信号真的像它被设计的那样产生效果了,即喊叫的确引起了想要引起的援助,那么无论如何,发生不良后果的可能性将会减少。

考察表明,这些例子和先前我们考察过的那位作者所用的例子具有相似之 202
处。它们都包含评价表达。这些命题直接涉及现存境况,而间接涉及意欲达到、期望引起的未来境况。我们所说的这些表达是一种媒介,它们被用以引起从当前境况到合乎期望的未来境况的转变。在我们最先考察的那一系列事例中,明显地出现了像"好的"、"对的"这样一些毫无疑问的价值语词;而在第二系列的事例中，却没有这种明确的价值表达。然而，当我们将求援的喊叫放在现实情境中来理解它时，就会看到：求援的哭喊尽管用词很少，但实际上，它却断定导致哭喊的境况是“坏的”。在被人们拒斥的意义上，这种境况是“坏的”，倘若这种哭喊产生了作用，那么，期望达到的未来境况就是比较好的。这种分析似乎毋庸赘述。但是，除非每类例子中实际存在的前因后果都梳理清楚了，否则，所用的语词表达就有可能意指任何东西或毫无所指。如果我们将那些前因后果都考虑在内，那么，我们就会看到：赋予实际存在状况以否定性价值命题，赋予所预期状况以相对肯定性价值命题，以及作为中介的命题（这类命题可以包含、也可不包含评价表达）引起某些活动，从而实现一种状态到另一种状态的转换。因而这几类命题就包含：(i)对现存境况的厌恶和被预期的可能境况所吸引；(ii)作为目的的可能境况和作为实现这一目的手段的活动之间，一种能详细说明并可验证的关系。这为进一步的讨论提出了两个问题：其一，在活动中能起作用的态度或行动的态度，与（为了辨认起见）被称为“喜欢”和“讨厌”之间的关系；其二，评价与那些作为手段-目的(means-end)的事物之间的关系。

III. 被当成喜欢或讨厌的评价

在与评价的关联中，对喜欢和讨厌的考虑，应该从前面所阐述的可观察、可辨认的行为方式的角度进行。就行动而言，“以情感为动力”(affective-motor)这个形容词，还是适用的。但是，我们应该注意决不能将“情感”(affective)的性质
203 解释为私人的“感情”。因为这样的解释，会抵消以“驱动”所表达的那种能起作用的和可观察的要素。“驱动”发生于公共的可观察世界。而且与发生于这个世界的其他事情一样，“驱动”具有可观察的状态和结果。如果把“喜欢”这个词用作指称一种行为方式，而不是指称一种私人的、难以捉摸的感情，那么，它所代表的是哪一类活动呢？它所指称的是什么呢？让我们通过对下面这些词的说明来回答这些问题。作为行为方式，“关心”和“照料”与“喜欢”有非常密切的关系。另外有一些词汇与“喜欢”的关系也很密切，如“期待”、“寻求”、“珍爱”、“致力于”、“专注”、“趋向于”、“照顾”、“抚养”等。几乎所有这些词都与“珍视”是同义异形的。而“珍视”，就像我们在前面已经看到的，是词典中所认可的价值的两种主要含义之一。当人们在行为的意义上使用这些词，或者用它们指称那些为维持或促成某些情形发生的那些活动时，就有可能将它们所指的东西与像“享受”

这样一些意义含糊的词所指的东西区分开来。因为“享受”一词可指一种从已经存在的东西中，而不是指从由以情感为动力的行动中获得满足的情形。以情感为动力的行动是产生满足的前提，是满足得以延续的前提。也许，“享受”一词也可以指称由以情感为动力的活动，但在这种情形中，“享受”是力求欢悦的同义词，它有着明显的“欣赏玩味”的含意。在我们看来，只有“煞费苦心”、“想方设法”，才能使那些能让我们从中而获得满足的条件延绵不断。行动的意义上的享受，以花费精力赢得作为满足之源泉的那些条件为特点。

之所以说这些，就是为了使理论免于那种脱离所指的对象而界定词意的徒劳。它引导我们去注意那些能够作出详细说明的实际存在着的情形，去观察在现实情形中所发生的事情。它告诉我们，要去观察我们的精力是否被用于创造某些条件和维持某些条件。用日常术语来说，就是去注意是否已经尽力了，是否已经尽力去创造那些条件而不是其他的条件了。之所以需要花费精力，这表明现实中存在着一些与我们所需要的条件相反的东西。如果一个母亲说她珍视她的孩子，乐于(在该词的行动意义上)与孩子为友，但实际上却接二连三地忽略孩 204
子，而且也不找机会和孩子相处，那么，她就是自欺欺人。另外，假如她只有在他人在场的时候，才做一些像抚摸孩子等显示爱的事情，那么，她八成就是想欺骗别人。只有通过足够的时间和在足够的场合对行为进行观察，才能作出评价。就像我们上面所列举的那个例子。只有通过观察这个母亲花费精力的多少和坚持时间的长短，才有资格将诸如“微不足道的”或“伟大的”这样的形容词恰当地加在特定的评价上。观察精力的去向，看它是趋向还是离开所说的目标，就能使我们有根据地确定究竟应该给予“肯定性的”评价还是“否定性的”评价。即使另外还存在“感情”，那么感情的存在，也与可证实的、能够形成评价的命题无关。

因为在“珍视”、“喜欢”意义上的评价，只发生在有必要创造现在缺少的东西，或有必要保护受到威胁的东西的时候。评价包含着想望(desiring)。但想望不等于纯粹的想要(wishing)。在纯粹的想要中，“为实现目的而努力”是缺席的。“如果愿望就是马，那么，乞丐将骑愿望而行。”现在没有此物，假如有的话，就会令人感到心满意足，但却不花精力去创造此物，也不在现有条件下做任何能使此物产生的努力，那么，这就像婴儿哭着要月亮和幼稚的成年人沉湎于幻想，“如果事情不是这样的话，那该多么好啊”一样。在这些情形中，所使用的“想望”与“想要”这两个词的所指是根本不同的。相应地，用“想望”来界定“评价”的一个先决条件，就是要在欲望(desire)产生和发挥作用的现实情境中来看待欲望。如果将欲望看作一种就其本身而言，是原初的、完成了的东西，并在这个意义上用欲望来界定“评价”，那么就不可能对不同的欲望作出区别，因此也就无法通过相互比较来衡量不同评价的价值。欲望就是欲望，所能说的就只是这些。另外，
205 如果因此而把欲望设想为纯粹私人的东西，那么就无法根据其他对象或事件对欲望作出规定。例如，假如碰巧注意到努力是随着欲望而来的，而且这种努力引起了现存条件的变化，那么，这些考虑就会被当作外在于欲望的东西，也就是说，在这样的条件下，欲望就被当作一种就其本身而言，是原初的、完成了的东西，一种不受可观察的、有前因后果关系的情境制约的东西。

然而，如果我们发现，欲望只产生于特定的背景(contexts)之中，即只有当某种匮乏妨碍了行动意向直接实行的时候，才会有欲望的产生；发现欲望是在这样的背景中，以弥补现存缺憾的方式起作用的，那么，我们就会看到可以要求以可证实命题的形式表述欲望和评价的关系。(i)我们看到，欲望的内容和对象依赖于使欲望产生的特定背景，而这一背景又依赖于人的活动和先前存在的周围环境。以一个人对食物的欲望为例。已经连续吃了5个小时的人或已经连续吃了5天的人，对食物的欲望很难与普通人相同；住在茅屋里的人和住在皇宫里的人的食欲很难相同。游牧部落的人与农耕部落的人对食物的欲望，也很难相同。(ii)我们看到，包含在欲望中最基本的张力是努力(effort)，而不是随欲望而至的东西。因为欲望并非仅仅是个人的，它还是有机体与环境之间的一种行动关系(“饿”这个例子就很明显)。正是这种关系，将真正的欲望与纯粹的想要和幻想区别开来。由此必然得出这样的结论：与欲望相联系的评价，是与欲望存在的条件联系在一起的；在不同的存在环境中，评价是不同的。既然评价的存在依赖于环境，那么，它的恰当性就在于它对环境所产生的需要与要求的适应。既然环境是可观察的，并且评价对环境的适应取决于对努力之结果的观察，那么，一种特定欲望的适当性就可以通过命题来表达。而且，这些命题能够经受经验的检验。因为可以通过经验观察的手段(means)，而探知一种特定的欲望与它发挥作用的条件之间的联系。

“兴趣”(interest)一词，以具有说服力的方式暗示了人的活动和那些在评价
206 理论中必须考虑的条件之间的积极联系。甚至在词源上，“兴趣”一词也显示了人和周围环境彼此紧密联系在一起的某种东西。发生在人和周围环境联系中的

这种东西被称作一种“交互作用”(transaction)。它指的是通过外部环境这一媒介而起作用的活动。例如，当我们考虑一个特殊集团的兴趣时，如考虑银行家的兴趣、工会的兴趣或政府机构的兴趣时，我们所考虑的就不仅仅是这些相关人士的心理状态，还要考虑到他们作为一个压力集团(pressure groups)，有各种各样有组织的渠道，并且正是通过这些渠道来指挥行动，才会获得和创造那些产生特定的结果的可靠条件。单个人的行动也是如此。一旦法庭确认某个人对某事有特别兴趣，它就确定了这个人会有哪些特别的要求，这些要求的满足将对存在的问题或者结果产生什么影响。无论何时，只要一个人对某事有兴趣，他就与这事的进程和最终的结果有了一种利害关系；正是这种利害关系，引导他采取行动去实现某种特别的结果，而不是去实现其他的结果。

从所引证的这些事实中，我们可以得出这样的结论：将评价(或各种“价值”)与欲望、兴趣联系起来的观点，仅仅是一个起点(starting-point)。在对兴趣和欲望的性质作出分析以前，在构建“在欲望和兴趣具体而特殊的发生过程中，确定欲望和兴趣的要素”这一方法之前，将评价(或各种“价值”)与欲望、兴趣联系起来的观点，和有关评价的理论是模糊不清的。在那些将评价与欲望联系起来的理论中，几乎所有的谬误都是由于笼统地使用“欲望”而导致的。例如，当有人说(相当正确地)“价值源于对生命冲动直接的而无法说明的反应，源于我们本性的非理性部分”时，他实际上所表述的是：生命冲动是欲望存在的原因。如果只给“生命冲动”一种经验上可证实的解释(即有机体的生物学倾向)，那么，那个“非理性”因素就是评价的原因。这个事实就证明了评价在某种存在中有其根基，而这种存在与所有自在存在一样，都是合理的存在。如果解释正确的话，这个表述提醒人们：有机体倾向是与其他的存在相联系的存在，因此是可观察的。“非理性的”这一语词，根本没有为“存在”添加什么新的东西。但上面所引用的那个句子，常常被解释为生命冲动就是评价。这种解释，与把评价和欲望及兴趣联系起 207
来的观点，是不相容的。根据逻辑上的相似性，这种解释可以证明“树就是种子”这个判断是正当的，因为树是由种子生长出来的。毫无疑问，生命冲动是欲望和兴趣存在的必要条件。但是，欲望和兴趣包含了以实现目的的措施(包括付出精力)为形式的各种想法(ideas)，以及随同这些想法的预期结果。既然我们用欲望活动或兴趣活动来界定评价，就要拒绝用生命冲动来界定评价。这是因为，将评价视为生命冲动将会导致一种荒谬，即把所有有机体的活动都看作评价行为。

因为根本不存在不包含“生命冲动”的有机体的活动。

接受“价值是一切兴趣的一切对象”这一观点，应该非常谨慎。按照字面来理解，这一观点是把一切兴趣完全置于同一水平。但是，如果从某些情形中兴趣的地位与具体构成之间的关系方面来考察兴趣，那么就可以清晰地看到：一切都依赖兴趣所涉及的对象。而兴趣的对象又反过来依赖于某种关心(care)，正是由于这种关心，才会有审视存在境况的需要；也正是由于这种关心，才会考察所计划的可满足这些需要的那些行动的资格。就兴趣作为评价者(valuators)的功能而言，所谓所有兴趣的立足点都是相同的这一说法，与日常经验中即使最普通的观察，也是相抵触的。可以说，对入室行窃及其结果的兴趣，给予一定的对象以价值。但是，梁上君子对此的评价和警察对此的评价是不同的。对富有成效的工作成果的兴趣所创造的价值，与梁上君子追求其行当的兴趣所创造的价值是不同的。很明显，将小偷所偷的东西拿到法官面前等候处理时，这个东西的价值也是不同的。因为兴趣是在存在的一定背景中产生的，而不是完全凭空产生的，并且由于这些背景属于个人或群体生命活动范围内的境遇(situations)，所以各种兴趣彼此相联，以至于对任何一个兴趣的评价都只能将它视为它所属系列的一个函数。只有在将各种兴趣完全隔离开来的情况下，才能坚持“价值等于一切兴趣的一切对象”的观点。而将各种兴趣看成是完全孤立的观点，与实际观察
208 到的事实如此格格不入，以至于它的存在只能被解释为内省心理学的一个推论。因为在内省心理学看来，欲望和兴趣仅仅是一些“感情”，而不是一些行为方式。

IV. 评价命题①

由于欲望和兴趣是在这个世界里发生并在这个世界里发挥作用的活动，所以它们本身是可以观察的，它们所产生的作用也是可以观察的。依据那些将评价与欲望和兴趣联系起来的理论，我们现在似乎可以看到我们的目标了——探

① 对于本章标题，杜威用的是 proposition of appraisal，而不是 proposition of valuation。在本书中，杜威多次谈到 appraisal 是 valuation 的两种基本含义之一。因此，可以将杜威对 proposition of appraisal 的用法理解为广义和狭义两种，在其狭义上，我们译为“鉴定命题”；而在其广义上，我们译为“评价命题”。我们理解，本章的标题，杜威是在广义上使用 appraisal 的，因此译为“评价命题”。——译者

索评价命题[1]。的确，现在显示出关于评价的命题是可能的。然而，仅仅是在"关于土豆的命题就是土豆命题"这样的意义上，关于评价的命题才是评价命题。评价命题是关于事实的命题。这些所发生的恰好就是评价，这一事实并不会使评价命题处在任何特别的(distinctive)意义上。虽然如此，可以形成这样的事实命题这一事实，仍然是重要的。因为，如果根本不存在关于评价的命题这一事实，那么要假设一种特别意义上的评价命题，就再荒谬不过了。已经表明，个人活动的这一题材并不存在构成建立事实命题的理论障碍，因为人类的行为(behavior)是可观察的。当一些实践障碍妨碍我们建立关于人的行为(如关于其要素的活动关系)的普遍的有效命题(valid general proposition)时，我们可以探究这种行为的条件和结果。根据这种行为的条件和结果作出的关于评价的命题，划定了关于"一种特别意义上的评价命题"这一问题的界限。能够对关于现存评价的命题本身进行鉴定吗？这种鉴定能够成为将来评价的一部分吗？我们已经知道，可以通过观察而确定一个母亲是否珍视她的孩子；在理论上，我们可以对不同类别的"珍视"或"喜欢"的条件和结果进行比较和对照。一旦比较和对照的结果表明某种珍视行为比其他珍视行为更好，那么，评价行为(valuation-acts)本身就得到了评价(evaluated)；而且，这种评价(evaluation)可以对将来直 209
接的珍视活动有所修正。如果满足了这个条件，那么，关于实际发生的评价的命题就成为特别意义上的评价的题材了。也就是说，这种特别的意义，是一种使关于评价的命题既区别于物理学命题、又区别于记载人类实际已做事情的史学命题所具有的意义。

这样，我们就被带到了鉴定的性质或评价的性质这一问题上。如我们所知，鉴定是公认的"评价"的两种含义之一。以一个简单的鉴定命题为例："这一小块地正面宽每英尺值 200 美元。"这一命题在形式上不同于下面这个命题："这块地正面宽度为 200 英尺。"后一个命题陈述了一个已经完成的事实。而前一个命题陈述了一个确定将采取的行动的规则(rule)。前一个命题是指向未来的，而不是指向已经完成或已经做过的事情。如果这个命题的背景是估税官执行公务，那么，这个命题所表达的就是向土地所有者征税的制约条件；如果它是土地所有者对地产商说的，那么，它就是提出一个制约条件，要求地产商在对土地所有者

[1] 此处以下，杜威都是用 valuation-propositions 来表示评价命题。——译者

出售的资产出价时应遵循这个前提。关于未来的行动或情形并不是作为关于将来会发生的事情的预言提出来的，而是作为*应该*发生或*本应该*发生的事情提出来的。因此，可以说，这一命题设置了一个规范(norm)，但是必须在“未来行动的一定形式*应该*遵循的条件”这一意义上理解“规范”。“规则”存在于人类关系的一切模式中，这一点显而易见而毋需争论。“规则”决不仅仅局限于可以用“道德”命名的活动之中。每一种循环往复的活动，如在需要技术的行业和需要专门知识及特殊训练的职业中，都要制订一些规则，这些规则能使人们以最佳的方式来实现所期望的结果(the ends in view)[①]。这样的规则被作为标准或“规范”，以判断所筹划的行为方式的价值。这些评价不同领域行为模式的规则是不可否认的，它们被用于评价不同领域的行动是明智的还是愚蠢的、节约的还是浪费的、有效的还是无效的。问题并不在于这些规则作为一般命题的存在(因为每一种活动规则都是一般性的)，而在于它所表达的仅仅是习惯、习俗和传统，还是能够规定[②]作为手段的东西与作为结果(consequences)的东西之间的关系。手段与结果关系本身的基础，是得到经验确定和证明的、通常被称为因果的存在关系。

210 当涉及工艺、技巧和技术的时候，我们能够确定哪一个选择是正确的。例如，医学技术正接近这样一种情形，即医生为病人规定的大部分规则所涉及的是：对于病人来说，应该做什么会*更好*，其中不仅仅包括药疗方式，而且包括日常饮食方式和生活习惯。医生为病人所规定的这些规则的基础，是得到经验证明的化学原理和物理学原理。当工程师们说，如果要在哈得逊河的某一点上建造一座能够承受一定负荷的桥梁，那么就*需要*某些经过一定技术处理的材料。他们的建议所表达的并不是他们的个人观点，也不是他们的突发奇想，而是以公认的物理学原理为依据的。通常人们相信，像收音机、汽车那样的发明物，自问世以来已经得到很大的改善，并相信手段和结果之间关系的改善，归功于对基本的物理学原则更充分的科学认识。这种论证并不要求相信习惯和风俗的影响已经

---

① “所期望的结果”是杜威关于道德生活和价值理论的一个重要术语。在谈到目的与标准的关系(The relation of ends and standards)时，杜威写道：“意图、目的、所期望的目的，与标准有所区别，但与标准有关；反之亦然。所期望的结果与愿望、欲望(desire)相连；它关注的是未来，因为它是关于满足愿望和欲望的目标的计划。”引自杜威：《道德生活理论》(*Theory of Moral life*)，纽约：1996 年，第 101 页。——译者

② 这里的规定(stating)，还包括陈述、说明之意。——译者

被完全排除。这些例子足以表明,建立得到科学证明的物理学一般法则为基础的鉴定规则或评价规则是可能的;而且,这类规则与那些仅仅表达日常习惯的规则相比,正在不断地增加。

在医学方面,一个庸医也许会援引大量所谓被治愈的例子作为证据,以使他的患者接受他所提议的药物。但是,只要一个小小的检验就能表明,在一些明确的方面,他对治疗步骤的建议与称职的医生是不同的,或者说,他们关于某种医疗步骤"好"或"必要"的判断是不同的。例如,并没有什么分析可以表明一个庸医用来作为证据的病例,事实上与他竭力推荐的药物治愈的病症是一样的。而且,也没有什么分析可以表明,一个庸医所说的(而不是已被证明的)那些已经痊愈的病人,实际上是由于服用了他竭力推荐的那种药而被治愈的,而不是由于某些其他未确知的原因中的任何一个原因所导致痊愈的。一个庸医所声称的每一件事情,都是不加区别和缺乏分析性条件约束的。而且,也缺乏科学程序必须具备的首要条件,即没有充分地公开它的材料和过程。我之所以引用这些人们非常熟悉的事实,唯一的理由就是:它们与称职的医学实践之间的对照显示了一种限度,在这一限度内,称职的医学程序规则得到了已被验证的经验命题的保证。关于活动的过程更好或更糟、更有用或更没用的鉴定,与那些不涉及人的非评价命题(nonvaluative-propositions)一样,都能得到经验的证明。先进的工程技术命 211
题,规定了所要采用的恰当的活动程序。很明显,这些命题是以物理科学和化学科学的一般规则为基础的;它们通常归属于应用科学。不过,那些为了使程序合适而不是不合适、好而不是不好而制订规则的命题,与它们所依据的科学命题在形式上不同。因为它们是人的活动中的规则或活动所遵循的规则,它们是将科学所概括的原则用作实现人们渴望和预期的目的的一种手段。

对这种鉴定的考察表明,鉴定必须借助它们与手段与目的的关系或手段与结果的关系的相互支撑。对任何包含所谓更好或所谓需要的行动规则的鉴定,都必然包含所要达到的目的,因为鉴定就是对事物的适用性和必要性的评价。如果我们用前面所举的例子,那么显然,鉴定地产的目的是为了征税或决定售价;鉴定治疗方法的目的是为了使身体康复;鉴定材料和技术的目的是为了建造桥梁,或制造收音机和汽车等。如果鸟儿筑巢是出于所谓纯粹的"本能",那么,它就不必鉴定材料和程序是否与目的相适应。但是,假如鸟儿把"巢"这个结果当作自己欲望的对象,那么,它要么采取一种最为任意的操作——试错法,要么考虑采用什么材料和通过怎样的步骤才能使欲望的对象成为现实。而对材料和步骤的权衡过程，明显地包含了对作为可选择手段的不同材料和步骤的比较。除了那些纯粹的“本能”和完全的试错法之外，在每一个例子中都包含了对实际材料的观察，和对这些材料就获得特定结果而言所具有的潜力的鉴定。人们总是会在所获得的结果与所预期的结果的比较中，观察所获得的结果。那么观察，就使这种比较有助于理解那些被作为手段的东西的实际的适用性。这样也就为将来更好地判断这些东西的适用性与用途提供了可能。根据这样的观察，某些行为方式被认为是愚蠢的、轻率的或不明智的，而其他行为方式则被认为是明智的、谨慎的或英明的。这一辨别是以已完成的鉴定的有效性为基础的。而这一
212 鉴定的对象，是作为手段者与作为目的者之间的关系，或作为手段者与实际取得的结果之间的关系。

已有反对这种评价观点的典型的意见认为，这种评价观点仅仅适用于作为手段的东西；而真正的评价的命题，是关于作为目的的东西。对于这种观点，一会儿我们将详细地考虑。在这里必须提到的是：对目的的鉴定，就在对作为手段者的权衡这同一个评价之中。例如，人们想到了一个目的，但当他们在权衡实现这一目的的手段时，发现要花费太多的时间和精力才能实现这个目的，或者发现一旦实现这个目的，随之而来会招致一堆麻烦，或将来可能会碰到一些麻烦，就会将这个目的鉴定为“坏的”，从而放弃这个目的。

可以将结论概述如下：(1)有这样一些命题：它们不仅仅是关于已经发生的评价的，即不仅仅是关于过去发生过的珍视、欲望和兴趣的，而且描述和详细说明了在确定的现实关系中一些东西之好坏、恰当和适合与否。此外，这些命题是一些一般原则(*generalizations*)，因为它们形成了正确使用素材的规则。(2)我们所讨论的存在关系，是手段与目的的关系或手段与结果的关系。(3)具有普遍形式的这些命题，可以奠基在经过科学证明的经验命题之上；而且，这些命题本身能够通过观察实际获得的结果，和期望的结果的比较而得到检验。

反对上述看法的意见是：这些见解未能对以下两种东西作出区分：一种是直接而内在地因自身而好、因自身而正当，并且来自自身的好、来自自身的正当的东西；另一种是仅仅对其他东西来说是“好的”的东西。换言之，这种东西之所以好，是因为它们有助于获得那些被认为是因自身而有价值、由于自身而有价值的东西。因自身而有价值、由于自身而有价值的东西，不是因为作为实现其他东西

的手段而得到珍视，而是因为它们自身的原因而受到青睐。据称，关于这两种“好”和“正当”的区别，对于整个评价理论和价值理论来说都是至关重要的，以至于假如不对它们作出区别，我们已提出的那些结论就毫无有效性可言。这种反对意见，明确地将手段与目的范畴的关系问题摆到了我们面前。根据前面谈到的“评价”的双重含义，很明显，“珍视”和“鉴定”的关系问题就产生了。因为在这 213
种反对意见看来，“鉴定”仅适用于作为手段的东西，而“珍视”适用于作为目的的东西，所以，必须承认自身具有极其重要性的评价，和派生的、第二位的评价之间的区别。

假设已经承认了珍视和评价之间的联系，也承认了欲望、兴趣与珍视之间的联系。那么，对于作为手段者的鉴定和作为目的者的珍视二者之间的关系问题，就采取了以下形式：对目的价值产生直接影响的欲望和兴趣（如果有人更喜欢用“喜爱”这个词也行），是不受对作为手段者的鉴定的制约，还是本质上受到对作为手段者鉴定的影响呢？假如一个人经过充分的调查研究之后，发现要付出巨大的努力才能获得作为满足这种欲望所必需的手段的条件（也许还需要牺牲其他目的价值，而通过付出相同的努力就有可能获得其他目的价值），那么，这个事实会不会使他修改原来的欲望呢？根据上面关于欲望与评价联系的那种界定，这个事实会不会使他对原来的评价也作出修改呢？审视深思熟虑（deliberate）的活动中所发生的一切，可以为这个问题提供肯定的回答。何谓“深思熟虑”？除了根据作为实现欲望的条件，即除了根据作为手段而决定结果能否实现的条件，而权衡各种可选择的欲望（包括各种目的价值）之外，还有所谓的“深思熟虑”可言吗？除非控制促成结果实现的那些条件，否则无法控制所期望的结果的实现。作为所期望的结果的对象是可陈述的，或可以明确陈述的。这样的命题，仅仅在已经从作为手段的角度通盘考虑和鉴定了现存条件的情况下，才能被认为是有正当理由的。对这种陈述来说，唯一可能的另一种情况是：一个人无论如何都不进行深思熟虑，也不构建所期望的结果，直接按照恰好出现的冲动行事。

对构建所期望的结果的经验审视，对早期的冲动性偏好通过深思熟虑而被塑造成精选的欲望这一经历的审视揭示了：最后被评价为“要实现的目的”之对象的具体的特质，是通过对作为手段的现存条件的鉴定而确定的。然而，由于长 214
期形成的哲学传统的缘故，将目的和手段这两个范畴完全割裂开来的习惯根深蒂固，因此有必要对此进行进一步的讨论。

1. 一种通常的假定认为，有用的或有帮助的东西与内在好的东西之间存在着明显的区分，并且因此何谓有利的、何谓谨慎的、何谓明智这样一些命题，与什么是本来值得想望的命题之间，也存在着明显的区分。这种假定，无论如何都不能声称是不证自明的真理。像“审慎的”、“有判断力的”和“有利的”这样的词，最后经过全面考察所有条件之后，会轻而易举地融入“明智的”这个词中。这一事实表明(当然，不是证明)，脱离对作为手段者的考虑而设计目的，已愚蠢到荒谬的程度。

2. 常识把某些欲望和兴趣看作目光短浅的、“盲目的”，而把另一些欲望和兴趣看作有见识的、有远见的。常识从来没有主张就目的价值而言，一切欲望和兴趣的地位都是相同的，也从来没有将所有的欲望和兴趣混为一谈。每种欲望和兴趣各自的短视和远见都被作了准确的区分。区分的根据就是：特定欲望的对象本身，是否反过来被当作手段，这一手段是实现下一步结果的条件。常识并不赞成“直接的”欲望和“直接的”评价，它认为，拒绝中介恰好就是短视判断的本质。这是因为，认为目的纯粹是直接的、唯一终极的东西，就等于拒绝考虑在特定的目的实现之后将会发生什么，以及因为这一目的的实现而会发生什么。

3. “固有的”(inherent)、“内在的”(intrinsic)和“直接的”(immediate)这些词在使用中如此含糊不清，以至于导致错误的结论。一些实际上属于任何一个对象或任何一个事件的任何一种性质或特性，统统都被称为“直接的”、“内在的”和“固有的”。它的错误就在于，把这些词所指称的东西解释为与其他东西没有联系的、因而是绝对的东西。例如，按照定义，所谓手段是表示关系的，是通过中介得到的和起中介作用的，是媒介性的。因为它是实际存在的情形，与通过它而使之成为现实的情形之间的媒介。但是，被用作手段的东西的这种表示关系的特征，并没有妨碍它们具有直接的性质。如果我们所讨论的东西受到珍视和喜爱，那么，根据把价值特性与珍视联系起来的理论，这些东西就必定具有一种直接价
215 值的性质。评价手段和工具(instruments)所得到的结论是：它们的价值性质只是工具性的。这种看法与一个糟糕的双关语没什么两样。就珍视或想望的性质而言，没有什么会妨碍它们被用于指称作为手段者；就手段的性质而言，也没有什么会妨碍它们被想望和被珍视。在经验事实中，一个人对某个特定目的的价值衡量，并不在于他说这个目的如何珍贵，而在于他多么在意地去获得和使用那些对于实现这个目的而言必不可少的手段。根本没有显著的成功事例可以证

明，一个人对实现目的的手段和中介毫不在乎，但却实现了目的。除非意外。所实现的目的，依赖于所采用的手段。实际上，这与上面的陈述是同义反复。对所需的手段的忽视和冷漠，证实了欲望和兴趣的匮乏。因为如果没有全身心地投入，就不可能实现公开声称被珍视的目的。因此，只要关于欲望和兴趣的看法被逐渐地展开，我们所讨论的欲望和兴趣的问题，就会自动地将它们自己与被看作达到目的之必需的手段的那些东西联系在一起。

对“直接的”一词的思考，也适用于“内在的”和“固有的”这两个词。一种性质，包括价值性质在内，如果它实际上是属于某物的，那么，它就是固有的。至于这种性质是否属于此物，这是一个事实问题，而不是可以由玩弄“固有”这个概念所决定的问题。假如一个人对获得某些东西作为手段有着炽烈的欲望，那么，这些东西就因此而具有了价值性质，或者说，价值性质是这些东西所固有的。所期望的结果，这会儿就是去创造和获得这些手段。有一种观点认为，只有那些与其他任何东西都没有关系的东西，才能被冠以“固有的”之名。这种观点不仅本身是荒谬的，而且与将对象的价值与欲望、兴趣联系起来的理论相矛盾。因为把对象的价值与欲望、兴趣联系起来这种理论，明显是与目的-对象（end-object）的价值相关。因此，根据这种见解，假如用“不相关”（nonrelational）来界定“固有的”，那么就根本不会有固有的价值。从另一方面来说，如果在这一情况中，存在固有性质是一个事实，因为是一种关系制约着这种性质之所属，那么就不能拿手段的关系性特点（relational character）来证明手段的价值不是固有的。同样的思考也 216
适用于“内在的”或“外在的”（extrinsic）这样一些被用于指称价值性质（value-qualities）的范畴。严格地说，“外在价值”（extrinsic value）是一个自相矛盾的说法。表示关系的性质并不会因为它们的出现是由于某些“外在”东西引起的，就失掉使它们是其所是的内在性质。因为像“红”、“甜”、“硬”等诸如此类的内在性质，其形成都是由某种原因引起、受到某种原因决定的，根本不存在与外物无关的内在性质。因此，关于内在性质的理论从逻辑上说，早就应该终结了。但是，问题就出在对概念的玩弄，已经代替了对实际经验事实的考察。认为“内在的”就是与其他东西没有任何联系的，这种观点的极端例子可以在拥有下述观点的那些作者那里看到。那些作者认为，既然价值是内在的，那么，它们就不能依赖任何关系，当然也不能依赖与人的关系。这一学派还完全以同样的观点为基础，抨击那些将价值性质与欲望和兴趣联系起来的人，抨击那些将手段价值和目的价值的区别混同于手段价值和内在价值的区别的人。因此，可以认为，这种极端的非自然主义(nonnaturalistic)学派的观点，暴露了当人们用对“内在性”(intrinsicalness)这个抽象概念的分析取代对经验事件的分析时，到底会产生什么结果。

对作为目的之对象的评价，与欲望和兴趣的联系越是明显，那么，对作为与其他手段相联系的欲望和兴趣的评价，是有效地鉴定作为目的之对象的唯一条件这一点也将越加显著。因为欲望和兴趣如果离开与周围条件的相互作用，就不起作用了。如果人们早就知道，科学知识的对象*无论如何*都是一种已探知的诸多变化的相关关系，那么，人们就会看到(而不是否认)，任何*被当作目的*的东西在其自身内容和构成的成分方面，都是一种能量的相互作用，是作为手段的人的能量与非人的能量的相互作用。和其他任何科学分析的结果一样，“目的”作为一个*实际的*、存在着的结果，仅是使之发生的各种条件的相互作用。因此必然得出这样的结论：关于欲望和兴趣之对象的*想法*，即“*所期望的结果*”不同于事实上已经实现的目的或已经获得结果，它是根据起作用的各种条件而构建的，因而是有正当理由的。

217 4. 现在流行的那些评价理论，即把评价与欲望和兴趣联系在一起的那些理论，其主要缺陷在于：没有根据具体欲望和兴趣的实际存在状况，而对欲望和兴趣进行经验的分析。如果进行这样的分析，那么，马上就会有一些相应的思考呈现在它们自己面前。

(i) 欲望易受挫折，兴趣常遭失败。不能实现“想要达到的目的”的可能性，与在多大程度上未能在认识障碍(负价值的东西)或是以资源方式存在的先决条件的基础上形成欲望与兴趣成正比。合理的欲望和兴趣与不合理的欲望和兴趣之间的区别，恰好就是下面两种欲望和兴趣的区别。一种欲望和兴趣是偶然产生的，不是在考虑了那些实际上将对结果产生制约作用的条件之后重新建立起来的；而另一种欲望和兴趣是根据现存不利条件和潜在资源而形成的。欲望产生之初，是由于纯粹的有机体倾向和已养成的习惯使然，这是不可否认的事实。但是使欲望变得成熟的所有发展，都*不会*立刻就对有机体的倾向和已养成的习惯俯首称臣，而是考虑*如果*按照这些倾向和习惯行动将会产生什么后果，通过这种思考而改变欲望原初的表现形态。这一过程等于把欲望作为一种手段而对欲望进行判断和评价。作为手段的这种欲望，在与同样作为手段的、人之外的各种条件的联系中发挥作用。将评价与欲望和兴趣联系在一起的评价理论，不能既想得鱼又想得熊掌。它们不能总是在下面两种观点之间摇摆不定:一种观点把欲望和兴趣等同于偶然产生的冲动,即当作有机体机能的产物;而另一种观点将欲望看作人们通过对行动结果的深谋远虑而对原始冲动作出的修正,并认为,只有这种被修正了的冲动,才是欲望。对“所期望的结果”之想望,和对作为已预见其结果的对象之想望的存在,将欲望与冲动完全区别开来。预见是根据对未来在事实上将对结果产生制约作用的条件的考察而建立的,因此是可靠的。如果硬要灌输这种看上去有些强人所难的观点的话,那只是因为,这件事举足轻重。因为它不是别的,它就是具有特别意义上的评价命题是否可能的问题。因为不能否认在对作为手段者的评价中,有证据证明的、根据实验检验的命题是可能的。因此,这必然得出:如果这些命题参与了评价目的的欲望和兴趣的形成,那么,欲望和兴趣就名副其实地成为以经验为根据的、可以对此作出肯定或否定的 218
题材了。

(ii) 我们通常说“从经验中学习”,或称某个个体或群体“成熟”。这些说法意味什么呢?起码意味着,我们想表达,在个体发展和人类种族发展的过程中,发生了一种变化,即原始的、较为鲁莽的、冲动的和不容变通的习惯,变成了包含批判性研究在内的欲望和兴趣。在考察这一过程时,我们发现,这种变化主要是以对一种差别的小心观察为基础而发生的。这种差别就是:所想望的、所计划的目的,即*所期望的结果*,与所达到的目的或实际后果之间的差别。所想望的和所期望的与实际上所获得的目的之间的一致,肯定了对作为想要达到的目的之手段的条件的选择是正确的;而它们之间的差异,即人们体验到的挫折与失败,促使人们进行探究,以发现失败的原因。对形成冲动与习惯之条件,和对冲动与习惯得以发挥作用之条件越来越仔细的考察,就构成了这一探究的要旨。探究的结果,是一些欲望和兴趣的形成。这些欲望和兴趣,是通过以情感为动力的行动的条件与理智或观念的结合而形成的。只要有所期望的结果,就有理智和观念,无论其形成是多么偶然。同时,正是在根据实现条件而确立目的这一点上,所期望的结果才是恰当的。因为无论在哪里,只要有*所期望的结果*,就有以情感和观念为动力的行动;或者根据评价的双重含义,只要有*所期望的结果*,就有珍视和鉴定的结合。对所获得的结果和*实际的*后果与所预期的目的或所期望的结果之间是否一致的观察,为检验和完善欲望与兴趣,从而检验和完善评价提供了条件。想象不出还有什么会比下面这种观点更为与常识相悖的了。根据这种观点，我们不可能通过对按照欲望和兴趣而行动所导致的后果的了解，或者像有时候所做的那样，通过对放任欲望和兴趣所导致的后果的了解，改变我们的欲望和兴趣。我们倒也没有必要明显地去针对那些被宠坏的孩子和不能“面对现实”的成年人。然而，就评价和价值理论而言，只要一种理论把对目的的评价与对手段的鉴定割裂开来，那么，它就是将被宠坏的孩子和不负责任的成年人当成了成熟和明智（sane[1]）的人。

219 (iii) 每一个有能力从经验中学习的人，只要他参与构建和选择各种相互竞争的欲望和兴趣，就能将“所想望的”（desired）和“值得想望的”（desirable）区分开来。在这一说法中，既没有牵强附会，也没有任何“说教”。所涉及的差别只存在于下面两种对象之间，一种是由冲动和习惯所引起的最初欲望的对象；另一种是在批判性判断了将对实际结果产生决定作用的条件之后，而作为最初冲动的“修正版”的欲望的对象。“值得想望的”东西，或被评价为“应该想望的”东西，既不是来自先验的高贵（blue），也不是来自摩西十诫的命令。它之所以出现，仅仅是因为过去的经验表明，受未经批判的欲望而支配的鲁莽行动不仅会导致失败，而且可能导致灾祸。使“被想望的”有别于“值得想望的”，并不在于它显示了某种具有普遍性的或先验性的东西，而在于它显示了未经审视的冲动的作用和结果，与探究条件和后果之后而形成的欲望和兴趣的作用和结果之间的差异。社会条件和社会压力是影响欲望实现的那些条件中的一个重要部分。因此，在根据有效手段来确立目的时，我们必须把社会条件和社会压力考虑在内。但是，在由某种原因引起的欲望之对象意义上的“是”，与在实际条件的联系中构建欲望这一意义上的“应该”之间的差别，就是人们成熟前后的差别。即当人们逐渐成熟以后，就不会像小孩儿那样，放纵自己的每一个冲动了。

如我们所知，欲望和兴趣本身就是对结果而言具有原因作用的条件。就是以这种身份，欲望和兴趣是潜在的手段，而且必须像鉴定手段一样，对欲望和兴趣进行鉴定。这无非是重复我们已经得出的结论而已。但是，这样做是值得的，因为它令人信服地表明，一些评价理论的观点与实践中常识的态度和信念是那么的格格不入。不知有多少谚语实际上已经阐明：决不能在欲望和兴趣一出现

---

① sane，包含“神志正常的，头脑清楚的；合乎情理的，明智的；健全的，无疾病的；稳健的”诸种意思。——译者

的时候，就把它们当作最终的、不可改变的东西；相反，必须把它们当作手段。也就是说，必须根据它们在实践中可能产生的结果来对它们作出鉴定，进而构建对象，构建所期望的结果。“三思而后行”、“鲁莽行事，空余悔恨”、“亡羊补牢，犹未晚矣”、“稍安勿躁”、“凡事预则立，不预则废”，等等，这不过是众多格言中的点滴 220
而已。用一句老话来概括，就是“要考虑后果”。“要考虑后果”标示了一种区别，即仅有一个能满足任何欲望的“所期望的结果”，不同于通过寻找、考察而确定一种结果；这种结果一旦产生，就会得到珍视和被认为是有价值的。只有那种有先入之见的理论，即受到未经批判而接受的“主观主义”心理学严重影响的理论，才会对由于评价而揭示的“喜欢”和“珍视”、欲望和兴趣在内容上具体的差别视而不见。这种评价是以“喜欢”和“珍视”、欲望和兴趣被当作手段时，它们各自所具有的引起某种结果的能力为根据的。

V. 目的和价值

那些将价值与欲望和兴趣联系起来但却严重地割裂了珍视与鉴定、目的与手段关系的理论，其问题就在于，它们缺乏对欲望和兴趣得以产生和发挥作用的那些实际条件的经验性探究。而正是在这些实际条件下，目的-对象和所期望的结果才获得它们的实际内容。对此，我们已经不止一次地谈及。现在，我们将对此进行分析。

如果我们不只是玩弄“欲望”的一般概念，而是探究欲望及欲望对象的实际出现，探究被认为属于欲望对象的价值性质的实际出现，那么再明显不过的是：欲望只在现存境况有“问题”、有“麻烦”的时候才会出现。分析表明，所谓“有问题”来自下面这个事实，即凡是“有问题”的地方，都缺少某些东西和需要某些东西。在实际存在的多种因素中，这种匮乏就造成了冲突。如果事情进展得非常顺利，就不会出现欲望，也没有必要设计所期望的结果了。这是因为，“进展顺利”意味着此处不需要努力和斗争，让事情“顺其自然”足矣。在“进展顺利”的情况下，没有理由去探究将来发生什么会更好，也没有必要去规划什么目的-对象。

在这种情形中，生命的冲动和已养成的习惯，通常是在没有所期望的结果或 221
意图介入的情况下运作的。如果一个人发觉自己的脚被踩着了，会马上推开踩着他的脚的人，以摆脱这种不愉快的状况。他不会停下来构建一个明确的欲望和提出一个要达到的目的。一个由习惯使然开始行走的人，会一直地走，而不会不断地停下脚步，问自己“我迈下一步要达到什么目的”。在很多人类活动中，这些初浅的例子具有典型性。行为经常是直截了当的，根本不受什么欲望和目的的干预，也没有什么评价发生于其中。只有那些具有偏见的理论的要求，才会导致这样的结论，即认为饥饿的动物寻找食物，是因为它形成了一个关于“想要实现的目的-对象”的观念，或者说，因为它根据欲望而对这个对象作了评价。有机体的紧张状态足以使饥饿的动物继续寻觅，直到它找到能减轻这种有机体紧张状态的东西为止。但是，如果在生命冲动或习惯性倾向的产生与行动的实施之间，介入了*欲望和所期望的结果*，那么，这种冲动或倾向就将得到一定程度的修正和改变。用一种纯粹同义反复的说法就是：与所期望的结果相联的欲望的产生，*就是*先前冲动或常规习惯的改变。只有在这种情况下，才会发生评价。如我们所知，这个事实要比那种乍看起来似乎将评价与欲望和兴趣联系在一起的理论[①]重要多了。因为这个事实证明了：评价只发生在有问题的地方，发生在需要去除某种麻烦的地方，发生在需要改变困窘、匮乏、贫困的地方，发生在需要依靠改变现存条件来解决各种倾向相互冲突的地方。反过来，这一事实也证明了，只要有评价存在，就有理智因素，即研究因素在场。之所以构建和设计所期望的结果，就是因为如果按照这个结果行动，就会满足现存的需要或者改变现存的匮乏，从而解决现存的冲突。由此必然得出这样的结论，即不同的欲望和与此相关的所期望的结果之间的差异取决于以下两点：一是对现存境况中匮乏和冲突的
222 探究是充分的；二是对某种可能性的探究是充分的。这种可能性是指：如果按照被确立的特定的所期望的结果行动的话，那么就会满足现存的需要，满足那些由匮乏所构成的各种要求；就会通过指导活动而消除冲突，以开创一种统一的局面。

这种情形在经验上和逻辑论证上都如此简单，除非是受到那些不切题的理论偏见的影响，不然很难理解：为什么在讨论中，它会变得如此混乱。这些理论偏见部分来自内省(introspectionist)心理学，部分来自形而上学。在经验上有两种可能性，即行动发生时产生了有所期望的结果，或者无所期望的结果。在后一种情况下，有一种明显的行为是不以评价为中介的；它是一种生命的冲动或固有的习惯对某种直接的感官刺激作出的直接反应。在前一种情况下，产生了有所

---

① 参见第四章，倒数第六段。

期望的结果，而且这一目的经过了评价，或者这一目的的存在与某种欲望或兴趣相联系，那么，其中的动力和行动就受到了对行动后果的预见的调节。对后果的这种预见作为预知的结果，参与了欲望或兴趣的形成。这不过是同义反复而已。这样一来，就像我们反复说过的那样，只有根据使之成为现实的那些条件，才能将某事或某物预料或预见为目的或结果。除非考虑使这一目的或结果成为现实的手段，哪怕只考虑一点儿，否则根本不可能拥有所期望的结果，也根本不可能预料任何行动计划的后果。另外，也不可能有真正的欲望，有的只是毫无价值的幻想、毫无用处的愿望。而生命的冲动和已养成的习惯就只能消耗在做白日梦和构筑空中楼阁之中。但是根据描述，梦幻和空中楼阁的内容并不是所期望的结果。它们之所以沦为幻想，恰好是因为：它们的形成并没有以作为实现它们手段的那些实际条件为根据。将某种事情(包括行动和素材)作为手段而对此作出鉴定的命题，必须进入决定“目的价值”的欲望和兴趣。因而，探究欲望和兴趣的重要性就导致了对作为手段之物的鉴定。

这一点已经非常清楚，用不着再直接就此而讨论了；相反，考虑一下下面这种信念是如何形成的，倒更有裨益。根据这种信念，存在这样一些作为目的的东西，撇开对实现它们之手段的评价，这些东西还是有价值的。

1. 心灵主义(mentalistic)心理学把以情感为动力的行动归结为纯粹的感
情。这种心理学也影响了对所期望的结果、意图(*purposes*)和目标(*aim*)的解 223
释。所期望的结果、意图和目标并没有被当作与关于未来事件的论断相同的，当作关于结果的预料来看待。无论如何，它们的内容和有效性都没有被看成是由关于结果的预料这样的论断而决定的。相反，它们仅仅被看成是一种精神状态；因为当这样理解时，只有这样理解时，目的、需要和满足才会以曲解整个评价理论的方式受到影响。作为一种精神状态，一种目的、目标或意图，是不依赖于使其实现的生物手段和物理手段的。任何有欲望存在的地方，就有需要、匮乏或贫困。因此，需要、匮乏或贫困就被解释为一种纯粹的“精神”状态，而不是某种境况中缺乏或缺少的东西，即不是将它们理解为了完善它们所在的经验境况中应该补充的东西。在后一种意义上，如果要实现所期望的结果，那么，所需要的或必需的东西就是那种在存在意义上所必须的东西。在这种情况中，究竟需要什么，不能由对精神状态的考察来断定，而只能根据对实际条件的考察来判定。至于对“满足”的解释，是将“满足”当作一种精神状态，还是将其当作对条件的满足，这两者之间存在明显的差异。如果将“满足”当作对条件的满足，也就是将它当作满足一定条件的某种东西，那么，连带的可能性与因匮乏使欲望产生和发挥作用的环境就会对这些条件产生影响。匮乏是引起欲望产生之环境的特征。欲望的满足就意味着匮乏已经得到了满足，而且是以这样的方式被满足的：根据字面的意思，就是所使用的手段使实现目的所需要的条件充足了。由于对目的、需要和满足的主观主义的解释，一种词语上正确的陈述——“评价就是人的态度和人之外的事物之间的*关系*，这种关系包含了动力因素(motor)，进而包含了身体因素”——就被解释成一种包含手段和目的的分离，以及鉴定和珍视的分离的陈述。于是，一种“价值”被断定为一种“感情”、“感觉”。这种感情、“感觉”，很明显不是对他物的，而是对价值自身的。如果有人说“*感到了*某种‘价值’”，那么，这一表述就会被解释为：它表示一个人的动力态度(motor attitude)和人之外的周围条件之间的确定的现实关系，是直接经验的内容。

2. 作为*欲望-兴趣*(*desire-interest*)的评价和作为*享受*(*enjoyment*)的评价，
224 其基础的转换(shift)进一步导致了理论上的混乱。之所以容易发生这样的转换，是因为实际上既存在由那些*不用*想望和努力，就可以直接得到的东西所带来的享受；也存在由那些只是*因为*有了为获取那些可以满足欲望的条件而采取的行动，才获得了所得到的东西带来的享受。在后一种情况下，享受与欲望或兴趣处于一种函数关系中，而且在这种情况下，没有违背以欲望、兴趣的方式界定评价。但是，由于使用了同一个*词*“享受”，而“享受”一词也被用于表达一种与在先的欲望和随后而来的努力彻底无关的满足，评价的基础就转换了。“评价”就被等同于享受的任何状态，而不管这种满足是如何产生的，即使这种满足是以最为不经意、最为偶然的方式得到的，也无所谓。“偶然”在这里是指远离欲望和兴趣。例如，当获悉得到了陌生亲戚留下的遗产时所感到的喜悦，就是一种偶然的满足。这里有*享受*的存在。但如果是以欲望和兴趣来定义评价的话，那么，这里就没有评价，也没有“价值”。“价值”只有在出现该用这笔钱做什么这样的欲望，出现该如何构建所期望的结果这样的问题时才会形成(coming into being)。因此，这两种享受不仅不同，而且对评价理论的影响是彼此矛盾的，因为其中一种享受是与直接拥有连在一起的，而另一种享受却是以先在的匮乏为条件的，而先在的匮乏恰好有欲望参与其中。

为了强调起见，让我们用一个稍作变动的例子来重申这一观点。让我们想

一下这样一个例子:一个人因为意外地得到了一笔钱而喜悦,这笔钱是他走在路
上时捡到的。在捡钱那一刻,他的行动与他的意图和欲望丝毫无关。如果价值
与欲望的联系涉及对价值的界定,那么,到现在为止,这个行动中还不包含评价。
当捡钱者开始考虑该怎样珍视和照管那些钱的时候,评价就开始了。例如,他把
这钱当作一种手段,用它去满足一些他以前一直不能得到满足的需要;或者,他
把这笔钱当作被托管的东西而保存好,直至找到失主为止。根据定义,无论在这
两者中的哪一种情形,都有评价活动的存在。但明显的是,在这两种情形中,价
值性质被赋予了截然不同的对象。当然,这笔钱的使用和它将满足的所期望的
结果,都相当合乎标准。因此所引用的这个例子选得不是特别好。让我们以一
个小孩发现了一块发亮而光滑的石头为例。小孩对石头的外观和手感都很满 225
意。但是,在这儿并没有评价,因为这里没有欲望,也没有所期望的结果。直到
他提出“应该拿这块石头来干什么”这样的问题,直到这个小孩珍爱(treasures)
他偶然发现的这块石头时,才有了评价。在他开始珍爱并喜欢这块石头的一瞬
间,他开始“用”这块石头,开始把这块石头当作达到某种目的的手段。至于他是
否在目的和手段的这种关系中对这块石头进行判断(estimates)或评价(values),
或是否将这块石头判断或评价为达到目的的手段,那就取决于他的成熟程度了。

与欲望和兴趣联系在一起的评价,被转换为与任何欲望和兴趣毫无关系的“享受”,就产生了理论的混乱。获得欲望和兴趣的对象(获得评价的对象),本身就是令人喜悦的,这一事实很容易导致那种理论混乱。这种混乱的症结,就在于将享受与享受得以产生的条件相分离。然而,作为欲望得以满足,兴趣得以实现之结果的享受,之所以是享受,就是因为在作为所期望的结果的观念指导下,经过努力满足了某种需要,改变了某种匮乏,获得了令人满意的条件。在这一意义上,“享受”包含了与拥有(possession)之匮乏的内在关联;但是,在另一意义上,“享受”是对纯粹拥有的享受。拥有之匮乏和拥有是矛盾的,这当然是同义反复了。而且,一种通常的经验是:人们一旦获得了所想望的对象,就不再喜爱[①]它了。这个道理非常普通,对此有一些众所周知的说法,像“乐在寻觅而不在得到”。不需要逐字逐句地领会这些说法,就能意识到我们所讨论的事情,证实了与欲望相联系的价值和纯粹享受的价值之间是存在差异的。最后,

① 此处仍然用的是“enjoy”一词。——译者

作为日常经验问题，享受提供了评价难题的原始材料。人们可以完全不受“道德”问题的约束，而不断问自己：当需要付出很高代价才能获得这种享受的时候，这种享受是否还值得？是不是无论需要付出多高的代价，这种享受都是值得的？

当用生命冲动来界定“价值”时（所提供的根据是，在价值“起源于”生命冲动这一意义上，生命冲动是价值存在的条件），就会导致前面所提到的那种理论混乱。在上述引文的原文中，在其语境的紧密联系中，出现了以下命题：“像任何其
226 他的理想一样，关于合理性的理想本身是任意的，它的任意性与它对限定组织的需要的依赖相吻合。”这段话隐含了两种非常奇怪的观念，一个观念是：如果一个理想是由实际存在的因果决定的，而且与人的实际需要有关，那么，它就是任意的。这种观念非常奇怪，因为人们会自然而然地认为，一种理想的任意性程度取决于它与存在的事物没有联系，与具体存在着的需求毫不相关。另一个骇人听闻的观念是：关于合理性（rationality）的理想是“任意的”，因为它如此受到条件的制约。也许有人会推想，根据合理性的理想的作用及其他所做的，而不是根据它的来源判断它是否合理（相对于任意而言），这是特别正确的。如果合理性作为一种理想，或者作为一种广义的所期望的结果用于指导行动，那么，人们在由它指导的行动的结果中经验到的东西实际上会更加合理，对它的要求仅此而已。所蕴含的这两种观念是如此奇怪，以至于人们只有在某些未明说的偏见的基础上，才能理解它们。就所能断定的而言，这些偏见是：(i)理想不*应该*依赖于存在，也就是说，理想*应该*是先验的。关于理想起源于生命冲动的证明，实际上是对这种先验观点的有效批评。它规定了一个范围，即除非接受这种先验观点，否则就不能将理想称为任意的。(ii)另一种偏见看起来接受了这样的观点：有或者应该有“自在目的”（ends-in-themselves）；也就是说，目的或理想不能同时又是手段。但是就像我们已经看到的那样，如果根据理想的功能来判断和评价理想的话，那么，理想恰好就是手段。如果你认为，由于广义的所期望的结果或理想源于存在、源于经验，所以是任意的，那么，你得出这一结论的唯一方式就是首先将“目的不能同时又是手段”确定为最终的判断标准。我们所引用的这整个段落以及由这一段落典型而有力地代表的观点，使人想到一种信念的残余，这种信念就是：“自在目的”是唯一正当的且终极正当的目的。

VI. 目的与手段的连续性

查尔斯·兰姆(Charles Lamb)[①]写过一篇关于烤猪肉来历的短文。读过这篇短文并喜欢它的人,或许没有意识到,他们对这个故事荒谬性的欣赏,归因于 227
他们对一种具有荒谬性的目的的理解。这种具有荒谬性的目的,是在脱离实现目的的手段、脱离目的本身下一步作为手段的功能这一情况下构建的。要说兰姆写这个故事,就是为了要将造成目的与手段分离的那些理论滑稽化,这不太可能。但是,尽管如此,目的之荒谬性的确是兰姆这个故事的要点。这个令人难忘的故事说的是:人们第一次尝到烤猪肉的美味,是一间有猪在里面的房子意外地被大火烧毁了的时候。当房子的主人们在废墟中搜索时,他们的手碰到了那些被火烤过的猪,而且被烤过的猪烫伤了他们的手指。于是,他们一冲动就把手指放到嘴里去吮,想由此而减轻疼痛。可就在这时,他们尝到了一种从来没有品尝过的味道。由于喜欢这种烤猪肉的味道,他们就开始盖房子,把猪关在这些房子里,然后烧掉这些房子。到此为止,如果"所期望的结果"是完全脱离手段的,并且它所具有的价值与对手段的评价是无关的,那么,这一过程就无所谓荒谬,也没什么可笑了。因为所达到的目的,即事实上的结局,就是享受烤猪肉,而这一过程的结果恰好就是想要达到的目的。只有根据所采用的手段来评估所获得的目的时,即在将所采用的这种手段与其他能够实现其所想望、所期望的结果的有效手段进行比较,而对盖房子和烧房子这一手段作出评估时,才会认为,这种盖房子和烧房子而获得烤猪肉之美味的方法是荒谬的,或者是不明智的。

这个故事还有一点是直接针对"内在"(intrinsic)之含义的。享受烤猪肉的味道,可以说是直接的。尽管如此,当想到需要付出一些没有必要的代价,才能得到这种美味,对那些还记得那件事情的人来说,这种享受是有点儿麻烦的。但是,由直接的享受就跳到所谓具有"内在价值"的东西,这种跳跃是缺乏根据的。享受作为已经达到目的之对象的价值,即这种享受的价值是某种东西的价值。而这种东西作为一种目的、一种结果,是与达到这种结果的手段联系在一起的。因此,如果这一对象是被当作目的或"最终的"价值而受到珍视的,那么,它就是

① 查尔斯·兰姆,1775—1834,英国散文家及批评家。——译者

在这种目的与手段的关系中得到评价的，或者说，是被作为一种中介关系而得到评价的。烤猪肉在首次被享用时，并不具有目的价值，因为根据描述，它并不是欲望、预期和意向的结果。但在后来的情形中，它是精打细算（foresight）、欲望和努力的结果，因而它处于所期望的结果这个位置。有些时候，先前的努力会增
228 强对所获之物的享受[①]。但也有很多时候，人们在得到了作为目的的东西之后，却发现自己付出了太多的努力，并牺牲了太多其他的目的。在这种情况下，对享受所达到的目的这件事情的评价，就不是根据目的的直接性，而是根据达到这一目的所要付出的代价。"代价"这一事实对于享受被当作"自在目的"来说，是具有毁灭性的。无论如何，"自在目的"是一个自相矛盾的术语。

这个故事使"目的证明手段是正当的"这一格言通常所指的意思清晰地显示出来，也使拒绝这一格言的理由更加显而易见。将这个格言用于烤猪肉这个例子，它的意思就是：所获目的的价值证明了，为实现这一目的所用的手段是正当的，即吃到烤猪肉，就证明了烧毁盖得好好的房子和牺牲为盖房子所付出的代价是正当的。"目的证明手段是正当的"这句格言中所包含的观念，与"自在目的"概念中所包含的观念基本相同；从历史的角度来看，它就是从"自在目的"概念中衍生而来的，因为只有主张"某些东西是以自身为目的"，才能相信目的与手段的关系是单向度的，才能相信从目的到手段是唯一的路径。如果将这一格言与通过经验而发现的事实相比较，就会看到，采取以下这两种看法别无二致，它们都是与经验事实相矛盾的。其中一种看法认为，只有那个被特别选出来的所期望的"目的"，才能被采用的手段真正地实现。某种东西不可思议地介入，阻止了所采用的手段发挥它们通常具有的其他的作用；另一种看法（它更为可能）认为，与所选择的而且是唯一被珍视的目的所具有的重要性相比，其他的后果都可以完全忽略不计，置之不理，无论这些后果实质上多么令人讨厌。从已获得的各种后果中任意地选出一部分作为这一目的，并因此而将这一目的作为证明所采用手段正当性的根据（无论这个手段所带来的其他的后果多么令人讨厌），之所以会这样，原因就在于，认为这一目的之作为目的，是以自身为目的的，因此具有与所有现存关系都无关的"价值"。有一种观点假定：能够脱离对作为实现目的之手

① 此处仍然用的是"enjoy"，按照中文习惯，最好译为"喜爱"，但考虑到上下文的一致，勉强仍译为"享受"。——译者

段的那些东西的鉴定，而对目的作出评价。这种观念蕴含在下面的各种见解中。一种见解认为，这一目的是从实际结果中任意选出来的，作为目的，这种实际结果的一部分就证明手段的使用是正当的，而无需考虑这一手段所产生的其他后果。对这种见解，唯一的选择就是将欲望、所期望的结果和已经取得的结果反过 229
来，当作实现下一结果的手段，从而对它们作出评价。在实际结果的意义上，目的为手段的使用是否正确提供了证明。这种见解，不过是“目的证明手段（是正当的）”这句格言的一个幌子。实际上，它说的是：某个实际结果的片断、一个由于一心想得到而被任意选出来的片断，证明使用获得它的手段是正当的，没有必要再对作为使用这一手段所产生的结果的其他目的进行预测和权衡。这样，它就以惊人的方式暴露了包含在这一立场中的一个谬误，即目的具有价值，与对与其相关的手段的鉴定无关，也与它下一步作为原因所具有的作用无关。

于是，我们又回到了前面已经阐明的要点。现在人们承认，在所有的自然科学中（在此，“自然”是作为“非人类”的同义词而使用的），一切“结果”都是“原因”；或者，更加准确地说，所发生的一切都处于川流不息的事件发展过程中，在这个意义上，没有什么是*最终的*。如果将这个原则及其所随附的对“只要一个对象是目的，它就不是手段”这一信念的怀疑，用于处理具有特殊性的人类现象，就必然得出这样的结论：目的和手段之间的区别只是暂时的、相对的。*就此而论*，为了作为手段而需要实现的每一个条件，都是欲望和所期望的结果的对象；在实际中已经达到的目的，相对下一步的目的而言，都是手段，同时是对先前已作评价的检验。因为已经达到的目的是下一步存在意义上将要发生的事情的条件，所以必须将它当作一种可能的障碍和可能的资源而进行鉴定。如果放弃那种认为某些对象是自在目的的观点，那么，不仅在言词上，而且在所有实践的含义上，人类都将有史以来第一次站在这样的立场上：以具有经验基础的、关于事件之间暂时性关系的主张为基础而构建所期望的结果。

每个特定的时期，社会群体中的成年人都会拥有一些确信无疑的目的，习俗使这些目的如此符合标准，以至于人们未经审察就对这些目的信以为真。于是，所提出的唯一的问题就是：实现这些目的的最佳手段是什么？对这个群体来说，赚钱是目的；对那个群体而言，掌握政治权力是目的；而在另一个群体的眼里，科学知识的进步才是目的；但有的群体则会认为，军事威力才是目的，诸如此类，不

230 一而足。但无论在哪种情况下，这样的目的：(i)或多或少是一些留有空白的框架。在这些留有空白的框架中，名义上的“目的”规定了所限定的目的应与之相符合的限度，所限定的目的是由对作为手段者的鉴定而决定的；同时，(ii)它们仅仅是表达了一些没有经过对手段和目的关系进行批判性审察就建立的习惯，在这个意义上，它们没有为评价理论提供一种可遵循的样式。如果一个人经历过极为讨厌的严寒并对此深有感触，那么，他会立刻断定烧毁他的房子来取暖是值得的。唯一能将他从这种由“强迫性神经症”导致的行动中拯救出来的办法，就是让他理智地认识：失去房子将会发生的其他后果。将某些被设定为目的的事情，与这些事情将发生于其中的运动变化的世界这一背景割裂开来，它不一定是精神错乱的标志(就像我们引用的这个烧房子取暖的例子)，但起码是不成熟的标志。如果一个人不能将他的目的同时看作下一个结果的一个变化着的条件，而把这一目的当作“最终的”(在这儿，所谓“最终的”，意味着事件的进程已经完全中止)，那么，这至少说明他是不成熟的。人就是在这种诱惑中沉沦！然而，如果把它们当作构建目的理论的样式，那么就是将概念从它产生和发生作用的情境中抽象出来，就是玩弄概念，而不是从对具体事实的观察中得出结论。这要么是精神错乱、不成熟、死板地例行公事的标志，要么是狂热的象征，即上述三种状态混合的象征。

毫无疑问，存在着普遍的目的概念和普遍的价值概念。它们不仅作为习惯的表达而存在着，作为未经批判的、可能无效的概念而存在着，而且作为有效的普遍概念出现在所有的学科之中。相似的境遇循环往复；欲望和兴趣从一种情境被带到另一种情境，而且日益巩固。一般目的的一览表产生了，包含在其中的价值是抽象的，但这种“抽象”是在“不直接与实存的某个事例相联系”的意义上而言的，而不是在“与所有存在于经验中的事例无关”的意义上而言的。当用普遍概念指导自然科学时，这些普遍概念是作为一种理智手段；当发生特殊情况时，人们就用这些普遍概念对那些特殊情况作出判断。实际上，这些普遍概念是对考察具体事物起指导和促进作用的工具，同时又受到因为使用它们而产生的那些结果的检验，并在这一检验过程中得到发展。当自然科学不再通过概念的逻辑论证而获得关于实际存在事务的结论时，当概念的逻辑论证被当作一个工具而用于获取适用于特殊事例的富有成效的假设时，自然科学就开始了一个真
231 正的发展历程。关于人类活动和人类关系的理论，也将如此。熟练的行动所特

有的连续性，使普遍的价值概念发挥作为评价特殊欲望和目的之标准的功能。具有讽刺意味的是，这种连续性竟然成了下面这种信念的来源。在这种信念看来，欲望的产生与它们在连续性活动中的各种关系都毫无关系；仅凭“产生”这一仅有的事实，欲望就将价值赋予了作为目的的对象。

与此相关有一种危险，即“终极”这一概念的使用与我们先前说过的“直接的”和“内在的”这些概念的使用非常相似。所谓一种价值是“*最终的*”（*final*），指它所代表的是分析地鉴定了具体情形中起作用的那些条件之后所得到的结论。那些条件既包含了冲动和欲望，也包含了外部环境。通过探究所获得的任何结论被用以证明：对于这种情形而言，这种价值是最终的。在这里，“最终的”具有一种逻辑的力量。价值的性质或特性，与在评价过程构建的*最后的*（*last*）欲望相关。对于那种特殊情形而言，它是最终的。这其实是同义反复。然而，它只适用于能详细地说明的暂时性的*手段与目的关系*，而不适用于本身就是目的的东西。最终的特性或性质，与“终极”（finality）[①]的特性或性质，有着根本的区别。

通常反对上述观点的意见认为，根据这种观点，评价活动和评价判断就陷入了毫无希望的*无限倒退*之中。因为如果所有的目的反过来都是手段的话，那么，所谓“深谋远虑”便无立锥之地，除非采取最任意的举动，否则不可能构建所期望的结果。而这样做是如此地任意，以至于真正评价命题的要求就此而成泡影。

这种反对意见使我们回到形成欲望的条件上，回到将预测结果设计为所要达到的目的的条件上。这些条件就是需要、不足和冲突的环境。如我们所知，脱离了人与周围环境的紧张状况，就没有什么可以唤起人们对其他东西的欲望；也就没有什么可以促使人们在具有理论可能性的诸多目的中构建某个目的，而不是其他什么目的。一旦人们觉察实际境况中的要求，实际境况的各种需要、匮乏就会操纵一种转换，即把各种在活动中起作用的倾向转换成一种欲望；在这种欲 232
望中，包含了被特别期望的目的。人们对那些浮现在心中的不同目的之价值的鉴定和衡量，是以这些目的所展示的指导改善现存匮乏状态之活动的能力，以及*满足*（照其字面意思）现存需要的能力为根据的。正是这个因素，缩短了根据所

① “finality”，重点在于“终结”，带有绝对性完结的意思；而“final”是就一个过程而言的相对的“最终”、“最后”。——译者

期望的结果作为手段的功能，而对其作出预测和权衡的过程。对竞争而言，充足是不幸。但充足也是好的，因为它摆脱了现实中的不幸。之所以如此，因为充足是开创圆满局面和一种综合条件的手段。

这里有两个例证。一个医生必须确定不同治疗过程在治疗一个特殊的病例中的价值及其效果。他通过检查而发现了病人的“毛病”或“麻烦”，在此基础上，他构建了所期望的结果；这一所期望的结果所具有的价值，在于采取这些治疗方案被证明是正确的。医生对自己所采用的治疗方案之价值的鉴定，是以这一方案消除病人“麻烦”的能力为根据的，即采用了这一方案，病人就会被“治愈”。医生并没有把一个健康的观念当作一个绝对的自在目的，当作一种可用以决定做什么、不做什么的绝对的善。相反，他将关于健康的一般观念的构建，当作对这个病人而言的一种目的和一种善（价值）。他构建这一观念的基础，是他的检查技术向他显示的：病人患的是什么病，以及用什么办法才能治愈。没有必要否认，关于健康一般而抽象的概念最终也得到了发展。但是，这种发展是大量确定的经验探究的结果，而不是不断地研究先验的、预先准备好的“标准”的结果。

另一个例证更为常见。在所有的探究中，甚至在最科学的探究中，人们对作为结论（该探究中所期望的结果）而被提出来的东西之价值的鉴定，都是以它解决问题的能力为根据的。这些问题是通过探究过程的各种条件而呈现出来的。在具体的情形中，并没有什么先验的标准可用来确定所提出的具体方案的价值。作为所期望的结果，一个假设的、可能的具体方案被当作方法论手段，用以指导下一步的观察和实验。这一具体方案也许能解决问题，就像人们采用它、尝试它时所期望的那样，也许不能。经验已经表明，各种问题在极大的程度上都可以归
233 入一些周期性发生的种类，因此就会存在一些一般准则。人们相信，在一种特殊情形中所提出的解决方案，一定要符合这些一般准则。于是就逐渐形成了关于需要满足的条件的一种基准体系，这是一个参考框架；这个参照框架在具体情形中，发挥着经验调节作用。我们甚至也可以说，它起着“先验”标准的作用。但是，只有在与以下意义完全相同的情况下，我们才可以说它起着“先验”标准的作用，即那些指导工业技术学科的标准既是在经验上居先的，又是在该学科的具体情形中起支配作用的。虽然没有一种先验的健康标准，人们可用它来对照人的实际状态，对人是否健康或究竟生了什么病作出判断；但是，人们在以往的经验中已经逐渐形成某种标准，当出现新情况时，人们就用这种标准有效地处理新情

况。当人们发现由于匮乏和冲突而使一些情形令人不满时,就会以所期望的结果指导行动,去改变这种令人不满的状况。人们根据所期望的结果在指导这种行动表现出的适用性,鉴定和评价所期望的结果的"好"或"坏";根据所期望的结果在实现这个目的过程中的必需性,鉴定它们是否恰当、合适,是否正确。

在人类经验中,诸如麻烦、匮乏、失败、挫折这样的"灾难"几乎无处不在。人们花费了大量的时间对它们作出解释,然而"麻烦"的一种具体功能却被人类行动理论奇怪地遗忘了。这种功能就是:当"麻烦"被当作需要解决的问题时,"麻烦"就具有一种训练功能。为了找到解决问题的方法,人们就得去探究问题的条件和结果。刚才引用的医学技术的进步和科学研究的进步这两个例子,在这一点上最富有启发性。只要医学技术和科学研究还坚持:只有对照那些作为标准和规范的绝对的目的价值,才能对实际情况作出判断,它们就不可能取得真正的进步。只要健康的标准、满足的标准、条件的标准、知识的标准是根据对现存条件的分析性观察而构建的(这种分析性观察揭示了问题中可阐明的麻烦),那么,判断标准就可以通过在查找麻烦的根源和表明有效解决办法这一观察过程中的使用而不断地自我矫正。这些方法构建了具体的所期望的结果的内容,而不是某种抽象的标准或抽象的理想。

强调需要和冲突作为控制因素在制订目的和建立价值方面的作用,并不 234
意味着目的和价值本身在内容上和重要性方面是消极的。在根据短缺、需要、贫困、冲突等消极因素设计目的和价值时,目的和价值的功能是积极的;并且通过发挥它们的功能而得到的结果,也是积极的。要想直接达到一个目的,就必须让作为经验到的麻烦之根源的所有的条件都发挥作用,而且要在不改变它们显露自身的外在形式的范围内增强其作用。根据消极的信息(诸如一些麻烦和问题)而构建的所期望的结果是一种手段,它被用以遏制产生令人讨厌结果的那些条件而发挥作用;并使积极的条件成为最大程度地产生积极结果的源泉。目的作为所期望的对象,其内容是理智的或是方法论的;已经获得的结果或者作为结果的目的的内容,是有关存在的(existential)。它标志着致使所期望的结果产生的那些匮乏和冲突已经得到了解决,在这个意义上,它是积极的。消极因素的作用,在于它是形成某一目的恰当观念的条件;如果人们按照这个观念行动,这个观念就对积极结果的产生起着决定性作用。

已经达到的目的,或者已经获得的结果,总是一种对各种活动的组织。在这里，所谓“组织”，是指对作为参与因素的所有活动的协调。所期望的结果是一种特殊的活动，它的作用就是协调其他相关的从属性活动。认识到“目的”是一种协调，是一种使各种活动成为一体的组织活动；而且认识到所期望的结果作为特殊的活动是实现这种协调的手段，就会避免悖论的产生。这一悖论似乎是与关于活动的暂时性、连续性观念联系在一起的。在活动的暂时连续中，每一个相继的阶段都既是目的又是手段。一个已经达到的目的或者已经获得的结果的形式总是相同的，即都是恰当的协调。每个相继的结果的内容或相关问题，都与被取代的原有事物的内容或相关问题不同；因为经过由于冲突和匮乏所导致的中断之后，它在复原（*reinstatement*）作为一个统一而不间断的活动的同时，也是一种新事态的制订（*enactment*）。它所具有的性质和特性，与它作为活动前的状态的完全改变是相称的；而在活动前的状态中，存在着特别的需要、欲望和所期望的结果。在将活动组织成一个协调的和协调着的整体的这个连续而暂时的过程
235 中，每个子活动都既是目的又是手段：就它是一个暂时的相对的结束而言，它是目的；而就它提供了下一步活动必须考虑的条件而言，它是手段。

与存在的那些奇怪的或自相矛盾的事情相反，在现实情形中，手段恰好就是目的-对象的要素，而这一目的-对象恰好就是借助它们而成为现实的。每当活动成功地设计了所期望的结果，而所期望的结果又指导行动解决了原先的问题时，这种情形就会出现。目的与手段分离的情形，是一种反常的情形，是偏离理智指导的那些活动的情形。无论什么时候，只要有纯粹的苦差事，就有所要求的必要的手段与所期望的结果以及已经达到的目的的分离。另一方面，从被称作目的的方面来看，无论什么时候，只要被称作“理想”的东西是一些乌托邦和白日梦，就会产生这种分离。没有成为真正的目的或结果之要素的那些手段，导致了我们称之为“必要的恶”（necessary evils）的产生，这些代价的“必要性”与知识状况和技术状况是成正比的。成为真正的目的或结果之要素的那些手段与脚手架相似。在建筑物建成之后，必须拆掉脚手架；但在建筑物的建造过程中，脚手架却是必不可少的，直到用了升降机为止。升降机在已经建好的建筑物中仍被保留下来，它被当作工具以运输材料，而这些材料反过来又是构成建筑物这一整体所必需的要素。在所期望的东西的生产过程中，曾一度被当作必然废弃品的那些结果或后果，根据人类经验和智力的发展，又会派上用场，成为实现下一步所期望结果的手段。根据分析，在每一种先进的艺术和技术中发挥作用的、关于经

济效率的一般理想和标准，与关于手段的观念同样重要。这种关于手段的观念，是已经达到的目的和作为下一步目的之手段的目的的组成部分。

一定要注意，就像前面用到这些词时那样，“*活动*”、“*复数的活动*”与任何一种实际的行为一样，都必须有一些实际存在的材料，就像呼吸要有空气、步行要有大地、买卖要有商品、探究要有被探究的东西，等等。没有任何人类行动是在真空中进行的。人类行动是在这个世界中进行的，它需要材料；只有使用这些材料和通过这些材料，人类行动才能创造出结果。另一方面，除非在人的活动中，除非人们用它来完成某件事情，否则便没有任何材料是手段，像空气、水、金属、木头等等都不是手段。当说到“组织各种行动”时，这种组织总是本身就包含了 236
对材料的组织，这些材料是我们居住的这个世界上有的。这种组织活动对于所评价的每一种具体情形来说，都具有“最终的”价值，它因此而成为现实条件的一部分；在下一步构建欲望和兴趣或形成评价时，必须考虑到这些条件。如果对处于手段与目的关系之中的事物采取轻率而目光短浅的研究，那么就会使一种具体的评价失效，并且难以使下一步的评价合理。如果欲望和兴趣的构建建立在批判性通盘考虑那些作为手段而对实际结果起制约作用的条件的基础上，那么下一步的行动就会进行得更加顺利。因为如果这样，所获得的那些结果就像被评价过了一样，在行动的延续中更容易被用作手段。

VII. 评价理论纲要

因为有一种混淆影响了当前对评价问题的讨论，所以我们在探究中就不得不花费相当多的笔墨来分析这种混淆，追溯产生这种混淆的根源。这样做是必要的，因为它使在常识看来理所当然的那些事实的经验探究从不切题且混乱的联想中解脱出来。一些更重要的结论将概括如下：

1. 即使“价值表达”是一种喊叫，而且以喊叫的方式而影响他人的行为，关于评价表达的真正的命题仍然是可能的。我们可以探究它们是否达到了预期的结果，并且通过进一步的考察，我们能够发现，成功地获得预期结果的事例，与不能成功地获得预期结果的事例的条件是不同的。在此，区别“情感”(emotive)语言表达和“科学”(scientific)语言表达是很有用的。即使“情感”语言表达没说什么，但它们仍然能像其他自然事件一样，作为一种可以对其条件和效果进行检验的结果，成为“科学”命题的题材。

237 2. 另一种观点将评价和价值表达与欲望和兴趣联系在一起。既然欲望和兴趣都是行为现象(至少包含了"动力的"方面),那么对于由欲望所引起的评价,就可以根据*欲望和兴趣*各自的条件与结果而对评价进行探究。评价是在经验上可观察的行为方式,可以把评价当作这样一种行为方式而进行探究。这种探究所产生的是*关于*评价的命题,而不是价值命题。这类命题与事实命题没有任何区别。

3. 无论何时,只要对事物的鉴定是根据它们作为手段的适宜性与有用性而作出的,那么,就存在一种独特类别的价值命题(value-proposition)。因为这类命题并不是关于已经成为现实的事物和事情的,或关于已经存在的事物和事情的(尽管在与前一句所提到的那类命题相分离的情况下,这类命题不可能被有效地确立),它就是关于准备使之*成为*现实的事物和事情的。而且,虽然这类命题在逻辑上要以实际的预言为前提,但它们不是单纯的预言。因为,除非在现实的条件下受到人的行为的干预,否则,我们所谈论的这类事情不会发生。这种差异类似于以下两个命题的区别:"*无论如何*,某一确定的日食都会发生";"假设那些人采取某种行动的话,他们就会看见或体验到这一日食"。尽管作为对手段的鉴定,评价命题发生在所有的艺术和技术之中,并且是以严格的自然科学命题为基础的(比如,在先进的工程技术中看到的),但是评价命题仍然不同于自然科学命题,因为评价命题内在地(inherently)包含了"手段与目的"的关系。

4. 只要有欲望,就有*所期望的结果*。所期望的结果不单是纯粹的冲动、嗜好和日常习惯的结果。所期望的结果作为影响特定欲望的预期结果,按照定义,或同义反复地说,是*观念的*(ideational)。就"所期望的结果"依赖于作为充分观察活动之结论的那些命题而言,它所包含的远见、预测或预料与任何一种理智的推论性因素一样,是有正当理由的。*因为*其观念性要素,所以一个特定的欲望是在其实际内容或在"对象"之中的。可以把纯粹的冲动或嗜好描述为"以情感为动力的";但是,那些将评价和欲望、兴趣联系起来的理论就根据这一事实,将评价和那些"以情感和*观念*为动力的"行为联系起来。这个事实证明了,具有特殊
238 意义的评价命题存在的*可能性*。鉴于所期望的结果所发挥的引导活动或实现欲望,或挫败欲望的作用,如果欲望有可能是理智的,目的有可能不是短视和非理性的,那么,评价命题存在的*必要性*就得到了证明。

5. 对作为产生实际结果的行动之手段的欲望,与所期望的结果所作的必需

的鉴定，依赖于对一种结果的观察，这种结果是在将它们与所期望的结果的内容进行比较和对照中获得的。欠考虑而轻率的行动是没有经过一定的探究就采取的行动，而这类探究是确定实际形成的欲望（评价也因而得以作出）与依据这种欲望而进行的活动所实现的东西之间是否一致的关键因素。既然欲望与对被作为目的而提出来的对象的评价天生（inherently）联系着，既然有必要将欲望和所期望的结果当作实现目的的手段而进行鉴定（这种鉴定是以得到证明的自然科学的一般法则为基础的），那么，就应该用实际上随之而发生的结果来检验对所期望的结果的评价。如果对所期望的结果的评价与实际上随之而发生的结果一致，那么，这一评价就得到了证实。万一经过仔细观察而发现这一评价与这一结果相背离，那也不是纯粹的失败，因为这种不一致为将来更好地建构欲望和构建所期望的结果提供了手段。

最后的结论就是：(i)无论是一般的还是特殊场合中的评价问题，涉及的都是那些支撑彼此手段与目的关系的东西；(ii)只有以使目的得以实现的那些手段为基础，目的才是确定的；(iii)对欲望和兴趣本身的评价，必须是将欲望和兴趣作为手段，而且以欲望和兴趣与外部条件或周围环境相互作用为根据。所期望的结果与结果不同，就像已实现的结果与目的不同一样明显，它们是作为指导活动的手段而发挥作用的。在日常语言中，所期望的结果被称为“计划”。作为手段，欲望、兴趣和周围条件都是行为方式，因而可以被设想为能量（energy）；借助能量语言，可以将它们还原成同质的、可比较的同类事物。对来源于有机体和周围环境的能量的协调或组织，因此既是所有评价的手段，又是所有评价获得的结果或达到的“目的”。这两种来源于有机体和周围环境的能量，在理论上（在实践中并非完全如此）都可以用物理单位的术语来表达。

以上结论并没有构成一个完整的评价理论，但它们确实阐述了一个完整的 *239*
评价理论必须满足的条件。只有对那些支撑目的-手段关系的事物的探究得到了系统的指导，而且这一探究结果对欲望、目的的构建产生影响时，一种实际的评价理论才能完成。因为评价理论本身是一种理智的或方法论的手段，它只有在应用中、通过应用才能得到发展和完善。既然目前还没有以任何适当的方式应用这种理论，那么所阐发的那些理论思考和已获得的那些结论，还只是一个计划的纲要，而不是一个完整的理论。只有在具体过程中控制性地引导兴趣和目的的构建，这个理论才能得以完成。参照目前关于评价与欲望和兴趣之间关系的理论，完成评价理论的首要条件，必须认识到：欲望和兴趣并不是一开始就是给定的、现成的，更不像它们最初出现时那样。欲望和兴趣并不是评价理论的起点和原始数据，也不是评价理论的前提。因为欲望总是在前一个行动的系统中或在相互联系的能量中出现的。欲望产生在这样的*地方*——一个遭到破坏或受到被破坏威胁的地方，一个冲突引入了需要的张力或预示有引入需要的张力之虞的地方。一种兴趣所代表的并不仅仅是一种欲望，而是一系列相互联系着的欲望。人们已经发现，这些欲望是在经验中产生的，因此彼此是相连的；所以在连续的行为过程中，这些欲望具有一定的次序。

对评价的存在及其性质的检验，是可以被观察的实际的行为。*接受*活动的现有环境（即影响人们行为的各种因素的综合）吗？在这里，“*接受*”意味着努力保持它而抵御不利条件。或*拒绝*活动的现有环境吗？在这里，“*拒绝*”意味着努力摆脱这一种行为环境和努力创造另一种行为环境。在后一种情况下，那个作为目的的欲望与努力（或构成一种兴趣的欲望与努力的协调）所针对的实际环境是什么？将这一环境确定为行为的目标，也就确定了什么是有价值的。直到出现了现实的打击或打击的先兆，出现了对处境的干扰时，才会为立刻行动、公开行动开绿灯。没有需要，没有欲望，就没有评价，就如没有疑问就没有探究的理
240 由。恰如激发探究的问题是与出现问题的经验环境联系在一起的，欲望和对作为想要达到的结果之目的的预测，也是与具体的环境及其改变环境的需要联系在一起的。可以说，证明的重任取决于阻碍和妨碍情况的出现，取决于引起冲突和激发需要的情况的出现。考察构成匮乏和需要的条件，考察作为构建可实现的目的，或可达到的结果的积极手段的条件，就是构建正当的（必需的和有效的）欲望和所期望的结果的方法。简言之，评价就以这种方式发生了。

现有理论中的混乱和错误（正是它们，使前面所展开的分析成为必要），在很大程度上起因于它们将欲望和兴趣当成了原初之物，而不是置于它们出现的相关环境之中。一旦欲望和兴趣被当作原初之物，那么，它们在评价关系中就成为不可再分析的了。可以说，一般而言，如果将欲望和兴趣当作原初之物，那么，我们就无法再对它们进行经验检查或检验了。如果欲望真的具有这种原初性，如果它真的独立于具体的经验情境的结构和需要，并且真的因此而对存在的情境毫无作用，那么，坚持每个欲望中必然有观念的或理智的因素，并且进而坚持实现有效的经验条件的必要性，就真的会像批评者所说的那样，是多余的和不切题

的。因此，这种“坚持”也会像人们所说的那样，是在“改造”个体和社会的兴趣中所产生的一种“道德”偏见。但是，由于在经验事实中离开了产生欲望和兴趣的行动领域，离开了欲望和兴趣产生和作为拙劣的或有益的手段而发挥作用的活动领域，就没有任何欲望和兴趣可言。所以，我们对这一点的“坚持”，纯粹是而且完全是为了对现实情况进行恰当的经验考察，为了避免大而空地玩弄欲望和兴趣概念。因为将欲望与其存在的情境隔离开来，必然导致大而空地玩弄欲望和兴趣概念。

一个极端的错误会引发另一个极端与之形成互补的错误，这在理论发展史上屡见不鲜。刚才我们所考虑的那种理论类型，不仅将作为评价的源泉的欲望与欲望存在的情境相隔离，而且将欲望与理智控制欲望的内容和目标的可能性相隔离。这样一来，评价就成了一种随心所欲的东西。也就是说，实际上，对欲望所建立的价值来说，任何一种欲望都完全与其他欲望一样“好”。既然欲望和 241
形成兴趣的欲望系统是人类行为的源泉，那么，如果完全彻底地按照这种看法行事的话，就会产生茫然无序的行为，从而导致彻底的混乱。然而，尽管行动存在着必要的冲突，也存在着不必要的冲突，但却不存在彻底的混乱，这一事实就证明对现存条件和后果在一定程度上的理智考虑，实际上的确作为一个控制因素，在欲望和评价的构建中发挥了作用。但是，由于前面这种理论的含义无论在理智上还是在实践上都非常混乱，所以引发了一种与之相反的理论。不过，这种理论与前一种理论的基本前提相同，即它们都将评价与具体的经验情境相隔离，将评价与经验情境潜在的可能性和要求相隔离。这种理论就是将“自在目的”作为所有评价的最终标准（ultimate standards）的理论。这种理论或隐或显地认为，除非或直到欲望臣服于作为评价欲望之标准和理想的先验的绝对的目的（a priori absolute ends），否则，欲望与“终极价值”（final value）就没有任何关系。这种理论在奋力逃出混乱无序的评价之油锅的同时，又跳进了绝对主义的火坑。它以牺牲其他所有人的所有兴趣为代价，为特定个人或特定群体的特定兴趣披上终极的、彻头彻尾理性权威的外衣。这种观点反过来又强调：不对欲望、进而不对评价和价值性质进行理智的、在经验上合理的控制，是可能的。因为这是与前面观点相伴随的一个必然结论。而那些根据定义在经验上不可检验的理论（因为它们是先验的），和那些不经意地用从赤裸裸的欲望概念中所得出的结论，代替了对欲望的实际观察结果的那种自称为经验主义的理论之间的跷跷板游戏，情况就这样延绵不绝。这种先验理论的令人吃惊之处（如果在审视中忽略了哲学思想史，就会令人吃惊），就在于它完全忽略了这样一个事实，即评价是个体的和群体的人类行为中一再重复的现象，而且评价能够通过利用关于自然关系的知识所提供的资源而得到纠正和改善。

242 **VIII. 评价和社会理论的条件**

于是，我们就被引入了下面这个问题。如本书开篇所示，这个问题是目前人们之所以对评价问题和价值问题感兴趣的原因，即关于目的、计划、措施和政策等真正的有根据的命题是否可能。只要人的活动不仅仅是冲动或习惯性的结果，活动的目的、计划、措施和政策等就影响着人的活动。评价理论作为一种理论能提出的，就是在具体情境中构建欲望和兴趣的一种方法所必须遵循的条件。是否存在这类方法问题，完全与以人类活动（无论是个体的，还是群体的）的理智行为为题材的真正的命题是否可能的问题联系在一起。价值在“好”的意义上，与促进、推动、推进活动进程的东西内在地相联；而在“正当”的意义上，与维持活动进程所需要的、所要求的东西内在地相联。这种看法其实质并不新奇。这种看法的确完全受“价值”一词的词源的启发而来，“价值”一词与“效用”、“勇猛”、“有效”、“无效”等词相关联。前面的讨论对这一观点所作的补充，证明了当且仅当在这一意义上理解评价时，这些有经验根据的、关于欲望与兴趣（作为评价的源泉）的命题，才是可能的。而且，这些命题在多大程度上有充分的根据，取决于它们在多大程度上将科学的物理学归纳作为手段，构建关于活动的命题，这些活动作为“目的-手段”而相互关联。如此而产生的普遍命题为评价目标、意图、计划和政策提供了标准。人类理智的活动就是由目标、意图、计划和政策所指导的。但是，它们却不能使我们直接地或在缺乏调查的条件下断定特定的个别目的的价值（傻瓜才会要求将关于先验价值的信念作为理想与标准）；在这个意义上，它们不是标准。它们是指导确定探究不同行为方式各自的条件和结果的、有条理的程序的规则（rule）。它们并不声称本身就能自行地解决评价问题；而是说，它们要做的是阐明解决评价问题所必须满足的条件，而且在引导这一探究的
243 过程中，发挥指导性原则（principle）的作用。

1. 事实上存在着评价，而且评价可以接受经验观察，因此关于评价的命题可以被经验地证实。个人和群体认为宝贵或珍贵的东西，以及他们之所以如此

珍视这些东西的根据，在原则上都是可以弄清楚的，无论所遇到的实际的困难有多大。但是，总的看来，过去价值是由习俗而确定的，这些习俗在当时之所以受到称赞，是因为它们有利于某种特殊的利益，而这些称赞是随着强制、劝诫或两者的混合物接踵而来的。科学地探究评价的实际困难是巨大的，这些困难如此之巨大，以至于它们极容易地被误认为是一种不可克服的理论障碍。而且，目前关于评价的知识远不是有条理的，更谈不上是充分的。认为评价并不存在于经验事实中，因而必须从经验之外的源泉中引入价值概念，这是人类心灵曾有过的最稀奇古怪的信念之一。人类从未间断过评价，而这些评价就为后来的评价和关于评价的一般理论提供了原始材料。

关于这些评价的知识并不是评价自身的，就像我们已经看到的那样，它并没有提供评价命题；不如说，它是历史文化人类学性质的知识。但是，这种事实性的知识是构建评价命题的一个必要前提。这一表述包含了这样一种认识，即只要适当地进行分析和组织，过去的经验就是引导我们未来经验的唯一的(sole)向导。如果一个人意识到他的欲望和目的过去曾经产生的结果，就会在他个人经验的范围内对其欲望和目的作出修正。这一知识，就是能够使他预见他自己未来活动的可能结果并相应地指导自己行为的知识。构建关于当前欲望、意图与未来结果之间关系的有效命题的能力，反过来依赖于将当前欲望和意图分解成其组成要素的能力。如果未经分析就笼而统之地接受欲望和意图，那么，对未来的预见就会相应地是粗略而不确定的。科学史表明，将粗略的定性的事件分解为基本(*Pari passu*)组成要素，预言的力量会相应地得到增强。在目前缺乏关 244
于作为已经发生的事件的人类评价充分而有条理的知识这一前提下，更不可能有系统地阐述就特殊因果关系结果而言的新的评价的有效命题。鉴于人的活动(个体或群体的)是连续的，因此，除非将当前的评价置于它们与之相连的过去的评价事件的背景中，否则就不可能有效地陈述它们。假若没有这样的理解，那么更深入的看法，即关于目前新的评价的结论，就是不确定的。只要能够将现有的欲望、兴趣(从而评价)置于它们与过去条件的关联中进行判断，就可以在这样的前后关系中理解它们；这一前后关系，使它们在可观察、可接受经验检验的根据的基础上得到重新评价。

例如，假定已经查明一系列特别流行的评价的有关历史的前提条件，是一种小团体的或特殊阶级维护某些特权和利益的兴趣，而且对这些特权和利益的维护限制了其他人的欲望和其他人实现其欲望的能力，那么，很明显，这一认识一定会使我们重新评价那些欲望和目的，重新评价那些已经被假定可信的评价来源。难道不是这样吗？当然，这样的价值重估(revaluation)未必能立即生效。但是，一旦某一特定时间里的评价被发现缺乏那种曾以为它们所具有的支持时，这些评价就处于对它们的继续存在非常不利的境地了。从长远来看，这种结果与一种对待某些水域比较谨慎的态度很相似。人们之所以会对那些水域采取谨慎的态度，是因为知道那些水域有病菌。另一方面，如果探究表明，已知的这一系列现有的、包含实施准则的评价，能够以有助于群体所有成员的欲望和兴趣共同增强的方式而释放欲望和兴趣的独特潜能，那么，这一认识就会充当这一特殊系列评价的坚强后盾，而且使人们更努力地维持这一评价。

245 2. 这些考虑指向一个核心问题，即关于过去和现有评价的知识成为构建新的欲望和新的兴趣的评价工具，必须满足什么条件。在这里，这些新的欲望和新的兴趣是经过经验检验而表明最值得培育的。这么说吧，根据我们的观点，这一点很明确，即任何抽象的评价理论都不能作为判断实际存在的(existing)评价活动的标准，与实际存在的评价活动等量齐观地放在一起。

答案就是：改进了的评价一定是在实际存在的评价中产生的。探究，将实际存在的评价置于彼此相互联系的系统关系之中，而实际存在的评价受到探究的批评方法的影响。就一般而论，实际存在的评价大部分可能是有缺陷的，所以要改进它们，就要使它们处于与其他观点的相互联系之中。这一观点乍看起来，就像是说一个人用靴带将自己拎起来一样滑稽。但是，之所以会产生这样的印象，是因为没有想过实际上如何才能将它们置于相互联系之中；换句话说，正是对它们各自条件和结果的考察，将它们置于相互联系中的。只有遵循这种方式，我们才能将它们化为可以进行相互比较的同类项。

事实上，这种方法只不过是把那些已被证明能够成功地处理物理学题材和化学题材的方法，运用于人类现象或社会现象而已。在现代科学出现之前，物理学领域和化学领域存在着大量孤立的、表面上彼此无关的事实。当从现象本身导出构建理论内容的概念，并把这些概念作为把那些彼此分离的事实联接在一起的假说而使用的时候，物理学和化学就开始了系统化的进步。例如，当普通饮用水在使用中被当作 H_2O 时，就使人们将水与其他无数现象联系起来，从而无限地扩展了相关的推论和预测，同时使其成为经验检验的对象。在人类活动的领域，目前存在着大量有关欲望与目的的事实，它们以彼此完全孤立的方式存在着。但是却没有关于这种同样的经验次序(order)的假说，能将这些孤立的事实彼此联系起来，从而使由此而产生的命题有序地控制后来的欲望和目的的形成(formation)，并进而控制新的评价的形成。原料比比皆是，但把原料的各种要素置于成果由之产生的联系之中的手段却空空如也。缺乏将实际评价置于彼此联 246
系中的手段，在一定程度上，相信价值标准和价值理想是外在于(通常使用“在……之上”表达)现实评价的原因；同时在一定程度上，它又是这一信念的结果。说它是原因，因为控制欲望和目的的方法是如此重要，人们迫切需要得到它，因此如果没有经验的方法，那么，任何一种看似能满足这一需要的观念都会被人们抓住不放。说它是结果，因为一旦先验理论形成并获得了威信，那么，它们就会掩盖联系各种评价的具体方法的必要性。通过这样做，先验理论提供了一种将各种冲动和欲望安放于一种背景中的理智手段，而这一背景恰是影响对冲动与欲望作出评价的地方。

然而，妨碍我们的困难大多是实践的，它们来自未经系统经验探究就存留下来的传统、风俗和制度。这些传统、风俗和制度成为对后来欲望和目的最有影响力的源泉。而一些先验理论又加强了这一点。总的来说，这些先验理论将这些欲望和目的合理化，从而使它们获得貌似理智的地位与声望。因此，值得注意的是：同样的障碍曾一度存在于现在已由科学方法所支配的题材中。这方面的一个显著事例，是几个世纪以前哥白尼天文学在获得发言权的过程中曾经历的种种困难。得到强权体制认可与维护的、传统的、习俗的信念，曾将哥白尼天文学这一新的科学观点视为一种威胁。然而，这些产生了在实际观察和实验证据意义上具有可证实性命题的方法却保存了自己，拓展了自己的范围，并产生了持续性影响。

那些已经产生并且现在是物理学、化学，乃至生物学的实质内容的命题，恰好提供了这样的方法；通过这些方法，就能在声称处理人类现象和社会现象的信念和观念中引起所需的变化。只有在自然科学发展到今天这样的水平，一种能够反过来作为方法调控新的评价产生、有充分根据的经验主义的评价理论才有可能。只有当表达欲望和兴趣的活动，通过与物理条件的相互作用而在环境中见效时，欲望和兴趣才展现出结果。没有关于物理条件的充足的知识，没有关于 247
这些条件相互联系的有充分根据的命题(即没有已知的“规律”)，就不可能预测包含在评价中的各种可供选择的欲望与意图可能导致的结果。一旦我们注意到，相对于人类在地球上所存在的时间跨度而言，用于严格的物理事件中的艺术与技术获得科学的支持是多么晚的事情，就不会对与社会、与人的政治事件有关的学科的落后状况而感到奇怪了。

心理科学目前的状况与天文学、物理学和化学最初作为真正经验科学而出现时的状况极为相似，然而如果没有一门作为真正经验科学的心理科学，就不可能有对评价系统的理智控制；因为如果没有合格的心理学知识，就不能对与周围的非人类环境相互作用而产生的结果的人类因素的力量作出判断。这一说法完全是不言而喻的，因为关于人类各种条件的知识*就是*心理科学。再者，一百多年来，对被视作心理学知识起关键作用的那些观念，实际上就是妨碍对控制所期望的结果之形成所需要的因果关系深谋远虑的东西。因为当人们将心理学的题材用于形成一个相对物理环境而言的心理领域或精神领域时，探究会偏向（实际上也是这样）心理和物理之间的相互作用是否可能。这样的形而上学问题，远离评价的核心问题，也就是说，远离揭示人类行为与周围环境之间具体的相互作用问题，而恰恰是这一周围环境决定了欲望与意图的实际结果。一个有充足根据的、关于人类行为现象的理论，是评价理论的一个先决条件，也是自然（即在不涉及人的意义上的）事物变化过程理论的一个先决条件。关于生命现象的科学发展，是健全的心理学发展的一个绝对的先决条件。在生物学提供存在于人类与非人类之间的重要事实之前，人的表面特征与非人的表面特征是如此不同，以至于在
248 这二者之间存在绝对鸿沟这一教条似乎是唯一言之有理的。在以有充足根据的评价命题为终点的知识链条中，所缺少的一环就是生物学。因为这一环正在锻造之中，所以我们可以期盼着那一刻早日到来；到那时，阻碍经验主义评价理论发展的障碍将是那些来自制度的和阶级利益的习惯和传统的东西，而不再是智力的缺陷。

因为人类有机体生活在一个文化环境中，所以对人类关系理论的需要，是作为有效工具的评价理论得以发展的更深层的条件。用社会学的术语来说，人类关系理论也许最好被称为文化人类学。任何一种欲望和兴趣，它们之所以有别于原始的冲动和纯粹的有机体的嗜好，都是因为它们后来在与文化环境的相互作用中得到了改造。审视当前恰到好处地将评价与欲望和兴趣联系起来的理论，可以发现，它们的疏忽最引人瞩目。这一疏忽是如此广泛，决非一种偶然的疏忽。这些理论忽视了文化条件和习俗在形成欲望和目的中的作用，从而也就

忽视了文化条件和习俗在形成评价的过程中的作用。这一疏忽也许是所能获得的最具说服力的证据,它证明对欲望概念的玩弄,已经取代了对作为具体存在事实的欲望和评价的探究。有一种观点认为,撇开个体生活于、活动于并存在于其中的文化环境,只考虑个体,就能够形成一种令人满意的关于人类行为的、特别是关于包含欲望与意图现象的人类行为的理论。我们可以将这种理论恰当地称为形而上学个人主义(metaphysical individualism)。而且,这种观点已经与精神领域的形而上学信念合成一体,而将评价现象(valuation-phenomena)置于臣服于未经审视的传统、习俗与制度化的习惯统治的地位。[1] 只有将评价现象视为 249
在行为的生物学模式中有其直接源泉,并且将评价现象的具体内容归因于文化环境的影响时,那种所谓存在于"事实世界"(world of facts)和"价值领域"(realm of values)之间的分离,才会从人类信念中绝迹。

一些人所设想的那一道存在于"情感"语言和"科学"语言之间的严格而无情的界线,是如今存在于人类关系和人类活动中的理智和情感之鸿沟的反映。存在于当前社会生活中的观念与情感之间的分裂,尤其是有科学保证的观念和支配实践的无拘无束的情感之间的分裂,以及情感和认知上的分裂,可能是整个世界正在遭受的失调和令人无法忍受的紧张的主要根源之一。智力与情感的分离所造成的紧张如此让人难以忍受,所以哪怕它只暂时消失一会儿,人类也甘愿付出几乎全部的代价。如果忽略了这个事实,我认为,我们就很难建立关于独裁政治何以兴起的心理学的令人满意的解释。我们正生活在这样一个时代,此时情感的忠诚与依恋集中在那些不再对理智的忠诚有支配权的对象上,而理智的忠诚得到了那些在科学探究中获得有效结论的方法的认可,虽然那些在探究的理论基础中有其来源的观念至今没有成功地获得那种纯粹由情感的热情所提供的力量。现在我们不得不面对的实践问题,就是建立一种文化环境;这种文化环境

① 人们经常会说,形而上学的命题是"无意义的"。这种说法通常没有考虑这样一个事实,即人文学科的言语在具有重大文化影响这一意义上,它们决不是没有意义的。实际上,在任何浅薄的玩弄概念都无法消除它们的意义上,它们绝非是"无意义的"。因为只有具体地运用那些能够对文化环境进行改造的科学的方法,才能消除形而上学的命题。有一种观点认为,不具有经验证明的命题是无意义的。只有在这些命题声称或自命它们所言不能清晰明白地被理解这一意义上,认为这些命题无意义才是有道理的。这个事实大概就是持这种观点的人想要的吧!在它们被解释为实际存在状况的表征或迹象时,它们可以是、也通常是非常有意义的;而且对它们最有效的批评,就是公开它们作为证据的那些条件。

将为融情感与观念、欲望与鉴定于一身的行为提供支持。

如果说前面一些章节关于这一研究的讨论，看上去主要强调形成作为评价之源泉的欲望和兴趣的有效观念的重要性，而且其注意力集中于被经验事实证明有充分根据的观念因素的必要性和可能性，那是因为，当前关于评价的经验主义理论（有别于先验理论）的阐述，是以将欲望当作一种与观念隔绝的情感为根据的。事实上，在最终结果上，先前的讨论完全没有以理智取代情感的意思。先前的讨论唯一的、完整的含义，就是强调在行为中必须有理智和情感的结合。用
250 日常语言来说，就是强调在行为中要心脑并用；用专业一点儿的术语来说，就是在行动中应将珍视与鉴定相结合。鉴于实际所发生的事实，所谓自然（就不涉及人的意义而言）知识的发展限制了与像光、热、电等有关人类活动的自由范围的观点是如此荒谬，以至于没有人会支持它。如果欲望也能听命于关于事实的可证实的命题，那么，它在引起影响人类行动的评价方面的作用也能被释放出来。

主要的实践问题是科学的统一问题。这一问题是百科全书目前所关注的问题，应当说，也是本书所关注的问题，因为目前知识中最大的鸿沟就是人文学科和非人文学科的分裂。因为欲望具有所期望的结果，并且因此也包含评价，是人类行为区别于非人类活动的特征，所以，当与个人无关的(impersonal)、非人文的(nonhumanistic)科学结论被用于指导与之相区别的人类行为过程时，也就是说，当与个人无关的、非人文的科学结论被用于指导那些在设计(frame)手段和目的方面，受到情感与欲望影响的有特色的人类行为过程时，人文学科和非人文学科之间的分裂将会消失，它们之间的沟壑将被填平，而科学将因此不仅在观念上，而且在事实上，明显地成为一个操作整体。另一方面，在专门被用于人文科学中，被证明有充分根据的关于非人文世界观念是与作为人类特性的情感融为一体的。在这一结合中，不仅科学本身是一种价值（因为它是一种特殊的人类欲望和兴趣的表达和实现），而且是有效地鉴定人类和社会生活所有方面的所有评价的最重要的方法。

论　　文

终极价值或终极目的[1]取决于前件或先验推断还是实际或经验探究[2]

I. 哲学观念的另一种选择 255

哲学，常常被表述为获取所谓终极和永恒实在知识所作的系统化的努力。很多思想家之所以捍卫这一任务和目的，因为他们认为，人类生活只有通过植根于终极实在的理念和标准，才能获得永恒的指引。另一方面，质疑哲学价值的人，通常把反对意见建立在获得终极实在的理念和标准这种知识的可能性上。当以这种方式理解哲学的使命时，就会确信，不同哲学的对立和论战是因为它们在关于终极和完美实在本质的观念上存在着分歧。一派认为完美实在的本质是精神性的，而另一派认为它是物质性的；一派认为使宇宙的各部分联系在一起的是外在的机械纽带，而另一派认为宇宙的各部分的联系是有机的，因为它们都服从于一个宇宙的各部分都要达到的最终支配性的目的和意图。只要哲学被界定为关于超越经验之外的终极实在的知识，这种区分就是不可避免的。

不过，关于哲学的观念还有另外一种选择。最深层的哲学分歧不在于关于终极实在的不同观念，而在于对哲学本身的含义、目的和任务两种截然相反的观念。根据这种哲学观念，哲学的工作就仅限于实际经验的东西。哲学的任务是 256

---

① 此处杜威用的是 ultimate values。——译者

② 首次发表于《国家教育研究学会第 37 周年年刊》(*Thirty-Seventh Yearbook of the National Society for the Study of Education*)，第 2 部分——《教育中的科学运动》(*The Scientific Movement in Education*)，第 38 章，盖伊·蒙特罗斯·惠普尔(Guy Montrose Whipple)主编，伊利诺伊州，布卢明顿市：公立学校出版公司，1938 年，第 471—485 页。

对经验进行批判；哲学存在于一定的时间内，是对价值的一种建设性规划(constructive projection)；当以哲学为依据而行动时，经验会更统一、更沉稳，不断地得到改善。经验中存在着缺陷和矛盾，需要对它的内容和过程进行彻底的批判。然而，这个阶段的探究不是最终的；批判也不会随着纯粹的理智辨别而结束。批判，为那些尚未实现的、有待于转化为目的，以激励人们去行动的价值规划提供基础。因此，这里所理解的哲学并非超越经验的坦途和避难所。哲学所关心的是如何充分利用个人经验和社会经验，以发挥其最大的可能性。日常生活充满了这种可能性，在深思熟虑和系统的理智指引下，这些可能性将会使生活更加充实丰富和更加统一。

在任何时候，经验中存在着大量的缺陷和矛盾。但需要根据经验，而不是通过远离经验来处理这些缺陷和矛盾。这些缺陷和矛盾，是对规划、对经过系统的反思而得到一种更有序、更具综合性的经验的一种挑战。而以系统的努力来面对这项挑战，就构成了真正哲学的实体(reality)。上面所提到的关于哲学任务的第一种观念，其根基就在于质疑经验形成根本价值的能力，质疑经验指导深思熟虑的努力而实现根本价值的能力。这种质疑是实践理智(practical intelligence)信心的缺失，并以依赖一种所谓的先验直觉(a priori intuitions)，依赖一种所谓能够领会绝对的、非经验的真理的纯粹理性，取代了实践理智的位置。

因此，在这两种关于哲学任务的观念之间，存在着深层次的根本分歧。根据第一种观点，知识——倘若这是关于终极实在的知识——是最终的目标，因此哲学任务的完成不依赖于实践活动。根据另一种观点，思想和知识本身不能解决存在和生活的冲突。即使在经验世界的东西之上和背后存在一个实体(Reality)，即使关于这个实体的知识是可能的，关于这一实体的知识对我们生活在其中的这个世界所具有的缺陷和矛盾也无济于事。只有行动，才能使事物朝着统一和稳定的方向改变。要实现这一结果，就必须以在先的原则(leading
257 principles)来指引行动；而这种行动，作为实际经验基础上的反思成果，揭示了各种新的、尚未实现的可能性。哲学在规划价值和目的的建设性阶段所进行的这种系统的批判性工作，要求通过价值和目的的建立而在行动中运用这些目的和价值，并指导这些价值和目的所投射(project)的实际操作。

各种绝对哲学都具有一种实践效果。作为确立经验秩序和经验统一性的唯一力量，它们会激化冲突并强化对外在权威的诉诸。每一种绝对哲学都必定声称掌握了唯一的终极真理，否则就违背了它们自身的主张。绝对哲学不可能容忍竞争者，也不可能向对立的哲学学习。历史表明，只有在政治权力机构和精英权力机构的支持下，这种绝对哲学才能得到普遍承认。绝对哲学的实践逻辑，需要外在的权威迫使人们降服和惩罚异端的背离。绝对真理需要绝对服从。相反，通过经验而形成的对哲学的各种观念与各种条件关系的认识，会进一步深化相互沟通、相互交流和交互作用。通过这些步骤，使各种信念的分歧朝着达成共识的方向趋于缓和。各种不同的信念是可以磋商的。

II. 两种观念在哲学与科学关系上的举止

从关于哲学(特别是教育哲学)目标两种对立的观念的分歧衍生出的最重要的实践差异，是关于哲学和科学关系的不同举止。因为自然科学和人文科学是以经验为基础的，而且根据第一种哲学观点，因为经验的主题内在地从属于终极实在，所以除非科学像仆人服从主人一样心甘情愿地接受形而上学的支配，否则，哲学和科学必然是对立的。这种哲学的追随者，会傲慢地蔑称科学为“纯粹经验的”。

但从第二种哲学观点来看，在科学和哲学之间并不存在竞争。也就是说，哲 258
学与科学尽管相互联系，但它们存在于不同的维度。作为知识而言，科学的至高无上性(primacy)和终极性(ultimacy)是被认可的。因为“科学”单纯意味着关于自然、人以及社会的最可靠的知识，而这些知识在特定的时间、通过特定的方法和技术是可以获得的。哲学工作作为批判和构建，并不是要提供任何科学可及范围之外的额外知识。不如说，哲学所关注的是已知的事实和原则应该有益于价值和目的。这种关注表现在哲学所声称的这一观点中，即成为有效实现目的和价值之行动的权威，而非成为呈现任何高高在上的“实在”和知识的权威。

在这种意义上，而且仅在这种意义上，哲学才可以声称比科学更加全面。之所以存在这种更全面性，是因为理智系统的每一次尝试确定价值和确定哪些已经获得的知识应该被付诸使用时，就这些尝试本身而言就是哲学的，而不是因为在孤立存在的贴有“哲学”标签的要求中有任何与生俱来的特权。人不仅是知识的存在，人首先是为了生存而必须行动和创造的存在。人的活动首先是关于爱憎、希望和恐惧这些情感的表达；好奇促使其探究，而危险让其退缩。人的活动是冲动、欲望和习惯的表现。人的行为有的愚蠢和麻木不仁，有的纯粹是例行公事，而有的是已规划的有序行为之外的暂时性反常之举。存在于前后行为模式之间的这种差异，源于已知事实和原则所形成的理智。除非是建立在了解现有的各种条件的基础上，否则，意图就是空头支票和乌托邦；而这些现有条件既是要克服的障碍，也是实现目的所需要的手段。科学就是在特定时间内所达到的、对这些现有条件最准确最全面的认识的一个名称。但知识本身，无论知识多么全面、多么精确，都不能告诉我们：对于已知的东西，我们应该做什么。“纯粹的知识”，若这样称呼是对的，那么可以将它称之为“与行动相脱离的知识”。从生理学立场来看，“与行动相脱离的知识”是不可能的，就像大脑皮层的细胞与肌肉和自主神经系统的分离是不可能的一样。哲学是一种对所存在的关联原则
259 (linkage)深思熟虑的批判性审视，审视集体生活与个体生活的关联原则，审视知识与决定着人的根本意图和欲望的那些价值的关联原则。

人们通常会说，每个人都奉行一种哲学。这种说法在如下意义上没有错，对于那些不是漂浮在生活川流表面的人来说，他们对那些加入其信仰与行动的价值有总的筹划(scheme)。工匠和建筑师，物理学家和工程师，艺术家和政治家，只要他们为实现自己的实际或潜在需要而努力，就例证了观念与行动之间的操作关系(working connection)。一定程度和一定性质的哲学，对于表达和谋划构成生活众多的细节和环境而言是必要的。这种哲学作为规则是片面的，因为它们的形成是非批判的。“哲学”，在其更专业的意义上，是通过将这些具有更多局限性的哲学置于一个更宽广的背景、置于一种更具深度的价值和目的视野中而形成的。即使被意识到的目的足以统一某个特殊个体的各种行动，也无法满足相互关联的有序和循序渐进的行动的需要。

因此，哲学主要的竞争者不是科学，而是惯例；是各种不为人知地发展为成熟而具有强大的情感和推动力量的信念；是直接环境的压力；是未经批判的范例和训诫的影响；是对既存习俗和传统要求的顺从性适应。就与这些影响的对立而言，哲学是一种系统性批判；这种批判运用自由的力量，力图通过开启新的可能性将人类活动从习俗中解放出来。正是通过彼此冲突的风俗和习惯之间的比较，理智才能筹划新的价值，才能在新价值的基础上行动，从而创造新的习俗。

III. 教育哲学

1. 教育哲学是一般哲学的一种形态

对于教育哲学是不是一般哲学最重要的形态，可能有人会提出严重的质疑。对于教育而言，如若它是真正教育的，那么就不仅提供知识和技能，而且形成心 260
态和性格，而心态和性格决定了运用习得知识和技能的倾向。在个体性格与社会需要及价值的能动关系方面，尽管教育哲学不是形成个体性格已有手段中最有效的，但它是专门处理个体与社会这一基本关系的实际解决方式的媒介。此外，教育哲学传承文化中的积极价值，通过把这些价值纳入个体的性格之中，而使文化中的积极价值得以相传；教育哲学还创造着产生更好未来文化的心态、理解和需要。在学习的过程中，教育哲学完成着自己的使命。因此，关于知识的起源、性质以及作用的所有哲学问题，都是教育中尚在争论的问题，而不仅仅是锻炼理性思辨能力的练习题。的确，一般哲学中的任何一个重要问题，都会把最吸引人的焦点集中在决定合适的研究主题、教育方法的选择，以及学校的社会组织和管理上面。

2. 一个典型问题：科学知识与实践活动的关系

所以，这章涉及的问题太过广泛而无法充分地论述。我们有必要选取一些典型的问题以便探讨。不同哲学之间的根本分歧是由两种对立的哲学目标和任务而产生的，这一事实表明了知识问题，尤其是科学知识和实践活动之间的关系问题，应该予以专门考虑。具有实践意义的问题之一，是何种类型的哲学应该支配教育哲学。就教育的组织和管理而言，这一问题实际上是：究竟是前科学时代建立起来的传统（其历史悠久，通过习俗对生活产生了深远的影响，并有凝聚强烈情感的纽带）应该行使基本的支配权，还是与经验相联系的科学和科学方法应 261
该行使基本的支配权？

作为一种引导人类事务的力量，科学方法是非常新的；作为教育中的一种力量，科学方法更是新生事物。教育中的科学，就像一般生活中的科学一样，不过是古老的习俗、社会制度和习惯性观念深厚积淀外的一件薄薄的外衣。科学，只要它将自己仅限于提供更有效的手段以达成与继承的文化价值体系一致的成果，就能持久地存在并得到支持。假如科学具有一种威胁，假如它会影响或改变原有目的系统而非为原有目的系统的实现而提供更好的手段，那么，它就会受到人们的质疑，引起人们的担忧。比如说，在工业生活中，只要科学被应用于生产与商品流通的新发明和新技术，它就会受到欢迎。但是，只要科学被用于改变现有经济和政治制度框架内的人类关系，或者改变由现有系统所产生的价值，那么，这些努力和尝试无论积极还是消极，都会遭到质疑和强烈的敌意。有时人们甚至会认为，科学破坏了社会秩序的根基。

类似的事情在教育领域同样存在。科学研究成果若被应用于改变那些受到墨守成规的传统所支持的教学科目的方法，就会遭遇惯性的抵抗。不过，总的说来，只要科学研究成果有效地提高了阅读、写作、算术、地理等的教学效率，它们就会被欣然采纳。而运用人和社会关系的新知识，赋予学校教育的所有科目以改变了的社会方向的尝试，就可能被视为对现有人类关系制度的颠覆。

到目前为止，关于科学和哲学一般关系的论述，同样适用教育的专门领域。科学能够检验这些特定科目的教学程序与学生的学习成果之间的因果关系。有关这一因果关系的知识，能够促进技术的发展，使之事半功倍，就像物理和化学
262 领域中的因果知识能被转化为改进生产实用品的技术一样。但是对结果的价值，即便是对最先进的技术促成的结果的价值进行批判性考察，也会把所要考察的对象置入它们与当前社会的需要、与各种后果的关系这一更广阔的背景之中。原有程序的改进，是一种收获。但是即便教学更有效率，也不能对教育理应致力于目的之性质作出判断，从而对研究权利作出判断。只有通过考虑关于社会和文化生活的科学的内在可能性，才能解决这个问题；而这种内在可能性，在我们已经接受的、来自未经彻底批判的传统教育体系内，从未得到充分的展现。

不过，先前所述并非暗示，在教育中，科学和哲学之间有着严格而不容改变的区分。现有的条件及其影响能够被科学地检验，在这种意义上，尚未实现的可能性则不能被科学地检验。不过，在现有条件与可能而非现实的价值、目的之间，存在着必然联系。比如说，科学能够决定生产炸药的最有效的方式，然而却不能在有限的物理和化学领域内决定炸药应当被用于何种目的，究竟将它用于战争以形成对生命的毁灭和财产的毁坏，还是为更好的交流清除障碍，为人类提供更好的居住环境。但是，在秉承客观的科学精神下，检验追求战争与和平的结果还是可能的。战争很容易受到批判性的全面考察，而这种全面考察只有在采用追踪因果关系之方法的情况下，才是深思熟虑的。追踪因果关系的这一方法，在获得关于物理事件的知识中是有效的。当其所考虑的结果确认战争有利于人类

福祉时，相对而言，这一探究就进入了哲学领域，因为它是与价值相关的。

探究领域越狭小，其科学性就越严密，因为各种条件能够受到更严格的控制。而探究背景越宽泛，对因果条件的精确控制就越困难。当探究的领域宽泛
到包含人类的福祸时，当提出这样的问题，即“怎样改变现有的社会条件，才能更 263
有效地为根本价值作贡献”时，这一探究就显然是哲学的。但可以这么说，在科学目标与哲学初衷之间并没有一个固定不变的边界。两者的区分与两种因素相关，这两种因素是随着历史社会条件的变化而变化的。它们不是绝对的。变量之一，是探究中涉及的假说的范围。没有必要坚持观念的作用就如科学探究中的假说的作用一样，是不可或缺的。但在科学的发展中会出现两种假说。在任何情况下，每一种假说都是对确定无疑的已知的超越，是对未知的探险。在某些情况下，一种科学假说会陷入更具涵盖性的、已经被检验和已被经验证实的理论范围；而在另一些情况下，假说需要采取一种新的视角，这种视角之“新”，体现在它可能包含某种所谓的推测因素，其正当性是根据当时已确定的科学立场而得以判断的。诸如此类的假说有物质不灭、能量守恒、进化论和相对论，它们在开始时都是哲学假说。只有经过长期艰难细致的观察和反思之后，它们才具备了严格意义上的科学特征。科学从一个层次到另一个层次的进步，需要自愿考虑那些最初超越科学证实之可能性的假说。因此，假说的功能就是搭建科学和哲学之间的桥梁，同时以最初的假说为依据而区分科学和哲学的基础。

另一种变量涉及尚未实现的可能性。在物理领域，假说所表现的可能性关乎可能性起源的时间知识。当通过其后的探究而确立这些可能性时，我们相信，这些可能性作为自然秩序的一部分一直存在。哲学所研究的人类价值的可能性则情况不同。人类价值的可能性的存在，有些晦暗不清，或者形式片面，或者我们对它们的思考缺乏得到确证的基础。它们必然至少是由所存在的东西间接表明的。但作为指导行动的原则，人类价值的可能性所呈现的价值是应该(should)被实现的东西，而不是有待于我们发现的、一直存在的东西。这种建设
性的哲学观念所蕴含的是：人类价值的可能性具有高于促使可能价值实现之行 264
动的威望；但却不像在科学中那样，科学假说所表现的可能性之所以有权获得认可，这是因为，这些可能性已经是自然秩序的一部分。

因此，当今绝对主义和超验主义(super-empirical)哲学的拥护者，把他们对现有教育的批判与改革的提议建立在对希腊传统和中世纪传统的诉求上，就绝

非偶然。因为正是在古希腊，形成了关于超验实体的哲学，以及任何条件下的经验都是与这一实体相一致的真理。而在中世纪时期，由于得到了一个强有力社会机构的赞同和支持，哲学实际上在社会组织机构中得以繁荣。因而，两种教育哲学的冲突，就是前科学时代的理性、道德态度与当今时代可能性之间的冲突。坚持通识教育和职业教育的严格区分，在人文经典与科学科目（数学被看作真理的系统，而非从自由选择的前提中推演出来的有序系统）重要性方面的区分，以及学校缺少对任何有关一手经验的东西的信念，都是从建立在回归传统哲学的逻辑上推论出来的。与此相反，建立在经验基础上的教育哲学的方向，就是通过科学方法构建探索经验的可能性。

摆脱现有教育困惑和冲突的唯一方法，就是对现有经验可能性进行批判和建设性探索，只要那种经验是在科学方法所代表的理智的充分掌握之中。现有的学校系统，就像现在的生活和文化一样，展现了一种从新的或旧的事物中推演出来的价值标准的无序混合。学校既无存在于若干世纪之前的文化价值的优势（benefit），也无现在可以通过对科学方法更彻底的使用而实现的那些经验可能性的隐含价值的优势。一方面，由于深受传统和未经批判之习俗的影响，学校还包含着过去的科目和目的；而另一方面，现有条件下的需求压力，尤其是那些从
265 当代工业和经济制度中产生出来的需求压力，又促使学校引入新科目和新的学习课程。然而，后一种情况中的教育回应，和那些展现在传统认可下所采纳的价值和目的中的回应，几乎一样都未经批判。第一次机械时代和当今电力时代的科学及其应用，都是在纯粹社会压力的条件下，才投入科学科目的教育系统以及职业训练中的；但在很大程度上，这些新的科目覆盖了旧有的科目，就像近代的地质层会带着“缺陷”和歪曲覆盖旧的沉积物一样。

3. 科学和科学方法在学校中的地位

首先要考虑的是现今在教育方案中给予科学的位置。就形式而言，两三代人为争取自然科学在学校中的位置而进行的战争已经大获全胜。但就科学的实质而言，却并非如此。因为科学的关键不在于所得出的结论，而在于得出这些结论的观察实验方法，以及数学推理方法。在很大程度上，学校中教授的恰恰是科学的结论，而很少关注这些结论所依据的控制观察方法和检验方法。所以，所谓教授的“科学”，（1）成为关于事实和原则的现成真理；（2）与科学的起点和终点——日常经验相脱离。换言之，考虑到科学的教育现状，在很大程度上，科学

是受控于使科学方法受到侵害的那些旧标准和旧目标的。科学成了那些先前存在科目的附加物，而非在一个新的统一价值系统中重建这些科目所需的方法。此外，如果科学被看作专门的、纯粹孤立的事实和原则，那么，它就只适用于相对成熟的理智能力，因为它包含着专业的科技术语和专业的技术程序执行技能。266
于是，年轻人的理性态度和习惯的形成，就由那些缺乏科学方法控制影响的力量任意摆布了。

其结果就是：新的科学科目，与表达了前科学时代的理智习惯的科目，在包含的价值、目标、标准上同化。相反，作为方法的科学会渗透到所有的学校科目中去。作为方法，科学以充满生机的精神促进了所有科目信念的形成及检验。作为方法，科学坚定不移地尊重来自一手经验证据的权威性，坚持不懈地关注建立具有论证力量观察的实验活动，高度地评价作为解释和组织可控观察鉴别的那些事实之手段的观念。科学只有成为应用于所有科目的精神，并植根于所有的学习过程之中，才能创造内在于它的作为方法的价值。在事实和原则之间存在着根本的不同，不管这些事实和原则是通过他人的探究而建立的，是被给定的，还是接受现成的，它们都随着科学方法引导的现实经验的发展而发展。第一种，构成了很多的信息。第二种，在根本形式的意义上，成为所有科目的理智的回应。

4. 知识和经验的关系

关于知识与经验关系的争论，是由两种对立的教育哲学而特别提出的。根据这两种对立的教育哲学其中之一，知识本身就是最终的目的，除非知识是通过推理能力和独立于经验的理性直觉而获得的，否则无权冠以“知识”（在其最充分的意义上）之名。把知识自身当成目的本身，就等于隔绝知识与行动。因而，这些人的哲学信念就是：仅当知识是通过脱离与实践经验的联系而获得时，教育才是“理智的”。而另一种哲学则坚持，教育是用来培育和发展理智的。同时，坚持 267
认为，理智不应被视为一种孤立的能力，即不应被视为传统古典哲学所谓的“理智”；这种理智是一种经训练而获得的判断力，它能够在生活呈现的所有境况中选择手段而达成目的。否则，替代通过科学的运用而形成生活经验的态度和习惯，形成赋予生活有序连接的价值和目的根本态度的，就是惯例、偏见、习俗和相信那些愿意相信的渴望，或者相信那些因与个人所属特殊团体的期望和要求相一致的诉求。

认为当经验贯穿科学方法时,知识是内在地与经验联系在一起的这种哲学,要求学校为一手经验提供条件。就像所谓的"进步"学校有时所假设的那样:任何经验,只要是一手的就可以。像一些常规传统影响下的学校所假设的那样,经验的功能是产生自动技能的形式,这样的假设是不够的。一手经验必须能够激发反思性观察,并且要求在合适的行动形式中检验观念。而且,经验还必须有连续性,而不是今天做这个,明天做那个。在利用各种熟悉的日常经验的条件下,在校园外所获得的经验,为在校园外无法实现的价值和目的引入校园内的各种活动提供了很多机会,这些价值是诸如与科学方法的要求相一致的理智习惯,以及理解社会环境和社会关系的能力。

科学通过其应用,对日常经验和人们彼此合乎习俗的关系产生了深远的影响。生产商品的现代工业就是科学的直接产物。产生现代工业方法的机器和电力已经改变了家庭、教会、国家,也改变了工业。当前,每个社会争端和政治争端与作为工业、金融产物的各种条件之间的紧密联系,就是新科学的应用影响人类
268 关系的充分证明。由于化学过程的应用而使很多产业发生了变革,如内燃机、蒸汽火车、发电机、电报、电话、汽车、收音机和飞机,等等,这些让人们关注因化学过程的应用所带来的社会结果,已是老生常谈。这些结果渗透在生活的各个角落;人类关系中所有的领域都不再保持其原样;但是,所有这些变化的意义都需要学校随之也发生变化,以促进人们对科学方法的理解,促进人们对科学力量及问题和社会生活需要的理解,然而人们对此却鲜为关注。而恰在此处,存在着与经验哲学特别相关的良机。

曾经有一度,前工业、工业、职业和专业教育显著增多。但从整体上说,这些科目都服务于相对狭隘的实践目的。它们被当作工业和金融所需的信息和技能的手段,被当作在现有社会条件下找到工作和赚钱的手段。相对而言,人们却忽视了这些科目所具有的更广泛的实践价值,即忽视了它们作为理解科学方法的本质和应用科学社会效用之手段的价值,以及作为洞察创造更人性化和更公平的社会秩序的各种力量之手段的价值。

那些仍然坚持亚里士多德和圣托马斯哲学的人,在逻辑上要求职业教育比现在的"通识教育和文化教育"有更大的分离。这一要求的提出,是由于通常在习惯上将职业教育视为单凭经验方法的步骤和关于职业的信息,并认为这二者都不包含反思性思考。因此,与坚持亚里士多德和圣托马斯哲学的人的批判和

设想根本妥协的唯一方式，就是避开这种通常的实践，而运用包含在所谓“实践”研究和活动中的丰富的科学价值和社会价值。其实，并不是实际的经验结构和经验过程，甚至不是经验的实践因素，导致了这种反对意见。导致这种结果的，是关于经验和教育的某些偏见。先验哲学确信这些偏见，因为在先验哲学看来，经验无法产生具有重要意义的观念。与此同时，旧经验哲学通过把观念还原为先验的摹本，而与先验哲学殊途同归。

再者，旧经验哲学是极其个人主义(individualistic)的。除了那些被假设为 269
在严格的个人意识和物理环境之间发生的过程之外，其他任何过程在这种哲学中都无容身之地。旧经验哲学没有认识到，在经验构成中，与他人的关系是何等密切。所以，旧经验主义倾向于把社会分解为一系列原子构成，而这些原子彼此之间只有外在的关系。旧经验主义缺乏对现有社会制度的解释力，也不能提供改善社会关系的观念。只要制度压抑和限制个体，那么，旧经验主义就有用武之地；旧经验主义宣称，个体对否定他们的自由具有与生俱来的权利。但是在说明替代它所批评的社会组织的新的社会体系方面，旧经验主义却捉襟见肘。在教育应用中，旧经验主义强调引入有助于个体成功的信息和技能的各种形式；但就其影响而言，它在培养合作态度和统一努力方面是软弱无能的。旧经验主义的缺陷和所留下的空白，引发了赞成绝对哲学的反应，似乎只有以绝对哲学为基础，才能维持社会统一的各种利益。

先验(*a priori*)哲学、非经验(non-empirical)哲学和反科学(antiscientific)哲学的拥护者们，仍然把他们对经验哲学本身及其教育意义的批评，建立在早期经验哲学所形成的经验概念的基础之上。这一事实增添了一种哲学的重要意义。这种哲学认识到实践的建设性理智在经验中的内在位置和功能，认识到知识与行动的统一，认识到经验与社会价值的渗透性。这表明了一个事实，即能够与诉诸外在权威的反应倾向相抗衡的唯一有效的方式，就是以承认理智的解放和导向作用为基础的经验哲学的深思熟虑的发展。这种经验哲学充分利用科学与社会制度变革和人类关系变革之间的紧密联系。假设经验不能发展出那种最珍贵的价值，是一种毫无道理的恐惧；假设理智不可能理解最珍贵的价值，也不能赋予价值以引导组织有序的集体努力的形式，是对理智的不忠；假设人性不能积极主动地回应这些价值的要求，理智不能促进这些价值的实现，是对人性的一种失 270
败主义者的诋毁。

教育的问题不在于继续引入科学科目和职业活动，而在于这些科目中内在包含的相互矛盾的价值混合物；在这些混合物中，一些价值来自教育系统中依然存在的前科学和前民主时代的传统和习俗。解决教育问题的出路在于：在科学地形成的理智控制下，系统地发展个人和社会经验中各种潜在的价值。教育哲学的直接任务就是从一开始通过大学来澄清这种发展的意义、主旨，澄清学校活动和学校学习的方法。只要批判的对象是前科学时代的传统习俗流传下来的教材、方法和目的，那么，这一任务就是消极的。只有当它揭示经验中通过由实践和集体理智所激励的努力而改造的那些价值时，这一任务才是积极的。在这一方面，教育的期望和社会生活的期许是一致的。忠于经验和科学方法可能性的教育哲学，本身不可能带来所需要的改变，但它可以通过理清要走的路和要达至的目标而为所需的改变提供帮助。

作为社会问题的科学统一[①]

I. 科学态度 271

任何一个希望促进科学统一的人都必须至少自问两个基本的问题:“促进科学的统一性意味着什么,即科学意味着什么?”“何种统一是可行的和值得的?”本文接下来,表达了笔者目前思考这两个问题所得到的结论。

关于科学含义的问题,需要区分作为态度和方法的科学与作为研究主题的科学。我并不是说这二者可以分开,因为方法是处理主题的方式;而作为知识载体的科学,是方法的产物。无论方法还是主题,都只能在与对方的联系中才能存在。一种态度不指向它之外的对象,就是精神错乱。所谓对二者进行区分,首先意味着,在书本、杂志以及科学组织的程序中看到的态度,产生在这些材料之前;其次意味着,态度首先是关于日常世界的对象及其活动的,其次才是关于那些科学的论题的。

换言之,科学方法不限于那些已经被称为科学家的人。知识和观念的载体,是科学家工作的结果,也是方法的成果。方法被更广泛的个体组织所追寻,这些
个体组织与共同环境中的各种对象及各种能量明智而开放地打着交道。在其专 272
门的意义上,科学是对日常活动的详细阐述,而这种阐述是高度技术性的。尽管科学语言和科学程序具有学术性,但科学真正的含义只有在科学与态度相联系,

---

① 首次发表于《国际统一科学百科全书》,第 1 卷——《统一科学百科全书》(*Encyclopedia and Unified Science*),第 1 部分,芝加哥:芝加哥大学出版社,1938 年,第 29—38 页。

与能够被所有具备理性行为能力的人所使用的程序相联系的时候，才能够被理解。

常识水平的某些态度，类似于科学（在其更专门的意义上）态度；与此同时，也有一些态度却全然不是科学的。有些人按部就班地按照常规工作，有些人漫不经心地试错，有些人则被教条奴役、受偏见的指引，还有些人通过手、眼睛和耳朵来获得他们所遇到的事情的知识，并且运用大脑从他们所观察到的东西中抽象出意义。几乎没有人能用外在的科学教条支配工程师，也几乎没有人能够把自身的情况建立在严格的二元区分上，即建立在所谓“纯粹”科学和“应用”科学的截然区分上。

正如卡尔·达罗（Karl Darrow）博士在《物理学的复兴》（*Renaissance of Physics*）一书中所说的那样：

> 现代科学告诉我们的许多东西的确是奇幻和不易觉察的，但这些东西已经被接受相同训练、使用相同推理方式的人所证实。这些人就像下面一些人一样，他们通过一根电线就可以与旧金山乃至伦敦通话；横跨大西洋，乘蒸汽船历时四天，而乘飞机不过24小时；通过铁轨无形的传输力量操纵火车；用眼睛看不见的光、无火的射线拍摄肉体内的骨骼。

当工程师的成果在“应用”科学的名称下遭受贬损之时，被遗忘的是产生这些成果所需的探究和计算，就如那些被称之为“纯粹”科学所需的探究和计算一模一样。纯粹科学对自身成果的运用，并不是自动的；它要运用一些方法，如果硬要将这些方法与那些在实验室或观察台所使用的方法区别开来，那就专横无理了。之所以提到工程师，这是因为，一旦认可工程师，那么，我们就不能将农夫、技工、司机排除在外了；因为他们做事是通过理性的选择方法，并且根据目的
273 来调整手段，而不是按照惯例或者猜测行动。另一方面，当科学家的信念脱离他的特殊对象，并让这些信念受制于既有的传统或者在周围的社会环境下形成预设时，就很可能变得极不科学。

简言之，这里所考察的科学态度是生活的任何过程中都能表现出来的一种性质。那么，它到底是什么呢？从否定的意义上来说，科学态度就是从惯例、偏见、教条、未经审视的传统和纯粹的自我兴趣中解放出来。从肯定的意义上说，

科学态度是探究、分析、区别，并在努力搜集所有可用的根据的基础上得出结论的决心。而这一决心，是在观察到的事实基础上获得信念并验证那些已经获得的信念，识别那些毫无意义的事实——除非这些事实指向计划（ideas）[①]。依次，以实验为基础的态度，认识到计划对于处理事实来说是必不可少的，尽管计划仅仅是仍需要由它们所产生的结果来验证的工作假说。

最重要的是，科学态度已经植根于由现实条件引发的问题之中。而非科学的态度是避开这些问题，偏离这些问题，或者掩盖这些问题，而不是直面这些问题。经验表明，这种逃避与关注伪问题[②]，以及关注所谓现成的解决方法，别无二致。因为如果问题不是来源于（哪怕只是间接地）正在进行的生活（包括交往生活），就都是伪问题。生活是一个过程，这个过程与复杂的环境（无论自然环境还是文化环境）息息相关。与自然环境和人文环境交互作用而产生的任何形式的问题，单靠客观的态度和理智的方法无法解决。在家庭、学校、商店、医院，都会出现这些问题，这些问题就如在实验室里的问题一样真实。而且，这些问题会以更加直接和更加紧急的形式呈现。这一事实如此显而易见，如果不是因为它表明了科学态度的潜在普遍性的话，我们根本就没有必要提及。

伪问题的存在，也是人类社会中不可否认的事实。此类问题的存在和解决它们所耗费的精力，是造成科学方法的可能性常常无法实现或者受到阻碍的主 274
要原因。“形而上学”一词有很多含义，但所有含义一般都设定为高度理论性的，与在大街上的人毫无关系。但是，在“形而上学”于经验之外、经验之上和超越经验的意义上，所有的人只要被那些并非源自经验的问题所困扰，并且在经验之外寻求解决方法时，他们就是形而上学的。他们不仅在技术哲学上是形而上学的，而且在宗教、道德和哲学上的信念和思维习惯上也是形而上学的，因而导致能量的消耗非常严重。但是，与伪问题及其解决方法对发展智力的合适方式——科学态度的阻止、偏离、歪曲相比，它就显得微不足道了。

II. 科学的社会统一

当我们把问题从科学意味着什么转到科学统一意味着什么时，乍一看，我们

---

① ideas，在这里指主意、计划、打算、构想。——译者

② 伪问题（artificial problems），指人造的、矫揉造作的、不自然的、假的、人为的问题。——译者

的话题似乎转到了另一个领域。科学的统一，通常是指与所得到的科学结论的统一。在这一领域，关于获得科学统一的问题，是把大量分散的专业发现整合为一个系统的体系。这个问题确实存在，并且不容忽视。但是，同样存在着关于人的、文化意义上的科学统一。比如说，统一那些在自身事务中采取科学态度的尝试，从而使这些尝试获得一种源自统一的力量。即便个体尝试在关乎自身生活事务的行动中深思熟虑，他的尝试也常常会受到牵制，受到种种阻碍的影响而站在科学态度的对立面。这些阻碍不仅因为无知，还因为偏见、教条、集体利益、外部权威、民族主义和种族主义情感，或者具有类似作用的力量。从这个方面看，科学的统一问题构成了一个在根本上具有重要意义的社会问题。

275 当前，科学态度的敌人数不胜数且具有组织性，它们远比表面看上去更加严重。科学的声望确实显赫，尤其是它在工业和战争方面的运用。在抽象的意义上，几乎很少有人公开地站出来说他们反对科学。但是，这一少数并不是那些通过完全非科学和反科学的方法而借用科学的成果，以牟取个人、阶级和民族利益之人所产生影响的量度标准。比如，人们可能崇拜科学，因为科学使他们用上了无线电广播设备，从而创造出各种条件来阻止科学态度在人类活动最重要领域的发展，而这些领域因无法运用科学方法而受到严重的损害。特别是，当科学"侵入"(invade 这个词常被用到)现在被宗教、道德、政治和经济的制度习俗所占据的领域时，科学是不受欢迎的。

那么，科学态度如果要得到统一，就必须促使那些接受科学态度的人在科学态度的基础上彼此积极合作。科学态度的统一问题，在重要性上超过了各专业科学成果的统一问题；在程序上，它也先于前者。因为如果说现在的科学正处于一个关键时刻，那么，即使在更专业的意义上，这种表述也不为过。为了保持所获得的成就，科学必须向前发展。如果停滞不前，科学就会局限于已经获得胜利的领域，并将看到，一些人为了无人性的残暴的目的，以反科学的手段窃取科学的胜利成果。

因而，鉴于科学在整个生活图景中的地位和作用，那些受到科学精神鼓舞的人非常有必要采纳别人的意见。以科学统一为目的的运动，不需要也不应该预先建立一个普遍认同的平台。科学统一的运动实质上是一种合作运动，在这种合作中，详细而精确的共同立场和观念一定会涌现出来。试图预先形成这种共同立场和观念，并坚持让所有人接受它们，不仅是对合作的阻碍，而且是对科学精神的违背。唯一有必要协同一致的形式，就是对科学态度的信心，以及对保持和扩展科学对人类及社会所具有的重要性的信心。

先前所述并没有减少产生于高度分离的专业化的困难,这种专业化现在既 276
是科学的特征,也是克服这些困难的关键。在很大程度上,那些科学不同分支的追随者使用不同的语言,彼此之间很难理解;不同分支之间,也难以相互转换。其结果是产生出一种剥夺劳动者有效的理性工具的倾向,假如劳动者能够更自由地使用这些理性工具的话,那将有助于他们的专门工作。

但合作所需要的工作,是不能机械地或者在合作之外完成的。同样,合作也需要那些受到科学精神鼓舞的人的协作。真正合作努力之下的相互交流,才能最容易和最有效地达到一个共同的中心点。试图用一种科学的术语来定义所有的科学,并以此来达到科学统一的尝试,这注定是要失败的。科学大厦的建立,有很多工作要做。第一项工作是改变隐喻,即搭建各种科学分支间的桥梁。要跨越很多沟壑。然而,在我看来,当务之急是通过生物学这一媒介,将物理-化学科学与科学的心理领域和社会领域连接起来。我的或者少部分人的这种观点,可以表述为:最好集中精力考虑如何使各种科学统一地致力于解决实际的社会问题。下述观点仍未偏离当前的主题,即对科学统一运动的合作努力,必定会逐渐消除造成当前隔阂的原因,并指出使不同领域的工作者彼此隔离的鸿沟所在,以及搭建跨越这些鸿沟之桥梁的方式。

自由的科学方法所享有的短暂历史,与丝毫感受不到科学影响的力量所享有的漫长历史形成了对比。前科学时代流传下来的观念在我们身上依然可见,并且变得清晰而明确。通过重复“科学”一词,并不能消除这些观念。每个科学工作者在其工作领域之外,甚至在工作领域之内,都依旧容易受到前科学时代流传下来的观念的影响。只有坚持批判性关注,以科学的精神进行练习,才能逐渐消除这些观念的影响。最终,对前科学时代流传下来的观念的批判,一定会成为
一种自我批判。但是,自我批判的力量和效用只能通过与其他人充分而自由的 277
合作,才有可能得到保证。

在感受到科学方法影响力和宽容增多的地方,就会带来科学方法的进步。我们现在所处的世界,不宽容与日俱增。我认为,造成不宽容增长的部分原因,是因为目前把宽容当作一件消极的东西。我们需要把接受消极宽容的责任,转变为积极扩展的科学方法。第一步,就是要认识到进一步深化相互理解和自由交流的责任。

III. 教育和科学的统一

谈论科学统一性运动和教育之间的关联，也许并未超出我的主题范围。在此之前，我已经提到，科学方法在自己的发展史上已遭遇危机。在最后的分析中，我指出：这一危机的原因在于，极端的保守派和极端的激进派在赞成科学在某些领域取得成就的同时，却联合起来用科学的技术破坏科学的态度。我已经提到过，科学短暂的历史与传统纯粹出于惯性而抵抗科学运用的历史之间的对比。这两种影响共同促使教育媒介成为任何令科学精神更伟大、更先进的统一运动的关键。

经过一场斗争之后，各种科学都在教育机构中为自己找到了一席之地。但在很大程度上，它们只是与其他科目并列地存在，而那些与之并存的科目却几乎感受不到科学的力量。然而，与科学受到尊崇的地位相比，这远非是教育现状最让人沮丧的特征。这是因为，被教授的科学精神，以及在教授科学精神时所使用的说明方法，很大一部分是从传统科目中来的，而不是从科学科目中来的。

278 下面说一些证明这一点的具体事情。首先，科学对基础教育几乎没有什么影响。在小学教育中，科学无迹可寻这一点基本上毫无例外。然而，在小学教育这个时期，学生的好奇心最强，观察的兴趣盎然，他们无比渴望新的体验。这个时期是形成孩子最基本态度的时期，这一基本态度有意识或无意识地控制了孩子之后的态度和方法。

其次，所教授的科学科目在很大程度上，是科学学科的内容，而不是一种普遍着手处理事务的方法。也可能有实验或试验性实践，但尽管如此，上述观点依然成立，因为这些实验的目的主要是为了学生获得某种信息。关于作为结果的事实和规律的信息，与在其他的研究中有所不同。但只要目标是信息，所教授的科学就仍然处在源于前科学时代的观念和实践的统治之下。试验性实践和课堂演示也许是常规指导的一部分，但对形成科学的思维习惯来说，收效甚微。的确，除了有所选择地在大脑中存储一部分信息外，并未留下进一步观察和思考的资源。

第三，除了大学某些相对而言能吸引少数人的研究机构和研究生部之外，大量的资金和资源涌入那些着力培养专职人员的机构。正如我在“应用”和“纯粹”科学的论述中所表明的那样，上述事实本身无可厚非。但是，目前实施的这种技术性培训，其目的指向狭隘，不是发展广泛而自由的兴趣和能力，也不是在所有改善人类生活的领域里运用科学方法。不幸的是，其所导致的后果是一个人享有这种专门培训带来的便利，却对科学态度在其专业领域之外的运用漠不关心。

最后一点是一种推论。冠以“科学”之名的东西，自己画地为牢。有一些强
大而专门的兴趣就是要保持科学的隔离，以免日常生活受到科学的影响。具有 279
这种兴趣的人，害怕科学方法对社会问题的影响。

即使这种影响并非是构成他们担忧的本质和基础，他们依然感到害怕。当然也有一些教育系统内部科学状态本身的影响，造成了其隔离状态。如果学校是为了用某些教条的形式逐渐灌输信念，那么被称作“教育”的这个地方就有灌输信念这种功能，学校就仅仅成了一个宣传机构。现在，学校灌输信念的这一功用还在发展。在某种程度上，这可归结于：科学并未被当作理智地处理所有问题的唯一的普遍方法。统一科学不同领域工作者的运动，本身就是对参与科学不同领域的人的一种教育。该运动同样是争取赋予科学态度在教育机构中以位置的前提，从而使教育机构培养更多的人，这些人在处理他们所遇到的问题时能够采取科学态度。

我前面说过，关于教育的讨论仍在当前的话题之内。一方面，科学态度的未来作为一种社会统一力量，更多地依赖于对孩子和青年人的教育，而非其他单个力量。另一方面，除了那些受到科学态度鼓舞且关心科学积极统一和拓展的人之外，教授科学几乎不能代替科学作为一种被普遍采用的态度。需要满足的先决条件是：这样的人能够积极主动地使自己对科学态度是什么和科学态度是关于什么有自觉的认识，而且热忱而坚持不懈地演示科学态度的正当主张。

先前所述的要点在于，科学态度和科学方法是最基本的方法，也是自由、有效、理智的方法。特殊科学揭示了科学方法的含义及其功能。要让所有人都成为某种特殊科学的开创者，既不切实际，也不可取。但让所有人都具有科学态度，既是值得追求的，在某些条件下也是可行的。科学态度之所以可行，是因为所有正常的人都具有让它可行的潜力。科学态度之所以值得追求，因为这种态
度是对抗偏见、教条、权威以及代表某种利益的强制性力量的唯一且最终的选 280
择。那些更多地在技术意义上关心科学的人，显然是在使所有人了解科学方法普遍性的相互合作中处于领导地位的人。

作为教育之基础的科学与哲学的关系[①]

281 无论就科学本身,还是就科学在教育上的运用,经验主义和实验哲学都与科学无任何不和。与此相反,科学结论和方法是经验教育哲学的主要同盟。因为根据经验哲学,科学给我们提供的仅仅是关于人以及其生活世界的手段。有些人会因此认为,哲学并非必需。他们推想"科学在知识领域中的地位是至高无上的"的观点,覆盖了人类经验的全部领域。这一排除,的确排除了这样一种哲学,这种哲学坚持哲学是比科学知识更高形式的知识,哲学是关于更高的终极实在的知识。但这并不是随着对这种特殊的哲学的排除而发生的,而是这种特殊的哲学必须自己走开。

如果人仅是且仅仅是知识动物,那么就可以推导出上述的结论。但是,事实却并非如此。人是行动的动物,人还是一个具有欲求、希望、恐惧、目的和习惯的造物。对于普通人来说,知识本身是重要的,因为知识支撑着他的需求方向和目标。知识帮他澄清自己的需要,构建自己的目的,并找到实现其目的的手段。换言之,价值、已知事实、原则和哲学主要是关乎价值的,关乎人们行动目的的。即使有最广博和最准确的知识系统,人还是要直面这样的问题:他将用知识来做什么,他应该怎样运用他所拥有的知识。

282 在所知道的东西和价值的关系这件事情上,科学与经验哲学是反对绝对主

① 首次发表于《学校与社会》(*School and Society*),第47期(1938年4月9日),第470—473页。杜威于1938年2月26日在大西洋城美国中学管理者协会召开的会议上,向国际教育研究会宣读此文。

义哲学的同盟者，这种绝对主义哲学声称能够通过独立于科学的方式方法而获得确定不变的永恒真理。对这一立场的反对，不仅仅是理论上的；其实践上的反对是：绝对主义哲学强化了对权威的诉求，增加了争论，而这些争论无法通过科学中已经得出的探究方法和证据来加以解决。剩下的唯一的选择，就是使用强权和影响，或公开或隐蔽地求助于偶然存在的习俗或传统。当今，古希腊哲学中的断简残篇和中世纪哲学关于永恒的第一原理的复兴，使哲学朝着作为一种空谈哲学(theoretical philosophy)的方向发展，而没有什么比这种趋向更加危险了。这样的一些哲学在强化已存在的社会权威方面，将拥有现实的影响力，而社会权威代表着对现状的维持。为了避免这一危险，经验哲学坚定地站在自然科学用以获得、已被证实为真理的那些方法一边。

教育哲学并不是一般哲学的穷亲戚，尽管哲学家常常这么对待它。教育哲学归根到底，是哲学中最重要的方面(phase)。因为正是通过教育过程，才获得知识，尽管教育过程并不仅仅以获得知识和相关技能为终结。教育过程试图把获得的知识整合到持久的性情和心态中去。在将起作用并带来实际行动的价值与知识相结合的方式中，教育是一种卓有成效的杰出的手段；这么说，并非言过其实。一种是受到充分思考(well-thought-out)的哲学影响的教育实践，另一种是没有受到这种影响的教育实践，两者之间的差别在于：前一种教育有着明确的关于目的的观念，而且这一观念支配着关于欲望和有待创造的目的之态度；而后一种教育盲目地受未经审视的习俗传统控制的东西所引导，或回应直接的社会压力。这种差别并不是由所谓的哲学内在神圣的东西所导致的，而是由澄清要达至的目的之努力所引起的，就目前来看，所要澄清的就是哲学所要达至的目的。

当前，这种系统性澄清的需要极为迫切。自然科学的应用给人类关系带来 283
了巨大的改变。它们改变了生产方式和商品、服务的分配方式。它们深深地影响了传播，同样影响了公共行为所依据的公众意见。这些应用超过了其他一种力量或其他一系列力量，它们决定了人们共同生活、共同欢乐和共同受难的环境。此外，这些应用也产生了迅速改变着的共同体。任何能感受到科技运用的地方，人与人的关系绝不会是固定不变的。家庭、政治甚至道德和宗教习惯，以及更狭窄的经济安排领域，旧有的形式被侵入并被破坏。几乎所有当前的社会问题，都可以在此找到源头。最后，在前科学时期形成的目的和价值，在这一时代形成并拥有巨大力量的习俗，都保持着它们的影响。人类生活，无论是个体生活，还是集体生活，都充满着干扰、混乱和冲突。

教育机构也许忽视这一状况，而学校则按照自己的方式运作，将自己的任务大部分限定于只有在面临临时社会压力时，才会作出修改的标准化知识和作为目的本身的技术形式；或者，面对学校教育与社会境遇的需要及可能性的关系问题。如果面对这一问题，那么重新调整课程内容、教学方法，以及学校社会组织之类的问题，就会随即而来。教育哲学不能一劳永逸地给出解决这些问题的答案，但有助于理解这些问题的性质，并给出有价值的建议，即给出能完满解决这些问题的最好方式。受到教育哲学这种观念感染的管理者和教师，能够在他们的实际工作中检验和发展这种观念。通过理论和实践的结合，教育哲学将充满活力并向前发展。

现在，我回到这一问题上来。经验实用主义哲学和科学的联盟，既要与将真理和原则视为至高无上且无法以科学的经验方法探知的哲学相抗争，又要与教条的权威、习俗、惯例以及直接的环境压力相抗争。应用于教育领域的科学能够
284 弄清真实的事实，而且基于因果关系而归纳概括这些事实。然而，科学自身不能解决结果的价值问题，即便是用最经济有效的方式所产生的结果。应当从已知的社会问题、社会需要的角度来评价这些结果。但是，如果不了解实际环境以及因果关系，那么，任何作为目的的价值都只是缺乏实现手段的乌托邦意义上的理想。

下面我要说几个事例，在这些事例中，哲学和科学的合作格外密切。因为科学方法依赖于一手的实验可控的经验，所以任何对这一科学观点的哲学运用，都会强调学校需要这类经验，而非仅仅获得与学生自己的经验相脱离的现成信息。到目前为止，这符合教育中的所谓“进步”运动。同时，它将形成一种影响，以反击在进步教育中也许存在的忽视连续性之重要性的倾向。教育科学自身包含着在组织化方向上继续生长的保证与力量。除非教育科学在自己的领域里，为了自己的利益而强调这一主题，否则就其作为科学的立场而言，它就是虚伪的。在与一种教育哲学的合作中，教育科学将提供极其宝贵的帮助，保证所选的科目有助于形成理解世界的态度。在这个世界中，学生和教师朝着形成关于目的、欲望和行动的态度方向前进，这种行动将使学生得心应手地与社会环境打交道。

哲学和科学另一个共同的兴趣点是科学在学校中的地位，尤其是形成科学

态度和方法的那种习惯在学校中的地位。科学需要战胜根深蒂固的危害物，以获得课程的认可。这场战争在形式上已经取得了胜利，但在实质上却并非如此。因为科学主题仍然或多或少地被视为事实和真理的特殊混合物。创造力、观察力、探究、反思和检验能力是科学才能的核心能力。只有在教授每个科目和课程时，同时创造和培育这些科学才能的核心能力，这场战争才算赢得了彻底的胜 285
利。在努力获得科学方法这一教育的重要位置上，实验哲学与科学态度的真正精神同在。

最后，科学和教育哲学能够并且应该共同工作，以克服知识与行动、理论与实践的分裂。目前，这种分裂如此严重、如此有害地影响着教育和社会。毫不夸张地说，最终建立理论和实践的美好婚姻，的确是科学和教育哲学为了一个共同的目标而共同工作的首要含义。

人的本性是变的吗？①

286 我已经得出结论：那些对我在这篇文章的标题所提的问题给出不同回答的人，其实说的是不同的事情。然而，这种说法本身太过简单，逃避了问题，所以无法让人满意。因为只要一个问题是实践问题而非纯粹的理论问题，那么，它就是一个真实的问题。我认为，对此恰当的回答是：人的本性*的确是*变的。

就问题的实践意义来说（我的意思是：无论这个问题是否重要，是否根本），人们的信念以及行为已经发生了改变，并且还会继续发生改变。但是要以恰当的方式提出这一问题，我们就必须首先认识到在何种意义上人性是不变的。我认为，没有证据表明：自从人成为人时起，人类的内在*需要*（*need*）已经发生了改变，或者在今后人存在于这个地球上的时候，人类的需要将会发生变化。

用"需要"一词，我的意思是指由人的身体构造决定的人的内在要求（demands）。比如，对饮食、对行动的需要在很大程度上构成了我们的存在，因此无法想象在何种条件下，这种需要会停止。我认为，还有其他一些并非直接的物理因素，同样植根于人的本性中。我想作为例子提出来的，是诸如某类交往关系的需要、展示能力的需要、用自己的权力控制周围环境的需要；为相互帮助而与同伴合作的需要，以及彼此争斗竞争的需要；某种类似审美表达和审美满足、领导与被领导等的需要。

287 无论我挑选的例子是否恰当，只要认识到这一事实，即某些性向是构成人性整体的一部分，如果它们改变了，那么人性便不复存在。这些性向过去被称为本

① 首次发表于《扶轮社》（*Rotarian*），第52期（1938年2月），第8—11、58—59页。

能。现在的心理学家对于“本能”一词的运用，比过去更加谨慎。然而，与人性具有自己的特质这一事实相比而言，用什么词来称呼性向并不重要。

在认识到人性结构中的某种东西是不会改变的这一事实之后，我们很容易由此而得出错误的结论。我们假设，这些需要的表现形式也是不可改变的。我们假设，这些我们习以为常的人性表现形式是自然而然的，而且是不能改变的，正如产生它们的那些需要一样。

对于食物的需要是如此必不可少，如果一个人拒绝吸收营养，会被认为是精神失常。但是，渴求并且摄取何种食物，却是一种同时受到物理环境和社会习俗影响而习得的习惯。对于当今的文明人来说，食人肉完全是不正常[①]的事情。不过，它却曾被人们视为正常的，因为它被社会允许甚至被给予高度评价。同样，有一些得到公认的故事，说有些人需要得到这样一些人的支持，因为他们不习惯而拒绝味美且有营养的食物；那些陌生的食物是如此“不正常”，他们宁可挨饿也绝不吃这些东西。

当亚里士多德说奴隶制是自然的时，他是为整个社会体制同时也为他自己辩护。他认为，在社会中废除奴隶制的企图是改变人性的无意义的徒劳，因为本性是不可改变的。根据他的观点，成为主人的欲望，在人性中是根深蒂固的；而且，有些人生来就有内在的奴隶的根性，解放他们就是对他们人性的暴虐。

据称，当社会变革作为生存条件的改善和提高而出现时，人性是不会改变的。当被提议的制度或者各种条件的改变，与现实存在的制度和条件尖锐对立时，人们常常会听到这样的说法。如果保守派更明智一些的话，在大多数情况下，他们应该把反驳建立在习俗的惯性上，建立在习惯一旦获得就抗拒改变上，而不是建立在人性的不变性上。教一条老狗要新把戏很难，让一个社会接受那 288
些与原先主流相悖的风俗就更难。这种类型的保守主义会深思熟虑，而深思熟虑会减缓想要实现的那些变化的速度，而且要弄清如何才能以最小的冲击和混乱而引入他们想要的变化。

然而，几乎没有任何一种社会变革不遭到反对，这是因为变革与人性本身相悖。主张一个无需食物、无需水而能运作的社会，是这一类型中极为少数的例证

① 这里，杜威用的是“natural”这个词。根据上下文呼应，应译为“自然的”；但根据语言习惯，还是译为“正常的”更好。而能译为“自然”处，仍译为“自然”。——译者

之一。建议塑造一个无共栖的共同体，有人提过这样的建议，这样的共同体也曾一度存在过。但是，它们与人性是如此对立，因而不可能长久地存在。这些例子大概就是唯一完全站在人性不可改变的立场上反对社会变革的例子。

战争是最古老、最为社会所重视的人类惯例。争取持久和平的努力常常招致反对的理由，就是基于人是好斗的动物，好斗是人无法改变的本性。过去和平运动的失败，可以作为此观点的论据。然而事实上，就像古代人认为奴隶制度是不可改变的事实一样，战争也不过是一种社会样式。

前面已经说过，我认为，好斗是人性的构成部分。但是，我同样认为，这些与生俱来的特性的表现形式，会在习俗和传统的影响下发生改变。之所以存在战争，并不是因为人好斗的本性，而是由社会条件和各种力量所致，几乎可以说，是社会条件和各种力量迫使这些"本能"大行其道。

存在大量可以满足好斗需要的其他通道，存在其他尚未被发现或被开发的通道，它们同样可以满足人好斗的需要。存在着与疾病、贫穷、不安全感、不公正抗争的战争，在这些战争中，无数的人已经发现了施展他们好斗性向的充分机会。

289 这一天也许十分遥远，那时候，人们会结束通过自相残杀而满足他们好斗的需要；那时候，人们会在协同抗击人类共同敌人的努力中表达这种好斗的需要。但是，困难在于某些已经养成的社会习俗的持续性，而不在于人的好斗需要是不可改变的。

好斗和恐惧是人性与生俱来的要素。但是，怜悯和同情也是人性与生俱来的要素。就如我们自然而然地以刺刀相向和打机关枪一样，我们也"自然而然"地为战场派去护士和医生，以及提供医疗设备。在早期，好斗和打仗紧密地联系在一起，因为战争的进行多半是肉搏。对于今天的战争来说，好斗只发挥了很小的作用。一个国家的公民并非出于本能而憎恨另一个国家的公民。当他们彼此攻击时，并不是近距离肉搏，而是远距离地朝着素不相识的人狂轰滥炸。在现代战争中，愤怒和憎恨随着已经开始的战争而产生；愤怒和憎恨是战争的结果，而不是战争的原因。

持续一场现代战争，是一种艰苦卓绝的工作；它必须激发全部情感的反应。我们要征集宣传鼓动以及有关敌方残暴行径的故事。除了这些极端的方法，还要有特定的组织去提高哪怕是非战斗人员的士气，就像我们在第一次世界大战中看到的那样。而士气在很大程度上，是把情绪保持在某一水平；不幸的是，更容易被激发的是恐惧、仇恨、猜疑等情绪。

我不会尝试武断地给出现代战争的原因。但我认为，任何人都不能够否认，战争是由社会原因引起的，而不是由心理原因引起的，尽管心理诉求在激发人们渴望战斗并保持斗志中起着非常重要的作用。此外，我认为，没有人会否认经济因素在战争的社会原因中所具有的影响。然而，要点在于不管社会原因是什么，它们都是传统、习俗以及制度组织的社会作用，而这些因素属于人性可变的表现形式，而非不变的因素。

我以战争为例，说明了人性中的不变因素、可变因素以及它们与社会变革计划的关系。之所以挑选战争，不是因其简单，而是因为它在影响持久的变化上极其复杂。要点在于是社会力量而非人性中固定不变的因素所设置的障碍，确实 290
不时地发生着变化。和平主义者单纯地呼吁用同情悲悯来达成和平目的的尝试终究失败，也表明了这一事实。尽管我也说过，友善的情感同样是人性中固定不变的要素，但其表现的途径取决于社会条件。

在战争爆发时，各类友善的情感会呈爆发状态。同情、帮助有需要的人的愿望，在战争中会非常强烈，这些情感就像看到或想到巨大灾祸临头时一样。但是，可以对它们的表达因势利导；将它们限制在支持我们一边。它们与反对另一边的狂热与恐惧的症状同时出现，即使它们不总是出现在同一个人身上，至少也常常同时出现在一个共同体中。因此，那些诉诸人性中友善因素的和平主义者最终失败的原因就在于，他们考虑这些因素时，往往忽略了社会和经济力量的作用。

威廉·詹姆斯在一篇叫做《战争的道德因素》(The Moral Equivalent War)的论文中作了伟大的贡献。该篇论文的标题恰恰传达了我正在说明的要义。某些基本的需要和情感是固定不变的；但是，它们可能找到与它们现在所采取的方式极为不同的表现形式。

当经济制度和经济关系发生根本变化时，会引起更加激烈的争论。关于进行这类彻底改变的建议，在我们这个时代随处可见。另一方面，这些建议所遭遇的反对意见是：改变是不可能的，因为它们牵涉到人性是不可改变的。对于这种反对意见，渴望变革的支持者很容易地回答道：现行的体系或者它的某些方面与人性相悖。因此，这种论证无论正面还是反面，都建立在错误的基础之上。

事实上，经济制度和经济关系在人性的表现形式中，对变化是最为敏感的。历史就是这些变化鲜活的例子。比如，亚里士多德曾认为，支付利息是不正常的。中世纪重申了这一教条。所有的利息都是高利盘剥，只有在经济条件改变，利息的支付成为一种习俗，并在那种意义上成为一件“正常的”事情之后，高利盘剥才有了现在的含义。

291 在某些时代和某些地方，土地为公共所有，土地私有权被认为是不正常的事情中最为荒谬的事情。在另一些时代和另一些地方，所有的财富都为一个领主所有，如果某个臣民取悦于他，那么，那个臣民也可以拥有财富。在现代金融和工业生活中，整个信用体系如此根本，这是一项现代发明。个体负有有限责任的联合股权公司的发明，是对早先财产事实和财产概念的极大改变。我认为，占有某物的需要是人性中固有的因素。但是，假设 1938 年美国的所有权体系及其与之相交织的法律和政治支持，是内在的获取和占有性向的一种必然的和不可改变的产物，那么，这要么是无知，要么是纯粹的幻想。

法律是人类制度中最保守的；通过立法和司法判决的累积而影响它发生变化，这种变化有时较慢，而有时则迅速。工业和法律制度的变化，反过来影响人性的表现方式发生变化，而这又带来进一步的制度变化，带来人与人的关系的变化，如此循环，以至无穷。

正是由于这些原因，我说，那些(即使是深刻的)认为由于人性是固定不变的，所以改变社会的建议是不可能实现的乌托邦的人，混淆了抗拒改变习得的习惯与改变与生俱来的人性的不同。生活在原始社会的野蛮人，比文明人更近乎一个纯“自然的”人。文明本身就是改变了的人性的产物。但即便是野蛮人，也受到大量部落习俗和流传信念的约束，而这些约束改变了他的本性。恰是他所习得的这些习惯，使他转变成一个文明人会如此困难。

另一方面，改革的激进派却忽视了既有习惯的力量。在我看来，他关于人性不确定的可塑性是正确的。但是，当他认为，欲望、信念和目的的模式并不具有
292 可以与处于运动中的物理对象相提并论的动力因素，也不具有可以与处于相对静止中的同样物体相提并论的惯性，即对运动抗拒时，他是错的。大部分时间是习惯而不是原初人性，使事情如其在过去那样继续地运转。

如果人性是不可改变的，那么就不会存在像教育这样的事情，而且所有试图教育的努力都注定要失败。因为所谓教育的含义，就是要改变人与生俱来的本

性，以形成新的思维方式，新的情感、欲望和信念方式，而这些对于人的原始本性来说是外来的。如果人的原始本性无法改变，那么，我们就只有训练而没有教育。训练和教育相去甚远，训练只是意味着获取某种技能。与生俱来的天赋可以被训练得更高效，但却没有新的态度和倾向的发展；而教育的目标，就是新的态度和倾向的发展。这就像一个音乐家能够通过练习获得更高的技巧，但他的音乐鉴赏力和创造力却不能从一个水平提高到另一个水平。

因而，关于人性不变的理论在所有可能的学说中，是最令人沮丧和悲观的一种学说。如果它是一种逻辑的推演，那么，它就是一种宿命论。“自出生以来”，其武断性赛过最僵硬的神学教条。因为根据这种理论，人一生下来是怎样的，以后也就是怎样的，除了像杂技演员给予与生俱来的肌肉系统的那种训练之外，我们对此不能有任何作为。如果一个人生来就具有犯罪倾向，那么，他将成为一个罪犯，并且一直是个罪犯。如果一个人生来就非同寻常地贪婪，那么，他将在损害他人的情况下以掠夺为生，等等，不胜枚举。我完全不怀疑人的自然禀赋存在各种差异。但是，我想质疑这样一种观念：他们宣称个体只能有这样一种固定不变的表现方式。要用大母猪的耳朵制作丝绸钱包，确实是困难的。但是，（例如）一种音乐的自然天赋的特殊形式却要受到他所处的社会环境的影响。如果贝多芬生在一个原始的部落里，他毫无疑问也会成为一个杰出的音乐家，但绝不是创作交响乐的贝多芬。

在世界史上，某时某地几乎所有可想到的社会制度都是人性具有可塑性的
证据。这一事实并不证明所有这些不同的社会制度都具有同等的价值，无论在 293
物质方面、社会方面还是文化方面。只要稍加观察，就会发现，无不如此。但是，证明人性可变的事实显示：在社会变革的建议中，应该考虑到态度。问题主要是：在具体情况下，人们是否想要那些社会变革。而回答这一问题的方式，是努力发现这些社会变革会带来怎样的结果。假若这种结果是人们想要的，那么下一步的问题就是：如何以最小的耗费、最小的破坏和减少不必要的混乱而实现这一变革。

在寻找问题答案的过程中，我们需要考虑现有的传统和习俗的力量，以及已存在的行为和信念模式。我们必须从中找出现在已起作用的何种力量能够被强化以朝着想要的变革方向发展，以及如何逐步削弱向相反方向发展的各种条件。应该在事实和理性的基础上，考虑诸如此类的问题。

以人性是固定不变的为由，断言所设想的变革是不可能的；这将注意力离开了是否想要这一变革的问题，移转到如何实现这一变革的问题。它把这个问题扔到了盲目情感和非理性力量的竞技场。最后，这种断言激励了那些认为可以通过纯粹的暴力手段而随意进行巨大变革的人。

当我们关于人性和人与人关系的科学就像物理性质的科学一样发展时，它们关注的主要问题就是如何最有效地改变人性。问题将不再是人性是否可以改变，而是在既定的条件下如何改变。这就是在最宽泛意义上的教育最根本的问题。因此，无论哪一种压制或歪曲那些能在最小的损害条件下改变人类倾向的教育过程的东西，都会助长那些将社会陷于停顿状态的势力，从而鼓励人们把暴力作为改变社会的手段。

当今世界的民主和教育[①]

显然,民主和教育的关系是一种高度互惠、高度相关的关系。民主本身就是 294
教育原则、教育标准和教育政策。实际上,相比所得到的直接而外在的结果,选举活动在教育那些参与选举活动的国民方面的价值更大。这样说,毫无新意。我们的选举活动当然并非总具有它们可能会有的教育意义,但在很大程度上,选举活动能够让国民注意到社会动态、社会存在的问题,以及所提出的处理当前问题的各种不同的措施和政策。

墨索里尼曾评论说:民主已经过时了,已经完成了,因为人们厌倦了自由。在他的这个评论中,确实有真实的成分。然而不是民主已经完成了——至少我们希望不是这样,而是人们确实厌倦了自由,厌倦了政治自由,厌倦了责任,厌倦了义务,厌倦了接受政治解放所带来的沉重的责任。有一种比我刚才提及的更深刻的教育原则和政策,事实上(如果不只是口头上),恰恰是向社会的每个成员提出了这样一个问题:你想成为一个自立的自由人,承受一个发挥作用的社会成员应有的责任和义务吗?

当然,民主的含义,尤其是政治民主的含义,远未涵盖民主的整个范围。民主是贵族统治实施社会控制和政治权威的对立面。亚伯拉罕·林肯说:"如果没
有得到他人的认可,即没有他人对他们自己的需要、自己的愿望,以及他们自己 295
关于社会事务该如何进行、社会问题该如何处理的表达,任何人都不足以贤德和

① 首次作为活页文选,发表在伦理文化协会(the Society for Ethical Culture)的一本小册子上,纽约:1938 年,第 15 页。

明智来统治他人。”他这样说时，表达了这一点。

一位女士曾经告诉我，她问过一位非常知名的美国政治家：如果他是上帝，那么，他将为这个国家的人民做些什么。这位政治家回答说：“嗯，这确实是个问题。我会调查民情，确定他们需要什么，并努力地将他们需要的东西给予他们。”

她说：“好的，你知道，我预料这会是你给予的答案。有些人在试图给予其他人东西之前，会先询问他们想要什么。”

询问别人他们喜欢什么，他们需要什么，他们的理想是什么，这是民主理念不可或缺的部分。作为一项民主政治的实践，我们对此如此熟悉，以至于常常忘记这一点。上述实践是教育的事情，因为它赋予作为民主社会的个体成员以责任。让我们考虑作为一个个体的我们想要什么，我们的需要和烦恼是什么。

费利克斯·阿德勒(Felix Adler)博士恰好表达了同样的想法。我不是引用他的话，但他说的大意是：“无论一个人多么无知，但有一件事任何人都不会比他自己更清楚，即他的鞋子哪里夹脚。”因为个体知道他自己的麻烦，即便他在其他方面没有修养或不够老道。民主作为与任何贵族制相对立的观念，是在积极的而非消极的意义上，每一个个体必须以这样的方式被顾及，以使他自己成为权力过程的一部分、社会控制过程的一部分；他的需求和欲求，有机会以在决定社会政策上占一席地位的方式而被记录下来。当然，与之伴随的是另一特点(这对于民主的实现，也是必要的)，即共同讨论、共同磋商，并通过联营，通过集中个体关于观念和欲求的表达，而最终实现社会控制。

投票箱和多数原则是民主的外在表现，并在很大程度上是民主的操作标志。它们是临时的手段，是某个时期所能找到的最好的策略，但在其表面的背后隐含
296 着两个观念：首先，每一个体的机会、权利和义务构成并表达了他在社会秩序中的位置的信念，以及这种社会秩序与他个人福祉关系的信念；其次，在人人平等的基础上，每一个人都算一个、并只能算一个，所以最终的社会意愿是许多人观念的共同表达，即最终的社会将是人人平等的社会。我认为，也许直到最近，我们才意识到这种观念是所有健全教育的本质。

我们开始了解到，甚至在课堂上，当只有教材和教师有发言权时，提高智力和发展品格的学习就不可能产生；每一个体只有当他有机会从自己的经验中贡献某种东西时，才能成为被教育的，无论在特定时间内，他的经验背景多么贫乏、多么薄弱。最终，教化产生于给予与获取，产生于经验与观念的交流。

对我来说，那个原则在教室里实现，就是作为教育过程的民主意义的一种表达；没有它，个体既不能完全成为他们自己，也不能为他人的社会福祉作出贡献（即使他们具有作出这一贡献的可能）。

我说过，民主和教育享有一种互惠关系，因为这种关系不仅在于民主本身就是一种教育原则；而且在于没有教育民主，这种关系就不可能持续，更不可能发展。这种教育是指我们通常所认为的狭义的教育，即家庭所给予的教育，特别是我们通常所认为的学校的教育。学校的确是传播社会团体所珍爱的价值和目的必不可少的媒介。学校不是唯一的手段，但却是首位的、基本的和最深思熟虑的手段。任何社会团体珍视的价值、期望实现的目的，都能通过学校而被传播，并因此而成为个体思考、观察、判断和选择的一部分。

如果没有电线把电传送到商店和工厂，给予它们以动力；传送到家庭，给予它们以光明，那么，一个偌大规模的发电厂里的发电机有什么用呢？无论在某处，核心位置上有多么美好的观念或多么优良的资源（过去经验的产物，过去人类的文化），它们都只有被贯通或者被传播才有意义。对于任何社会都是如此，
而不单单对民主社会才是如此；当然，对民主社会而言，必须把它特别的价值、意 297
图和目的传播出去，使之成为社会成员头脑和意志中的一部分。因此，如果民主制度中的教育确实是教育的媒介，那么，它就会作出贡献，就会使人们了解和理解民主理念。简言之，它会使民主理念成为一种行动动力，成为个体内在的智力和品格的一部分。

我认为，我们从欧洲的反民主国家学到了一件事情，即我们应该认真地为民主的义务和责任准备好我们的社会成员，就像他们为了他们的目的和观念而认真地打造他们全体居民的思想、心灵和品格一样。

这并非意味着我们要模仿他们开展铺天盖地的宣传，不意味着我们要滥用学校、广播和报刊去灌输单一的观点而压制其他的观点；而是意味着我们应该认真、充分、大力地利用民主学校以及学校中的民主方法，应当教育自由国家的年轻一代参与自由社会。也许因为与欧洲的麻烦场景有一定距离的优势，我们可以从那里正在发生的惨剧中吸取教训，从而更认真地对待民主的观念，扪心自问民主的含义，并且采取措施来确保我们的学校成为准备明智地参与自由社会的自由主体的机构。

我不需要告诉这些读者，我们自由的公立学校自创立、推进至今，仅有一百

多年的时间，像霍拉斯·曼(Horace Mann)[①]和亨利·巴纳德(Henry Barnard)[②]那些人领悟到的那样，国民需要参与他们所说的共和制形式的政府；只有自由的教育系统，才能提供国民所需要的启蒙。

如果你读过那些时代的那些人的著作，你就会知道：那时的学校有多么稀少，资源有多么匮乏，学期有多么的短，教师的准备又有多么不充分。从霍拉斯·曼的话中，可以得出这样的判断：那时候，有钱人除了自己的孩子以外，对其他人的教育一概漠不关心。

298 也许你能回忆起霍拉斯·曼所提起的对有钱人阶级的那个极其令人敬畏的指控。他指出，正是因为富人阶级对大众和体力劳动者教育的漠不关心，他们正走在一条危险的路上，即不管他们多么重视自己孩子的教育，如果他们让大众无知，那么，他们自己和他们的孩子最终都将成为受害者。正如霍拉斯·曼所说："我们不打算将国外的独头暴君换成本土的九头暴君"；但是，除非我们教育我们的公民，不然那就是我们的报应。

我特别引用霍拉斯·曼的话，这是因为，这种观念，霍拉斯·曼和其他人所持有的这种观念，大部分已经实现了。我想，霍拉斯·曼肯定没有想到，会有比我们国家的一部分地方拥有更精致、更宏伟的学校计划、学校建筑和学校设施吧！就其机械的外部的一面而言，一百年前的这些教育政治家所努力追求的东西已经相当可观地实现了。我理应承认这一点。我们知道，许多乡下的学校有多么破旧，特别是一些落后州的乡下的学校，它们的设备有多么陈旧，校史有多么短暂；但在某种意义上，霍拉斯·曼和其他一些人的直接目标已经很好地实现了。不过，我们当今所面临的教育和民主问题，像一百年前所面临的学校的建筑、设备和师资问题一样尖锐、一样严重。

我们都知道，如果民主在全世界范围内或多或少处在一个危险的位置，而且在我们自己的国家，民主的敌人越来越强大，那么，我们就不能理所当然地认为，民主一定会持续存在。如果这是真实的情况，那么其中一种原因就是：我们对于

---

① 霍拉斯·曼是美国教育家与政治家。因为他对于美国公立学校发展的先驱性贡献，被许多历史学家誉为"美国公共教育之父"。——译者

② 1830年到1850年间，伟大的教育家如霍拉斯·曼、巴纳德等人不断地四方奔走，以求得政府对中学教育的管理与支持。终于在1852年，麻萨诸塞州通过第一条儿童义务接受教育的法令。——译者

民主的观念过于自负，以至于或多或少不知不觉地假设民主已经由国父完成了，或者在内战废除奴隶制后就已经完成了。我们倾向于认为，民主就像某种已经建立起来的东西一样，留给我们的只是去享受它罢了。

虽然没有明确地表达出来，但我们的民主概念就像某种静态的东西，就像遗
产那样是可以被转赠的，就像一笔一次性付款，我们可以靠它生活。我认为，我 299
们当前所经历的危机将是值得的——如果我们能够从中学到这些：每一代人都必须为他们自己再次实现民主；民主的本性、本质恰恰是某种不能被从一个人传给另一个人、从一个时代传给另一个时代的东西，民主恰恰是必须根据社会生活的需要、问题和条件而努力实现的东西。随着岁月的流逝，我们所属的社会生活年复一年极其飞速地发展变化。

当人们遇到当前的社会、经济和政治问题就求助过去，好像过去有一个我们今天应该如何做的范例一样，我会感到愤怒和忧虑。我并非不尊重伟大的美国传统，因为传统的确能够作为一种情感和观念代代相传。我们从过去继承了伟大而宝贵的遗产，但是这一遗产有待于实现，这种观念和情感有待于以另一种更具体的形式加以表现。我们必须在现有的条件下，在我们作为人类相互扶持的这种社会关系中，通过我们的积极努力而使这一传统具体化。正是因为生活条件的变化，维持民主就成为一个新问题；而赋予学校和教育制度的重任，不再仅仅是陈述那些造就这个国家的人的观念、希望和意图，而应当教授在现有条件下的民主社会究竟意味着什么。

几天前，我听到一种说法，其大意是：现在国内的商店和工厂有超过一半的工作人口，他们在那里工作的那些产业四十多年前并不存在。这似乎是说，就工作人口而言，有半数的老产业被废弃了，被新的产业取而代之。说这句话的人，是一个一线的科学家。他指出，今天每个产业的每个工人所做的工作，直接或间接地起因于过去半个世纪物理科学取得的进步。换言之，知识进步和科学进步在产业领域、物质商品和物质实体的生产领域，在过去五十年里，发生了一场革命性运动（如果用“革命”这个词不会太过激的话）。

在这些情况下，我们怎么能够认为我们不受到一种遗产的影响呢？这种传 300
统优秀而高贵，形成于早些时候，也可以说形成于前科学和前工业化时代；但是，我们必须慎重地将这一传统和这一遗产转化为现代社会现实的术语，而所谓现代社会现实仅仅是指我们彼此的关系。

100年前，在霍拉斯·曼和其他教育学家工作的那个时候，美国基本上是一个农业国家。我们现在熟悉的并进入形成我们生活物质部分的东西还不存在。铁路刚刚起步，我们习以为常的许多伟大发明还隐藏在未来时间的暗处。即便是在那些时候，托马斯·杰斐逊也预测到：随着生产制造业的过速发展，不幸可能会降临到人的身上，因为正如他所见，任何民主社会的中流砥柱都是农民，农民占有和供养着自己的土地。杰斐逊认为，农民是能够掌握自己经济命运的人，因而能够自立并真正成为一个自由国度里自由的公民。他所担心发生的事情，也许是人们失去经济独立的安全而变得依赖于他人。

即使属于另一思想派别的亚历山大·汉密尔顿(Alexander Hamilton)也认为，法官是通过控制一个人的生存而控制一个人意志的人。如果这对于法官席上的法官而言是真实的，那么在很大程度上，对于所有人也是真实的；现在我们具备了经济条件，工业和金融上的飞速变化，致使成千上百万的人对于自身的生存只有极小的掌控力。当然，这是一个需要公众和个人考虑的问题，但更是深层的问题，关乎民主的未来，关乎如何保障政治民主的安全性。如果经济不安全，很大一部分人口的经济就算不直接依赖他人的意志，也得依赖社会运作的雇佣系统的各种条件。

我之所以提到这一点，是因为当今时代的民主和教育的关系更为复杂，它不
301 再仅仅是过去那个时代的人所说的——“只要我们有足够的学校、足够的学校建筑、良好的设备和优秀的师资，共和制机构的启蒙便是顺理成章的事”。

当今的教育问题更深刻、更尖锐，无疑也更困难，因为它要面对现代世界的所有问题。近来，我们在一些季刊上可以读到关于联合政府必要性的文章，不管其武装与否，至少一些民主国家联合起来，形成了反对、抵抗法西斯主义、极权主义和独裁主义的统一战线。我不是要进一步讨论这个问题，但希望提出一些问题：当我们假设我们和其他一些国家同样是真正的民主社会时，其含义究竟是什么？我们已经圆满地实现了民主的目标和意图了吗？我们所需要的只是坚持和抵抗那些非民主国家的侵犯吗？

不幸的是，我们非常熟悉德国和当今意大利悲剧性的民族不宽容。我们完全摆脱了这种民族不宽容，因此可以自豪以为我们已经实现了一种完全的民主了吗？我认为，我们对待黑人的方式、反犹太主义的方式，以及日益增长（至少我担忧它在增长）的对我国外来移民的抵制，足以回答上述问题。在民主和教育的

关系上，我们存在着一个问题，即我们学校要培育的不仅仅是对于不同种族出身、不同肤色的人的被动宽容，而是如何才能积极和创造性地培育一种理解和善意，而这对民主的社会来说是不可或缺的。

我们反对、合理地反对那些持续的错误宣传——在国家层面上提出压制所有的自由探究和自由，但我们要用什么去代替它们呢？我了解到，很多学校有一个非常精彩的宣誓活动，6 岁及 6 岁以上的孩子站在一面国旗下宣誓，而国旗代表的是一个不可分割的正义而自由的国家。我们在多大程度上让一种符号代替了现实呢？我们的公民、立法者和教育者的良心在多大程度上通过这一观念而得到宽慰——难道因为那些孩子背诵了誓言，就已经被灌输爱国主义了吗？当我们的国家依旧或多或少地被派系斗争和阶级分层撕扯时，一个不可分割的国 302
家又意味着什么呢？那是一个不可分割的国家吗？教育对一个不可分割国家存在的保证，就只是背诵誓词吗？

因此，我应该继续进行自由和正义的话题。我们需要做什么，才能让这些伟大的自由、正义的观念从形式的仪式典礼转化为理解的现实，成为学校中男生女生的领悟和真正的忠诚呢？

我们说我们反对并且有理由反对这种在爱国名义下夸大而片面的对民族主义的反复灌输，除非我们的学校自身对于生活中各种关系的公共精神和良好公民身份的含义有了清楚的认识，否则，年轻一代无法承担其所肩负的伟大责任。

我们同样谴责并且有理由谴责欧洲极权国家对武力的依赖。我们怎样做才能有利于培养理性、理解乃至善意和相互同情的观念，这是优于武力的最好方法吗？我知道，我们的公立学校在很多方面名声在外，因为它们采取措施来打破阶级分裂，在学校这个大家庭中创造了一种更人道的氛围与合作关系。但我认为，为了打破常见的不同人的势利和偏见，我们的学校还有一些可以做并且必须做的事情，学校应该在这方面有所作为。

说到武力是解决社会问题的方法，不幸的是，让我们来看看我们自己的情形，无论国内的还是国际的。在当今世界，显然有很多且日益增多的人们，认为保障自身安全的唯一方式是增加军力和海防，并且要我们的工厂准备军需物资的供给。换言之，在某种程度上，我们也有这样的信念，即武力、残忍的武力，终究是最好的和最后的依靠。

鉴于我们在世界上的幸运地位，我想，如果我们利用自己的资源，包括经济

资源，在我们自己中间建立一个真正的、真实而有效的民主社会，我们就会发现，
303 无论对于我们自己而言，还是对于我们与其他国家的关系而言，都有一个比依靠
武力、暴力甚至战争手段更可靠、更有力和更持久的民主机构的保障。我知道，
我们的学校在反复灌输和平观念方面做了很多工作，但是有时我怀疑，这在多大
程度上，认识到在世界范围内，在相互合作的方式中，在善意和相互理解之间，和
平真正的含义究竟是什么。

我已经努力地既从教育、学校方面，又从民主的真正含义方面，唤起你注意民主和教育之间内在的、重要的和有机的联系。我所尝试做的，只是简单地给出一些或多或少随意的例证，以说明在让国家的年轻一代积极而理性地参与建设、重建和永远重建(因为就如我所说的那样，一个真正的民主社会不可能被一劳永逸地完成)一个真正的民主社会的准备方面，目前学校所存在的问题。我希望以此作为结尾(就如我的开场语一样)：民主事业是关乎每个人的尊严和价值的道德事业。通过相互尊重、宽容、交流以及经验的积累，它最终将是人类能够成功地完成这场试验的唯一的方法。这是一场无论我们愿意与否，每一个人都加入其中的试验，是一场人性的试验。在这场试验中，我们以既有利于(在“有利于”这个词最深层的意义上)自己、又有利于他人且有助于构建彼此个体性的方式，生活在一起。

教育、民主和社会化经济[①]

《社会前沿》杂志的编辑要我就本文标题所说的主题发表一些看法，至少就 304
博德(Bode)博士和蔡尔兹(John L. Childs)博士发表于《社会前沿》11月号上的文章中所引用的我的原文和观点作一些评论。在没有读这两篇文章前，我答应了编辑的这一请求。但是，当我读了这两篇文章以后，开始怀疑这一应诺是否太过仓促了。这两个作者都以赞成的态度引用我的文章来支持他们自己的观点，因此我不得不产生这样的疑虑：我是不是对自己的根据缺乏自信，而且在不同的时间采取了不同的立场——事实可能果真如此。我的主要困窘来自这个事实，即尽管这两位作者对于什么是主要问题表现出百分之百的一致，但他们对于这一主要问题的适用性却产生了根本的分歧。以前，我有个幽默的同事曾经说过，那些彼此争得死去活来的哲学家走的都是平行线。既然我不认为蔡尔兹博士和博德博士属于这种情况，所以试着将基本问题与次一级的问题作一种区分。

所有的教育都以一个社会目的为其方向，在我国，这个社会目的是由民主原则设定的。博德博士和蔡尔兹博士的文章都赞同这个基本的观点。然而我们发现，博德博士认为，蔡尔兹博士太过执著于经济改革的一种特殊项目，而把学校当成了一种实现“社会改革特殊项目”的工具；据称这一社会改革过程，将使教育者尝试通过将民主运动限定于一个特定方向而推进民主；而这个特定方向是先于且独立于民主程序所得出的结论而被固定下来的。另一方面，我们看到，蔡尔 305

① 首次发表于《社会前沿》(*Social Frontier*)，第5期(1938年12月)，第71—72页。杜威所指的博德博士和蔡尔兹博士的文章，见本卷附录2和附录3。

兹博士认为博德博士拒绝考虑社会经济秩序与实现民主原则之间的关系,而这使他陷入一种教育的真空:因为教师应该研究经济和社会问题,但却不应该就经济和社会问题得出明确的结论,也不应该采纳明确的结论。

就我所看到的,在这场观点的冲突中提出了两个问题:一个问题是"民主观念和民主原则的实现,与社会的经济、工业和经济秩序到底有什么关系";另一个问题涉及更进一步的问题,即"什么样的教学方法是我们所认同的民主倾向及相应制度框架所要求的,且与这一倾向和框架是协调一致的"。之所以提出第二个问题,因为博德博士显然坚信,蔡尔兹博士的立场将导致一种与反民主的灌输相类似的或完全等同的方法;而蔡尔兹博士相信,博德博士的观点如此执著于那些苍白乏味的指导方法,而如此漠视那些重要社会问题的具体结论,以致关于民主目的的宣言流于空泛,甚至变成玩弄文字的东西。

于是,不管这两个作者对于对方的立场有何见解,这里出现了两个问题:(1)如果它们两者有关系的话,那么实现现实的或有效的民主,与社会的经济结构究竟有什么样的关系?(2)如果一方面要特别避免现成结论的非民主式灌输,另一方面又要避免漫无目的的虚无缥缈,那么在教授中,究竟采用哪种方法才符合民主的目的?

如果社会的经济组织和民主原则实现之间的关系仅仅是采用"一项特殊的改革",那么,坚持教育家所主张的应该利用学校来推进这一改革,就和所宣称的民主目的相冲突。但是,这个"如果"里面包含了太多的东西。确信在当前条件下,一个民主社会的各种现实与为了社会利益而对经济事务加强控制之间存在一种内在关联,似乎仅仅将其描述为"一项特殊的社会和经济改革"是不正确的。无疑,有人会认为,它本身就是一个目的,因此与它对民主的影响无关。直到最
306 近,还有一个政党认为,只有在废除了民主的阶级独裁时期,才能实现社会和经济的改革。但是,所有这些,与"民主目的民主观念为了自己的充分实现而要求彻底变革社会经济结构"这一立场是相当不同的,后者是通过民主的方法而非压制民主的手段而实现的。

现在,除了这个问题也许能得到解决的方法之外,还有一点应该弄清,即所争论的这个问题是一个事实问题,而不是一个通过分析民主概念而能解决的问题——尽管我们必须根据对民主概念的分析所得到的结论来解决这个问题。在这里,我不想论证:在现有的条件下,是民主本身要求对经济制度进行基本重建。

但当我们把重建经济制度这个问题看作一个事实问题时，这个问题就表现为现有的经济秩序对自由、平等以及友爱（如果可能的话）这些因素的意义问题，而自由、平等以及友爱这些因素对民主观念具有如此内在的重要性，以至于没有它们，民主将成为一场闹剧。而且，根据许多人的想法，有工作机会的问题，以及有义务提供有效的就业服务的问题，也是一个经济问题；而这个经济问题所具有的道德含义，对于民主的实现具有根本的重要性。

现在，无论对这些问题的讨论可能得出什么实际结论，有一点很清楚，即这个问题不能被预先设想为：一个完全外在的机械的装置与作为一个内在道德目的的民主之间的关系问题。如果持有这种立场，就回避了一个富有争议的问题，即在现有条件下，社会经济结构是否和民主观念的实现有内在关联。如果讨论这个问题，而且是在社会事实和社会力量的层面讨论这个问题，而不是把这个问题当作民主抽象概念的意义来讨论，那么，我认为，这一讨论在启蒙和促成一致意见方面会富有成效得多。如果讨论的结果仍有意见分歧，那么，我们至少能够知道分歧在哪里，以及为什么会产生这种分歧。

现在来讨论一下方法问题。如果主张教育者对尚未认真思考或尚未协同讨论过的问题采取一种立场，然后把这种立场直接教授给学生，让学生囫囵吞枣地 307
接受这一立场，那么，这显然完全是一个反民主的过程。尽管对有些人来说，社会主义和共产主义是教义性的、毋庸置疑的信条，但我很难想象这种态度描述了博德博士和蔡尔兹博士争论的焦点。如果认为民主的实现和经济制度及经济关系的社会规划之间存在内在关联的教师，希望通过调查研究的方法和自由的协同讨论的方法，而让其他人赞同他们的观点，那么，我认为，在这个过程中，并不存在不民主的因素。对我来说，这不过是一个教育过程；而且，那些通过这一过程而接受了这一结论的教师，可能会将这一方法应用于他们与自己学生的交流。

的确，有些人试图将社会主义或共产主义观点强加于他人，甚至有一个政党涉嫌在教师中安插代表，并认为社会主义的秩序是如此重要，因此应当压制民主，通过阶级独裁来获得这种秩序。但是，我很难相信，博德博士会认为蔡尔兹博士的立场中必然包含这一观点。或者，用不那么极端的术语来陈述方法问题的话，虽然一直存在使用与民主迥异或敌对的灌输和教化方法的危险，但是为什么一定认为蔡尔兹博士的立场就是这种情况呢？为什么不考虑一个具体的问题：事实上，用什么方法能够适合促成民主倾向和对社会目的与社会价值的热爱呢？我看不出这个问题就民主自身来说，与其他社会目的在原则上有什么不同。我们的学校如何在学生中实现真正的民主倾向呢？在实现这一结果的过程中，使用的方法是不是包括非民主的条件反射呢？这并不是一个修辞问题。我认为，当今学校如何赋予民主观念一种栩栩如生的、令人印象深刻的现实性，并将民主观念传授给即将成为这个国家未来公民的年轻一代，这个问题比其他任何问题都更为关键和具有实际重要意义。如果将这个问题作为一个具体的、实践的事实问题和因素问题来讨论的话，也许我们应该离开炫耀理智冲突的笼统含混之地。

308 无疑，我个人对解决博德博士和蔡尔兹博士的辩论中所出现的这个问题的偏好，已经在文章中写得很清楚了。但是在这里，我不打算支持他们中任何一个人对这个问题的解答。我的意图是想指出：有必要澄清所涉及的问题，并将这些问题从无关的累赘物中解放出来。就目前而言，我认为，实现这一点最好的方法就是以假设的形式提出一些原则，并探索这些假设所带来的结果。假如民主作为一项道德原则，独立于经济制度的，那么，我们就会得出这种解决方案；而假如民主作为一项道德原则，与经济制度是密切关联的，那么，我们就会得出那种解决方案，而这种和那种解决方案是截然不同的。在我看来，关于这些可选的“假如”或假设的讨论，有助于我们走出云遮雾障的笼统含混。对于那些根据民主的原则，帮助学生理解民主的具体含义，带领他们投入民主事业之实践方法的各种可选择性假设，也是如此。

新社会的经济基础[①]

“下一次世界大战”的迫近已经使上一次世界大战从我们的思想、讨论和想 309
象中退出，然而是以一种消极的方式退出的。在世界大战的进程中产生了各种积极的态度和希望，人们提出积极的方案和目标以期创造一个更好的人类社会。然而，事实是：那些希望遭到了背弃，那些目标也未能实现，这一失败正说明了我们未能充分利用那些毫无疑问曾经存在过的机会。这一指责，并不是针对那些希望和目标的。

那一时期的积极思考主要围绕两个综合性目标：在国际上，建立一个国际法体系以保证国家间的和平关系；在国内，重组国家内部的社会关系和经济关系。略过前一个目标，让我们来细想一下后一个目标。

我要引用我以前曾经说过的话，这些话是关于当时正在筹备中的国内社会重组目标的。我曾指出，这些计划和项目不仅吸引了进步人士，而且引起了各政党的注意。遗憾的是，我不需要为引用自己 20 年前的一篇文章而道歉。因为 20 年前存在的恶(evils)现在依然存在，那时需要做的事情现在依然需要去做。

“我将提到的第一个缺陷，也是我们在战后发生的任何有效整顿中应引起注意的一个缺陷，便是过去的社会秩序无法保证其成员稳定而有效的就业。对任何自称是一种文明所能作出的最严厉的指责，莫过于摆明这样的事实，即它不能
利用其成员的身体、智力和道德的能量。这些成员渴望并急切地想提供某种形 310

---

① 首次发表于《现代世界智慧》(*in Intelligence in the Modern World*)，约瑟夫·拉特纳(Joseph Ratner)主编，纽约：现代文库，1939 年，第 416—438 页。

式的服务，去从事某种所需并有用的商品生产；它不能有条不紊地给予其所有成员做事情的机会。于是，我首先应当说的就是不幸，这是不必要的失业之恶的特征；因为无论怎样称呼一种文明，这样的不幸都使其中的弱点昭然若揭。

“目前，这样的局面很严重。这不仅指涉及大部分人口那种无保障、不稳定的就业，使他们陷入穷困可悲的境地；更严重的是，这样的局面有可能对人们的精神面貌造成伤害，类似失业这样的情形会带来此类的伤害。我们都知道，使人消沉颓唐的施舍是怎么回事。每个有组织的施舍的社会都在教导并不断地宣讲不加区分的施舍之害，它如何毁掉成为其领受者的那些人的道德感。我们不是要总结这个教训并利用它来说明整个产业工人的情形吗？这个阶级中的广大男女周期性地忽然发现，他们被抛入了数量可观的失业大军；他们不是在乞求旁人施舍，而是在乞求哪怕有一次干活的机会，以能制造出商品，为社会的实际需要提供服务。这种情况会对人们的自尊造成什么结果呢？这是对个人自信心的损伤，对个人自尊的损伤，对有关世界和他人的信仰和信念的损伤。我认为，由朝不保夕的就业带来的伤害如何高估都不为过。当民众发现他们不能干他们可以干好的事，他们对世界所持的态度要么是无能为力、听天由命，要么是充满痛恨和敌意。如今像这样的一类事也许已变得一目了然，它们不是什么新东西。战前人们就曾对失业和诊治它的问题开展了许多讨论，但战争的所作所为使这类意识变得更尖锐和更普遍。它也表明了，这个问题并非不可避免，而是可以通过人的管理活动得到解决。这场战争证明，人们有可能把他们的智力和经验积聚和组织起来，并得到政府权威的支撑；即使在战时蒙受如此巨大压力的情况下，人们也可以掌握工业和经济的发展进程，保证其顺利运行。那些能够干活的男
311 人和女人也不会缺少那份有益、稳定和有合理报酬的工作。

“我要提到的第二个不幸，是在众多工业人口中发现的那种不够格的无人性的生活条件和标准——当然，这部分是长期失业造成的后果，但部分要归结为很低的再就业率。当然，我们已习惯于把低工资和待业与穷愁潦倒联系起来，但还不太会把所遭受的困苦不幸说成是普遍的败坏，是人口中绝大部分成员生活标准的恶化变质。我们没有指出，非人性的不断降低的标准其实是身体健康的标准——虽说即使在战前，人们已对这一点甚感不安，人们在思考使众多现代工业得以运转起来的那种恶劣的经济环境问题，它们造成了不必要的死亡、疾病和体力衰弱。你们可能看过前些时候——时间还不算太久——由华盛顿的儿童福利

部收集到的统计资料，它指出了与工薪阶层家庭那部分孩子的成活率相比较得出的富裕家庭那部分孩子的相对成活率，其中下降的数字只是显示出使数量可观的人口存活下去那种很低的、差不多是非人化生活标准的一大征象。这种生活标准不仅与身体的健康、营养、食物和精力等相关，而且涉及人们的美感和智力水平。我们老是为公共的普遍的教育体制感到自豪，殊不知绝大多数人只能从体制中享受到尚属初级、基本教育的好处。显然，大部分儿童还未受到一种教育——家境宽裕的人、社会上那部分有教养的人所说的那种教育，便离开了公立学校。他们离开我们时，具备了读写、计算能力，还有一些地理和历史方面的知识，对五花八门的通俗文学也略有所闻；但从这么小的年龄起，他们便不可能借助教育的影响而获得一种成熟、训化的智力了。要是说这时他们觉醒了，说他们仍有觉醒的能力，这还得归于他们生而保有的优良禀赋，而不是因为在教育体制下接受的那种训练。我不需要详述此事，需要的是思考一下广大民众百姓的生活条件，不只限于贫民区的生活条件，凡有拥塞的工业人口居住的地方都在考虑之列。要想一想，与那部分富庶人口已达到的标准相比，他们的生活水平实际上已降到了何种程度。

“第三点，战争已揭示出生产和分配的效率方面存在的严重弱点和缺陷。要知道，这个问题牵扯到了我们现存的陈旧社会秩序最引以为豪的那些方面。我们或许承认过，我们对这个问题所涉及与人有关的方面做得还不够好，但人们争辩说，就生产和分配中涉及的机器的发明、组织和使用的效率来说，和过去无论哪个时代相比，今天取得的进步几乎可以说是无限的。当然，在某种意义上，也就是说，如果与伟大的工业革命前的那些古老文明相比，上述道理并没有错；因为这些机器的发明，当然是科学发现的产物。它们是将人的心灵释放出来用以去研究自然和自然力量的秘密的产物。要是把我们在机器用具上的技术发明——蒸汽机、
电报、电话、汽车，以及其他各种为生产和分配服务的力量——设想成是现在的 312
工业制度结出的实际成果，这就大错特错了。相反，它们相对来说是一小群科学家们的发现成果，这些人的工作不是为了承认、也从来没有得到承认——如果就起码的金钱上的承认而言的话。之所以会出现机器运用于生产的情况，只是因为出了个富人、出了个掌握着钱财资源的人，他把这些自然科学成果利用了起来。

“况且，效率不是一个绝对物；正如每个工程师都会告诉我们，它是一种比率。效率相关于实际产出和耗用资源的比率，从这个观点看，效率并不关涉与以

往时代之产出的比较，而与当前的即时产出和未加利用的资源之间存在的比率有关。我们甚至不能因为在工业生产上实现了多大的效率而引以为豪。我无须提醒你们这个事实，当英国以及我国要求实现更大的效率时，政府不得不接管各种分配销售机构、铁路等。我也无须提醒你们，不久前我们遭到的煤炭生产和分配体制的破产；不管随之而来的此起彼伏的斥骂声会要哪个特殊人物为此事负责，显然，真正的难题在很久以前便出现了。它要归为这个事实，我们的生产和分配是按非社会性的基础——金钱利润的基础组织起来的。当它们突然要向公共需要和公共服务的基础转轨，自然就崩解了。这里最大的无效率，在于它们不能利用人的力量。当然，它们的最大长处在于利用自然力——蒸汽、电力、机器、工具等等，但我们并没有成功地吸引、征召和释放可加利用的人力。

“于是我要说，一个较好的社会秩序对我们提出的第一个强烈要求，便是保证每个能够胜任工作的人的劳动权利——这是法定的权利；这种权利应被强制贯彻下去，这样个人就永远可以得到从事某种形式的有益活动的机会。当某些危机发生的时候，正常的经济系统会崩溃。这时，国家就有责任出面挽救，看看有什么值得个人去做的事——而不是像石料店里的石匠那样，为找不到什么值
313 得做的事而徒唤奈何，或者干脆分发些施粥券就算完事。国家应当提供自尊之人感兴趣、并不一味以酬金为念的那种有价值的工作。无论所称的“社会主义制度”对人们的好运曾做过何种许诺，它说的话好像正符合普通人的常识，即是说社会应当自我组织起来，以此确保个人不用施舍，而能凭其所从事的有价值的工作就可存活并得到发展。

“其次，战争已揭示出理智管理的可能性（这一点只是重申我说过的问题）——这种在较高水平上得以确立并维持的管理模式将遍及整个生活范围，成为普遍的衡量标准。最低工资标准不应是各个国家只在战时而非在平时才能长久想象的东西；它对我们来说，不是一个梦，不是一个高不可攀的念头：它已成为事实。英国已经花费巨额资金为劳动者解决住房问题，就我们查明的与运输业相关的规划来看，这里首先要做到为人们提供体面、舒适和卫生的住房设施，不然什么事都办不成。英国已提出的这个要求或许有助于战后对失业问题的处理，这项靠着国内社会各界的支持而运作起来的宏伟的住宅工程将继续推行下去，直到贫民窟及其散发的恶浊朽败之气消失。每个人都拥有居住的房屋以及适于居住的环境；在这些住宅中，可以看到为人的生活所必备的各种居家设施。

自然，争取意外事故保险、疾病保险、老年不测情况保险等战前就很活跃的运动，由此也得到了极大的促进。

“我提出的第三点要求，涉及确保实业界之发展中所需要的那种更大程度的自主。这就是说，保证各行各业的从业者具有更大的能力来控制他的实业，而不是在受到外部控制的情况下工作。在后一个场合中，他们往往对所干的事情失去兴趣，失掉眼光；对他们所干之事的意义及其后果，也缺少社会的洞察。这就意味着要给予劳动者、给予这种靠工资为生的人更多的自治，使他们能够掌控他们自身活动的环境。对于为了政治民主而发动、而实际则将工业和经济独裁放 314
在一边毫不触及的一场战争，指出它的荒谬，再平常不过了，我想，在这种战争过后，我们绝对会看到，要么是一个充满动荡、漂泊不定的局面——我指的并不是实际的内战，而是各种各样不法违规的斗争和混乱；要么是一个在工业内实行自治原则的进程。

“这么说，在我看来，三件事乃构成了社会重整之理智推行方案的最为基本的要素。”

重建这个想法是在我写作上述那些内容时提出的。在反思的过程中，我们可以得出一个今天普遍流行的结论，即关于社会重组的整个想法是由战争的兴奋心理状态所造成的一种幻象。如果那个想法在今天看起来像是一种幻象，那是因为我们没有能够吸取教训，而这种教训只能通过将它付诸实践才能真正地吸取。如果我们没有成功地吸取当今的教训——在基本层面上，和 20 年之前的教训是一致的——那么，我们可以知道，20 年之后，我们现在最热切的希望和最有灵感的规划也将被当成幻象而被抛弃。

下面，我要再次引用：

“现在，情况既已如此，我们就没有理由不去思忖一下人们所持的乐观态度，他们都对伴随战后社会整顿而来的巨大进步和确定方向深信不疑。自然，正如我提到的这份英国人的文件所表明的，如果专从劳工的方面看，这里会出现极大的要求、极大的压力；但是，这里也会存在巨大的惰性，以及要予以克服的巨大障碍和困难。我们没有理由设想，战后会自动出现人们盼望的那种重建和再造。我们也许很可能——这是可以想象到的——要经历长期的社会不宁和社会动乱。问题在于，既已有了战争的经历，整个社会是否能够学着去利用那些有用的智力、可获得的洞察力和谋划力，以便靠着某种理智规划的基础，有步骤地去领会问题，把握它的实质——该规划不要过于严格，其中的每个项目不是事先就明确计划好的，而只是表示对事情之将来发展的看法；这些事情大多需要当下就做
315 起来，在做的过程中取得经验，其经验会对往下要做的事和下一个处理步骤带来提示。于是，在我看来，战争成全的一件大事、一件恒久的大事，便是给我们强行补上了心理学和教育学一课。战前许多承认这种种不幸的人会说：是的，这种祸害太大了。我们都承认这一点。对此，我们深表遗憾，但整个形势如此复杂，我们对它无能为力，只有等它慢慢地发生变化。我们在改革的道路上，只有求助无意识的自然规律的作用来办成那些严肃、重大的事情。是的，我认为，战争已永远取消了任何人诉说此类事情的权利。它已证明，现在人类有可能来把握人自己的事，来掌管它们，来看看所取得的结果、必须实现的目标，并殚精竭虑地通过其工作把各种工具、资源和获得结果的方法协调组织起来。有一个说法，这是在有名的布尔战争中传开的，但主要是通过小说家威尔斯先生(H. G. Wells)的作品为人所知的，说是要学会"胡乱对付"；所以，你可以把它叫做通过进化来应付，或者叫做演化性的顺应。这类说法实际造成的效果差别不大，它们表明了一种总的态度。我认为，战前那些善意的人——承认我说过的这些不幸，并在战争的胁迫下祈愿一个美好世界到来的人，他们也已发现，即使谈不上把全国的智者召集到一起，也可以把相当多的智者及其行政和管理人才统合起来，把他们与那些物质和自然的力量一并组织、调动起来，去干一些实事，从而获得确定的结果和目的——这些事不能不做，而结果也一定要达到。

"就此情况而言，在我看来，我们不可能在战后心安理得地回到那种把随波逐流的所谓进化当作办事惯例的时代。我们的一个真正问题是：要有效地觉察出社会上那些有识之士是否真正向往产生一种治理得更好的社会秩序。如果这种渴望、意志和目的足够强大，它便证明：即使在蒙受着巨大压力——反常的负担压力的情况下，人们也能携手合作，把他们的物质资源和智力资源运用起来考虑社会治理的问题，而不是让社会随波逐流，听凭不测事件的摆布。"①。

战后在这个国家发生的事件似乎证明了，那时候怀揣的希望是虚假的。"回

① 所有引文出自一篇题为《战后国内的社会重建》(Internal Social Reorganization after the War)的文章，该文首次发表于《人种进化杂志》(*Journal of Race Development*)，1918 年 4 月；再版于《人物与事件》(*Characters and Events*)，第 2 卷，第 745 页(《杜威中期著作》，第 11 卷，第 73 页以下)。

到常态”，不仅仅是一句口号，更被付诸实践；而“常态”，意味着旧的社会-经济体制。激进社会变革方面的尝试在欧洲的每一个国家都失败了，唯独在俄国成功了。意大利和德国转向了法西斯独裁，而欧洲其他国家和南美国家也在朝着法西斯独裁的方向发展。社会重组确实发生了，但它的方向却和早期自由主义者与激进主义者所希望的方向相反。然而，“严重的内部混乱和动荡”这一预言却应 316
验了。

在1929年的世界经济大萧条后，关于重建的早期想法重新获得生命力，但不是在原先那个名义之下，而是在这个国家里，在“新政”(New Deal)[①]这个口号之下。愈发明显的是：那些引起世界大战的条件依然保持着十足的影响，并且通过恶化的民族主义的增长，在实际上进一步加剧了——这就是“国内社会重组”事实上大致前进的方向。世界共同体通过“同情和明智”来“对付和阻止”所需变革的失败，已经给我们留下了那些尚未解决的老问题，也给我们带来了一些新问题。

然而，变革却并不仅仅是加法问题。力量的重组已经使那些或多或少动摇不定的力量明确化，并且在理论和实践上给出一系列有关社会问题解决的一个新面孔。在目前，迫切的和关键的问题是：是否能通过保持和发展早期自由主义中基本东西的方式，实现所需的经济社会变革(随着这些变革的发生，也一定会发生法律和政治的变革)，或者说，是否会通过自上而下的政府高压控制而创立社会控制，其中的方法是在一段时间内(时间的长短现在无法测量)摧毁所有在旧的民主观念和民主理想中最值得保存的东西：理智和道德的自由；探究和言论的自由；工作和娱乐的自由；出于宗教目的的结社自由；在国家之间往来的自由——这些自由总是被关税壁垒和对战争的恐惧所压制。而现在，在许多国家，正通过大量新技术设备而蓄意压制着这种自由。

这个问题的新面孔远非单独地显露在法西斯国家中，尽管对思想、言论和教育自由的压迫，对志愿组织的解散(比如工会)，对礼拜志愿团体的威胁，以及对自由往来于其他国家的阻碍，在法西斯国家表现得最为明显。这个问题也不仅限于那个在战后早期，在集体主义控制的重组方面取得最大进展的国家；因为与“国家消亡”的早期信仰不同，政府对民主所代表的基本自由的限制，通过对思 317

① New Deal是指美国总统罗斯福上任后，从1933年到1936年之间所推行的一系列经济改革计划，包括企业合并、解决就业、经融改革。——译者

想、言论、宣传的控制以及直接的高压统治，已经达到了无法区分苏联与法西斯国家之不同的地步。

在那些形式上仍旧保持民主以及迄今为止还维持着(尽管存在很多违背的情况)探究自由、集会自由和志愿团体自由这些古代民主自由的国家，其基本问题同样尖锐。因为在这些国家，很大程度上存在着旧的社会动荡政策的延续，加上许多伴随社会动荡和不确定性的小修小补。经验已经证明，这个政策伴随着日益严峻的经济崩溃和坍塌。只要摆在我们前面的选择，一方面是强硬的政府控制(无论是法西斯式的，还是俄国式的)，另一方面是随波逐流的“民主”，那么，我在引文中提及的那个问题就依然存在。这个问题就是“社会是否应当学会利用可以用来处理(经济-社会再调整)问题的智慧、洞见和远见”，而且与我最初写这些话的时候相比，这个问题在我们国家当下甚至更为急迫。

在干预的那些年，究竟取得了多大的进步呢？目前的形势如何呢？我们已经认识到，社会有责任照顾那些因为失业而耗尽资源的失业人士，而这种认识在之前是不存在的。但是，我们采取的方法充其量只是一种治标不治本的缓解剂，是一种马后炮。创立一种社会经济秩序，在这个秩序中所有能够进行生产的人都能从事他们最适合的工作，这个建设性的问题仍旧没有被触及。结果，救济和慈善行为几乎从来没有如所说的那样“发挥最大的作用”。由于强制闲置而导致的个人堕落是一种强迫，它将闲置之人与那些最有助于自尊和个人发展的因素隔绝。虽然失业大众曾经碰到过耐心甚至有尊严的情境，但是毫无疑问，没有工作而要依靠其他人，依靠私人和政府的施舍度日的腐蚀性影响正在弥漫。从长远来看，很难再找到任何东西能比一种长久地几乎如寄生虫般依赖于慈善的生
318 活(最低程度地维持生活)，更能破坏人类本质最好的成分了，即使这种慈善是公共的。

在说这些事情的时候，有些人抱怨，花费在关心那些失业人士身上的钱越来越多，而且抱怨因此而升高的税收。我不赞同这些人的观点，更不赞同那些肆无忌惮地指控失业人士的人的看法；他们说，失业人士喜欢懒惰安逸闲散的生活，而且希望由社会来负担他们的生活。这些抱怨和指控不过是他们拒绝和意欲的产物，他们拒绝承认造成这种局面的根源，意欲寻找借口为他们拒绝采取任何行动以消除这些内在于现存社会经济体制的根源辩护。创造社会条件，让所有能够从事社会层面的生产的人拥有机会，这个问题并不简单。我不会忙着批评，因

为它还没有被解决。我只想指出,这个问题甚至没有怎么被思考过,更不用说被系统地面对过了。他们极力拒绝的原因很明显。面对这个问题会涉及这样一个问题,即把一个利益系统重新变为一个这样的系统,即它不仅仅(如人们有时所言那样)是为了消费(消费当然是重要的),而且是为了给生产性和创造性活动以及所有对开发人性潜能有意义的东西,提供积极的、持久的机会。

在创造条件,不仅仅给予工人大众所谓的“安全”,而且给予他们对所从事工作建设性的兴趣这件事情上,我们取得了什么进展呢?在给予个体或者大部分个体一个机会去发现他们自己,然后为那些在工作中能做到最好且在社会层面上有用的东西,去教育自己乃至自由地发展自己这件事情上,我们又取得了什么进展呢?各处的工业经理已经知道,如果付钱去得到这些条件,那么,那些被雇佣的人就会足够清楚地知道他们所从事的是什么,以至于会对他们所从事的事情产生兴趣。各处的教育者意识到需要发掘职业能力,并且意识到需要以所发掘的职业能力为基础而调整教育系统。但基本的问题不是缺乏在这些方向上的努力,而是严重地缺乏方向。再次,即使付出了这些努力,在很大程度上,现存的 319
整个工业系统也会使这些努力付之东流。关于调整个体能力,以及调整他们实际职业发展的问题,并不是偏向某一方或者仅仅影响某一方。它是双边的和互惠的。它涉及现存职业的状态,涉及整个生产性工作机构的状态,涉及工业系统结构的状态。即使与现在相比,过去对个体能力的担忧也是更普遍和更透彻的,并且个体会顺应他们内在的适应性和需求做更多的准备。但是在现有系统中,有什么条件能确保个体有机会运用他们的天赋,以及他们已经获得的教育呢?就整体而言,我们现在是本末倒置了。

如果我们考虑生产的问题,那么会发现什么呢?我不说这个基本事实,即真正的生产只有通过商品流通和消费才能完成,所以仅仅提高大规模生产的机械手段,可能会或者真的会激化这个问题而不是解决这个问题。在这里,我不说这个基本事实,是因为反复出现的危机和萧条,伴随着充足包围贫乏这一悖论,已经迫使每一个有思想的人关注这一事实。结果充分证明,不能在与商品流通和消费隔离的情况下解决生产问题。在这里,我想唤起对这个事实的注意,即当下处理这种悖论的方法是限制生产能力。因为对于那些处于这种情形、要利用这种情形的人来说,材料的短缺和劳动力的过剩是理想的获利情形。就最需要扩大生产之时而限制生产,长期以来一直是企业家们的惯例。现在,政府正对农学家们采取相同的政策。在他们自己的商业中实施生产控制的那些人大声疾呼：政府要仿效他们的例子进行干预，杀掉活猪，犁埋棉花，减少谷类作物，而且是在最急需食物的时候这样做。就像在公共救济中一样，在这里，批评者更愿意抱怨各种症状，而不愿直面问题是这个根源：现存社会经济体系内在的紧急事务。任何人都可以谈起那些劳作者的高级的社会功能而滔滔不绝，那些劳作者耕作、开采和挖矿，他们不仅提供食物、衣服和住所的原材料，还提供所有下一步生产的
320 原材料，提供资本和消费品。任何人都可以渲染农业困境的悲哀。但是在当前的情况下，前一种做法是将支撑社会的重担压在现在最不能胜任的阶级的肩上，让他们来承担；而后者则陷于毫无意义的多愁善感。

关于生产的终极问题，是人类的繁衍。与这个目的相比，商品生产是次要的和辅助的。正是根据这个标准，当前的体系一直遭受诟病。对于一个独立的社会手段而言，"安全感"只是一种手段而非目的。机械工业和技术的发展同样只是手段，而不是目的。对个体需求和能力的探索是通达目的的一个手段，但也只是一个手段而已。这些手段要通过社会系统得以完善，社会系统要为自由人的产生建立和运用相应手段，并使其在平等的基础上进行相互交往。只有当这些手段成为目的的一个不可分割的部分，而不是被挫败或自我毁灭时，才不会带来新的罪恶或产生新的问题。

当前的问题仍然是利用可用的才智，仍然是使用已经处于我们处理之中的极其丰富的科学资源：这是一种相互联系的、具有整全性的社会才智，而不是那些尽管有着高智商却处在散乱孤立状态下的个人才智。仅限于个体化的才智，和个人的善良意愿一样无用。只有社会的具有客观性的才智，才能将我们带回我们的出发点。通过有组织地运用社会才智而实现的社会控制，是使我们最终能够和必将摆脱现有的罪恶、又免于遭受来自上级和外部的强迫控制的唯一的社会控制形式。

当前情形下一个巨大的悲剧可能是：那些对当前的罪恶和社会经济体系所需的深刻变革有最清醒认识的人，将会采取一些捷径，比如内战或暴力的方法。他们不信任对知识的所有可用社会资源的持续应用和探索，而更愿意信任过去那些思想家、学派和党派由于受教条的禁锢而僵化的才智。

作为被历史上诸观念所控制的结果，那种"才智"一旦被禁锢于教条的社会
321 观念中，就会产生盲目摇摆的恶性循环；不幸的是，这已在当今世界的现状中得

到了证实。现在可以在极权主义和法西斯主义国家发现那些声称将要成为社会规划的东西。由此所产生的社会后果，就是通过与个人暴行的结合、终极毁灭(culminating in extirpation)和系统性党派宣传等手段，从而完成对探索自由、集会自由和结社自由的全面镇压。由此所造成的后果，使许多人在心中形成了这种观念，即认为社会规划和侵犯个体正直逐渐紧密地联系在一起。但是，一个巨大的差异，使已经规划好了的(plan*ed*)社会和持续规划中的社会(*continuously* plann*ing* society)区别开来。前者要求有由上级强制执行的固定蓝图，因此要求依赖物质和心理强制力，以保证对这些蓝图的服从。而后者则意味着在各种形式的合作与妥协中，将才智释放出来。离开了对才智最自由的运用，规划社会组织和团体的企图就会与社会规划(plann*ing*)相矛盾。对后者而言，社会规划是一个实施中的活动方案，而不是关于终极"真理"的预设。

一旦将社会"规划"(planning)建立在一系列"终极"(*final*)真理的基础上，社会目的就断然是一成不变的，而这个"目的"也为任何被认为是实现这一目的的必要手段提供了合理性证明。于是，"规划"的产生就只和后一种类型的手段有关，而与目的无关，因此考虑公平手段的规划就会遭到抑制和胁迫。其社会后果就是：运用这些手段所产生的后果与观念形成之初所设立的目的大相径庭，然后，观念形成之初所设立的目的就逐渐沦落为空洞的口号(words)[①]。过去20年间所发生的事情表明，通过暴力夺取政治权力，意味着也必须依靠暴力维持权力，于是随之而来的就是对个体最宝贵的精神自由的长期镇压。使用暴力维持权力，就成了实际的目的。所用的手段，决定实际达到的目的。只有当所用的手段达到了所欲求的和值得欲求的目的时，目的才会证明手段的合理性。

只有在能够自由地反思手段和自由地选择目的时，才会有真实的社会规划。对才智的每一种遏制(各种形式的社会教条就是一种对才智的遏制)，都会妨碍并最终抑制自由地考虑和选择手段。社会才智的方法主要与对自由判断所使用 322
的手段有关。在采纳自由地判断所使用的手段这种社会行动方式之前，我们只能存在于漂泊不定、动荡不安的阶段。这一阶段的后果可能是武力和武力的抵抗，而在这种武力对抗中，控制着大部分武力的一方将会暂时获胜。

---

① 此处"words"，意指仅仅是说说而已。——译者

人的统一性[①]

323 对于人的统一性，即完整的自我(wholeness of the self)这一合理且可检验的观念，我们还没有准备好用什么语词来表达或表示。如果我们问一个经济学家“什么是货币”，合适而正式的回答是：货币是交换的媒介。这个回答不会妨碍交换过程，不会阻碍积累大量的货币。简单地说，语词只是思想交流的工具。但是对于某些主题(现在这个主题就属此类)，我们所用的大部分语词就会*妨碍*思想交流。那些语词负载了与遥远的过去千丝万缕的联系，它们不再是思想的工具，我们的思想倒成了它们俯首称臣的工具。

诸如灵魂、心灵、自我、统一性乃至身体这类语词的意义，只是人类解释自身经验长期努力的一个缩影。从类人猿阶段转变到人那个最初阶段起，人类就开始了这些努力。被包含在这些语词中的解释流传给我们，它们是欲求、希望、偶然环境、无知、巫师或牧师所有的权威、敏锐的观察、合理的判断等诸如此类东西的产物。

起初，物理学家也有类似的问题。他们通过发明新的技术术语或技术语言来加以解决。在原则上，因为有专门的研究包含在其中，所以符号仅仅具有被附加其上的含义。对于人类来说，想要达成这类目标还任重道远。要想排除传统
324 含义并且用经过检验的探究结果取而代之，这将是一个缓慢而痛苦的过程。

毫无疑问，通过创造不包含人类过去经验痕迹的新语词，推进是可能的而且

---

① 首先发表于《现代世界智慧》，约瑟夫·拉特纳主编，纽约：现代文库，1939年，第817—835页。摘自杜威对美国物理学院的一篇演讲，圣路易斯，1937年4月21日。

将会取得成功，但这一过程不会像物理学进展得那样顺利。就技术术语而言，人工构造也许轻而易举，但当涉及人，涉及张三、李四那些我们日常生活中擦肩而过的人时，人工构造就会失败。

因此，我尝试用来向你们传达我的想法的语词，至多只是激发个人观察和反思的手段。这句话同样适用于“人的统一性”。开始，“人的统一性”这个语词仅仅具有形成对比的含义。作为一个完整的总体观念的“人”，意在批判一种信念背景，这种信念把人主要看成是情感的起因和情感的力量；也针对一种表现在宗教、道德习俗和传统中的二元论信念。

相应地，“人的统一性”这一短语最初具有的含义是消极的。它表达的是一种不谈灵魂和身体、身体和心灵的方式。“统一性”一词是对备受推崇的二元论的抗议；而二元论，正是通过“和”这个词所表现的。然而，“和”这个语词所表达的区分，在我们的情感和理智习惯中如此根深蒂固，以至于我们有意识地在一种形式中加以反对，而不久之后却又在另一种形式中重蹈覆辙。即便在那些已经舍弃早期二元论表现形式的人那里，现在依然可以找到二元论的迹象。它表现为结构与功能、大脑与身体其他部分、中枢神经系统与植物神经系统及五脏六腑的对立，以及最根本的有机体与环境的对立。在这些成对的术语的第一部分——结构、大脑、有机体中，都保留了某种隔绝，被认为具有独立的性质。它们过去被归属于“灵魂和心灵”，后来又被归属于“意识”。

虽然有必要进一步改善“人的统一性”语词的消极意义，但“统一性”的观念也有它的危险。因为数个世纪以来，“统一性”观念与哲学讨论的关联，使它成了一个危险的词。“统一性”几乎成为用抽象代替具体现象的入场券。我们能够轻 325
易地想到精神病学的、治疗学的、哲学的和心理学的那些包罗万象的体系。这些体系一开始受到确定无疑的事实的启发，但建立这些体系却为的是强制这些事实，结果掩盖和歪曲了这些事实。目前，存在着一种对把人无限地分割成碎片的厌恶。这种厌恶与细胞、结构、有机体、感觉、观念和反应有关，也与原子和电子有关。“人的统一性”这一语词表达的是一种主张，这种主张反对将人分析成单独存在的(separate)的终极元素，也反对将人分裂成灵魂和肉体的传统。但是，含糊其辞地建立起一个“统一性”的观念，要比用确定的事实解释这一观念容易，而且容易得多。

“人的统一性”最多只是表明了这一观点，除了作为观察和解释具体现象的有利立场之外，这个语词毫无意义。

我们常常听到如家庭的统一性、民族的统一性诸如此类的语词。这些语词代表了某种东西。但在社会和政治历史的思考中，人们常常会将这些语词脱口而出，而从不探究它们所指称的事实到底是什么。不过，这些“统一性”用法的例子，提供了一种如何妥善阐释统一性的建议。无论统一性是什么或不是什么，它至少表达了一些不同的人或物朝着共同的目的而努力。这种共同协作（*working together*）表现在行动中、表现在合作中，而非表现在一个静止的物或物的集合中。对我而言，正是“表现在行动中”和“表现在合作中”这种类型的统一性，能够帮助我们理解人的统一性。

通过划定边界的观察，当我们注意到特定的物体作为整体而运动时，我们能认识并且把一个人当作一个单一（single）个体、一个数字单位。由上述方式，你们会把我当成站在你们面前、位于舞台上的一个单一个体。以同样的方法，我们认识到石头、树、房子之类的单一物体，作为一个单位和一个统一体。但是，岩石得以成为一个整体，在于它的分子、原子、电子群的相互作用；岩石的统一性是其各个元素共同协作的表现状态。通过这一边界，我们不再把人看成能量，或看成
326 使他成为一个统一的人的能量组织。我们能够在某个单一时刻观察到边界。也就是说，我们只能纵向地把握这个统一体，只能把它当作一个在时间绵延中进行的某物；而在任何横向视角，都无法找到它的踪迹。

然而，如果我们窥视邻居的心，我们会在他们身上毫不奇怪地发现，一个人的存在是有边界的，而这一边界是可见的、切实的、可观察的。一句话，以皮肤为界，人的皮肤内的东西被视为与这个人是等同的。我们倾向于认为，如果我们能够知道一个人的大脑中，以及他的诸如腺体、肌肉、心肺等等，还有神经系统所发生的一切，我们就对他有了全部的了解。

现在，如果我们能够充分地强调相互作用，强调共同协作，以及所有这些由不同风格、特性或因素组成的过程，那么在某种程度上，我们就是正确的。我们对这些过程及其共同协作的方式了解得越多，对它们相互检查、激励并由此产生的平衡了解得越多，我们就越能理解人的统一性。但是，我希望可以澄清的是：上述内容是必要的，但却并不充分。如果我们要想获得真正的统一性概念，就必须观察和理解这些内在过程，并从它们与皮肤之外的、被称之为环境的相互作用的角度去观察和理解。

我们关于“人的统一性”这个论题的态度，是一个奇怪的混合物。从专门的视角看，我们想当然地认为，所谓外在，包含环境和能量在内，它们是以皮肤为界而划出的外界。人们一刻也不会认为，没有周围的空气，一个人可以呼吸；或者认为肺不过是与身体外部交互作用的器官。没有人会把消化过程与通过其他器官从外界获得的食物割裂开来。我们知道，眼睛、耳朵和手，骨骼肌系统与身体之外的物体和活动有关。这些事情被我们视作理所当然，谈论它们似乎十分愚
蠢。物理学家至少认识到，呼吸和消化同样包含了整个机体内的体液循环，尽管 327
这些过程和周围环境的联系更加直接。中枢神经系统的结构、过程与外部世界之间的联系，并不像末梢神经系统那般直接。

不过，神经系统方面的解剖学和生理学权威人士近来却有这样的说法：“每种运动都是神经细胞的核心部分将信息传递给肌肉的结果，而输出的信息根据感觉器官提交的报告而变动。这些显示了外部世界所发生的事情，而神经系统必须制定出与事情发生的场合相称的行动计划。”①

很明显，由肌肉所影响的运动，直接或间接地与寻求、防卫以及占有外部世界能量的活动发生联系。中枢神经系统的功能在于制定计划和过程，这些过程在处理通过感觉器官所报告的外部情况方面发挥影响。我想，感觉器官的这些报告，依赖于先前有机体与外部条件所发生的联系。

换言之，对于任何一系列特殊的有机结构和过程，我们想当然地认为，身体外的事物与身体内的事物发生着相互作用，我们不能孤立地理解后者。这说出了一个被如此广泛地认为老生常谈的事实。我所提到的混合状态的奇特性在于，我们认为所涉及的外部环境对于身体所有的有机过程来说，都是外在的；当它们被逐一考虑时，我们无法将这一观点视为一个综合原则，并按照这一观点行事，根据这一观点来理解人的统一性，理解因这种统一性的崩溃而导致的混乱。

比如说，整个哲学系统就这样被建立起来了。它认为，思维、特别是所谓的抽象观念，与身体在所处环境中进行的活动，以及身体所表现的愉悦状态，毫无关联。如果对一个数学家说，他的构建与环境中进行的活动相关，对此感到惊讶的人绝不会是少数。然而，我们知道，在控制下发育生长的神经结构和过程以及

---

① E·阿德里安(E. Adrian)：《哈佛大学三百年校庆期刊》(*Harvard Tercentenary Publications*)，第1卷，第4页。

328 对环境的使用，是所有思维的器官。即使那些对自己严格的科学态度引以为傲、自诩行为学家的人，当界定他们所谈论的神经系统的行为时，也是用神经系统来定义神经系统的。比如，他们用语言来定义思维——一定要说到它的位置——他们在声带中确定语言的位置，而忽略在由其他人直接或间接参与的交流过程中个体的反应。有时，当医生考虑疾病甚至心理失调时，完全把病症当作身体内部的活动，以至于他们最多把外界当成一个外在的原因，而非疾病的要素或相互作用的因素。

无论如何，在很多领域都有大量的描述和解释；在这些领域，结构和静态对行动和功能称王称霸。每当我们发现这种情况时，都可以确定，对身体结构的描述和解释脱离了身体与活动的联系；在这一活动中，环境扮演了一个构成整体所必需的角色。

另一方面，当医生继续调整病人的饮食、睡眠、锻炼，当他们研究病人的习惯并就此向病人提出建议时，他们所涉及的是身体在与外部世界积极有益的联系中“运用自我”。那么，我现在强烈要求的是：系统、持续地将这里所包含的东西投射到我们对人的统一性和统一性瓦解的所有观察、判断和概括中去。因为它的含义是：毫无必要地撕裂人的统一性的所有的信念和实践，其最终根源在于完全割裂了身体内部发生的事情与身体外部发生的事情之间的关系。

只要不是泛泛地考虑环境，而是将环境视为人的环境，那么，这一抽象的原则就会成为一种具体的原则；精神病学家使我们对名为“脱离现实”的失调无比熟悉。他们在很多病理学例子中指出了这种脱离所产生的作用。那么，什么例证是这种脱离的例证，而不是“在一个人活动所处的环境中的能动而有效存在”的中断和停止的例证呢？当自我失去与自我生活于其中的各种媒介的整合时，
329 是什么导致了病理学现象，而非只是表明自我失去了自身的完整性呢？

我们只需要考虑一下这些温和的关于“脱离”的例证（从日常的白日梦到完全脱离现实的幻觉），就可以认识到所涉及的环境是人的环境、是社会环境这一点的重要性。当一个人不仅构建起关于财富的一系列妄想，而且处于占有了一大笔钱财的白日梦时，他想到的不是物理意义上的金钱，而是金钱赋予他高于其他人的声望和权力。如果一种幻想具有了习惯性和主导性，那么，它迟早会从物理环境中撤出。但是，这种与物理环境的脱离，源自与人类环境之关系的烦扰。他们再次堕入宠爱和溺爱，自我拒绝，无法获得认同和支持，对权威人士的恐惧，

以及由于社会条件所导致的希望和欲求的挫败之中。

于是，我们可以预期：会有某个时候，我们所有的传统心理学都被认为是非常片面的，因为它们只关注行为和人对物理环境的反应，而忽视人与人的关系。固然，我们已经有了一些名为“社会心理学”的章节和书籍。但是，我们还远远没有看到，动物心理和人的心理之间的差异就在于，后者能够通过与其他人或其他团体的交流和联系而转化施加在自己身上的影响。除了像膝跳反应这样的无条件的本能反应之外，可以对不受社会及文化环境深远影响的个别人类行动或经验的存在表示质疑。如果没有社会的产物——语言，我们会有任何智力活动吗？至于我们的情感生活，请允许我引用一个物理学家的两段话：“人们之间的联系是引发情绪和内心反应的催化剂。它不是火车和汽车发出的喧嚣，不是人们常常所说的‘我们生活在一个瞬息万变的时代’；不如说是因为纯粹人类关系中的骄傲、嫉妒、野心、愤怒、失望以及挫败感，激发了这些内容。”并且，“关于这个瞬 330
息万变的时代所引起的心理紧张，有太多的老生常谈，尽管电话、收音机、电冰箱是能够带来实质性改变的工具。事实上，情感生活并不以机器为转移，而是依赖对生活境遇的反应，而这一境遇在很大程度上是由人类联系所创造的。”①

“通过人们之间的联系而产生的生活境遇”的作用，是唯一可理解我们能够将人类经验区分为高级的和低级的（一边是物理的，而另一边是心理的和“精神的”）的根据。我认为，我谈到这一点并没有超出上述段落的含义。比如说，一种感觉的产生，可能会被描述为某种中立的过程和某种感应。这里涉及的原则对于动物和人都适用。但是，“红色”这一性质所具有的意义（*significance*）却依赖它在某个成员所在社团的习惯用法，以及它在娱乐中所发挥的作用。对于公牛来说，红色的出现只意味着纯粹的生理刺激。但对于孩子来说，红色也许意味着在某些节日场合穿的衣服，或者是一种装饰的缎带。红色因他人的存在而具有了固定的意义。当我们在汽车上等待红灯变绿灯时，红色依然只是一种生理刺激。但是，它在调整个体间的相互行为方面却意义重大。对一个爱国的美国公民来说，红白蓝三色国旗中的红色所具有的情感意义，当然并不植根于这个公民的生理结构中。

这些例子并不能证明（*prove*）之前所说的原则。但我确信，对此类例子的反

---

① 休斯敦（Houston）：《治疗艺术》（*The Art of Treatment*），第348—349、450页。

思，将表明唯一可证实的基本原则；根据这一原则，我们能够把具有实践、情感和理性意义的经验，与那些不受文化和社会力量影响的内部生理过程区分开来。

我所说的，至少是对创造任何具有不能因此而得到说明的所谓理想的或“精神的”意义之例证的质疑。否则，我们必定诉诸灵魂和肉体的陈旧区分。例如，那些反对旧二元论的人，因为他们的反对意见而想当然地认为，他们必须全盘否
331 定那些以高级的智力和道德之名而存在的所有现象。有这样一类人，他们假设，除非把一切都还原为纯粹细胞的和生理的，否则就不是科学的。当对人类活动的观察、描述和解释都被限制在皮肤内所发生的一切，而排除人类活动与环境条件，特别是与由其他人所形成的环境条件的整体联系时，这种过程就是什么将会必然发生的一个明显的例证。严格意义上的细胞器官和过程对于科学地理解“高级的”现象来说，当然是必要的。但由此而忽略和排除其他因素的科学，不过是半途而废。

我们可以拒绝传统的二元论。根据我的信念，我们应该拒绝它。除非我们在所有的情感、理智和意志经验中探索生理的、物理的因素，否则就不可能是科学的。随着人们对生理的、物理的因素了解得越来越多，我们所能掌握的知识资本和知识资源也将越来越多。特别是在物理学家的例子中，这是自明之理。一个物理学家拥有解剖学、化学、免疫学的知识越多，他对工作的准备就越充分。还有一点也是对的，即与我们掌握的物理知识相比，我们关于社会关系的知识，以及关于社会关系对与生俱来的和原初的生理过程的影响的知识，就既缺乏又不系统。

但由于人与人之间的交往和联系，一方面发展和维持着人类经验中的情感因素和智力因素，另一方面又带来了对情感因素和智力因素的干扰，造成情感因素和智力因素的失调。这一事实要求在观察每一个人时，必须对那些相对未知的因素投入持续的关注。知识没有满足这种需要，即使当今已经存在的最前沿的科学心理学的知识，也没有满足这种需要。因为很不幸，这种心理学在很大程度上对问题的关注是单向度的：它未能考虑人与人之间的关联和相互影响。

对我这个门外汉来说，医生有独一无二的机会来建立一种在很大程度上缺失的知识。医生是这样一种人，他们和生活情境有着最直接、最亲密和持续性最
332 强的联系，而各种问题正是在这样的生活情境中尖锐地呈现着。随着神父和牧师影响力的减弱，没有其他专业人员能处在医生这一位置上为这类服务作出贡

献；尽管应该承认，教师群体同样有这样的机会，但他们却没能发挥这种优势。我和其他人一样，自然地对这种常见的说法印象深刻，即至少有一半咨询医生患有严格意义上以神经性为基础并显示出精神病理学特征的疾病。的确，这一言论对我来说，似乎确实是对情况严重性的低估。

健康的概念如此含糊不清，以至于大多数人直到他们的疾病已经非常严重才去看医生。没有人知道，有多少人因为有精神方面的烦恼而损害了能量、效率和幸福。合理地猜测一下，我认为，在某种程度上，这一组人包括每一个人。如果人际关系就像现在我们有理由相信的那样，是产生这些轻微的或严重的失调的根本原因的话，那么，医生建立具体知识的范围和重要性，无论怎么强调都不为过。

在这一点上，我必须再次呼吁你们注意所谓的高级精神状态这一问题的可疑性和争议性，以及随之而产生的各种灾难性后果。这么说的时候，我所指的并不是哲学家和心理学家关于心身关系的争论——即冠以交感主义、平行论、唯物主义等名称的争论。我认为，这些争论并无实际的重要意义，它们只是反映了某种更为普遍的现实分歧。有些人深刻地认识到心对身的影响，并且利用那些有明显精神方面烦恼的人的机会，形成了各种特殊的宗教崇拜（cults）；同时，也有一些人对此作出了极端相反的回应。他们对那些不能通过某种明确的机能损伤或身体过程而确定或描述的东西漠不关心。两派各自的观点和实践为彼此提供了对方所需要的一切论据。因此确立了研究人的统一性的实践意义，而且证明了以下观点的正当性，即对人性的统一性及其瓦解的探究必须在有机体与其环 333
境的相互作用中，尤其是在人与人的交往过程中进行。

在这种联系中，可能会引用到一些相当简单的例子来表明：当用已经确定的观点来解释时，在确认“高级”功能方面没有什么神秘的或形而上学的因素。在人员拥挤的地方，我们不小心踩了旁边人的脚，如果我们不道歉，那么对方就可能发脾气、恼怒或忿恨。这里发生的不过是一个严格意义上的物理事件，但即便从常识的角度来看，这件事情也并非全是物理事件。私人关系的在场，引入了一种限定因素。

试想一下以下两种情况：一种情况，我的脚尖被大街上的一个东西刺疼了；另一种情况，我爬山时，我的脚尖被一棵树的树根刺疼了。在这两种情况下，我的反应肯定会截然不同。在第一种情况下，我觉得那个东西无关紧要；是某人不小心所致，应该采取措施避免再发生诸如此类的事情。私人因素缓解了其他方面纯粹的物理反应。而在第二种情况下，我可能遭受同样的痛苦或者更大的痛苦，但假如痛苦是引起愤怒的一部分原因，那么，愤怒就会转向怪自己太笨。一个小孩因为疝气而承受的痛苦，和一个敏感的孩子因为受到某人——他期望从他那里得到另番对待的人——不公平或刻薄的对待而遭受的痛苦，我无法想象，有人会将这两种痛苦看成是一样的。

多愁善感的人会将一个在活体解剖过程中的狗所遭受的痛苦，与丧失孩子的父母所承受的痛苦等量齐观。在其他人看来，这种等量齐观的态度似乎是对特殊的人类痛苦的极大漠视。人类的痛苦之所以是一种特殊的痛苦，是因为人类有机体的痛苦过程，深深地受到与其他人关系的影响。

我想通过这些简单的例子表明：感觉和情绪之间差异的全部基础，是对他人回应的缺失或存在。人们对物理事物和物理景象的喜爱和厌恶，是习得的。但是，在严格的物理意义上，即在人与人的关系毫不发挥作用的情况下，厌恶只是
334 一种纯粹的排斥，“一个人不喜欢橄榄油或者海狸油”，当这种排斥伴随着情感时，即便是门外汉，也会怀疑这种排斥背后是否存在某种原因。当研究这类例子时，我们会发现，实际上会毫无例外地发现，那些被排斥的对象属于受到社会“条件制约的”(conditioned)那一类，就像“受条件制约的”这个词所表达的那样。当过了若干年重访童年旧地时，大多数人会产生强烈的情感。童年的场景不仅是他们早期活动的戏剧性舞台和道具，而且已经融入他们与父母、兄弟、玩伴之间亲密的私人关系之中，因而试图划分界限，指出这里是物理的终点、那里是社会的起点，是不可能的。

我猜测，假定生物学和生理学的所有学生现在都想当然地认为，除了早期经验的结果所引起的神经系统的改变之外，回忆并不存在。那么，还会有人尝试从即便是最细致最全面的针对变化的神经细胞的结构和细胞中发生的化学过程的研究中，读到早期经验的本质是什么吗？我想象不出。我也想象不出，有人真的认为，当未来知识发展到一定程度时，我们就能从神经细胞中读到早期经验的本质了，从而可能在观察有机体的基础上重组过去的经验了。过去的经验，依赖的是私人之间的联系和交流；而信心，作为病人讲述过去故事的条件，是建立在比纯粹提问更深入的个人态度的基础上的。这里发生了有机的改变，这种改变是必不可少的。没有它，病人不可能回忆起过去的事情，但仅有这一点还不够。物

质的事实只有被带入人与人的私人关系的背景之中，才能成为一个逼真在场的事实。

智力活动能够显示出差别。当我们谈到实质问题时，它们会将事情聚焦，会切中要害。但当我们生气或者压抑时，会疯狂、愚蠢或者完全沉入忧愁悲伤之中。身体的痛苦，可能或多或少有明显的准确的位置。但在极度悲伤的情况下，当我们感到异常煎熬和压抑时，会有对所发生的事情*总体性*的经验反应。这种反应是通过有机结构运作的，尤其是通过内脏运作的。但是，如果这种经验反应 335
指的是专为有机结构所有而排除与他人的关系，那么，它就不是悲伤。

我记得小时候在炎炎夏日试图复原冬天的经验，不仅仅在思维中回忆冬天的寒冷，而且是要重新获得冬天实际上的感觉。当然，我从未成功过，也没有意识到，即使成功的话，也不过是一个幻觉。然而，我所尝试的是，几乎与当我们经验一种强烈的情感时，要获得或者引入与其他心境相伴随的观念一样困难。得意洋洋和强烈的希望如此占据着我们的大脑，以至于只要上述情感持续存在，我们就不可能想到有失败的可能性。而一个极度抑郁的人，无法想到成功或者想到必不可少的希望。

现在，可以质疑：是否存在这样一种观念，即无论它多么理性和多么抽象，是未被整个有机体对周遭环境反应的情绪染色或者未带情绪气息的。因此，情绪对身体状态的影响，会导致在一些情况中引起神经衰弱，而在另一些情况中创造出令人吃惊的康复。这些情况并不神秘，也不难理解。它们是其整体对所包含的部分有机过程的调节性力量的表现。

我已经列举的这些例子，本身都是寻常不过而非具有重大的影响。但是，我认为，通过这些例子所展示的原则却是极为重要的。因为正如我已经表明的那样，自我统一性的混乱不仅仅是医生和治疗机构那里的病例。在任何正常的夫妻关系、父母与子女的关系，以及团体、阶层、民族关系的困扰中，都会伴随自我统一性的混乱。与理性反应、观念以及抽象概念的不完全性相比，情感反应更具有整体性，而且情感反应的结果也更深入和更持久。因此，我认为，正常的和非正常的人与人关系所具有的心理影响（也包括间接的身体的影响），应该成为持续研究的对象。

只有当对人与人彼此关系的研究，与过去对生理和解剖过程及结构的精确 336
研究同样用心、坚持不懈和系统化时，我们才能理解产生人类统一性的各种条件，以及导致这种统一性崩溃的各种条件。这一要求并不是要弱化对生理和解剖过程及结构的研究。但是，我们需要扭转当前的一种普遍印象，即认为只要获得了足够的化学、免疫学、生理学和解剖学的知识，基本问题就解决了。只有将这种知识完整地置于人类彼此广泛、频繁的联系和交往的背景中，我们才能理解和应用这些知识。必须以这样一种精神来从事研究，否则就会继续疏忽怠慢。那种认为精神过程完全是脱离身体和身体条件的信念也会持续增长；而这种信念带来的后果，并非只限于理论的错误。在那些迫切需要社会齐心协力的地方，这种信念所带来的实践结果就是行动的分裂与冲突。

老话说："有健全的身体，才有健全的大脑。"我可以把它重新表述为"有健全的人类环境，才有健全的人"，以此来表明我前面的观点。仅仅改变措辞是没有用的。目的和工作方法方向上的改变所具有的意义，将超出我们任何一个人的估计。在整个政治、经济、道德、教育事务中，实际上在任何行业中，具有什么才能有助于构建一个适宜的人类环境，通过这个环境的存在而有助于形成健全和完整的人，并通过健康而完整的人的形成，反过来维持一个健全和健康的人类环境呢？

这是一项人类共同的和包罗万象的任务。它的第一阶段不能只托付给政治家，而第二阶段也不能只托付给父母、牧师和教师。它不是某个特殊职业的专门事务。在帮助人们成为健全的个体方面，可能没有谁比医生更关注；也没有谁像医生一样，有这么多的机会去研究歪曲、分裂的人格，观察混乱失序的人类关系的影响。医生要面对的情况，不是实验室里人为制造的情况；它们也无法像实验
337 室里的情况那样，能够广泛而多样地提供对条件的控制。

我不禁想到，预防性药物和公共健康政策的观念对上述要点是有意义和适用的。因为人的统一性，因为人的成长过程无法摆脱身体和精神的相互缠绕，因此仅提供环境卫生、纯净水、牛奶、污水处理和有益健康的家这些物理条件，并不能彻底地完成预防疾病和预防失调的工作。为了统一、有力、明智快乐的人，也要将社会条件纳入图景之中。我们可以在不触及社会和个体痛处的情况下，在理论上令人满意地解决二元论和一元论的问题；但是，社会和个体痛处才是二元论和一元论的问题必须被实际地解决的地方。

何谓社会研究？①

在我看来，在对社会研究新的恰当的强调中，主要问题是确定由“社会的” 338
(social)一词所标示的领域和范围。更确切地说，主要问题是：所谓“社会的”能在多大程度上被区分开并单独地对待？“社会的”在多大程度上是所有素材（哲学家可能将此称为需要解释的素材）的极限函数(limiting function)？当然，在某种限定的意义上，区分社会素材是对的。家庭生活、政治经济、战争和平的问题显然是社会问题。我现在要提的问题是：在严格意义上不含所谓社会之外的研究主题的背景中，这些素材在何种程度上能够被理解和被教授？

我假设，无人能够否认当前的许多政治问题都有其经济根源。资本与劳动力的关系问题、财富的集中和商品流通的问题、经济安全与失业之间的关系问题占据着立法机构的注意力。这些问题首先是经济问题，但它们却通过政治行为寻求出路，因为它们对人类关系和公共结果的影响强烈而广泛。当学生将这些政治主题追溯至它们的经济根源时，他就可以止步不前吗？或者说，对于经济状况的理解是否需要进一步的研究呢？

大家可能在各个方面都会承认，当前的经济状况是历史发展的结果。尽管当前的事实在数量上足够多，但如果想要明智地把握和使用这些信息，就需要把
它放置在一个历史背景中。大多数，也许全部的经济问题绝对涉及地理方面的 339
因素。比如说，农民的问题，以及铁路作为商品流通手段的问题。关于保存土地和更新造林的问题，也是如此。人口分布问题，工商业区拥堵的问题，是同样普

① 首次发表于《进步教育》(*Progressive Education*)，第15期(1938年5月)，第367—369页。

遍的另一方面的问题。仔细的研究表明，近些年有相当数量的区域性移民，与那些他们涌入的地方相比，原先大面积区域在减轻人口压力的同时也变得荒凉。矿工和伐木工依然生活和工作在原来的森林区域，就像农民生活在农场一样；而某些中心得以保持，其显而易见的原因是交通设施以及货物转运的需要。上述这些提出了一个问题：地理学知识和天文学知识在何种程度上影响社会研究呢？

前面几段涉及经济问题的历史背景，反过来又暗示了经济问题的科学背景。在上个世纪过去的 40 年中，世界上发生的工业和商业的变化，是物理学、化学和更近的生物科学变化的产物。众所周知，这一阶段的经济和政治历史的主要因素是工业革命。工业革命的历史，就是新技术应用于商品生产和流通的历史，而商品生产和流通本身就是科学革命的产物。要深刻地理解现有经济和政治问题，就必须洞察经济和政治的过程及作用，而这只有通过对基本的物理化学运作及其规律的理解才能做到。我不会进一步深化这一观点，尽管它可以延伸到文学、艺术以及数学。对已有观点一个明显的反对意见是：如果接受上述观点，那么将会使社会研究超越所有的边界；社会研究将会有如此多的分支，并吸收了如此多的其他研究，以至于老师和学生都将面对很难处理且不可掌控的一大堆东西。对这种反对意见的分析，将我们带入教育问题的另一个方面。

340 当我追问从教育的意义来看，所有这些研究的极限函数离社会有多远时，我所想的问题是：比如，所提及的历史、地理和自然科学能否被孤立地看作独立的科目；或者从一开始，这些学科就应该从其社会意义和结果方面着手，这些结果一方面是要解决的问题，而另一方面是机遇。人类的和文化的东西毕竟具有一个包罗其他一切事情的范围。当然，在学校教育的更高层面，需要提供专家和专门人才的训练。在这一训练中，从其社会背景和功用中分离出某些相对独立的科目是正当的。但是，因为这些专家缺乏把自己的专门技能和知识与社会条件、社会运动以及社会问题相联系的教育背景，社会是否会因此而受到损害，这是一个合情合理的问题。

我要特别强调的一点是：无论如何，我们对科目与它们的社会影响和可能性分离所带来的后果，不能单从教育的角度来看。从心理和道德的立场看，这个问题很紧迫，因为大多数孩子对学科教材的学习，因为与这些学科教材的情景隔离而缺乏活力，变成了死的东西。因此，当前意识到有这种需要，要通过外在的办法让科目变得有趣，否则强迫注意，便是那种隔离的必然结果。自然的顺从，导致人们接受。但是，在这背后却有一个潜意识的问题："这些科目有什么意义？为什么要学这些东西？学这些东西到学校之外有什么用，或者，难道它们的意义就仅限于学校之内？"

学习科目的充斥和目的偏离的问题，以及随之而来的肤浅现象，是今天迫在眉睫的问题。对于这个问题，主张改革者和反对改革者的观点是一致的，即都站在否定的一边。双方都坚持认为，目前的情况是目标不统一，存在着分散和混乱。在我看来，获得所需统一性的唯一希望，就是我上述给出的建议。各种学科的自然焦点、汇集点，就是它们的社会根源和功能。我认为，其他形式的一致和关联都是虚假的，其成功也注定是暂时的。进步教育已经到了要寻求一种引导的时候，这种引导能够统一其努力并为其提供方向。我相信，它能在这里找到。 341
对现有的混乱和分离而言，强调社会研究各自为政的做法，最终无疑是火上浇油！并不是因为这些社会研究不重要，而是因为它们非常重要；它们应该给所有的研究分支以方向，用社会研究组织所有的研究分支。

总之，我想说的是：在我看来，先前的论述明确地影响到对不同社会秩序所做准备的所谓灌输（indoctrination），或者，如果有人更喜欢称之为"教"（teaching）。各自为政的社会研究，很有可能成为专门事实信息的堆积；或者在过分热情的教师手中变成宣传一种特殊社会目的的灌输工具，学生也许会满腔热情地接受下来，但仍然作为教条而接受。已经接受了所有寻找社会关联的科目训练的那些年轻人，将来也会通过教育而看到当前危害的根源。他们将从他们所学习的内容中获得力量，从而学会发现新的可能性和实现这些可能性的手段。未被强加任何教条，他们将在"灌输"这个词更深层的意义上得到教化。

致有志于从事教师职业者①

342 如果我是一个正在考虑职业选择的年轻人，那么有三个问题，我希望得到解答。首先，我想知道这个职业会提供什么样的机会，其中包括文化、智力、道德、社会等各方面的发展机会，这份工作的物质报酬以及在实用性和个人成长方面的机会。其次，我想知道这份工作有什么特殊要求，这样就能通过衡量自己的个人素质而决定是否可以在这个领域获得真正的成功。第三，我想知道这份工作有哪些让人气馁的事情和“令人尴尬的局面”，也就是教师这份工作的艰难之处。

教师这个职业在提供道德和精神服务的机会方面，具有毋庸置疑的优越性。在这一方面，教师和牧师这份职业总是不相上下。无需进行任何令人厌烦的比较，我们就可以说：教育行业一些独特的特征在目前特别有吸引力。首先，这份职业接触的都是年轻人，年轻人的思想具有可塑性并尚在形成之中。霍拉斯·曼曾说：“在任何事物的形成过程中，一个塑造者的作用抵得过日后一千个改革者。”和年轻人打交道的人，无需克服那些在和成年人交往中所遇到的障碍。教育工作远离宗派主义和其他因各种教条而形成的拉帮结派。教师所遇到的所有学生，可能都是在同一起跑线上的。这使教师接近这些年轻的心灵又多了一些可能的途径。再重申一下，所有现代心理学都越来越强调早期生活对性格的
343 塑造作用。在很多情况下，那时对性格所做的调整会控制成年以后的活动，常态

---

① 首次发表于《我的职业：杰出美国人的故事》(*My Vocation, By Eminent Americans Think of their Callings*)，厄尔·格兰杰·洛克哈特(Earl Granger Lockhart)编，纽约：H·W·威尔逊出版公司，1938年，第325—334页。

调整是往后正常生活的基础；如果此时未能健全而明智地适应社会生活和个人生活，那么就会造成往后生活的不幸和病态。教师和家长有同等的机会，直接参与健康而均衡的理智和道德生活的培养之中。教师不仅具备接触大量孩子的优势，而且比家长能更明智而公正地进行评价，因为教师不会像家长那样陷入情感方式之中。

教育工作提供的智力发展机会是如此明显，几乎不需要多加说明。所有所谓的学术性工作，使其从业者始终处于和书本、研究、观点的亲密接触之中。这些工作激发从业者增长知识和进行更广泛的智力接触的欲望。一个人如果在其整个职业生涯中不能保持其智力好奇心的旺盛，那么，这个人很难在履行其职责时满足工作的要求，并获得真正的成功。因此，并不是说，教育这个职业能够提供的智力成长的机会是独一无二的；而是说，它所提供的一些机会足够丰富且多样化，能适应不同的口味。既然学校会教授文学、科学和艺术，那么在某些或者所有领域中进一步深造，就是可取的。这种继续学习不是副业，而是直接适应教育这一职业的要求和机会。

从“社会的”这个词的狭义来说，教育的社会机会是随着部门和地区的不同而非常不同的，因此我们无法作出一个不加限定的陈述。据说（这种说法可能具有很大的真实性）在大城市里，教师不再像以前一样被认为是高高在上的；在一些地方，教师几乎被归类为家里的仆人。但是，这些情况是很特殊的。一般来说，教师这一职业很受公众的尊敬；而且教师之所以受欢迎，不仅仅因为他们的职业，还因为他们自身之故。

物质或金钱方面的报酬，并不是从事这一行业的主要原因。这一职业所赋予经济上的回报和商业、法律甚至医疗领域优秀的医师所获得的回报，是无法等同的。另一方面，教育也不像其他行业那样，充满差异和风险。因此，尽管报酬不 344
高，却是合情合理且稳定可靠的。而且，直到大萧条之前，教育界的报酬都是相当稳定地增长的。如果我们把假期也算作教学的物质奖励的话，这一职业的回报还是很高的。没有哪个行业像教育行业一样，允许有如此长的假期去旅游、学习和娱乐。对很多人来说，教育在这个方面的优势抵消了所有物质上的缺陷。

这一职业所提供的机会，也以一种总的方式说明了从事这一职业所需要的个人素质；对于那些正在考虑加入这一行的人来说，还是有一些需要满足的要求。在一般的情况下，良好的健康状况是所有职业中获得成功的前提。但是，就教学而言，需要强调一种特殊的健康要求。那些特别容易紧张或担忧的人，不应该从事教师这一职业。因为这对他们自己或对他们负责的学生，都没有好处。教师这一职业最令人沮丧的一个方面，就是我们看到太多操碎心的教师，他们的面部线条布满了焦虑，这种焦虑反映在他们紧绷而尖锐的嗓音和焦躁的举止中。虽然对某些人来说，与年轻人接触是一种荣幸；但对有些人来说，这却是一种重负、一种他们不堪承受的重负。在一些学校里，一个教师要带的学生太多，要教的课程太多，而对学生的教导是以一种机械而非人性的方式进行的。这种非自然的状况，与人类的天性是背离的。

对于精神平衡和全面健康的这一要求，和下面一点要求是相联系的。那些从事教育行业的人，应该天生喜欢和年轻人接触。有些人觉得，跟孩子，甚至跟年轻人打交道，很无聊。他们在其他职业中可以发挥更大的作用。如果当教师的话，他们很快会变得马马虎虎而机械呆板，即使还不会用语词来表达的孩子也会意识到教师缺乏自然而然的回应。这一缺陷是任何熟练的教学技能都不能弥补的。只有那些天生无限制地保持着年轻的心态并对年轻人的精神产生共鸣的人，才应该长久地待在教育行业中。

345 下面我要强调的一点，是对知识本身的热爱及对传授知识的热爱。有些学者非常热爱知识，但对传授知识却缺乏热情。对于那些“天生的”教师来说，学问在没有共享之前是不完整的。他或她不会因学问自身而感到满足。他们希望能用这些学问来点燃别人思想的火花；对于他们来说，没有什么比看到别人获得思想的火种并燃成燎原之火，更为快乐的了。我所认识的一位最好的教师曾对我说：“我从没有见过哪个一流的教师不具备布道者的素质。”接着，他解释道，他所说的布道者的素质，即对唤醒他人智力的兴趣和热情的热爱，而这些智力兴趣和热情是教师同样经历过的。

最后，教师应该将对某一类知识主动而强烈的兴趣，和被动地回应他人的兴趣和技能结合起来。我并不认为，一个教师应该在他或她所教的所有领域中努力奋斗成为一个高级学者；但我认为，一个教师应该具有对某一学科非同寻常的热爱和才能，如对历史、数学、文学、科学、艺术或者其他任何学科。只有这样，教师才会对所有学科中的真知灼见有感觉；才不会沦为死板的、马虎的，只会“照本宣科”的人；才能把对学问的热爱，潜移默化地传递给别人。

无论一个学者多么优秀，教师和学者的区别就在于：教师有兴趣观察别人的思想过程，能敏锐地感受到别人所表现出来的所有反应信号；教师是否具有这种反应才能，对于选择教师这个职业非常重要。个体通感对一个教师来说非常重要。当一个教师能够对别人的精神活动产生共鸣，对复杂的事物或问题十分敏感，能够洞察问题的原因，有智慧或谋略地指出失败的原因，能够迅速地看到可能性的每一个信号并促进其发展成熟，那么对他而言，个体通感的作用就发挥得淋漓尽致了。经常有人问我：为什么一些从未学习过教学艺术的人，能够成为非常优秀的教师？原因很简单。他们对与之交往的人的思维过程和运作有快速、准确而不间断的通感。他们自己的思维就是在与他人思维的和谐一致中运作的；他们能够理解他人的困难，对别人的问题能够感同身受，并分享他人的智力 346
激荡。

我并不想通过大谈特谈教育所呈现出来的困难而为那些有志成为教师的人设置障碍。对于任何积极而充满活力的人来说，这些困难只会成为他们更加努力的动力。但是，没什么事情比把一个圆钉放进一个方洞里面更不幸的，也没有什么事情比一个人在并不适合自己的岗位上工作更加不幸的了。因此，那些走上教师岗位的人应该提前意识到，这一职业对某些人来说太稳定、太具保护性，并没有足够的动力促使他们与同事们竞争以发挥自己最大的能力。对某些人来说，年轻人是下级，他们可以用一种专制或施以恩惠的态度居高临下地教导年轻人。这种人不应该执教。在一些群体中，政治力量的运作无可匹敌。那些即将成为教师的人，应该扪心自问是否具有一种性格力量以对抗这种影响，保持自己人格的完整性；应该扪心自问是否能在与他人的交往中避免随波逐流，不务正业，只当和尚不敲钟。一个比廉价政客好不了多少、整日琢磨自己利益的所谓教育者，只是一个可悲的笑话。实际上，每个人都能在自己的经验中摸索出他可能遇到的困难，并扪心自问是否有能力克服这些困难。

对于那些能够胜任教师这项工作的人来说，教师这个职业包括三种回报，每一种回报都是特别而独一无二的。那就是：对知识的热爱，对智力成长、道德成长的同感，以及通过使组成社会的个体更好而使社会更好的兴趣。

为墨西哥听证会辩护[①]

347 既然我赞同罗德曼(Rodman)先生文章中的主要观点——也就是我所理解的,美国的激进分子们(我还要加上普通的美国人)应该诉诸激烈的马克思-列宁主义的阶级斗争思想之外的策略和哲学,并应该研究一下与马克思-列宁主义的哲学紧密相关的苏联已经发生和正在发生的事,我把我的评论限制在罗德曼先生无意中所说的、在我看来太不谨慎的那些话上。

就墨西哥听证会而言,那两个分委员会成员曾经是托洛茨基"游击队员"的传言是不真实的。这个说法是在专门调查委员会组成的时候传出来的,其主要目的就是败坏托洛茨基的声誉,不让他有机会出示证据而对莫斯科法庭对他作出的指控施加压力。这个传言决不是真的。而且,那个辞职的成员就他辞职的原因撒了谎——他说,他被禁止提问。这个说法完全颠倒了黑白。他有大量的机会来提问,而且在他辞职之前的那次会议(他的辞职报告于第二天提交)结束时,我告诉他:他在下一次开庭时,还有大量的机会继续提问。

第三,也是最重要的一点,他说"委员会最终什么都不能证明"。他说这句话的原因,用他自己的话来说,就是"这个案子永远都不会被证明,因为如果一个真教会(One True Church)不可能错的话,那么,两个真教会也不可能错。"另外,他指出一个事实,那就是委员会的一个成员(他赞扬这个人是个自由主义者)"很犹

348 豫是否要认同导向完全不同行动的共同原则"。这些段落唯一可能的含义是:委

---

① 首次发表于《常识》(*Common Sense*),第7期(1938年1月),第20—21页。这篇文章所回应的塞尔登·罗德曼(Selden Rodman)的文章,见本卷附录4。

员会的工作原本是或原本应该是分别检验俄国和托洛茨基现有政权制度的原则，并达成关于这些原则的相应优点或共同缺点的结论。

这是一种对委员会的功能是什么、应该是什么、或者可以是什么的完全歪曲。我们来到墨西哥，有一个明确的目的，那就是听取托洛茨基提出的任何与他在莫斯科审讯中所受到的控诉相关的证据；并且联系欧洲分委员会搜集到的相似证据，检查和评价他所提出的口头证据，特别是书面证据。罗德曼先生通过个人的努力或者通过墨西哥听证会的帮助，已经得出了托洛茨基无罪的结论。形成一个关于罪行的结论，是整个调查委员会展开调查的全部目的，也是唯一的目的。这是一个事实问题，该问题一方面基于莫斯科审讯的证词，另一方面基于委员会自身搜集的口头证据、书面证据或文献证据。

像罗德曼先生所说："托洛茨基和反对派人士如果有机会的话，会做出同样的行为"，是否会这样呢？这是一个有趣的问题。但是，首先，这个问题是一个辩论性问题，而不是事实性问题；其次，这个问题完全超出了委员会的职责范围。

委员会正在进行听证会这个事实，为一个问题提供了一些材料；这个问题就是主张一个特定的阶级通过武力夺取政权的马克思-列宁理论，在多大的程度上导致恐怖主义和一个弄虚作假时代的产生。而就我个人的判断，这有利无弊，只要这些材料使激进分子比以前更全面地考虑其他可选的社会改革原则，以及这些原则所支持的不同策略和战术。

手段和目的[①]

——其独立性以及列夫·托洛茨基关于《他们的道德和我们的道德》的论文

349 在道德哲学中，手段和目的的关系问题一直处于突出的地位。手段和目的的关系问题，同样是政治理论和实践中非常紧迫的问题。近来的讨论，集中在马克思主义在苏联的后期发展。许多其他国家的拥护者为斯大林主义者的事业辩护的依据是：为了保持那个国家所谓的社会主义模式，清洗和迫害（也许甚至可能有相当数量的歪曲）是必要的。而另一些人则用斯大林主义官僚体制去谴责马克思主义的方针政策，其根据是马克思主义的方针政策导致在苏联发生了如此放肆的行为，因为马克思主义坚持"以目的证明(justifies)手段正当"。一些批评声称，既然托洛茨基也是一个马克思主义者，那么，他会遵循相同的方针政策；而且正因为如此，如果托洛茨基掌握权力，那么，他也一定会认为，任何达成目的的手段（包括无产阶级专政）都是必然的(necessary)。

这个讨论至少得到了一种有益的理论结果。正如我所看到的那样，这是一个一贯的马克思主义者对社会行为中目的和手段关系的明确讨论，这样的公开讨论还是第一次[②]。应《新国际》杂志编辑的盛情邀请，依据托洛茨基先生关于手段、目的相互依赖性的讨论，我打算讨论这个问题。相应地，托洛茨基论文中前面部分未进入我的讨论范围，尽管我可能会基于你也一样(*tu quoque*)（如他论

① 首次发表于《新国际》(*New International*)，第4期(1938年8月)，第232—233页。

② 列夫·托洛茨基：《他们的道德和我们的道德》(Their Morals and Ours)，《新国际》(1938年6月)，第163—173页。

文题目中所显示的那样）的论证。托洛茨基在他自己的其他一些文章中，无多大 350
困难地表明了同样的观点。因为托洛茨基先生同样认为，“以目的证明手段正当”这一立场是唯一的选择，是某种形式上的伦理绝对主义（absolutistic ethics），是基于所谓良心、或道德意识、或某种永恒真理的判决。我希望说明：我反对所有这些教条，我的立场和托洛茨基先生的立场一样鲜明。我认为，结果（consequences）意义上的目的（end）为道德观念和行为提供了唯一的基础，因此也对所使用的手段提供了唯一证明其正当的辩护（justification）。

我建议考虑的观点是，托洛茨基题为“手段和目的辩证关系”部分所提供的讨论。下列陈述是基础：“手段只有通过目的，才能被证明是正当的。而目的反过来，也需要被证明是正当的。根据马克思主义的观点，如果目的能够促使人战胜自然的力量的增强，并能消除人压制人的力量，那么目的就被证明是正当的。”（第172页）这种人战胜自然的力量的增强，伴随人压迫人的力量的消除，似乎相应的就是*无产阶级的*目的——那就是一个本身不需要证明其正当性，但却能够证明反过来作为它的手段的那些目的（ends）的正当性的目的（end）。可以加一句，只有马克思主义者会接受这种关于*无产阶级的*目的的陈述，并认定它表达的是社会的道德兴趣（如果不是历史兴趣的话），而不仅仅专门是无产阶级的兴趣。

但对于我当前的目标而言，注意到这里所用的“*目的*”一词包含了两种东西：一种是最终证明其他为正当的目的（end），另一种是作为最终目的之手段的目的（ends）。虽然在许多话中没有说一些目的不过是手段，但在关于某些目的“促使人战胜自然的力量的增强”等陈述中，毫无疑问，包含这一命题。托洛茨基先生继续为以下原则而辩护，这个原则就是：目的证明手段是正当的，并不意味着每一个手段都是可允许的。“我们的回答是：可允许的手段是那些真正带来人类解放的手段。”

“可允许的手段是那些真正带来人类解放的手段”这个陈述，是否得到一以贯之地遵守和遵循呢？它会始终与手段和目的互相依赖这一合理原则一致吗？倘若一致，它将会导致仔细地检查所运用的手段，并确定手段实际的客观效果；而在人力所能及的范围内，有可能说明这些手段是否“真正”带来人类的解放。 351
正是在这种意义上，*目的*的双重含义变得非常重要。只要目的意味着实际上得到的结果，目的就显而易见地要依赖所使用的手段；同时，衡量手段的能力依赖于实际的客观结果，要在实际的客观结果的基础上观察和判断手段。在这个基础上，倘若关于最终结果这一观念是在手段的基础上形成的，而这一手段是以最有可能产生的这一目的证明其正当性的，那么，一个所期望的结果就表现为，或者就是一个关于最终结果的观念。因而，所期望的结果本身是引导行动的一个手段，就像一个人要形成的健康观念，或者要建造的一所房子，并不等于实际结果意义上的目的，而只是引导行为实现这个目的的手段。

现在给予“以目的证明手段正当”这个座右铭（实现其简洁表述）以骂名的，就是所期望的结果。这个公开宣称的和经过也许非常真诚地深入思考的目的，证明其所用手段的正当；如此证明这一手段的正当，就使检验所用的这一手段的实际结果成为不必要。一个个体可以相当真诚地相信，就他个人的意见而言，那个必定采用的手段将“真正地”实现公开宣称的和所欲求的目的。但是，真正的问题不在于一个人相信什么，而在于这个目的的客观基础是什么，即通过这些手段，实际上能够产生的结果是什么。所以，当托洛茨基先生谈到“辩证唯物主义认为并无手段与目的的二元论”时，很自然地解释是他将推荐一些手段的使用，可以根据这些手段自身的性质，说明它们能够带来作为一种客观结果的人类解放。

那么，人们可以期待：将人类解放作为所期望的结果，就会有对所有可能达到这一目的的手段进行检验，而绝无所谓“它们*必定是*”这样的预先设定的偏见。因此，所提出的任何一种手段，都可以在它们可能产生的结果这一清楚明白的基础上，得到权衡和评判。

但这并非是托洛茨基先生在进一步的讨论中所采取的方向。托洛茨基先生说道：“无产阶级的解放道德具有革命性特征……它从社会发展的规律，主要是阶级斗争的规律——这一所有规律的规律中*演绎出来*的行为规范。”（重点号为
352 我所加）。犹如他的意思毋容置疑，他说，“这一目的源自历史运动”，即阶级斗争的历史运动。手段和目的相互依赖的原则顿时消失了，或者说至少被湮没了。因为手段的选择，不是在一个无偏见的、根据其实际的客观结果而审查手段的方法和政策的基础上决定的；相反，是从一个本身有效的或有作用的（independent）来源中“*演绎出来*”的，是从一个所谓的历史规律、社会发展的所有规律的这个规律[①]中演绎出来的。即使删掉“所谓的”一词，这件事情的逻辑也没有任何改变。

① 即阶级斗争的规律。——译者。

即便如此，它依然遵循所用的手段不是从对目的（人类解放）的考虑中得出，而是从其他的外部来源得到。公开承认的目的——所期望的结果——人类解放，因此而臣服于作为达到人类解放目的之手段的阶级斗争。目的和手段的相互依赖，被目的依赖于手段而手段却非源自目的取而代之。因为阶级斗争被看作达到人类解放这一目的的唯一手段；而且因为，阶级斗争是达到人类解放这一目的的唯一手段的观点，是通过演绎而不是审查手段-结果相互依赖的归纳而得到的。这一手段——阶级斗争，并不需要对其实际的客观结果进行批判性检验。它自动地免除了所有批判性检验的需要。如果我们不回到这一立场，即所期望的结果（以便与实际结果区分）证明任何符合阶级斗争的手段的使用是正当的，而且证明忽视其他所有手段是正当的，我就无法理解托洛茨基先生观点的逻辑。

我所表明的立场，即手段和目的真正的相互依赖，并不自动地排除阶级斗争作为达到人类解放之目的的一种手段。但这一立场确实排除了用演绎法而将阶级斗争作为达到人类解放之目的一种手段，更别提阶级斗争是达到人类解放之目的唯一的手段了。选择阶级斗争作为手段，需要证明其正当，即需要在手段和目的相互依赖的基础上，通过检验运用阶级斗争的实际结果而证明其正当，而非通过演绎而证明其正当。历史性考虑当然也与检验相关。但是，关于社会发展的必定如此规律（fixed law）的假设，与此毫不相干。就像一个生物学家或者物理学家声称，他接受的某种生物学规律与健康的目的如此相联系，以至于获得健 353
康的手段——唯一的手段——能够从这一规律中演绎出来，所以不需要对生物学现象作进一步的检验。这整个情形都是未经详察而预作判断。

说阶级斗争是获得人类解放这一目的的一种手段，是一回事；而说存在一种绝对的阶级斗争规律，这种规律决定着所要用的手段，则完全是另一回事。因为如果阶级斗争规律决定这一手段，那么，它也决定这一目的——这一实际的结果；根据真正的手段和目的相互依赖的原则，说这一结果一定是人类解放，就是武断且主观的。人类解放是努力奋斗的目的。在“道德”任何合理的意义上，人类解放是一个道德目的（moral end）。任何科学规律都不能决定道德目的，除非抛弃目的与手段相互依赖原则。一个马克思主义者可能真诚地相信，阶级斗争是社会发展的规律。就像断言牛顿定律是物理学的最终定律，将会妨碍对物理学规律的进一步探究一样，相信阶级斗争是社会发展的规律这一信念，也关闭了进一步检验历史的大门。除了这个事实以外，即便阶级斗争是历史的科学规律，也不能由此而得出阶级斗争是获得人类解放这一道德目标的手段。即使阶级斗争是获得人类解放这一道德目标的一种手段，毫无疑问，这也不是从规律中“演绎出来”的，而是通过对手段和结果的现实关系的检验而表明的；在对作为目的的人类解放进行检验的过程中，应该自由而无偏见地搜寻查究能够达成人类解放之目的的手段。

可以再补充考虑一下作为一种手段的阶级斗争。可能有几种阶级斗争的方式，也可能有很多种阶级斗争的方式。在如此多的不同方式中，除了在与人类解放这一目标的关系中检验这些不同方式的结果之外，还能怎样作出选择？历史规律决定阶级斗争这种特殊方式的信念，肯定会导致对使用某些阶级斗争方式近乎狂热甚至神秘的热衷，而将所有其他阶级斗争的方式排除在外。我不希望超出手段与目的相互依赖这一理论问题的范围，但有一点可以想到的是，即当注意到手段是从一个假设的科学规律演绎出来的，而不是通过在手段与人类解放
354 这一道德目的的关系中探究得出而被采纳的，在苏联实际发生的将革命作为手段的过程就更可以解释了。

我能够得出的唯一的结论是：托洛茨基先生虽然避免了一种绝对主义，但却陷入了另一种形式的绝对主义。在正统马克思主义的拥戴者中，从社会主义和实现社会主义的科学（在基于手段与结果客观关系意义上的“科学”）方法的理想，到将阶级斗争作为社会变革的规律，呈现出一种奇怪的迁移。从作为居于首位的东西——阶级斗争的规律中演绎出目的的设定，演绎出手段和态度，这就使所有的道德问题，即最终要实现的目的的问题①，变得毫无意义。关于目的的科学的态度并不意味着从规律中宣读目的，无论这一规律是自然规律，还是科学规律。正统的马克思主义与正统的宗教狂热、传统的唯心主义享有一个共同的信念：人类目的交织在存在特有的机理和结构之中——这大概是从黑格尔那里继承下来的观念。

① 即人类解放。——译者

杂　　记

艺术哲学[①]

女士们、先生们、舞蹈协会的成员和你们的朋友们：正是由于你们的特别支持，我今天下午才能在此与你们一起进行探讨；但是很抱歉，我无法给你们一场关于作为艺术舞蹈的演讲。我或许可以说，由于自己对艺术话题所知甚少而就此放弃；但是也许在不转换话题或者不太武断的前提下，我可以把自己在此话题上的不胜任与一个历史性问题联系起来。与这个历史性问题相比，我的不胜任就没有那么重要了，这个历史性问题就是艺术的历史。 357

舞蹈是所有艺术的起点，它与音乐、歌曲、舞剧，以及至少某种形式的布景装饰上的雕塑艺术，都紧密地联系着。我想，作为一个历史事实，这是绝大多数研修艺术的学生都知道的。但是，孩子往往忘恩负义。也许这不是故意的，但当他们成熟、独立且开创自己的事业之后，就会遗忘自己的出身。戏剧、诗歌、器乐、造型设计和艺术、戏曲等的制作和演出等等，也是如此。这些艺术形式起初都和舞蹈密切相关，但随着它们日趋成熟，便很自然地自立门户了。它们必须发展各自的协议(accord)，如果它们没有独立地以自己的方式发展、成熟，那么，艺术的景象将会更加狭隘和贫乏。

其结果就是很长一段时间以来，舞蹈几乎不被当作一门艺术。事实上，在很长一段时间里，舞蹈是否配被称为一门艺术受到质疑。在某种程度上，舞蹈被降低为文人雅士社交娱乐的一部分、某种优雅的展示、一种舞厅的装饰(像一种强 358

① 先前未曾发表。这是杜威于1938年11月13日在菲利普美术馆为华盛顿舞蹈协会所作的讲演的打字稿。伯灵顿：弗莱彻自由图书馆。

烈的灯光一样，再就是成为歌剧的一种装饰)，或者成为一种有人认为效果显著而予以推荐、但同时受到其他人基于道德立场而谴责和声讨的健身方式。只有在我们这个时代，特别是在当今时代，才能把舞蹈这门艺术重新看作一种真正的艺术形式。但是，当舞蹈的地位得到恢复时，我已经太老了，已经过了能够重新自我教育的年龄。

换言之，舞蹈一度成了最古老也是最年轻的艺术形式。我想，舞蹈作为最年轻的一门艺术，这是因为，舞蹈是如此年轻，也许在某些特殊的意义上，以及在不同寻常的范围内，只有最年轻的一代才能最好地领会并演绎舞蹈。就一般性的介绍来说，如果有必要，我会向舞蹈协会的成员道歉，因为我没有论及他们特别的主题。

今天下午，我要演讲的主题是：人类经验具有审美(esthetic)性质——除了"审美"以外，我找不到其他的名称来描述这种特点或特征。那么，是什么特点或特征划分出我们经常经验的特殊而明显具有审美性质的活动呢？我在此所讲的艺术，并非指被称之为艺术作品的东西，而是指当一个人面对这些艺术作品时经验和感受到的愉悦；所说的面对，也不仅仅指身体意义上的面对，而且指全身心地、全情地投入其中。当然，这对于那些有能力从艺术作品，诸如伟大的画作、雕塑、交响乐、小说、戏剧、诗歌、建筑等角度讨论艺术的人来说，非常有可能全身心地、全情地投入其中。一个人有可能从帕特农神庙，从莎士比亚的戏剧，从贝多芬、瓦格纳伟大的交响乐，从民族诗歌、罗伯特·彭斯(Robert Burns)①的史诗或诗歌，从伟大的小说中，接触到这一主题。尽管艺术作品的构成千差万别，但我想尝试向你们讲述所有艺术作品的共通点究竟是什么。

正如我已经说过的那样，我希望从另一个方面说明问题。我想讨论的是你我，任何一个人在进行审美理解和欣赏(esthetic appreciation)时的经验，至少对
359 审美理解和欣赏者而言，这些艺术作品中任何一种成为真正的审美对象，而不是成为理解和欣赏者向其他人学习的某种东西，或者约定俗成的、为获得审美教养的名声而应该欣赏的东西时的经验。

---

① 罗伯特·彭斯(1759—1796)，苏格兰农民诗人，在英国文学史上占有特殊重要的地位。他复活并丰富了苏格兰民歌；他的诗歌富有音乐性，可以歌唱。彭斯生于苏格兰民族面临被异族征服的时代，因此，他的诗歌充满了激进的民主、自由的思想。诗人生活在破产的农村，和贫苦的农民血肉相连。他的诗歌还歌颂了故国家乡的秀美，抒写了劳动者纯朴的友谊和爱情。——译者

不幸的是，当想到艺术作品时，我们常常会把它们和艺术博物馆、艺术展览馆、音乐厅、歌剧院那些我们可以去观赏或者聆听已被视为艺术作品的那些地方联系起来。如果从我们的目的出发而探究问题，那么，我们的手段就更加灵活，更具有涵盖性和包容力。我们会在所有这样一些事物前拥有审美经验，如面对一个人在待人接物表现出的优雅。人们认识到，人的伟大行为不仅仅是那些被视为英雄的人的行为，还有谦虚的人因为他们打动我们的方式而带有优雅或高贵的行为。在我看来，如果我们从这个方面考虑问题，就会促使我们成长。如果我们更留意这类我们不认为是经验的那些经验瞬间的话，就不必去某些地方。我们每天任何时候都可能处在与物、与事、与人的联系当中，而所有这一切都不属于艺术作品。

我猜想，对于科学家而言，即使一个数学等式也具有某种审美性质。如你们所知，查尔斯·达尔文曾跟人讲过，他年轻时，因为他对科学观察特别投入的缘故而欣赏音乐和诗歌。他认为，他的这种特别投入可能随着年纪越来越大而逐渐萎缩。毫无疑问，对某些形式的艺术来说，他也许已经不再欣赏或已经欣赏过了，但我还是对他所说的他的力量萎缩这一点表示质疑。也许在局部上会有这样的走向，但我不认为有人会冥思苦想他的科学事业，而不相信他经验的自然，包括对他来说植物的生命、动物的生命，才是真正的审美。我设想，现在任何听说过爱因斯坦的人都会认同，爱因斯坦从他的数学计算和结果中所得到的审美经验，对于我们毫无意义；但对他自己来说，这种审美经验和他拉小提琴所得到的审美经验同样真实。甚至，我听说，那些听过爱因斯坦演奏小提琴的人认为，与他拉小提琴相比，爱因斯坦在其他方面可能是更出色的表演者，尽管爱因斯坦自己从拉小提琴中获得了巨大的愉悦。 360

之所以提到这些事情，仅仅是想说，我们一定不要被艺术作品的观点所吓倒。当然，不同的审美经验确实在广度和深度等方面存在着很大的质的差异。但我认为，这一事实的意义仅仅在于，博物馆之所以称自己为博物馆或艺术展览馆，是因为它拥有诸如毯子、花瓶、武器这些东西，而这些东西最初也是日常用品；那些原先用它们作为器皿、器具的人不再使用它们了，现在把它们当作具有价值的藏品放在博物馆里。当然，我们不能说，它们的品质能够和工艺品相提并论，但到目前为止，它们所具有的振奋人心的力量，的确足以与伟大的艺术作品相媲美。

另一方面，对我来说，这种处理方式更加自由。它能够解放我们的思想，让我们抛开过分的胆怯或恐惧，就像大多数人面对艺术作品时所有的感觉那样。在我看来，当谈到艺术(Fine Arts)时，这两个字的首字母都用大写，这就有与美(Beauty)联系起来的倾向，美的首字母B也是大写。人们认为，当他们置身于美时，应该心神激荡或全神贯注；而他们试图用一种不切实际的方式去激发自身对美的感受。我怀疑，假如从事实际生产的艺术家，对于任何以大写的字母B或其他大写字母开头的事物都很敏感，那么就像我之前提到过的那些人一样，他们大概是被艺术作品的区分吓倒了。

我想引用一个伟大诗人的诗句，他这样写道："对于诗中的人物来说，它既是一切又是空无；它享受阳光和阴暗；它的生活趣味高雅或低俗，富有或贫穷，卑微或显赫。它不会近墨者黑，也不会近朱者赤。"[①]他这样表达，代表了他的个人趣味，以便把自己与其同处一室的人或他所接触的东西区分开来。他所表达的，是审美经验的共通性。这是可能的。事实上，我们都知道，许多艺术家的艺术作品的原型是丑陋的实物；被妥善处理过的丑，也可能产生出真正的审美经验。

361 深受那种我称之为这种经验的艺术目的的作品而影响的人——当然，也有个人自身经验的局限——通常无法认可任何新的审美形式的端倪。当易卜生(Ibsen)的戏剧第一次出现时，有人认为它们是龌龊、低俗和丑陋的，因为它们不在这些人熟悉的范围之内。对文学感兴趣的人知道，这种现象非常普遍。在25年前或者更早的时候，在纽约举办的展览第一次展出现代艺术、后印象主义艺术的作品，我至今仍然清晰地记得，一个作家如何描述观众在突遇这些新颖的作品时所感受到的热诚、愉悦、好奇和启发。但是，有一个艺术评论家(他是纽约最好的传统艺术评论家之一)斥责一个崇拜塞尚、雷诺阿以及其他作品的人；而现在，人们认可了塞尚、雷诺阿等这些艺术家大师级的地位。我想，之所以会发生这种事情，其原因就在于：这位艺术评论家处理事物的方式只不过是以他在其熟悉的艺术作品形式中已形成的欣赏立场为根据，因为他精通那些艺术作品。但是，只有在那些作品从他的立场来看是艺术作品时，他才是一个好的判断者；而当这些作品在他习惯于理解和欣赏的范围之外时，就并非如此了。

我再次想到，如果站在我们做什么、我们感受到什么和我们经历了什么的立

① 这一段出自济慈的书信。——译者

场上看这整件事情，就不会如此拘泥于旧形式了。因此，正如我所想的那样，这个道理同样适合现当代舞蹈。一些人之所以无法欣赏现当代舞蹈，只是因为它与这些人所熟知的形式没有多大关联；如果这些人能从其他的角度，并且愿意以经验的方式去欣赏舞蹈家呈现给他们的东西，那么，他们就会有全新的经验。

对于导论来说，这也许过于冗长了。那么，经验中哪些特征意味着审美特征呢？这里，我先从否定的方面来讨论这个问题。我们非常清楚，某些经验是不具备审美特征的。我认为，显然没有人会把日常经验，尤其是苦差事的经验，混同于审美经验。纯粹的惯例，机械的习惯，多次重复的行为，这些当然会被排除在审美经验之外。观察笼中的松鼠随着旋转的轮子转圈时，也许我们能够获得某 362
种基本的审美经验；但是当我们做类似活动在跑步机上移动时，却感受不到任何的审美特征。现在，很多诸如此类的事情已经成为例行公事，而我们并未将它们视为毫无审美特征的事情。当我们的经验不是无意识机械地例行公事时，它们成了恪守常规的事情。毫无疑问，你一定听说过，有些人认为自己在独立思考，事实上，他们只是在思考某些其他人认为他们应该思考的东西，思考那些已经被植入他们思想中的东西，思考事物如何产生的一般观念，而他们对经验习以为常。当一个人假使想自欺，或者下意识地欺骗自己在进行审美活动时，也就失去了审美特征。

任何把经验固定在某种界限内，认为这一界限是其应该体验的方式，都会葬送真正的审美经验。另一方面，我们的大部分经验都过于理智了。其实，它不过是例行公事。我们在思考，但是以一种试图解决问题的方式进行思考，哪怕这个问题非常简单。在路上驾车行驶的人，通过看路标获取方向或得知与另一城市的距离。他并没有把它当作本身或含有它本身的、可以从中获益的经验，而只是看作与他物关联的某物。这就是我所认为的理性生活的单向度经验。我们不允许自己去直接观察、直接感受、直接理解并欣赏事物本身，去直接面对事物以自身的性质向我们言说。我们试图从中获取某种教训。我所举的例子，非常简单地说明它们走的方向，以及它们走得有多么远。

很容易地把事情视为理所应当的经验，把它当作真正吁求的对象，这不是因为我们认为应该从中获取某种道德训诫，或者以某种方式被陶冶的东西。在我们称之为维多利亚时代的上个世纪，出版了一部关于小说的英文评论。正如我们现在看到的那样，它如此引人注目；它既古怪又奇特，几乎没有评论与审美特

363 征相关的东西。如果评论能有振聋发聩的效果，那么确实令人满意。这似乎是评论家头脑中主要的考虑，也有很多人认为，这是文学艺术特别应该具备的。对于19世纪的大多数绘画来说，也是如此。也许有人会说，19世纪的绘画主流——印象派运动，就面临这种阻碍，所以必须引以为戒。一幅画必须表现某物、某种像诗歌或故事所能展现文学性的东西，必须表现某一伟大的历史运动，或某一伟大的事件。至少，绘画中的印象派运动的优点之一，就是摆脱了这一束缚。“印象主义”一词首先在多样化的评论时期被使用，自然的风景直接、当下地向我们呈现。那是光与色的游戏，它并不试图向我们说出超越它们本身的东西。

现在，正如我已经说明的那样，除非我们投入情感，除非我们以任何一种方式被经验的召唤所感染，否则就没有任何经验是审美的；纯粹的情感或者多愁善感，也不构成审美经验。那些最近阅读过詹姆斯(James)《心理学》(*Psychology*)的人，可能会想起这种例证，这也是我要说的第二个要点。在观看展览时，当一些英国女士欣赏提齐安诺(Titian)[①]的《圣母升天》(*Assumption*)时，她们全神贯注。其中一个人却说：圣母“有一种那么自弃的表情，她感到多么不值啊”！她们希望画作告诉她们一点什么；她们感到，在艺术作品面前应该唤起某种特殊的情感。当人们开始欣赏自我的感觉，而非欣赏他们所面对的东西时，我说他们是感情用事，他们最多是在模仿那些审美经验。

现在，我从这些否定的例证中所吸取的教训，更确切地说，得出关于审美特征的结论：真正的审美经验，是整体性(total)经验。它不是片面的(one-sided)经验，也不是分裂的(split up)经验。正因为如此，谈论任何真正的审美经验都是很困难的。你们会记得新近当之无愧的伟大的英国小说之一《人性的枷锁》(*Of Human Bondage*)的作者[②]，他在《总结》(*The Summing Up*)一书中谈到，他认为，
364 世界上最好的评论家在面对一幅他认为具有至高无上美感的画作时，如果他想谈论它，如果他够明智的话，那么，他应该告诉人们的是：你自己去观看，去体验吧！

① 即提申，提齐安诺·维切利欧是意大利文艺复兴时期的画家。——译者

② 指威廉·萨默塞特·毛姆，英国小说家、戏剧家。他的作品常以冷静、客观乃至挑剔的态度审视人生。其基调超然，带讽刺和怜悯意味，在国内外拥有大量的读者。著有长篇小说《人性的枷锁》、《月亮和六便士》、《刀锋》等。下面提到的《总结》是毛姆于1938年出版的一本自传。——译者

如果审美经验只是片面的,如果它主要是做事的动机,如果它是情绪化的或理性化的,那么,我们就可以谈论它。然而,它却是上述各项的融合(fusion),它恰好是那样完整、那样总体、那样充满生命力的经验。所以拥有它的唯一的方式,就是拥有它。那种意义上的审美经验的重要性在于,这种特别的理念给了我们方向,让我们的经验尽可能地如此完整、如此全面和如此充满生命力。为什么在早期儿童时代那么理想化?为什么人们大多非常自发地转向早期儿童时代获取经验的例证,这是因为,他们认为早期儿童时代的经验特别纯粹、特别令人愉快和特别有价值吗?我认为,其原因仅仅在于,那些拥有正常、健康的父母的幼儿在愉悦的时代有着完整的生活。这种体验尚未被“现在我必须做某事”的念头打断,也没有必须想出某些问题,而且必须带着只限于少数经验的某种感觉或情感想出这些问题的困惑。所有这些东西融合在一起,我不认为自己以下的信念有错。我相信,我们会很自然和自发地转向和孩子一样具有理想性的童年经验,只要我们能够,我们就会非常乐意地重新获得这些经验,因为在我们不经意时,它就在我们面前。它作为一种符号,象征着真正的富有生命力的经验。

你知道,画家们谈论重新恢复眼睛的纯真,尤其当学生开始学习油画或素描的时候。作为成年人,我们已经学会把事物当成其他事物的标志。我知道那边一个角落,很多东西就放在那个角落;但是,我的眼睛却不会独自地告诉我这一点。要在绘画中重现这个角落的那些人,必须学会摆脱这个角落所代表的东西。

既然有这种眼睛的纯真,那么也有经验总体(the totality of experience)的纯真。这正是快乐的童年和它周围的一切那么吸引我们的一个原因。要对此作出描述,非常困难。我们只能通过分析来描述它。所有那些要素,当我讲述它们时,它们变得片面或被夸大;而此时,它们就会成为审美经验的障碍。不过,我几 365
乎不需要提醒你们:事实上,所有艺术中都包含着运动。运动显然几乎是舞蹈的实质。很明显,没有运动,就不可能产生任何艺术——雕塑、诗歌,即便是诗人也要做事。那些在舞台上表演的艺术家都是处于活动中的。心理学家已经证实,当我们观察和看到事物时,是通过整个身体活动的视觉运动神经,用眼睛在被动地接受。如果没有肌肉运动的反射,即便是在观察中,我们也不会有审美观察。我们甚至不会产生对我们来说意味着什么的感觉。我们不得不区分,也就是说不得不划界,从而把事物联系在一起。在这样做的时候,就包含着肌肉运动的机械化。所以,当这种活动因素成为常规时,审美因素就会消失,然而它必须在那儿。

当然，那些具有创造能力的人，与那些只会享受和欣赏的人，的确存在着巨大的差异。不过，我不认为，这种差异像有时人们所认为的那样不可逾越。艺术家，真诚的制作者或创造者，会在动机和感觉之间保持某种物理平衡和心理平衡。所以，只要他是画家，这种平衡就会使人倾向于绘画创作。对于其他事情，也是如此。当我们具有真正的审美鉴赏力时，我们就倾向于成为二手的艺术家；但无论如何，我们毕竟不需要重复艺术家通过任何手段所具有的相同的经验。然而，我们需要一种经验，需要具有艺术家在创作这一作品时所具有的那样一些关系。我们的主动态度（motor attitude）和能力，在这种再创作（re-creation）中占有很大的比例。

我认为，语词本身有时能够告诉我们很多。我们来谈论再创作。现在，让我们稍微地改变一下发音，称之为消遣娱乐（recreation）。我认为，这样，我们就得到如下的观念：艺术是一种游戏形式。这并非完全为真，但至少有部分的确切性。艺术意味着欣赏艺术作品的人，把观察时的严肃、投入和在再创作和再创造时所具有的精神力量的自由融为一体，以达到艺术家在原始创作时的情绪和态度的某种程度。

366 审美经验中有一项如此明显和如此复杂，我们可能对其意义的重视程度远远不够。也就是说，所有的艺术都要诉诸我们的感官，诉诸我们的视觉、听觉，还有心理学家称之为肌肉运动知觉的机体运动感，甚至是间接的触感，在很多艺术中具有触觉价值。为什么视觉、听觉、音调、颜色、运动的性质可以如此直接地观察到，却又如此重要呢？我想，也许一个令人满意的、充分的答案是：任何人的力量都无法企及，但可以肯定，通过我们的感官，我们可以直接地、第一手地、独特地与我们的这个世界交流。道德家对感官的态度过于苛责。他们把感官当成诱惑的来源——视觉的色欲（the lusts of eye）。专业的道德家之所以倾向于对艺术持惧怕和疑虑的态度，正是因为他们鄙视这种属于、关于或来自感觉的，给我们以美感的（sensuous）那些因素，他们将其称为喜爱感官享受的（sensual）。令人惊异的是，我们如此丧失了直接观察的能力。我的意思是，比我们丧失观察能力更加严重的是：我们丧失了对这个世界的敏感（sensitiveness）和热诚（responsiveness），而这个世界是一个人的世界、物的世界、自然活动的世界，一个关于我们的世界；因为我们陷入某种日常惯例之中，或者出于职业习惯的目的，或多或少微弱地控制着我们的思想和注意力，所以对环绕着我们的人和事的景致无动于衷。

现在，从艺术作品的立场看，其一大功能就是冲破我们养成的生活习惯所形成的、阻碍我们的敏感与热诚的藩篱，冲破我们特殊的职业在我们的周围竖起的层层屏障，而让我们的感觉、我们的视觉、我们的听觉和运动感接受清新的洗礼，使它们重新意识到环绕着我们的事物，更加深刻地意识到它们的存在。我认为，我们对自然之美的欣赏，绝大部分是浑然不觉的；而这正是我们接受各种形式的人工艺术教育结果的产物。而且，我认为，在很大程度上，我们对人性的了解和回应，以及解释人的行为和姿态的能力，我们中的一些人是直接从教育中获得的，而大多数人是通过伟大的文学家而获得的。

在这种视觉、听觉和身体对周围情景的敏感性中，存在一种奇怪的被动性、感受性和主动性的结合。当我们说敏感性时，想的是感受方面。而当我们称之为热诚时，我们进入了主动方面。不存在没有积极反应的真正的敏感性，就像不 367
可能有不包括一些敏感性的积极反应一样。对我来说，事物对我们而言成为艺术品的经验（当我们正经验时），描述这一经验特征的重要因素就是感受性和以热诚为方式的主动性之间的平衡。

我想再说一下智力因素。正如前面所说，如果智力因素过于强大而遮蔽了其他因素，那么，我们就会把某物仅仅当作其背后某种东西的符号，而看不到它们本身；如果我们只是感觉和观察它们，那么，它们就不再是审美的。另一方面，从爵士乐到交响乐，从廉价的演出到高贵的戏剧般的展览会，艺术作品世界中的巨大差异依赖于其财富背景，而这一财富背景又源于智力因素的催化。

我想在此引用威廉·詹姆斯的话。这是他关于宗教经验的论断，但我认为他本来说的是审美经验。他说："人类有意识的智慧和意志都朦胧而尚不准确地指向某种迄今为止尚在想象中的某物，与此同时，他自身机体的力量却在驱使他继续下去。他有意识的竭力拒绝，会让其背后与之相关联的潜意识放松，这种潜意识正朝着重新安排的方向发挥作用；而这种重新安排朝着更深层的力量发挥作用，它显然与他有意识的觉察和决定是不同的。当新的力量中心酝酿成熟时，我们唯一能做的就是'放手'。"

我会用略微不同于詹姆斯的风格来运用他的上述观点。我们利用有意识的、更为理智的经验，这些经验转化成无意识的背景。我们对它们毫无意识，就如我们最初拥有它们时那样。在很大程度上，艺术作品的力量，或者衡量艺术作品力量的标准，就是艺术作品让人放松的能力，就像它本身一样；这一背景在某种程度上，也成为无意识的。在单个经验中，这一无意识的背景凝聚着这一经验，组织着这一经验，我们可将这一单个经验称为自知(self-intellectual)；但这并不在任何神秘主义的意义上，而是如此之多的因素被唤醒、被凝聚而且被带入彼此恰当的关系之中。如果我们努力，我们也许会无意地想起，我们真正拥有一种审美经验。因为审美经验就是以一种平衡的、有条理的方式而将各种在日常生
368 活中趋于彼此分离和对立的东西结合在一起，就是这些东西本身之所是和它本身所具有的价值。

有情感的平静，同时有情感的兴奋。在日常生活中，平静与兴奋无法并存。它们或多或少相互对立，正如我们对周围事物的感受性和我们向外的主动性趋于分离一样。审美经验的充分性、完满性和整体性之所以存在，就是因为，这些事物在我们的日常生活中是彼此分离的；而在审美经验中，它们重新得到了本来应该有的统一。之前说过，小孩子在他们或多或少被宠坏之前，或者或多或少变得世故之前，或者或多或少受到生存斗争的恐吓之前，还具有这种统一的能力。

也许，我可以这样来作一总结。毕竟，能被我们称之为审美经验的东西，如果我们曾经拥有这种经验，如果它们是足够的正常，我们就会舍弃“审美的”这个形容词；我们就会知道，对于它是其所是，对于纯粹的审美经验本身，就是最好最全面地拥有它。

《科学家是人》序言[①]

“科学是伟大的”——非常伟大，这是大众流行语的断言。科学，比过去《以 369
弗所书》中的阿尔忒弥斯神庙还要伟大。但是，伟大在哪儿呢？是事实上伟大，还是声望上伟大呢？当然，事实上很伟大，在它的实际应用方面，在控制工业生产力的物理和化学技术方面，在许多医疗和公共卫生方面，科学都非常伟大。毫无疑问，共同体普遍受到科学的外在产物——科学成果的巨大影响。“科学”彻底地改变了我们的外在行为方式和交往方式，这已是老生常谈了。但是，说“科学”所具有的意义，就如行为方式所发生的变化一样表面(external)，这是真的吗？是不是在人类的情感方式和思维方式发生转化之前，科学本身一直会被看成是一种针对专门化问题(因为它们与个人的生活，以及与人们彼此相关的生活中的那些基本的、不可避免的问题无关)的专门化技术呢？

科学当然已经对很多人的信念形成了深远的影响。但是，信念本身可能是表面的。所有问题只要与直接的、基本的人类冲动无关，或者与植根于有机体生活的需要无关，它们就是特殊的和专门化的；而与这些特殊的和专门化的问题联系在一起的信念，就是表面的。很明显，科学是一种思维方式，这种思维不仅在头脑中，而且在与事物打交道的实际操作中。但是，只要“思维”不与感觉、情感、欲望、冲动这些直接的深层的个人的东西或深层的公共的东西融为一体，那么，它本身就是一件专门的事情。因为感觉、情感、欲望、冲动是公共的而不仅仅是

① 首次发表于大卫·林赛·华生(David Lindsay Watson)，《科学家是人》(*Scientist Are Human*)，伦敦：沃兹出版公司，1938年，第vii—xi页。

370 个人的，所有人都共同分享它们；而且，人类自由合作生活的根本问题是：所有人都平等地培养它们，并和谐地表达它们。

可以认为，科学的相对表面化和专门化特征，是科学非常短暂的历史进程的一个函数。科学是年轻的，而地球上人类的生活是古老的，且这种生活被古老的传统、习俗、制度以及各种符号所包围。两者的对比如此鲜明，所以期望科学能够在如此短的时间里拥有支配权，并走得很远，是不切实际的。然而，科学现在已经达到了一个相对成熟的阶段，已经战胜了相当数量的早期的公开对手，所以此时此刻开始有个人和团体追问科学究竟是关于什么了。在大不列颠，有一个科学家团体，如果它不比美国的类似团体在数量上占优势的话，那么，它比美国的类似团体更活跃。这个团体在追问：在现代世界中，科学实际上的与潜在的可能作用究竟是什么？他们指出科学实际受挫的程度，指出因为服从民族主义的目的，服从围绕战争、出于私利的工业，科学甚至已经遭到了滥用。这个团体恳请科学工作者承担起对人类将产生的结果之责任。他们指出，除非科学工作者积极地意识到这一责任，否则，政治控制将会掌握在无视事实上正在塑造现代世界的那些力量的人的手中。

华生博士的书，从不同的角度探讨了这个问题。他着力表明科学的追求与科学成果和科学家的精神世界有关，与科学家各个阶段的个性组织有关，反过来，又与科学家维持生活的社会组织有关。这个探究的角度，与刚才提到的研究角度不同；但是，要诉诸的根本问题是相同的。的确，这两种着手处理问题的方式是南辕北辙的，但又是相互补充的。我们必须知道，科学工作正在对形成我们现在的世界做什么、科学是什么，以及科学应该做什么，以形成一个不同的人类的世界。我们也必须知道，当前社会生活环境在对科学家做什么；并且知道，科学家与科学是一种什么关系。华生博士完成了一项非常必要的工作。他的论文
371 从形式到内容都值得钦佩，它显示了作为反映我们社会组织的“精神世界”的科学自身是受限的，是受到阻碍和被迫偏离正途的。华生博士是通过直接的范例演示而非通过论证来说明这一点的，社会组织的机械模式盛行，已经产生了科学机械论哲学，这还是相对次要的问题；其主要的问题是，还造成了探究者精神的机械特征，而这种特征阻碍了探究者的整体个性在科学工作中的表现。丰富的个性被排除在科学家的工作之外，毁坏了完成科学工作的方法，也毁坏了作为科学方法之成果的知识载体。

我不是应邀来笨拙地概述华生博士在接下来的书里生动地陈述的内容。但是,我无法不特别关注《形式的相似性……》这一章,它在内容上比其他章节更为技术化(尽管不是在风格上),因为它构成了其他章节的理智基础。在实质上,它是一种有充分根据的吁求,它呼吁认识审美反应和具有真正科学程序的艺术创作之间的内在相似性。几年前,有一个科学家在他自己领域中的工作获得了国际认可。他对我说:他实验室的助手经常要用两三年的时间,通过研究生工作良好的训练,才能看到他们眼前的东西。他给出的解释是:在某种框架内形成的某种观念已经植根于他们的神经组织,所以只能看到与这个框架一致的东西。这是对华生博士所提出的形式相似性的一种确认。他补充道,教育已经剥夺了人的这些天然的、无意识的敏感;剥夺了构成审美经验核心部分的直接反应。华生博士没有贬低引导性观念和常规性观念框架的重要性,但他的书强有力且急迫地想要陈述的事实是:除非观念框架能够紧密而彻底地与充满活力的冲动与反应的灵敏性相统一,否则,概念框架就会成为对科学探究的一种束缚。因为这种充满活力的冲动与反应的灵敏性,是未被损害的常识的财富,而且在富有创造性的艺术家那里得到了有效的表达。

如果读者接受华生博士对这一观点的说明,并将这一说明与华生博士关于 372
社会组织形式的说明——这种社会组织形式会使科学探究的生命之血流动的主动脉硬化——联系在一起,那么就会发现:在他面前的这本书,已经将批判提升到了富有启发性的解释水平。

附　　录

1.

《经验与教育》编者前言[①]

《经验与教育》为国际教育荣誉学会系列讲座的第一个十年画上了圆满的句 375
号。因此，在某种程度上，本卷是向学会第一个和第十个演讲者杜威博士致敬的
十周年纪念出版物。与杜威的其他作品相比，《经验与教育》虽然简短，但对教育
哲学的贡献却至关重要。很遗憾，关于教育的普遍困惑分散了美国教育的力量，
并高举彼此冲突的不同忠诚的标签；而这个简短的作品，恰逢其时地为一个团结
的教育战线提供了清晰而明确的指导。由于倡导“新的”教育的教师宣称已经运
用了杜威博士的教育方法，并已经强调了经验、实验、有目的的学习、自由，以及
其他“进步教育”的著名概念，了解杜威博士自己如何评价目前的教育实践，是很
明智的。为了便于清晰地理解并致力于团结，国际教育荣誉学会系列讲座执行
理事会邀请杜威博士讨论一些争议性的问题；这些问题将美国教育分成了两个
阵营，以至于削弱了美国教育的力量。而此时，正需要教育的全部力量指导这个
不知所措的国家安然地度过社会变革的危险时期。

《经验与教育》无论对“传统”教育，还是对“进步”教育，其分析都很透彻。两
种教育的基本缺陷在此书中都有描述。传统学校以各种科目或文化遗产作为其
内容，而“新”学校高度地赞扬学习者的冲动、兴趣，并强调目前不断变化的社会
问题在教育中的作用。这两种教育的价值，都不足以独立地存在。两者都是必
要的。首先，健全的教育经验包含连续性和学习者与学习内容的交互作用。无
疑，传统的课程要求刚性组织化，以及一种忽视孩子天性的能力和兴趣。然而， 376

① 首次发表于蔡尔兹的《经验与教育》，纽约：麦克米兰出版公司，1938 年，第 ix—xii 页。

今天对这种学校教育的反应（reaction），往往助长了另一个极端，即助长了不成熟的课程、过度的个人主义和一种作为自由的虚假标志的自发性。杜威博士坚持认为，无论旧教育还是新教育，都不能满足需要。二者都有对教育的错误理解，因为它们都没有运用被谨慎提出的经验哲学的原则。本卷的许多内容都旨在举例说明经验的意义，以及经验与教育的关系。

杜威博士不赞成那些表达分裂和加深分裂的标签，他把教育解释为一种人们认识世界、逐渐积累获得关于意义和价值的知识的科学方法，而这些教育的成果就是批判性学习和理智生活的资料。科学探究旨在获得知识体系，而这一知识体系应该被理解为指导进一步探究的手段。因此，科学家应该研究问题的性质，研究其时代、条件与意义，而不是将探究局限于问题的表象。为此，科学家也许需要回顾相关的知识储备。因此，教育必须对科目采用进步的组织形式，以便对这个科目的理解能启发问题的意义和重要性。科学研究使经验得到拓展，但这种经验只有达到以重要知识的连续性为基础，并且能改善或"调整"学习者的观念、态度和技能的程度时，才具有教育性。因此，真正的学习情境具有纵向和横向两个维度。它既是历史的，又是社会的；既是稳定有序的，又是生机勃勃且不断变化的。

本书之所以引人注目，在于许多教育者和教师们正翘首以待，热切地寻求可靠的指导。《经验与教育》提供了一个坚实的基础，使教育者和教师们可以团结一致，共同促进一个尊重所有经验来源、立足于积极而非消极经验哲学和教育哲学的美国教育体系。通过这样一种积极哲学的指导，美国教育家将去掉他们那些可能引起争议的标签，加入代表美好明天的坚实行列。

阿弗丽达（Alfred L. Hall-Quest）

国际教育荣誉学会出版物编辑

2.

蔡尔兹博士和民主教育[①]

博伊德·H·博德著

任何有思想的美国教育的观察者都会注意到，进步运动正在发生一个显著 377
的变化。进步运动肇始于对成人标准和需要的大一统一体化和“强迫性”的抗议。这种强迫性的罪恶，一直是进步运动的支持者聚集在一起最喜欢讨论的主题。正如“鹅妈妈童谣”[②]，十分奇怪的是，无休止的重复似乎提高了它的魅力。

然而，近几年来，进步运动引入了一个新的议题。人们越来越认识到，必须比过去更严肃地考虑教育的社会含义。正如基尔帕特里克(Kilpatrick)博士所说：“我们必须(我相信并希望我们可以)坚持基本民主(essential democracy)和因材施教。”[③]

蔡尔兹教授的论题

显然，基尔帕特里克博士的这个观点，使确定什么是“基本民主”，以及我们如何“因材施教”，成为必要。关于什么是“基本民主”，蔡尔兹博士已经强有力地证明了一般意义上的教育，特别是进步教育，必须假定“加入某些新意识形态模

① 首次发表于《社会前沿》，第5期(1938年11月)，第38—40页。杜威对此文的评论，见本卷第304—308页。

② “鹅妈妈童谣”(Mother Goose rhymes)是英国民间童谣集。这些民间童谣在英国流传的时间相当久远，有的长达数百年，总数有八百多首，有幽默故事、游戏歌曲、儿歌、谜语、催眠曲、字母歌、数数歌、绕口令、动物歌等等。英国人称其为儿歌(Nursery Rhymes)，美国人称其为鹅妈妈童谣(Mother Goose)，是英、美人士从孩童时代就耳熟能详的儿歌。著名的有“玛丽有一只小羊”等。——译者

③ 《学校与社会》(*School and Society*)，1935年4月20日，第526页。

式发展的明确责任”。[1] 而且，这些新意识形态模式必须明确地以我们目前工业体系的彻底变革为目标。“在我看来，在目前的社会经济条件下，对教育唯一适当的社会观点就是把阶级斗争（the class struggle）概念作为教育的本质的部
378 分。”[2]假定“我们目前的问题可以通过永远无期限地保持‘雇主阶级’和‘工人阶级’的对立而得到解决”，是徒劳的。[3]

关于我们如何“因材施教”，蔡尔兹博士强调，我们应该毫不掩饰地致力于为所构想的民主而赢得新成员。他声称，换了任何其他的情况，我们都不可能使一种社会哲学富有意义。

> 断言进步教育缺乏一种社会哲学和一个价值体系（这一价值体系应该为确定孩子的需要提供必要的标准），然后坚称寻求任何特定的社会观或生活方式的支持者有违民主教育的本质，这两者如何能保持一致？再者，认为思想是在实际经验中形成的，而不是从内部逐渐展开的、与生俱来的天赋能力；同时，又谴责学校为了培养理想的情感性情和智力意向而深思熟虑地对经验进行选择和衡量，这两者又如何能保持一致？我们难道谴责进步教育没有明确地给予儿童一种明确的见解，以告诉孩子们在一个根基晃动的文明中应支持什么、反对什么，然后又逻辑融贯地继续限制教育对各种争端进行理智分析的功能，并且用“灌输”一词来表示以高度评价的社会和经济规划为基础的所有教育尝试的特征吗？[4]

这个论证的价值，在于认识到教育必须自觉地指向社会理想。它还坚决主张，我们应该毫不犹豫地以阶级斗争的观点构建这一社会理想，而且应该努力把阶级斗争的观点贯彻在教学中。这里是一些关于进步教育的思考。来自进步教育的领导者的这一宣言，难道意味着进步教育运动的机器已经反其道而行之了吗？显然，我们正在被告知，“强迫接受”（*imposition*）并不真的是一种罪恶，相
379 反，它是一种很高的道德责任。当然，要以它是正确的，而且是以正确的方式进

---

① 《社会前沿》，1935 年 3 月，第 23 页。
② 同上，1936 年 6 月，第 278 页。
③ 同上，1935 年 3 月，第 24 页。
④ 同上，1938 年 5 月，第 267 页。

行的为前提。或者，换言之，这么看来，进步教育的使命不是用儿童崇拜取代祖先崇拜，而是向儿童提供不同系列的祖先。

“训练”[①]的危险

然而，蔡尔兹博士提出的真正的问题并不这么简单。一旦我们放弃教育是一个“从内部展开的过程”这一观念，就要致力于制定选择和衡量学生经验的计划。中立的种种借口，也只是借口。但是，在另一方面，“基本民主”（不说进步教育）与冷血和算计的“训练”计划并不兼容。蔡尔兹博士声称有一种中庸之道（middle course），这种观点基本合理。我们需要探索的，就是这种中庸之道。

基本民主制度包括态度的一定性质和理智化的观念或价值标准。基本民主制度所包括的态度就是：宽宏大量的相互妥协，互惠和共享。理智化的观念就是明确地认识到：共同利益高于特殊利益；我们共同生活的持续扩展是进步的最终证明。每种类型的社会组织都是实现这个目的的工具（machinery）。民主致力于蔡尔兹博士称之为“共享训练”（shared control）的原则。

一种民主中的教育有责任培育这种态度和观念，也就是说，民主不仅必须被实践而且必须被理解。除非一个人得到民主情操的“感觉”，否则，民主就是一个空洞的名词——“福哉，爱的捆绑”。仁慈和蔼，为他人着想，对理解的加深感到欣慰并乐于同他人合作，这些品质都具有自己的特质；它们通过与之相衬的行为模式而得以实现。因此，学校成为保持某种方式生活的地方。在不同的变化限度内，我们都相信民主。到目前为止，学校这样的组织并不是一种灌输的体制。如果我们用蔡尔兹的概念给灌输下个定义，就是“系统地使用任何一种可能的手段，将一套特殊的政治和经济观念刻在学生的脑子里，而这套政治和经济观念是 380
排他的”[②]。也许科学态度提供了一个公正的类比。提供一个机会以科学精神进行调查研究，从而为科学态度的一手经验开辟道路。这样做就背叛了党派性，因为它与这种可能的观点是相抵触的。这种观点就是：这样的经验是危险的，而且是应该避免的。然而，在“灌输”这个词的任何有用的意义上来说，提供这些经验都不能说是灌输。

---

① conditioning，既有“训练”的含义，也有条件作用、条件反射作用以及熏陶的含义。——译者

② 《社会前沿》，1937 年 5 月，第 238 页。

当我们将制订这个民主态度作为一种行为的最高原则时，情况就变得复杂了。在人类利益的各个主要领域，这个原则立刻会激发一系列的冲突。可以通过以下两种方式中的一种来运用这种类型的公式化(formulation)：(a)作为"训练"学生的一个标准，或(b)作为组织生活和行为的一个竞争原则。相似地，每一个事件都可以还原为一种"自然主义的"解释。科学的这一假设可以显而易见地或者被用来培养一种对超自然以及迷信的不容忍态度，或者鼓励努力地弄清这种自然主义的假设是否可以被一路延伸下去。在科学的情况下，显而易见，只有这一条路。科学教育的"训练"，意味着学生用他自己的经验和结论取代教师的经验和结论。这个结果同样可以运用于民主展望中。教育的"训练"，是对民主的否定。所以，我再次重申："灌输"这一说法似乎并不恰当。关于民主原则，中庸之道是鼓励和帮助学生独立地承担重建他个人经验的责任。

民主作为一种社会理想与作为方法

然而，目前我们关注的不是"灌输"的定义，而是"基本民主"的含义。除非民主有一种近乎贡献(contribute)的独特精神和独特方式，否则，它就不可避免地会变成另一个隐藏在好名声面具下的暴政。正如我已经指出的那样，我在很多
381 方面都赞同蔡尔兹博士的立场。我们必须着眼于民主的社会秩序，必须避免"灌输"。这是完全合理的。困扰我的是：我担心蔡尔兹博士太过热忱，以致不仅牺牲了民主的理想，而且牺牲了民主的方法。蔡尔兹博士之所以要求一种更真实的教育的社会类型，源于对我们现在的工业组织和经济组织可耻缺点的愤慨。每一个正直的人，都一定会尊重这种愤慨。然而，在愤慨的推动下，蔡尔兹博士表现出一种倾向，即把民主等同于为所有权和分配的具体方案而进行的战役。与此相伴，便是对"灌输"和赢得追随者的改革运动的鲁莽要求。的确，蔡尔兹博士试图把这种"灌输"与普通的"灌输"区分开来。当其他同道进行这种灌输时，当进行与这种灌输相反的过程时，通过这个过程，信念"以个体可以创造性地使用信念的方式而得到沟通"①；而当蔡尔兹博士自己进行灌输时，他把这种灌输称为"情绪训练过程"。作为一个文学创举，这种区别有可取之处，但这种区别无法掩盖一个事实，即这个被提议的教育计划蓄意瞄准培养一种性格，这种性格将

① 《社会前沿》，1938年5月，第268页。

使学生不能容忍雇主与劳工之间的冲突，而且对这一冲突感到“痛心”。

有足够的余地怀疑教师作为一个群体，是否有资格或者是否负有使命为未来的社会秩序提供蓝图。无论如何，只要误把手段当作目的，“基本民主”必将淡出。我们剩下的就只是一个这样的事实：另一只狗已经进入争夺同一块骨头的战斗之中。无论有没有规则，这场战斗的结果都是一样的。例如，在民主哲学中，一种健全的劳工政策是什么？是以提高工资、缩短工时和改善劳动条件为标准来衡量进步吗？说得更直截了当一点，把雇主们赶出去，每一个劳工都被养得脑满肠肥而成为公司副总裁时，我们就能自动地走向民主吗？如果用一种自私自利替代另一种自私自利就是发展的话，我们就不得不得出这样的结论了，恰如诗人所言：上主行事高深莫测，伟业神妙稀奇！

一旦忽略了从道德和哲学角度对工业改革的表达，我们就迷失了方向。废 382
止劳工和雇主之间关系的愿望可以有多种不同的缘由，这些缘由从抽象的“权利”感一直到只要有机会就剥夺雇主的倾向。如果我们为蔡尔兹博士所为之斗争的特殊的所有权和分配方案提供“新意识形态模式”的可能性的话，那么，“基本民主”就将成为武装营地的代名词，而这恰好是用与自己的敌手相同的武器来实现自己的目的。

教育作为结果的一个概述

我们生活在一个相互依赖的社会秩序中，这要求政府管理持续地拓展。即使是共和党的发言人，也承认这一点，这可能使其意见一致了。最终，学校也毫无疑问地听说了。当学校知道了以后，关于这一点，学校要做什么？毫无疑问，千真万确，只要教师回避经济的各种争端，并退回象牙塔，开始各种甜蜜可爱、轻松闲适的纯理论讨论，就一定出现了严重的问题。正如蔡尔兹博士所说：“只有当我们着手应付一定的条件和各种制度习俗时，才能避免贫瘠不育的形式主义这种形式。”①但是，如果学校成为促进某一具体类型的改革之主体，那么，学校就可能犯严重的错误。剩下的选择是将我们的计划集中在现代世界的民主之重要性或内涵上。不幸的是，这个建议太具有革命性，因而不可能被广泛地采取；但是，看起来似乎没有别的选择。根据趣味，如根据“对个体性的尊重”，或根据

① 《社会前沿》，1938年5月，第267页。

头脑冷静地对"走自己的路是愚蠢的"领悟，或根据对常人持久的信念，而拒绝通过一个也许是被指定的训练过程而预先确定结论。一个通过训练过程而推进民主的规划，在其开始实施之前就遭到了惨重的失败。

简言之，我与蔡尔兹博士的分歧在于：他几乎不叙述他自己立场的大概内
383 容，而更多地讲述他赋予这一立场的具体应用。他的一般哲学提供了一个民主概念，这是对进步运动的精神和意义非常珍贵的解释。根据我的判断，进步教育必须朝着那种哲学指示的总的方向发展，否则在成为美国教育的一个重要运动之后不久就将终止。然而，如果认真地对待蔡尔兹博士建议的这种哲学的特殊应用，那么将无法形成进步教育的发展，相反，却形成对进步教育的否定。进步教育需要的不是在学术独立和采纳一种社会改革的具体方案之间作出选择，而是需要一种对民主原则焕然一新的忠诚。

3.

评博德博士的“真”民主[①]

约翰·劳伦斯·蔡尔兹著

我对博德博士关于进步教育[②]的书进行了评论；博德博士在回应我的评论 384
中，提出了民主的意义和美国教育功能的意义问题，这值得进一步讨论[③]。总的来说，博德博士的回应，倾向于将我和他的立场拉得更近。在此次答复中，我将阐述，我认为哪些是我们的一致之处，而哪些是我们之间到目前为止最重要的分歧。

一致之处

1. 对于未成年人深思熟虑的教育，就其本性来说，不可能是中立的。我们进行教育，是因为希望造就未成年人——在没有指导的情况下，任由未成年人与文化相互作用，无法使他们成为有所造就的人。博德博士的论文，清除了他在这个重要议题上的所有模糊性。如果进步教育运动的所有领袖都和他一样，认识到“伪装成中立的，仅仅是伪装而已”的时候，进步教育就能做更好的准备，来应付事关我们时代的要害问题。

---

① 首次发表于《社会前沿》，第 5 期(1938 年 11 月)，第 40—43 页。杜威对此文的评论，见本卷第 304—308 页。

② 进步教育是 19 世纪末针对传统方式，提倡新的、现代教育的一种教育运动，其代表人物之一就是杜威。该运动的核心主张是全面教育、民主教育、行动教育和终身教育；学生是课堂和学校的主人，通过行动来成就知识和德性，培养学生的自主精神；教室应成为民主的实验室。所以，博德和蔡尔兹等人(包括杜威)讨论教育与民主的关系。——译者

③ 蔡尔兹关于博德《十字路口的进步教育》(*Progressive Education at Crossroads*)的评论，发表在《社会前沿》，1938 年 5 月。

2. 教育目标的形成，不应导源于这样一种审视，这种审视将孩子从所属的社会中孤立出来而作为个体的孩子。美国社会所具有的特别意义，在于它的民
385 主传统和目标。民主观念包含社会关系的理论，因而民主观念可以提供“选择和衡量学生经验”的标准——这些标准内在于我们的教育活动中。

3. 民主原则要求“共同利益高于特殊利益”。将其称之为“强加”、“限定”、“成长”、“通过经验学习”，或者任何其他人们愿意的称呼，都改变不了这个事实，即如博德博士所指出的，我们的公立学校已经被设计成是为了培养未成年人“某种态度特征、智性化世界观(intellectualized outlook)或价值标准”；这些态度、世界观或价值标准，是我们民主生活方式的关联物。将民主目的从教育方案中裁掉，我们的学校就将失去它们据以存在的根本理由中的一个。毋庸置疑，从孩子们健康发展的立场看，要实现健康发展的目标，某些教育手段要比其他手段更为优越。对这些方法所进行的研究，是进步教育运动作出的重要贡献。但就进步教育假设方法的关切能取代目标的关切而言，乃是混淆和错置了教育思想和教育实践。

4. 对人格的尊重，是民主的基石。民主要求在所有的生活关系中，每个人都应被当作目的，而不能仅仅被当作手段。这个观念有其教育意义；这意味着，民主教育必须追求帮助每一个孩子发展他自己的心智，使他们成为有头脑的人。有头脑，在其他事情上表示：个体具有根据变化的条件和经验到的结果而评价群体生活方式和思维方式的能力。按照民主的理论，这种价值评判能力是成熟的人所具有的本质特征。因此，任何一个信奉民主观念的教育者，都必然对学生的智力解放，比让学生成为教育者本人因为偶然而支持的社会改革的某种特殊方案的信徒更感兴趣。所以，在民主制度下，教育和灌输之间的界限不容僭越。

在这个问题上，我坚决同意博德博士的观点。有这样一种逻辑，主张所有形式的教育方案都同等地是对孩子一种专断的强加之物，因为这些方案都显示着对某种确定的群体生活方式的偏好；对于这样的逻辑，我向来无法接受。因为它
386 要让人接受，仅当我们愿意承认，从希望受到教育的个体的立场看，表现在法西斯主义、共产主义和社会-民主主义群体生活模式上的差异上，在伦理上则是无关紧要的。

5. 经济改革和产业改革问题，不仅仅是经济问题和工程问题，而且是我们想要何种文明的问题。因而这些问题具有道德和教育上的根本意义，应根据某

种关于改善生活的、经过深思熟虑的哲学来进行处理。人要活着,不能没有面包;但同样真实的是,人活着不能只靠面包。我们的问题是:如何使人们挣得面包的过程,也成为使他人格丰满的过程。正因为我同意博德博士所认为的,所谓经济事务也是道德事务,所以我相信,经济事务这些东西适合作为教育者兴趣和职责的一部分。

在上述所有方面,我认为,博德博士和我在本质上是契合的。我之所以欢迎他关于进步教育的书,是因为他的书中对上述相关问题作出了直截了当和强有力的分析。我感到他的讨论如此有价值,因此也更关注他的阐述中,在我看来不充分的地方。这些地方既包括民主的意义问题,也包括在当前美国生活的转变阶段教育的角色问题。如果我们要民主、和平地解决当前的困难,我相信,学校、学院、大学和其他教育机构必将承担比博德博士版本的"真民主"所容许的更多的任务。这就将我们带到了我和他的分歧之处。

分歧之处

1. 根据博德博士的看法,基本民主包括三个方面:(a)"宽宏大量的相互妥协、互惠和共享的态度";(b)"毫不含糊地承认共同利益高于特殊利益";(c)"承认'我们共同生活的持续扩展是进步的最终证明'"。这些原则规定了民主的目的和"每种社会组织仅是实现这个目的的工具系统"。因而,"所有权和分配体制",是与手段而非与目的直接相关的问题。此外,教师作为一个群体,可能不适合对关于手段的难题进行判断。这不是什么很严重的限制,因为教师的"使命" 387
关乎民主的目的,而不是去设计"未来的社会秩序"。"只要误把手段当作目的",博德博士坚称,"基本民主必将淡出"。博德博士认为,我关于"美国民主的利益和自由教育的利益现在都与工人社会(a worker's society)的方案的实现紧紧地捆绑在一起"的假设,是公然混淆目的和手段的实例。博德博士断言:"说得严重些,这不是对进步教育的发展,而是对进步教育的否定。"

这些是从一个哲学和教育的实验主义者口中说出来的奇怪教条。这些教条所挑起的,是一些基本的问题。"目的"和"手段"分离到何种程度,还仍能保留知识上和道德上的区别性意义?更具体点说,除非关于美国民主目的的陈述,能对社会改造现在要往哪个方向走给出某种指示,否则,这种陈述还能包含什么指导教育活动的充分确定的意义?面对1938年美国生活的现实环境,有什么充分的理由让我们在“互惠”、“共同生活的持续扩展”这些一般化的药方面前心满意足?如果教育假设我们所要追求的经济和社会组织形式仅仅是工具体系中的枝节问题,那么,教育在承担当前的民主责任上能说是合格的吗?

这些分歧极其重要。我同意基尔帕特里克博士的说法:“经济现状规定了今天的道德责任。我们不能回避。”[①]对我来说,一切有意义的关于民主的陈述,如果没有认识到现在我们经济制度的重建是如此重要的手段,那么对于我们这一代人来说,这种重建必须成为民主努力中各支配性目的中的一个,否则,关于民主的陈述就不能说是充分的。

我也不认为,强调经济重建将是对真正民主教育目的的否定。相反,我认为,杜威博士的结论是不可避免的,即关于教育的社会观念,“出于讨论影响和形成当今美国现实生活力量的目的,它们必须被转化为对这种现实生活的描述与
388 阐释”,除非我们“满足于形式上的概括(其价值仅在于对新观点的介绍)”。[②] 在博德博士的论文中,我发现,他无意尝试对美国的现实生活进行此种现实主义的描述与阐释。

2. 在对民主目的的讨论中,博德博士对于机会平等并没有明确的说法。不过,我相信,他会同意机会平等是美国民主传统的一个“真”要素。对我来说,探索这种平等原则在生活变动不居的条件下的可能结果,属于美国教育当前任务中的本质部分。

从历史上说,在经济领域里,我们的平等理想是与为了私人利益而自由竞争的开放市场体系联系在一起的。但是,在我们高度互相依赖的工业社会中,自由放任主义的实践现在导致了无政府状态、广泛的失业和没有保障,以及限制了生产[③]。人们越来越认识到,某种形式的社会-经济计划、协调和控制是必需的。关键问题在于,这种计划采取何种形式。

我并不伪称自己已经有了建立新社会秩序的蓝图。新社会秩序的控制手段

---

① 基尔帕特里克:《教育与社会危机》(*Education and the Social Crisis*),第 30 页。

② 见《教育前沿》(*the Educational Frontier*),第 34 页(《杜威晚期著作》,第 8 卷,第 44—45 页)。

③ 按照下文强调计划、对资源等的利用而非浪费,这里可能是指自由放任主义可能导致生产的无政府状态,限制了生产的“潜力”。——译者

和管理手段，必须予以实验地发展。但是，如果一个计划社会[①]要延续美国民主的基本原则和理想，就必须具有如下的特征：

a）这个社会追求利用我们的物质资源、技术资源和人的资源，而不是浪费这些资源。

b）这个社会不把效用性的社会工作（无论是何种形式）视作必须的恶，视作为了扩大个人权势而采取卑鄙的、物质主义者的手段，而是将其视作使人格发展和生活丰富的积极的社会资源。

c）这个社会将被设计为服务于所有人的利益，而非让被优待的少数人的特权万古长青。这个社会将需要恰当的控制机构，以让所有人都能有效地参与政策的制定、批评和评价。

概括起来，我的假设是民主不再与我们历史上的自由放任的利益系统相容。 389
技术、政治和教育当前的最高任务是建立能够提供民主价值持续发展的手段的计划社会。我的教育活动，正是在这个明确的指导框架下进行的。

3. 尽管博德博士反复肯定了教育绝非中立之事，然而把民主教育与社会经济计划的明确观念联系起来的思想，仍使他感到震惊。只有“了解所处的特定环境和制度”，教师才能避免成为误人子弟的冬烘先生[②]——博德博士对我的这个说法表示了热情的支持，有鉴于此，他的前述态度就更加令人迷惑。显然，他希望教育者研究社会和经济问题，但同时希望教育者以应有的谨慎看到，他们从来不曾在关于社会经济问题上得到过任何明确的结论。就教育目的而言，研究必须是纯粹的、无止境的和非应用性的。根据博德博士的立场，一旦一个教师在某个主题上得到了明确的结论，那么，在那个领域，他将再无资格作为一个真正的教育者了。

因而博德博士假设，既然我相信工人社会的存在，那么必然变成一个赤裸裸的吹鼓手，必然将我的教育活动完全变成拥护我观点的信徒的十字军东征。对我来说，这种假设完全是不合逻辑的推论。

以自然科学领域为例。我们把科学仅当成研究方法来教，还是既把它当成

---

① 这里的“计划”用的是 planning 而非 planned，作者可能在强调计划总是非完成的、统制的，即总是在“计划中的”。——译者

② 指迂腐浅陋的知识分子。——译者

研究的控制方法，又把它当成通过应用取得成果而得到验证的发现来教呢？向未成年人介绍某个领域已有的知识，难道就要被认为这与学生在该领域的智识发展是对立的吗？难道因为某个领域的研究者已经获得了重要发现，所以就要禁止该领域的教师作为教育者吗？这些问题，几乎用不着回答。很明显，在自然科学领域，知识的应用和已经获得的解释原理，与个体方面创造性的独立思想的发展并不冲突。

我们从自然领域转到社会领域，是否情况就完全不同了呢？在社会领域里，可证明其正当性的知识的确更难以获得，但我看不出来，社会领域里有什么可以证实，“没有任何解释假设和解释原理的教师，必然是最好的教育者”这一假设是
390 正当的。正如社会研究教育委员会曾明智地指出，所有教育都必然在一定的框架内，在被认为是必然的、可能的、可欲的事情上不断变换。博德博士必须接受这个主张，除非他愿意推翻他曾说过的教育的性质在于，它是某个被偏好的社会秩序的偏好的表现。

从我这方面来说，我认识很多教师，他们真诚地相信民主价值可以在重建的资本主义制度框架内保存下来。我从未因此而假设，这会让他们丧失作为真正教育者的资格，或者会让他们成为他们特殊立场的纯粹吹鼓手。如果一个教师得出结论说，合作的工人社会的观念提供了一条走出目前困境的、更有前途的道路，我们为什么不用同样标准来对待这个教师呢？他的这个假设本身的性质难道在于，让抱有此假设的人倾向于抑制自由探究，限制对立假设的研究，迂回地灌输结论，而从不给未成年人以机会去评价达到这些结论的过程吗？

我没有发现有任何证据表明，美国学术自由的敌人是那些信奉社会化经济的人。效忠宣誓和其他压迫性法律的十字军①，不是工人。因此我希望，博德博士能重新考虑他的前提并选择这样的立场：对于一个信奉社会化经济的教师来说，仍然可能是进步教育的有价值的成员。尽管博德博士竭力宣布将我们开除出真正的民主教育运动，但我们仍将继续坚持主张：导致如此不自由结论对于“进步”和“民主”的解释，本身并不是美国民主的真版本。

① 效忠宣誓是公职人员担任公职前的程序，属于一种法律规定。蔡尔兹将它运用到一般的思想自由、学术自由的领域。——译者

4.

采访报道：托洛茨基在克里姆林宫[①]

——如果这位被流放的布尔什维克领导人在斯大林的位置上会怎么做

塞尔登·罗德曼著

按：九月末，《常识》杂志编辑在列夫·托洛茨基位于墨西哥城科瑶坎的 391
住所内，对托洛茨基进行了几个小时的采访。而本文写作所基于的材料，不仅仅是这次采访和交到本文作者手中事先预备的声明。使用这些材料的目的在于阐明这个观点，即托洛茨基主义和斯大林主义起源于同一种绝对主义哲学和同一种非民主策略的发展；通过研究莫斯科审判和在墨西哥的“听证会”[②]，以及研究布尔什维克革命中的证据和最近出版的相关材料，我们得出了这个结论。

令人好奇的是，托洛茨基具有我们这个时代最令人鼓舞和最令人不安的个

① 首次发表于《常识》，第6期(1937年12月)，第17—21页。杜威的回应，见本卷第347—348页。

② 指1937年1月在莫斯科审理所谓“托洛茨基反苏案”，指控托洛茨基及其儿子等人是法西斯代理人，托洛茨基被缺席审判为死刑(1936、1938年也有类似的缺席审判；针对托派的大规模审判共有四次)。这里的“听证会”，指1937年托洛茨基在墨西哥向世界新闻界和美国国会调查委员会举行的听证会为自己进行的辩护，指出所谓的审判完全是骗局。托洛茨基声称，他希望有国际调查和公正的审判，审判者应该由无争议的人选组成。如果这样的审判宣布他有罪，他愿意将自己交给克格勃。所以有了后来的1937年4月10日到17日的美国国会调查委员会在墨西哥的听证，或者说，调查结果宣布托洛茨基没有莫斯科所指控的罪行。托洛茨基颇占当时世界舆论的上风。——译者

性,他希望纯粹依凭他的观念来对他作出判断。这位曾经的流亡党派报纸的编辑,仅凭一己之力,就在原来怀疑、混乱、冷漠的地方激起了自信、秩序和热情;几个月后,他让自己从布朗克斯飞到了克里姆林宫[①]。这位雄辩家点燃了一场革命,以足够的热忱鼓舞另外十支前线的军队,以弥补他们装备之不足——就是这样一个人,现在只相信理智(intellect),其余什么都不相信。

九月末的一个下午,当本文作者出示自己的证件并要求进行一次采访时,这位前布尔什维克的领导人透过厚厚的角框镜片,冷冷地看着我,问我有什么问题不可以通过信笺来回答。人们都说,限定于观念分析的叙述,如同仙人掌的刺一
392 样干乏。胡说!观念从来不干乏……但是,托洛茨基同志,我知道你在想什么——谁会不知道呢?我是想获得一些线索,以弄清你为什么这么想;如果可能的话,还想弄清你是什么样的人。当然,与白纸上冷冰冰的字符不同,在对话中,可以你来我往地互动。而且,我对观念特别不感兴趣;我认为,所有人的观念,无论对还是错,在很大程度上都是由心理和情感所决定的。

他同意了——但方式并不优雅。优雅,以及对于"对人何以成为人"这样的问题感兴趣,并不是托洛茨基个性中的品质。无论他是否怀疑非理智的兴趣,他肯定怀疑《常识》杂志,特别是《常识》杂志的名称。

"为什么叫'常识'?你们国家的人已经有太多'常识'了——'常识'是为混乱且无组织的思想找的借口——你说,你们是从托马斯·潘恩(Thomas Paine)那里借来这个名称的?[②] 我现在想起来了,但那是英国经验主义的作品,在18世纪有其历史地位;在黑格尔和马克思之前,这些怀疑主义的态度具有进步的性质;但现在,它们不再具有进步的性质了。我一直很犹豫要不要给一家美国出版物写稿,尽管这看起来很有吸引力。为什么?因为它的章程上写着:'避免教条。'你们这个'常识'的国家,根本没有足够的教条,没有足够的信条,没有对于理论足够的尊重!好了,行了!你可以回你的旅馆,把你的问题写下来,然后寄给我的秘书。采访前一个小时,你来拿我对这些问题作答的文件,研究一下它们,然后我再见你。"

---

① 1917年1月,托洛茨基在美国纽约参与了《新世界报》的编辑工作,后很快回国鼓动革命。托洛茨基的鼓动很有成效,其鼓动才能很有名气。布朗克斯是纽约的一个区,此代指托洛茨基从美国回到俄国,从流亡者登上高位。——译者

② 指托马斯·潘恩的同名著作《常识》。——译者

托洛茨基的书房是长长的、冷白色的房间，几排低矮的书架，书架尽头是暖金色的钢琴。一些装饰性的玻璃球系在线底，从天花板垂下。大桌子上摆着现代的铬灯，胡乱地堆放着几英尺厚的世界各地的新闻剪报：最显眼的是纽约的《社会主义呐喊》(*Socialist Call*)，上面用红铅笔重重作了标记。书桌后的男人，穿着蓝色的防风夹克，铁灰色的头发；他表情凝重，让人琢磨不透，眼镜的镜片非常厚。但是，这个瘦长而结实的身体中的活力，那双眼睛中锐利的目光，那种把握每一观念的狐狸般的迅捷，以及洞穿一切的智慧——这一切颠倒了那句老话：要不是见到过牛头对马嘴如此诡异的事儿，看到一个比心灵年轻 35 岁的身体，就得立马崩溃①。

这立刻让人明白了，他的个性是如何鼓动起战争重压下的成百万人的信心； *393*
也立刻让人明白了，这样的个性是不会有所谓和平时期的。托洛茨基是那种以君临天下的姿态进行指挥的人。很难想象，他会与人协商。

II.

我们暂时接受托洛茨基的建议，转过来看看从书面材料上能挤出什么证据来。② 如果我们对斯大林和托洛茨基都给以良好的辩护，然后再看看托洛茨基在墨西哥的听证会答辩，就能问出更好的问题，得出更好的结论了。

看起来，使托洛茨基和托洛茨基主义者对于斯大林极度愤慨的事情之一，就是斯大林以托洛茨基强求实施极左的农业方案和工业方案为由，将这位前战争之王驱逐出苏联③；而此后，自己又温和地实施起这些方案。的确，托洛茨基曾批评"将富农作为阶级进行清洗"和五年计划的实施节奏和策略④，但也不可否认，已经证明斯大林同样是遭人忌恨的激进派。

他们两个人彼此恨得咬牙切齿。"愚钝的"斯大林恨对手令人叹为观止的机敏，怀疑托洛茨基的理智主义(intellectualism)和他在长期流放生涯(此时，斯大

---

① 意指托洛茨基的心灵比身体年轻 35 岁，更有活力，与成语中的"身体比心灵年轻 35 岁"正好相反，这都是不寻常的事情。——译者

② 参见对哈珀兄弟出版公司刚刚出版的《列夫·托洛茨基审判案》(*The Case of Trotsky*)的书评，《常识》，第 6 期(1937 年 12 月)，第 26 页。

③ 托洛茨基在十月革命和随后的国内战争中展现出来的军事天才，被认为是引领胜利最主要的军事组织者、动员者和领导人。所以，这里称之为"战争之王"。——译者

④ 即认为它们太慢。——译者

林在沙俄做着“低贱”的工作)所习得的文化。基于相反的理由,长久的、狡诈的记忆让托洛茨基憎恨这个“巨大”的格鲁吉亚人[1]。

但对于托洛茨基来说,不幸的是,斯大林是他们两个人中的政治家。他的朋友比摇摇晃晃的精神更不善变,这些朋友一面在精神上崇拜这位残忍的前战争之王,一面又在政治上仇恨着他。此外,列宁死后,斯大林拥有了自己支配的真正的武器库;而这个武器库的主人只能有一个,要么是斯大林,要么是托洛茨基。[2] 托洛茨基直到1917年,才加入布尔什维克。[3] 从流亡者报刊的档案看,里面到处是列宁发出的毁谤式谩骂(更糟的是,在马克思主义者圈子的氛围中,觅杀异端已经越来越成为习惯),到处是托洛茨基尖酸刻薄的反驳。托洛茨基称列宁为“俄国劳工运动每一个退步的‘职业的始作俑者’”,还说“当前的列宁主义的
394 整个大厦是建立在谎言和歪曲事实的基础之上,其自身就蕴含着让其解体的有毒的开端”。尽管今天在一些人看来,后一句话是一语成谶,但历史事实是,在1917年,列宁和托洛茨基和解了。不过,这也无济于事。因为斯大林控制了党,而党控制了媒体。托洛茨基只剩下一条路,那就是地下组织和地下宣传。但是违反党的纪律,在俄国是不可饶恕的罪行。托洛茨基已经穷途末路。

不过,在随后的托洛茨基的流亡过程中,针对托洛茨基的指控却越来越严重。据说,托洛茨基的火爆脾气和鼓动天赋从根本上帮了他的倒忙;斯大林聪明地利用国际上的反抗促进国内联合阵线的建立;而托洛茨基,无论精明也好,愚蠢也罢,无形中都成为这个政权中的反动势力的帮手。尽管最好在分析了墨西哥听证会之后再作出结论,但真实的可能是:今天,苏联的普通工人是支持斯大林进行清洗的。很容易理解他们不得不支持;尽管如此,他们的确认为,斯大林是在清除不称职的或搞阴谋的头头们:清洗并没有直接影响等级和序列。工人们以这样的方式进行推理:到底能够维持多久,就要看斯大林发展生产而不让这种发展转化为消费品和更好的生活水平能够维持多久。

---

① 西方有记忆会“骗人”的谚语,从这个角度说,记忆是“狡诈的”,让托洛茨基长久地记得自己与斯大林的过节;斯大林个子并不高,但刻意营造自己“伟大”的形象,包括身体的伟岸,这里“巨大”是一个讽刺性的说法。——译者

② 列宁死后,最有希望接班的两个人就是斯大林和托洛茨基。——译者

③ 布尔什维克是“多数派”的意思。1903年,俄国社会民主工党因为党纲中的无产阶级专政、民主集中制等问题分成孟什维克(少数派)和布尔什维克(多数派,以列宁为领袖)两派。斯大林参加了布尔什维克派,属于老布尔什维克,而托洛茨基则长期游离于两派之间。——译者

就为斯大林进行的辩护而言，这里指的是那些非正统的辩护，最有说服力的是哈罗德·罗博（Harold Loeb）的文章——《莫斯科审判中的科学与信仰》（*Science and Faith at the Moscow Trials*）。[①] 本文作者第二次到访的那天下午，哈罗德·罗博这篇文章的复印件就摆在托洛茨基科瑶坎住所的桌上；不得不说的是，当托洛茨基的眼光落到那个熟悉的封面上时，他的眼中浮现出些许不快！

“这就是‘常识’对斯大林主义的判断！”[②]

“是的，是从经济角度作出的判断；但我们对苏联的政治和经济进行了区别。在这篇文章的加框文字中，你可以看到我们的保留，其中包括我们对于莫斯科审判背后的正义观念的评论。”

托洛茨基有一个习惯：当他不同意你的观点时，会像公鸡一样将头昂向一边，发出几声咯咯的干笑，活像一个硬充幽默的校长。这次，他勉强地笑了出来，但涨红了脸。他晃了晃手指。

“你知道庞修斯·彼拉特（Pontius Pilate）吗？”[③]

我当然听说过他，事实上，我期待着听人说说他。 *395*

“好了，这不重要，重要的是你的加框文字，它比文章更糟！你不能既支持斯大林，又反对斯大林。你必须二者取其一！”

为什么“必须”呢？我很奇怪。政治领域中没有相对性吗？被科学所驱除出去的绝对之物又飞回来，栖身于政治理论中不结果实的树枝上了吗？马克思主义世界中的绝对主义的根源是什么？这种绝对主义，使马克思主义不仅与科学精神（科学精神坚持：一旦一个理论甚至其中的某个部分被检验为与新的事实不符，就应当被抛弃）格格不入，而且与信奉实用主义的美国人格格不入。

III.

美国专门调查委员会的听证会，就是4月份在科瑶坎同一所房间里举行的。

---

① 载于《常识》，1937年3月。

② 这里的“常识”是双关语，同时指代表常识的看法和《常识》杂志。——译者

③ 庞修斯·彼拉特是钉死耶稣的古罗马犹太行省总督。据称，他本不愿意处死耶稣，认为耶稣无罪，后屈从于犹太领袖的压力，才将耶稣处死。这里，托洛茨基可能是将《常识》杂志替斯大林“辩护”与彼拉特替耶稣“辩护”进行类比，将《常识》杂志批评斯大林与彼拉特处死耶稣进行类比，将耶稣对犹太教的颠覆与斯大林对正统马克思主义的“颠覆”类比。《常识》杂志对待斯大林有双重态度，如同彼拉特既“支持”耶稣，又“反对”耶稣（即把耶稣处死）。托洛茨基是犹太人，然而他很不愿意提及自己是犹太人。具体待考。——译者

众所周知，专门调查委员会主席是詹姆士实用主义传统的继承者、伟大的哲学家约翰·杜威，委员包括奥托·吕勒(Otto Ruehle)、本杰明·斯托尔伯格(Benjamin Stolberg)、卡尔顿·比尔斯(Carleton Beals)、苏珊娜·拉弗丽蒂(Suzanne La Follette)等人①。

本文作者既同"被告"交谈过，也与几名委员会成员和其他在场的人交谈过，并且逐字逐句地研究了这次"审判"和莫斯科审判的公报。对于墨西哥听证和听证背后的问题，有如下看法：

当然，托洛茨基和莫斯科的被告们，可能既没有恐怖主义的罪行，也没有与外国势力阴谋勾结；

关于莫斯科审判，当然，如果你愿意的话，叫做"构陷"(frame-ups)也行。首要的不是最新的黑魔法(人们称之为斯大林主义)的表现，而是马克思主义-列宁主义哲学的直接结果；按照这种哲学，可以用目的为一切手段的合法性进行辩护(详后)；

类似地，可以公正地主张说，一旦有机会，托洛茨基和反对者们也将以同样的方式行动；

委员会由两个托洛茨基热忱的崇拜者、两个自由主义者和一个立场难测的博士先生组成，最终并没有证明任何东西；

396 这两个自由主义者中的一位，因为对强硬支持者，以及对托洛茨基如果不演说、连一个简单问题都无法回答的秉性十分恼怒，以至于问出了一个不公正的问题，并突然辞职。这给委员会无偏见的形象以沉重的打击(无论他是有意，还是

---

① 奥托·吕勒(1874—1943)，德国工人领袖、马克思主义者、马克思的传记作者，反对布尔什维克主义、列宁主义，反对一战和二战，在墨西哥去世。本杰明·斯托尔伯格(1891—1951)，美国劳工领导人、记者。卡尔顿·比尔斯(1893—1979)，美国报人、作家、历史学家，曾居墨西哥兴办教育，见证了墨西哥革命。苏珊娜·拉弗丽蒂(1893—1983)，美国报人、女权主义者，此次担任委员会秘书。本文没有提到的委员会成员有：艾尔弗雷德·罗斯默(Alfred Rosmer)，是 1920—1921 年共产国际执行委员会的成员；温德林·托马斯(Wendelin Thomas)，1918 年德国威廉港海员暴动的领导人，共产主义者；爱德华·罗斯(Edward A. Ross)，威斯康星大学社会学教授，曾任《纽约时报》文学评论员；卡洛·特雷斯卡(Carlo Tresca)，美国无政府主义领袖；弗朗西斯科·扎莫拉(Francisco Zamora)，墨西哥报人。该委员会的报告和案情在 1937 年 9 月 21 日公布，即《托洛茨基案：关于莫斯科审判针对托洛茨基的指控的听证会报告》(*The Case of Leon Trotsky: Report of Hearings on the Charges Made Against Him in the Moscow Trials*)，执笔人为芝加哥法院书记员阿尔波特·格勒泽(Albert M. Glotzer)，完整的报告于 1938 年出版，名为《冤》(*No Guilty*)。——译者

无意如此)，但并不能证明他就是一个“斯大林主义者”；

另一位自由主义者在要求给予托洛茨基以听证会辩护机会方面是正确和有勇气的，但在认定斯大林和托洛茨基遵循同一种哲学方面(这同一种哲学导致仅仅表面上有差别的各种行为)却犹豫不决；

辩护理由不可能得到证明，因为如果一个真教会不可能错的话，那么，两个真教会也不可能错[①]。

已出版的证词中最令人感兴趣的部分(至少对本文作者来说)，是被告令人惊奇的马克思主义先验推理的那些例证。

托洛茨基：“罢工——什么是罢工？罢工是革命的胚胎。”

托洛茨基：“对于所有国家的工人阶级来说，在国际立场上进行评价是完全自然的。”

没有任何一个国际组织曾在任何地方发动过一场成功的革命，尤其在俄国更不可能，这对于托洛茨基来说重要吗？他支持最新的国际、他的第四国际，是基于“工人阶级革命必须由一个国际组织领导”的先验理由。杜威博士问他：这是否不正确，因为世界大战爆发以来[②]，各国无产阶级在精神上更为民族主义而非更加国际主义。托洛茨基无动于衷地回答道：“资本主义将工人们推向革命……在欧洲，各个国家的相互联系比以前更为紧密……我能预测到法国革命会立即爆发，只要法国革命爆发，将会驱使或激发希特勒德国爆发革命。”所以，结论与杜威说的相反。但证据呢？证明呢？俄国革命不是比其他任何地方的流产革命提供了更多证据吗？但这不重要。重要的是在“书本”(the Book)里，工人阶级承担着“历史使命”。证明完毕。

IV.

有各种各样伟大的心灵。有宽广的、深沉的哲学家的理智，也有尖锐的、行

---

① One True Church 在加尔文教的背景下可以译为“基督教会”。随着基督教的传播、分化，出现了“谁代表真正的基督教”的问题。加尔文等提出可见教会和不可见教会的区分，有一个统一的、真正的、不可见的教会，其区分意义在于末日审判的时候，这个统一的真正的教会就会显现出来。这里将教会的审判意义、莫斯科审判、墨西哥听证等联系起来，又回到了谁代表真正的教会、真理、正义的问题。文中的译法主要是照顾后文的“两个”。——译者

② 指一战。——译者

动的自我中心者的理智。有歌德(Goethe)、托马斯·曼(Thomas Mann)、杜威式的心灵,也有卡尔文(Calvin)、罗伯斯庇尔(Robespierre)、克莱蒙梭
397 (Clemenceall)式的心灵。列宁是两种心灵兼备,并切换自如,但托洛茨基不是。然而,当他被逼到墙角时,谁能忽视他的勇气、不屈不挠的意志,乃至于行动者的庄严?

在托洛茨基遭流放后,如果他不是洋溢着让他成为十月革命首领的同样的造反热忱和咄咄逼人的自信,那么,由于流放使得与他在各国都喜欢接触的人民分割开来,就会让他成为一个悲剧角色。可是在他身上,几乎没有绝大多数流亡者常有的那种无能为力和气急败坏的绝望。当然,他是痛苦的。由于与现实隔绝,不再有与他那些喋喋不休的忠诚追随者没完没了的交流,他的观点变得乖张扭曲。但是,他一天工作 17 个小时。透过媒体的报道,他追踪着世界政治的每一次波动;他绝没有灰心丧气。

他对我说:"思考,给人以充分的满足。脑力工作相对来说,很少依赖外在条件。如果一个人手头有纸笔和书本,就足以形成关于他的人生经验和他人的人生经验的结论,并以此参与到对未来的准备中。因此,说我已经退出了政治,这不对;我没有参与当前的政治……但我的写作活动,无论是理论的,还是历史的,都将永远着眼于人类下一步的命运,都尝试以各种可能的方式去帮助工人解放运动……在我 40 年革命斗争的生涯中,几乎有 8 年的时间,我大权在握。但在那段时间,我没有感到更幸福。同样,也没有任何理由让我觉得我的流亡是个人的不幸。我的流亡是革命斗争的流亡,受革命斗争所限定;在这个意义上,流亡是我生活中自然的、合乎逻辑的环节。我当前的生活与我在克里姆林宫做领导工作时的生活并没有什么不同:我都是投身于工作。我对待在墨西哥完全满意。是的,斯大林的特工们(我没有必要点他们的名)费尽心机地想破坏我的旅居。但是长期的经验告诉我:要以泰然处之来鄙视他们,还要加一点儿傲慢……对于一个人来说,坚信自己的立场是正确的,坚信自己为了真理反对谎言的胜利而斗争是正确的,这会给一个人带来最高的满足。"

很清楚,对于有这样一种心灵原则和标准的人,是不需要被怜悯的。

398 这里有所有古老的激情,所有古老的对于异端的警惕。在一次关于法西斯主义性质的激烈讨论中,本文作者为了揭露他的观点不合常理,暗示说德国资本家在希特勒统治下艰难度日,这位老牌的马克思主义者顿时暴跳如雷:"采访到

此结束!”对于维辛斯基(Vyshinsky)所指控的“法西斯雷霆小分队的队长”来说,这的确是个奇怪的行为。[①]

时间没有钝化他的心灵。托洛茨基一定要掌控语言,就如他曾经一定要掌控军事策略和铁路货运组织一样。“这些观念已经渗透完毕(seeped up)”——他说,然后又有些犹豫。“该用哪个词?”“是‘被吸收了’(absorbed)吗?”“哦,是的,是‘被吸收了’.”然后,他又继续和此前一样,言辞如梭。

我们友善地告别;他半认真地坚持认为,我的政界朋友们如果在位的话,就不可能让他进入美国;我极其真诚地向他保证,他们绝不会比墨西哥人更加认为他是个威胁和麻烦。[②]

V.

听证报告已经提到,托洛茨基被要求作一个更加严肃的估测。如果是他而不是斯大林最终胜出,他会如何对待斯大林和斯大林的朋友呢?他会清洗他们吗?

托洛茨基说:“你们知道我会做的第一件事情是什么吗?是将像维辛斯基、

① 维辛斯基(1883—1954),苏联法学家、外交家。他于1903年加入孟什维克,十月革命后曾因为“反革命活动”被捕;1920年加入布尔什维克;1935年担任苏联总检察长,在斯大林的大清洗运动中扮演了关键角色。可能是由于有“反革命”前科,他不折不扣地执行斯大林的指令。他是1937年托洛茨基莫斯科审判案的国家公诉人。又,托洛茨基本人认为,法西斯主义是工人阶级的死敌。法西斯主义虽然起源于小资产阶级自发性的群众运动,但被资产阶级利用以瓦解一切工人组织,让工人处于一盘散沙和分崩离析的状态。法西斯主义本质上仍是资本家统治的一种形式,所以托洛茨基完全不同意所谓“资本家在法西斯主义下艰难度日”的看法。斯大林将社会民主党看成是共产国际需要与之斗争的力量(这有之前的历史因素),认为它和法西斯主义是伴随的、互相补充的“双生子”关系,法西斯主义是资产阶级战斗组织和社会民主党的无形的政治联盟,以至于社会民主党有“社会法西斯主义”的称号,需要一起反对;而托洛茨基认为,社会民主党(尤其是将其上层人物除开)与法西斯在具体的阶级性质、依靠力量、历史性质上是有差异的,不能等量齐观,所以主张应该建立起统一战线,以恰当的方式与各派工人政党联合起来,反对法西斯主义和进行革命,而不是一定要他们先变成共产党。这样,在斯大林的语境下,既然托洛茨基呼吁与社会民主党妥协,那就是“法西斯主义”了。——译者

② 托洛茨基被挪威政府驱逐后,墨西哥总统卡德纳斯欢迎他到墨西哥,但引起墨西哥其他很多人的疑虑。左右两派都反对继续让托洛茨基避难,卡德纳斯最后只好请求托洛茨基不要参与墨西哥内部事务。即使如此,托洛茨基在墨西哥的生活总体上还是比较平静的。所以,作者的意思是:托洛茨基到了美国,也可以过平静的生活。——译者

雅戈达(Yagoda)①以及其他一些道德败坏的人开除出党。这些人是工人阶级的敌人,他们现在仅为自己个人的、物质的利益而工作。不是因为他们与我的观点不同。那是不同的另外一件事。不是我个人要开除他们。我将召集工人大会:'在党内诚实和不诚实的人之间,你们可以自己作出选择。'我指的是那些没有个人野心的工厂工人。我相信,他们会作出好的选择。"

这个回答让人茅塞顿开。托洛茨基先验地知道谁是"工人阶级的敌人"——正如斯大林一样。斯大林也不是以他个人的名义处死他的敌人。他是以工人的名义处死他们。我们有什么理由假设,托洛茨基假设由工人们作出选择而判决
399 他的敌人,会比苏俄的党媒更加公正?——这些党媒甚至在还没有审判托洛茨基分子们之前,就已经要求取他们的项上人头了。就像有史以来所有的宗教狂热分子一样,托洛茨基的对手不是*观点*不同的人——哦,绝不是!他们是仅仅"为自己的物质、个人利益而工作的人"。原告总是"廉洁无私"、"诚实可靠"、"不擅长搞阴谋诡计";而对手则永远是"汲汲于私利"、"如雇佣兵般贪婪"和"确凿无疑的阴谋家"。列夫·托洛茨基的每一个敌人,都被刻画成不仅违背道德(wrong),而且*厚诬道德*(cynical)②。正如在斯大林的描述中,托洛茨基不仅"厚诬道德",而且道德败坏(rotten)。

从布尔什维克于1917年掌权开始——其实更早——马克思主义哲学就被修改为不仅为少数人政党的独裁的合法性辩护,而且为*运用恐怖手段*的合法性辩护。在为这次采访准备的声明中,托洛茨基本人就声称:"在国内战争年代,布尔什维克党将恐怖手段视为不可避免的、暂时的武器,正如历史所表明的,恐怖手段伴随着每一次革命。实施恐怖手段的目的,在于将国家从压迫的锁链中解放出来,为社会主义社会的发展扫清道路。"但是,当谈到在莫斯科审判中运用恐怖手段时,托洛茨基使这种武器二元功能的划分仅仅成为表面的。"苏联官僚机构当前的恐怖手段,具有反动的而非革命的特征。"可是,谁来作两者间的区别

① 雅戈达(1891—1938),1934年至1936年担任内务人民委员会党中央书记(为秘密警察长官),是1936年第一次莫斯科审判的组织者之一。1937年被以托洛茨基主义分子等罪名被捕,是1938年第三次莫斯科审判(又名二十一人审判)的被告之一,被定罪枪决。——译者

② cynical这里指自私自利且不相信别人会不自私自利、根本不信有所谓道德;或译为"犬儒的",但犬儒在中文中意象复杂,故取现译。这里,要注意违背道德和厚诬道德的区别。不道德的、犯错的、堕落的人,不一定是"只知有私不知其余的"和"不信有所谓道德的";相信有利他道德的人,也可能犯道德错误。——译者

呢？希特勒也为使用恐怖手段辩护，墨索里尼在1922年同样如此——他们辩护的理由，正是布尔什维克所曾经采用过并会再次采用的那些理由。

很明显，一切希望社会变革的群体都有义务来研究这种哲学的起源，并判断目的到底在何种程度上能证明手段是正当的。

此时有足够的理由可以说，自1917年布尔什维克开始掌权时开始，它就不尊重民主方法；当布尔什维克在选举中被社会革命党人击败后，它就支持“阶级政治”而攻击议会形式。后来，正当地选出来的立宪会议的成员，被布尔什维克的刺刀驱逐出了塔夫利宫。托洛茨基，就是这位多年来公开鼓吹废除死刑的人，迅速地将死刑重新引入红军。政治权力从相对民主的中央执行委员会和苏维埃人民委员，转移到共产党自己的执行委员会内部，由九个人组成的政治局手上。回答社会革命党人暴动的，是死神射击队(firing squads)[①]。造 400
反的喀琅施塔的水兵要求无记名投票的自由选举、言论自由、聚会和结社自由，这些要求不仅遭到了拒绝，而且他们被当作“反革命”遭到了屠杀[②]——这是在1921年，托洛茨基权力的顶峰时期。一年之后，在给时任法务委员的信中，列宁写道：“我的意见是，有必要将执行枪决(取代流放到国外)扩大到掩护孟什维克、社会革命党和其他类似党派活动的一切方面；必须发明一种公式，将这些行为同国际资产阶级以及国际资产阶级针对我们的斗争联系起来……”这封信恰恰在审判拉杰夫(Radek)之前出版[③]——这没有什么值得大惊小怪的。但即使它是伪造的，它的观念也在十月革命的公开出版物和历史纪录中重复了上百次。“历史，”列宁再次说道(在1917年11月6日给党的中央执行委员会成员那封著名的信中)，“将不会原谅革命者的拖延，革命者今天可能获得胜利(他们一定会在今天获得胜利)，然而，如果他们冒险在明天失去很多东西，那么，他们将遭受失去一切的危险。如果我们今天夺取了政权，我们夺取它不是为了反对苏维埃而是为了支持苏维埃。夺取政权是起义的目的；它的政治任务将在夺取政权以后得到澄清。等待前途未卜的11月7日的投票，将是一场灾难或形式主义。人们

---

① 原意为执行死刑的射击队。——译者

② 参见来自《国际评论》(*International Review*)，对于《什么是左派》(What's Left)的评论文章。《共识》，第6期(1937年12月)，第23页。

③ 拉杰夫(1885—1939)，1937年第二次莫斯科审判的被告之一，被判十年徒刑，后死于劳改所，可能是被杀害。——译者

有权、也有义务，不是以投票而是通过暴力来决定这样的问题。”（重点号为我所标。）

确实，绝大多数革命伴随着恐怖，且鲜能逃脱独裁的命运。但现在是美国的激进分子们停止玩“托洛茨基主义和斯大林主义哪个更优”这样的花样的时候了，是确定托洛茨基主义和斯大林主义共同的哲学和策略的后果究竟是什么的时候了。

注　释

67.8　one of his letters] 杰斐逊在 1821 年 1 月 22 日写给亚当斯的信 401

72.39 - 40　"History ... history."]爱德华·弗里曼(Edward A. Freeman)的这段格言,发表在 H·B·亚当斯(H. B. Adams)主编的《约翰·霍普金斯大学历史与政治科学研究》(*Johns Hopkins Llnirersity Studies in Historical and Political Science*)第 19 卷每一期的扉页上。而到了第 20 卷,由 J·M·文森特(J. M. Vincent)与 J·H·爱德华(J. H. Hollander)共同担任编辑时,这句格言被舍弃了。弗里曼在写作中曾用到这一引语的多个版本。

110.27　President Eliot] 查尔斯·W·艾略特,哈佛大学的荣休校长。见他的著作《民主政治中的工联主义和资本主义的未来》(*The Future of Trades-Unionism and Capitalism*),纽约和伦敦:G·P·普特南出版公司,1910 年。

119.37 - 38　stood Hegel on his head.]在其为《资本论:政治经济学批判》(*Capital: A Critique of Political Economy*)第二版写的序言中,马克思评论黑格尔的辩证法:"对他来说,辩证法是头足倒置的。"

139.9　Plato's statement] 这个宣言可以见《理想国》,第二部,第 368 节,详见杜威的参考书目。

141.13　"brutish and nasty,"] 杜威从霍布斯的"团结、贫穷、肮脏、粗鲁和矮小"中选择了这两个品质[《利维坦》(*Leviathan*),第一部分,第 13 章,第 64 页]。详见杜威的参考书目。

143.7 "Love of power,"] 杜威所使用的这个短语，最有可能的出处是伯特兰·罗素的《权力论：一种新社会分析》(*Power: A New Social Analysis*)。因为杜威在接下来的一章"自由和文化"中引用了这本书。见此书的160页，以及杜威的参考目录。

402

166.37-38 Baconian ... den]在他的《新工具》(*The New Organon*)的"格言39"中，培根鉴别了偶像的四个类别：种族偶像、洞穴偶像、市场偶像和剧院偶像。见杜威的参考书目。

170.20 "Public ... trust."] 这个格言是格罗弗·克利夫兰(Grover Cleveland)那一届政府使用的，但其他政治家，例如托马斯·杰斐逊和约翰·卡尔霍恩(John C. Calhoun)也用了类似的短语。

173.14-15 "the definitions ... gover ment,"]在1859年4月6日给皮尔士等人的信件中，林肯写道："杰斐逊提出的原则，就是自由社会的定义和自明之理。"这个引用出现在杜威私人收藏的杰斐逊《论民主》(*Democracy*)一书的附录批注中(杜威文集，特别收藏，莫里斯图书馆，卡本代尔：南伊利诺伊大学)。见杜威的参考书目。

196.27-197.22 "If ... do"] 这两页上的引用来自阿尔弗雷德·J·艾耶尔(Ayer)《语言、真理和逻辑》(*Language, Truth and Logic*)，纽约：牛津大学出版社，1936年。在1939年3月24日给查尔斯·W·莫里斯的信中，杜威误将Ayer写成了Ayres。见本卷"文本说明"第424页。

294.1-2 Democracy ... Today] 费利克斯·阿德勒(Felix Adler)的两段致辞由于包含了杜威的地址，在出版时予以省略。见校勘表294.3

294.15-16 democracy ... liberty]在1923年3月出版的《阶级斗争报》(*Gerarchia*)第801—803页的《强力和顺从》(Force and Consent)一文中，墨索里尼说："为任何不拘泥于教条主义的人所清楚看到的朴素事实是：人极有可能为自由所困。"见赫尔伯特·W·斯金纳(Herbert W. Schneider)的《建造法西斯国家》(*Making the Fascist State*)一书，纽约：牛津大学出版社，1928年。在前言中，斯金纳对

403 杜威的"鼓励、建议和批评"表示感谢。

294.31-295.1 no man ... consent] 林肯对于政治民主的讨论，可以参见其1854年10月16日在伊利诺伊州皮奥瑞亚城回应参议员道格拉斯(Douglas)的演讲。

300.13-21　evils ... others.］杰斐逊对农业和制造业的态度，可见他在所著的《弗吉尼亚笔记》(*Noteson Virginia*)的第19条问答："国内外制造业与商业当前的状况？"

300.23-24　those ... will.］汉密尔顿说道："决定一个人生计的权力，相当于凌驾于其意愿之上的权力。"见其所著《联邦党人》(*The Federalist*)(华盛顿特区：国家图书馆基金会，1938年)第512页，收藏于杜威的私人图书馆(杜威文集，特别收藏，卡本代尔：南伊利诺伊大学，莫里斯图书馆)。

305.40　political party]《社会前沿》中的编辑脚注将这些群体定义为"美国的共产党员或正式的斯大林式政党"。

308.2　written.］《社会前沿》的编辑脚注解释道："杜威教授在1932年和1936年的总统竞选中，以及最近一次的纽约州长选举中，支持诺曼·托马斯。

309.1　Society]在《现代世界智慧》的一篇脚注中，约瑟夫·拉特纳表示："此文是专为此卷而写的。"它出现于第六章的第二部分："新社会中的个人"。

309.15　former objective］拉特纳在《现代世界智慧》的一篇脚注中解释道："第九章的主题是'从前的目标'，标题是'国际法与国家安全'。"

317.17-19　"whether ... problem"］尽管出现了引用编号，但此处并非对《种族发展期刊》(*Journal of Race Development*)的直接引用，而是对其文字的改述。

347.1　In ... Hearings］出现杜威评论的这本论文集，开卷就有这样的批 404
注："在编者看来，这个集中了知名作家观点的选集，对于解决这个基本道德和社会问题作出了巨大的贡献。就其囊括了墨西哥城托洛茨基案委员会的两位成员(杜威与本杰明·斯托尔伯格)的评论而言，这个选集具有相当重大的历史意义。

347.10-12　two members ... "partisans"］本杰明·斯托尔伯格和苏珊娜·拉弗丽蒂总是被认为是托洛茨基分子。

347.12-13　sub-commission of inquiry］分委员会的5名成员分别是：杜威；本杰明·斯托尔伯格，劳工研究杂志与文学杂志的编辑；苏珊娜·拉弗丽蒂，《新自由人》(*New Freeman*)的编辑；奥托·吕勒，德国知名的社会主义者,兼卡尔·马克思传记作者;卡尔顿·比尔斯,拉丁美洲事务的权威。

347.16 the member] 杜威此处指的是卡尔顿·比尔斯,后者在 1937 年 4 月 17 日退出了托洛茨基案莫斯科审判决的调查委员会。关于托洛茨基案的莫斯科审判见,《杜威晚期著作》,第 11 卷,第 301—336、598—599、636—652 页。

347.28-29 one member of the Commission] 这个成员可能是奥托·吕勒,他有时候被称作“反布尔什维克分子”。

357.6 afternoon] 正如《华盛顿邮报》(*Washington Post*)1938 年 11 月 6 日和 14 日的报道那样,在杜威的朋友、华盛顿舞蹈协会主席伊夫林·戴维斯(Evelyn Davis)的邀请下,杜威在 1938 年 11 月 13 日星期天下午,对大约两百名听众作了这次演讲。

361.8 first exhibit] 这里所说的展览,是 1913 年在纽约举行的军械库展览会。罗亚尔·科蒂索斯(Royal Cortissoz)关于这次展览的讨论,参见其《艺术与常识》(*Art and Common*)一书中的文章《一次值得纪念的展览》(A Memorable Exhibition),纽约:查尔斯·斯克里布纳之子出版公司,1913 年,第 139—159 页。

369.4 Diana of Ephesus] 见法案 19:28。

·文本研究资料

文本注释

以下注释标注的是当前版本的页码和行数，讨论了校勘本中有疑问的文字。 *407*

112.6　(county] 杜威明显地想逻辑地展开，以“国家”(nation)作为这一系列的结尾。

220.4　desire] 打字稿有“欲望”，已经根据主题恢复了这个词。

259.16　context] “内容”一词根据杜威在 262.3 和 262.37 这个词的相似用法，将“content”校订为“context”，这可能是排字机的错误所致。

281.2；281n.1-3　education ... Administrator] 这个可能是《人的问题》(纽约：哲学文库，1946 年)的编者出于权宜之计而作的删除，在本卷中恢复了原貌，呈现了论文首次发表时的特点。

289.21　World War] 保留了扶轮社出版物的措辞，以反映 1938 年的情境。

291.13　1938]参见前面注释。

316.40　State] 当杜威在同一行“away”用了双引号后，他忘记在“国家”后加引号了。

321.3　Fascist] 在打字稿隔一行的地方，“Fascist”首字母用的是大写。同类情
况，在 317.4，杜威仔细地使首字母清晰明了。字迹模糊，难以辨认，很可 *408*
能是因为打字机换档键的缘故。在这种情况下，“资本化”(capitalization)与他关于“共产主义”(Communism)的用法也是对应的。

324.15　(contrast-effect] 这个词变成了“contrasting-effect”(这很可能是排印错误)是为瓦特·伯内特(Whit Burnett)的《世界之最》(*The World's Best*)而作。此项未经杜威授权(参见文本说明，第 431 页)，本卷没有采用这种改变。

324.33　terms)—— ... organism——] 当杜威插入“结构,大脑,有机体”时,与标点符号不一致。

325.27　in operation,] 杜威在删掉的“and”上用铅笔改成的“in”,排版机很容易出现识别错误。参见《人的统一性》一文中的修改。

330.11　*lower*] 在改变 330.11 和 330.12 括号的逗号时,杜威仔细地用右括号删掉了逗号,但是却忘了用左括号删掉逗号。

330.24 - 25　import] 参见注释 324.15。

330.34　so-called] 在另外两个例子中,即在 327.32 和 332.24 中,杜威在“so called”间加了连字符。

332.25　states] 参见对 324.15 的注释。

文本说明

《杜威晚期著作》第13卷(1925—1953),除收录了《经验与教育》(1938年)之外,还 409
包括《自由与文化》(1939年)、《评价理论》(1939年),以及杜威在1938年除《逻辑:探究的理论》(以下简称《逻辑》——译者)之外的所有作品。《逻辑》重新发表在其晚期著作的第12卷。本卷中还有1939年首印的《现代世界智慧》中的《新社会的经济基础》和《人的统一性》两篇文章。杜威在1939年的其他作品,收录在其晚期著作的第14卷中。

1938年,除了完成《逻辑》和《经验与教育》两本书之外,杜威还参与编辑了《无罪:关于莫斯科法庭对列夫·托洛茨基判决的调查分委员会报告》。此外,他参与写作的还包括:6篇发表在不同杂志上的文章、对百科全书中两个词条的贡献、年鉴中的一章、一篇序言,以及对一本论文集的贡献。同年,他还在纽约伦理文化学会与圣路易斯的美国内科医师学院发表了演说。在这一卷中,首次刊出了他在华盛顿舞蹈协会所作的演讲。

除了《经验与教育》、《自由与文化》和《评价理论》之外,本卷中仅有4篇文章是在杜威的有生之年再版的:《人的本性是变的吗?》、《作为教育之基础的科学与哲学的关系》、《何谓社会研究?》,以及《当今世界的民主和教育》,都发表在《人的问题》(纽约:哲学文库,1946年)中。《人的统一性》一文收录在惠特·伯内特的《世界之最》(纽约:日晷出版社)中,并经过权威的修正。

本卷中的两篇文章《新社会的经济基础》与《人的统一性》,是以打字稿的方式呈 410
现的。此卷中的大部分文章都有某个权威性的文稿,由此排除了文本上的问题[①]。

① 对该卷文本的判断,是根据弗雷德森·鲍尔斯《文本的校勘原则和程序》一文(《杜威晚期著作》,乔·安·博伊兹顿编,卡本代尔和爱德华兹维尔:南伊利诺伊大学出版社,1984年,第2卷,第407—418页)。

然而，一些文章的明确出处和接收信息的注释，有益于向读者展示杜威在 1938 至 1939 年间的写作和社会活动。这些注释是按照本卷目录的顺序排列的。

《经验与教育》

新奥尔良的国际教育荣誉学会执行委员会在 1937 年 2 月 22 至 23 日的一次会议纪要里写道：

> 主席[托马斯·C·麦克拉肯(Thomas C. Mc Cracken)]说，他和第二副主席和约翰·杜威进行了面谈，确保了他同意在 1938 年 2 月进行国际教育荣誉协会演讲。据称，演讲将针对当今社会问题和趋势，并批判杜威博士自己的教育哲学。①

亚特兰大的国际教育荣誉学会讲座对杜威来说，是一个特例；杜威在给查尔斯·W·莫里斯(Charles W. Morris)的信中说：他“都快放弃公共演说了——整年里只接了两次，一次在纽约，一次是下周在亚特兰大”。②

在 1937 年 6 月 8 日杜威和国际教育荣誉学会签订的协议中，杜威被要求“在 1938 年 3 月 1 日晚上 6:30，在位于新泽西亚特兰大的切尔西宾馆的国际教
411 育荣誉学会年会和晚宴上作演讲”，这是杜威为这个学会所作的第二次演讲。③
协议进一步规定了：杜威要“在 1938 年 1 月前将演讲的手稿交给学会”，手稿“包含 2 万到 2.5 万字”；杜威为此将收到“500 美元，在演讲结束后，讲稿交给学会后即刻支付”④。

杜威显然赶上了 1 月的交稿期限，因为他在 1938 年 1 月 14 日写信给默特

---

① 国际教育荣誉学会执行委员会会议纪要，第 22—23 页，1937 年 2 月，新奥尔良：琼格宾馆，杜威研究中心，卡本代尔：南伊利诺伊大学，国际教育荣誉学会授权。

② 见 1938 年 2 月 24 日杜威给莫里斯的信，皮尔士著作出版项目，印第安纳波利斯：印第安纳大学-普渡大学。

③ 1929 年 2 月 26 日，杜威为位于俄亥俄州克利夫兰的国际教育荣誉学会作了题为“科学教育的源泉”的演讲，作为其年度系列讲座的首讲(见《杜威晚期著作》，第 5 卷，第 1—40 页)。杜威研究中心 1937 年的一份协议，由国际教育荣誉学会授权。

④ 同上。

尔·麦格劳(Myrtle Mc Graw)说:“我完成了亚特兰大演讲的任务。”①这封信似乎还表明,题目出了一点儿问题。杜威写道:“十分抱歉,最近一直四处走动,以至于现在才回复您4日的来信。我希望霍尔奎斯特(Hall-Qquest)博士已经拿到了‘教育与经验’这个题目,这样就不会带来太严重的不便。”②

杜威原本计划在亚特兰大待一两天,正如他从佛罗里达的凯伊韦斯特写来的信里所说:“我们大概在21日离开这里……我得在26日到达亚特兰大。”③几天以后,他再次明确了:“我必须在26日星期六晚上赶到那里,因为我傻乎乎地答应了要在那天晚上的会上作一个简短的演讲。”④五天后,由于其女简生病,杜威写道:“我给一周后演讲的听众拍了一封电报,说我不能来了。”⑤

然而,杜威确实赶上了3月1日的演讲,并利用这个机会回答了前些日子一些“要素主义者”(essentialists)的质疑。要素主义者以哥伦比亚大学教师学院威廉姆·C·巴格莱(William C. Bagley)为首⑥,他引用了威廉姆·H·基尔帕特
里克和乔治·S·康茨的文章,认为他们“滥用了”杜威的教诲⑦。据《纽约时报》 412
报道,这个团体的“要素主义宣言”谴责进步教育学派犯的几处错误,并且指出“在《经验与教育》这本新书中,杜威自己也举例说了进步教育学派轻率地误用其理论之处”⑧。杜威以“要素主义者的声明太过笼统,以至于无法辨认出他们所谓的要素是什么”予以反击,并且批评这一传统学派“从未成功地给予大批学生以规训,或者教授组织化的内容”⑨。

《经验与教育》一书,显然是杜威在十年中最重要的教育学论述。它于1938

---

① 杜威给麦格劳的信,1938年1月14日,杜威书信集,特别收藏,卡本代尔:南伊利诺伊大学,莫里斯图书馆。

② 杜威给麦格劳的信,1938年1月15日,杜威研究中心,由国际教育荣誉学会授权。

③ 杜威给麦格劳的信,1938年2月8日,杜威书信集。

④ 杜威给麦格劳的信,1938年2月14日,杜威书信集。

⑤ 杜威给麦格劳的信,1938年2月19日,杜威书信集。

⑥ 其他“要素主义者”包括:来自田纳西州纳什维尔的乔治皮博迪学院的路易斯·肖尔(Louis Shores)、发言人迈克尔·德米亚西克维奇(Michael Demiashkevich)博士、M·L·肖恩(M. L. Shane);来自底特律乡村日学校的F·奥尔登·肖(Alden Shaw)。见刊登于1938年3月2日《纽约时报》(*York Times*)第8页的《要素主义者引起的学术争论》(Study Row Stirred by ‘Essentialists’)一文。

⑦ 同上。

⑧ 同上。

⑨ 同上。

年 2 月 25 日出版，以国际教育荣誉学会的名义注册了 A115154 的书号，并在杜威有生之年至少再版了 11 次，分别是：1938 年 2 月；1938 年 6 月；1938 年 8 月；1938 年 11 月；1939 年 6 月；1939 年 12 月；1944 年 8 月；1946 年 2 月；1947 年 4 月；1948 年 1 月；1948 年 8 月。在 1948 年 8 月第 11 版和 1953 年第 16 版之间四次印刷的印模都遗失了。通过机器和肉眼的校勘，1938 年 2 月注册呈缴本的印模与 1948 年 8 月版、1953 年版并无太多的异处。只是改正了在霍尔奎斯特的编者序言中的一处印刷错误，在 1938 年 6 月第 2 版的 p. ix. 2(本卷中的第 375. 4 页)；并在接下来版本的此处，将“complete”改成了“completes”。尽管 11 个版本中的书页的重量都不尽相同，但 $4\frac{3}{4}$ 乘以 $7\frac{1}{7}$ 的大小却没有变，和杜威的其他讲座系列保持一致。

413 《经验与教育》有超过 16 篇的书评[①]，直到现在，这个数量还在增加。威利斯·L·尤尔(Willis L. Uhl)在他的《教育学院报告》(*College of Education Record*)中写道：“在今年将要出版的 800 本关于教育的书籍中，这是为数不多的必读书目和读后会引起热议的一本书。”[②]

书评的长度从 F·A·卡夫纳(F. A. Cavenagh)在《哲学》(*Philosophy*)杂志中的一个段落，到弗兰克·N·弗里曼(Frank N. Freeman)在《学校评论》(*School Review*)中发表的三页不等，但所有评论者都认为，《经验与教育》是一本重要的著作。伊凡·R·沃特曼(Ivan R. Waterman)在《加利福尼亚高校》(*California Schools*)杂志中[③]评道：“就阐明了现代教育的基本原则，以及引领这

---

① 关于《经验与教育》的书评，参见：*American Sociological Review* 3 (December 1938)：917 - 918 (Arthur Katuna)；*California Schools* 9(June 1938)：148 - 149 (Ivan R. Waterman)；*Clearing House* 13 (September 1938)：56 (Orlie M. Clem)；*College of Education* (University of Washington) *Record* 4 (April 1938)：111 (Willis L. Uhl)；*Commonweal* 27 (22 April 1938)：729 -730 (Ruth Byrns)；*Curriculum Journal* 10 (February 1939)：90 - 91 (Harold Alberty)；*High Points* 21 (February 1939)：74 - 76 (Francis Griffith)；*International Education Review* 7 (1938)：379 - 381(Kurt F. Leidecker)；*National Association of Secondary-School Principals Bulletin* 23(1939)：42；*Philosophy* 14(1939)：482 - 483 (F. A. Cavenagh)；*Progressive Education* 15(1938)：572 - 573 (Joseph Kinmont Hart)；*Religious Education* 34(1939)：252 (A. J. W. Myers)；*School Review* 46(1938)：786 - 789 (Frank N. Freeman)；*Social Frontier* 4 (1938)：269 (George E. Axtelle)；*Survey Graphic* 29(April 1940)：257 - 258 (Eduard C. Lindeman)；*Thought* 14(1939)：318 - 322 (Thomas M. Harvey)。

② 尤尔：《教育学院报告》(华盛顿大学)，第 4 期(1938 年 4 月)，第 111 页。

③ 沃特曼：《加利福尼亚高校》，第 9 期(1938 年 6 月)，第 149 页。

一领域的领袖开展基于这些原则的教育实践而言，这本书可以说，比作者其他许多篇幅更长的著作更有价值。”

评论者赞同卡夫纳的这一说法：“杜威将许多信息压缩在这本‘智慧而有益的小册子’中。”[①]爱德华·C·林德曼(Eduard C. Lindeman)说，他“无法想象在读完此书后，任何公正的人士对作为人类自我完善手段的教育的发展方向仍然没有明晰的理解”。[②]“明晰”(lucid)似乎是当时的流行语，迈尔斯(A. J. W. Myers)评论道：“(这本书的)写作风格十分明晰，带一点非正式谈话的氛围，对外行和专业的读者都适用。”[③]

《经验与教育》至少被翻译成 11 种不同的语言[④]，这进一步证实了哈罗德· 414
艾伯蒂(Harold Alberty)的判断：“这本由美国最重要的教育哲学家写作的恰逢其时的小书，极好地综合了杜威主要的教育哲学思想。”[⑤]

《自由与文化》

杜威的通信表明，他是在压力之下写作《自由与文化》这本书的，并且对结果不甚满意。他在和马克斯·C·奥托的通信中，讲到与厄尔·H·鲍尔奇(G·P·普特南出版公司副总裁)的协商：

> 我急匆匆地写作了《自由与文化》一书，本来并没有此打算——是出版商希望在我生日之际出版一本书，而我之前和他的一些谈话又让他觉得我今年秋天会写完一本哲学手稿，实际上却没有完成。因为鲍尔奇和我有私交，所以觉得应该就他的建议做些什么。我花了整整六周的时间来写作这本书。我在寄给他手稿的时候告诉他，这本书里的确有亮点，但整体参差不齐。我写完的时候才发现：如果有更多的时间，我可以再说些什么。[⑥]

---

① 卡夫纳：《哲学》，第 14 期(1939 年)，第 483 页。

② 林德曼：《图解调查》(*Survey Graphic*)，第 29 期(1940 年 4 月)，第 258 页。在 1940 年 4 月给林德曼的信中，杜威对他的评论表示感谢，他说道：“我又一次受荫于你的恩惠。读到你的赞许对我而言，总是一件乐事。”林德曼文集，特别收藏，纽约：哥伦比亚大学，巴特勒图书馆。

③ 迈尔斯：《宗教教育》(*Religious Education*)，第 34 期(1939 年)，第 252 页。

④ 《约翰·杜威译著目录，1900—1967》(*John Dewey: A Check list of Translations*, 1900—1967)，乔·安·博伊兹顿编，卡本代尔和爱德华兹维尔：南伊利诺伊大学出版社，1969 年，第 18—20 页。

⑤ 艾伯蒂：《课程杂志》(*Curriculum Journal*)，第 10 期(1939 年 2 月)，第 90 页。

⑥ 杜威给奥托的信，1939 年 11 月 28 日，奥托文集，麦迪逊：威斯康星州历史学会。

根据 5 月 27 日和 G·P·普特南出版公司的出版协议，手稿应该“在 1939 年 9 月 1 日之前”提交[1]。这个截止期限显然给杜威造成了很大的压力。在 1939 年 8 月 20 日写给悉尼·胡克的一张明信片中，杜威提到：“我正在为鲍尔奇写的一本小书——关于自由与文化的，还没有什么进展，计划是在 10 月 20 日出版的，我已经拖延了。”[2]在同一天写给约瑟夫·拉特纳的信中，杜威写道：“我还在为《文化与自由》一书埋头苦干，我又用回了原来的题目。必须在 9 月 1 日
415 之前完成，而我比原本想象中更深地陷入其中。”[3]四天后，他写给默特尔·麦格劳说：“我正在努力写给厄尔·鲍尔奇在秋天出版的一本小书——应该在 9 月 1 日写完的，但看来不行了。我去年冬天在基韦斯特太懒散了，只能在今年夏天弥补。”[4]

杜威并未在 9 月 1 日截止日期前完成。那天，杜威在写给罗伯塔·罗威茨·格兰特(Roberta Lowitz Grant)的信中说道：

> 我仍在继续为厄尔·鲍尔奇写《自由与文化》一书——本应在今天写完手稿，这样就可以在 10 月 20 日出书了——我现在已经完成了三章清晰的打字稿，两章正在由打字员打字——还有两章未完成——有一章已经写完，正在修改；还有一章尚未开始——在……之后，我写好了给《杜威哲学》[5]的回复后，在哈贝斯几乎不停地写作。我从星期二回到这里后(今天是星期五)就足不出户，连头发都顾不上剪了。[6]

尽管杜威有所拖延，但 G·P·普特南出版公司还是设法在杜威 80 岁生日之际出版了这本书。

---

① 约翰·杜威 VFM2，特别收藏，卡本代尔：南伊利诺伊大学，莫里斯图书馆。

② 杜威给胡克的明信片，1939 年 8 月 20 日，胡克/杜威文集，特别收藏，卡本代尔：南伊利诺伊大学，莫里斯图书馆。

③ 杜威给拉特纳的信，1939 年 8 月 20 日，拉特纳/杜威文集，特别收藏，卡本代尔：南伊利诺伊大学，莫里斯图书馆。

④ 杜威给麦格劳的信，1939 年 8 月 24 日，杜威书信集。

⑤《经验、知识与价值：一种反驳》，《杜威哲学》(*The Philosophy of John Dewey*)，《在世哲学家丛书》，保罗·阿瑟·席尔普编，埃文斯顿和芝加哥：西北大学出版社，1939 年，第 1 卷，第 517—608 页。

⑥ 杜威给格兰特的信，1939 年 9 月 1 日，杜威文集，特别收藏，卡本代尔：南伊利诺伊大学，莫里斯图书馆。

在本书出版的第二天，杜威写信给拉特纳说，《自由与文化》的内容“十分参差不齐——我几乎在写完的时候又有了一些新思路，然而已经太晚了”。[①] 两天后的 1939 年 10 月 23 日，杜威写信给马克斯·奥托说：“我请出版公司寄给您一本《自由与文化》，其中含有我最近对托马斯·杰斐逊的领会——这本书写得匆匆忙忙、参差不齐，我只是将它作为对杰斐逊的注释寄给您。”[②]

奥托显然赞扬了这本书，因为杜威不久后写信给他：“承蒙厚爱，不胜感激。”[③]三个星期后，他又在信中写道：

> 再次致以谢意……如果我有幸在写作之时得到您的鼓励，定会将思路 416
> 深入下去。我会这样写：“我们的民主传统是上帝的恩赐——在一百年以前，一群有才华的人感知到了他们时代的需求和问题，并很好地利用了他们所处的境况。如今，这个使命落到我们所有的人身上——去利用新的资源，抵抗新时代的罪恶，回应新的需求和问题。”[④]

《自由与文化》在 1939 年 10 月 20 日由 G·P·普特南出版公司出版之际，注册版权号为 A135026。5 本日期不详的影印本相继出版，前三本影印本大小一样（$5\frac{7}{8}$乘以$8\frac{11}{16}$英寸），在封面处有蓝色的边缘；[⑤]后三本影印本缩小了规格（$5\frac{1}{2}$乘以 $8\frac{5}{8}$英寸），也没有了扉页的边框。在第 2 版之后，“约翰·杜威/《文化与自由》”几个字就从封面除去了。第 4 版较为独特：“G·P·普特南出版公司”出现在书脊上，书名与作者名调换了顺序，并且采用了更轻薄的纸张。

通过机器和肉眼的校勘，与第 1 版相比，发现第 6 版有三处改动，首次改动都是在第 2 版，并在之后的版本延续了下来。在 86.9，把“naure”改成了“nature”；在 99.9，把“tells”改成了“tell”；在 114.15，把“in”改成了“is”。还有无数其他的印刷错误未得到改正。

---

① 杜威给拉特纳的信，1939 年 10 月 21 日，拉特纳/杜威文集。

② 杜威给奥托的信，1939 年 10 月 23 日，奥托文集。

③ 杜威给奥托的信，1939 年 11 月 28 日，奥托文集。

④ 杜威给奥托的信，1939 年 12 月 19 日，奥托文集。

⑤ G·P·普特南的儿子保存的版税账目表明，杜威每半年会收到报酬。从 1950 年 1 月 1 日至 7 月 31 日期间，他所获得的版税从前半年的 226 份下降到 119 份。杜威文集。

在《美国教师》杂志中,《自由与文化》居于1939年"圣诞书单"的"教育图书"
417 推荐类别中[①]。尽管杜威本人并不满意,但该书还是被广泛地评论着,并受到高度的赞扬。[②] 即便没那么热捧的书评,但也有积极的评价:"本书内容紧凑,充满思想,尽管有时略显晦涩。因为这个原因,也因为其体裁的简略,本书不是很容易阅读……然而不啻为一本值得重视的著作。"[③]查尔斯·E·梅里亚姆(Charles E. Merriam)认为,文章的布局有问题,"有些紊乱",论述"时有重复",但他称赞这本书是"现代政治科学中最有洞察力、最能启发人思考的著作之一……是政治科学的学者决不能错过的金矿"。[④]

评论家也强调了该书作为社会心理学的价值。罗伯特·罗斯曼(Robert Rothman)认为,它是"每一位理智和对社会问题有心的读者书架上的必备之书"。[⑤] 一些评论家提到这本书,恰逢其时。F·R·莫尔顿(Moulton)称它为"简直救世。它在世界上大多数人失去了个人自由,并且引起剩下少数人恐慌之时,重提自由这个概念"。[⑥] 英国《自然》(*Nature*)杂志评论道:"杜威教授的这本小

---

① 《美国教师》,第24期(1939年12月),第21页。

② 关于《自由与文化》的书评,参见:*A. L. A. Booklist* 36(1 December 1939):126; *American Political Science Review* 34 (April 1940):339 - 342 (Charles E. Merriam); *American Teacher* 24 (December 1939):25 (Robert Rothman); *Chicago Tribune*, 29 October 1939, p. 16; *Christian Century* 57 (7 February 1940):178 - 179 (Edwin Theophil Buehrer); *Current History* 51 (December 1939):6 (Norman Cousins); *Humanist Bulletin* 2 (June 1940):6 (Percy M. Dawson); *Journal of Higher Education* 11 (April 1940):226 - 229 (Boyd H. Bode); *Journal of Philosophy* 36 (7 December 1939):688 - 690 (Herbert W. Schneider); *Nation* 149 (2 December 1939):621 - 622 (William Gruen); *Nature* (London) 146 (28 December 1940):815 - 817; *New Republic* 101 (6 December 1939):206 - 207 (Paul Weiss); *New Yorker*, 21 October 1939, p. 79; *New York Herald Tribune Books*, 5 November 1939, p. 2 (Ernest Sutherland Bates); *New York Times Book Review*, 5 November 1939, pp. 1, 27 (C. Hartley Grattan); ibid., 6 July 1941, p. 2 (James D. Adams); *Philosophic Abstracts* 1 (Spring 1940):7 - 9 (Albert Hofstadter); *Saturday Review of Literature*, 11 November 1939, pp. 12 - 13 (Robert Bierstedt); *Scientific Monthly* 51 (September 1940):278 - 279 (F. R. Moulton); *Springfield* (Mass.) *Sunday Union and Republican*, 22 October 1939, p. 7E; *Thought* 15 (June 1940):367 (Ruth Byrns); *Yale Review* 29 (December 1939):388 - 390 (Homer Edwards Woodbridge)。

③ 霍默·E·伍德布里奇(Homer E. Woodbridge):《耶鲁评论》(*Yale Review*),第29期(1939年12月),第389页。

④ 梅里亚姆:《美国政治评论》(*American Political Science Review*),第34期(1940年4月),第339、342页。

⑤ 罗斯曼:《美国教师》,第24期(1939年12月),第25页。

⑥ 莫尔顿:《科学月刊》(*Scientific Monthly*),第51期(1940年9月),第278页。

书……十分及时而且受欢迎。如果科学工作者能够受此启发……而考虑他们的科学观的传播，那么，他们很有可能不仅为赢得战争，而且为战后重建和平社会作出贡献。”[1]

值得一提的有趣事实是：杜威的这本《自由与文化》是其所有著作中被翻译 418
成最多种语言的一本，由此可见其国际性影响。[2]

《评价理论》

在查尔斯·W·莫里斯写给S·莫里斯·埃姆斯(S. Morris Eames)的信中提到，他已经在1936年建议奥托·纽拉特邀请杜威投稿给《国际统一科学百科全书》。他说：“我希望百科全书可以收录实用主义者与逻辑经验主义者(和其他学者)的作品，而杜威的加入自然是达成这个目标的一步。纽拉特和卡尔纳普(Carnap)都认同这个目标。”[3]

纽拉特是这一丛书的主编，而卡尔纳普和莫里斯都是副主编。他们三人联合菲利普·弗兰克(Philipp Frank)、约根·约根森(Joergen Joergensen)以及路易斯·鲁吉尔(Louis Rougier)，在《科学》(*Science*)杂志上发表了如下声明：

> 作为启动《国际统一科学百科全书》工程中的一步，芝加哥大学出版社将出版一系列(大约20本)短篇的专题论文或小册子，作为百科全书各个主要领域的介绍。这个系列的小册子将组成百科全书的前两卷，但将作为完全独立的单元——《科学统一的基础》发行。[4]

纽拉特在欧内斯特·内格尔和胡克的陪伴下拜访了杜威，邀请他参与这个“冒险”项目[5]。莫里斯知道这次拜访，所以告诉埃姆斯说：

---

① 《自然》杂志，第146期(1940年12月28日)，第817页。

② 《约翰·杜威译著目录，1900—1967》，乔·安·博伊兹顿编，卡本代尔和爱德华兹维尔：南伊利诺伊大学出版社，1969年，第vi页。

③ 莫里斯给埃姆斯的信，1965年2月6日，杜威研究中心。

④ 《科学》杂志，第86期(1937年10月29日)，第401页；还可参见查尔斯·莫里斯：《国际统一科学百科全书发展史》(Oth the History of the International Encyclopedia of Unified Science)一文，《综合》(*Syntheses*)，第12期(1960年12月)，第517—521页。

⑤ 参见本卷导言，第x—xi页。

> 纽拉特(于1937年2月)写信给我说,他已经拜访了杜威,向他解释了
> 419 百科全书的计划,并请他参与合作。杜威对编书的计划表现出兴趣,但一开
> 始对合作事宜心存疑虑。于是,纽拉特强调了在百科全书中呈现经验主义
> 的公共平台的必要性。他在来信中说,杜威对此表示强烈的赞同。①

在接受了纽拉特的邀请之后,杜威提交了《作为社会问题的科学统一》一文,收录在1938年的专题论文中(见本卷第426—427页)。在他完成这篇文章不久后,杜威开始准备写作《评价理论》。早在1937年3月27日,杜威就写道:“我很高兴能够写作价值论(axiology)的小册子;很难想象如何在或多或少不涉及伦理问题的情况下,以及如何在不径直穿过(cut across)卡尔纳普理论的情况下写作此书。但是,纽拉特告诉我:就按照我自己的想法来,只要我能够‘架起桥梁’——或指出桥梁在何处——就行。”②

几个月后,杜威写道:“我原本不理解自己是唯一站在经验主义价值论(Empirical Axiology)立场上的人,但我会坚持写下去的——尽管,如果有除我的研究路径之外的另一研究路径更好。”③1938年6月1日,就在出版日期将近之时,杜威写信给莫里斯说:“我似乎没有找到纽拉特给我的关于百科全书中评价理论文章的相关说明。很不好意思麻烦你,若能告知文章的长度和截止交稿日期,我将感激不尽。”④

莫里斯“负责‘评价理论’的主要编辑工作”⑤,显然很快就回答了杜威有关长度和交稿日期的问题。杜威在1938年8月2日写信给胡克说:“为百科全书写作的经验主义价值论相关文章定在明年1月1日交稿,我应该努力整理自己在这个领域的思路,已经有了一些进展。要求的长度是2万字,我似乎没有这么多可说的。”⑥

在同一封信中,杜威暗示胡克:“你可能会被迫对一些手稿给出批评和建

① 莫里斯给埃姆斯的信,1965年2月6日,杜威研究中心。
② 杜威给莫里斯的信,1937年3月27日,科学发展联盟论文集,芝加哥大学图书馆特别收藏部。
③ 杜威给莫里斯的信,1937年11月8日,科学发展联盟论文集。
④ 杜威给莫里斯的信,1938年6月1日,科学发展联盟论文集。
⑤ 莫里斯给埃姆斯的信,1965年2月6日,杜威研究中心。
⑥ 杜威给胡克的信,1938年8月2日,胡克/杜威文集。

议。"[①]作为杜威与胡克在写作《逻辑》一书(《杜威晚期著作》,第12卷)时建立的 420
关系的延续,杜威确实"强迫"给胡克一些《评价理论》额外的手稿。在此之前,杜威不得不停止"价值论文章的写作",[②]开始准备《逻辑》一文的索引。但在次年1月之前,他还是完成了《评价理论》的打字稿,寄给胡克作最后的修改(这份打字稿收录在胡克/杜威文集,第2盒,第12和13文件夹中,特别收藏,保存在卡本代尔:南伊利诺伊大学的莫里斯图书馆),并且请胡克准备安排专职的打字员。1939年1月14日,杜威写道:

显然,我能够无休止地写下去,所以尽量言简意赅地向你呈现这些东西。我希望字里行间的注释不会影响打字员的输入。最后呈现的文稿和我开始时设想的并不一样;尽管我认为最基本的观点和我之前表达的相去不远,但表现形式却大相径庭。恐怕我没能听取你所有的建议;最后呈现的书稿的重点,是当今作为一种工作方法的评价理论的缺乏。

我认为,一份原稿和两份复写稿就够了。最好的方案可能是:如果你看见了某页文稿的样式,或者内容完全模糊不清,就寄回给我修改——我的意思不是某些明显的格式上的修改,而是更严重的问题。不然的话,就请你将这大约2万字的手稿交给打字员,再把账单寄给我,我会十分感激。[③]

胡克发现了两处"完全模糊不清"的部分,显然要求杜威进行了澄清,因为杜威在1939年1月25日回复道:

搞乱了顺序,实在抱歉。我没有什么可以参考来理清顺序。只记得重写了第46页——我指现在第46页上的内容——在页末的"似乎不应该出
现在那里,因为关于欲望与手段-目标的讨论仍在继续"。至于是否删去第 421
46页末和第47页首的那几句话,你可以看着办,然后在第47页首的"更明显的是"之后,把(5)改成(4)——我不记得,我是否把最初的五点内容压缩

① 杜威给胡克的信,1938年8月2日,胡克/杜威文集。
② 杜威给胡克的信,1938年8月18日,胡克/杜威文集。
③ 杜威给胡克的信,1939年1月14日,胡克/杜威文集。

成四点了。①

胡克的确删除了那些句子并修改了编号，这是他对书稿用蓝色铅笔作出的唯一删改（见《评价理论》的修改部分，216.23—217.1）。杜威为此感谢胡克，表示“很高兴没有更严重的混乱，我为此很担心”。他继续说道：

> 有些部分，我反复写了好多遍，以至于手稿堆积到我不想再写。您对文稿的意见和修改，帮我卸下了重担。使我充满疑虑的并不是通常的反应，而是我在写作过程中遇到的麻烦，以及没有将原先的想法呈现出来的担忧，尤其是关于既存的方法的缺失的想法——我认为，仅仅因为我将其与社会探究联系了起来，就使这个问题变得清晰了。如果我像内格尔一样，将方法与句法和语义作一个简短的联系，可能会更好些。然而，我并不完全赞同莫里斯的看法——语义对我来说，应该是语词之间意义的关系，而语用学②(pragmatic)则是关乎存在(existence)的——关乎个体进入存在考虑被卷入的存在的事实，而不是考虑语用学的本质*；有些东西在莫里斯的方案里太齐整(neat)了，好像它是一个能够把语用学和形式主义者们连接在一起的装置。而按照实际情况来说，无论存在上还是逻辑上，句法和语义似乎都不存在任何联系，然而我还没把这件事想明白（*否则的话，“语用学”的含义就限于介入个体行为——为意义与存在之间的联系找到了一个更普适的名字——顾及参照符号(reference)。我无意将“语用学”的涵义扩大）。③

422 在同一封信中，杜威向胡克指示了重新输入后的文稿的分配，这些文稿现已遗失。“请将两份文稿交给莫里斯，告诉他一份是给他的，一份是给卡尔纳普的。另外，还应该给纽拉特一份。不过，纽拉特说，他2月底会过来……邮费肯定很

① 杜威给胡克的信，1939年1月25日，胡克/杜威文集。

② 语用学的概念首先是C·W·莫里斯和R·卡尔纳普在20世纪30年代前后提出来的。语用学所研究的意义不同于形式语义学所研究的意义，它所研究的是语言在一定的语境中使用时体现出来的具体意义。由此可知，语境对意义的作用在语用学研究中十分重要。——编者

③ 杜威给胡克的信，1939年1月31日，胡克/杜威文集。

贵,请告诉我具体的数额。”[1]

胡克避开了这笔巨额邮费的账单;他在1939年2月18日写信给杜威说:“下午,我亲自把您的《评价理论》的文稿交给了纽拉特博士。”他还告诉杜威,纽拉特“说要附上一个简短的‘文献目录’”。胡克说,他可以帮助做这件事:“如果您能指出一些作者和书本来,我可以负责加工细节。”[2]

杜威接受了胡克的帮助,四天后从佛罗里达的基韦斯特写信给胡克说:“我随信附上了对简短的‘文献目录’的一些建议。不好意思麻烦你,我身边没有相关的书籍,对书名的记忆也很模糊。”[3]

莫里斯编辑了手稿,并把一页打印出来的“对杜威《评价理论》的一些评论”一起寄给了杜威。杜威在3月22日收到了这封信。在那些评论中,莫里斯认为,“在胡克编辑的‘文献目录’上作些修改”是较为中肯的,并且提出了一些具体的修改意见。杜威将这些意见转给了胡克,胡克将这些修改意见结合进了“文献目录”的最终版。莫里斯指出:“‘文献目录’不必对代表性的文献作全面回顾,而应该呈现作者和百科全书的主要取向。”[4]杜威这样向胡克解释了莫里斯的话:“‘文献目录’不用很全面,就按照专论中直接论及的内容来写。”[5]

杜威在这封信的开头对胡克说:“我刚刚收到了莫里斯寄回来的打字稿。”[6]第二天,他告诉莫里斯收到了手稿:“手稿收到。我会过一遍,改正一些格式问题,并在修改时牢记您的建议。我现在所做的勘误工作,会把修改痕迹保留下来,因而现在花费的几天将为以后节约时间。”[7] 423

杜威这时候显然准备仔细审阅文本,就如他写给莫里斯的信:“我把我的手稿寄去纽约(1939年1月14日)之后,就没有再看过。”[8]第二天,他就考虑了莫里斯,还有卡尔纳普的评论,并在另一封信中逐条回复了莫里斯。

尽管最后重新输入的手稿版本已经遗失,然而将杜威的打字稿与《评价理

---

① 杜威给胡克的信,1939年1月31日,胡克/杜威文集。
② 胡克给杜威的信,1939年2月18日,胡克/杜威文集。
③ 杜威给胡克的信,1939年2月22日,胡克/杜威文集。
④ 莫里斯给杜威的信,1939年3月22日,皮尔士著作出版项目。
⑤ 杜威给胡克的信,1939年3月22日,胡克/杜威文集。
⑥ 同上。
⑦ 杜威给莫里斯的信,1939年3月23日,皮尔士著作出版项目。
⑧ 同上。

论》的印刷版进行对照，可以发现，他回应了莫里斯大多数的建议。例如，在回答莫里斯的问题——"'有效的'(valid)是用在科学话语中的最好的语词吗……也许可以用'理由充分的'(grounded)来代替？无论如何，要注意现在的用法不能和句法学中的'有效的'一词相混淆。"杜威回复："我并不认为有效性就是形式或句法正确的意思。但是，鉴于这点和这个用在手稿中的语词关系不大，我已经删除了'有效的'一词，用'有根据的'(warranted)一词代替。"他并没有采用莫里斯建议的"理由充分的"(grounded)这个词。[1]

对于莫里斯的评论——"我不确定是否应该将'利益/兴趣'[2]作如此定义，即总是包含一个'所期望的结果'。有一些观念包括一些符号(signs)都是属于利益/兴趣行为的，但却不是关于利益/兴趣或如何达成利益/兴趣的——这种情况在精神分析中已经阐明了。"杜威回复道："您关于'利益/兴趣'和'所期望的结果'的意见很好，我已经设法依次修改了文本。一开始，我在第75页为'利益/兴趣'和'目的'下了一种更宽泛的定义，后来又觉得无此必要。"[3]

杜威对莫里斯提出的修改意见心存感激："谢谢您不辞辛苦地看我的手稿，……并使我注意到一些有问题的句子。我在其他地方也作了一些修改，希望能使行文更清晰。"[4]

424 杜威请胡克将另一份重新输入的文稿寄给莫里斯，并转交给卡尔纳普；卡尔纳普和莫里斯一样，都是百科全书的副主编。[5] 3月22日，杜威写信给胡克说："卡尔纳普寄来了一些不错的批注；但他认为，我对'喊叫理论'的批评来自石里克(Schlick)——我从未读过石里克的作品，也不知他采取了那样的立场。"[6]

他又就这件事写信给莫里斯：

> 卡尔纳普博士就我对"喊叫理论"的第一点意见写信给我，怕我在写作

---

① 杜威给莫里斯的信，1939年3月24日，皮尔士著作出版项目。这一变化出现在三处：213.29，237.33和240.9。

② interest这个词在这里，两种含义都有，所以用利益/兴趣来表达更合适些。——译者

③ 杜威给莫里斯的信，1939年3月24日，皮尔士著作出版项目。这一变化参见《评价理论》239.1处。

④ 杜威给莫里斯的信，1939年3月24日，皮尔士著作出版项目。

⑤ 杜威给胡克的信，1939年1月31日，胡克/杜威文集。

⑥ 杜威给胡克的信，1939年3月22日，胡克/杜威文集。

> 时参考了摩里兹·石里克，或者读者会有这样的误解。我在回信的时候手边没有我的文稿，但这一条引用的是艾耶尔，而批评又完全是针对引用而发的。我不觉得会有人认为我参考了石里克——我会向卡尔纳普教授表达这个意思。[①]

杜威说，卡尔纳普还就第 87 页（此卷第 248 页）上的一条脚注提出疑问。[②]杜威说，他已经

> 相应地增加了几行字；如果在你或者他看来，这并不能改善什么，就请删去这几行字。但我认为，这一点很重要。我当然同意在非经验主义或反经验主义的前提下作出的“形而上”的陈述，是不可检验的。但我认为，一下子完全忽略它们，将它们称作是“无意义的”（meaningless），这是一个严重的策略上的（tactical）失误。[③]

增加的内容被保留了下来，出现在本卷第 248 页的第 7—13 行。

杜威在另一点上，不同意莫里斯的意见。

> 我不可能在科学命题和技术命题之间作出区分——在此处作出任何明
> 显的区分，都会违背我已经写下并在别处强调过的东西。我不认为我在这
> 份手稿的任何一处，坚持了这两者的逻辑一致性。所以在我看来，读者也未 425
> 必会把我所说的看成是对其他作者的反对。[④]

尽管杜威在把手稿寄回给莫里斯之前，似乎已经相当仔细地编辑并重新打印了手稿，但他还是在基韦斯特发出的信末再次提及校对和修正。“至于校对——我可能在这里再待上两三个星期，但我的计划是灵活的——如果您可以

① 杜威给莫里斯的信，1939 年 3 月 24 日，皮尔士著作出版项目。关于杜威对“喊叫理论”的讨论以及对艾耶尔的引用，参见本卷第 196.15—202.31 页；也可参见 196.27—197.22 的注释。

② 杜威给莫里斯的信，1939 年 3 月 24 日，皮尔士著作出版项目。

③ 同上。

④ 同上。

让我提前知道寄出的大致时间,我就可以告诉您寄到这里还是寄到纽约。”①

《评价理论》在 1939 年由芝加哥大学出版社作为《科学统一的基础》第 2 卷第 4 号专题论文出版。《科学统一的基础》两卷本是百科全书的首个单元。由于芝加哥大学没有重新输入后的校正本,亦即杜威修正后的版本,故第一版的《评价理论》被作为复印本保留。② 所有杜威和胡克在最初的打字稿上的改动,都被收录在“《评价理论》的内容变更”中。这个清单展示了杜威思想从早期开始的进展,并反映了他与胡克密切的职业联系。③ 在复印本和校正本之间的名词异文,列在“《评价理论》中的名词异文表”中。

《评价理论》在 1939 年 7 月 18 日以 A130838 的版权号出版后,在杜威生前以小册子的形式重印了三次。将第 1 版与 1947 年的第 4 版校对,并未发现异文。

对独立出版的《评价理论》一书的评论长度,从一段到超过五页不等,多数评论是针对内容的概要。④ 事实上,赫伯特·W·施耐德(Herbert W. Schneider)
426 说:“杜威如此精妙地总结了他的观点,以至于我只需要总结他的总结即可。”他继续说道:“和一篇如此紧凑的论文争执是不明智的,因为这篇文章并未论及‘评价’这个主题的所有问题。”⑤另一位评论者认为,这篇论文“以更系统也更有争议的方式,重述了在其早期作品中发展起来的诸多观点”。⑥ 威廉姆·M·马里索夫(William M. Malisoff)恰如其分地评论道:“杜威教授的研究十分有价值,因为它展现了所有评价理论面临的处境。”⑦

---

① 杜威给莫里斯的信,1939 年 3 月 24 日,皮尔士著作出版项目。

② 参见弗雷德森·鲍尔斯:《手稿的复印本:对变化的记录》(Transcription of Manuscripts: The Record of Variants)一文,《文献学研究》(*Studies in Bibliography*),第 29 期(1976 年),第 212—264 页。

③ 关于杜威与胡克职业联系的信息,参见《杜威晚期著作》,第 12 卷,文本注释。

④ 对《评价理论》的评论,参见:*American Journal of Sociology* 45 (May 1940): 942 - 943 (Frank H. Knight); *Journal of Philosophy* 36(31 August 1939): 490 - 495 (Herbert W. Schneider); *Philosophic Abstracts* 1 (Spring 1940): 9 (Abraham Edel); *Philosophical Review* 50 (July 1941): 443 - 446(D. Bidney); *Philosophy of Science* 6 (October 1939): 490 - 491 (William M. Malisoff); *Studies in Philosophy and Social Science* 9 (1941): 144 - 148 (Herbert Marcuse)。

⑤ 施耐德:《哲学杂志》,第 36 期(1939 年 8 月 31 日),第 491 页。

⑥ D·贝德尼(D. Bidney):《哲学评论》(*Philosophical Review*),第 50 期(1941 年 7 月),第 443 页。

⑦ 马里索夫:《科学哲学》(*Philosophy of Science*)第 6 期(1939 年 10 月),第 491 页。

《作为社会问题的科学统一》

杜威为《国际统一科学百科全书》投稿的第一篇文章就是《作为社会问题的科学统一》。该文初次刊登在1938年专题论文的第1卷——《统一科学百科全书》中。[1]奥托·纽拉特在这一卷中指出，百科全书的目的“是将与科学事业有关的所有材料集中起来”[2]。他特别指出，“杜威强调了将科学力量统一起来的广泛的社会意义”[3]。

杜威的这篇文章相对较短。他写信给莫里斯说：“附上我的序言：我和纽拉特讨论过的三行字。”[4]4月份，杜威“并不仔细地”[5]完成了校对工作，并寄回给莫里斯。 427
他担心自己漏掉了一句话，在收到莫里斯的回复后大为放松：“感谢您及时的回复。因为我没有自己初稿的影印本，所以起先担心有一句话遗漏了（事实上并没有）。”[6]同一天，他写信给胡克说：“我已经收到了莫里斯的来信，我本来以为有什么未授权的改动——是我无事自扰，抱歉，给你添麻烦了。”[7]

百科全书的第1卷（其中包含杜威的《作为社会问题的科学统一》）在杜威生前印刷了4次。将第1版与第5版中杜威的文章进行校对，并未发现异文。

在第1卷的3篇书评中，一篇赞扬了纽拉特的贡献，尤其是“他宏大的人文理想，在重重困难之下为此作出的努力，以及使这种理想得以实现的出色组织能力”。[8]另一篇书评赞扬了“这些小册子的发行”，标志着“国际科学事业的开端，具有重要的历史意义”[9]。这些书评对杜威的《作为社会问题的科学统一》都持肯定态度，从亨利·马吉诺（Henry Margenau）的评论可见一斑：“这篇文章以不凡的清晰和直率，使人注意到围绕着‘统一科学运动’的社会问题。”[10]

---

① 对这部著作作出贡献的其他人有：奥托·纽拉特、尼耳斯·玻尔（Niels Bohr）、伯特兰·罗素、R·卡尔纳普和C·W·莫里斯。

② 纽拉特：《统一科学百科全书》，《国际统一科学百科全书》，第1卷，第1部分，第24页，芝加哥：芝加哥大学出版社，1938年。

③ 同上，第25页。

④ 杜威给莫里斯的信，1937年11月29日，科学发展联盟论文集。“三行字”显然是指杜威本文的结构：科学的一般含义，即“前言”或“科学的态度”；科学统一性的含义，即“科学的社会统一性”；将科学与教育相联系，即“教育与科学统一性”。

⑤ 杜威给莫里斯的信，1938年4月26日，科学发展联盟论文集。

⑥ 杜威给莫里斯的信，1938年5月2日，科学发展联盟论文集。

⑦ 杜威给胡克的信，1938年5月2日，胡克/杜威文集。

⑧ E. N.：《哲学杂志》，第35期（1938年12月8日），第689—693页。

⑨ 威廉·格伦（William Gruen）：《国家》（*Nation*），第147期（1938年9月17日），第275—276页。

⑩ 亨利·马吉诺：《哲学评论》，第50期（1941年），第433—434页。

《当今世界的民主和教育》

这篇文章于 1938 年 10 月 24 日作为演讲文稿提交给纽约伦理文化学会，以纪念
428 本协会与伦理文化学派创始人费利克斯·阿德勒。尽管阿德勒从 1902 年至他去世的 1933 年，担任哥伦比亚大学的社会和政治伦理学教授；但是，他在大学以外担任了许多职务，故与杜威未形成密切的交往。不过，在杜威的 70 岁纪念文集中，阿德勒亦曾投稿。[①] 相应地，杜威的这次演讲是阿德勒讲座系列的第一讲，标志着伦理文化学派 60 周年庆典系列活动的开始。

协会在 1938 年以 15 页的小册子的形式，发表了这次演讲的内容；随后，本文经过修改编入杜威的《人的问题》(纽约：哲学文库，1946 年，第 34—45 页)中，删去了演讲稿中杜威在正文前对阿德勒致敬的两段文字(见“勘误表”，第 294.3)。

《新社会的经济基础》

这篇文章首先发表在约瑟夫·拉特纳主编的《现代世界智慧：约翰·杜威的哲学》(*Intelligence in the Modern World: John Dewey's Philosophy*，简称《智慧》——译者，纽约：现代文库，1939 年，第 416—438 页)中，是其中的两篇文章之一。这篇文章的复印本是共为 10 页的打字稿，经过杜威本人修改，作为约翰·杜威论文集的特别收藏，保存在卡本代尔的南伊利诺伊大学莫里斯图书馆中。打字稿经过修改和重新整理后，在《智慧》一书上发表，《智慧》接受了其中的名词修订。无论是杜威本人，还是拉特纳经杜威授权后作出的改动，都将在下文进行说明。

《智慧》一书中的前三段(309.2—23)，代替了打字稿中开篇的第一段。《智慧》省略了 317.21 处的一个长段和 321.25 处的一个分句。这些修改可能是在部分重新输入后的版本上作出的，因为打字稿的最后两页只有四处手写的改动，似乎经过了重新输入。

杜威打算重新整理打字稿。在《智慧》一书的 320.38 处(打字稿的第 8 页)，“教
429 条”(dogma)一词后面紧接着一个符号，示意插入打字稿的最后两段。“重新输入的部分”指的就是这两段[320.39—321.28，从“那个”(that)到“文字”(mere words)]。

---

① 费利克斯·阿德勒：《如何在家庭、学校和社会中发展个体性》(Personnality: How to Develop It in the Family, the Schoo, and Society)，收于《杜威 70 岁纪念文集》(*Essays in Honor of John Dewey on the Occasion of His Seventieth Birthday*)，纽约：亨利·霍尔特出版公司，1929 年，第 3—22 页。

勘误表记录了从 321.28—35 部分顺序的重排。而最后一段(321.36—322.5),则遵循打字稿的顺序。“《新社会的经济基础》一文改动表”则列出了其中的所有改动。

文章的其余部分包含了也许是拉特纳加入的大段对《战后的社会重组》一文的引用。该文首次发表在《人种进化杂志》第 8 期上(1918 年 4 月,第 386—400 页),后又发表在《人物与事件》(约瑟夫·拉特纳主编,纽约:亨利·霍尔特出版公司,1929 年)上,题目变为“战后国内的社会重建”(《杜威中期著作》,乔·安·博伊兹顿主编,卡本代尔与爱德华兹维尔:南伊利诺伊大学出版社,1982 年,第 11 卷,第 73—86 页)。《杜威中期著作》中引用的《人物与事件》,是这几段文字第一次作为修订内容出现的。而后,这几段文字再次以《人物与事件》之名被《智慧》一书所引用(312.20—313.19—20)。

《人的统一性》

这篇文章是杜威于 1937 年 4 月 21 日在密苏里圣路易斯的杰斐逊酒店向美国内科医师学院所作的演讲稿,当时的演讲题目是“人的统一性”。“超过 1200 名来自美国各州、加拿大和墨西哥的内科医生”前来参加这次年会,杜威是年会的主要演讲人。[1] 这次年会从 1937 年 4 月 19 日周一开始,到 4 月 23 日周五结束,执行干事 E·R·洛夫兰(Loveland)汇报说:“估计从全国各地约有 2200 名成员会来参加。”[2]

杜威显然在列夫·托洛茨基判决的调查分委员会在墨西哥召开听证会之前,就答应了这场演讲。听证会计划在墨西哥城召开之时,为托洛茨基辩护的美国分委员会成员乔治·诺瓦克(George Novack)写信给托洛茨基说:“杜威于 4 月 21 日在圣路 430
易斯有一场必须出席的活动,所以他得在 18 日或 19 日离开墨西哥城,坐火车或坐飞机去圣路易斯。”[3]杜威最终乘坐“阳光特快”列车,在 21 日到达圣路易斯。[4] 杜威刚到圣路易斯就接受了采访,并且在圣路易斯的报纸上全文刊登。

演讲全文首先发表在《现代世界智慧:约翰·杜威的哲学》(纽约:现代文库,1939 年),第 817—835 页。拉特纳显然向杜威要来了讲稿的打字稿,修改和重新输入后寄给杜威作最后的修改。除了其中一页(打字稿的第 21 页;本卷中的第 335.25—

---

① 《圣路易斯国际民主报》(*St. Louis Globe-Democrat*),1937 年 4 月 21 日,第 13A 页。

② 《美国内科医师学院周一公开会议》(Sessions of American College of Physicians Open Monday),《圣路易斯国际民主报》,1937 年 4 月 18 日,第 3A 页。

③ 诺瓦克给托洛茨基的信,1937 年 3 月 22 日,列夫·托洛茨基文集,哈佛大学霍顿图书馆授权。

④ 《杜威博士关于罗斯福和托洛茨基的讨论》(Dr. Dewey Discusses Roosevelt, Trotsky),《圣路易斯邮报》(*St. Louis Post-Dispatch*),1937 年 4 月 21 日,第 8A 页。

336.18)，杜威的原稿都已遗失。拉特纳和杜威共同修改过的打字稿作为复印本留存，上面有杜威以钢笔和铅笔作出的改动。因为杜威授权拉特纳通过重新输入和校对作修改，故而打字稿中的修订都可视为权威性的，并以校勘形式结合进当前的文本。打字稿见杜威文集的特别收藏，保存在卡本代尔的南伊利诺伊大学莫里斯图书馆。

1947年8月26日，惠特·伯内特告诉杜威：他的文章被选入了伯内特的《世界之最》：

> 有关100位世界最伟大作家的投票现在已经基本完成了。我很高兴地告知您：投票结果，您选入此选集中得票数前25名的作家。[①]

事实上，杜威在658票中获得了368票，得票数位于第20名。[②]

431 在同一封信中，伯内特请杜威选出“一个在您看来最具代表性的作品选段，最好是在5000字或6000字以下”。并且“附上一句话，说明选择这个作品的理由”[③]。杜威回复说：“能入选感到相当荣幸和满足，在经过一番筛选后，我选择拉特纳所编《现代世界智慧：约翰·杜威的哲学》第817页开始的文章。”杜威还附上了“一系列小省略”，他说，“我相信，这不会使文章的意思发生变化但更适合您的选集”[④]。这些省略之处(位于第323.2，327.23—24，337.15)成为校勘表中的一部分，后面标注WB(《世界之最》的英文简写)。

B. L.

---

① 伯内特给杜威的信，事件档案集(Story Archives Collection)，新泽西：普林斯顿大学图书馆。

② 伯内特：《世界之最》，纽约：日晷出版社，1950年，第15页。

③ 伯内特给杜威的信，1947年8月26日，事件档案集。

④ 杜威给伯内特的信，1947年9月8日，事件档案集。

校勘表

范本中对名词和临时记号所作的所有校勘均列入下表，但并不包括下面所描述 432
的某些规范用语的改动。没有校勘的作品题目则没有出现。校勘表中每个作品的开头，都指明范本的版本编号；对于以前只有一个版本的作品，其范本的缩写并未列出。左侧的页码和行数来自当前的版本；所有印刷出来的字行（栏外标题除外）都计算在内。方括号左侧的文字来自当前的版本；右侧是这段文字原始版本的出处（书名）的简写。简写的顺序和词条出现的年代顺序一致。在最后一个简写后用分号。在分号后，被替换的文字以倒序的形式列出，即最早的版本（通常是范本）出现在最后。

W 的意思是 Works，即当前版本，指的是在这个版本中首次进行的校勘。WS（Work Source）这个符号指的是对杜威引用的材料中的拼写、大小写和一些名词的修正（也可参见“引文中的名词异文表”前言）。Stet 指的是一个后来被修正了的版本中的名词。被替换的文字列在分号后。

关于标点符号的校勘，波浪号～表明和括号前是同一词；小号插入符号^表明缺少标点符号。缩写[*om.*]表明括号前的文字在标注的版本中是略去的；[*not present*]意为在标注的版本中没有相关文字。缩写[*rom.*]意为正体字，且略去了斜体字。在校勘页码-行数前的星号表示这里的文字曾在“文本注释”中讨论过。

在全书范围内有一些正式的或机械的改动： 433

1. 删除章节标题，《经验与教育》、《自由与文化》章节标题前加上了阿拉伯数字。

2. 在杜威某篇或某章论文的脚注上连续不断地加上上标。

3. 书籍和期刊标题是斜体字；在期刊标题中出现的“the”是小写正体；文章和书的某一部分用引号标注。书籍和杂志在必要处加上并补全了标题。然而，杜威本人的文件不管是否清晰，还是维持原来的形式。缩写在必要时进行了规范。

4. 句号和逗号都放进了引号内。在没有双重引用的情况下，单引号都变为双引号，除了芝加哥大学出版的《评价理论》（第189—251页）和《作为社会问题的科学统一》（第271—280页）。必要时补全了左双引号和右双引号，并对此进行记录。

5. 分开连字符。

The following spellings have been editorially regularized to the known Dewey usage appearing before the brackets:

centre(s)] center 55.32, 55.38, 55.40, 56.2, 92.23, 178.33, 250.12, 276.11, 296.38, 339.5-6, 339.13

cooperate (all forms)] co-operate 33.6, 33.21, 43.14-15, 43.28, 47.1, 62.3, 115.4, 115.18-19, 181.26, 187.8, 187.32-33, 187.33, 188.9, 216.27, 275.30-31, 275.32-33, 275.34, 276.9, 276.12-13, 276.26, 277.2, 279.25-26, 280.5, 370.4

cooperate (all forms)] cooperate 269.17-18, 286.26, 306.39, 307.9-10, 315.25

coordinate (all forms)] co-ordinate 234.22, 234.24, 234.25, 234.32, 234.40(2), 238.35, 274.20, 276.8

meagre] meager 296.14

reechoed] reëchoed 290.37

role] rôle 370.16

434 《经验与教育》

范本是A115154注册号下的缴送本（纽约：麦克米兰出版公司，1938年）。

19.9 untravell'd] WS; untraveled

19.10 Forever and forever] WS; For ever and for ever

24.35 enlargement] W; enlargment

31.15-16 mis-educative] W; miseducative

《自由与文化》

范本是A135026注册号下的缴送本（纽约：G·P·普特南出版公司，1939年）。在1939年第2版中作出的3个修订在本卷中被接受。

73.16 Oppenheimer] W; Oppenheim

76.19-20 superstitions] W; superstitutions

86.9 nature] 39^{2}; naure

90.25 especially] W; espepecially

91.30-31 superstition] W; superstitution

95.29　　local roads] W; school local roads
99.9　　tell] 39[2]; tells
*112.6　　county,] W; country,
112.24　　unforeseeable] W; unforseeable
114.15　　hands is] 39[2]; hands in
121.5　　Auguste] W; August
126.9　　Soviet Socialist] W; Socialist Soviet
131.28　　co-existence] WS; existence
131.29　　socialism] WS; Socialism
138.35　　"individualism"] W; "~,"
140.6–7　　quotation] W; quotations
140.30　　nature] W; natue
146.20　　behalf of] W; behalf
147.31　　institutions] W; institutons
151.22　　Soviet Socialist] W; Socialist
153.22　　Negroes] W; negroes
160.26–27　　cannon-ball] WS; cannonball
172.2　　that] W; that that
176n.1　　*Its*] W: *its*
183.34　　comprehensive] W; comprehsnsive
184.37–38　　physical] W; physcal

《评价理论》 *435*

范本首次发表于《国际统一科学百科全书》，第2卷，第4部分（芝加哥：芝加哥大学出版社，1939年），共67页。在出版物和出版前打字稿之间的名词异文，列在"《评价理论》中的名词异文表"中。打字稿参见保存在卡本代尔的南伊利诺伊大学莫里斯图书馆的胡克/杜威文集。

196.28　　someone] WS; some one
197.22　　towards] WS; toward
*220.4　　desire] TS; desires
224.34　　he] TS; be
236.36　　an] TS; a
247.9　　condition] W; conditions
249.6　　impassable] TS; impassible
251.7　　Art,] W; ~$_\wedge$
251.8　　John Dewey] W; ed. John Dewey
251.9　　*The*] W; [*not present*]
251.9　　*Facts*] W; *Fact*
251.15　　*Ethica*] W; *ethica*
251.18　　*Value-Theory*] W; ~$_\wedge$~
251.22　　David] W; ~,

251.30　as a] W; as

《终极价值或终极目的取决于前件或先验推断还是实际或经验探究》

范本首次发表在《国家教育研究学会第37周年年刊》,第2部分——《教育中的科学运动》,第38章,盖伊·蒙特罗斯·惠普尔主编(伊利诺伊州,布卢明顿市:公立学校出版公司,1938年),第471—485页。

*259.16　context] W; content

《作为社会问题的科学统一》

范本首次发表在《国际统一科学百科全书》,第1卷——《统一科学百科全书》,第1部分(芝加哥:芝加哥大学出版社,1938年),第29—38页。

436 272.17　*Physics*] W; *Science*
274.30　oftentimes] W; often times
278.30　than] W; that
279.31　the method] W; the the method
279.35　But it] W; But

《作为教育之基础的科学与哲学的关系》

范本首次发表于《学校与社会》,第47期(1938年4月9日),第470—473页。这次发表所作的名词校勘在后来的出版物,即《人的问题》(纽约:哲学文库,1946年,第164—168页)中被接受。

*281.2; 281n. 1-3　Education[1] . . . Administrators.] *stet* SS; [*om.*] PM
282.6　which] PM; that SS
282.35　under] PM; or under SS
282.39　ends] PM; conceptions of ends SS
283.14　ends] PM; conceptions of ends SS
283.15-16　the institutions . . . power] PM; institutions, having great power, SS
284.11　especially] PM; estimately SS

《人的本性是变的吗?》

范本首次发表于《扶轮社》,第52期(1938年2月),第8—11、58—59页。名词校勘在后来的出版物，即《人的问题》(纽约：哲学文库，1946 年，第 164—168 页)中被接受。

*289.21　World War] *stet* R; two World Wars PM
290.19　Equivalent] W; *Equivalents* PM, R
290.24　when] PM; when there is proposed R
290.25　relations is proposed.] PM; relations. R
*291.13　1938] *stet* R; 1946 PM

《当今世界的民主和教育》

范本首次发表在伦理文化协会的一本小册子上，纽约：1938 年，第 15 页。在《人 437
的问题》(纽约：哲学文库，1946 年)第 34—45 页发表时所作的所有名词校勘，除了对《人的问题》一书的上下文作出的改变之外，基本都保留下来了。

294.3　It] PM; May I first say how much I appreciate the honor of speaking to you on this 60th anniversary of the Ethical Culture Schools and in honor of the memory of Felix Adler. I was not a member of his congregation, but I did have for many years the honor and pleasure of being a colleague with him in the Department of Philosophy in Columbia University, and I had the pleasure of conference and consultation with him many times and owe very much to his depth and breadth of human spirit. It is particularly in connection with the subject that I was invited to speak upon this evening that my thoughts go to the spirit and memory of Felix Adler.

I suppose there was no one in this country or elsewhere who insisted with greater emphasis and clarity that democracy is a moral idea than did Dr. Adler. In his appreciation, his emphasis upon the dignity of the human personality, the individual personality, and consequently the possibilities that there are in the human personality which demand ali those conditions that we call democracy, and in his emphasis upon this conception of democracy and its relation to the individual, he never made the mistake of insisting simply upon democracy as a matter of the rights and claims of the individual, but he emphasized equally the duty and the responsibility of every individual to draw out not just what was best in himself, but to conduct himself so in all his human relations that he could do everything in his power to bring out, develop and realize whatever was significant and important in the individuality of others. I think we needed in his time and we still need this emphasis upon the reciprocity of the rights and claims and duties of human beings with reference to helping each other, not merely materially, though materially when that is needed, but even more — helping to realize whatever is significant and important in others.

Coming back directly to my subject, it P

294.17 the democracy] PM; democracy P

295.21 Felix Adler] PM; Adler P

295.27 as opposed to] PM; over against P

295.34 democracy — mutual] PM; democracy, as it is educational, and that is P

295.40 opportunity] PM; the opportunity P

438 296.10 which] PM; that P

296.18 - 19 the educational] PM; an educational P

296.19 into] PM; either into P

296.20 nor] PM; or P

296.21 others.] PM; others to the welfare of the whole of which they are a part. P

296.22 bear] PM; bore P

296.22 - 23 relation, for it] PM; relation. It P

296.23 merely] PM; merely then P

297.10 Europe,] PM; Europe today, P

297.14 aims] PM; particular aims P

297.15 This does not mean] PM; Instead of meaning P

297.18 else; it means] PM; else, it does mean P

297.23 may learn] *stet* P; may have learned PM

297.24 are occurring] *stet* P; have occurred PM

297.24 - 25 so as to take] PM; in taking P

297.29 I . . . that] PM; Our P

297.30 ago, because] PM; ago, by its early prophets, because P

297.31 Barnard] PM; Barnard and others P

297.32 need] PM; needed P

297.33 enlightenment which] PM; enlightenment, and that that P

298.11 refer to him] PM; referred to that P

298.25 problem] PM; ~, P

298.27 monies] PM; ~, P

298.31 actual case,] PM; situation, I think P

298.40 can] PM; could P

299.1 are undergoing] *stet* P; have undergone PM

299.2 learn] *stet* P; have learned PM

299.18 embodied] PM; embedded and embodied P

299.19 social relations] PM; relations P

299.39 activity] PM; activity in the form of putting forth of human energy P

300.1 these] PM; those P

300.4 except] PM; excepting P

300.7 Horace Mann] PM; To go back to Horace Mann P

300.7 other] PM; the efforts of the other P

300.7 - 8 ago worked when] PM; ago, P

300.12 future] PM; the future P

300.23 speaking] PM; he was speaking P
300.23 maintained] PM; said P
300.39 men] PM; great men P
300.39 supposed that] PM; thought, P
301.6-8 been ... kind of a] *stet* P; witnessed activities of an armed PM
301.8 nations, formed] PM; nations P
301.10 discuss] PM; discuss the merits of P 439
301.16 tragic] *stet* P; recent PM
301.17 now of Italy] *stet* P; Italy PM
301.27 are essential to] PM; is certainly an essential part of any real P
301.30 again how] PM; how again P
302.13 youth] PM; they P
302.14 deplore] *stet* P; had reasons to deplore PM
302.32 ready] PM; ready now P
303.8 have] PM; have only P
303.26 himself] PM; himself and profitable P

《教育、民主和社会化经济》

范本首次发表于《社会前沿》,第5期(1938年12月),第71—72页。

Copy-text is the article's publication in *Social Frontier* 5 (December 1938): 71-72.

305.5-6 them. [¶] As] W; them./SCHOOLS AND THE TOTAL SOCIAL SYSTEM/ [¶] As
305.27-28 hand? [¶] *If*] W; hand?/DEMOCRATIC GOALS MAY REQUIRE ECONOMIC CHANGES/ [¶] *If*
306.36-37 about. [¶] I] W; about./ACHIEVING SIMILAR CONCLUSIONS BY THE METHOD OF FREE INQUIRY IS NOT UNDEMOCRATIC PEDAGOGY/ [¶] I

《新社会的经济基础》

范本是杜威的打字稿,保存在卡本代尔的南伊利诺伊大学莫里斯图书馆,杜威文集,特别收藏。在《现代世界智慧》(拉特纳主编,纽约:现代文库,1939年,第416—438页)中发表时所作的校勘在此被接受。引用文字的范本来自一篇《战后的社会重组》的文章,首次发表在《人种进化杂志》,第8期(1918年),第386—400页。后又发表在《人物与事件》(拉特纳主编,纽约:亨利·霍尔特出版公司,1929年)上,题目变成"战后国内的社会重建"(《杜威中期著作》,第11卷,第73—86页)。

309.2-23 The ... now.] IMW; in 1918 in an article entitled *Internal Social Reorganization after the War*, * I called attention to the widespread belief that the War represented a collapse of the old social order, and

that the task of the future was one of thoroughgoing internal social
440 reorganization, especially in economic institutions and their attendant legal and political supports. I said among other things "that the [needed] changes have to met and forestalled with sympathy and intelligence on the part of the community as a whole, unless we are to drift into a time of serious internal disorder and unrest" ./* Reprinted in *Characters and Events*, Vol. II, 744 - 759, NY., 1929. TS

311.5 - 6 chronic unemployment] W; chronic employment IMW, CE, JRD

311.23 population,] W; ~∧ IMW, CE, JRD

312.20 distribution] CE, IMW; distribuion JRD

313.18 can not] WS; cannot IMW, CE

313.19 - 20 comfortable] CE, IMW; confortable JRD

313.25 aesthetic] WS; esthetic IMW, CE

314.9 reconstruction] IMW; "~" TS

314.9 - 10 the time ... written] IMW; that time TS

314.10 - 20 In ... again:] IMW; [*not present*] TS

315.29 Events] IMW; [*no* ¶] Events [*after* 'with.' 314.10] TS

315.30 entertained.] IMW; entertained; to prove that the whole idea of social reorganization was an illusion bred of the excited state of mind of the war. TS

315.34 - 35 South American] IMW; ~-~ TS

315n.1 - 3 1. All ... 745 ff.] IMW; [*not present*] TS

315n.1 after] W; After IMW

315n.3 II,] W; ~∧ IMW

316.16 is] IMW; are TS

316.18 economic-social] IMW; econmic-social TS

316.24 ideas] IMW; ideals TS

316.28 tariff-walls] IMW; tariff-alls TS

316.34 groupings,] IMW; grouping, TS

316.36 have their] IMW; has its TS

316.36 - 37 the problem] IMW; it TS

316.39 for,] IMW; even though, TS

*316.40 State,"] IMW; ~,∧ TS

316.40 governmental] IMW; Governmental TS

317.3 is] IMW; [*not present*] TS

317.4 U.S.S.R.] IMW; ~, TS

317.6 so far have] IMW; have so far TS

317.8 inquiry,] IMW; inquiry, free expression, TS

317.10 an amount of social] IMW; a social amount of TS

317.14 governmental] IMW; Governmental TS

317.14 the one] IMW; one TS

317.15 hand,] IMW; ~∧ TS

441 317.17 quoted,] IMW; referred to, TS

317.17 society] IMW; sociaty TS

317.21 first] IMW; [*not present*] TS

317.21 written.] IMW; written. [¶] I make no apology for listing again the problems and needs of an economic nature to which attention was called in the earlier article. They are as follows: The question of securing to the members of society steady and useful occupational work; the degraded and inhuman standard of living (including toally inadequate and unheatlful housing and surroundings, as well as insuffi-ciency of food) under which a large part of our population lives; inefficiency and distortion in the mechanism of industrial production and distribution; failure to develop and utilize the potential social capital found in the natural capacities of the mass of our population, capacities which, in spite of talk about equality of opportunity, have no real opportunity for that personal development which which alone would render their capacities socially available. These are not the only important problems in the economic-social field. But they include moral factors of the utmost importance. There is for example the deterioration and demoralization which accompanies, inevitably, the lack of steady useful work; there is the decay and withering of personal of qualities of inestimable worth to the individual and to society, of initiative and responsibility, which result, also inevitably, from the conditions under which production and distribution are carried on in the present social-econ-system, together with artificial stimulation of of many of the wrost hatural inclinations of human beings; there is cheap-ening to the point of vulgarity of the arts which might contribute invaluable elements to a general humane culture; there is the "frustration of science", as a group of English scientific men called it-one might in some cases use the harsher word of prostiution-by using it to serve the ends of industry carried on for private profit and the ends of war. TS

317.26 the method we employ] IMW; this method TS

317.30 result,] IMW; consequence, TS

317.35 unemployed] IMW; unemployment TS

317.36 patience] IMW; paeience TS

317.38 public,] IMW; $\sim_{\wedge}$ TS

318.6 taxation. Much] IMW; taxation, much TS

318.6–7 am I expressing sympathy] IMW; [*not present*] TS

318.11 to remove] IMW; about TS

318.17 not to speak of being] IMW; much less TS *442*

318.27 interest] IMW; interst TS

318.29 to find] IMW; ot find TS

318.30 themselves] IMW; them TS

319.11 obtained?] IMW; received? TS

319.15 real] IMW; [*ital.*] TS

319.16 improvement] IMW; improvment TS
319.20 attention] IMW; attenotion TS
319.21 person.] IMW; $\sim_{\wedge}$ TS
319.21 sufficient] IMW; a sufficient TS
319.27 *Restriction of production*] IMW; [*rom.*] TS
319.28 *expansion* of] IMW; ample TS
319.29 of] IMW; by TS
319.29 *industrialists.*] IMW; [*rom.*] TS
319.32 the] IMW; [*not present*] TS
319.32 , following their example,] IMW; [*not present*] TS
319.34 does] IMW; do TS
319.38 eloquent] IMW; aloquent TS
319.39 materials] IMW; material TS
319.40 also] IMW; also the materials TS
320.4 it] TS; ~, IMW
*320.6 of production] IMW; ~, TS
320.7 intermediate] IMW; intemrmediate TS
320.13 be] IMW; [*not present*] TS
320.19 available] IMW; avaliable TS
320.20 immense] IMW; immesse TS
320.22 individualized intelligences] IMW; individualistic intelligence TS
320.22 persons] IMW; individuals TS
320.24 capacities are] IMW; capacity is TS
320.31 A] IMW; [*no* ¶] A TS
320.31 present] IMW; prsent TS
320.32 - 33 thoroughgoing] W; thorough-going IMW; throughgoing TS
320.39 "intelligence," when] IMW; intelligence TS
320.39 social] IMW; social and TS
321.1 generates] IMW; generate TS
321.2 *claims*] IMW; [*rom.*] TS
321.2 to] IMW; [*not present*] TS
*321.3 Fascist] IMW; fascist TS
321.4 *social*] IMW; [*not present*] TS
321.6 culminating] IMW; culmination TS
321.11 plann*ed*] TS; *planned* IMW
321.11 plann*ing*] TS; *planning* IMW
443 321.16 *plan*] IMW; [*rom.*] TS
321.17 very idea] IMW; idea inherent TS
321.17 - 18 *social* plann*ing*] IMW; [*rom.*] TS
321.20 - 21 When . . . the social] IMW; The social TS
321.21 , and the "end"] IMW; and TS
321.22 used] IMW; taken TS
321.22 deemed necessary] IMW; taken to be needed TS
321.23 place]IMW; [*not present*] TS

321.25-26 The ... that] IMW; In consequence TS
321.26 consequences] IMW; consewuences TS
321.28-31 As ... spirit.] IMW; [*moved fr. aft.* 'dogma.' at 320.38] TS
321.28 past] IMW; last TS
321.33-35 The end ... end] IMW; [*moved fr. aft.* 'spirit.' at 321.31] TS
321.35 end.] IMW; end, instead of not only postoning its attainment and of so corrputing and deflecting the course of its attainment that not the intended end but a new set of evils is brought about. TS
321.36 of ends are] IMW; is TS
321.37 actual] IMW; actuall TS
321.37 social] IMW; [*not present*] TS
321.39 consideration] IMW; conesideration TS
321.40 concerned] IMW; cincerned TS

《人的统一性》

范本是杜威的打字稿,保存在卡本代尔的南伊利诺伊大学莫里斯图书馆,杜威文集,特别收藏。在《现代世界智慧》(拉特纳主编,纽约:现代文库,1939 年,第 817—835 页)发表时,以及在惠特·伯内特主编的《世界之最》(纽约:日晷出版社,1950 年,第 111—123 页)发表时所作的校勘,在此被接受。

323.1 Being] WB; Being* ... *An address delivered before the College of Physicians in St. Louis, April 21, 1937. First time published. IMW; BEING* ... *An Address delivered before the College of Physicians, in St. Louis, April 21, 1937. TS
323.2 We] WB; I make no apology for starting out by saying that we IMW; I make no apology for starting out by saying, that we TS
323.3 expressing] IMW, WB; for expressing TS 444
323.4 being,] IMW, WB; being or TS
323.8 Similarly] IMW, WB; [¶] ~ TS
323.13 for] IMW, WB; of TS
324.3 Doubtless] IMW, WB; Doutless TS
324.13-14 "the ... being."] IMW, WB; *The Unity of the Human Being*. TS
*324.15 contrast-effect.] TS, IMW; contrasting-effect. WB
324.24 Nevertheless,] IMW, WB; But TS
324.32-33 each of these] IMW, WB; these TS
*324.33 terms —] IMW, WB; $\sim_{\wedge}$ TS
*324.33 organism —] IMW, WB; ~, TS
324.38 of] IMW, WB; of of TS
325.1-2 systems — ... psychological —] IMW, WB; systems, TS
325.4 up] IMW, WB; up into systems: TS
325.4-5 so as to force] IMW, WB; these latter systems have been forced upon TS

325.5 facts, ... them.] IMW, WB; facts until they have disguised and distorted them. TS
325.14 the human being] IMW, WB; man TS
325.18 phrases] IMW, WB; words TS
325.21 from] IMW, WB; [*ital.*] TS
325.22 instances] IMW, WB; other instances TS
*325.27 in operation,] *stet* TS; operation, WB, IMW
325.28 that seems] IMW, WB; seems TS
325.29 the human being.] IMW, WB; man. TS
325.37 unity] IMW, WB; [*ital.*] TS
326.17 the human being] IMW, WB; man TS
326.30 the surrounding] IMW, WB; surrounding TS
327.2 structure] IMW, WB; structures TS
327.23 - 24 This states] WB; I did not give the quotation from Dr. Adrian because it presented a novel revelation. Actually, it states IMW; I did not give the quotation from Dr. Adrian because it presented a novel revelation. Actually it states TS
327.28 to recognize] IMW, WB; recognize TS
327n.1 E. Adrian] W; N. Adrian WB, IMW, TS
328.1 call] IMW, WB; called TS
328.9 occasion] IMW, WB; occasions TS
328.15 lord] IMW, WB; lords TS
328.27 implications] IMW, WB; implication TS
329.13 But] IMW, WB; But no But TS
329.14 in disturbances] IMW, WB; in untoward in disturbances TS
329.21 of] IMW, WB; that of TS
329.23 have,] IMW, WB; have got, TS
445 329.23 reached] IMW, WB; to TS
329.27 latter] W; former WB, IMW, TS
329.36 clutter] *stet* TS; clatter WB, IMW
*330.11 *lower*] IMW, WB; ~, TS
*330.24 - 25 import] TS, IMW; importance WB
330.31 is the] IMW, WB; is the is the TS
330.31 and] IMW, WB; & TS
*330.34 so-called] IMW, WB; ~∧~ TS
330n.1 450.] IMW, WB; 450∧ TS
331.2 persons] IMW, WB; person TS
331.29 as yet relatively] IMW, WB; relatively as yet TS
331.39 the most] IMW, WB; most TS
332.5 also has] IMW, WB; has also TS
*332.25 states] TS, IMW; state WB
332.35 little] IMW, WB; little as possible TS
333.9 to sour] IMW, WB; sour TS
333.12 is not] IMW, WB; not TS

333.36 response] IMW, WB; response to a stimulus TS
334.2 emotion,] IMW, WB; strong emotion, TS
334.5 term] IMW, WB; phrase TS
334.9 have] IMW, WB; has TS
334.12-13 the social] IMW, WB; the social the other TS
334.40 which occurs.] IMW, WB; in the case of grief. TS
335.2 would not] IMW, WB; wouldn't TS
335.17 and] IMW, WB; or TS
335.21 neuroses] IMW, WB; organ neuroses TS
336.4 physiological] IMW, WB; physiclogical TS
336.13 so] IMW, WB; to TS
336.17 outcome] IMW, WB; outsome TS
337.5 Because] IMW, WB; [¶] ~ TS
337.15 practically.] WB; practically. [¶] The one way out of the division that has disclosed itself to my vision ∧ is continued and persistent study of the concrete effect of social situations upon individual human beings, and the effect, in return, of human beings upon social relations. I believe that the honor of addressing this College of Physicians has not unduly influenced me and I hope you will not believe otherwise if I close by saying that in this study the physician has a position of unique opportunity and responsibility.

IMW; practically. [¶] The one way out of the division that has disclosed itself to my vision, is continued and persistent study of the concrete effect of social situations upon individual human beings, and the effect ∧ in return ∧ of human beings upon social relations. I hope, and I believe, that the honor of addressing this College of Physicians 446
has not unduly influenced me, if I close by saying that in this study the physician has a position of unique opportunity and responsibility. TS

《何谓社会研究？》

范本首次发表于《进步教育》，第15期（1938年5月），第367—368页。它在《人的问题》（纽约：哲学文库，1946年，第180—183页）再次发表时所作的修订被接受。

340.28-29 belong only] PM; only belong PE
340.30 diversion] PM; this version PE

《致有志于从事教师职业者》

范本首次发表于《我的职业：杰出美国人的故事》，厄尔·格兰杰·洛克哈特编（纽约：H·W·威尔逊出版公司，1938年），第325—334页。

344.13　health] W; ～,

345.22　sink] W; sing

345.39 - 40　with. Their] W; with. Their own minds they are in contact with. Their

《手段和目的》

范本首次发表于《新国际》,第 4 期(1938 年 8 月),第 232—233 页。

349.11　were] W; was

350.31 - 32　nature," *etc*.] W; ～,∧～"

351.10 - 11　end-in-view] W; ～∧～∧～

354.4　absolutism] W; obsolutism

《艺术哲学》

范本是杜威于 1938 年 11 月 13 日在菲利普美术馆为华盛顿舞蹈协会所作演讲
447 的打字稿。打字稿保存在维蒙特州伯灵顿市的弗莱彻自由图书馆。

357.9 - 10　considerably] W; considerable

357.13 - 14　pantomime] W; pantomine

360.30　every thing] WS; everything

360.32　no harm] WS; not mourn

360.32　relish of] WS; relation with

360.34　one] WS; ones

361.14　Cézanne] W; Cezanne

361.29　forms,] W; ～∧

361.29　while,] W; ～∧

362.22　towns] W; town

363.9　story,] W; ～∧

363.21　*Psychology*] W; [*rom.*]

363.23　*Assumption*] W; [*rom.*]

363.38　*The*] W; [*not present*]

364.20　feelings] W; feeling

365.29　re-creation] W; recreation

365.31　re-creation.] W; recreation.

365.32　recreation,] W; re-creation,

365.37　re-creates] W; recreates

366.24　to] W; of

367.19　ripening] WS; lightening

367.20　letting loose subconscious] WS; living for these

367.21　scenes, which] WS; scenes

367.21　towards rearrangement;] WS; toward rearrangement ∧

367.22　towards which all] WS; towards

367.22 tend is] WS; are
367.24 centre] WS; center
367.25 as] WS; as it is
367.25 'hands off'] WS; ∧～∧
367.26 us] WS; it
367.28 Our] W; Out

《评价理论》中的名词异文表

448 下文列出的是作为范本的《评价理论》(芝加哥:芝加哥大学出版社,1939 年)和出版前的打印稿(保存在卡本代尔的南伊利诺伊大学莫里斯图书馆,胡克/杜威文集,特别收藏)二者之间的名词异文。引号和斜体字(例 *a priori*)之间的相异之处未被列入。"文本说明"中列举的信件证实了杜威曾在重新输入的手稿上进行修改和校正。除了三处已经修订过的文字(220.4,236.36,249.6)之外,在括号前的文字都来自这一版。临时记号的改动并未记录在内。在括号后的文字来自原始的打字稿中的文字。

191.12	a] [*not present*]
192.1	discussions.] discussion.
192.3	to] [*not present*]
192.9	seems] seem
192.10	of value] of of the value
192.24	and the] and of the
192.31	toward] towards
192.33	*ens, verum,* and *bonum,*] *Ens, Verum* ∧ *and Bonum* ∧
192.37	were] was
193.8	etc.] etc., etc.,
193.12(2)	*human*] [*rom.*]
193.18	physics] say physics
193.20	about values] [*not present*]
193.27	sciences] science
193.29	(sometimes] or sometimes
193.29	called] [*not present*]
193.34	so much] [*not present*]
194.9	For in this] In that
194.11	'value'] [*not present*]
194.16	designating] which designate

194.32 of] to
195.2 are verbally] as verbs are 449
195.6 rating,] [*ital.*]
195.17 '*esteem.*'] [*rom.*]
195.20 activities] activities named
195.25 both to] to both
195.25 and to] and
195.26 significance] signification
195.30 something,] something, or
195.31 agreeable; and also with] agreeable, while the word
195.31 in] has also
195.33 words] words, which are
196.3 respective] [*not present*]
196.5 conclusion] conclusions
196.6 when] that if
196.6 used] taken
196.6 proves] will prove
196.11 verbally] as verb
196.11 as a] [*not present*]
196.13-14 *enjoying*,] [*not present*]
196.15 Value-Expression] VALUE-EXPRESSIONS
196.17 affirms] denies
196.18 cannot] can
196.19 because] since
196.19 are] are held to be
196.21 regarded as] [*not present*]
196.29 I] [*not present*]
197.5 appear. Nevertheless,] appear; and yet
197.6 seems] would seem
197.17 facts] [*ital.*]
197.18 a dispute] dispute
197.27 to and] to,
197.38 and, so taken, *qua*] and as so taken or *qua*
197.38-39 or treated as *symptoms*,] [*not present*]
198.2 condition] condition that is
198.2 by using] when
198.2 cry] cry is used
198.14 may properly] *may*
198.22 For perhaps] Perhaps
198.27 say] say meaningless, because
198.28 an] an an
198.30 'feelings'] 'feeling'
198.32 gesture] whatever
198.36 a sign] sign

198.39 evincing feeling] evincing *feeling*
450 198.39 not] no
199.2 - 3 crying, smiling,] smiling crying,
199.4 apply to it.] there apply.
199.7 to occur] that may be desired
199.27 be] are
199.31 justification] ground
199.31 borrowing] borrowing anything
199.37 meaningless,] [*ital.*]
200.13 incidentally] incidental
200.14 responds] [*ital.*]
200.21 - 22 feeling] feelings
200.25 and words] words,
200.34 case] case are
200.35 observable; it is] observable,
200.35 about] into
200.36 worked] been able to work
200.38 assuming by a child] assumption
200.39 for ... causing] that are calculated to lead to a certain
200.39 - 40 inferences] inference
200.40 - 201.1 to be drawn ... adult.] being drawn.
201.1 In] In all
201.2 - 3 propositions ... inference] resulting propositions
201.3 likely] liable
201.4 warranted] valid
201.4 they rest] resting
201.5 a prolonged] a a prolonged
201.6 the] these
201.6 in question] [*not present*]
201.9 situations] situation
201.14 to] [*not present*]
201.15 events — propositions] events, which are
201.18 statements] manifestations
201.23 intent] intent in these cases
201.24 consequences] consequences which are
201.28[2] that] [*not present*]
201.29 person] inability of the person
201.29 is unable] [*not present*]
201.30 and] [*not present*]
201.30 that] the anticipation of
201.30 is anticipated] [*not present*]
201.36 Previous] A large number of previous
201.36 may] might
201.38 if] in case

202.1 - 2 passage quoted,] theory,

202.13 while] and that 451

202.21 intermediate propositions] an intermediate proposition

202.26 *specifiable and testable*] [*not present*]

202.26 *relation . . . an*] [*rom.*]

202.26 *end*] [*rom.*]

202.27 *and . . . it.*] [*rom.*]

202.35 is] was

203.5 When,] If,

203.8 designatum?] [*ital.*]

203.21 from] from an

203.25 effort, having] action that has

203.25 - 26 relishing, which] an active relishing that

203.26 - 27 *the . . . conditions*] [*rom.*]

203.27 - 28 Enjoying . . . sense] While *finding* enjoyment may be a condition for joy, the latter

203.28 energy] the active energy

203.28 to secure] in securing

203.32 designata.] [*ital.*]

203.37 evoked,] engaged

203.38 the need] while the need

203.39 showing] shows

204.6 observations] observation

204.9 have] has

204.13 toward] towards

204.24 is] is here

204.25 there is either] either there is

204.29 when infantile] babylike

204.29 indulge] to indulge

204.33 - 34 a treatment] definition

205.2 other . . . events.] anything outside a personal state.

205.2 - 3 If, . . . noted] If it is noted, for example,

205.4 would then be] are

205.5 - 6 desire — . . . is,] desire: — necessarily so, if

205.6 - 7 itself . . . situation.] itself.

205.10 an] some

205.11 contexts] contexts (namely,

205.13 *valuation*] [*rom.*]

205.13 both . . . and] [*not present*]

205.15 are] is

205.28 existential] an existential

205.28 situations] situation

205.29 in its] in this

205.31 demands] necessities,

205.31 situation is] latter is

452 205.32 - 33 and . . . adaptation,] [*not present*]

205.34 - 35 propositions are . . . because] latter being *valid* in the degree in which they estimate correctly

205.35 exists] actually exists

205.36 - 37 are . . . observations.] in action.

205.40 - 206.1 etymology] its etymology

206.3 this] [*not present*]

206.3 occurs] exists

206.3 between] [*ital.*]

206.4 transaction] *trans*-action

206.7 or] [*not present*]

206.9 - 10 it directs action] to direct action so as to

206.10 conditions] the conditions

206.14 an] the

206.17 - 18 into . . . one.] a particular result rather than any other into existence.

206.22 nature] general nature

206.23 established] ascertained

206.35 any] every

206.35 *taken in itself*] [*rom.*]

206.35 - 36 *a*-rational.] [*rom.*]

206.38 adds] adding

207.7 foreseen] ideas of ends as foreseen

207.7 - 8 in . . . signs] [*not present*]

207.14 some] a

207.15 also] also to

207.19 involved] which are involved

207.22 satisfy or fulfil] supply

207.30 - 31 as is evident] As is seen

207.34 a] one and the same

207.36 of the] of that of the

207.37(2) any] [*ital.*]

208.14 matters-of-fact. The] matters-of-fact, and the

208.19 valuation-propositions] value propositions

208.25 constituent] constituents

208.25 its conditions] the its conditions

208.26 Propositions] These traits of propositions

208.26 - 27 made . . . consequences] as matter-of-fact occurrences help

208.28 existence] the existence

208.28 Are] Are the

208.30 , and. . . enter] in a way which enters

209.2 actually] [*not present*]

209.2 place] place in fact

209.2 become] becomes

209.4	both] [*not present*] 453
209.4	propositions] the propositions
209.6	brought thus] thus brought
209.7–8	significations] the significations
209.12–13	to be] *to* be
209.13	and] [*not present*]
209.19	is] is is
209.22	a] a a
210.10–11	acknowledged] generally acknoed ged
210.17	is entirely] has been entirely
210.23	Only a] But
210.27	presented] alleged
210.27	to] so as to
210.37	procedure] procedures
210.38	tested] valid
211.3	evidently] so evidently
211.8–9	for the use,] *for use*,
211.9	in . . . activity,] [*ital.*]
211.12	relation] relations
211.30	In] There are then involved in
211.31	there . . . observation] observation
211.36	means. It thus makes] means, making
211.39	or] [*not present*]
211.40	or] [*not present*]
212.5	as] [*ital.*]
212.7	in which] that appraise
212.8	are weighed] [*not present*]
212.18	or] [*not present*]
212.19	relation: these] relation, which
212.25	as compared] in comparison
212.29	else. In] else; that are, in
212.29	the latter are] [*not present*]
212.31	themselves, since] themselves because
212.39	question] question is explicitly raised
213.1	another . . . raised.] another.
213.2	objection,] objection which is made
213.5	evaluation] *e*valuation
213.11	effect] affect
213.11	an] the
213.15	the conditions] the the conditions
213.16	a desire] that desire
213.20	provides] would seem to provide
213.24	There] For there
213.28	or] or is

213.29	*warranted*] *valid*
454 213.29	to] in
213.32	whatsoever] whatever
213.35	Any] It would seem as if any
213.37	reveals] would reveal
213.39 - 214.1	However,] But
214.1	habit] intellectual habit
214.1	conceptions] conception
214.2	is so] is
214.3	tradition that] tradition. Hence
214.5	useful or] useful,
214.8	or] [*not present*]
214.10	and] [*not present*]
214.19	their] them as to their
214.24 - 25	short-view judgment.] judgment on a short view ahead.
214.28	and] [*not present*]
214.33	as absolute.] absolute.
214.38	the] the the
214.39	qualities. In] qualities, and in
215.8	what] just what
215.9	care] amount of care
215.9 - 10	obtaining and using] [*not present*]
215.10	*means*] [*rom.*]
215.16	by] by the mere fact of
215.18	because] because it is recognized that
215.20	attained,] attained, because, that is, strong desire and sustained interest are seen to be necessary means for attaining an end-in-view,
215.26	and not] not
215.27 - 28	inherency.] inherence.
216.40	warranted] valid
217. 1	The chief weakness] It has been remarked several times that the mistakes
217.3	concrete] the concrete
217.3	as they] that
217.6	are subject] [*not present*]
217.8	failure] the failure
217.10	negatively] and are negatively
217.26	view] conception
217.28	a view] the idea
217.28	desire] desires
217.28	as a] as they are actually found to exist and which involve some degree of
217.29	a raw impulse through] the first tendencies on the ground of
217.29	its] their

217.29 - 30 outcome; . . . the whole] outcome. For the whole
217.31[1] desire] desire, appetite and interest, *455*
217.31[2] desire] desire and interest
217.37 For] For we have seen that
217.40 that, if] that if and when
218.4 "maturity"] "maturing"
218.4 we mean] [*not present*]
218.9 inquiry.] inquiry into past experiences.
218.14 confirms the selection of] confirms selection of those
218.15 to] to obtain
218.16 the] the the
218.23 while it] and
218.40 to] with with
219.16 then] [*not present*]
219.16 - 17 or a priori] [*not present*]
219.17 points] points simply
219.17 between] in
219.17 operation] operations
219.18 impulses] tendencies
219.18 those of] the
219.18 desires] desire
219.18 - 19 interests] interest
219.19 are] in
219.25 - 26 in any case is] is in any case
220.4 desire] desires
220.6 such as] those which when attained
220.7 valued . . . occur.] valued.
220.11 and of] of
220.28 an] the
221.8 next] next and succeeding.
221.23 , as we have seen,] [*not present*]
221.30 in turn proves] proves in turn
221n.1 1. Cf. pp. 217 ff., above.] [*not present*]
222.13 habit] habits
222.30 *not*] [*rom.*]
222.30 formed] conceived
222.31 serving] that may serve
222.32 *Propositions*] The *propositions*
222.33 *desires and interests*] *anything*
222.34 *determine*] *is valued as an*
222.34 *end-values*] *end-in-view*
222.34 - 35 Hence . . . means.] [*not present*]
222.39 - 40 reached. [¶] 1.] reached. (1)
223.2 and] [*not present*]

223.11 or] [*not present*]
223.21 i.e.,] [*not present*]
456 223.21 something that meets] meeting
223.25 make sufficient,] [*ital.*]
223.33 itself. If] itself, while
223.36-37 direct] [*not present*]
223.40 in ... hoth] there are in fact
224.1 *without*] [*rom.*]
224.2 that ... only] possessed
224.2 activity put forth] exercise of activity
225.35-36 impulses. ... that] impulses because
226.2 arbitrary] [*ital.*]
226.3[2] is] [*not present*]
226.8 rationality] [*ital.*]
226.9 so] thus
226.9 it to be] that it is
226.16 the] these
226.24 that] that that
226.31 views] view
227.2 which] that
227.11 mouths] mouth
227.26 a] [*not present*]
227.27 one,] [*not present*]
228.10 Applied] As applied
228.13 destruction] the destruction
228.13 sacrifice] the sacrifice
228.14-15 the maxim] the the maxim
228.16 a] an
228.38 to the] to the to the
229.1-2 in turn as] as in turn
229.11 independent] independently
229.34 in] and
230.4 become] got
230.6 If] [¶] If
230.7 intense] [*not present*]
230.17 thereby] and thereby
230.17 treating] treats
230.19 models] the norms or models
230.20 ideas] concepts
230.22 facts. It is a sign] facts, and are signs
230.23 or of] or
230.25 Generalized] Conceptions as generalized
230.25 exist] arise
230.25-26 They exist] They do so

230.26 only] merely

230.40 employed] employed as the way in which

231.1 at] at valid

231.2 hypothesis] conception which is 457

231.10 idea] concept

231.13 - 14 conclusion] [*ital.*]

231.15 - 16 on one] one

231.22 not to] not to to

231.36 occasion] ground

231.37 evocation] the evocation

231.37 desire] a desire

231.37 something] the existence of something

231.37 else] else and

231.38 less] less to lead to

231.39 out] one out

232.5 they exhibit] ascribed to them

232.16 discloses] discloses as to what

232.16 or] the

232.22 general] [*ital.*]

232.32 worth] worth or validity

232.35 A] A particular

232.36 solution,] solution taken

232.38 Either it] It either

233.1 - 2 , it is believed,] [*not present*]

233.2 must] are believed to have to

233.4 framework] frame

233.6 principle,] assumption

233.19 end.] result.

233.25 exercising] acquiring

233.34 were] were developed which were

233.40 factor] factor, when adequately examined

234.5 operation] action

234.9 (i.e., ... problem)] [*not present*]

234.10 conditions] the conditions

234.17 *end-in-view*] end-*in-view*

234.21 attained] [*ital.*]

234.36 It] For it

235.1 a means] means

235.19 - 20 art. ... scaffoldings] art just as scaffoldings,

235.20 - 21 but which] [*not present*]

235.21 - 22 elevators ... latter] elevators, which

235.22 - 23 erected and] erected,

235.26 desired were utilized] desired,

235.27 intelligence] intelligence, were utilized

236.10 To] In
236.16 Theory] THE THEORY
236.26 - 27 such as to influence] influenced
236.34 Nevertheless, even] Even
458 236.36 a] an
237.16 logically] [*not present*]
237.16 upon] as to their validity by
237.17 more than simple] not themselves
237.26 strictly] so far as they are valid upon strictly
237.29 desires,] desires and interests
237.31 reacting] of acting
237.32 desire] desire or interest
237.33 involved] [*not present*]
237.33 is warranted,] involved is *valid*,
237.34 inferent] or conceptual
237.35 conclusions] the conclusions
238.2 valuation-propositions. In] valuation-propositions, and, in
238.3 - 4 either to] to either
238.4 or to] or
238.4[3] the] to the
238.5 valuation-propositionsis proved] such propositions
238.21 mere] [*ital.*]
238.29 their] [*not present*]
238.31 themselves function] function themselves
238.34 energies] [*ital.*]
238.35 Coordination] Co-ordinations
239.4 - 5 have been] are
239.9 - 10 consideration] considerations
239.15 recognition] that it be recognized
239.36 shock and] shock,
240.9 warranted] valid
240.10 by] in
240.29 as good] good
240.30 empirical] [*ital.*]
241.6 not] no such
241.7 actually] in fact
241.13 potentialities, and their] potentialities and
241.35 by use] in the light
241.36 provided ... relations.] which advance of the natural sciences has now immensely extended.
242.3 brought] brought back
242.6 and] [*not present*]
242.7 and] [*not present*]
242.24 possible—] possible; and that

242.25 being] are

242.26 means] conditions

242.27 which . . . as] in the relation of continuous

243.8 But,] But what has passed

243.8 the past . . . have] human history as a theory of valuation has 459

243.8 - 9 determined by] commendation of

243.9 - 10 , which . . . favor] established in

243.10 attended] attended either

243.11 or with] or

243.23 - 24 , as . . . seen,] [*not present*]

243.27 only involves] involves only

243.33 and] so as

243.34 accordingly] [*not present*]

243.40 elementary] *more* elementary

244.3 that there] that that there

244.28 that develops] [*not present*]

244.29 water as] water that develops as

245.4 upon our view that] that on our view

245.10 largely and] largely,

245.17 consequences] conditions

245.23 before] there were before

245.23 science there was] science

245.34 rather] pretty

245.36 of the] of the of the

246.5 so] as

246.13 affects] effects

246.15 and] [*not present*]

246.32[2] of] [*not present*]

247.36 sound] valid

248.15 are examined] [*not present*]

248.16 interests,] interests are examined,

248n.6 which] that profoundly

248n.7 - 13 The . . . evidential.] [*not present*]

249.6 impassible] impassable

249.13 one of] [*not present*]

249.13 sources] source,

249.24 ideas] the ideas

249.36 is currently] now current is

249.38 not] [*ital.*]

249.40 complete] its complete

250.15 fact and] fact

250.17 employed] such as to be employed

250.24 human traits] a human trait

250.24 not only is science] science is not only

打字稿变更

460 在写作和修订过程中作出的所有改动都呈现在这里，除了以下几种情况：和某个语词不相关的字母，某个语词错误的拼写，可识别的语词中一些字母顺序的重排，或补上一些不可识别的字母。杜威对输入错误的纠正，不管通过重新输入还是手动标记，并未列入该表中，除非是改成了另一个词，而不是简单的打字错误。括号前的语词所指的是原始的打字稿；如果打字稿经过了修改，规范了拼写，则在行前标注井号（#），表示这段文字已经出现在校勘表中。在《评价理论》中的变更，一个格子（grid）指出目前编辑的阅读材料是《评价理论》中的实质性改动。

除非已有说明，否则，所有括号右边的改动，包括缩写 *del.*，都是用铅笔（*penc.*）改动的；标注了 *added* 的改动，也是用铅笔的。对于行间书写，用 intrl. 一个语词往往表示用铅笔作的行间书写。插入符号都是手写的；当插入符和打字标记（*t.*）一同出现的时候，这个行间书写一般是用铅笔的。当插入符和手写改动一同出现的时候，它们是用同一种笔书写的。对于在打字员那里删去的语词，用 *x'd-out* 标注。缩写 *alt.* 用来表明某一种方式的改动。如果是用墨水或通过打字员改动的，则会加以说明。缩写 *undrl.* 一般表明铅笔作出的下划线。

就书写位置的问题而言，当添加的内容是简单的行间书写时，我们的准则是用 *intrl.* 或者 *intrl. w. caret* 标注. 当一处删减安插在行间书写的内容之中时，我们不再采用 *intrl.* 的准则，而是将之读作 *ab. del.* '*xyz*'，*w. caret. ab. del.* '*xyz*'，或者 *ab. x'd-out*. '*xyz*'。*ab.* 的意思是行间上方没有除了被明确指出的插字符号；*bel.* 意思是行间下方没有除了被提及的插字符号；*ov.* 意思是原信的落款，不是行间的文字。
461 *Bef.*（前）和 *aft.*（后）这些缩写表明了在同一行中的更改，无论在原始行还是行间。

Insrtd(插入)这个缩写表明在边缘处添加的内容,这虽然不能被称作"行间书写",但本质是一样的。缩写 *tr.*(颠倒顺序)指的是语词语序被调换过了。

当出现涉及不止一行的变更时,我们以斜杠标记行的末尾。我们以缩写 *illeg.* 来描述一个字迹模糊的语词,缩写 *quots.* 指的是引用标记。

当一处变更包含之前的修订时,该修正会在方括号中被引述。更进一步的修正,会在稍微小一点的括号中。这些修改会直接跟在它们所涉及的语词之后,或者会在需要加括号描述的内容的第一个字前面打上星号。

在《评价理论》中的变更

这份文件保存在卡本代尔的南伊利诺伊大学莫里斯图书馆(胡克/杜威文集,第2盒,第12和13文件夹,特别收藏)中,是105页的打字稿。下表记录了由杜威(D)和悉尼・胡克(H)作出的所有改动。杜威和胡克一般会试着标明改动而非重新输入大段文字。例如,胡克常常在杜威的改动上面加上插入符号。这一类的说明并未在此处记录。

杜威的大多数改动,是用铅笔(*penc.*);当不用铅笔时,会进行标明:*t.* 的意思是机打;*in* 的意思是钢笔;有几处是 *blue penc.*,即蓝色铅笔。胡克的所有改动都是用黑色墨水,除了216.23—271.1和232.26(原因见"文本说明")用了蓝色铅笔,以及从208.21—209.3被标上 *x'd-out* 的那些删除,可能是胡克重新打字输入的之外。每个条目所用的书写工具只会标注一次,此后除非有特别说明,这个条目都是用同一种工具。打印稿的最后五页散落着一些无法辨认的擦除。当杜威和胡克同时作某个修改之时,会用大写标明。如果没有大写,这个改动被默认是杜威作出的,而胡克单独作出的改动则会加上H。

条目标题指的是相关名词和临时记号的原始手稿。条目前的井号(#)意思是:这段文字已经出现在《评价理论》的校勘表中。单引号和双引号之间的异文,以及斜体和正体之间的区别(例如"a priori"一词),都不算作名词性异文。打字稿中的打字错误被纳入此表中。当本卷中同一行的同一词两次或多次出现在表中时,会有一些语词或标点进行鉴别,或用上标[1]或[2]或[3]来表示。 462

191.3 viewing] *alt. fr.* 'viewed' *aft. del.* 'who'
191.3-4 of the] 'the' *intrl. w. caret*
191.4 of] *w. caret ab. del.* 'regarding'
191.4 might] *ab. del.* 'would' *aft. x'd-out* 'might'
191.4 find] *bef. del.* 'some'

191.8 facts] *bef. x'd-out* 'th-'
191.9 also] *intrl. w. caret*
191.9 is] *bef. del.* 'also'
191.10 what] *bef. del.* 'are'; 'the' *intrl. then del.*
191.10 are] *intrl. w. caret*
191.10 which] *bef. del.* 'any'
191.10 applies-] *alt. fr.* 'apply-' *aft. del.* 'should'
191.11 any] *bef. del.* 'distinctive'
191.13–14 at one extreme] *moved w. guideline and caret fr. aft.* 'range'
191.14 epithets] *alt. fr.* 'epithet'
191.15 mere] *aft. del.* 'evern'
191.15 ejaculations,] *comma added*
#191.15–16 *a priori*] *bef. x'd-out and del.* 'and'
191.16 rational] *t. intrl. w. caret and guideline*
191.16 the] *intrl. w. caret*
191.17 validity.] *period alt. fr. comma* H *aft.* 'validity' [*alt. fr.* 'valid or' *bef. del.* 'legitimate existence' D]
191.18 And] *ab. del.* 'while' H
191.18 these] *w. caret t. ab. x'd-out* 'the'
191.18 lies] *alt. fr.* 'lie' H
191.19 survey] *bef. del.* ', if carried out in an analytic way,'
191.19 that] *bef. x'd-out* 'the'
191.21 about] *w. caret ab. del.* 'of' [*alt. fr.* 'if']
191.23[2] a] *w. caret ab. intrl. then del.* 'any'
191.24 which is] *ab. del.* 'which is'
191.24 advance.] *period ab. del. comma bef. x'd-out and del.* 'by'
191.24 For] *w. caret ab. del.* 'For'
191.24–25 on the surface] *intrl. w. caret*
191.25 may] *bef. del.* 'be'
191.25[2] be] *intrl. w. caret*
191.27 Perhaps it is safest to] *w. caret ab. del.* 'One may accordingly start out by ask' [*alt. fr.* 'asking']
191.27 begin by asking] *intrl.* H
463 #192.1 discussion.] *alt. fr.* 'discussions'; *period ab. del. question mark*
192.1 Have] *w. caret ab. del.* 'Are' H
192.1 been any] *intrl. w. caret and guideline* H
192.1 intellectual] *t. ab. x'd-out* 'the'
192.2 which have produced such] *w. caret ab. x'd-out and del.* 'of of' *del.* 'in the story of'
192.2 marked] *intrl. w. caret* H
192.3 as] *w. caret ab. del.* 'which have tended to'
#192.3 to] *intrl. w. caret then del.* H
192.3 relief] *aft. del.* 'high'
192.4 When] *aft. added* '¶' H

192.4 this] *ov.* 'an' *aft. x'd-out* 'the' *ab. del.* 'the light of an inclusive intellectual'
192.6 contain] *bef. x'd-out* 'any'
192.8 But] *intrl. w. caret*
192.8 on] 'o' *ov.* 'O'
192.8 hand,] *bef. del.* 'it seems as if'
192.8 deliberate,] *comma added*
192.8[2] all] *w. caret ab. del.* 'are'
192.9 human] *bef. x'd-out* 'xoti'
#192.9 seem to be] *w. caret aft. del.* 'greatly' [*t. ab. del.* 'were']
192.9-10 influenced,] *comma added*
192.10 if not controlled,] *intrl. w. caret*
192.10[1] of] *bef. x'd-out* 'value' *del.* 'ends to be attained' *undel.* 'of'
192.10-11 of ends to be attained.] *w. caret ab. del.* 'attached to them.'
192.11 is] *w. caret ab. del.* 'would be quite'
192.12 relative] *aft. del.* 'the'
192.12 values.] *period added bef. del.* 'of different ends that present themselves.'
192.12-13 This ... affairs] *w. caret ab. del.* 'The'
192.13 apparently] *bel. w. caret and guideline* H
192.13 results] *alt. fr.* 'result'
192.14 split.] *period ov. comma bef. del.* 'between'
192.14-15 There ... common to] *intrl. w. caret*
192.16 that] *aft. x'd-out* 'which'
192.16 appear] *w. caret ab. del.* 'at least seem'
192.16-17 most important] *w. caret ab. del.* 'controlling'
192.17 Since] 'S' *ov.* 's' *aft. x'd-out* 'If'
192.17 propositions] *aft. del.* 'scientifically gounded'
192.18 concern] *bef. del.* 'particular'
192.18 matters-of-fact] *alt. fr.* 'matter-of-fact'; *bef. del.* 'occurrences and generalizations regarding'
192.18 and the] 'and' *intrl. w. caret* 464
192.18 relations] *bef. del.* 'and correlations'
192.19 them,] *ab. del.* 'such occurrences'
192.19-20 subject matter] *bef. x'd-out* 'of'
192.20 acknowledged] *aft. del.* 'which is'
192.21 the ... whether] *ab. del.* 'are' D; 'arises' *bef. del.* 'as to' H
192.23 are possible;] 'are' *intrl. w. caret; semicolon added*
192.23 so,] *comma added* H
192.23 of] *aft. x'd-out* 'how?'
192.24 they are] 'are' *intrl. w. caret*
192.24 and] *bef.* 'what' [*ab. x'd-out* 'how']
#192.24 of the] *w. caret aft. del.* 'what are the' H
192.24 upon which they rest.] *aft. del.* 'that warrant them?'

192.27 until, say,] *commas added* H

192.29 it of] *bef. del.* 'certain'

192.29 *ends.*] *period added* H

192.29 In their] *added aft. del.* 'which in [*aft. x'd-out* 'as' D] this' [*ab. del.* 'their' D] H

192.29 capacity] *bef. del.* 'of ends'

192.29 as ends they] *intrl.* H

192.30 or] *t. ab. x'd-out* 'and'

192.30 Being. All] *period alt. fr. comma* [*added* D] *bef. del.* 'while' H; 'A' *ov.* 'a' H

192.31 believed] *w. caret ab. del.* 'conceived of as'

192.31[1] to] *intrl. w. caret*

192.31 be striving] *ab. del.* 'strive' [*alt. fr.* 'striving' D] H

192.31 actualize] *bef. insrtd. then del.* 'them' H

192.31 the goals] 'the' [*del.* D] *added* H

192.32 by their own nature.] *intrl. w. caret*

192.32 Classic] 'C' *ov.* 'c' *aft. del.* 'The identifica-/in'

192.32–33 identified] *w. caret ab. del.* 'of'

192.33–34 and ... to be] *w. caret ab. del.* 'was believed [*t. ab. x'd-out* 'taken'] to be but'

192.34 the] *alt. fr.* 'that'

192.34 object of] *intrl. w. caret bef. del.* 'structure [*t. intrl.*] was [*aft. x'd-out* 'as'] apprehended in'

192.36 values,] *comma alt. fr. period*

192.36 since] *w. caret ab. del.* 'For'

#192.37 was] *ab. del.* 'were' H

192.40 the sciences] *aft. x'd-out* 'biology'

192.40 physiology] *aft. del.* 'life, from'

193.1–2 from nature] *t. intrl. w. caret*

193.2 of striving] 'of' *t. intrl.*

465 193.4 phlogiston —,] *comma added*

193.5 been] *aft. del.* 'already'

193.6–7 influenced,] *comma added*

193.7 controlled,] *comma added*

193.7 are] *intrl. w. caret*

193.8 'good- ... hideous,'] *quots. added* H

#193.8 etc.,] *bef. del.* 'in all conduct into which foresight and planning enter :-'

193.9 All] 'A' *ov.* 'a'

193.10 routine] *bef. intrl. w. caret* 'seems *in other words [*further intrl.* D *then del.* H] to involve valuations' D

193.10 The] 'T' *ov.* 't' *aft. del.* 'In effect, then, then'

193.11 thus] *intrl. w. caret*

193.11–12 structure] *w. caret ab. del.* 'nature' [*aft. x'd-out and del.* 'possibil']

193.12 relations.] *period alt. fr. comma bef. del.* 'if such sciences exist in any distinctive sense; that is sense, which differentiates them from the physical sciences.'

193.13 of valuation] *intrl. w. caret*

193.14 one] *aft. del.* 'not an articifical one but'

193.15 conflicting] *ab. del.* 'opposed' H

193.15 are] *insrtd.*

193.15 valuation] *bef. del.* 'and values'

#193.18 say physics] 'say' *ov.* 'the'; 'physics' alt. fr. 'physical' *aft. del.* 'recognized'

193.18 and chemistry] *ab. del.* 'sciences'

193.18 there] *intrl. w. caret* H

193.19 genuine] *aft. del.* 'such things as'

193.20 or] *ab. del.* 'and' H

193.20 anything] *bef. del.* 'in a' [*ab. x'd-out* 'the']

193.21 experimental] *aft. x'd-out* 'empiri'

193.21 Others,] 'O' *ov.* 'o' *aft. del.* 'There are'; *comma added*

193.22 field] *aft. x'd-out* 'and'; *bef. x'd-out* 'of'

193.23 as one of] *w. caret ab. del.* 'as evidence [*bef. x'd-out* 'of the existe'] that [*bef. x'd-out* 'the'] there are'

193.23 - 24 the physical] 'the' *ab. del.* 'one'

193.24 mental] *aft. del.* 'other'

193.24 will hold] *w. caret ab. del.* 'and'

193.25 physical field] *ab. del.* 'former but'

193.25 they] *intrl. w. caret*

193.26 located] *bef. del.* 'and have application'

193.26 mental.] *w. caret ab. del.* 'latter.'

193.28 subject-matter of the] *t. intrl. w. caret*

193.28 is only] *w. caret ab. x'd-out* 'are'; 'only' *ov.* 'but' 466

193.28 partial,] *comma added*

193.29 sometimes] *ab. del.* 'perhaps' H

193.29 "phenomenal,"] *comma added*

193.29 hence] *t. intrl. w. caret*

193.31 supreme] *aft. x'd-out* 'dominant'

193.31 - 32 over ... existence.] *added*

193.34 not] *bef. del.* 'so much'

193.34 theme] *alt. fr.* 'themes'

193.34 discussion] *bef. del.* 'in subsequent sections of this study'

193.35 turn,] *comma added bef. del.* 's their pivot, and'

193.36 of] *bef. x'd-out* 'just what'

193.36 their] *alt. fr.* 'the'

193.36 source: —] *colon and dash added bef. del.* 'of their discussions:'

193.37 the possibility of] *w. caret aft. del.* 'whether there are'

193.37 - 38 the direction ... affairs.] *w. caret ab. del.* 'human conduct that differ [*t. alt. fr.* 'differe'] in their [*bef. x'd-out* 'categories'] leading conceptions from propositions about physical or impersonal matters while still conforming to the logcal canons of empirical evidence and test that are exemplied in the latter.'

193.38 possible,] *comma added*

193.38 probably] *w. caret ab. del.* 'doubtless'

193.39 explicit] *moved w. caret and guideline fr. aft.* 'reference to' [*intrl. w. caret*]

193.40 value-expressions. For] *period ov. comma* [*added* D] H; 'For' *ab. del.* 'since so' H

193.41 discussion of] *intrl. w. caret*

194.1 mode of] *t. intrl. w. caret*

194.4 designate] *aft. x'd-out* 'designate'

194.5 expression] *t. w. caret ab. x'd-out* 'verb to'

194.5 'value'] *single quots. alt. fr. double* H

194.7 things that] 'that' *ab. del.* 'which'

194.7 are] *aft. x'd-out* 'apart from relation to any action'

194.7 or that] 'that' *ov.* 'which' [*t. intrl. w. caret*]

194.8 verb] *t. alt. fr.* 'verbal'

194.8-9 "to value" is derivative.] *w. caret t. ab. x'd-out* 'sense value derivative' D; *period alt. fr. comma* H

#194.9 In that case] *intrl. w. caret* H

194.9 an] *w. caret ab. del.* 'some'

194.9 is] *ab. del.* 'being' H

194.9 called] *w. caret t. ab. x'd-out* 'that simply, b'

194.10 the object] *w. caret ab. del.* 'that which'

467 194.10 however,] *intrl. w. caret*

194.11-12 designates] *alt. fr.* 'designated' H

194.12 *valuable;] undrl.*

194.13 activity. For example,] *period alt. fr. comma*; 'For example,' *w. caret ab. del.* 'as' H

194.14 mines] *aft. x'd-out* 'stocks or'

194.15 forests,] *comma added*

194.15 valuable] *bef. x'd-out* 'in connecti'

194.15 the] *intrl. w. caret*

194.15 objects] *alt. fr.* 'object'

#194.16 designate] *aft. del.* 'do'

194.18 activities. The] *period alt. fr. semicolon* [*alt. fr. comma bef. del.* 'and' D] H; 'T' *ov.* 't' H

194.19 a] *intrl. w. caret*

194.19 thing] *alt. fr.* 'things'

194.20 matters] *aft. x'd-out* 'things'

194.20 involved in] *w. caret ab. x'd-out* 'under'

194.21 defined] *aft. x'd-out* 'described'

194.24 ‘value’] *single quots. alt. fr. double* H
194.24 primarily] *aft. x'd-out* ‘the name for’
194.27 apprehending,] *comma added* H
194.28 the act] *aft. del.* ‘it’
194.29 a noticeable] *aft. x'd-out* ‘some’
194.33 the one] *aft. del.* ‘that of’ H
194.33 previously] *aft. x'd-out* ‘just’
194.34 - 35 or . . . experience] *t. intrl. w. caret*
194.35 value-act] *aft. x'd-out* ‘psychological’ [*t. ab. x'd-out* ‘valuing-act’]
194.36 object” —] *dash added*
194.37 a] *ov.* ‘the’
194.37 problem] *ab. del.* ‘question mentioned’
194.39 - 40 the usage of the verb] *ab. del.* ‘the use of’
194.40 ‘to value,’] *single quots. alt. fr. double* H
194.40 we] *aft. del.* ‘as a verb’
194.40 exhibits a] *w. caret ab. del.* ‘manifests a’
195.1 usage.] *period added bef. del.* ‘of the word.’
195.2 ‘valuing’] *quots. alt. fr. ital.* H
195.2 ‘valuation’] *quots. alt. fr. ital.* H
195.4 other] *intrl. w. caret* H
195.5 highly),] *comma added*
195.6 value] *aft. del.* ‘a’
195.6 to. This is] *period alt. fr. comma*; ‘This is’ *intrl. w. caret* H
195.6 activity] *bef. del.* ‘which is one’ H
195.6 an act that] *t. intrl. w. caret*
195.7 involves] *t. alt. fr.* ‘involving’ *468*
195.7 comparison,] *comma added*
195.7 is] *ab. del.* ‘comes out’ H
195.7 explicit,] *alt. fr.* ‘explicitly’; *comma added* H
195.7 for example,] *intrl. w. caret* H
195.7 appraisals] *aft. x'd-out* ‘appraising’
195.7 - 8 in money terms] *moved w. caret and guideline fr. aft.* ‘services’
195.8 The] *alt. fr.* ‘This’ H
195.9 there is] *ab. del.* ‘in [*aft. x'd-out* ‘it’] it is’
195.9 in it] *intrl. w. caret*
195.10 emphasis] *t. ab. x'd-out* ‘thehasis’
195.11 reference,] *comma added bef. del.* ‘and’
195.12 distinctively] *t. intrl. w. caret*
195.12 an] *ov.* ‘that’
195.12 aspectual] *aft. x'd-out* ‘asec’
195.12 called] *aft. del.* ‘which is analytically’
195.13 *appraisal*] *undrl.*
195.13 primarily] *t. intrl. w. caret*

195.14 an] *w. caret bef. del.* 'their' [*ab. del.* 'an' D] H

195.15 of] *alt. fr.* 'or' H

195.15 general] *intrl. w. caret*

195.15 sort] *bef. x'd-out* 'as'

195.15 that] *bef. del.* 'as' [*w. caret ab. del.* 'that' D] H

195.15 is found] *w. caret ab. del.* 'is marked'

195.16 '*estimate*'] *aft. x'd-out* '"estimation"' D; *quots. added* H

195.16 personal-emotional] *aft. del.* 'more definitely'

#195.17 'esteem.'] *quots. alt. fr. ital.* H

195.17 suggests] *aft. del.* 'thus'

195.18 upon] *t. intrl. w. caret*

195.18 which] *bef. x'd-out* 'is'

195.19 the two] 'the' *t. alt. fr.* 'these'; 'two' *t. ab. x'd-out* 'means'.

195.20 activities] *bef.* 'named' [*alt. fr.* 'names' H] D

195.21 it is suggestive] *intrl. w. caret aft. del.* 'it is at leastinteresting'

195.22 'praise,'] *single quots. alt. fr. double* H

195.22 'prize',] *single quots. alt. fr. double* H

195.22 'price'] *single quots. alt. fr. double* H

195.23 Latin] *t. intrl. w. caret*

195.23 'appreciate' and 'appraise'] *single quots. alt. fr. double* H

195.24 'dear'] *single quots. alt. fr. double* H

195.24 is] *aft. x'd-out* 'still'

195.24 as] *aft. x'd-out* 'to'

#195.25 to both] 'to' *ab. del.* 'with' *bef.* 'both' [*intrl. w. caret* D *bef. del.* 'to' [*added then del.* H]] H

469 195.25 'precious'] *single quots. alt. fr. double* H

195.25 'costly'] *double quots. added* D *then alt. to single* H

195.27 question] *aft. x'd-out* 'linguistic'

195.29 'to value' with 'to enjoy'] *single quots. alt. fr. double* H

195.30 receiving] *w. caret t. ab. x'd-out* 'deriving'

#195.31 while the] *bef. del.* 'latter' H

195.31 'to enjoy'] *intrl. w. caret* H

#195.31 also] *moved w. caret and guideline fr. bef.* 'has' H

195.33 words,] *comma added*

#195.33 which] *w. caret ab. del.* 'that'

195.33 - 34 value-expressions,] *comma added*

195.34 find] *bef. x'd-out* 'also' *del.* 'no' *x'd-out* 'theoretica'

195.34 no] *intrl. w. caret*

195.35 are] *bef. del.* 'those'

195.35 those] *intrl. w. caret*

195.36 'good'] *quots. alt. fr. ital.* H

195.36 while] *w. caret ab. del.* 'and'

195.37 '*bad*'] *quots. added* H

195.38 implicitly] *bef. del.* 'within itself'

195.38 valuation. Others] *period alt. fr. comma bef. del.* 'while' H; 'O' *ov.* 'o' [*aft. x'd-out* 'others' D] H
195.39 'good for'] *single quots. alt. fr. double* H
195.40 'good in itself.'] *single quots. alt. fr. double* H
195.40 Again,] *comma added*
195.40 noted,] *comma added*
196.1 'pleasant'] *quots. added* H
196.1 and] *intrl. w. caret* H
196.1 'gratifying'] *quots. added* H
196.2 standing] *w. caret ab. del.* 'a rating'
196.4 '*good*' and '*right*'] *quots. added* H
196.5 The] *aft.* '¶'
196.5 verbal] *t. alt. fr.* 'verbals'
196.5 help. Indeed] *period added bef. del.* 'and,'; 'I' *ov.* 'i' H
#196.6 if] *t. alt. fr.* 'is'
196.6 is] *t. intrl. w. caret*
196.6 to give] *t. ab. x'd-out* 'as giving'
#196.6 will prove] *w. caret ab. del.* 'is'
196.8 problems. These] *period alt. fr. comma*; 'These' *ab. del.* 'which' H
196.8-9 problems ... to] *w. caret ab. del.* 'serve to'
196.9 As far then as] *intrl. w. caret and guideline*
196.10 the present] *w. caret ab. del.* 'further'
196.10 discussion] *alt. fr.* 'discussed'
196.11 'valuation'] *single quots. alt. fr. double* H
196.11 used,] *comma added* *470*
196.11 noun,] *comma added*
196.12 implications,] *comma added bef. del.* 'of any word that suggests itself,'
196.13 *prizing,*] *undrl.*; *comma added bef. del.* 'and'
196.13 *appraising,*] *undrl.*; *comma alt. fr. period*
196.14 etc.] *added*
196.16 Discussion] *alt. fr.* 'Discussions'
196.16 will] *intrl. w. caret*
196.16 begin] *alt. fr.* 'begins'
#196.19 held to be] *intrl. w. caret*
196.20 ejaculatory.] *period added bef. del.* 'in nature.'
196.20 Such] 'S' *t. ov.* 's' *aft. x'd-out* 'As expressions'
196.20 'Good,'] *quots. alt. fr. ital.* H
196.20-21 'bad,' ... 'hideous,'] *quots. alt. fr. ital.* H
196.22 weeping,] *bef. del.* 'smiling,'
196.23 or/and] *aft. x'd-out* 'or else'
196.24 one] *aft. del.* 'for example'
196.30 'You] *quot. added*; 'Y' *ov.* 'y'

196.30 money'] *quot. added*

196.34 do] *w. caret t. ab. x'd-out* 'do'

197.1 the command] 'the' *w. caret t. ab. x'd-out* 'a'

197.4 "feelings"] *quots. added*

#197.5 appear; and yet] *semicolon alt. fr. comma*; 'yet' *added*

197.6 the feelings] *w. caret ab. del.* 'them'

197.7 them] *bef. del. dash*

197.7 as ... kind,] *intrl. w. caret*

197.7-8 conclusion] *bel. del.* 'position' H

197.8 position] *aft. del.* 'rest of the'

197.9-10 'tolerance ... virtue'] *single quots. alt. fr. double* H

197.12 feelings,] *comma added*

197.14 value,"] *comma added*

197.14 whatever] *intrl. w. caret*

197.16 of] *aft. del.* 'and' [*w. caret ab. del.* 'or']

197.16 are,] *comma added*

197.17 all,] *comma added*

197.17 regarding the] 'the' *t. intrl.*

197.20 we can] *t. intrl. w. caret*

197.21 empirical] *t. intrl. w. caret*

197.22 as] *t. ab. x'd-out* 'that'

197.24 thousands of] *aft. x'd-out* 'a'; 'of' *t. intrl.*

197.26 Discussion] *aft.* '¶' H; *aft. x'd-out* 'Furt'

197.28 merits of the] *t. intrl. w. caret*

197.29 his] *aft. x'd-out* 'or'

471 197.32 in] *bef. del.* 'both of'

197.32 'feelings'] *single quots. alt. fr. double* H

197.32 'express.'] *single quots. alt. fr. double, period added* H; *bef. del.* 'or "expressive", [*comma ov. period*] for [*alt. fr.* 'For'] and' [*intrl. w. caret*] D

197.32 What] 'W' *ov.* 'w' H

197.36 behavior,] *comma added*

197.36 are *not*] 'are' *intrl. w. caret*; 'not' *undrl.*

197.37 ,however,] *intrl. w. caret*

197.37 persons] *bef. del.* ',however,'

197.38 *signs*] *undrl.*

197.38 state,] *comma added*

#197.38 or *qua* signs] *t. intrl. w. caret*

197.39 evoke] *aft. del.* 'may' [*aft. x'd-out* 'evoke']

197.40 these] *intrl. w. caret*

197.40 other] *alt. fr.* 'others'

197.40 the cry] 'the' *ab. del.* 'that'

197.40 as] *bef. x'd-out* 'of'

198.1 sign] *bef. x'd-out* 'of'

198.1 pricking it,] *ab. del.* 'sticking into it'
198.1 so] *added*
#198.2 that is] *bef. del.* 'that is'
#198.2 when] *w. caret ov. erased* '* through taking' [*ab. del.* 'when']
#198.2 is used] *w. caret ab. del.* 'is taken'
198.4 Then] *added aft. insrtd.* '¶'
198.4 as] 'a' *ov.* 'A'
198.4 matures,] *comma added*
198.5 that] *insrtd.*
198.5 exists] *alt. fr.* 'existing'
198.5 certain] *t. intrl. w. caret*
198.5 cry,] *bef. del.* 'and' H
198.5 and the] *intrl.*
198.6 consequences produced] *t. bef. del.* '* by the' [*t. intrl.*]
198.7 now] *aft. x'd-out* 'not'
198.7 in order to] *t. intrl. w. caret*
198.8 the] *t. ab. x'd-out* 'its'
198.9 response] *aft. x'd-out* 'cry'
198.11 aware] *bef. x'd-out* 'of'
198.12 that is] *intrl. w. caret*
#198.14 *may*] *undrl.*
198.18 says] *w. caret ab. del.* 'communicates'
198.18 but] *bef. del.* 'that' H
198.18 say,] *ab. del.* 'communicate,'
198.19 to tell] 'to' *ov.* 'or' *aft. del.* 'say,'
198.20 *What*] *undrl. bef. del.* 'then' 472
198.20 then] *intrl. w. caret*
198.20 In] *aft. x'd-out* 'A'
198.21 a] *t. ab. x'd-out* 'the'
198.21 'feelings'] *single quots. alt. fr. double* H
198.22 the view] *aft. x'd-out* 'it will be'
198.23 feelings] *bef. x'd-out* 'and'
198.23 , perhaps,] *added*
198.24 with] *bef. del.* ', perhaps'
198.24 obtain] *ab. del.* 'have certain'
198.24 feelings] *bef. del.* ', which may ensue'
198.24 consequence] *alt. fr.* 'consequences'
198.25 such] *aft. del.* 'any'
198.27 superflous,] *comma added* H
#198.27 meaningless] *bef. del.* 'exxe'
198.27 empirically] *t. intrl. w. caret*
198.28 matter.] *w. caret ab. del.* 'expression.'
198.28 (a)] *t. intrl. w. caret*
198.29 or a blush,] *w. caret t. ab. x'd-out* 'or a s'

#198.30 ‘feeling’] *single quots. alt. fr. double* H

198.31 term,] *comma added then del. bef. del.* ‘or’ [*ov.* ‘as’] D; *comma added* H

198.32 part,] *bef. x’d-out* ‘it’

198.32 which] *w. caret ab. del.* ‘that’

198.33 are] *bef. del.* ‘not of themselves different in kind from, say, a gain in weight of so many ounces on the part of [*bef. x’d-out* ‘a child’] the baby. It is an’

198.34 events] *alt. fr.* ‘event’

198.34 being,] *comma alt. fr. period*

198.34 - 35 not . . . weight.] *intrl. w. caret*; ‘or’ *ov.* ‘and’

198.35 a gain] ‘a’ *ov.* ‘the’

198.37 special] *w. caret ab. del.* ‘other’

#198.39 ‘evincing *feeling*,’] *undrl.* D; *single quots. alt. fr. double* H

198.39 ‘evincing’] *single quots. alt. fr. double* H

199.1 ‘expressing’] *single quots. alt. fr. double* H

199.1 then] *intrl. w. caret*

199.2 place.] *period added bef. del.* ‘at any stage or aspect of the latter.’

#199.2 - 3 smiling] *t. intrl. w. caret*

199.3 squealing,] *t. intrl.*

199.3 is,] *comma added*

199.3 seen,] *comma added*

199.5 purposely] *moved w. caret and guideline fr. aft.* ‘made’ [*bef. del.* ‘or adopted’]

473 199.6 expressed.] *period added bef. del.* ‘but a form of’

199.6 Overt linguistic behavior] ‘O’ *ov.* ‘o’; *t. ab. x’d-out* ‘language’ [*bef. del.* ‘that’]

199.6 undertaken] *ab. del.* ‘engaged in’ H

199.6 so as] *ab. del.* ‘in order’

199.6 - 7 obtain a] ‘a’ *intrl. w. caret*

199.7 change in organic conditions,] *t. ab. x’d-out* ‘as [*bef. del.* ‘asome objective’] result’ [*bef. added undel. comma*] *del.* ‘as the’; ‘conditions,’ *alt. fr.* ‘condition’

#199.7 a change . . . the] ‘a change * that may be desired [*intrl. w. caret* H] as the’ *intrl. w. caret* D

199.8 behavior] *aft. del.* ‘objective’

199.8 Take] *alt. fr.* ‘Taking’

199.9 example: —] *colon alt. fr. period; dash added*

199.10 one] *w. caret t. ab. x’d-out* ‘a’

199.11 the noise] *aft. x’d-out* ‘such’

199.11 - 12 sign . . . or] *w. caret t. ab. x’d-out* ‘case’

199.12 manners.”] *period alt. fr. semicolon*

199.12 Hence] *intrl. w. caret*

199.13 muscular] *t. intrl. w. caret*
199.13 control,] *comma added*
199.15 are] *w. caret t. ab. x'd-out* 'is'
199.15 properly] *aft. x'd-out* 'duly appreciative of'
199.19–20 'feelings'] *single quots. alt. fr. double* H
199.20 in . . . account,] *intrl. w. caret*
199.22 an] *w. caret ab. x'd-out* 'the'
199.22 alleged] *w. caret ab. del.* 'outside supposedly'
199.23 theory,] *comma added*
199.23 which is] *intrl.*
199.23 or] *intrl. w. caret*
199.25–26 in . . . us] *t. intrl. w. caret*
199.26 such] *aft. del.* 'any'
199.27 even] *intrl. w. caret*
#199.27 are] *insrtd.*
199.27 such states,] *intrl. w. caret*
199.28 private,] *comma added bef. del.* 'and'
199.28–29 Consequently] *ab. del.* 'Hence' H
199.29 if] *intrl.*
199.29 were] *ab. del.* 'be such a thing as' H
199.30 of feelings] 'of' *t. intrl. w. caret*
199.31 this] *ov.* 'it'
199.31 theory] *intrl. w. caret*
199.33 "feelings"] *quots. added*
199.33 is] *bef. del.* 'certainly'
199.33 and] *ov.* 'or' 474
199.33 moreover] *intrl. w. caret*
199.34 given] *intrl. w. caret*
199.34–35 "value-expressions"] *quots. added*
199.36 From] 'F' *ov.* 'f' *aft. del.* 'But also'
199.36 an] *aft. x'd-out* 'the'
#199.37 *meaningless*] *undrl.*
199.38–39 verification. If] *period alt. fr. comma*; 'I' *ov.* 'i' *aft. del.* 'for'
199.39 cannot] *bef. del.* 'even'
200.1 any] *intrl.*
200.4 , then,] *commas added* H
200.4–5 account] *aft. x'd-out* 'state'
200.5 has] *aft. x'd-out* 'is'
200.6 which] *w. caret ab. del.* 'that'
200.6–7 and which] 'and' *bef. del.* 'that'; 'which' *intrl. w. caret*
200.7 employed] *bef. x'd-out* 'so as to'
200.11–12 inter-personal] *alt. fr.* 'intra-personal'
200.13 sound] *bef. del.* 'or posture'
200.13 person] *bef. del.* 'merely as an'

200.13 to a] *ov.* 'of [*aft. del.* 'part'] some'
200.14 extensive] *bef. x'd-out* 'behavior act'
200.14 *sign,] comma added*
200.15 reacting] *t. intrl. w. caret*
200.15 to it] *bef. del.* 'merely' [*bef. x'd-out* 'as a sound']
200.16 The . . . is] *w. caret ab. del.* 'It is'
200.17 question] *bef. del.* 'is an activity that'
200.17 *for the sake of] undrl.*
200.18 a certain] *aft. x'd-out* 'another'
200.18 If,] *ab. del.* 'In case,'
200.21 'expression'] *aft. del.* 'the word' D; *single quots. alt. fr. double* H
#200.21-22 'feelings,'] *comma added* D; *single quots. alt. fr. double* H
200.24 (2)] *parens. added*
200.24-25 gestures,] *aft. del.* 'such'
200.25 They] 'T' *ov.* 't' *aft. del.* 'That is'
200.26 Take,] *alt. fr.* 'Taking'; *comma added* H
200.26 example,] *comma added*
200.27 posture] *bef. del.* 'of person'
200.31 malingering. The] *period added bef. del.* 'and'; 'T' *ov.* 't'
200.32-33 from other persons] *t. intrl. w. caret*
200.33 responsive] *t. intrl. w. caret*
200.33 behavior.] *period added*
475 200.34 is] *intrl. w. caret* H
200.34 case] *alt. fr.* 'cases'
200.34 of things] *w. caret ab. del.* 'into phenomena'
200.36 that] *insrtd.* H; *bef. del.* 'that' D
200.36 have] *alt. fr.* 'having' [*alt. fr.* 'have' D] H
200.38 guard] *aft. del.* 'the' H
#200.39 are] *t. intrl. w. caret*
201.1 (they] *paren. t. ov. comma*; 'they' *added aft. del.* 'which' H
201.1 include] *intrl. w. caret*
201.2 matters),] *comma added*
201.3 are] *bef. del.* 'especially'
201.3 be in] *intrl. w. caret* H
201.3 error] *alt. fr.* 'err' H
201.4 observed,] *comma added*
201.5 prolonged] *aft. x'd-out* 'long segment'
201.6 that] *intrl. w. caret* H
#201.6 these propositions] *t. ab. x'd-out* 'they'
201.7 all] *intrl.*
201.7 genuine] *bef. del.* ', but not necessarily valid,'
201.7 (3)] *parens. added*
201.9 inter-personal] *alt. fr.* 'intra-personal'

201.14 (ii)] *w. caret ab. del.* '(2)'
201.14 as] *bef. del.* 'to be'
201.14 material] *aft. del.* 'the'
201.15 events,] *comma added bef. x'd-out* 'and'
201.16 and] *bef. del.* 'hence to'
201.16 But] *bef. x'd-out* 'the'
#201.18 manifestations] *w. caret t. ab. x'd-out* 'kind phenomena'
201.19 so as] *t. intrl. w. caret*
201.20 having] *aft. x'd-out* 'taking e'
201.20 certain] *intrl.*
201.20 consequences] *bef. del.* '* upon the [*x'd-out*] with the activity [*x'd-out*] life-behavior of those * who originally [*t. intrl.*] adopt the attitudes and make the * gestures and [*t. intrl.*] sounds and [*x'd-out*] in question'
201.20-21 falling . . . of] *w. caret t. ab. x'd-out* 'of'
#201.24 which are] *w. caret ab. del.* 'being' [*t. intrl.*]
201.25 of statement] 'of' *intrl. w. caret*
201.26 observable] *t. intrl. w. caret*
201.27 (i)] 'i' *ov.* 'a' *aft. x'd-out* '(1)'
201.27 that] *alt. fr.* 'th'
201.27 there] *intrl.*
201.28 exists] *alt. fr.* 'exist' H [*alt. fr.* 'existence' *bef. del.* 'of' D]
201.28 (ii)] 'ii' *ov.* 'b'
201.30 (iii)] 'iii' *ov.* 'c'; *closing paren. added* *476*
#201.30 anticipation] *aft. x'd-out* 'belie'
201.31 obtained.] *period added bef. del.* 'by means of the expression.'
201.32 being] *aft. x'd-out* 'the'
201.32 tested] *aft. del.* 'supported and'
201.32 evidence,] *comma added*
201.33 proposition] *aft. x'd-out* 'last point'
201.35 a] *ov.* 'in'
#201.36 case. A] *period alt. fr. comma bef. del.* 'while'; 'A' *ov.* 'a' H
#201.36 might] *w. caret ab. del.* 'would'
201.38 sign is] 'is' *intrl.*
201.38 in order to] *intrl. w. caret*
201.39 obtain] *alt. fr.* 'obtains'
#202.1 according to the theory,] *w. caret t. ab. x'd-out* 'were said to'; 'the' *further intrl.*
202.2 valuation-] *alt. fr.* 'value-'
202.2 The pfopositions] *w. caret ab. del.* 'They'
202.3 *existing*] *undrl.*
202.3 *future*] *undrl.*
202.4 produce. The] *period added*; 'T' *ov.* 't' H
202.5 are] *ab. del.* 'being' H

202.5 employed] *t. ab. x'd-out* 'the'

202.5 as] *intrl. w. caret*

202.5 desired] *intrl. w. caret*

202.6 set] *aft. del.* 'first'

202.7 cases,] *comma added* H

202.7 that was first examined,] 'that was first [*further intrl.*] examined,' *intrl.*

202.7–8 'good' and 'right'] *quots. alt. fr. ital.* H

202.8–9 *explicit*] *undrl.*

202.10 context,] *comma added*

202.11 situation] *aft. x'd-out* 'existing'

202.12 "bad."] *period ov. comma* [*added* D] H

202.12 It is "bad"] *intrl. w. caret* H

202.13 to,] *comma added*

202.13 a] *ab. x'd-out* 'there is the'

202.13–14 anticipated,] *comma added bef. del.* 'as possible,'

202.15 set] *aft. x'd-out* 'cas'

202.17 that are employed] *w. caret ab. del.* 'involved'

202.18 emerges] *bef. x'd-out* 'is that in both instances is a'

202.18 are] *t. intrl. w. caret.*

202.19 propositions] *t. alt. fr.* 'proposition'

202.19 relatively] *t. intrl. w. caret*

477 202.19 to] *bef. x'd-out* 'an an'

202.19 existing] *bef. x'd-out* 'set of'

202.19–20 conditions;] *semicolon alt. fr. comma* H

202.20 comparatively] *t. alt. fr.* 'comparative'

202.21 conditions;] *semicolon added* H

202.21 and] *w. caret ab. del.* 'together [*aft. x'd-out* 'and and a'] with'

#202.21 proposition] *t. alt. fr. 'propositions'*

202.21 (which] *paren. ov. comma*

202.22 valuation-expression)] *paren. ov. comma*

202.24 another] *ab. del.* 'the others' H

202.24 are] *aft. x'd-out* 'is'

202.24 thus] *intrl. w. caret*

202.24 (i)] 'i' *ov.* '1'

202.24 an] *ab. x'd-out* 'the'

202.25[1] and] *ab. x'd-out* '(2)'

202.25 situation,] *comma added*

202.26 (ii)] *ab. del.* '(2)'

#202.26 end,] *comma added* H

#202.27 means] *aft. x'd-out* 'a'

202.29 active or behavioral] *t. intrl. w. caret*

202.29 to] *intrl.* H

202.29 what] *added bef. del.* 'that' H

202.29–30 (for... identification)] *w. caret t. ab. x'd-out* '*liking* and *disliking*'; *parens. added*
202.30 while] *aft. x'd-out* 'One'
202.36 As] *aft. x'd-out* 'This'
202.36 the] *alt. fr.* 'they' *aft. x'd-out comma*
202.36 adjective] *w. caret ab. del.* 'phrase' [*aft. x'd-out* 'words']
203.1 quality] *w. caret ab. del.* 'element'
203.3 the "motor"] *quots. added* H
203.4 world,] *comma added*
#203.5 If,] *aft. x'd-out* 'No'
203.5 word] *w. caret t. ab. x'd-out* 'term'
203.6 behavior,] *bef. x'd-out* 'what'
203.6–7 .(not ... feeling)] *parens. added*
203.9 are,] *comma added*
203.10 behavior,] *comma added*
203.11 'looking] *double quots. added* D *then alt. to single* H
203.11 for] *bef. x'd-out* 'or after'
203.11 after,'] *double quots. added* D *then alt. to single* H
203.11–12 'cherishing,'] *double quots. added* D *then alt. to single* H
203.12 'being] *alt. fr.* 'be' D; *double quots. added* D *then alt. to single* H 478
203.12[1] to,'] *double quots. added* D *then alt. to single* H
203.12 'attending to,'] *comma added* D; *double quots. added* D *then alt. to single* H
203.13 'ministering 'to,'] *double quots. added* D *then alt. to single* H
203.13 'fostering' —] *dash ov. comma*
203.14 is] *bef. x'd-out* 'meant by'
203.14 '*prizing*,'] *comma added* D; *quots. added* H
203.14–15 we saw earlier] *ab. del.* 'have have seen'
203.15 is] *ab. del.* 'is' H
203.15 significations] *bef. del.* 'of the word'
203.16 sense,] *comma added*
203.16–17 or as naming] *w. caret ab. del.* 'of'
203.17 place] *insrtd. bef. del.* 'care, [*bef. x'd-out* 'and'] * and which [*intrl.*] promote [*bef. x'd-out* 'certain'] and strive'
203.17 so as] *intrl. w. caret*
203.18 certain] *bef. del.* 'existent'
203.18 conditions,] *comma added*
203.19 them] *bef. x'd-out* 'by'
203.19 things] *aft. x'd-out* 'meanin' [*aft. del.* 'one of the']
203.19 an] *t. intrl. w. caret*
203.19 word] *t. alt. fr.* 'words'
203.20 'enjoy.'] *period alt. fr. comma bef. x'd-out* 'take' D; *quots. alt. fr. ital.* H

203.20 the latter word] *w. caret ab. del.* 'it'

203.20 *receiving*] *undrl.*

203.21 from] *bef. x'd-out* 'the'

203.22 any] *ab. x'd-out* 'activity of'

203.22 action] *ab. x'd-out* 'act of activity of' [*bef. del.* 'active concern']

203.22 exerted] *w. caret aft. del.* '*which is' [*t. ab. x'd-out* 'in its [*t. intrl.*] production or maintenance']

203.23 existence. Or] *period alt. fr. comma*; 'O' *ov.* 'o'

203.23 precisely] *t. intrl. w. caret*

203.24 activity,] *comma added* H

203.24 'to enjoy'] *single quots. alt. fr. double* H

#203.25 taking ... overtone;] *ab. del.* 'prizing in the sense mentioned above. In that case it is'

#203.25–26 of an] *insrtd. aft. del.* 'as [*intrl. w. caret*] an' H

#203.25–26 that] *ab. del.* 'which' H

203.26 perpetuate] *bef. x'd-out* 'the'

#203.26 the] *added bef. del.* 'in' H

#203.26 of] *ab. del.* 'the' H

479 203.27 received.] *period alt. fr. comma bef. del.* '(even if the "relishing" is but the active rolling of a morsel under the tongue) [*bef. x'd-out* 'an'] a behavioral attitude that is ob-servably different from one which finds rather than takes delight in something.'

#203.27–28 While] 'W' *ov.* 'w' *aft. del.* 'For'

#203.27–28 *finding*] *ov.* 'the'

#203.27–28 enjoyment] *w. caret ab. del.* 'former'

#203.27–28 joy,] *intrl. w. caret* H; *bef. del.* '*taking joy,' [*ab. del.* 'the latter,'] D

203.28 marked] *bef. del.* 'off'

203.28 expended] *aft. del.* 'that is' H

#203.28 securing] *added aft. del.* '"caring for'"

203.29 that] *ov.* 'which'

203.30 getting] *bef. x'd-out* 'us'

203.31 trying to] *t. intrl. w. caret*

203.31 assign] *t. alt. fr.* 'assigning'

203.32 led instead] *w. caret ab. del.* 'directed'

203.32–33 evocation] *bef. del.* 'and'

203.33 specifiable] *t. alt. fr.* 'specified'

203.33 to] *intrl.*

203.36 language,] *comma added*

203.36 to note] *intrl. w. caret*

203.37 whether] *intrl. w. caret*

203.37 existence] *aft. x'd-out* 'co'

203.38–39 the need ... energy] *ab. del.* 'the fact that effort has to be expended'

#203.39 shows] *alt. fr.* 'show'

203.39 exist] *w. caret aft. del* 'are' [*t. ab. del.* 'present certain']

203.39 conditions] *bef. del.* 'which are'

203.39 adverse to] *bef. del.* 'the existence of'

203.40 wanted.] *bef. del.* 'so that the latter has to be striven for,' D; *added bef. del.* 'wanted' H

203.40 The mother] *aft. 'no ¶' and guideline to run on*

204.1 in] *w. caret t. ab. x'd-out* 'In'

204.1 word)] *bef. x'd-out* 'compa'

204.2 and] *t. ab. x'd-out* 'or'

204.3 child,] *comma added*

204.3 is] *w. caret t. ab. x'd-out* 'is' [*bef. del.* ', unless her activi-ties are caused by circumstances over hich she has no con-trol', [*bef. x'd-out* 'is']]

204.3 deceiving] *aft. del.* 'engaged in' H

204.4 in addition] *t. intrl. w. caret*

204.4 demonstrative] *aft. x'd-out* 'signs'

204.4-5 — like fondling — only] *t. intrl. w. caret*

204.7 need] *w. caret ab. del.* 'have' *480*

204.8 — that] *dash w. caret ab. del.* 'extent'

204.8-9 & description of valuations] *w. caret ab. del.* 'of valuing'

204.9 determined.] *period added bef. del.* 'in any'

204.10 amount of] *t. intrl. w. caret*

204.10 over] *w. caret ab. del.* 'in'

204.12-13 direction] *aft. del.* 'observed' [*t. intrl. w. caret*]

204.13 is observed to] *intrl. w. caret*

204.13 take] *alt. fr.* 'takes'

204.15-16 addition,] *comma added*

204.17 a] *intrl. w. caret*

204.17 valuation] *alt. fr.* 'valuations'

204.20 lacking,] *comma added*

204.21 desiring.] *t. alt. fr.* 'desire.'

204.23 which] *t. intrl. w. caret*

204.23 effort.] *bef. x'd-out* 'and of known [*t. intrl.*] conditions which could [*bef. del.* 'be' H] achieved' D

#204.24 here] *intrl. w. caret*

204.25 present,] *comma added*

204.26 bring] *w. caret ab. del.* 'what'

204.26 existence,] *comma added*

204.27 no] *t. ab. x'd-out* 'the'

204.28 it] *insrtd.*

204.28 into] *aft. del.* 'what is wanting'

204.30 things] *w. caret ab. del.* 'it'

204.32 are basically different .] *intrl. w. caret*

204.32 accordingly,] *aft. x'd-out* 'th'

204.33 desiring,] *comma added*

204.33 prerequisite] *alt. fr.* 'requisite' *aft. del.* 'prime'

#204.33-34 definition of] *alt. fr.* 'define' *aft. del.* 'to'

204.35 If] *insrtd. aft. del.* 'For when'

204.36 nothing] *bef. x'd-out* 'to'

204.37 hence] *bef. x'd-out* 'nothin'

204.37 way] *w. caret ab. del.* 'which'

204.38 different] *intrl. w. caret*

204.39 Desires] *bef. x'd-out* 'and'

204.39 is] *intrl. w. caret*

204.39-40 that can] 'that' *w. caret ab. del.* 'which'

204.40 desire] *bef. del.* 'in that case'

204.40 then] *intrl. w. caret*

205.1 being] *aft. x'd-out* 'formul'

205.2 it] *intrl. w. caret*

205.3[1] efforts] *t. alt. fr.* 'efforts'

205.3 desire] *bef. x'd-out and del.* ', it'

481 205.4 considerations] *w. caret aft. del.* 'things'

205.5 looked] *aft. x'd-out* 'necessarily'

205.9 (namely,] *paren. ov. comma*

205.10 immediate execution] *intrl. w. caret bef. del.* 'operation'

205.10 tendency)] *paren. ov. comma*

205.10 when] *intrl. w. caret* H

205.10 they] *intrl. w. caret*

205.11 are] *t. ab. x'd-out* 'is'

205.11 to these] 'to' *ov.* 'in'; 'these' *alt. fr.* 'them'

205.11 contexts] *intrl. w. caret*

#205.13 found . . . propositions.] 'found to be such as to [*bef. del.* 'requ'] require [*aft. del.* 'make &' H] statement in verifi-able propositions' *ab. del.* 'placed in a very different light.' D

205.16 which] *in ink ab. del.* 'which'

205.16 that in turn] *intrl.*

205.16 depends] *alt. fr.* 'depending'

205.16 upon] *bef. del.* 'both'

205.17 both] *intrl. w. caret*

205.18 Desires] *alt. fr.* 'Desire'

205.18 example,] *aft. x'd-out* 'food,'

205.19 or five days] *t. intrl. w. caret*; 'or' *ov.* 'and'

205.19 previously,] *comma added*

205.19-20 will they be] *ab. x'd-out* 'the'

205.20 of] *ab. del.* 'of' H

205.20 content] *t. alt. fr.* 'contents' *bef. x'd-out* 'and objects'

205.20 palace,] *comma added* H

205.20–21 nomadic or] *ab. del.* 'pastoral and'
205.21 Effort,] *comma added*
205.22 desire,] *comma added*
205.24 an active] *t. ab. x'd-out* 'a'
205.24 of the] *t. ab. x'd-out* 'between'
205.24 to the] *t. ab. x'd-out* 'and'
205.25 (as ... hunger),] *intrl. w. caret*
205.27 desire,] *comma added*
#205.28 an] *ov.* 'some'
205.28 that it] *intrl. w. caret*
205.29–30 Since ... situation,] *t. intrl. w. caret bef. del.* 'so'; 'Since' *w. caret ov.* 'As'
205.30 its adequacy] 'i' *ov.* 'I'
205.30 its] *bef. del.* 'degree of'
205.30 and] *w. caret ab. del. comma* H
205.31[1] situation;] *semicolon alt. fr. comma bef. del.* 'and'
205.33 adequacy] *aft. del.* 'degree of'
205.36 conditions] *aft. del.* 'existing'
#205.36–37 functions in action.] *added aft. del.* 'acts.' *482*
205.38 suggests] *bef. x' d-out* 'forcible'
205.38 active] *t. intrl. w. caret*
205.39 between] *bef. x'd-out* 'the'
205.39 the] *w. caret ab. del.* 'surrounding'
205.39 that] *w. caret ab. del.* 'which'
206.2 participate] *w. caret ab. del.* 'are involved'
206.3 in] *insrtd. aft. del.* 'in' H
206.3 them] *intrl. w. caret*
206.4 which takes effect] *w. caret ab. del.* 'that acts'
206.5 conditions.] *period added bef. del.* 'and that takes effect upon them.'
206.7 trade-union] *hyphen added*
206.9 having] *w. caret ab. del.* 'which has'
206.9 channels] *bef. x'd-out* 'of action'
#206.9–10 to direct action] 'to' *ab. del.* 'action is'; 'direct' *alt. fr.* 'directed'; 'action' *insrtd.*
#206.10 so as] *aft. x'd-out* 'to p'
206.10 and make secure] *w. caret t. ab. del.* 'certain'
#206.10 the] *intrl. w. caret*
206.11 specified] *insrtd. bef. del.* 'certain'
206.11 Similarly] *t. alt. fr.* 'Similar'
206.11 in ... persons,] *t. intrl. w. caret*
206.15 the] *ov.* 'its' *aft. x'd-out* 'the'
206.16 of events] *intrl. w. caret*
206.16 in their] *intrl. w. caret*

206.16 issue,] *comma added*
206.16 a stake] *intrl. w. caret*
#206.17–18 any] *ov.* 'some'
206.19 from the] 'the' *t. alt. fr.* 'these'
206.19 view which] *t. intrl. w. caret*
206.20 connects] *t. alt. fr.* 'connection'
206.21 starting point.] *period added bef. del.* 'and'
206.21 It] *intrl. w. caret*
206.21–22 the theory of] *w. caret ab. del.* 'the nature of'
#206.22 the general nature of] *t. intrl. w. caret*; 'general, *aft. x'd-out* 'main'
206.22 has] *t. bel. x'd-out* 'have'
206.23 analyzed,] *comma added*
206.24 constituents] *w. caret bef. x'd-out* 'of' *t. ab. x'd-out* 'nature'
206.24 concrete] *t. intrl. w. caret*
206.25 occurrence.] *alt. fr.* 'occurrences.'
206.25 Practically] 'P' *ov.* 'p' *aft. del.* 'For'
483 206.26 desire] *bef. del.* 'will be found to be the'
206.26 result] *alt. fr.* 'results'
206.26 from] *w. caret ab. del.* 'of'
206.29 and] *bef. x'd-out comma*
206.29 irrational] *aft. x'd-out* 'immed'
206.29 what] *aft. x'd-out* 'a correct'
206.30 stated is] *bef. x'd-out and del.* 'that (i)'
206.31 impulse] *t. alt. fr.* 'impulses'
206.31–32 interpretation] *bef. x'd-out* 'of'
206.33 an] *intrl. w. caret* H
206.33 "irrational"] *quots. added* H
206.34 proves] *w. caret ab. del.* 'what is actaully said is'
206.35 *an*] *ab. x'd-out* 'act'
206.35 *existance*] *bef. x'd-out comma*
206.35 which,] *comma added*
#206.35 taken in itself,] *comma added*
206.36 interpreted,] *comma added*
206.37 with] *bef. x'd-out* 'with'
206.38 other] *bef. del.* 'things that'
206.38 existences,] *alt. fr.* 'exist' *bef. x'd-out* 'so'
206.38 to] *bef. x'd-out* 'the'
206.38–39 "*existence*"] *quots. added*
207.3 connects] *t. alt. fr.* 'connecte'
207.3 which,] *comma added*
207.4 logic,] *comma added*
207.6 desires] *aft. x'd-out* 'valuations'
207.6–7 interests. But] *period alt. fr. comma*; 'B' *ov.* 'b'

#207.7 *ideas of ends*] *undrl.*
207.7 consequences] *bef. x'd-out* 'in con'
207.7 along] *insrtd. w. guideline bef. del.* 'in connection'
#207.7-8 ideas of the measures, involving] *t. intrl. w. caret*
207.8-9 energy,] *comma added*
207.9 required] *t. and circled w. guideline bet. x'd-out* 'directed'
207.9 the] *alt. fr.* 'them'
207.9 ends] *t. intrl.*; *alt. fr.* 'end'
207.10 interest,] *comma added*
207.10 its] *alt. fr.* 'it'
207.10 identification] *ab. del.* 'cannot be identified'
207.11 vital] *aft. del.* 'a'
207.11 is denied. For] *w. caret ab. x'd-out* ', and'
207.12 lead ... making] *w. caret t. ab. x'd-out* 'make'
207.14 involve] *bef. del.* 'what may be called'
207.14 "vital impulse."] *period and quots. added bef. del.* 'as truly as any other life-activity.'
207.15 The] *aft. insrtd.* '¶' H 484
207.15 view] *t. ab. x'd-out* 'expression which has been used'
207.15 must] *ab. del.* 'has' H
207.16 face,] *comma added*
207.16 places] *t. ab. x'd-out* 'amakes'
207.16 interests] *bef. x'd-out* 'of the same'
207.17 level. But] *period alt. fr. comma bef. del.* 'while'; 'But' *added*
207.17 when] *bef. t. intrl. then x'd-out* 'concrete'
207.18 in relation ... situation,] *intrl. w. caret*
207.19 them.] *ab. del.* 'a given interest,' D; *period alt. fr. comma* H
207.20 This] *ab. del.* 'a matter which' H
207.20 needs] *bef. del.* 'or lack'
207.22 just those] *w. caret ab. del.* 'the'
207.25 even] *w. caret ab. x'd-out and del.* 'an'
207.28-29 interest] *w. caret t. ab. x'd-out* 'value'
207.30 does] *intrl. w. caret*
207.30[2] As] 'A' *ov.* 'a'
207.31 is] *w. caret ab. del.* 'may be'
207.34 life-activity] '-activity' *t. intrl. w. caret*
207.35 linked] *w. caret t. ab. x'd-out* 'connected'
207.35-36 valuation-capacity] 'capacity' *aft. x'd-out* 'function'; *hyphen added*
207.37 equally] *t. intrl. w. caret*
207.38 only] *bef. x'd-out* 'by by'
207.38 upon] *alt. fr.* 'on'
208.2 which] *w. caret ab. del.* 'that'
208.3 instead] *aft. x'd-out* 'not'
208.5 are] *alt. fr.* 'as'

208.5 which] *ab. del.* 'that'
208.6 which] *ab. del.* 'that'
208.6 in . . . they] *w. caret ab. del.* 'their are'
208.6 are] *intrl. w. caret* H
208.7 connection with] *w. caret ab. del.* 'relation to'
208.7–8 effects. It] *period alt. fr. comma;* 'I' *ov.* 'i'
208.8 then] *intrl. w. caret*
208.9 interest,] *comma added*
208.11 valuations] *bef. x'd-out* 'are'
208.14 matters-of-fact] *hyphens added*
208.14–15 occurrences] *t. w. caret bef. del.* 'of' *ab. del.* 'matters of fact are'
208.15 happen to be] *intrl. w. caret*
208.15 the] *alt. fr.* 'them'
208.15 propositions] *intrl. w. caret*
208.17 can] *w. caret t. ab. del.* 'take'
485 208.18 exist] *alt. fr.* 'existed'
208.18 is] *w. caret ab. del.* 'would be'
208.21 theoretical] *t. intrl. w. caret* H
208.22–23 observation. while] *period added bef. del.* 'and'; 'W' *ov.* 'w' H
208.23 the establishment] *ab. del.* 'production' [*aft. x'd-out* 'the fo'] H
208.24 such behavior] *aft. del.* 'it' *ab. x'd-out* 'its constituents' H
208.25 acts),] *comma added bef. del.* '* the latter' [*aft. x'd-out* 'they are capab'] H
208.25 its conditions and effects] 'its' *ab. undel.* 'the [*alt. fr.* 'their'] conditions and effects' [*bel.* 'of' *intrl. w. caret then del.*]; *moved w. guideline fr. aft.* 'investigated.' [*period added bef. del.* 'in'] H
#208.26 These traits of] *t. ab. x'd-out* 'The possibility of genuine' H
#208.26–27 matter-of-fact] *t. alt. fr.* 'matters-of-fact' H
#208.26–27 help] *alt. fr.* 'helps' H
208.32 , we have seen,] *added* H
208.32 observation;] *semicolon alt. fr. comma* H
208.33 different] *aft. x'd-out* 'various' H
208.34 may,] *bef. x'd-out* 'be' H
208.35 case] *bef. x'd-out comma* H
208.36 valuation-acts] *aft. x'd-out* 'the' H
209.3 sense,] *comma alt. fr. hyphen* H
#209.6 We are thus brought to] *t. ab. x'd-out* 'These questions raise'
209.7 which, . . . recognized] *w. caret t. ab. x'd-out* 'as one of' D; *commas added* H
209.8 "valuation."] *period added bef. x'd-out* 'of [*t. intrl.*] and the relation that exists between appraisal and prizing.'
209.8 appraisal] *t. intrl. w. caret*
209.12 for] *bef. x'd-out* 'an action'

209.13 performed,] *comma alt. fr. period*
209.13 its] *t. ab. x'd-out* 'The'
209.13 being] *t. ab. x'd-out* 'is'
209.14 If] aft. *x'd-out* 'It states'
209.15 states] *bef. x'd-out* 'a rule for'
209.15 – 16 regulative ... a] 'regulative condition [*bef. x'd-out* 'of'] for levying' [*t. intrl. w. caret*] D; 'a' *added* H
209.16 tax] *bef. x'd-out* 'to be levied'
209.17 to be] *aft. x'd-out* 'for'
209.17 – 18 observed by] *t. intrl. w. caret*
209.18 – 19 act or state] *t. ab. x'd-out* 'involved'
209.19 is ... happen] *t. ab. x'd-out* 'not present in the proposition just by way of a prediction as to what will happen'
209.20 something which] *w. caret t. ab. x'd-out* 'a condition of wht' 486
209.20 Thus] *t. ab. x'd-out* 'If we it is said that it'
209.21 may ... down] *w. caret t. ab. x'd-out* 'lays down'
209.21 but] *t. ab. x'd-out* 'the word'
209.21 understood] *t. ab. x'd-out* 'taken'
209.22 of a] *bef. x'd-out* 'regula' *undel.* 'a'
209.22 conformed to] *aft. x'd-out* 'taken' [*t. ab. x'd-out* 'taken ac-count of']
209.22 – 23 in definite ... action.] *t. ab. x'd-out* 'in future action in determination of the result to be reached by that action.'
209.24 every mode] *w. caret t. ab. x'd-out* 'all forms'
209.24 relationship] *t. alt. fr.* 'relations'
209.24 – 25 argument.] *bef. del.* 'The question which arises [*bef. x'd-out* 'then'] with reference to the valuations that [*bef. x'd-out* 'ma'] are manifesta'
209.26 Every] 'E' *ov.* 'e' *aft. del.* 'For'
209.26 in] *ab. del.* 'are' [*intrl. w. caret* D]; *ab. del.* 'such as' H
209.26 the] *t. intrl. w. caret*
209.28 ends] *bef. del.* 'they have' H
209.28 view. Such] *period alt. fr. comma bef. del.* 'and'; 'S' *ov.* 's' H
209.28 are used as] *ab. del.* 'become'
209.29 proposed] *aft. del.* 'any'
209.29 modes] *alt. fr.* 'mode'
209.29 behavior.] *aft. x'd-out* 'havi'; *period added bef. del.* 'having [*bef. x'd-out* 'the'] like objects in view.'
209.30 rules] *aft. del.* 'such'
209.30 modes of] *bef. x'd-out illeg. word*
209.34 express] *aft. del.* 'can'
209.34 – 35 tradition,] *comma added*
209.35 relations] *aft. x'd-out* 'rules'
210.1 doubt] *bef. x'd-out* 'as to'

210.1 The] *aft. x'd-out* 'In'
210.3 for] *ov.* 'to' [*t. ab. x'd-out* 'by']
210.5 experimentally] *t. intrl. w. caret*
210.8 capable . . . loads] *moved w. guideline fr. aft.* 'point,'
210.9 point,] *comma added bef. intrl. then del.* 'which is'
210.9 their] *bef. x'd-out* 'customs'
210.14 consequences] *bef. del.* 'to be attained'
210.15 The] *aft. x'd-out* 'It is'
210.16 the belief] *intrl. w. caret*
210.16 that] *bef. del.* 'one hold that'
210.18 evaluation,] *comma added bef. del.* 'in the [*x'd-out*] matters of the relation of means to consequences'
487 210.20 this] *bef. x'd-out* 'sort'
210.22 In] *aft.* '¶' *insrtd. in ink*
210.22 medicine,] *comma added in ink*
210.22 may] *bef x'd-out* 'allege a'
210.22 – 23 evidential] *aft. ink del.* 'the'
#210.23 *But*] *bef. ink del.* 'only a'
210.23 little] *in ink w. caret ab. del.* 'slight [*aft. x'd-out* 'little'] amount of'
210.25 those] *bef. x'd-out* 'advised by' *ink del.* 'which are'
210.25 'good'] *single quots. alt. fr. double* H
210.26 'required'] *single quots. alt. fr. double* H
#210.27 so as] *intrl. in ink w. caret*
210.28 disease] *in ink w. caret ab. del.* 'ailment' [*aft. x'd-out* 'any']
210.29 urged;] *semicolon alt. fr. comma* H
210.31 – 32 an indefinite] *w. caret t. ab. x'd-out and ink del.* 'a'
210.32 Everything] 'E' *in ink ov.* 'e' *aft. del.* 'In short,'
210.36 their] *w. caret t. ab. x'd-out* 'the'
210.36 competent] *in ink w. caret ab. del.* 'the best'
210.37 rules] *bef. intrl. w. caret then del.* 'adopted'
210.37 of] *in ink ov.* 'for'
210.37 – 38 in . . . art] *w. caret t. ab. x'd-out* 'followed'; 'art' *alt. in ink fr.* 'arts'
210.38 empirical] *w. caret t. ab. x'd-out* 'scientific'
210.39 courses of action] *in ink w. caret ab. del.* 'them'
210.40 experimentally] *intrl. in ink w. caret*
211.1 propositions] *aft. x'd-out* 'imperso'
211.1 about] *in ink w. caret ab. del.* 'having'
211.1 subject-matter.] *alt. in ink fr.* 'subject-matters.'
211.1 In] *bef. ink del.* 'all'
211.2 technologies,] *bef. x'd-out* 'the'
211.2 that state the] *in ink w. caret ab. del.* 'stating'
211.3 to be adopted] *intrl. in ink w. caret*

#211.3 so] *in ink bel. illeg. word; circled w. guideline and caret*

211.3 – 4 generalizations] *aft. x'd-out* 'propo'

211.5 *applied*] *undrl. in ink*

211.5 propositions] *aft. ink del.* 'the'

211.5 which] *in ink w. caret ab. del.* 'that'

211.6 as being] *in ink ab. del.* 'that are'

211.6 good,] *comma added in ink*

211.7 bad,] *comma added in ink*

211.7 different] *in ink w. caret ab. del.* 'distinct'

#211.8 – 9 *for*] *bef ink del. 'the'*

#211.8 – 9 *use,*] *comma added in ink bef. penc. del.* 'of'

#211.9 *in . . . activity,*] *undrl. in ink; comma added in ink bef. del.* 'of the' [*bef. penc. del.* 'relations']

211.9 of] *intrl. w. caret* H 488

211.9 scientific] *t. intrl. w. caret*

211.9 – 10 as means for] *in ink w. caret ab. del.* 'so as to'

211.10 accomplishing] *alt. in ink fr.* 'accomplish'

211.10 ends.] *in ink ab. del.* 'results.'

211.11 these] *in ink ov.* 'such'

211.11 appraisals] *alt. in ink fr.* 'appraisal' *bef. x'd-out* 'proposi-tions [*bef del.* 'as have been indicated in the'] previous' [*bef. del.* 'examples cited']

211.11 that] *bef. ink del.* 'evaluation-propositions'

211.11 they] *intrl. in ink w. caret*

211.12 each] *aft. x'd-out* 'one'

211.12 – 13 *means . . . consequences.*] *undrl. in ink*

211.13 involving] *ab. del.* 'depending upon'

211.14 as to better . . . needed] *w. caret ab. del.* 'of'

211.14 an end] *ab. del.* 'some consequence'

211.15 reached:] *colon added bef. del.* 'and' H

211.15 things] *bef. x'd-out* 'in their capacity'

211.16 needfulness.] *period added bef. del.* 'in attaining it.'

211.16 take] *bef. x'd-out* 'the first of'

211.17 it is evident that] *t. intrl. w. caret*

211.19 effecting] *t. intrl. w. caret*

211.20 that] *intrl. w. caret*

211.21 radios,] *comma ov.* 'or'

211.22 appraise] *bef. x'd-out* 'tji'

211.23 an] *w. caret ab. del.* 'that particular'

211.24 result] *aft. x'd-out* 'nest as a'

211.24 —the nest—] *t. intrl. w. caret*

211.24 is] *bef. x'd-out* 'the object of'

211.24 object] *w. caret ab. del.* 'end'

211.27 object] *ab. del.* 'end'

#211.30 are] *t. ab. x'd-out* 'is'
#211.30 involved] *t. intrl. w. caret*
211.30 those] *t. ab. x'd-out* 'that'
211.31 observation] *aft. x'd-out* 'examination of'
211.33 result.] *period alt. fr. comma* H
211.33 There is always] *w. caret ab. del.* 'and' H
211.33 some] *bef. del.* 'degree of'
211.34 and contrast] *intrl. w. caret*
211.34 intended,] *comma added bef. x'd-out* ', and'
211.35 throws] *bef. del.* 'some'
211.36 better] *bef. del.* 'tested'
211.37 in the future] *intrl. w. caret*
211.38 observations] *bef. del.* 'and judgments'
489 211.38 are adjudged] *w. caret ab. del.* 'come to be called'
211.39 conduct] *bef del.* 'as'
212.1 the estimates] *w. caret ab. del.* 'ideas [*aft. x'd-out 'the'*] entertained'
212.1 reached] *ab. del.* '*that are made' [*intrl. w. caret* D] H
212.3 The] *aft.* '¶' *insrtd.*
212.3 valuation] *bef. del.* 'and valuation propositions'
212.4 while] *bef. x'd-out* 'important'
212.5 genuine] *alt. fr.* 'genuinely'
#212.5 *as ends*] *undrl.*
212.5 will be] *t. ab. x'd-out* 'is'
212.6 shortly] *aft. t. intrl. then del.* 'very'; *t. ab. x'd-out* 'in the following section'; *moved w. guideline to follow* 'will be'
212.8 But] *bef. x'd-out* 'it'
212.9 toward that end] *added* H
212.10 time] *bef. del.* 'to reach it,'
212.10 - 11 to achieve it,] *w. caret ab. del. comma*
212.11 that,] *comma added*
212.11 attained,] *comma added*
212.11 with it] 'it' *alt. fr.* 'its' *bef. del.* 'attainment'
212.12 the] *w. caret ab. x'd-out and del. illeg. word*
212.13 It] 'I' *ov.* 'i' *aft. del.* 'In short,'
212.13 then] *intrl. w. caret*
212.13 and] *ab. del.* 'and in consequence it is' H
212.16 - 17 (about ... past)] *parens. ov. commas*
212.18 a] *t. intrl. w. caret*
212.18 definite] *ab. del.* 'certain'
212.28 are] *bef. x'd-out* 'in'
212.30 have] *bef. del.* 'value'
#212.31 because] *w. caret ab. del.* 'since'
212.34 for] *in ink ov.* 'in'

212.35 distinction] *alt. in ink fr.* 'distinctions' *bef. del.* 'practically'

212.35 destroys] *aft. x'd-out* 'nullifies the'

212.35-36 that ... forth.] *in ink ab. del.* 'reached in their bearing upon the general theory.'

212.37 relations] *alt. in ink fr.* 'relation'

212.37 to each other] *moved w. ink circle and guideline fr. aft. 'end'*

212.39 mentioned,] *bef. ink del.* 'it explicitly raises'

#212.39 is explicitly raised] *intrl. in ink w. caret*

213.1 *prizing* and *appraising*] *undrl. in ink*

213.2[1] to] *bef. x'd-out* 'what has been said'

213.2 *means,*] *comma added in ink bef. x'd-out* 'and'

213.6 the] *bef. x'd-out* 'pr'

213.7 and also] *w. caret ab. del.* 'as a promise together with' *490*

213.10 Are] *bef. del.* 'the'

213.11 word),] *comma added*

213.11 end-values,] *comma added*

213.12 intimately] *aft. del.* 'directly and'

213.13 this] *alt. fr.* 'the'

213.13 appraisal?] *ab. del.* 'latter?'

213.15 are the] 'the' *ab. del.* 'needed'

213.15 required] *intrl. w. caret*

213.16 (including] *paren. ov. comma*

213.16 perhaps] *w. caret ab. x'd-out* 'the'

213.17 effort),] *paren. ov. comma; comma added*

213.18 by] *alt. fr.* 'be'

213.19 valuation?] *question added bef. del.* 'as a prizing?'

213.20 an] *ov.* 'the' *bef. del.* 'direct'

213.21 except] *bef del.* 'a'

213.23 execution,] *comma added*

213.23 which] *w. caret ab. del.* 'that'

213.24 no] *w. caret ab. del.* 'grounded'

213.26 the] *intrl. w. caret*

213.27 of their attainment.] *intrl. w. caret*

213.27 The] *bef. x'd-out* 'end'

213.28-29 (or ... stated)] *parens. added*

#213.29 *valid*] *aft. del.* ', accordingly,'

213.31 to] *bef. del.* 'recognition of the truth of'

213.32 occurs, no] *comma added*; 'no' *ab. del.* 'in the formation of'

213.32 formed,] *intrl. w. caret*

213.32 but] *bef. del.* 'that'

#213.35 It] 'I' *ov.* 'i' *aft. del.* 'while'

213.35 survey] *aft. del.* 'analytic'

213.35 the] *aft. x'd-out* 'the'

213.36 and] *w. caret ab. x'd-out* 'nd'

213.36 impulsive] *t. intrl. w. caret*

213.37 through deliberation] *t. intrl. w. caret*

213.37 a] *t. intrl.*

213.37 *chosen*] *undrl.*

213.38 in] *bef. x'd-out* 'the'

213.39 means.] *period ov. comma*

#213.39 - 214.1 But] *intrl. w. caret*

#214.1 intellectual] *t. intrl. w. caret*

#214.1 conception] *t. alt. fr.* 'conceptions'

214.1 ends] *aft. x'd-out* 'means and'

214.2 is] *bef. del.* 'so'

491 214.2 ingrained] 'i' *ov.* 'e'; *ab. del.* 'engrained' H

#214.3 tradition.] *period added bef. del.* 'that'

#214.3 Hence further] *intrl. w. caret*

214.3 is required.] *aft. intrl.* 'discussion' [*del.* H] *ab. del.* 'cannot stop at the point just reached.'

214.4 (1.)] *aft.* '¶' *added*

214.5 things,] *comma added*

214.5 on the one hand,] *intrl. w. caret* D; 'the' *further intri.* H

214.5 - 6 on the other hand as] *w. caret ab. del.* 'as'

214.6 *intrinsically*] *quots. del., undrl.*

214.6 that there exists] *intrl.* H

214.6 - 7 a separation] *intrl. w. caret*

214.8 not,] *comma added* H

214.8 - 9 in any case,] *intrl. w. caret*

214.9 truth.] *period alt. fr. comma bef. del.* 'in spite of its long currency in philosophical discussion.'

214.10 'prudent,'] *ital. del., quots. added* H

214.10 'sensible,'] *ital. del., quots. added* H

214.10 'expedient'] *quots. added* H

214.11 'wise'] *ital. del., quots. added* H

214.12 ends] *bef. x'd-out* 'that are'

214.13 things] *bef. x'd-out* 'that are'

214.14 point] *alt. fr.* 'points'

214.15 (2)] *aft.* '¶' *intrl.*

214.18 as] *bef. x'd-out* 'of the'

214.18 to] *bef. x'd-out* 'the'

#214.19 as to their] *t. ab. x'd-out* 'on the basis of' *del.* 'their'

214.21 object] *t. alt. fr.* 'objects' *bef. x'd-out* 'of'

214.24 treats] *bef. x'd-out* 'the'

214.24 mediate] *ab. del.* 'take them as mediating factors'

214.24 very] *t. intrl.*

#214.24 - 25 judgment on a short view ahead.] *ab. del.* 'failure to take a long view ahead.'

214.25 For] *bef. x'd-out* 'taking'
214.25 *merely*] *bef. x'd-out* 'or exclusively'
214.25-26 and exclusively final] *t. intrl. w. caret*
214.26 consider] *w. caret ab. del.* 'face'
214.26-27 after & because] *w. caret ab. del.* 'when'
214.27 a] *ov.* 'the'
214.27 particular] *insrtd. bel. w. guideline*
214.27 reached.] *bef. del.* 'and because of its being reached.'
214.28 (3)] *aft.* '¶' *insrtd.*
214.34 relational,] *comma added* H; *bef. x'd-out* ',and'
214.37 of the] 'the' *t. intrl. w. caret*
215.1 an] *t. ab. x'd-out* 'the' 492
215.4-5 desiring] *bef. x'd-out* 'or in'
215.7 In] *bef. x'd-out* 'fact'
215.7 of] *bef. x'd-out* 'a person's'
215.11-12 (save ... accident)] *t. intrl. w. caret*
215.16 of,] *t. intrl. w. caret* D; *comma added* H
215.17 to,] *comma added* H
215.17 As soon as] *ab. x'd-out* 'After'
215.18 interest] *bef. x'd-out* 'in'
215.18 developed,] *comma added* H
215.18 then] *intrl. w. caret* H
215.19 professedly] *alt. fr.* 'professed' H
#215.20 that is,] *bef. x'd-out* 'it is'
215.26-27 a question that can be] *t. w. caret ab. x'd-out* 'of the one of the co'
#215.27-28 inherence.] *ab. del.* 'inherentness.' H
215.29 to,] *comma added* H
215.29 in,] *comma added* H
215.34 objects] *aft. x'd-out* 'ends'
215.37 view,] *comma added* H
215.37 On] *aft. x'd-out* 'But'
215.38 it is] *ab. x'd-out* 'being' H
215.38 case,] *comma added* H
216.2 to] *bef. x'd-out* 'values'
216.3 phrase] *t. ab. x'd-out* 'term'
216.5 their] *aft. del.* 'they' H
216.8-9 intrinsic] *t. intrl. w. caret*
216.9 causally] *t. intrl. w. caret*
216.11 actual] *aft. x'd-out* 'actul EMPIRICAL FACTS'
216.12 instance] *aft. x'd-out* 'case'
216.18 equate] *ab. del.* 'make' H
216.19 with the distinction] *w. caret ab. del.* 'as that' H
216.20 extreme non-naturalistic] *intrl. w. caret* H
216.21 regarded] *aft. x'd-out* 'treated'

216.22 ‘intrinsicalness’] *quots. added* H

216.23 occurrences.] *bef. del. in blue penc.* ‘The considerations ad-duced bring us in effect to * an inquiry as to [*ab. del.* ‘in-quiring’ H] why and how it is that the view [*bef. x’d-out* ‘which’] * which sharply separates [*ab. del.* ‘of sharp separa-tion between’ H] means and ends has gained [*alt. fr.* ‘gain’ H] such currency—a point now to be discussed.’

216.24 The] *aft. del. in blue penc.* ‘assumption that there are some objects which by their very nature are ends and nothing but ends) the assumption necessarily infects any view which holds that objects
493 are capable of valuation as ends apart from appraisal of the material and operations which are the conditioning means of their attainment.’

216.28 interest,] *comma added* H

216.28 means] *bef. del. comma* H

216.29 objects] *t. ab. x’d-out* ‘things’

216.30 were learned] *t. intrl. w. caret*

216.33 constituents,] *comma added in blue penc.*

216.34 An] *alt. in blue penc. fr.* ‘And’

216.35-36 like ... analyzed,] *t. ab. x’d-out* ‘clearly’

216.39 end] *bef. x’d-out and blue penc. del.* ‘or’

216.39 outcome] ‘out come’ *marked to close up*

217.1 (4)] ‘4’ *in blue penc. ov.* ‘5’

217.2 relate] *alt. fr.* ‘relation’ H

217.5 themlseves.] *period added*

217.6 (i)] *aft. intrl.* ‘¶’ H

217.7 occurrence] *alt. fr.* ‘occur-’ H

217.7 in attaining] *alt. fr.* ‘to attain’ H

217.7-8 desired] *alt. fr.* ‘desires’ H

217.8 form] *aft. x’d-out* ‘forms’

217.9 conditions] *t. alt. fr.* ‘condition’

217.10 either] *intrl. w. caret* H

217.10 or] *ab. del.* ‘and those which operate’ H

217.10 positive] *intrl. w. caret* H

217.10-11 resources.] *period added bef. del.* ‘or positive means.’ H

217.12 interests] *bef. del.* ‘and those which are reasonable’ H

217.14 outcome,] *comma added* H

217.15 liabilities] *t. ab. x’d-out* ‘obstacles’

217.17 mechanism] *bef. x’d-out* ‘of’

217.26 a] *t. intrl. w. caret*

217.26-27 identifies] *t. alt. fr.* ‘identify’

217.27 happen] *t. intrl.*

217.27 to] *intrl. w. caret* H

217.27-28 (as products] *t. ab. x’d-out* ‘by the working’; *paren. added*

#217.28 the idea of] *t. ab. x'd-out* 'with actual'
#217.28 are] *intrl. w. caret* H
#217.28 found to] *intrl. w. caret* H
#217.28 and] *intrl. w. caret* H
217.30 difference] *t. ab. x'd-out* 'distinction'
217.31-32 of objects] 'of' *t. ab. x'd-out* ',of'
217.32 The] 'T' *ov.* 't' *aft. del.* 'That' H
217.34 If] *ov.* 'if' *aft. del.* 'And' H
217.35 being] *intrl. w. caret* H
217.36[1] nothing] *bef. x'd-out* 'less than' *494*
217.37 distinctive] *aft. x'd-out* 'genuine and'
217.37 it] *bef. x'd-out* 'is'
217.38 that] *bef. x'd out* 'such'
#217.40 it follows that if and when] *w. caret t. ab. x'd-out* 'if'
217.41 the interests] 'the' *t. intrl. w. caret*
218.1 thereby constituted the] *in ink ab. del.* 'also capable of being the'
218.3 (ii)] 'ii' *in penc. ov.* '2'; *aft.* '¶' *added* H
218.3 We ... the] *intrl. w. caret* H
218.4-5 of... least,] *intrl. w. caret* H
218.5 that] 't' *ov.* 'T' H
218.6 individual] *bef. x'd-out* 'purpo'
218.6 human] *insrtd.* H
218.6 there] *bef. x'd-out* 'is development'
218.7 original,] *comma added* H
218.7 unreflective,] *comma added* H
218.9 critical inquiry] *intrl. in ink w. caret*
#218.9 into past] *aft. t. then ink del.* 'past' *ab. x'd-out* 'priori'
#218.9 experiences.] *period added* H; *bef. ink del.* 'and of critical inquiry' D; *del.* 'constitutes the fact variously [*t. intrl. w. caret then del.* D] called learning from experience and ma-turing.' H
218.10 chiefly] *in ink ab. del.* 'largely'
218.10 careful] *intrl. in ink w. caret*
218.11 differences] *alt. in ink fr.* 'difference' *aft. ink del.* 'the'
218.11 found] *intrl. in ink w. caret*
218.12 Agreement] 'A' *in ink ov.* 'a' *aft. ink del.* 'Just as'
218.13 actually] *intrl. w. caret* H
#218.14 confirms] *bef. x'd-out* 'the'
#218.14 those] *t. intrl. w. caret*
218.14 operate] *alt. in ink fr.* 'operated'
218.15 end;] *semicolon added in ink bef. del.* 'so'
218.15 discrepancies,] *bef. x'd-out* 'lea'
218.15 which are] *intrl. in ink w. caret*
218.16 an] *intrl. w. caret* H
218.16[2] to] *intrl.* H

218.16 discover] *in ink w. caret ab. del.* 'as to'

#218.16 the] *bef. del.* 'into'

218.17 failure.] *period added in ink*

218.17 This inquiry] *in ink ab. ink del.* 'which'

218.17 consists] *t. ab. x'd-out* 'means'

218.17[2] of] *intrl. in ink w. caret*

218.17 more] *aft. ink del.* 'closer and'

218.17 and more] *in ink ab. x'd-out* 'accurate'

495 218.19 are . . . is] *in ink w. caret ab. del.* 'operate and in consequence'

218.20 which] *in ink w. caret ab. del.* 'that'

218.21 conditions] *in ink ov.* 'aspect'

218.22 ideational. The] *alt. fr.* 'ideational, the,' H

218.22[1] is] *ab. del.* 'being' H

218.23 sort,] *comma added in ink*

218.23 formed,] *comma added in ink*

218.24[1] is] *ab. del.* 'being' H

218.24 adequate] *in ink w. caret ab. del.* 'mature'

218.24 the end] *in ink w. caret ab. del.* 'it'

218.25 terms of] *bef. x'd-out* 'means.'

218.25 For] *in ink w. caret ab. del.* 'In short'

218.26 *end-in view*] *undrl. in ink*

218.26 *ideational*] *undrl. in ink*

218.27 activity;] *semicolon alt. in ink fr. comma*

218.28 there is] *in ink w. caret ab. del.* 'a'

218.28 appraising.] *period alt. in ink fr. comma bef del.* 'while' *and x'd-out* 'the'

218.28 Observation] '¶ Moreover,' *intrl. in ink w. caret then del.*; 'O' *in ink ov.* 'o'

218.28 results] *in ink w. caret ab. del.* 'ends'

218.29 obtained, of] *comma added in ink;* 'of' *in ink ab. del.* 'or'

218.29–30 agreement . . . from] *t. w. caret ab. x'd-out* 'relation to'

218.30 view,] *comma added in ink*

218.30 thus] *in ink w. caret ab. x'd-out* 'is'

218.31–32 (and hence valuations)] *parens. added in ink*

218.32 and tested.] *in ink ab. del.* 'and ends-in-view are [*t. intrl.*] rendered more valid.'

218.32 Nothing] *aft. x'd-out* 'as'

218.33 the notion that we] *ab. del.* 'that' H

218.33 are] *aft. ink del.* 'we do not and'

218.34 by means of] *in ink w. caret ab. del.* 'because of'

218.35 are,] *intrl. w. caret* H

218.35 it] *bef. x'd-out* 'something'

218.36–37 in evidence] *t. intrl. w. caret*

218.39 which] *in ink w. caret ab. del.* 'that'

218.39 isolates] *alt. in ink fr.* 'isolated'

#218.40 the spoilt child and the irresponsible adult with] *in ink ab. del.* 'such persons in the basis properties of action' *undel.* 'with'

218.41 sane] *aft. ink del.* 'reasonably'

219.1 Every] 'E' *in ink ov.* 'e' *aft. del.* 'In consequence of such [*intrl. in ink w. caret*] considerations of the kind adduced,'

219.2 draws] *t. ab. x'd-out* 'makes' 496

219.3 desirable,] *comma added in ink*

219.3 whenever] *alt. in ink fr.* 'when'

219.3 engages] *alt. in ink fr.* 'engaged' *aft. del.* 'is'

219.3 formation] *aft. ink del.* 'reflective'

219.3-4 and choice of competing] *w. caret ab. del.* "*and choice among [*w. caret ab. del.* 'of' D] comping' [*ab. del.* 'of' D] H

219.6 the object of a] *t. intrl. w. caret*

219.6 it] *in ink w. caret bef. del.* '*the latter' [*t. ab. x'd-out* 'it']

219.7 (because] *paren. added in ink*

219.7 mechanism] *in ink w. caret ab. ink del.* 'structure'

219.7 habits)] *paren. added in ink*

219.8 the object of] *t. intrl. w. caret*; 'the' *alt. in ink fr.* 'that'

219.8 which] *bef. ink del.* '*experience has shown will' [*t. ab. x'd-out* 'as subject to revision through']

219.8 emerges] *alt. in ink fr.* 'emerge'

219.8-9 first appearing] *in ink ab. del.* 'existing'

219.9 impulse] *in ink ab. del.* 'desire'

219.9 after] *aft.* 'as' [*in ink ab. del.* 'when' D] H

219.9 the latter is] *in ink ab. del.* 'it has been'

219.9 judged] *aft. ink del.* 'surveyed and'

219.10 conditions] *aft. ink del.* 'existing'

219.10 decide] *in ink ab. del.* 'determine'

219.10-11 "desirable,"] *comma added in ink*

219.11 object] *alt. in ink fr.* 'objects'

219.11 desired,] *comma added in ink*

219.11 does] *alt. in ink fr.* 'do'

219.12 nor] *alt. in ink fr.* 'or'

219.12 an] *insrtd. in ink*

219.12 imperative] *alt. in ink fr.* 'imperatives'

219.13 a] *in ink w. caret ab. del.* 'some'

219.13 It] *bef. t. intrl. then del.* 'They' [*ab. x'd-out* 'The']

219.13 presents] *alt. in ink fr.* 'present'

219.13 itself] *in ink ab. ink del.* 'themselves in experience'

219.13 because] *bef. ink del.* 'of' [*bef. x'd-out* 'the']

219.13-14 experience] *bef. x'd-out* 'between' *ink del.* 'of the gaps'

#219.14-20 has shown ... consequences.] *in ink ab. ink del.* 'between what has been desired and what has been actually obtained when the

desire was carried into effect without consideration of the external conditions which [*bef. x'd-out* 'would'] affect what [*t. intrl.*] will actually happen. That [*bef. x'd-out* 'the'] pressures exerted by other persons in opposition to "natural" personal impulse and desire are often permitted to constitute the content of the "should be" in
497 distinction from the"is" of * the first arising [*t. ab. x'd-out* 'first'] desire is a [*bef. x'd-out* 'fact.'] sociological and historical fact.'

219.20 are] *bef. ink del.* 'also'

219.21 desires.] *period added in ink*

219.21 Hence they] *in ink w. caret ab. ink del.* 'and so'

219.23 the object of] *intrl. in ink w. caret*

219.24[1] desire] *bef. ink del.* 'and *its* object'

219.24 of] *bef. ink del.* 'framing'

219.24 framed] *in ink ov.* 'that' *bef. ink del.* 'has an object capable of realization, because framed'

219.25 conditions is] *bef. ink del.* 'simply'

219.25 in any case] *intrl. in ink w. caret*

219.29 as we have seen] *intrl. in ink w. caret*

219.29 causal] *t. ab. x'd-out* 'means'

219.31 but] *intrl. in ink w. caret*

219.31 restatement] *bef. ink del.* 'in other words'

219.32 points] *aft. x'd-out* 'the'

219.32 made. But] *alt. in ink fr.* 'made, but'

219.32 forcibly] *t. intrl. w. caret*

219.33 away] *t. intrl. w. caret*

219.34 practical] *t. intrl. w. caret*

219.34 There] 'T' *in ink ov.* 't' *aft. ink del.* 'For'

219.34 is] *ab. del.* 'are' H

219.35 an] *intrl. in ink*

219.35 – 36 in effect set forth] *in ink ab. del.* 'when they are analyszed and formally stated amount to'

219.36 not] *t. intrl. w. caret*

219.36 interests] *bef. x'd-out* 'not'

219.37 appearance,] *comma added in ink*

219.37 is,] *comma added in ink*

219.38 them,] *comma ov. hyphen in ink*

219.38 forming] *aft. ink del.* 'hence'

219.38 objects] *aft. ink del.* 'their'

219.39 consequences] *aft. x'd-out* 'they will'

219.39 will] *bef. intrl. in ink then del.* 'actu'

219.39 – 40 in practice.] *in ink w. caret ab. del.* 'in their interaction with other existing [*bef. x'd-out* 'out'] external conditions.'

219.41 ten] *alt. in ink fr.* 'tend'

220.1 counted",] *comma added in ink*

220.2 maxims.] *bef. ink del.* 'that can be cited.'

220.3 a saying] *intrl. in ink w. caret*

220.4 *any*] *bef. x'd-out and ink del. 'and'*

220.5-6 *looking,* ... consequences] *w. caret t. ab. del.* 'making' sure that' *x'd-out* 'the desire upo is framed after examination of the consequences' 498

#220.6 that ... those which] *bef. x'd-out* '*are genuinely' [*t. ab. x'd-out* 'of which it is the (partial) condition of']; 'actually' *t. intrl. w. caret*

#220.6 when attained will] *in ink w. caret ab. del.* 'which will'

220.7 prized] *aft. ink del. 'liked('*

220.7 and] *added w. guideline aft. del. comma* H

#220.7 valued.] *period added in ink bef. ink del.* 'when they are attained.'

220.10 concrete] *intrl. in ink w. caret*

220.10-11[1] that ... of] *in ink w. caret aft. intrl. then del.* 'which' [*ab. del.* 'made in']

220.11[2] of] *in ink ov.* 'in'

220.12 evaluating ... respective] *in ink ab. x'd-out* 'the' *del.* 'conclusion which [*t. then del. ab. x'd-out* 'that'] result from viewing and examinating them in their'

220.12 capacities] *alt. in ink fr.* 'capacity' *bef. ink del.* 'as means.'

220.12-13 when they ... means.] *insrtd. in ink;* 'they are taken' *in ink ab. del.* 'employed'; *bef. ink del.* '[¶] Reference was earlier made to the idea that since values *spring from* "vital impulses" and hence would not exist in a world in which there were no beings [*bef. x'd-out* 'vit'] possessed of vital impulses, therefore values can be *defined* in terms of vital impulse. In the text from which the quotation'

220.15-16 source of the] *t. intrl. w. caret*

220.16 which] *aft. x'd-out* 'that'

220.16 relate] *in ink aft. t. then ink del.* '*in relating' [*ab. x'd-out* ', when they' *x'd-out and ink del.* 'relate' *ink del.* 'possession of']

220.16 value] *aft. x'd-out* 'value'

220.16-17 interest,] *comma added* H

220.17 and then] 'and' *intrl. in ink w. caret*

220.18 appraisal,] *comma added in ink bef. ink del.* 'and'

220.18 the] *alt. in ink fr.* 'their'

220.20 function,] *comma added in ink*

220.20 which] *bef. ink del.* 'the'

220.20 end-objects,] *comma added in ink bef. x'd-out* 'to which' *del.* 'the'

220.21 ends-in-view,] *comma in ink ov. hyphen bef. del.* 'with which they are connected'

220.21 acquire] *aft. x'd-out* 'take'
220.23 When] *aft. insrtd.* '¶' H
499 220.23–24 and its object] *in ink ab. del.* 'in relation to ends'
220.24 ascribed to] *in ink w. caret ab. del.* 'of'
220.27 when] *aft. ink del.* 'only'
220.30 an] *in ink ov.* 'the'
220.30 absence] *bef. ink del.* 'of'
220.32 arise,] *comma added in ink*
220.33 project] *aft. x'd-out* 'form ends'
220.33 ends-in-view.] *period added in ink bef. del.* 'as something to be attained.'
220.34 need] *bef. x'd-out* 'which evokes'
220.35 There ... to] *in ink w. caret ab. del.* 'One who does not then'
220.36 future,] *comma added in ink*
220.37 no] *in ink w. caret ab. del.* 'one does not'
220.37 projection] *alt. in ink fr.* 'project'
220.37 of] *intrl. in ink w. caret*
220.37 end-object.] *period added in ink bef. del.* 'of some special or differential content.'
221.1 operate] *bef. ink del.* 'in precisely this way; that is'
221.2 purpose.] *period added in ink*
221.5 form ... and] *intrl. in ink w. caret*
221.5 reached.] *period added in ink bef. del.* 'and a related desire that will actualize the end contemplated.'
221.5 A] *in ink ov.* 'a' *aft. del.* 'Or'
221.6 may] *in ink w. caret ab. del.* 'will'
221.6 force] *aft. del.* 'the' H
221.8 to inquire] *alt. in ink fr.* 'by inquiring'
221.8 object] *aft. ink del.* 'the'
221.8 is] *bef. ink del.* 'to that is'
#221.8 and succeeding] *intrl. in ink w. caret*
221.9–10 activity.] *period ov. colon* H
221.10 Behavior] *in ink w. caret ab. del.* 'the latter' D; 'B' *ov.* 'b' H
221.10 often] *intrl.* H
221.13 it] *aft. x'd-out* 'he'
221.13 end-object] *t. alt. fr.* 'end'
221.14 , or because it] *in ink w. caret ab. del.* 'and' H
221.14 evaluated] *alt. fr.* 'valuated' H
221.16 and when] *intrl. in ink w. caret*
221.17 *an end-in-view*] *undrl. in ink aft. del.* 'the formation of'
221.18 or ... tendency] *parens. added then del.* H
221.19 impulse or tendency is] *ab. del.* 'former is' [*in ink ov.* 'are' D] H
221.21[2] a] *in ink ov.* 'the'
500 221.21–22 transformation] *bef. ink del.* 'to some extent'

221.22	only] *bef. ink del.* ', then, '
221.24	at first sight] *intrl. w. caret*
221.25	the] *t. ab. x'd-out* 'any'
221.25	to] *t. intrl. w. caret*
221.26	valuation] *alt. in ink fr.* 'valuing'
221.27	matter;] *semicolon alt. in ink fr. comma*
221.27	when there is] *intrl. in ink*
221.28	need,] *comma added in ink aft. x'd-out* 'or'
221.29	means of] *intrl. in ink w. caret*
221.30	fact] *bef. del.* 'in trun'
221.30	in turn] *intrl. in ink w. caret*
221.30	present] *intrl. w. caret* H
221.31	a] *in ink ov.* 'and'
221.31	whenever] *aft. del.* 'present' H
221.34	It ... that the] *w. caret ab. del.* 'From which fact it follows that [*bef. x'd-out* 'the difference' D] the' [*in ink ab. del.* 'there is a' D] H
221.35	and] *bef. t. intrl. then ink del.* 'in'
221.35 – 36	depends] *alt. in ink fr.* 'depending'
221.36	two ... the] *w. caret ab. del.* 'the' H
221.36	which] *bef. ink del.* 'the'
221.37	into] *in ink w. caret ab. del.* 'of'
221.38	on.] *in ink w. caret ab. del.* 'and' D; *period added bef. del.* '*together with' [*intrl. in ink w. caret* D] H
221.38	The second is] *intrl. w. caret* H
221.38	the inquiry] 'the' *ab.* 'the' [*ink del.* D] H
222.2	existing] *t. intrl. w. caret*
222.2	need,] *comma added* H
222.3	needed,] *comma added in ink*
222.4	directing] *aft. x'd-out* 'bringing into'
222.4	so as to institute] *w. caret* H *bef. in ink w. caret* '*so that' [*del.* H] *ab. ink del.* 'to attain' D
222.5	affairs.] *bef. added in ink* 'is instituted' D *then del.* H
222.7	why] *ab. del.* 'how' H
222.7	so] *w. caret bef. del.* 'as' [*t. ab. x'd-out* 'so'] H
222.7 – 8	confused] *bef. del.* 'as it is in' [*t. ab. x'd-out* 'in' D] H
222.8	in] *insrtd.* H
222.9	in part] *t. intrl. w. caret*
222.9 – 10	psychology,] *comma added in ink*
222.14	case] *bef. del.* 'there is' H
222.14	exists and] *in ink w. caret ab. del.* 'which'
222.15	valued,] *comma added* H
222.15	or] *in ink ab. del.* ', being'
222.15	exists] *intrl.* H *aft. intrl. in ink* D *then del.* 'is' H

222.15 to] *bef. ink del.* 'an act of prizing,'

222.16 activity] *t. alt. fr.* 'action'

222.16 engaged] *aft. del.* 'which is' H

222.17 of the] 'the' *in ink ov.* 'some'

222.17 consequences] *alt. in ink fr.* 'consequence'

222.17 enter] *alt. in ink fr.* 'enters'

222.18 desire] *aft. ink del.* 'existing'

222.18 – 19 as . . . repeated] *intrl. in ink w. caret*

222.19 – 20 or outcomes] *t. intrl. w. caret*

222.21 simply] *t. intrl. w. caret*

222.24 can be] *w. caret t. ab. x'd-out* 'is'

222.24 Otherwise,] *comma added in ink*

222.25 there . . . desire] *in ink ab. del.* 'it is not an end of action'

222.25 an] *in ink ov.* 'a mere'

222.25 futile] *w. caret t. ab. del.* 'mere'

222.26 expending] *aft. x'd-out* 'spe'

222.28 the contents of] *in ink w. caret ab. ink del.* 'these'

222.29^{2} and] *in ink w. caret ab. del.* 'while' *x'd-out* 'makes'

222.29 makes] *in ink w. caret ab. del.* 'causes'

222.30 them] *bef. del.* 'to be' [*intrl. in ink w. caret* D] H

222.30 is] *aft. x'd-out* 'and'

#222.31 may] *in ink ov. t. intrl. w. caret* 'can'

222.31 – 32 actualization.] *aft. x'd-out* 'realizations.'

#222.34 *an end-in-view.*] *bef. del.* 'For otherwise there is no desire, no interest and no activity put forth to attain anything as an end-in-view. There is only an ineffectual wish and fantasy.' H

222.37 – 38 there has grown up] *t. intrl. w. caret*

222.38 that . . . having] *w. caret t. ab. x'd-out* 'in ends having a'

222.39 are] *intrl. w. caret* H

222.40 The] 'T' *in ink ov.* 't'

222.40 "to reduce"] *ab. del.* 'in reduction of' H

223.1 affective-motor] *aft. x'd-out* 'acts'

223.1 in] *bef. x'd-out* 'assigning'

223.2 *ends-in-view,*] *undrl.; comma added bef. del.* 'of' H

223.3 Instead] *aft. x'd-out* 'They'

223.4 a] *ov.* 'any'

223.4 prediction] *bef. del.* 'or forecast'

223.4 events,] *comma added in ink*

223.4 and] *in ink ov.* 'or' D; *bef. del.* 'as' H

223.4 case,] *comma added in ink*

223.4^{2} as] *intrl. w. caret* H

223.5 for] *ab. del.* 'in' H

502 223.5 validity.] *aft. del.* 'for [*insrtd. bef. del.* 'in' D] their' H

223.6 when] *bef. x'd-out* 'so'

223.7 ends,] *aft. x'd-out* 'the'
223.8 affected] *aft. ink del.* 'all'
223.8 An] 'A' *ov.* 'a' *aft. del.* 'For, as just stated,' H
223.9 *mental*] *undrl.* H
223.10 realized.] *bef. x'd-out* 'As With respect to the interpretation of'
223.10 want] *w. caret t. ab. x'd-out* 'need'
223.11 is] *aft. ink del.* 'need'
223.11 then] *intrl. in ink w. caret*
223.12[2] as] *intrl. in ink w. caret*
223.13 *in the situation,*] *undrl.; comma added in ink*
223.13 something] *in ink w. caret ab. ink del.* 'and'
223.13 that must] *w. caret ab. del.* 'requiring to' H
223.17 *What*] *undrl. in ink*
223.17 in this case] *intrl. in ink w. caret*
223.19 interpretation] *aft. x'd-out* 'the'
223.20 fulfilment] *aft. ink del.* 'a'
223.20-21 conditions,] *comma added in ink*
223.21 as] *in ink w. caret ab. del.* 'or'
223.22 potentialities] *bef. x'd-out* 'of'
223.24 characteristic of] *bef. x'd-out* 'a sufficient'
223.24 situation] *bef. ink del.* 'that'
223.24 evoking] *alt. in ink fr.* 'evokes'
223.24 been] *bef. x'd-out* 'made suffi'
223.25 the means used] *bef. del.* 'are each as' [*t. ab. x'd-out* 'the situation is']
223.26 conditions ... end.] *in ink ab. del.* 'needs of the situation.'
223.29 and] *bef. ink del.* 'something'
223.29 things,] *added in ink aft. del. comma*
223.31 and] *w. caret t. ab. x'd-out* 'of'
223.35 existing] *t. intrl. w. caret*
223.35 relation] *bef. x'd-out* 'is'
224.1 effort,] *comma added in ink*
224.4 interest,] *comma added in ink*
224.8 shifted] *aft. del.* 'so'
224.8 so] *intrl. w. caret*
224.10-11 casual] *ab. del.* 'causal' H
224.12 apart from] *w. caret ab. del.* 'with'
224.13 of] *ab. del.* 'had from' H
224.14 There] *aft. x'd-out* 'It is an'
224.14[1] is] *bef. del.* 'an'
224.15 interest] *aft. x'd-out* 'effort'
224.15[2] and] *bef. x'd-out* 'no' *503*
224.16 latter] *aft. x'd-out* 'latter'
224.16 when] *bef. x'd-out* 'some'

224.17 desire] *bef. x'd-out* 'and'
224.17 and] *bef. x'd-out* 'when there is some question as to the ends'
224.17 some] *aft. del.* 'to hence'
224.19 thus] *t. intrl. w. caret*
224.19 different,] *comma added*
224.19 respective] *bef. x'd-out* 'force as to'
224.22 upon] *bef. del.* 'a'
224.22 possession—] *dash added* H
224.22 the very case] *w. caret bef. del.* 'in every [*intrl. w. caret aft. t. intrl. then del.* 'the' D] case' H
224.24 - 25 For ... Consider] *ab. del.* 'Take' H
224.25 a] *ab. del.* 'the' H
224.27 street,] *comma added bef. del.* 'and'
224.27 an act] *intrl.* H
224.28 at the moment] *ab. del.* 'in the act' H
224.28 it] *added* H
224.29 desire] *t. alt. fr.* 'desires'
224.32 for example] *intrl. w. caret*
224.34 - 35 is found] 'is' *w. caret ab. del.* 'can be'
224.35 - 36 valuation. But] *alt. fr.* 'valuation but'
224.36[2] is] *intrl. w. caret*
224.37 Of course, the] *intrl. w. caret;* 't' *ov.* 'T' H
224.40 But take] 'But' *intrl.*; 't' *ov.* 'T' H
225.2 end-in-view,] *comma added*
225.2 until] *aft. x'd-out* 'of'
225.4 The] *aft. x'd-out* 'As'
225.5 use,] *comma added* H
225.6 depending upon] *ab. del.* 'in the degree of' H
225.7 he] *bef. x'd-out* 'appraises it as such'
225.7 *that*] *aft. x'd-out 'this'*
225.9 shift] *aft. del.* 'the' H
225.9 from] *bef. del.* 'the [*intrl.* D] connecting [*alt. fr.* 'connection' D] of' H
225.10 related to] *ab. del.* 'with' H
225.10 interest,] *comma added* H
225.10 "enjoyment"] *bef. del.* 'that is' H
225.11 interest,] *comma added*
225.11 facilitated] *aft. del.* 'doubtless'
225.13 is] *aft. x'd-out* 'are'
225.13 itself] *w. caret ab. x'd-out* 'desired'
504 225.13 - 14 The ... enjoyment] *w. caret ab. del.* 'When [*t. intrl. w. caret* D] the ['t' *ov.* 'T' D] enjoyment is [*bef. x'd-out* 'then' D] isolated' H
225.14 occurs.] *period added bef. del.* ', the confusion in theory occurs'
225.14 Yet the] *bef. x'd-out* 'two'

225.15 a] *t. intrl. w. caret*

225.17 good] *bef. x'd-out* ', though'

225.17 lack,] *comma added*

225.17 a satisfaction conditioned by] *w. caret ab. del.* 'through'

225.18 effort] *bef. del.* '* which is' [*added bel. w. caret* D] H

225.18 end-in-view.] *period added*

225.18 – 19 In this sense "enjoyment"] *w. caret aft. del.* 'It' [*ab. del.* 'and therefore' D] H

225.20 possession;] *semicolon added*

225.20 sense] *ab. del.* 'case' H

225.21 possession.] *period ov. comma bef. del.* 'and it should be evident that'

225.21 Lack] 'L' *ov.* 'l'

225.21 – 22 tautologically] *intrl. w. caret*

225.23 *not*] *undrl.*

225.23 enjoyed,] *comma added* H

225.25 the obtaining] 'the' *insrtd.*

225.27 existence of the] *intrl. w. caret*

225.27 as] *w. caret ab. del.* 'as'

225.28 value] *insrtd.* H

225.28[1] as] *intrl. w. caret*

225.28 mere] *ab. del.* 'just' [*intrl.* D] H

225.30 of valuation.] *t. intrl.*

225.30 Quite] *aft. x'd-out* 'Quite independel'

225.30 people] *ab. del.* 'persons have' H

225.31 ask] *aft. del.* 'to' H

225.32 conditions] *aft. x'd-out* 'en'

225.35 when] *ab. del.* 'from' H

225.35 "values"] *aft. del.* '*defining*' [*t. ab. x'd-out* 'treating' D] H

225.35 are *defined*] *intrl. w. caret* H

226.1 Implicit] *aft. x'd-out* 'The'

226.3 by] *w. caret ab. del.* 'upon'

226.3 relevant] *aft. del.* 'is'

226.4 This] *t. alt. fr.* 'The'

226.5 naturally] *moved w. caret and guideline fr. aft.* 'would'

226.6 *not*] *undrl.*

226.7 concrete] *bef. x'd-out* 'ne'

226.9 it is] *intrl. w. caret*

#226.9 is] *w. caret t. ab. x'd-out* 'was' *505*

226.10 is] *aft. x'd-out* 'was'

226.11 (versus its arbitrariness)] *parens. added*

226.11 on] *aft. x'd-out* 'that'

226.12 its] *aft. del.* 'the conditions of'

226.14 – 15 in ... are] *w. caret ab. del.* 'become'

226.19 an] *alt. fr.* 'and' H
226.19 – 20 existence,] *comma added*
226.20 that is] *w. caret ab. del.* 'or'
226.20 the] *intrl. w. caret*
226.20 – 21 vital] *alt. fr.* 'vitals' H
226.21 this] *bef. x'd-out* 'view'
226.21 *apriori*] *undrl.*
226.22 provides] *ab. del.* 'is'
226.22 ideas] *t. alt. fr.* 'ideal'
226.22 if] *ab. del.* 'on the ground of accepting'
226.23 is accepted.] *ab. del.* 'as a standard.'
226.24 an] *w. caret ab. del.* 'a like'
226.24 or ought to be] *t. intrl. w. caret*
226.25 ends] *aft. del.* 'are [*intrl.*] generalized' [*aft. x'd-out* 'ends']
226.25[2] that] *w. caret bef. del.* 'which' [*t. ab. x'd-out* 'that' D] H
226.26 means,] *comma alt. fr. dash* H
226.26 which] *w. caret ab. del.* 'as'
226.26 as ... what] *intrl.* H
226.27 ideal is] 'is' *ab. del.* 'must be'
226.27 function.] *period added bef. del.* 'or [*ov.* 'and' D] what it does.' H
226.28 – 31 conclusion that ... a means.] *ab. del.* 'the value of an end (and of course an ideal is an end) is integrally connected with its value as a *means.* For to measure the value of an ideal in terms of its function is to appraise [*w. caret t. ab. x'd-out.* 'measure'] *an ideal [*t. ab. x'd-out* 'it'] in its capacity as means.'
226.28 that] *bef. del.* 'an' H
226.29 of] *bef. del.* 'its'
226.30 down] *bef. x'd-out* 'the'
226.30 end] *aft. x'd-out* 'ide'
226.31 passage] *bef. x'd-out* 'is'
#226.31 view] *alt. fr.* 'views'
226.33 as the solely and] *aft. del.* 'being [*intrl. w. caret* D] the [*ab. del.* 'the' H] solely [*w. caret ab. del.* 'only' D] and' [*intrl.* H] H
226.34 kind of] *ab. del.* 'and non-arbitrary'
226.34 ends.] *alt. fr.* 'end.'
506 226.35 ENDS-MEANS] *hyphen added* H
226.36 – 37 Charles ... on] *ab. del.* 'the humorous story of' H
227.2 any] *bef. del.* 'so-called'
227.2 "end"] *quots. added*
227.3 to be] *intrl. w. caret*
227.4 it] *bef. del.* 'all' H
227.4 Lamb] *aft. del.* 'Charles' H
227.4 himself] *intrl. w. caret* H

227.5 travesty of] *w. caret ab. del.* 'desire upon' *x'd-out* 'this'

227.6 the whole point of the] *w. caret ab. del.* 'what the' H

227.6 tale.] *period added bef. del.* '*amounts to.' [*ab. del.* 'tale is in effect.' D] H

227.9 down.] *period ov. comma* [*added* D] H; *bef.* 'while' [*w. caret ab. del.* '* so that [*aft. x'd-out* 'and'] persons searching in the ruins *when they [*w. caret ab. del.* 'in'] touched [*alt. fr.* 'touching'] the pigs that had been roasted in the fire and [*intrl. w. caret*] licked their fingers *enjoyed the taste. [*w. caret ab. del.* 'when they scorched them by touching the cooked animals.'] Enjoying the taste [*bef. del.* 'immensely'] they henceforth set themselves to building houses, enclosing pigs'

227.9-13 While ... pigs.] *added w. guideline aft.* 'down.' H

227.10-11 Impulsively] *aft. del.* 'Bringing their fingers' H

227.14 burning] *alt. fr.* 'burn'

227.15 they are,] *comma added* H

227.15 means,] *comma added* H

227.15 have] *w. caret ab. del.* 'hence'

227.16 means,] *comma added*

227.16 is] *w. caret ab. del.* 'was'

227.17 end] *t. alt. fr.* 'end-'

227.17 *de facto*] *undrl.* D; *alt. fr.* '*defacto*' H

227.18 *was*] *undrl.*

227.18 , and that] *insrtd. bef. del.* 'which'

227.19 the end] *w. caret ab. del.* 'that which was'

227.21 houses] *bef. del. comma*

227.21 available] *insrtd.* H

227.22 desired] *intrl. w. caret*

227.22 view] *bef. del.* 'and desired'

227.22 attained,] *comma added*

227.22 anything] *alt. fr.* 'any' H

227.22-23 absurd] *aft. x'd-out* 'ri'

227.23 method] *bef. del.* 'which, according to the story, was' H

227.24 point,] *comma added bef. del.* 'which it has been mentioned,' H

227.25 'intrinsic.'] *single quots. alt. fr. double* H 507

227.25 the] *aft. x'd-out* 'oast'

227.25 taste ... pork] *w. caret t. ab. x'd-out* 'pork'

227.27 somewhat ... memory] *w. caret ab. del.* 'in the [*t. intrl. w. caret* D] case [*t. alt. fr.* 'cases' D] of persons who [*intrl.* D] have [*alt. fr.* 'having' D] memory somewhat troubled' H

227.28 needless] *t. intrl. w. caret*

227.28 pass] *bef. x'd-out* 'that'

227.30 leap] *bef. x'd-out* 'which' *del.* 'in inference'

227.30 The] *w. caret ab. del.* 'The' *x'd-out* 'intrinsic'

227.30 – 31 enjoyment] *aft. del.* ‘the’

227.31 of an object] *intrl. w. caret*

227.31 *as*] *undrl.*

227.32 in being an] *w. caret ab. del.* ‘is an’

227.32 stands] *ab. del.* ‘only’

227.34 end] *alt. fr.* ‘end-’

227.34 “final”] *quots. added*

227.35 or] *aft. x’d-out* ‘and not’

227.36 *not*] *undrl.*

227.37 desire,] *comma added bef. del.* ‘and’ [*ov.* ‘or’] *x’d-out* ‘effort but of’

227.37 foresight] *bef. comma ov. period then del.*

227.37 and intent.] *intrl. w. caret*

227.37 was,] *comma added*

227.38 description,] *comma added*

227.38 effort] *ab. del.* ‘intent’ *x’d-out comma*

227.39 hence] *intrl. w. caret*

227.39 end-in-view] *alt. fr.* ‘end’

227.40 which] *bef. del.* ‘relation to’ H

227.40 enhances] *bef. del.* ‘the’

227.40 what is] *w. caret ab. del.* ‘an’

228.2 that] *ab. x’d-out* ‘th’ H

228.2 attained] *bef. x’d-out* ‘a’

228.2[2] they] *aft. del.* ‘that’ H

228.2 paid] *bef. del.* ‘much’

228.3 ends.] *period added bef. del.* ‘that might have been attained had the effort expended been directed toward them.’

228.3 In] ‘I’ *t. ov.* ‘i’; *aft. x’d-out* ‘It is’

228.4 *enjoyment* of the] *w. caret t. ab. x’d-out* ‘alone that the’ D; *undrl.* H

228.4 itself] *insrtd.*

228.6 as] *bef. x’d-out* ‘anthat contra-’ H

228.6 “an] *aft. del.* ‘as’ H

228.6 a] *ov.* ‘an’ *bef. del.* ‘inherently’

508 228.7 in any case.] *insrtd.*

228.8 what] *aft. x’d-out* ‘what’

228.9 maxim] *bef. del.* ‘of’ H

228.9 also upon] *insrtd.*

#228.10 As] *aft. x’d-out* ‘T’

228.12 by which it was] *w. caret ab. del.* ‘used [*aft. x’d-out* ‘emplo’] to’

228.12 – 13 attained:—] *alt. fr.* ‘attain’ *bef. del.* ‘it:-’

228.14 to which] *intrl. w. caret* H

228.14 conception] *aft. x’d-out* ‘idea’

228.16 that] *bef. del.* ‘found’

228.16 indeed,] *bef. del.* ‘it is’
228.17 it is] *intrl. w. caret*
228.18 can] *intrl. w. caret*
228.18 warrant] *alt. fr.* ‘warrants’
228.19 unilateral,] *comma added*
228.19 proceeding] *t. alt. fr.* ‘proceeded’
228.21 holding] *bef. x’d-out* ‘either’
228.22 views] *bef. del. comma*
228.22 are] *aft. x’d-out* ‘co’
228.23 the views] ‘the’ *alt. fr.* ‘them’; ‘views’ *intrl. w. caret*
228.23 that] *insrtd.*
228.23 “end”] *aft. x’d-out* ‘end-i’
228.23 held] *aft. del.* ‘that is’
228.24 will] *bef. del.* ‘be’
228.24 be] *insrtd.*
228.25 miraculously] *alt. fr.* ‘miraculous’
228.26 effects;] *semicolon alt. fr. colon*
228.26 – 27 the . . . that] *w. caret ab. del.* ‘or (more probably) that’
228.31 as the] ‘as’ *intrl. w. caret*
228.35 existential] *aft. del.* ‘empirical’
228.35 is] *bef. del.* ‘is’
228.40 consequences] *aft. del.* ‘ends as actual’
228.40 that] *alt. fr.* ‘the’ [*t. w. caret ab. del.* ‘valuation of’]
229.1 be valued] *intrl. w. caret*
#229.1 – 2 as] *bef. del.* ‘themselves’
229.2 consequences.] *period added bef. del.* ‘because existing in an ongoing stream of events.’
229.2 to,] *comma added* H
229.5 position—] *comma added*
229.7 it,] *w. caret ab. del.* ‘them,’
229.7 authorizes] *aft. x’d-out* ‘justifies’
229.11 means] *aft. del.* ‘the’
229.11 involved] *bef. del.* ‘in attaining them’ *509*
229.11 independent] *alt. fr.* ‘independently’
229.13 to] *bef. x’d-out* ‘the’
229.16 or,] *comma added*
229.16 accurately,] *comma added*
229.16 that] *bef. del.* ‘there’
229.17 is *final*] ‘is’ *t. alt. fr.* ‘if’
229.19 but] *aft. del.* ‘only’
229.19 is] *w. caret ab. del.* ‘(ends-in-themselves),’
229.20 it] *aft. del.* ‘then’
229.22 condition] *aft. x’d-out* ‘means that’
229.24 an] *alt. fr.* ‘and’

229.24 the end] *w. caret ab. del.* 'the consequences'

229.24 reached] *w. caret ab. del.* 'produced by the use of the means adopted' [*t. intrl.*]

229.24 is a means to] *ab. del.* 'serves [*bef. x'd-out* 'to'] as ground of'

229.25 ends] *w. caret ab. del.* 'evaluations'

229.25 as well as a] *w. caret ab. del.* 'and'

229.25 valuations] *w. caret ab. del.* 'those'

229.25 Since] *intrl. w. caret*

229.26 the end] *ab. del.* 'Every end [*bef. t. intrl. then del.* 'and' D] set' [*bef. del.* 'of consequences' D] H

229.26 is] *w. caret aft. del.* '* it is' [*t. ab. del.* 'is when attained']

229.26 condition] *t. alt. fr.* 'conditions'

229.26 occurrences] *bef. del.* 'and in relation to desires and ends-in-view to br formed in the future'

229.27 it must be appraised] *intrl. w. caret*

229.27 as] *alt. fr.* 'is'

229.27 and] *ov.* 'or'

229.28 If] 'I' *ov.* 'i' *aft. del.* 'It follows that'

229.28 as] *bef. del.* 'being'

229.28 were] *bef. del.* 'completely'

229.29 all] *w. caret ab. del.* 'its'

229.30 would] *bef. del.* 'be'

229.30 be] *intrl. w. caret*

229.31 frame] *bef. x'd-out* 'their'

229.31 form] *alt. fr.* 'formation of' *aft. del.* 'direct'

229.33 events] *aft. x'd-out and del.* 'things to'

229.34 time] *intrl. w. caret*

229.34 has] *w. caret ab. del.* 'is likely to have'

229.35 by custom] *t. intrl. w. caret*

229.35 that] *aft. del.* 'as proper ends'

510 229.36 examination,] *comma added*

229.38 an] *alt. fr.* 'and'

229.40 knowledge;] *semicolon alt. fr. comma*

230.1 ends] *bef. t. intrl. then del.* '(i)'

230.1 (i)] *intrl. w. caret*

230.2 sets] *bef. t. intrl. then del.* 'the'

230.3 by] *bef. x'd-out* 'co'

230.3 as means] 'as' *w. caret ab. del.* 'and'

230.3 (ii)] *bef. x'd-out* 'they'

230.4 simply] *moved w. caret and guideline fr. aft.* 'express'

230.4 have] *intrl. w. caret*

230.5 without] *bef. del.* 'prior'

230.6^{2} a] *intrl. w. caret*

230.6 of valuation] *intrl. w. caret*

230.7 is] *bef. del.* 'found'

230.9 down,] *comma added*

230.9 saves] *alt. fr.* 'save' *aft. del.* 'would'

230.9 from] *bef. x'd-out* 'conduct'

230.10 is] *bef.* 'that' *intrl. w. caret then del.*

230.10 – 12 intellectual ... house] *ab. del.* 'thought of his house being destroyed is at once connected with the idea of [*bef. del.* 'what the' D] the [*insrtd.* D] consequences the loss of the house would entail.' [*bef. del.* 'The absurdity of such an extreme case exemplifies the principles involved wheneever anything is valued exclusively [*t. intrl.* D] as an end in and for itself absolutely.' D] H

230.12 in] *w. caret ab. del.* 'it would be in'

230.13 isolate] *w. caret ab. del.* 'take'

230.13 some] *w. caret ab. del.* 'an'

230.13 as an end] *w. caret ab. del.* 'into the future'

230.14 place] *bef. del.* ', if it ever should exist at all'

230.15 at least] *intrl. w. caret*

230.15 immaturity] *bef. del.* 'of experience'

230.15 when] *bef. del.* 'in more complex cases than that cited above'

230.16 condition] *alt. fr.* 'conditions' H

230.16 consequences,] *comma added*

230.17 thereby] *w. caret ab. del.* 'so isolates it as to'

#230.17 treats] *alt. fr.* 'treat'

230.17 signifies] *alt. fr.* 'signify' *aft. del.* 'would'

230.18 – 19 Human ... in] *intrl. w. caret*

230.19 such] 's' *ov.* 'S' *aft. x'd-out* 'when'

230.19 arrests.] *period added bef. del.* 'do occur in forming ends.'

230.22 the conclusions] *ab. del.* 'examination'

230.22 observation of] *intrl. w. caret* 511

#230.22 facts,] *comma added*

#230.23 – 24 and ... three] *bef. del.* 'one fundamental concept being, moreover, an [*aft. x'd-out* 'the'] idea which science long since abandoned as having no support in observable facts—that of an effect or outcome [*t. intrl.*] which is not also a cause or initial in a [*t. intrl.*] further course of change.'

#230.25 arise.] *period added*

#230.25 – 26 They do so] *intrl. w. caret*

230.26[1] and] *bef. del.* 'hence'

230.27 ideas] *intrl. w. caret*

230.27 also] *insrtd.*

230.27 in the same way] *intrl. w. caret* H

230.28 in any subject] *intrl. w. caret*

230.30 results] *aft. x'd-out* 'and value'

230.31 being] *intrl. w. caret*

230.33 empirically] *aft. x'd-out* 'existenc'
230.33-34 general ideas] *w. caret t. ab. x'd-out* 'conceptions'
230.36 are,] *comma added*
230.36 effect,] *comma added*
230.38 application] *aft. del.* 'use in'
230.38 in] *ov.* 'to'
230.38 these] *w. caret ab. del.* 'concrete'
#231.2 is] *ov.* 'was'
231.6 function] *w. caret aft. del.* '* so as' [*w. caret ab. del.* 'and' [*aft. del.* 'be formed'; *bef. del.* 'to be useful' H] D] H
231.7 desires,] *aft. x'd-out* 'certain ends have value' D; *comma added* H
231.8 occurrence,] *comma added* H
231.8-9 as ends, entirely] *t. intrl. w. caret*
231.9 their contexts] *insrtd. for del.* 'the position of these * desires and their [*intrl. w. caret* D] objects hold' [*intrl. bel. w. caret* D] H
231.10 In] *aft. del.* 'has not been securely effected.'; *aft. insrtd.* '¶'
231.10 danger] *bef. del.* 'of the manipulation of'
231.10 that] *intrl. w. caret*
231.10 'finality'] *quots. added* H
231.11 be ... way] *w. caret ab. del.* 'which is'
231.11 analogous] *bef. del.* 'in its harmful results'
231.12 'immediacy'] *quots. added* H
231.12 'intrinsic'] *quots. added aft. del.* 'the' H
512 231.12-13 previously remarked upon.] *w. caret ab. del.* 'already considered.'
231.13 A] *ov.* 'a' *aft. del.* 'It is one thing for' H
231.13 is] *ab. del.* 'to be' H
231.14 conditions] *aft. del.* 'the'
231.15 including] *bef. x'd-out* 'both'
231.17 by] *ov.* 'upon'
231.17 an] *intrl. w. caret*
231.17 that is taken] *w. caret ab. del.* 'that is thought in a given case'
231.18 "final"] *quots. added*
231.18 for] *ov.* 'in'
231.18 "Final"] 'F' *ov.* 'f'; *aft. del.* 'For'
231.18 has] *bef. del.* 'a' H
231.18 logical] *bef. x'd-out* 'and temporal'
231.18-20 The ... ultimate] *aft. del.* '* In a non-logical sense,' [*t. ab. x'd-out* 'in one direction and a']; 'T' *ov.* 't'; *t. ab. x'd-out* 'temporal force in another direction. In neither case does it mean is it equivalent to final as something unrelated to a temporal continuum.'
231.21 specifiable] *w. caret ab. del.* 'definite'
231.21 temporal] *intrl. w. caret*
231.22 not to] *bef. x'd-out* 'any thing' *undel.* 'to'

231.22 which is] *bef. del.* 'forever'

231.22 per se.] *insrtd. bef. del.* 'in the abstract.'

231.23 a final] *t. ab. x'd-out* 'an ultimare'

231.24 the] *t. ab. x'd-out* 'a'

231.24 property or quality] *ab. del.* 'quality or property' H

231.25 objection] *bef. x'd-out* 'that is'

231.25 the] *ab. del.* 'such' H

231.25 view] *bef. del.* 'as that * which has been [*intrl. w. caret* D] set forth' H

231.26 valuation] *aft. x'd-out* 'value-'

231.27 If] *alt. fr. ital.* H

231.27 so] *intrl. w. caret*

231.27 said,] *comma added*

231.28 means,] *comma added*

231.29 it can] *w. caret ab. del.* 'to'

231.29 stop,] *comma added*

231.29 by] *ov.* 'in'

231.30 of acts, an act] *ab. del.* 'fasion, a fashion'

231.30 – 31 the claim] *ab. del.* 'any pretence' [*aft. x'd-out* 'all']

231.31 of] *aft. x'd-out* 'of givin at the'

231.31 being] *w. caret ab. del.* 'the possibility of'

231.31 valuation-] *t. intrl. w. caret*

231.31 proposition.] *bef. x'd-out* 'as to'

231.32 to] *bef. x'd-out* 'consideration of'

231.33 desires] *bef. x'd-out* 'and' *513*

231.33 foreseen consequences] *t. ab. x'd-out* 'certain objectives'

231.34 ends] *aft. x'd-out* 'their'; *bef. x'd-out period*

231.34 need,] *comma added bef. del.* 'and'

231.35 and conflict.] *intrl. w. caret*

231.35 condition] *w. caret ab. del.* 'state'

231.35[2] a] *ov.* 'the'

#231.37 the existence of] *intrl. w. caret*

231.37 there is] *intrl. w. caret*

231.38 an] *alt. fr.* 'any' *aft. x'd-out* 'an end'

231.38[1] end;] *semicolon alt. fr. comma*

#231.39 one out] *intrl. w. caret*

231.40 Control] 'C' *ov.* 'c' [*ov.* 'C' *aft. intrl. then del.* 'This']

231.40 transformation] *w. caret ab. del.* 'the development'

232.1 into a] 'a' *t. intrl. w. caret*

232.1 incorporated,] *comma added* H

232.2 privations] *t. w. caret ab. x'd-out* 'lack'

232.2 an actual] *w. caret ab. del.* 'the' [*aft. x'd-out* 'a situation']

232.2 situation,] *comma added*

232.2 – 3 its requirements are] *aft. del.* 'these' [*ab. del.* 'they']

232.3 disclosed] *alt. fr.* 'disclose'

232.3 to] *aft. del.* 'themselves' H

232.4 the] *alt. fr.* 'their' H

#232.5 ascribed to them] *w. caret ab. del.* 'attributed to them'

232.5 in] *ab. del.* 'to' H

232.6 existing] *aft. del.* 'the'

232.7 foreseeing] *aft. x'd-out* 'seeing'

232.7 in] *alt. fr.* 'an' H

232.8 their] *alt. fr.* 'the'

232.8 means.] *period added*

232.10 existing] *intrl. w. caret*

232.10 evil. Sufficient] *ab. del.* 'evil or trouble' H

232.10 because it] *w. caret ab. del.* 'and which'

232.10 instituting] *alt. fr.* 'institution of' H

232.11 an] *intrl. w. caret* H

232.12 A] *insrtd. aft. del.* 'In [*w. caret ab. del.* 'There is'] the case of the'

232.12 has to] *intrl. w. caret*

232.12 determine] *alt. fr.* 'determining'

232.13 their] *aft. t. intrl. then del.* 'of'

232.14 particular] *intrl. w. caret*

232.14 forms] *bef. del.* 'his'

232.14 ends-in-view,] *comma added*

232.14 having] *aft. del.* 'possessed' [*t. ab. del.* 'as' *x'd-out and del.* 'having']

514 232.15 adoption,] *comma added*

232.15 what] *aft. x'd-out* 'what'

232.16 trouble,] *comma added*

232.16 patient.] *period ov. comma*

232.16 - 17 He ... its] *w. caret ab. del.* 'and hence on the ground of the capacity of certain courses of action and things as'

232.18 to produce] *aft. del.* 'remedies' [*aft. x'd-out* 'remid']

232.18 condition] *w. caret ab. del.* 'state'

232.18 troubles] *alt. fr.* 'trouble' H

232.20 - 21 an absolute] 'an' *alt. fr.* 'and' H; 'absolute' *t. intrl. w. caret* D

232.21 to determine] *alt. fr.* 'he determines'

232.22 contrary,] *comma added*

#232.22 *general*] *intrl. w. caret*

232.23[1] the] *t. ab. x'd-out* 'a'

232.24 have shown] *ab. del.* 'show' [*bef. del.* 'him' H] D

232.24 to be] *ab. del.* 'are'

232.25 which] *bef. del.* 'the given'

232.25 patients] *alt. fr.* 'patient' H

232.25 suffer] *alt. fr.* 'is suffering'

232.25 and . . . overcome.] *intrl.*

232.26 There] *aft. insrtd.* 'No¶'

232.26 conception] *intrl. in blue penc. w. caret* H

232.27 the outcome] *ab. del.* 'a product' H

232.28 inquiries,] *comma added*

232.29 inquiries.] *aft. del.* 'the'

232.30 – 31 In . . . as] '*even the' *in ink bel. del.* 'including those which are' H; *added aft. del.* 'In all inquiry [*ab. del.* 'investigations' *undel.* 'the' D] (including that [*alt. fr.* 'the most' D] which is most completely scientific)' [*ab. x'd-out* 'that which is proposed as' [*bef. x'd-out* 'a solution' *del.* 'end-in-view in the say of'] D] H

232.32 evaluated] *alt. fr.* 'valuated' H

232.33 *problem*] *undrl.*

232.35 A] *bef. x'd-out* 'given'

#232.35 particular] *t. intrl. w. caret*

232.36 solution] *bef. intrl. then del.* 'is'

232.36 – 37 is . . . means] *intrl. w. caret*

232.37 – 38 experiments.] *period added bef. del.* 'either'

#232.38 It either] *intrl. w. caret* H

232.39 is] *ov.* 'was'

#233.2 are believed to have] *t. w. caret ab. x'd-out* 'have'

233.2 a particular] 'a' *ov.* 'any' [*t. ab. x'd-out* 'a']; 'particular' *aft. del.* 'given' [*t. w. caret ab. del.* 'given']

233.3 – 4 satisfied,] *comma added* 515

#233.4 a frame of reference] *intrl. w. caret*

233.4 operates] *alt. fr.* 'operate'

233.5 regulative] *w. caret ab. del.* 'a priori' H

233.5 cases.] *period added* H

#233.5 – 6 We . . . assumption but] *intrl. w. caret* H

233.6 sense] *bef. del.* ', that is, '

233.7 art] *intrl. w. caret*

233.7 are] *bef. x'd-out* 'are'

233.7 both] *intrl.* H

233.9 While] 'W' *ov.* 'w' *aft. del.* 'In the same fashion'

233.9 *a priori*] *undrl.*

233.9 – 10 actual] *t. intrl. w. caret*

233.10 can] *aft. x'd out* 'is'

233.10 so as] *t. intrl. w. caret*

233.12 out of past experience] *moved w. caret and guideline fr. bef.* 'there'

233.13 Ends-in-view] 'E' *ov.* 'e' *aft. del.* 'In short, '

233.15 states] *alt. fr.* 'a state' .

233.16 affairs] *bef. del.* 'which is'

233.16 to be] *intrl. w. caret*

233.17 them.] *w. caret ab. del.* 'it, and'
233.17 They] *intrl. w. caret*
233.17 are] *aft. x'd-out* 'is'
233.21 (evils] *paren. added aft. del.* 'of'
233.21 in the] *aft. del.* ', that is, '
233.21 deficiencies,] *t. intrl. aft. del.* 'defects (' [*t. intrl. then del.*] D; *bef. t. intrl. then del.* ')' D; *comma added* H
233.22 frustrations),] *paren. added*
233.22 time] *ab. del.* 'attention' H
233.23 spent explaining] *ab. del.* 'given to explaining' H
233.24 function] *bef. del.* 'which'
#233.25 acquiring] *ab. del.* 'performing' H
233.26 are] *bef. del.* 'to be'
233.26 explored] *ab. del.* 'looked into' H
233.27 methods of] *t. w. caret ab. x'd-out* 'a'; 'methods' *alt. fr.* 'method' *aft. t. intrl. then del.* 'their'
233.27 instances] *bef. del. comma*
233.29 judged] *aft. del.* 'properly'.
233.30 comparison] *aft. fr.* 'comparing them' H
233.32 satisfaction] *aft. del.* 'scientific'
233.32 of knowledge] *intrl. w. caret*
233.33 conditions,] *comma added bef. del.* 'as'
233.33 disclosing] *ab. del.* 'forming' H
233.34 judging] *w. caret ab. del.* 'operation'
233.35 self-corrective] *alt. fr.* 'self-correcting'
516 233.35 through] *aft. x'd-out* 'as'
233.35 use] *aft. del.* 'their'
233.35 - 36 observation] *bef. del.* 'of existing conditions'
233.37 it.] *period ov. comma*
233.37 These] *alt. fr.* 'The' ['T' *ov.* 't' D] H
233.37[2] means] *ab. del.* 'latter' H
233.37 form] *w. caret ab. del.* 'forms' [*alt. fr.* 'forming']
233.38 specific] *intrl. w. caret* H
233.38 end-in-view,] *comma added* H
233.38 not] *ab. del.* 'instead of its [*w. caret ab. del.* 'the latter' D] being' H; *aft. added then del.* 'and' H
233.38 some] *ab. del.* 'an' [*alt. fr.* 'and' *aft. del.* 'some whole-sale' D] H
233.39 function] *t. alt. fr.* 'functions'
233.39 needs] *aft. x'd-out* 'lacks'
233.39 as] *aft. x'd-out* 'in'
#233.40 factor,] *comma added*
#233.40 when] *bef. del.* 'they are'
#233.40 examined,] *comma added*

233.40 in institution] *t. intrl. w. caret*

234.2 with] *ab. del.* 'in' H

234.2 reference] *aft. x'd-out* 'terms of'

234.2 factor —] *dash ov. comma*

234.3 conflict —] *dash ov. comma*

234.3 their] *aft. del.* 'and as methods of dealing with them,'

234.3 positive,] *comma added*

234.5 *directly* is] *bef. del.* 'simply'

#234.5 action] *w. caret ab. del.* 'operation'

234.6 that] *w. caret ab. del.* 'which'

234.7 most] *w. caret ab. del.* 'form'

234.8 themselves.] *bef. del.* 'in a way which gives a specious sense of achievement of an end.'

234.9 with] *ab. del.* 'in' H

234.9 are] *insrtd. w. caret aft. del.* 'that is as'

234.10 inhibit] *bef. del.* 'or preclude'

234.10 producing] *alt. fr.* 'which produce'

234.11 result;] *semicolon ov. comma*

234.11 they] *intrl. w. caret*

234.11 positive] *aft. x'd-out* 'the'

234.12 to effect] 'to' *insrtd.*

234.13 in content.] *ab. del.* 'and constructive.'

234.14 is] *w. guideline aft. del.* 'in direction of activity is determined by the existing trouble when that is treated as the subject-matter of a problem; its content and reference'

234.14 methodological; the] *alt. fr.* 'methodological. The' 517

234.15 existential.] *period added bef. x'd-out* 'and'

234.16 It is] *t. intrl. w. caret*

234.17 need] *t. w. caret ab. x'd-out* 'lack'

234.17[2] the] *ab. del.* 'an'

234.19 the idea] 'the' *insrtd. aft. del.* 'this'

234.19 upon] *bef. del.* 'as a method or means of dealing with the situation in which it is formed'

234.21 The] *ov.* 'An'

234.21 organization] *bef. del.* 'involves or'

234.22 a] *intrl. w. caret*

234.23 enter] *bef. del.* 'in'

234.23 The] *aft. x'd-out* 'It'

234.23 *end-in-view*] *undrl.*

234.24 other] *aft. x'd-out* 'the'

234.24-25 sub-activities] *t. alt. fr.* 'activities'

234.27 coordination,] *comma added in ink*

234.28 seems] *alt. in ink w. caret fr.* 'seem' *aft. del.* 'may'

234.29 temporal] *t. intrl. w. ink caret*

234.30 equally] *bef. t. intrl. then ink del.* 'correlatively'

234.32 or involved matter] *t. intrl. w. ink caret*

234.32 each] *t. intrl.* H

234.33 result] *t. alt. fr.* 'results'

234.33 a] *insrtd. in ink*

234.34 unified] *aft. ink del.* 'condition of'

234.34 action,] *comma added in ink*

234.35 need,] *comma added in ink bef. del.* 'of constituent conditions,'

234.35 an] *in ink ov.* 'the'

234.36 new] *w. ink caret ab. x'd-out* 'are'

#234.36 affairs. For] *alt. in ink fr.* 'affairs, for'

#234.36 it] *alt. in ink fr.* 'its'

234.36 - 37 appropriate] *ab. del.* 'due' H

234.37 state] *in ink ab. del.* 'condition'

234.38 peculiar] *in ink w. caret ab. del.* 'special'

#235.1 both an end and means:] *w. caret ab. del.* 'end,' [*aft. x'd-out* 'means' D] H

235.1 an end, insofar as it is] *aft. del.* 'or' H

235.2 a close] 'a' *t. intrl. w. ink caret* D; 'close' *bef. del.* '(final),' [*comma added in ink* D] H

235.2 a means,] *aft. del.* 'and' [*bef. illeg. intrl.* D] H; *comma added* H

235.2 insofar] *added* H

235.2 provides] *aft. undel.* 'is'

235.3 to] *aft. del.* 'that must' H

235.3 into] *intrl. w. caret* H

518 235.3 account] *bef.* 'of' [*del.* H]

235.4 there] *w. caret ab. del.* 'their'

235.5 are] *w. caret ab. del.* 'become and remain'

235.6 such] *aft. x'd-out* 'the existence of'

235.7 behavior] *bef. del.* 'is both'

235.7 - 8 succeeds ... projection of] *w. caret ab. del.* 'is both intelligent and is successful in projecting' [*aft. x'd-out* 'attain'] D; 'intelligent projection' *ov. illeg. erasure* H

235.8 direct] *alt. fr.* 'directing' *aft. del.* 'are capable of'

235.9 trouble.] *period added bef. del.* 'as problem.'

235.9 cases] *alt. fr.* 'case'

235.9 apart] *aft. x'd-out* 'part'

235.10 ones,] *comma added bef. del.* 'and'

235.10 - 11[1] deviate ... is] *w. caret ab. del.* 'should be rare and unusual — "Should" from the standpoint of'

235.11 conducted.] *period added bef. del.* 'activity.'

235.12 the] *insrtd. aft. del.* 'means' [*aft. x'd-out* 'ends'; *bef. del.* 'which were' D] H

235.12 necessary,] *comma added*
235.13 means] *intrl. w. caret* H
235.13 from both] *w. caret ab. del.* 'and' H
235.13 and the] 'the' *intrl. w. caret*
235.15 fantasy,] *comma added*
235.15 the same] *ab. del.* 'there is the same' [*del.* D] H
235.15 occurs,] *w. caret ab. del.* 'but' [*intrl. w. caret* D] H
235.17 ends] *bef. x'd-out* 'they'
235.18 "necessary evils,"] *quots. added*
#235.19 - 20 just] *insrtd.* H
235.20 scaffoldings,] *comma added* H
235.20 that had to be] *intrl. w. caret and guideline*
235.20 down,] *comma added* H
235.21 in] *ov.* 'to' *bef. x'd-out* 'the r'
235.21 elevators,] *bef. x'd-out* 'were use' D; *comma added* H
235.22 erected,] *comma added bef. del.* ')' [*added* D] H
235.23 transporting] *bef. del.* 'the' [*intrl.* D] H
235.23 that] *w. caret ab. del.* '-which'
235.23 - 24 in turn] *intrl.* H
235.24 building.] *period added bef. del.* 'erected.'
235.24 Results] 'R' *ov.* 'r' *aft. del.* 'In similar fashion,'
235.25 which] *w. caret ab. del.* 'that at' [*bef. x'd-out* 'once']
235.25 were necessarily] *w. caret ab. del.* 'are' [*ov. illeg. erasure* H]
235.25 products] *bef. del.* 'seemingly necessarily [*t. alt. fr.* 'necessary'] as'
235.25 in] *in ink ab. del.* 'to' *aft. del.* 'such [*t. intrl.* D] incidental' H *519*
235.26[1] the] *w. caret ab. x'd-out* 'a'; *aft. t. intrl. then del.* 'thing'
235.26 thing] *t. intrl.*
235.26 desired,] *aft. x'd-out* 'things'; *comma added*
235.26 - 27 in ... of the] *w. caret ov. illeg. erasure ab.* '* an aimed, are utilized [*t. intrl.* D] with the' [*del.* D] H
235.27 human] *intrl. aft. del.* 'the' [*intrl.*] H
235.27 experience] *aft. x'd-out* 'increased'
235.27 intelligence,] *comma added*
#235.27 were utilized] *w. caret ab. del.* 'material' [*t. intrl.*]
235.28 for] *ov.* 'of' *aft. x'd-out* 'to'
235.28 desired] *alt. fr.* 'desirable'
235.29 operates] *alt. fr.* 'operate' *aft. del.* 'is found to'
235.30 technology,] *comma added* H
235.31 are] *bef. del.* 'also'
235.31 ends] *bef. del.* 'as results'
235.32 usable as] *w. caret ab. del.* 'used'
235.34 employed] *ab. del.* 'used' H
235.35 involves air;] *t. intrl.*

235.36 commodities] *bef. x'd-out* 'and services'

235.37 things] *aft. x'd-out* 'the'

235.37 investigated,] *comma added* H

235.39 which] *insrtd.* H

235.39 produces] *aft. del.* 'acts and'

235.40 wood etc.,] *intrl. w. caret*

235.40 is *means*] 'is' *insrtd.*

235.40 it is] 'is' *intrl. w. caret*

235.40 in] *w. caret ab. x'd-out* 'by'

236.1 When] *bef. del.* 'then'

236.2 mentioned,] *comma added*

236.2 it] *bef. x'd-out* 'must be under-/stood to be'

236.2 always] *bef. del.* '*is then [*t. intrl.* D] something that' [*ab. x'd-out* 'which' D] H

236.2 includes] *t. ab. del.* 'includes'

236.2 within itself] *t. intrl. w. caret*

236.3 of] *bef. x'd-out* 'conditions that'

236.3[1] the] *intrl. w. caret*

236.3 materials existing in the] *t. ab. x'd-out* 'exist in the common'

236.3 world] *bef. x'd-out period*

236.3 live.] *bef. x'd-out and del.* 'and act.'

236.3 That] *alt. fr.* 'The' [*t. w. caret ab. x'd-out* 'Each F']

236.4 value] *aft. x'd-out* 'end-'

236.4 concrete] *t. intrl. w. caret*

520 236.6 in] *t. alt. fr.* 'into'

236.7 interests] *aft. x'd-out* 'ends'

236.7 a particular] *t. w. caret ab. x'd-out* 'the'

236.8 is] *t. ab. x'd-out* 'was'

236.8 inconsiderate] *bef. x'd-out and del.* 'and unwise,'

236.8-9 investigation ... means-end,] *t. w. caret ab. x'd-out* 'valuations existing further'; *comma added*

236.10 in the] 'in' *t. alt. fr.* 'into'

236.11 interests] *bef. x'd-out* 'to which ends-in-view'

236.11 are] *aft. del.* 'are related'

236.11 after] *aft. x'd-out* 'wisely, because'

236.11 critical] *t. intrl. w. caret*

236.12 which as means] *t. ab. x'd-out and del.* 'that wilas means will'

236.13 smoothly] *ab. x'd-out* 'reasonable and smoothly'

236.13 become] *t. alt. fr.* 'becomes'

236.13 subsequent] *t. intrl. w. caret*

236.13 activities, for] *t. alt. fr.* 'activity' D; *aft. x'd-out* 'the environment in which the' [*t. intrl.*] D; *bef. x'd-out* 'go [*t. alt. fr.* 'goes'] on.' D; *period ov. comma* [added D] H; 'For' *ab. del.* 'since' H

236.14 then] *intrl. w. caret*

236.14 are evaluated] *w. caret ab. del.* 'function' D; 'evaluated' *alt. fr.* 'valuated' H

236.15 action.] *aft. del.* 'experienced objects.'

236.18 which] *aft. t. intrl. then x'd-out* 'in'

236.18 affects] *t. ab. x'd-out* 'has been introduced'

236.20 concern] *ab. del.* 'expend' H

236.21 with] *ab. del.* 'in' H

236.21 tracking ... its] *t. ab. x'd-out* 'tracking tracing to' D; 'the' *del.* H

236.21 source.] *period added* H

236.21 This is necessary] *intrl. w. caret and guideline* H

236.22 in] *t. ab. x'd-out* 'of the confusion in'

236.22 (which] *in ink ab. del.* 'that'

236.23 sense)] *paren. added in ink*

236.26 such as] *del.* H

#236.26-27 influenced] *alt. fr.* 'influence' [*aft. del.* 'to' D] H

236.28 such expressions] *ab. del.* 'them' H

236.28 We could] *ab. del.* 'For it would be possible to' H

236.29 effect] *aft. x'd-out* 'in'

236.29 intended;] *semicolon alt. fr. comma* H

236.29 and] *in ink w. caret ab. del.* 'while'

236.30 able to] *in ink ab. del.* 'capable of'

236.30 discover] *alt. in ink fr.* 'discovering'

236.30 differential] *t. intrl. w. ink caret* 521

236.31-32 in ... not.] *w. caret ab. del.* 'and those that * did not [*in ink w. caret ab. del.* 'were unfit to' D] obtain the intended outcome.' H

236.32 linguistic] *t. intrl. w. ink caret*

236.33[1] which] *in ink w. caret ab. del.* 'that'

236.33[1] are] *bef. x'd-out* 'relatively'

236.33 'emotive'] *single quots. ov. double* H

236.33-34 'scientific.'] *single quots ov. double* H

#236.34 Even] 'E' *ov.* 'e' *aft. del.* 'But' H

236.34 if] *intrl. in ink w. caret*

236.35 would,] *comma added in ink bef. del.* 'still be,' [*x'd-out*]

236.35 events,] *comma added in ink*

236.36 propositions] *bef. comma added in ink then del.*

236.36 as] *in ink w. caret ab. del.* 'that'

236.36 a] *intrl.* H

236.36 result] *alt. fr.* 'results' [*alt. in ink fr.* 'result' D] H

236.36[2] of] *in ink w. caret ab. del.* 'from'

#236.36 an] *intrl.* H

237.1 Another] *in ink ab. del.* 'A more adequate'

237.5 Valuations] 'V' *in ink ov.* 'v' *aft. del.* 'In short,'

237.6 observable] *in ink ab. del.* 'verifiable' *x'd-out* 'ca'
237.6 patterns of behavior] *ab. del.* 'existences' H
237.6 studied] *alt. in ink fr.* 'studies'
237.7 propositions] *aft. ink del.* 'resulting'
237.7 that result] *intrl. in ink w. caret*
237.7 but] *bef. ink del.* 'they'
237.8 of themselves] *t. intrl. w. ink caret*
237.8 marking] *alt. in ink fr.* 'marks' *aft. del.* 'that'
237.10 Value-propositions] 'Value-' *intrl. w. caret*; 'p' *ov.* 'P' H
237.10 the] *ab. del.* 'this' [*alt. in ink fr.* 'the' D] H
237.10 distinctive] *in ink w. caret ab. del.* 'latter'
237.13 that] *in ink ov.* 'which'
237.14 propositions] *aft. del.* 'such'; *bef. del.* ', namely, these' H
237.15 sentence,] *comma added in ink*
237.15 are] *intrl. in ink w. caret*
237.15 about] *bef. ink del.* 'future' [*aft. x'd-out and del.* 'to'; *bef. x'd-out and del.* 'occu']
237.16 Moreover,] *comma added in ink*
237.17-18 predictions.] *period added in ink bef. del.* 'because'
237.18 For] *intrl. in ink w. caret*
237.18-19 , under the given circumstances,] *moved w. ink caret and guideline fr. aft.* '*not*'
522 237.20 act] *alt. in ink fr.* 'action'
237.21 proposition predicting] *t. w. ink caret ab. x'd-out* 'prediction'
237.21 *any*] *undrl.* H
237.22 the] *ab. del.* 'that' H
237.24 While] *bef. ink del.* 'these'
#237.26 are] *intrl. w. caret* H
237.26-27 technologies),] *comma added in ink*
237.28 inherently] *t. intrl. w. ink caret*
237.29 *ends-in-view*,] *undrl. in ink*; *comma added bef. del.* 'and'
237.30 effects] *in ink w. caret ab. del.* 'results actually'
237.31 habit] *alt. in ink fr.* 'habits'
237.31 anticipated] *aft. x'd-out* 'the'
237.32 *ideational*] *bef. ink del.* 'in character'
237.32 definition,] *comma added in ink aft. x'd-out period*
237.33 forecast,] *aft. x'd-out* 'or'; *comma added in ink*
#237.34 conceptual] *aft. x'd-out* 'ideat'
237.36 Any given] *t. w. ink caret ab. x'd-out* 'A'
237.37 constituents] *aft. x'd-out* 'element'
237.37-38 impulse] *bef. del. comma* [*added in ink bef. x'd-out* 'and' D] H
237.38 or] *intrl.* H
237.38 appetite] *bef. x'd-out* 'and auto'
237.39 interest] *bef. x'd-out* 'm'

237.40 valuation] *bef. x'd-out* 'and valuations'
237.40 behavior] *aft. ink del.* 'personal'
238.1 *possibility*] *undrl. in ink*
#238.2 valuation-propositions,] *comma added in ink*
238.5 propositions] *bef. ink del. comma*
238.5 be] *intrl. in ink w. caret*
238.6 and ... than] *in ink w. caret ab. del.* 'or other than'
238.7 The] *t. alt. fr.* 'the' *aft. x'd-out* 'In'
238.7 ends-in-view,] *comma added in ink*
238.8 produced,] *comma added in ink*
238.9 – 10 when ... contrasted] *in ink w. caret ab. del.* 'in omcparison-contrast'
238.11 inconsiderate] *t. alt. fr.* 'inconsideration'
238.11 is that which] *t. intrl. w. ink caret*
238.11 the] *in ink w. caret ab. del.* 'this'
238.11[2] that] *in ink ab. del.* 'which'
238.12 determines] *aft. x'd-out* 'in'
238.15 objects] *aft. x'd-out* 'ends proposed'
238.15 ends] *aft. del.* 'its' [*aft. x'd-out* 'en' D] H
238.16 connected,] *comma added* H
238.16 need] *aft. x'd-out* 'are' 523
238.17 means] *bef. x'd-out comma*
238.17 to ends,] *t. intrl. w. ink caret*
238.17 an appraisal made] *intrl. in ink*
238.18 ends-in-view] *aft. x'd-out* 'ends is valid'
238.19 tested] *aft. x'd-out* 'verified by the'
238.19 consequences] *aft. x'd-out* 'the'
238.19 that] *ab. del.* 'which' H
238.19 ensue. It is] *ab. del.* 'result, being' H
238.19 to] *ov.* 'in' H
238.20 in which] *intrl. in ink w. caret*
238.20 agreement] *bef. del. comma* [*added in ink* D] H
238.20 upon results.] *intrl.* H
238.20 – 23 Failure ... ends-in-view.] *in ink aft. del.* 'conditions for modifying their future [*t. intrl.*] formation is provided by observation of failure to agree.' D; 'F' *ov.* 'f' *aft. del.* 'while' H; 'deviations' *aft. del.* 'the' D
238.22 improving] *alt. fr.* 'improvement' *bef. del.* 'of' H
238.24 (i)] *t. intrl. w. ink caret*
238.24 problem] *aft. x'd-out* 'central'
238.25 as well as] *ab. del.* 'and' H
238.25 cases] *in ink w. caret ab. x'd-out* 'cases'
238.25 things] *bef. x'd-out* 'in the relation of'
238.26 that] *aft. x'd-out* 'and'

238.26 (ii)] *t. intrl. w. ink caret*

238.27 that] *in ink w. caret ab. del.* 'which' [*aft. x'd-out* 'by']

238.28 (iii)] *t. intrl. w. ink caret*

238.29 evaluated] *alt. fr.* 'valuated' H

238.29 means,] *comma added in ink*

#238.29 interaction] *aft. ink del.* 'their'

238.29 external] *t. intrl.*

238.29 or] *intrl. in ink w. caret*

238.30 Ends-in-view,] *comma added* H

238.31 results,] *in ink w. caret ab. del.* 'outcomes' D; *comma added* H

#238.31 function themselves] *marked to transpose fr.* 'themselves function' H

238.31 or,] *comma added in ink*

238.32 in] *bef. ink del. comma*

238.32 Desires,] 'D' *in ink ov.* 'd'; *aft. del.* 'Both'; *comma added*

238.32 interests,] *aft. del.* 'with' [*t. ab. x'd-out* 'and']

238.32 environing] *aft. x'd-out* 'external'

238.33 means] *bef. x'd-out* 'have ultimate to be conceived'

238.33[2] are] *intrl. in ink w. caret*

524 #238.34 *energies*] *alt. in ink fr.* 'energy' [*t. alt. fr. 'energies'*]

238.34 - 35 which . . . terms.] *intrl. in ink*

#238.35 Co-ordinations] 'C' *t. ov.* 'c'; *aft. x'd-out* 'an' [*aft. ink del.* 'As']

238.36 energies,] *comma added* H

238.37 environment,] *comma added* H

238.38 or "end"] *t. intrl. w. ink caret*

238.39 (if . . . practice)] *t. intrl. w. ink caret*

238.40 terms] *aft. ink del.* 'homogeneous [*aft. x'd-out* 'terms of'] physical'

238.40 of physical units.] *insrtd. in ink*

239.1 The] *aft. ink del.* '[¶] These conclusions do not constitute a complete or detailed theiry of valuation. They do, however, determine the conditions and limits of such a theory, [*comma added*] *and thereby [*w. caret ab. del.* 'in a way that'] provide [*alt. fr.* 'provides' [*bef. x'd-out* 'the program']] in outline* a program [*t. intrl. w. caret*] for formulation of such a theory. *Some of these main limiting conditions are the following;—(1) [*t. intrl. then del.*] Desires and interests (and hence valuations) arise and are formed [*alt. fr.* 'framed'] * within and [*t. intrl. w. caret bef. x'd-out* 'with reference to'] with reference to situations that actually present themselves [*bef. del.* 'and their are foreseen on the ground of conclusions reached be-'] *in existence. Desire and interest are never the actual [*intrl. w. caret*] beginning* of valuation [*w. caret ab. t. intrl. then x'd-out* 'either' *t. intrl. then* *del.* 'in'] [*t. intrl. w. caret*]

239.3 An] *in ink ov.* 'The'

239.3[2] theory] *aft. x'd-out* 'complete'

239.5 systematically] *intrl.* H

239.5 their] *aft. x'd-out* 'ar'

239.5 brought] *aft. del.* 'were' [*intrl. in ink w. caret* D] H

239.5 to] *aft. ink del.* 'systematically'

239.6 ends.] *in ink w. caret ab. del.* 'human beings.'

239.6 For] *aft. x'd-out* 'The'

239.8 and by] *intrl. in ink w. caret*

239.9 adequate] *in ink ab. del.* 'systematic'

239.10 advanced] *aft. ink del.* 'that have been'

239.10 conclusions] *aft. ink del.* 'the'

239.10 outline] *aft. ink del.* 'serve to'

239.11 rather ... theory.] *in ink w. caret ab. x'd-out* 'in the concrete'

239.11 The] 'T' *ov.* 't' H

239.11 – 12 can be] *w. caret ab. del.* 'being' H

239.12 only by] *in ink w. caret ab. del.* 'in the'

239.12 regulated] *t. intrl. w. ink caret*

239.12 the] *intrl. in ink w. caret* 525

239.13 The] *aft. x'd-out* 'As thus'

239.14 undertaking] *bef. del.* 'is that' H

#239.15 is that] *intrl. w. caret* H

239.16 outset,] *bef. ink del.* 'in [*aft. x'd-out* 'either'] actual cases of the occurrence of desires and valuations'

239.16 *and*] *t. ab. x'd-out* 'or an'

239.17 not,] *comma added* H

239.17 as they] *intrl. in ink w. caret*

239.17 may at] *insrtd.* H

239.17 first appear,] *intrl. in ink* D; *comma added* H

239.17 starting-points,] *aft. del.* 'the' H; *comma added in ink bef. del.* 'or' D

239.17 or] *in ink ov.* 'and'

239.20 within] *bef. x'd-out* 'such'

239.20 *field*] *bef. ink and penc. del.* 'of this sort'

239.20 is menaced] 'is' *insrtd.*

239.21 introduces] *bef. del.* 'either'

239.21 of] *w. caret ab. del.* 'that is'

239.22 An] *aft. x'd-out* 'Only'

239.22 – 23 set of] *t. intrl. w. caret*

239.23 interrelated] *intrl. in ink aft. t. intrl. then del.* 'connected'

239.23 which] *bel. del.* 'that'

239.24 produce] *aft. x'd-out* 'introduce'

239.24 one] *insrtd.* H

239.24 a definite] *intrl.* H
239.25 order] *aft. penc. and ink del.* 'a more effective'
239.25 in] *bef. x'd-out* 'to'
239.25 processes] *alt. fr.* 'process'
239.26 The] *aft.* '¶'
239.26-27 test ... observation.] *in ink w. caret ab. del.* 'test of any given valuation is [*bef. del.* 'a fact'] capable of observational execution.'
239.28 including] *bef. ink del.* 'of course'
239.28 environing] *aft. x'd-out* 'their'
239.29 it] *intrl. in ink w. caret*
239.30 against adverse conditions?] *t. intrl.*
239.31 to produce] 'to' *intrl. in ink*
239.31 another] *alt. in ink fr.* 'andother'
239.31-32 behavioral] *t. intrl. w. ink caret*
239.32 and] *aft. x'd-out and del.* 'of'
239.32 actual] *aft. x'd-out* 'field'
239.32 field] *bef. x'd-out* 'which'
239.33 end,] *comma added* H
239.33 desire-efforts] *alt. in ink fr.* 'desire-effort'
526 239.33 (or] *in ink ab. del.* 'and'; *paren. added*
239.34 an] *t. intrl.*
239.34 interest)] *paren. added in ink*
239.34 Determination] 'D' *in ink ov.* 'd' *aft. del.* 'For'
239.35 this] *aft. ink del.* 'what'
239.35 an] *intrl. w. caret* H
239.35 of behavior] *in ink w. caret ab. del.* 'is'
239.35 *what*] *undrl. in ink*
239.36 Until] *t. ab. x'd-out* 'When'
239.36 there is] *circled in ink w. guideline to restore* [*del.*]
239.36 actual or threatened] *t. w. caret ab. x'd-out and ink del.* 'no'
#239.36 shock,] *comma added in ink*
239.36 of a] 'a' *in ink ov.* 'the'
239.39 where] *alt. fr.* 'when' H
239.39 doubt,] *aft. ink. del.* 'ground for any' D; *comma added* H
239.39 of] *in ink ov.* 'for'
239.40 an] *in ink ov.* 'some'
239.40 empirical] *t. intrl. w. ink caret*
240.2 reached] *bef. x'd-out comma*
240.3 need for] *intrl. in ink w. caret*
240.4 proof] *bef. x'd-out comma*
240.4 on] *alt. in ink fr.* 'upon'
240.4 occurrence] *aft. ink del.* 'the'
240.4 that] *insrtd. in ink*

240.5 that] *insrtd. for del.* 'that' [*t. ab. x'd-out* 'that']

240.5-6 Examination] 'E' *t. ov.* 'e' *aft. x'd-out* 'The'

240.6 to] *bef. ink del.* 'both'

240.7 serve] *aft. ink del.* 'can' [*aft. x'd-out* 'or']

240.7 positive] *intrl. in ink w. caret*

#240.9 valid] *aft. x'd-out* 'a'

240.9 effective] *aft. x'd-out* 'cser'

240.9 desires] *bef. del.* 'are formed' H

240.9 ends-in-view] *alt. fr.* 'end-in-view' H

240.11 which] *t. ab. x'd-out* 'that'

240.15 ultimate] *bef. ink del.* ', as well as original,'

240.16 we can] *intrl. w. caret* H

240.17 empirically] *intrl. in ink w. caret*

240.17 check] *aft. del.* 'to' H

240.17 or test] *intrl. in ink w. caret*

240.17 them.] *period added in ink bef. del.* 'empirically.'

240.17 If] *aft. x'd-out* 'The'

240.17 desire] *in ink ab. del.* 'they'

240.17-18 nature] *aft. x'd-out* 'and'

240.18 if it were] *intrl. in ink w. caret*

240.18 the] *in ink ab. del.* 'any' 527

240.18-19 structure ... some] *intrl. in ink w. caret*

240.19 situation,] *comma added in ink*

240.19 hence had no] *in ink w. caret bel. del.* 'of a'

240.20 an existential] *in ink w. caret ab. del.* 'the'

240.20 situation,] *comma added bef. del.* 'of' [*bef. ink del.* 'which they are constituents,' D] H

240.21 an ideational or intellectual] *t. ab. x'd-out* 'any an element of a'

240.21 factor] *aft. ink del.* 'conditioning'

240.22 desire,] *comma added in ink*

240.22 necessity] *aft. x'd-out* 'need of'

240.22 fulfilment of] *intrl. in ink aft. del.* 'empiri'

240.22-23 the empirical conditions of its] *in ink w. caret ab. del.* 'some control of its'

240.24 is.] *in ink w. caret ab. del.* 'to be.'

240.24 The insistence] *t. w. ink caret ab. x'd-out* 'It'; 'The' *alt. fr.* 'This'

240.25 "moral"] *quots. added in ink*

240.25 springing from] *t. w. ink caret ab. x'd-out* 'due to'

240.25-26 *an interest in the*] *w. caret ab.* '*interest in' [*ink del.* D] H

240.26^{2} in] *bef. x'd-out* 'fac'

240.27 desires] *aft. x'd-out* 'such'

240.27 from] *bef. x'd-out* 'the'

240.28 occur,] *comma added in ink*

240.28 – 29 and . . . means,] *in ink aft. del.* 'when that field is disturbed,'

240.28 in which] *in ink w. caret ab. del.* 'since'

240.28 either] *intrl. in ink w. caret*

#240.29 good] *aft. del.* 'as' H

#240.30 *empirical*] *undrl.* H

240.31 be,] *comma added in ink*

240.31 when] *bef. ink del.* 'it is'

240.31 – 32 examined,] *comma added in ink*

240.32 dialectical] *aft. x'd-out* 'conceptual or'

240.32 *concepts*] *aft. ink del.* 'the' [*t. ab. x'd-out* 'certain']

240.33 at large,] *in ink w. caret ab. del.* ': which in any case'

240.33 a procedure which] *intrl. in ink w. caret*

240.33 desire is] *in ink w. caret ab. del.* 'they are'; 'desire' *alt fr.* 'desires'

240.34 in . . . its] *in ink w. caret ab. del.* 'at large or out of their'

240.35 theories] *aft. x'd-out* 'intellect'

240.35 an] *aft. x'd-out* 'one'

240.36 out] *bef. del.* 'an' H

528 240.36 a complementary] *t. intrl.*

240.36 error at] *bef. x'd-out* 'another'

240.36 the other] *aft. del.* 'at' H

240.37 isolates] *alt. in ink fr.* 'isolating' *aft. del.* 'in'

240.39 possibility] *in ink w. caret ab. del.* 'mode'

240.39 – 40 objectives.] *period in ink ov. comma*

240.40 It thereby] *intrl. in ink w. caret*

240.40[2] It] *aft. x'd-out* 'Acted'

241.2 value] *alt. in ink fr.* 'values'

241.3 it were] *t. intrl. w. ink caret*

241.4 upon,] *comma added* H

241.4 produce] *bef. ink del.* 'chaot-/c'

241.4 disordered] *alt. in ink fr.* 'disorder.'

241.4 – 5 behavior . . . chaos.] *intrl. in ink w. caret*

241.5 of conflicts,] *comma added in ink*

241.6 conflicts,] *comma added in ink bef. del.* 'at that'

#241.7 fact] *alt. in ink fr.* 'act'

241.7 some] *aft. ink del.* 'a'

241.7 intellectual] *t. intrl. w. ink caret*

241.7 respect] *in ink w. caret ab. del.* 'regard'

241.8 does . . . in] *in ink w. caret ab. del.* 'does in fact enter into the'

241.9 However,] *in ink aft. del.* 'But'

241.9 implications] *aft. x'd-out* 'tenden'

241.11 such as to evoke] *in ink w. caret ab. del.* 'so marked that'

241.11 theory,] *comma added in ink*

241.11 one,] *in ink w. caret ab. del.* 'is called out,'

241.11 however,] *t. intrl. w. ink caret; comma added*

241.11 which has] *in ink ab. del.* 'having'

241.13 concrete] *aft. ink del.* 'the requirements of'

241.13 situations,] *comma in ink ov. period*

241.13[1] their] *insrtd. in ink aft. del.* 'and' [*insrtd.*]

#241.13 potentialities and requirements.] *intrl. in ink w. caret*

241.14 - 15 ultimate] *aft. ink del.* 'the'

241.16 or] *in ink ov.* 'and'

241.17 unless ... subjected] *in ink ab. del.* 'and nothing to do with valuation save to be subject'

241.18 ends] *bef. x'd-out* ', as critieria and ideas.'

241.18 and ideals] *intrl. in ink w. caret*

241.19 - 20 disordered] *alt. fr.* 'disorder' *bef. del.* 'of' H

241.20 fire] *aft. ink del.* 'consuming'

241.20 absolutism. It] *period in ink ov. comma*; 'It' *w. caret ab. del.* 'which'

241.20 confers] *alt. in ink fr.* 'confer'

241.22 certain persons] 'certain' *insrtd.* H *529*

241.22 or] *in ink ov.* 'and'

241.22 groups] *aft. del.* 'certain' [*intrl. in ink w. caret* D] H

241.23 which,] *comma restored in ink* [*del.* H] D

241.23 turn,] *comma added* H

241.24 strengthens] *aft. x'd-out* 'leds to'

241.24 notion] *ab. del.* 'view' H

241.24 that] *bef. del.* 'there is' H

241.24 no] *t. intrl. w. ink caret*

241.24 and empirically] 'and' *intrl. in ink w. caret*

241.25 desires,] *comma added bef. del.* 'possible,' [*intrl. in ink w. caret* D] H

241.25 hence] *bef. del.* 'none' H

241.25 - 26 value-properties,] *comma ov. period* H

241.26 is possible.] *intrl. w. caret* H

241.29 bare] *intrl. in ink w. caret*

241.29 *concept*] *undrl. in ink*

241.29 for] *bef. x'd-out* 'an'

241.30 observation] *aft. ink del.* 'empirical'

241.30 concrete,] *comma added* H

241.30 is thus] *aft. x'd-out* 'thus cont'

241.30 The] 'T' *in ink ov.* 't'

241.31 *a priori*] *undrl. in ink*

241.34 - 35 capable of] *w. caret ab. del.* 'subjected [*alt. in ink fr.* 'subject' D] to' H

#241.35 'in the light of'] *intrl. w. caret* H

241.35 the resources] *in ink w. caret ab. del.* 'by means'

#241.36 advance] *aft. ink del.* 'the'
242.4 study,] *in ink w. caret ab. del.* 'section,'
242.7 which] *bef. ink del.* 'in fact'
242.9 can] *bef. del.* ', [*comma added in ink* D] as [*bef. x'd-out.* 'already sa' D] just said,' [*comma added* D] H
242.11 concrete] *aft. x'd-out* 'the'
242.11 The] *in ink w. caret ab. del.* 'This'
242.16 furthers] *alt. in ink fr.* 'further'
242.16 assists,] *comma added*
242.16 a] *ov.* 'the'
242.16 activity,] *comma added in ink*
242.17 that] *t. intrl. w. ink caret*
242.19 activity,] *comma added in ink*
242.21 'avail,'] *undrl. in ink* D; *quots. added* H
242.21 'valor,'] *undrl. in ink* D; *quots. added* H
242.21 'valid,'] *undrl. in ink* D; *quots. added* H
242.21 'invalid.'] *undrl. in ink* D; *quots. added* H
530 242.22 idea] *aft. ink del.* 'is'
242.22 proof] *aft. ink del.* 'the'
242.22 that if,] *comma added* H
242.22 *only* if,] *comma added* H
242.24 possible;] *semicolon alt. fr. comma* H
#242.25 are] *aft. del.* 'being' [*in ink ab. del.* 'are' D] H
242.25 grounded] *aft. ink del.* 'themselves'
242.27 propositions] *aft. ink del.* 'st'
242.27 activities] *t. w. ink caret ab. x'd-out* 'things' [*aft. x'd-out* 'means']
#242.27 relation] *aft. ink del.* 'continuing'
#242.27 continuous] *intrl. in ink w. caret*
242.29 plans] *t. intrl. w. ink caret*
242.30 intelligent] *insrtd.* H
242.30 activity.] *period added bef. del.* 'when it is other than merely impulsive and routine.' H
242.31 directly,] *comma added in ink*
242.31 or] *intrl. in ink*
242.31 inspection,] *comma added in ink*
242.33 they] *aft. x'd-out and ink del.* 'but'
242.33-34 methodic] *t. alt. fr.* 'method'
242.35 respective] *t. intrl. w. ink caret*
242.36 the] *t. intrl. w. ink caret*
242.37 conditions] *aft. ink del.* 'the'
242.38 resolved,] *comma added* H
242.38 and] *bef. ink del.* 'thereby'
243.1 in this way] *intrl. in ink w. caret*

243.1 leading] *in ink bel. del.* 'guiding'

243.4 them] *bef. del.* '* in particular and as generalizations' [*t. intrl. w. ink caret* D] H

243.5 or] *w. caret ab. del. comma* H

243.5 prize,] *comma added* H

243.6 in] *aft. x'd-out* 'of'

243.6 principle,] *ab. del.* 'theory' H; *comma added in ink* D

243.7 no matter how] *in ink w. caret ab. del.* 'however'

243.8 But] *bef. ink del.* 'since'

243.8 whole,] *comma added in ink*

#243.10 either] *aft. x'd-out* 'wi'

243.12–13 of scientific ... valuations] *intrl. w. caret* H

243.13 are readily] *in ink w. penc. caret ab. ink del.* 'may be'

243.13–14 inherent] *t. intrl. w. ink caret*

243.14–16 Moreover, ... adequate.] *added* H; *aft. del.* '* Moreover, such knowledge as does exist about valuation is [*in ink w. caret ab. del.* 'A certain information [*aft. t. intrl. then del.* 'amount'] * on the [531
t. w. penc. caret ab. x'd-out 'of the'] subject [*aft. t. intrl. then x'd-out* 'subject'] exists, [*comma added in penc.*] but it is'] not organized [*bef. x'd-out* 'so'] to say nothing of being adequate. Since [*t. ab. x'd-out* 'in the absence of'] adequate information about [*t. ab. x'd-out* 'as to'] the actual valuations which have existed and which [*t. ab. x'd-out* 'have'] now exist [*t. alt. fr.* 'existed'] * is lacking [*t. intrl. w. penc. caret*], it follows* *a fortiori* [*t. w. penc. caret ab. x'd-out* 'a priori'] that the knowledge of [*bef. penc. del.* 'the'] conditions and consequences which is required for their valuation as operative means, [*comma added in penc.*] is * a fortiori [*t. intrl.*] lacking.' D

243.16 The] *aft.* 'no ¶' *insrtd.*

243.17 in] *ab. del.* 'as' H

243.17 value-conceptions] *t. w. caret ab. x'd-out* 'they'

243.19 beliefs] *bef. del.* 'that'

243.19 Human] *aft. x'd-out* 'They exist'

243.20 valuations.] *period added* H

#243.20–24 The latter ... provide] *added* H; *aft. penc. del.* 'and the [*alt. in ink fr.* 'they'] latter [*intrl. in ink*] supply [*in penc. w. penc. caret ab. penc. del.* 'are'] the primary material for [*in ink ab. ink del.* 'of'] * operations of further [*intrl. in ink w. ink caret*] valuations, [*alt. in ink fr.* 'valuation-theory.'] * and for the general theory of valuation. [*added in ink*] [¶] Knowledge of these valuations does not of itself provide [*aft. x'd-out* 'consist'] valua-/' D

243.24 valuation-propositions] *alt. in ink fr.* 'valuations propositions'

243.25–26 factual] *t. intrl. w. ink caret*

#243.27　only] *in ink w. caret ab. del.* 'nothing more than'

243.28　ordered,] *alt. in ink fr.* 're-ordered'; *comma added*

243.29　in] *in ink ov.* 'to'

243.30 - 31　becomes] *alt. fr.* 'become' H

243.31[1]　the] *t. alt. fr.* 'their'

243.32　This] 'T' *in ink ov.* 't' *aft. del.* 'For'

243.32　probable] *bef. x'd-out* 'prospective'

243.32 - 33　consequences] *bef. x'd-out* 'and'

243.33　activities] *bef. x'd-out period*

#243.33　so as] *in ink w. caret ab. del.* 'and'

243.33　conduct.] *period added in ink bef. del.* 'accordingly.'

243.35　present] *t. intrl. w. ink caret*

243.35 - 36　depends] *bef. x'd-out* 'upon'

243.36　ability] *aft. x'd-out* 'the'

243.36　these] *t. w. ink caret ab. x'd-out* 'the'

243.37　constituent] *t. alt. fr.* 'constituents'

532 243.37 - 38　in gross] *alt. in ink fr.* 'en gross'

243.38　correspondingly] *alt. in ink fr.* 'corresponding'

243.38　indefinite. The] *alt. in ink fr.* 'indefinite; the'

243.40　elementary] *aft. ink del.* 'more'

244.2　knowledge] *bef. x'd-out* 'and of abi'

244.3　impossible] *bef. ink del.* 'that'

244.3　be] *aft. ink del.* 'can'

244.3　propositions] *bef. ink del.* 'which'

244.4　formulating] *alt. in ink fr.* 'formulate' *aft. x'd-out* 'state'

244.4　new valuations] *in ink w. caret ab. del.* 'them'

244.4　consequences] *aft. ink del.* 'the' [*insrtd.*]

244.4　specified] *in ink ab. del.* 'detailed'

244.7　they] *alt. in ink fr.* 'their'

244.7　are placed] *in ink w. caret ab. del.* 'seen'

244.8　valuation-events] *hyphen added in ink*

244.8　continuous.] *period ov. comma* H

244.8 - 11　Without ... existing] *added* H; *aft. penc. del.* 'while [*in ink w. caret ab. del.* 'and'] without this perception the future perspective* (that is, the consequences of** present & new [*in ink w. caret ab. del.* 'existing'] valuations) [*t. intrl.*] is indefinite. In the degree in which existing' D

244.12　conditions,] *bef. ink del.* 'as their "effects",'

244.13　the] *intrl. in ink*

244.13　ground] *alt. in ink fr.* 'grounds'

244.14　of evidence] *intrl. in ink w. caret*

244.14　capable] *aft. del.* 'that is' [*in ink ov.* 'are' D] H

244.15　be] *in ink w. caret ab. del.* 'were'

244.16　have] *alt. in ink fr.* 'had'

244.16–17 conditions,] *comma added in ink*
244.18 exclusive] *aft. ink. del.* 'special and'
244.18 advantages,] *comma added in ink*
244.19 maintenance] *bef. x'd-out* 'had and'
244.19 has] *in ink w. caret ab. del.* 'where found to have'
244.19 both] *intrl. in ink w. caret*
244.19 range of the] *intrl. in ink w. caret*
244.20 actualize] *aft. x'd-our* 'realize them'
244.20 them.] *period added in ink bef. del.* 'in fact.'
244.22–23 the desires ... valuation?] *in ink ab. ink and penc. del.* 'the set of valuations in questions?'
244.23–24 Not ... re-valuation] *added* H; *aft. penc. del.* 'Not that such re-valuation' D
244.24 when] *aft. x'd-out* 'the'
244.26[1] have] *alt. in ink fr.* 'had'
244.26 previously] *intrl. in ink w. caret*
244.26 supposed] *bef. del.* 'to have, to be not what they' 533
244.26 exist] *aft. ink del.* 'would'
244.27 is] *aft. x'd-out* 'was'
244.27 continued maintenance.] *in ink ab. del.* 'support.'
244.28 is] *in ink ab. del.* 'would be'
244.28 a] *in ink ab. del.* 'the'
#244.29 *develops as*] w. caret bef. del. '* *ensues as*' [in ink w. caret ab. del. *'is' D*] *H*
244.30 contain] *aft. ink del.* 'may'
244.30 disease germs.] *alt. fr.* 'germs of disease.' H
244.30 If,] *comma added in ink*
244.30 on] *alt. in ink fr.* 'one'
244.31 hand,] *comma added in ink*
244.31 shows] *alt. in ink fr.* 'showed'
244.32 be] *in ink ov.* 'were'
244.33 interest,] *comma added* H
244.33 does so] *insrtd. in ink bef. del.* 'do it'
244.34 that] *aft. x'd-out* 'which'
244.34 reinforcement] *bef. ink del.* 'support'
244.35 all] *in ink w. caret ab. del.* 'the'
244.35 impossible] *aft. ink del.* 'practically'
244.35 for] *in ink ov.* 'that'
244.36 not] *aft. ink del.* 'would'
244.36 to] *intrl. in ink*
244.36 as a bulwark of] *in ink w. caret ab. ink and penc. del.* 'to protect this'
244.36 the] *insrtd.* H
244.37 valuations in question,] *comma added in ink aft.* 'valuations' D;

'in question' *intrl. w. caret* H
244.37[1] to] *intrl. in ink*
244.37 - 38 to sustain them in existence.] *in ink ab. del.* 'in their behalf.'
244.39 II.] *ov.* '3.' D; '¶' *insrtd.* H
244.40 met] *alt. in ink fr.* 'meet'
244.40 past and] *t. intrl. w. ink caret*
245.1 becomes] *insrtd. bef. del.* 'is' [*in ink w. caret ab. del.* 'may become' D] H
245.1 valuation] *aft. del.* '*their*'
245.2 new] *insrtd. in ink aft. del.* 'more valid'
245.2 interests: —] *dash added in ink bef. del.* 'that is,'
245.2 Of desires] 'O' *in ink ov.* 'o'
245.3 the] *intrl. in ink w. caret*
245.3 test] *alt. in ink fr.* 'tested'
245.3 of] *intrl. in ink w. caret*
534 245.3 show] *alt. in ink fr.* 'shows'
245.3 best] *in ink ab. del.* 'better'
245.3 fostering?] *bef. del.* '" than others? [*intrl. in ink w. caret*] On the negative side, [*comma added in ink*] the implication of this question is that there is not possible any'
#245.4 It is clear that on our view] *added* H; *aft. del.* 'Since' [*intrl. in ink w. caret*] D
245.4 no] *intrl. in ink*
245.4 valuation] *bef. ink del.* 'which'
245.5 - 6 as ... them.] *in ink ab. del.* 'and used to criticize tham and provide rules for their correction.'
245.7 - 8 The ... valuations] *added* H; *aft. penc. del.* '[¶] Improved [*bef. ink del.* 'schemes of'] valuation must grow out of [*intrl. in ink w. caret*] existing' [*aft. ink del.* 'empirically'] D
245.8 critical] *intrl. w. caret* H
245.10 probably] *bef. del.* 'even' [*intrl. w. caret*] H
245.12 bringing] *aft. x'd-out* 'relating'
245.13 like] *aft. del.* 'something'
245.13 - 14 bootstraps] *aft. del.* 'own'
245.14 impression arises] *ab. del.* 'appearance emerges' [*aft. x'd-out* 'airses' D] H
245.14 because of] *w. caret ab. del.* 'when there is'
245.15 how] *w. caret ab. del.* 'the way in which'
245.15 may] *w. caret ab. del.* 'can'
245.16 another,] *semicolon ov. colon* H
245.16 by] *intrl. w. caret*
245.17 Only] 'O' *ov.* 'o' *aft. del.* 'For'
245.17 will] *aft. x'd-out* 'can they'
245.18 are] *w. caret ab. del.* 'will be'

245.21 that] *w. caret ab. del.* 'which'

#245.23 were before the rise of modern science] *w. caret ab. del.* 'are'

245.24 were] *w. caret ab. del.* 'apart from application of theory of highly generalized propositions'

245.25 advance] *bef. del.* 'in these sciences'

245.25 conceptions] *aft. del.* 'the'

245.25 that formed] *ab. del.* 'which provided'

245.26 content] *w. caret ab. del.* 'material'

245.26 theory] *alt. fr.* 'theories'

245.27 were then] 'were' *intrl. w. caret bef.* 'then' [*t. intrl.*]

245.27 - 28 together] *moved w. caret and guideline fr. aft.* 'matters-of-fact'

245.28 separate] *bef. x'd-out* 'facts'

245.29 ordinary] *aft. x'd-out* 'what happens'

245.29 operatively] *t. ab. x'd-out* 'conceived treated'

245.29 regarded] *bef. x'd-out* 'in'

245.30 water] *aft. del.* 'a method has been found for relating' 535

245.30 is related] *intrl. w. caret*

245.31 so] *w. caret ab. del.* 'such'

245.32 and,] *comma added* H

245.32 time,] *comma added* H

245.33 at present] *w. caret ab. del.* 'also'

245.34 facts ... in] *w. caret ab. del.* 'events as potential data now existing in a state of'

245.35 another. But] *alt. fr.* 'another, but'

245.36 empirical] *intrl. w. caret*

245.36 order] *bef. del.* ', empirically speaking, '

245.36 which] *w. caret ab. del.* 'that' [*aft. x'd-out* 'to']

245.36 relating] *alt. fr.* 'relate' *aft. del.* 'being [*aft. x'd-out* 'use'] used to'

245.37 resulting] *moved w. caret and guideline fr. aft.* 'propositions'

245.37 propositions] *bef. del.* 'from their ascertained relations'

245.40 such] *t. intrl. w. caret*

245.40 connections] *alt. fr.* 'connection' *bef. x'd-out* 'with'

246.1 is borne] *ab. x'd-out* 'will be borne'

246.1 are lacking.] *ab. del.* 'in the way of hypotheses that operate [*bef. x'd-out* 'as'] in the fashion in which hypotheses function in physical sciences-namely, as methodological means of dealing with [*bef. x'd-out* 'with'] the new problems that prevent themselves.'

246.1 - 2 of ... another] '* of means for bringing [*alt. fr.* 'bring'] actual valuations into relations with one another' [*t. intrl. w. caret*]

246.3 belief] *aft. del.* 'the'

246.4 actual] *bef. x'd-out* 'and concrete'

246.4 - 5 valuations.] *aft. del.* 'existing'; *period added bef. del.* 'as the concrete phenomena [*bef. x'd-out* 'for upon'] with [*t. intrl*] which a [*t. intrl.*] theory of valuation must operate.'

246.5 cause] *aft. del.* 'the'

246.5 some method of] *ab. del.* 'the absence of a working empirical [*t. intrl. w. caret*] method of'

246.6-7 in . . . method,] *intrl. w. caret*

246.7 *any*] *undrl.*

246.7-8 satisfy] *aft. x'd-out* 'provide th'

246.8 theories,] *comma added*

246.9 prestige,] *comma added*

246.10 for] *aft. x'd-out* 'of'

246.10 of] *ab. del.* 'which will'

246.10 relating] *alt. fr.* 'relate'

536 246.10 valuations,] *comma added* H

246.11 and] *aft. del.* 'together'

246.11 by] *ov.* 'in'

246.11 intellectual] *w. caret ab. del.* 'the'

246.11 for] *bef. x'd-out* 'so'

246.12 desires] *bef. del.* 'as [*aft. x'd-out* 'that'] they first arise'

246.12 where] *aft. x'd-out* 'which'

#246.13 effects their] *w. caret ab. del.* 'is equivalent to *their*' D; 'e' *ov.* 'a' H

246.14 However,] *aft. insrtd.* '¶'

246.14 in the main] *moved w. caret and guideline fr. aft.* 'However,'

246.15 practical. They] *alt. fr.* 'practical, they' H

246.17 constitute] *w. caret ab. del.* 'operate as'

246.18 ends.] *period added* H; *bef. del.* 'and policies' D

246.18 This . . . by] *ab. del. dash* H

246.18-19 *a priori*] *undrl.*

246.19 whole,] *comma added*

246.19-20 these . . . to] *w. caret ab. del.* 'them and' H

246.22 subject-matters] *w. caret ab. del.* 'domain'

246.22 scientific] *aft. del.* 'tby'

246.24 astronomy] *bef. del.* 'only'

246.25 which] *intrl. w. caret*

246.26 institutions] *bef. del.* 'and these institutions saw a threat to their authoritative influence in'

246.26 regarded] *intrl.*

246.27 as a menace.] *intrl. w. caret*

246.27-28 the methods which yielded] *intrl. w. caret*

246.28 propositions] *bef. del.* 'that are'

246.29 maintained] *aft. del.* 'have'

246.29-30 widened] *aft. del.* 'have' [*aft. x'd-out* 'and']

246.30 gained . . . influence.] *ab. del.* 'increased their influence.'

246.32 substantial] *w. caret ab. del.* 'material'

246.33 which the] 'the' *ab. del.* 'the needed'

246.34 which is required] *intrl. w. caret*

246.34 into] *alt. fr.* 'in' *bef. del.* 'the'

246.34 – 35 purporting] *alt. fr.* 'purport' *aft. del.* 'that'

246.36 science] *bef. x'd-out* ', especially in the biological field, '

246.36 had] *t. alt. fr.* 'has'

246.37 valuation,] *comma added bef. x'd-out* 'which was'

246.37 capable] *bef. intrl. then del.* 'in'

246.37 – 38 in turn] *intrl. w. caret*

246.38 regulating] *t. alt. fr.* 'regulation'

246.38 production] *aft. x'd-out* 'for'

246.38 valuations,] *comma added*

246.39 Desires] 'D' *t. ov.* 'd' *aft. x'd-out* 'On the non-biological side, ' 537

246.39 – 40 consequences] *aft. x'd-out* 'their'

246.40 only when] *w. caret ab. del.* 'as'

246.40 the] *t. ab. x'd-out* 'a physical'

247.1 – 2 conditions.] *period added bef. del.* 'that exist. '

247.2 no] *aft. x'd-out* 'of the'

247.4 the] *ab. del.* 'there was not possible that'

247.5 alternative] *aft. x'd-out* 'va'

247.5 – 6 involved in] *w. caret ab. del.* 'without which'

247.6 was] *w. caret ab. del.* 'as means is'

247.6 – 7 how recently —] *w. caret ab. del.* 'the short time —' H

247.8 the arts] *aft. del.* 'in which' H

247.9 affairs] *w. caret ab. del.* 'things'

247.9 – 10 the backward . . . with] *bef. x'd-out* 'human activities'; *t. ab. x'd-out* 'there is no cause for surpi'

247.10[2] the . . . men.] *added* H; *ov. erased* 'the activities of' *and illeg. words* D

247.11 provides] *aft. del.* 'the activities in which human beings are related to one another, or [*t. intrl.*] the social and political arts to [*ab. del.* 'of'] which morals belongs — [*intrl. w. caret*] is one form, '

247.14 yet] *aft. del.* 'and' H

247.15 valuation] *alt. fr.* 'valuations' *bef. x'd-out* 'is hardly'

247.18 to] *ov.* 'in'

247.18 produce] *alt. fr.* 'producing'

247.18 estimated. This] *alt. fr.* 'estimated: — this' H

247.19 is] *ab. del.* 'being' H

247.20 moreover,] *intrl. w. caret* D; *comma added* H

247.21 central to] *ab. del.* 'that dominated' H

247.21 for] *ov.* 'as'

247.22 that] *alt. fr.* 'the' [*bef. x'd-out* 'required']

247.22 which is] *intrl. w. caret*

247.24 form] *w. caret ab. del.* 'be'

247.27 physical] *bef. x'd-out* 'int'

247.28 problem] *t. alt. fr.* 'problems'

247.28 that of] *t. w. caret ab. x'd-out* 'as to'

247.29 discovering] *intrl.*

247.30 the actual] *t. intrl. w. caret*

247.31 - 32 the phenomena of] *t. intrl. w. caret*

247.33 as] *t. intrl. w. caret*

247.33 physical] *bef. x'd-out* 'thi'

247.34 a] *ov.* 'a' *aft. del.* 'biological science,'

247.35 creatures] *bef. del. comma*

538 #247.36 a valid] *w. caret ab. del.* 'the necessary'

247.36 biology] *w. caret ab. del.* 'it'

247.37 facts which lie] *w. caret ab. del.* 'of mediating?'

247.37 between] *aft. x'd-out* 'di'

247.37 the non-human] *'the' intrl. w. caret*

247.37 the human,] 'the' *intrl.; comma added*

247.38 the apparent] *aft. del.* 'phenomena'

247.38 - 39 those of the former] *w. caret ab. del.* 'one another'

247.39 doctrine] *ab. del.* 'notion' [*aft. x'd-out* 'idea' D] H

247.40 be ... one.] *w. caret ab. del.* 'have the support of obvious facts.'

247.40 missing] *intrl. w. caret*

247.40 link] *bef. del.* 'that is still missing'

248.2 biological. As] *Period ov. comma;* 'As' *ov.* 'as' *aft. del.* 'but'

248.2 in process of] *w. caret ab. del.* 'now'

248.2 forging,] *comma added*

248.3 expect] *aft. x'd-out* 'soon'

248.3 obstacles] *t. alt. fr.* 'obstacle'

248.4 be] *bef. intrl. w. caret then del.* 'rather'

248.5 that flow from] *w. caret ab. del.* 'that are bound up with' H

248.5 institutional and class] *t. intrl. w. caret*

248.5 - 6 interests] *bef. del.* '* than of those of intellectual deficiencies.' [*w. caret ab. del.* 'which would be undermined by the development of a workable method of valuations.']

248.6 rather ... deficiencies.] *added aft. illeg. erasure* H

248.8 (which] *ab. del.* 'that'; *paren. added*

248.8 instructively] *aft. del.* 'be'

248.8 be] *intrl. w. caret*

248.8 - 9 anthropology)] *Paren. added*

248.12 which,] *comma added*

248.13 appetite,] *comma added*

248.13 transformation] *aft. del.* 'some' [*aft. x'd-out* 'the']

248.14 their] *aft. del.* 'the [*aft. x'd-out* 'their'] consequences of'

248.15 current] *aft. x'd-out* 'the'

248.15 which,] *comma alt. fr. dash* H

248.15 properly,] *comma alt. fr. dash* H

248.17 than] *aft. x'd-out* 'and'

248.17 neglect —] *dash ov. comma*

248.19 thereby] *w. caret ab. del.* 'hence'

248.21 - 22 investigation] *t. alt. fr.* 'investigations'

248.22 desires] *aft. x'd-out* 'the'

248.23 Furthermore,] *intrl. w. caret*

248.26 being, —] *comma and dash t. ab. x'd-out* ', , , , have cooperated' 539

248.27 metaphysical] *t. intrl. w. caret*

248.28 a mentalistic realm] *w. caret ab. x'd-out* 'a metaphysical'

248.29 keep] *bef. x'd-out* 'the facts of'

248.29 unexamined] *alt. fr.* 'unexamine'; *t. intrl. w. caret*

248.29 - 30 traditions,] *t. alt. fr.* 'tradition,' *bef. x'd-out* 'and'

248.30 The] *insrtd.*

248n.1 - 2 "meaningless,"] *comma added bef. del.* 'The'

248n.2 usually] *insrtd.* H

248n.3 meaning,] *bef. del.* 'and that in this respect'

248n.3 - 4 in . . . Indeed,] *w. caret ov. illeg. erasure* H

248n.4 in] *ov. comma*

248n.4 this respect] *intrl. w. caret*

248n.6 concrete] *aft. del.* 'a'

248n.6 applications] *alt. fr.* 'application'

#248n.6 that profoundly modify] *w. caret ab. del.* 'change'

249.1 facts"] *aft. x'd-out* 'values'

249.4 their] *alt. fr.* 'the'

249.4 concrete content] *w. caret ab. del.* 'form they take'

249.6 impassable] *t. intrl. w. caret*

249.7 a] *ov.* 'the'

249.8 exists] *bef. del.* 'in fact'

249.10 exists] *bef. del.* 'in fact'

249.11 ideas] *aft. del.* 'the' [*t. intrl. w. caret* D] H

249.11 warrant] *bef. del.* 'and dominant emotions* that are [*intrl.*] practically' [*t. intrl.*]

249.11 - 12 and . . . practice] *intrl. ov. illeg. erasure;* 'uncontrolled' *further intrl. w. caret* H

249.13 probably] *intrl. w. caret* H

#249.13 source,] *bef. del.* 'without doubt' H

249.15 - 16 upon . . . side] *t. intrl. w. caret*

249.18 emotional] *bef. del.* 'in human action'

249.22[2] that] *w. caret ab. del.* 'an'

249.23 which] *w. caret ab. del.* 'that'

249.23 methods] *bef. x'd-out and del.* 'by'

249.23 attain] *aft. del.* 'we know have to be used to'

249.24[1] in] *bef. del.* 'respect to'

249.24 scientific inquiry] *ab. del.* 'physical matters' H

249.24 the] *bef. del. illeg. erasure* [*intrl. w. caret* D] H

249.25 rationale of inquiry] *ab. del.* 'latter methods' H

249.25 acquiring] *bef. x'd-out* 'emotional'

249.26 provides] *aft. x'd-out* 'will'

249.27 is] *bef. del.* 'accordingly'

540 249.30 If] *aft. insrtd.* '¶'

249.30 then] *t. intrl. w. caret*

249.30 discussion] *aft. x'd-out* 'the foregoing'

249.30 in ... study] *t. intrl. w. caret*

249.30 seems] *t. alt. fr.* 'seem' *aft. x'd-out and del.* 'should'

249.31 chief] *t. w. caret ab. x'd-out* 'its'

249.31 importance] *t. w. caret ab. x'd-out* 'presence'

249.31 valid] *t. w. caret ab. x'd-out* 'the'

249.32 formation of the] *t. ab. x'd out* 'the'

249.32 which] *t. w. caret ab. x'd-out* 'that'

249.32 are] *t. w. caret ab. del.* 'are'

249.32 sources] *t. alt. fr.* 'source'

249.33 to ... chiefly] *t. intrl. w. caret*

249.34 and] *bef. x'd-out* 'need of'

249.34 the necessity of] *t. intrl. w. caret*

249.34 factor] *bef. x'd-out comma*

249.34 – 35 empirically warranted] *t. ab. x'd-out* 'ascertainable'

249.35 matters-of-fact] *hyphens added*

249.35 *empirical*] *aft. x'd-out* 'only'

249.35 – 36 '— as distinct from *apriori* —'] *t. intrl. w. caret*; 'from' *bef. del.* 'the'

249.37 desire as] *t. w. caret ab. x'd-out* 'an'

249.37 emotional] *bef. x'd-out* 'factor'

249.37 isolation ... ideational.] *t. w. caret ab. x'd-out* 'separation from ideas.'

249.37 In] *aft. x'd-out* 'The'

249.38 fact ... outcome] *intrl. w. caret*

249.38 , the] *intrl. w. caret*

#249.38 *not*] *undrl.*

249.39 the least to] *t. w. caret ab. x'd-out* 'any way to the need of'

249.39 emotive] *bef. x'd-out and del.* 'factor'

249.39[3] the] *t. w. caret ab. x'd-out* 'an'

249.39 intellectual.] *Period ov. comma*

#249.40 Its only and its complete import is] *t. w. caret ab. x'd-out* 'but to'

249.41 behavior in ... speech,] *t. w. caret ab. del.* 'in which'

250.1 together;] *semicolon in ink ov. comma*

250.1 in] *aft. del.* 'or' ['r' *x'd-out*]

250.1 more] *aft. x'd-out* 'the hardly'

250.2 appraising] *aft. del.* 'are' [*t. intrl.*]
250.2 unite in] *t. w. caret ab. x'd-out* 'unite in the same'; 'unite' *t. alt. fr.* 'united'
250.3 growth] *t. ab. x'd-out* 'the advance'
250.4 has] *t. intrl.*
250.4 limited] *t. alt. fr.* 'limits'
250.4 the range of] *t. intrl. w. caret* 541
250.5 such things as] *t. intrl. w. caret*
250.6 absurd ... place] *t. ab. x'd-out* 'contradicted by accomplished fact'
250.6 holds] *t. alt. fr.* 'hold' *aft. x'd-out* 'can'
250.7 it.] *t. insrtd. bef. x'd-out* 'such an idea.'
250.7 operation] *t. w. caret ab. x'd-out* 'formation and manifestation'
250.7 desire] *alt. fr.* 'desires'
250.7 producing] *t. intrl.*
250.8 also be liberated] *w. caret ab. del.* 'be similarly emancipated'
250.8 too] *ov.* 'also' [*t. intrl.*]
250.9 ordered] *aft. del.* 'capable of being'
250.10 The] *aft.* '¶'
250.10 *practical*] *t. intrl. w. caret*
250.10 problem] *bef. x'd-out* 'of the'
250.11 concerned,] *bef. x'd-out* 'is'
250.11 science,] *comma added aft. x'd-out period*
250.11–12 may ... For] *t. intrl. w. caret and guideline*
250.12 at] 'a' *t. ov.* 'A' *then intrl. to clarify*
250.12–13 gap ... exists] *t. w. caret ab. x'd-out* 'split is'
250.13 humanistic] *aft. x'd-out* 'the'
250.18 bheavior;] *semicolon ov. comma*
250.18 namely,] *comma added*
250.19 the] *intrl. w. caret*
250.19 ends.] *period added bef. del.* 'in their relations to one another.'
250.19 For] *bef. x'd-out* 'no'
250.19 desire,] *comma added* H
250.19 having] *t. w. caret ab. x'd-out* 'and'
250.19–20 ends-in-view,] *bef. x'd-out* 'is' *illeg. word* D; *comma and hyphens added* H
250.20 and hence involving valuations,] *t. intrl. w. caret* D; *comma added* H
250.21 behavior. On] *period ov. comma bef. del.* 'while,'; 'O' *ov.* 'o'
250.22 distinctively] *t. intrl. w. caret*
250.22 in] *intrl. w. caret*
250.24 emotion] *alt. fr.* 'emotions'
#250.24 a] *intrl. w. caret*
#250.24 trait.] *alt. fr.* 'traits.'
250.25 a] *undrl.*

250.25　(since] *paren. ov. comma* [*comma added*]

542 250.26　interest)] *paren. ov. comma* [*comma added*]

250.26-27　the valid] 'the' *intrl. w. caret*

在《新社会的经济基础》中的变更

这份文件保存在卡本代尔的南伊利诺伊大学莫里斯图书馆的特别收藏，是 10 页的打字稿。

#309.2-23　*after*] *t.* '*a*' *ov.* '*A*' *aft. x'd-out* 'of'

#309.2-23　belief] *aft. x'd-out* 'idea'

#309.2-23　order,] *comma added in penc.*

#309.2-23　in] *t. ab. x'd-out* 'upon the'

#309.2-23　economic] *bef. x'd-out* 'side'

#309.2-23　attendant] *t. intrl. w. penc. caret*

#309.2-23　supports] *aft. penc. del.* 'institutional'

#309.2-23　the] *alt. in penc. fr.* 'these'

#309.2-23　[needed]] *intrl. in penc. with caret*

#309.2-23　mind of] 'of' *t. ov.* 'in'

314.10　something] *t. ab. x'd-out* 'a word'

315.31　practice,] *in penc. ab. del.* 'attempt'

315.31　"normalcy" meaning] *in penc. w. caret ab. del.* 'to return to'

315.31-32　social-economic] *t. intrl. w. penc. caret*

315.32　regime.] *period in penc. ov. comma bef. del.* 'governing [*alt. fr.* 'governed'] our actions for a decade.'

315.32　Attempts] *aft. x'd-out* 'Meantime'

#315.34-35　European and South-American] *intrl. in penc. w. caret*

315.35　countries] *bef. penc. del.* 'moved'

315.36　place] *bef. penc. del.* 'in a sense'

315.37　Nevertheless,] *intrl. in penc.*

316.1　the] 't' *in penc. ov.* 'T'

316.1　internal] *t. intrl.*

316.1　has] *bef. penc. del.* 'neverthless'

316.3　1929,] *comma added in penc.*

316.6　World] *aft. x'd-out* 'Great'

316.7　exacerbated] *aft. penc. del.* 'an'

316.9　mainly] *intrl. in penc. w. caret*

316.13　mere] *t. w. penc. caret ab. x'd-out* 'new'

316.13　addition] *alt. in penc. fr.* 'additions'

316.13-14　Re-grouping] *hyphen added in penc.*

316.14　forces] *aft. x'd-out* 'certai'

316.15　has] *intrl. in penc. w. caret*

#316.16　social problems that are] *in penc. w. caret ab. del.* 'questions'

316.18 needed] *t. alt. fr.* 'need'
316.18 with] *in penc. w. caret ov.* 'in' 543
316.19 bound up] *in penc. ab. del.* 'involved'
316.20 and develop] *t. intrl. w. penc. caret*
316.20 liberalism,] *comma added in penc.*
316.22 for a] 'a' *insrtd. in penc.*
316.23 (a] *paren. in penc. ov. comma*
316.23 now] *t. intrl.*
316.23 measured)] *paren. in penc. ov. comma*
316.24 older] *aft. penc. del.* 'the'
316.25 freedom;] *semicolon in penc. ov. comma*
316.26 recreation] *bef. x'd-out comma*
316.27 the] *t. intrl.*
316.27 which,] *comma added in penc.*
316.28 now] *t. alt. fr.* 'not'
316.28 deliberately] *alt. in penc. fr.* 'deliberate'
316.29 in] *in penc. w. caret ab. del.* 'by'
316.31 exhibited] *in penc. ab. del.* 'constituted'
316.32 in Fascist] 'in' *in penc. w. caret ab. del.* 'by the growth [*aft. x'd-out* 'increase of'] of'
316.33 expression,] *comma added in penc.*
316.33 teaching;] *semicolon in penc. ov. comma*
316.34 the] *aft. x'd-out and penc. del.* 'and'
316.35 worship;] *semicolon in penc. ov. comma*
316.37 one] *t. intrl. w. penc. caret*
316.38 control,] *comma added in penc. bef. del.* 'had'
316.39 War,] *comma added in penc.*
316.39 headway;] *semicolon in penc. ov. comma*
316.40 away] *bef. x'd-out quots.*
317.3 coercion,] *comma added in penc.*
317.4 Fascist] *aft. penc. del.* 'the'
317.5 also] *moved w. penc. caret and guideline fr. aft.* 'acute'
317.7 liberties] *bef. x'd-out period*
317.8 assembly,] *comma added in penc.*
317.8 freedom of] *t. intrl. w. penc. caret*
317.10 policy] *aft. x'd-out* 'social'
#317.10-11 plus a social amount of tinkering] *t. intrl. w. penc. caret*
317.11 accompanied] *alt. in penc. fr.* 'accompaniment' *aft. del.* 'whose'
317.11 by] *in penc. ov.* 'is'
317.12 attended] *in penc. w. caret ab. del.* 'accompanied'
317.12 economic] *t. intrl. w. penc. caret*
317.12 collapse] *alt. in penc. fr.* 'collapses'
317.13 breakdowns] *alt. in penc. fr.* 'breakdown' 544

317.13 ever] *t. alt. fr.* 'every'
317.15 whether] *aft. x'd-out* ', and'
317.16 the question] 't' *in penc. ov.* 'T'
317.17 article] *bef. penc. del.* 'already'
#317.17 to,] *comma added in penc. bef. del.* 'of'
317.19 go] *intrl. in penc. w. caret*
317.19 of] *bef. x'd-out* 'social'
317.20 remains and] *intrl. in penc. w. caret*
317.20 in this country] *t. intrl. w. penc. caret and guideline*
#317.21 and needs] *t. w. penc. caret ab. x'd-out* 'to which'
#317.21 economic nature to which] *t. intrl. w. penc. caret*
#317.21 in the earlier article] *in penc. w. caret and guideline ab. del.* 'at that time'
#317.21 are] *alt. in penc. fr.* 'were'
#317.21 work;] *insrtd. in penc. bef. del.* 'employment;'
#317.21 (including] *paren. in penc. ov. comma*
#317.21 toally inadequate and unheatlful] *t. ab. x'd-out* 'healt'
#317.21 housing and] *bef. x'd-out* 'healtful'
#317.21 well as] 'as' *intrl. in penc. w. caret*
#317.21 food)] *paren. in penc. ov. comma*
#317.21 and distortion] *t. intrl. w. penc. caret and guideline;* 'distortion' *alt. in penc. fr.* 'distortions'
#317.21 mechanism] *alt. in penc. fr.* 'mechanisms'
#317.21 potential] *aft. x'd-out* 'social'
#317.21 natural] *insrtd. in penc. bef. del.* 'moral and intellectual'
#317.21 the mass] *in penc. w. caret ab. del.* 'a large part'
#317.21 population,] *comma added in penc.*
#317.21 capacities] *intrl. in penc. w. caret; bef. del. comma*
#317.21 which,] *comma added in penc.*
#317.21 render] *insrtd. in penc.*
#317.21 include] *bef. penc. del.* ', as was [*aft. x'd-out* 'woul'] pointed out,'
#317.21 factors] *aft. penc. del.* 'and human'
#317.21 for example] *t. intrl. w. penc. caret*
#317.21 deterioration] *aft. penc. del.* 'human'
#317.21 work;] *in penc. ab. del.* 'employment;'
#317.21 which] *in penc. w. caret ab. del.* 'that'
#317.21 production] *aft. penc. del.* 'economic'
#317.21 system,] *comma added in penc.*
#317.21 together] *intrl. in penc. w. caret*
#317.21 cheapening] *aft. penc. del.* 'the'
#317.21 vulgarity of] *bef. x'd-out* 'many of'
#317.21 might] *aft. x'd-out* 'should'
545 #317.21 science",] *comma added in penc.*

#317.21 by] *in penc. ov.* ‘to’

#317.21 using it to serve] *intrl. in penc. w. caret*

#317.21 *profit and*] *bef. penc. del.* ‘to’

317.26 best,] *aft. penc. del.* ‘this’; *comma added*

317.30 the conduct] *aft. x’d-out* ‘it is’

317.31 “at] *t. intrl.*

317.31 the] *aft. x’d-out quots.*

317.32 - 33 coercion] *alt. in ink fr.* ‘coercive’

317.33 which] *intrl. in ink*

317.33 excludes] *alt. in ink fr.* ‘exclusive’

317.33 the idle] *intrl. in ink w. caret*

317.34 self-respect] *bef. ink del. comma*

317.34 - 35 and ... development.] *intrl. in ink w. caret*

317.35 While] *in ink ov.* ‘while’ *aft. del.* ‘And’

317.38 operating.] *in ink ab. del.* ‘at work.’

318.1 in] *t. ov.* ‘as’

318.1 charity,] *comma added in ink*

318.2 if it is] *in ink w. caret ab. del.* ‘upon’

318.2 public.] *period added in ink bef. del.* ‘charity.’

318.3 sympathy] *aft. ink del.* ‘whit of’

318.3 for] *in penc. w. caret ab. del.* ‘of’

318.4 - 6 spent ... in] *t. ab. x’d-out* ‘and the increase of’

318.7 unemployed,] *alt. in ink fr.* ‘unemployment’; *comma added*

318.8 wishing to] *intrl. in ink w. caret*

318.8 live] *alt. in ink fr.* ‘living’

318.11 anything] *intrl. in ink w. caret*

318.13 establishing] *aft. x’d-out* ‘findin’

318.13 social] *t. intrl. w. ink caret*

318.13 which] *in ink w. caret ab. del.* ‘that’

318.13 make] *aft. x’d-out* ‘secure’

318.14 all] *bef. x’d-out* ‘to’

318.14 capable] *bef. ink del.* ‘of it’

318.14 socially] *t. intrl. w. ink caret*

318.15 one.] *period aft. x’d-out comma*

318.18 To] *aft. x’d-out* ‘It’

318.18 involve] *aft. x’d-out* ‘en’

318.19 profit] *aft. x’d-out* ‘sys-/’

318.21 positive] *aft. x’d-out* ‘developing’

318.22 opportunity] *in ink w. caret ab. del.* ‘concern’ [*aft. x’d-out* ‘interest in’]

318.22 all that] ‘that’ *intrl. in ink w. caret*

318.23 potentialities] *aft. ink del.* ‘best’

318.26 - 27 “security”] *quots. added in ink*

318.27 also] *insrtd. in ink* 546

318.27 in] *bef. x'd-out* 'what'
#318.30 them] *in ink w. caret ab. x'd-out and del.* 'then'
318.30 best] *intrl. in ink w. caret*
318.30 in work] *intrl. in ink w. caret*
318.30 socially] *aft. ink del.* 'both'
318.31 as to] *in ink w. caret ab. del.* 'that it'
318.31 give] *alt. in ink fr.* 'gives'
318.31 in] *in ink ov.* 'and'
318.31 of] *in ink ov.* 'to'
318.31 themselves?] *in ink ab. del.* 'their own potentialities?'
318.32 The managers of] *t. intrl. w. ink caret*
318.32 industries] 'i' *t. ov.* 'I'
318.33 that] *bef. x'd-out* 'lab'
318.33 employed] *bef. x'd-out* 'take a positive inter'
318.34 so as] *intrl. in ink w. caret*
318.35 of] *intrl. in ink*
318.36 - 37 re-adjusting] *alt. in ink fr.* 're-adjustment' *bef. del.* 'of'
318.38 not] *aft. x'd-out* 'that'
318.40 existing] *t. alt. fr.* 'existent'
319.3 one-sided] 'sided' *t. ab. x'd-out* 'sided one'
319.4 state] *bet. t. intrl. w. ink caret then del.* 'th'
319.4 existing] *t. intrl. w. ink caret*
319.5 work; —] *semicolon in ink ov. comma* [*aft. del. period*]; *dash insrtd. bef. del.* 'in other ords'
319.6 were] *in ink w. caret ab. del.* 'was'
319.9 than now exists] *intrl. in ink w. caret*
319.10 that there will be] *in ink w. caret ab. del.* 'of'
#319.11 received?] *question mark in ink ov. dash bef. del.* 'on any large scale'
319.11 As] 'A' *in ink ov.* 'a'
319.12 concerned,] *comma in ink ov. question mark bef. del.* 'To a large extent,'
319.12 now] *intrl. in ink w. caret*
319.15 fact] *in ink ab. del.* 'question'
#319.15 *real*] *undrl. in ink*
319.15 completed only through] *in ink ab. del.* 'a question of'
319.16 consumption,] *comma added in ink*
319.16 so] *in ink w. caret ab. del.* 'and'
319.18 I] *aft. x'd-out* 'For the'
319.18 it] *intrl. in penc. w. caret*
319.19 depressions] *alt. in penc. fr.* 'depression'
319.19 with] *intrl. in penc. w. caret*
319.20 forced] *alt. in penc. fr.* 'forces' *aft. del.* 'been'
547 319.20 the fact] *intrl. in penc. w. caret*

319.21　person] *bef. penc. del.* 'by the events of recent years, as'
319.21　The outcome is] *intrl. in ink w. caret;* 'The' *ov. penc. 'as' and illeg. word*
319.21　problem] *in ink ab. del.* 'question'
319.22　solved in isolation from] *in ink w. caret ab. del.* 'isolated from that of'
319.23　here] *insrtd. in ink*
319.24　is] *bef. penc. del.* 'that of'
319.24　*restriction*] *undrl. in ink*
319.24－25　productive] *alt. in penc. fr.* 'production,'
319.25　capacity.] *intrl. in penc. w. caret*
319.25　For] *in penc. ab. del.* 'since'
319.26　profit] *aft. x'd-out* 'those'
319.27　it.] *in ink w. caret ab. del.* 'the situation.'
319.28　very] *intrl. in ink w. caret*
#319.28　ample] *t. intrl. w. ink caret*
319.29　rule] *bef. penc. del.* 'in times of depression'
319.30－31　practice] *bef. x'd-out* 'it'
319.33－34　cereals,] *comma added in ink aft. x'd-out period*
#319.34　and do it moreover] *in ink w. caret ab. del.* 'at the very time'
319.34　the] *intrl. in penc. w. caret*
319.34　for] *t. ab. x'd-out* 'of'
319.35　critics] *in penc. ab. del.* 'they'
319.36　symptoms] *aft. x'd-out* 'systo'
319.36　cause:—] *dash added in penc.*
319.36　The] 'T' *in penc. ov.* 't'
319.38　high social function] *in ink w. caret ab. del.* 'imperious necessity'
319.39　quarry,] *comma added in ink bef. del.* 'and who' [*intrt. w. caret*]
319.39　providing] *alt. in ink fr.* 'provide'
319.39　raw] *aft. x'd-out* 'mater'
320.1　both] *intrl. in ink w. caret*
320.2－3　conditions,] *comma added in ink*
#320.6　of production,] *bef. x'd-out* 'distrib'
320.7　end,] *comma added in ink*
320.9　a] *t. intrl.*
320.9　although] *bef. x'd-out* 'not'
320.10　social] *intrl. in ink w. caret*
320.11[1]　are] *in ink ov.* 'is a'
320.11　means,] *comma added in ink bef. del.* 'also [*aft. x'd-out 'not'*] an indispensable means,'
320.11　again are] *insrtd. in ink* *548*
320.14　establishes] *aft. ink del.* 'both'
320.14　the means] 'the' *alt. in ink fr.* 'these'
320.14　for] *in ink ov.* 'in'

320.17 self-defeating,] *comma added in ink*

320.18 generating] *in ink w. caret ab. del.* 'producing'

320.19 today remains] *in ink w. caret ab. del.* 'is still'

320.19 intelligence;] *semicolon in ink ov. comma*

320.20 - 21 disposal: —] *dash added in ink*

320.21 A] *insrtd. in ink*

320.21 the] *intrl. in ink*

320.23 Qs.] *period added in ink*

#320.23 - 24 Mere ... capacity] *in ink w. caret ab. del.* 'The latter'

#320.24 is] *aft. x'd-out and ink del.* 'are'

320.24 as are] *aft. x'd-out* 'as'

320.25 social] *bef. x'd-out comma*

320.26 Social] *aft. x'd-out* 'Th'

320.26 effected] *intrl. in ink w. caret*

320.27 organized] *aft. x'd-out* 'publicly'

320.28 can] *aft. x'd-out* 'will'

320.31 A] *in ink ov.* 'The'

320.31 great] *intrl. in ink w. caret*

320.32 those] *intrl. in ink w. caret*

320.36 knowledge] *in ink ab. del.* 'knowledge'

320.36 continuous] *intrl. in ink w. caret*

320.37 may] *in ink ov.* 'will'

320.37 thinker,] *aft. x'd-out* 'thinking'

320.38 and] *in ink ov.* 'or'

320.38 dogma] *bef. line added in penc. to indicate insrtd.* ['That ... words.' 320.39 - 321.28]

320.39 That] *aft. x'd-out* '[¶] The vicious circle of blind oscillations'; *bef. x'd-out* 'intelligence'

320.39 frozen] *aft. x'd-out* 'arrested and'

320.39 - 40 philosophies,] *aft. x'd-out* 'philosophi'

321.1 tragically] *t. intrl.*

#321.2 claims] *t. ab. x'd-out* 'seems on the surface to'

321.4 consequence] *t. alt. fr.* 'consequences'

321.4 is] *t. ab. x'd-out* 'are such freedom of'

321.5 communication] *aft. x'd-out* 'expression'

321.5 by means of] *t. ab. x'd-out* 'as through'; 'by' *t. alt. fr.* 'be'

321.6 personal] *t. intrl.*

321.10 the] *bef. x'd-out* 'socially'

321.11 plann*ed*] *undrl. in penc.*

321.11 *continuously*] *undrl. in penc.*

549 321.11 plann*ing*] *undrl. in penc.*

321.17 the] *bef. x'd-out* 'inherent'

321.17 idea] *bef. x'd-out* 'of'

#321.17 idea inherent in] 'ent in' *t. intrl.*

#321.18 social] *aft. x'd-out* 'planning'

321.23 then] *t. intrl.*

321.23 means] *aft. x'd-out* 'the'

321.27 progressively] *t. ab. x'd-out* 'maintained'

321.28 the events] *aft. x'd-out* 'the'

321.29 continued] *aft. x'd-out* 'continuation of'

#321.35 end,] *comma added in ink*

#321.35 not only] *insrtd. in ink*

#321.35 and of] 'of' *intrl. in ink w. caret*

#321.35 intended] *intrl. in ink w. caret*

#321.35 about.] *bef. penc. del.* '* Unless we try the method of social intelligence we are on the road to continued drift [*aft. ink del.* 'unres'] and unrest whose goal may be chaos or machine guns.' [*added in ink*]

#321.36 is] *in penc. ab. del.* 'of'

321.40 free] *t. intrl.*

在《人的本性是变的吗？》中的变更

这篇文章共有23页打字稿。保存于卡本代尔：南伊利诺伊大学，莫里斯图书馆，杜威VFM 66，特别收藏。其中，第21页是原件，其他的都是印在薄光纸上的副本。除了另外标注的之外，本文的所有变更都是用墨水写的。

323.1 the Human Being*] *ab. del.* '*MAN*'

#323.1 before] *ov.* 'at'

323.2 to be] *w. caret ab. del.* 'so that they are'

#323.3 framing and for] *w. caret ab. del.* 'or'

323.3 expressing] *bef. del. comma*

323.4 the human being] *w. caret ab. del.* 'man'

#323.4 or] *ov.* 'and'

323.7 accumulated] *w. caret ab. del.* 'made'

323.8 exchange.] *bef. insrtd.* 'no ¶'

323.8 Similarly] *w. caret ab. del.* 'So'

323.10 present] *intrl. in penc. w. caret*

323.10 one] *bef. penc. del.* 'I am speaking about today'

323.11 The] 'T' *ov.* 't' *aft. del.* 'For'

323.13 thought,] *comma added*

323.13 become] *w. caret ab.del.* 'are' *550*

323.14 of] *bef. del.* 'the'

323.14 words.] *Period added bef. del.* 'we use.'

323.15 The] 'T' *ov.* 't' *aft. del.* 'Do you believe that'

323.16 hardly more] *ab. del.* 'other'

323.17 experience] *alt. fr.* 'experiences'

323.18 of] *bef. del.* 'being'

323.18 the] *insrtd.*

323.19 ape] *alt. fr.* 'apes'

323.20 products] *bef. del.* 'quite as much'

323.20 hope,] *comma ov. dash*

323.21 ignorance,] *comma ov. dash*

323.22 priests] *bef. del. dash*

323.22 well as] *intrl. w. caret*

323.28 accomplished] *ab. del.* 'achieved'

323.28 for] *w. caret ab. del.* 'in connection with'

323.29 beings.] *bef. del.* 'and their relations to one another.'

323.29 To] 'T' *ov.* 't'

324.1-2 is ... process] *aft. del.* 'It'; *moved w. guideline fr. bef.* 'To expel'

324.6 safely] *bef. del.* 'anything like'

324.6 things.] *bef. del.* 'For human phenomena overlap and intermingle'

324.8-9 with the] 'with' *intrl. w. caret*

324.9 Joneses] *bef. del. comma*

324.12 personal] *w. caret ab. del.* 'your own'

324.12 observation] *alt. fr.* 'observations'

324.13 reflection] *alt. fr.* 'reflections' *bef. del.* 'to move in a certain direction'

#324.14 *the Human Being*] *w. caret ab. del.* '*Man*'

324.14 At first, the words] *w. caret ab. del.* 'As I first offer these words to you they'

324.14 a meaning] 'a' *ov.* 'the'

#324.15 a contrast-] 'a' *alt. fr.* 'an'; 'contrast-' *intrl.*

324.15 effect] *bef. del.* 'of contrast'

324.15 whole] *bef. del. comma*

324.16 man] *bef. del. comma*

324.16 which] *ab. del.* 'that'

324.17 force;] *semicolon ov. dash*

324.17-18 against... was] *w. caret ab. del.* 'since the beliefs were'

324.21 expresses] *w. caret ab. del.* 'is used as'

324.21 body,] *bef. del.* 'or'

324.22 word "unity" is] *ab. del.* 'phrase marks'

#324.24 But] *w. caret ab. del.* 'Nevertheless,'

551 324.26 one] *ov.* 'some'

324.26-27 The dualism] *ab. del.* 'It'

324.27 even among] *ab. del.* ', by'

324.27 abandoned] *bef. del.* 'it in'

324.28 manifestations.] *period ov. comma*

324.28 It is] *w. caret ab. del.* 'as'

324.28 shown in] *aft. del.* 'manifested' [*intrl.*]

324.28 separations] *bef. del.* 'that are'

324.31 fundamentally,] *comma added*

324.32 For] *insrtd.*

324.32^{2} the] *alt. fr.* '[¶] The'

324.32 first] *bef. del.* 'one'

#324.33 structure, brain, organism,] *intrl. w. caret*

324.36 necessary] *bef. del.* 'then'

324.36 negative] *bef. del.* 'and prorest'

324.37 phrase] *ab. del.* 'words'

324.37 the idea ... perils.] *ab. del.* 'I have also, in giving you this phrase, to warn you of the peril it brings with it.' [*bef. del.* 'The meaning of unity, in connection with man, has been discussed ever since Hippocrates took students to the bedside, and since Socrates made himself a nuisance in Athens, twenty-five hundred years ago, and more.']

324.38 For it] *ab. del.* '[¶] The idea of unity'

324.38 centuries of] *ab. del.* 'that intervening period'

324.39 has become] *w. caret ab. del.* 'is'

325.5 At] 'A' *ov.* 'a' *aft. del.* 'We are all aware that'

325.7 with respect to] *w. caret ab. del.* 'wherever idea and name has been attached to the bits:'

325.8 reflexes;] *semicolon in penc. ov. comma*

325.8-9 and with ... electrons.] *in penc. ab. del.* 'or whatever.'

325.10 analysis] *in penc. aft. del.* 'this'

325.12 of unity] *intrl. in penc.*

325.12 vague] *in penc. aft. del.* 'general,'

325.14 "Unity] 'U' *in penc. ov.* 'u' *aft. del.* '[¶] The theme which I am offering you today is not a package, certainly not a prize package, in which a bundle of ideas already framed, can be found neatly tied together and properly labelled. The words'

325.14 indicates,] *alt. in penc. fr.* 'indicate,'

325.17 phenomena.] *bef. penc. del.* 'You, if I may say so, have the Phenomena—and I have the phrase. Can we cooperate in bringing them together?'

325.19 nation.] *period in penc. ov. comma bef. del.* 'as well as the unity of man. I think you will agree with me in believing'

325.19 These] 'T' *in penc. ov.* 't'

325.21 away] *bef. penc. del.* 'with,' *552*

#325.21 *from*] *aft. penc. del.* 'or rather'; *bef. penc. del.* ', actual'

325.21-22 actual] *intrl. in penc. w. caret*

325.22 they] *bef. penc. del.* 'are meant to'

325.22 These] 'T' *in penc. ov.* 't' *aft. del.* 'I mention'

325.23 "unity"] *bef. penc. del.* 'because I think they'

325.23 may, however,] *intrl. in penc.*

325.24 it] *bef. penc. del.* 'is'

325.24 least] *bef. penc. del.* 'constituted by'

325.24 means] *intrl. in penc. w. caret*

325.26 This] 'T' *in penc. ov.* 't' *aft. del.* 'It is'

325.26 *together*] *bef. penc. del.* 'into, consequently, a kind of organization; that'

325.27 action,] *comma added in penc.*

325.27 in operation,] 'in' *in penc. ov.* 'and'; *comma added bef. del.* 'and'

325.27 objects.] *period in penc. ov. comma*

325.27–28 It ... unity] *ab. penc. del.* 'that'

325.28 clew] *aft. penc. del.* 'only'

325.31 as we] *in penc. w. caret ab. del.* 'and'

325.32 note] *alt. in penc. fr.* 'notes'

325.34 we] *in penc. ov.* 'you'

325.37 electrons;] *semicolon in penc. ov. dash*

325.37 its] *in penc. w. caret ab. del.* 'the'

325.37 elements] *in penc. w. caret ab. del.* 'they'

325.38 The] 'T' *in penc. ov.* 't' *aft. del.* 'Similarly,'

325.39 unit] *bef. penc. del. comma*

325.40 *him*] *undrl. in penc.*

326.3[1] in] *ab. penc. del.* 'over'

326.3 time.] *period in penc. ov. comma*

326.3 It is not found] *ab. penc. del.* 'and not'

326.6 I... surprised] *bef. penc. del. comma; moved w. guideline fr. aft.* 'Nevertheless,'

326.7 within] *bef. penc. del.* 'the'

326.8 which] *in penc. w. caret ab. del.* 'that'

326.9 skin.] *period in penc. ov. comma*

326.9 We] 'W' *in penc. ov.* 'w' *aft. del.* 'and'

326.12 in] *intrl. in penc. w. caret*

326.18 as they] *intrl. in penc. w. caret*

326.18 check] *alt. in penc. fr.* 'checking,'

326.18 stimulate] *alt. in penc. fr.* 'stimulating'

326.18 one] *in penc. w. caret ab. del.* 'each'

326.19 another] *alt. in penc. fr.* 'other'

326.19 bring] *alt. in penc. fr.* 'bringing'

553 326.20 present] *bef. penc. del.* 'to you today'

326.25 the human being.] *aft. penc. del.* 'man.'

326.26 Our] 'O' *in penc. ov.* 'o' *aft. del.* 'Perhaps it will occur to you upon reflection that'

326.28 outside] *in penc. w. caret ab. del.* 'beyond'

326.29 without] *bef. penc. del.* 'the'

326.30 or] *intrl. in penc. w. caret*

326.32 from] *bef. penc. del.* 'their'
326.40 although] *ab. penc. del.* '—but'
326.40 – 327.1 processes] *bef. penc. del.* ', maintaining connection'
327.1 conditions] *bef. penc. del. comma*
327.15 has] *in penc. w. caret ab. del.* 'is given'
327.16 effect] *bef. penc. del. comma*
327.21 granted] *bef. penc. del.* ', or admit,'
#327.23 – 24 I] *aft. penc. del.* 'I am sure you do not suppose that'
#327.23 – 24 did not] *intrl. in penc. w. caret*
#327.23 – 24 give] *alt. in penc. fr.* 'gave'
327.27 all] *in penc. ov.* 'every'
327.27 processes] *alt. in penc. fr.* 'process' *bef. del.* ', we do not'
327.28 we often fail] *intrl. in penc. w. caret;* 'often' *ov.* 'fail'
327.28 the idea] *in penc. w. caret ab. del.* 'them'
327.28 as] *bef. penc, del.* 'a single'
327.28 an] *alt. in penc. fr.* 'and'
327.29 understand] *bef. penc. del.* 'both'
327.29 and] *bef. penc. del.* 'also' [*intrl. w. caret*]
327.30 disorders] *aft. penc. del.* 'disruptions and'
327.30 which result from disruption] *intrl. in penc. w. caret*
327.32 so-called] *hyphen added in penc.*
327.33 no] *intrl. in penc. w. caret*
327.34 environment] *bef. penc. del.* ', so as to'
327.34 in use] 'in' *intrl. in penc.*
327.34 enjoyment] *alt. in penc. fr.* 'enjoy'
327.34 of] *intrl. in penc. w. caret*
327.38 developed ... environment] *intrl. w. caret*
328.1 thinking.] *bef. del.* '[¶] You say, or at least feel, that what these special groups think is not a matter of very great significance.'
328.1 Even some] *in penc. w. caret ab. del.* 'But those'; *moued w. guideline to indicate no para.*
328.2 who] *aft. del.* 'and'
328.4 system] *bef. del. comma*
328.4 – 5 for example] *w. caret ab. del.* 'then'
328.7 ignoring] *bef. del.* 'in their account of behavior'
328.11 so that they] *ab. del.* 'and'
328.12 rather than] *w. caret ab. del.* ', but not' 554
328.12 and] *intrl. w. caret*
328.15 in which] *w. caret ab. del.* 'where'
328.16 functioning.] *period alt. fr. comma*
328.16 Whenever] 'W' *ov.* 'w' *aft. del.* 'and'
328.18 – 19 an activity] 'an' *intrl. w. caret*
328.19 an environment] 'an' *ov.* 'the'
328.20 when] *bef. del.* 'you as'

328.20 physicians] *bef. del. comma*
328.20 to] *ov.* 'by'
328.20 regulate] *alt. fr.* 'regulating'
328.21 when they] *intrl.*
328.21 inquire] *alt. fr.* 'inquiring'
328.22 give] *alt. fr.* 'giving'
328.22 they] *w. caret ab. del.* 'you'
328.23 self] *bef. del. comma*
328.23 its] *intrl. w. caret*
328.24 then] *intrl. w. caret*
328.25 involved] *bef. del. comma*
328.26 - 27 the breakdowns] 'the' *intrl.*
328.27 of] *ov.* ', in'
328.27 its] *ov.* 'the'
#328.27 implication] *bef. del.* 'of what I have been saying'
328.27 are] *w. caret ab. del.* 'is'
328.28 beliefs] *aft. del.* 'the'
328.28 which] *ab. del.* 'that'
328.32 This] *alt. fr.* 'the' *aft. del.* 'If what I have said has an abstract sound,'
328.32 abstract] *intrl. w. caret*
328.32 becomes] *alt. fr.* 'become' *aft. del.* 'will'
328.35 disturbances] *bef. del.* 'upon which they place the'
328.35 - 36 labelled] *alt. fr.* 'label'
328.38 interruption] *bef. del. comma*
328.38 cessation] *bef. del. comma*
328.39 "the] *aft. del.* 'what I have called'
328.40 being"?] *question mark ov. comma*
328.40 What] 'W' *ov.* 'w' *aft. del.* 'and'
329.1 integrity] *bef. del.* 'even'
329.1 - 2 *within itself*] *undrl.*
329.2 - 3 it ... lives?] *ab. del.* 'these interruptions take place?'
329.4 - 5 withdrawal,] *comma added*
329.5 forming] *alt. fr.* 'form' *aft. del.* 'that'
329.6 which is involved] *w. caret ab. del.* 'in question'
329.11 controlling,] *comma added*
555 329.13 But] *ab. undel.* 'But no' *del.* 'informed person holds that'
329.13 from physical surroundings] *intrl. w. caret;* 'physical' *aft. del.* 'the'
329.14 - 15 in ... environment.] *ab. undel.* 'in untoward' *del.* 'relations to the physical environment apart from the intimate connection of the latter with human relationships.'; 'of' *ov.* 'in'
329.17 - 18 by social conditions] *added*
329.19 We may, then,] *w. caret ab. del.* 'Would it be extreme, do you

think, to'

329.19 anticipate] *bef. del.* 'the coming of'

329.21 of] *w. caret ab. del.* 'occur between'

329.22 with] *w. caret ab. del.* 'and'

329.22 surroundings] *bef. del. comma*

329.22 interpersonal] *aft. del.* 'the conditioning of even these by'

329.23 relationships.] *period ov. question mark*

#329.27 exercised upon the former] *ab. del.* 'of contacts and modes'

329.27[2] by] *ov.* 'of'

329.27-28 intercourse] *bef. del. comma*

329.29 For] *ab. del.* 'Yet,'; *moved w. guideline to indicate no para.*

329.29 apart] 'a' *ov.* 'A' [*ov.* 'a']

329.31 which] *ab. del.* 'that'

329.35 "Contact] *moved w. guideline to indicate no para. aft.* 'physician:'

330.7 do not] *alt. fr.* 'don't'

330.11 (the] *paren. added*

330.12 other)] *paren. ov. comma*

330.14 principle] *aft. del.* 'general'

330.14-15 involved] *insrtd.*

330.15 here] *intrl. w. caret*

330.15 But] *added*

330.15[2] the] 't' *ov.* 'T'; *moved w. guideline to indicate no para.*

330.17 social] *intrl. w. caret*

330.18 bull,] *comma added*

330.18 presence] *bef. del.* 'is supposed to act'

330.18 is a purely] 'is' *alt. fr.* 'as'

330.19 For] *ov.* 'To'

330.19 child,] *comma added* [*ov. del. comma*]

330.19 it may be that] *intrl.*

330.21 others] *bef. del. comma*

330.21 is that which] *intrl. w. caret*

330.21 we] *ov.* 'you'

330.22 still] *intrl. w. caret*

330.23 stimulus. But] *period ov. comma;* 'B' *ov.* 'b'

330.23 its] *intrl. w. caret* *556*

330.23 *significance*] *undrl.*

330.23 in terms of adaptation] *ab. del.* 'because it is a sign of an established mode'; 'adaptation' *aft. del.* 'an'

330.24 the] *insrtd.*

330.24 to] *ov.* 'in'

330.24 one] *insrtd. bef. del.* 'relation with one'

330.27 Examples] 'E' *ov.* 'e' *aft. del.* 'I do not entertain the notion that such'

330.27 do not] *intrl. w. caret*
330.27 principle] *bef. del.* 'I have'
330.27 do] *bef. del.* 'not'
330.28 will] *bef. del.* 'suffice to'
330.29 have] *ab. del.* 'can find'
330.31 not] *bef. del. comma*
#330.31-32 is the ... processes.] *ab. undel.* 'is the' *del.* 'operative presence of factors of human association and human contact'
330.34 even] *intrl.*
330.34 "spiritual"] *quots. added*
330.34-35 meaning] *aft. del.* 'value and'
330.35 ground.] *period ov. comma bef. del.* 'save on the part of those who'
330.35-36 Otherwise, we must] *intrl. w. caret*
330.37 Take] 'T' *ov.* 't' *aft. del.* 'The bearing of what has been said upon the unity of man will appear to you in clearer light, however, if we'
330.37 dualism] *bef. del. comma*
331.1 all] *ov.* 'the'
331.2 *higher*,] *comma added*
331.2 intellectual and moral] *ab. del.* 'and *spiritual*'
331.3-4 exclusively] *ab. del.* 'merely'
331.4 This] *moved w. guideline to indicate no para.*
331.4 is] *bef. del.* 'but'
331.4-5 conspicuous] *w. caret ab. del.* 'striking'
331.5 must] *intrl. w. caret*
331.5 happen] *alt. fr.* 'happens'
331.6 are] *ov.* 'is'
331.7 skin] *bef. del. comma*
331.9 formed by] *w. caret ab. del.* 'of'
331.9 strictly] *aft. del.* 'these'
331.10 certainly] *intrl.*
331.11 But] *bef. del.* 'it is'
331.11 science] *bef. del.* 'that'
331.16 factor,] *comma added*
557 331.17 and more ... control] *intrl. w. caret*
331.17 are] *bel. del.* 'will be'
331.17 our] *intrl. bet.*
331.20 has,] *comma added*
331.21 And] *intrl. w. caret*
331.21 it] 'i' *ov.* 'I'
331.23 unorganized] *alt. fr.* 'organized'
331.25 relations] *bef. del. comma*
331.26 developing] *aft. del.* 'both'

331.27 in] w. caret ab. del. comma
331.29 constant] intrl. w. caret
331.29 to the] ab. del. 'to it'
#331.29-30 relatively as yet unknown factor] intrl.; 'as yet' further intrl. w. caret
331.31 This] alt. fr. 'The'
331.31 knowledge of] ab. del. 'acquaintance with'
331.32 which now exists] intrl. w. caret
331.34 one-sided] aft. del. 'same'
331.34 in question: the] ab. del. 'in its'
331.39 Physicians] 'P' ov. 'p' aft. del. 'You, as'; bef. del. comma
332.2 other] t. intrl.
332.3-4 service;] semicolon ov. dash
332.4 group] aft. del. 'teaching'
332.4-5 of teachers] intrl. w. caret
#332.5 also] intrl. bet. w. guideline
332.5 fails to] intrl. w. caret
332.5 take] alt. fr. 'takes'
332.5 adequate] alt. fr. 'inadequate'
332.8 having] alt. fr. 'have' aft. del. 'that'
332.9 Indeed,] intrl. w. caret
332.9 this] 't' ov. 'T'
332.13 ailments] alt. fr. 'ailment'
332.13 have] alt. fr. 'has'
332.17 in some degree] moved w. caret and guideline fr. aft. 'everybody'
332.20 is the case,] 'is' ov. comma; 'the case,' insrtd.
332.20 it] aft. del. 'then'
332.21 body of] intrl. w. caret
332.21 physicians] aft. del. 'the body of'
332.23 point,] comma added bef. del. 'I think'
332.24 so-called] hyphen added
332.25 higher] bef. del. 'and'
332.26 ensue] bel. intrl. then del. 'from'
332.26 this,] comma added
332.31 some] ab. del. 'those'
332.34 cults,] comma ov. period 558
332.34 while there] moved w. caret and guideline to indicate no para.; 't' ov. 'T'
332.37 The] alt. fr. 'their'
332.38 of the two groups] intrl.
332.39 situation] bef. del. 'and all it portends,'
332.39 which] ab. del. 'that'
332.40 the human being] w. caret ab. del. 'man,'

333.1 view] *bef. del.* 'I have put before you: the view'
333.1 that] *bef. del.* 'it'
333.1 unity] *parens. del.*
333.1 breakdowns] *aft. del.* 'actual'; *bef. del. comma*
333.3 especially] *aft. del.* 'and'
333.3 that of] *w. caret ab. del.* 'in'
333.3 associations] *ab. del.* 'contacts'
333.4 In] 'I' *ov.* 'i' *aft. del.* 'it is'
333.4 may be] *w. caret ab. del.* 'that I want to'
333.4 cited] *alt. fr.* 'cite'
333.7 that ... forth] *w. caret ab. del.* 'I have offered you as a working hypothesis'
333.9 since otherwise] *w. caret ab. del.* 'though'
333.9 ourselves] *bef. del.* 'to curses or'
333.10 irritation] *aft. del.* 'and almost certain to arouse' .
333.11 place,] *comma added*
333.11 even] *intrl. w. caret*
333.12 the physical] *w. caret ab. del.* 'that is'
333.12 marter.] *period ov. semicolon*
333.12 The] 'T' *ov.* 't'
333.13 introduces] *alt. fr.* 'introduced' *aft. del.* 'has'
333.14 lying] *alt. fr.* 'lieing'
333.19 an] *ov.* 'my'
333.19 otherwise] *intrl. w. caret*
333.21 should be] *ab. del.* 'is'
333.21 the irritation] *ab. del.* 'it'
333.22 Again,] *moved w. guideline to indicate no para.*
333.25 unkindness] *bef. del. comma* [*added*]
333.26 different] *aft. del.* 'very'
333.29 child.] *bef. del.* 'This is due, perhaps, to a lack of knowledge that operations on animals might help to provide.'
333.34 illustrated] *alt. fr.* 'illustrating' *aft. del.* 'I am'
333.35-36 emotion] *bef. del. comma*
333.36 seems] *alt. fr.* 'seem' *aft. del.* 'would'
333.36 absence or] *intrl. w. caret*
333.37 being.] *period ov. comma bef. del.* 'in the case of an emotional disturbance.'
559 333.40 say] *intrl. w. caret*
334.1 "doesn't ... oil."] *quots. added*
334.1 When] *moved w. guideline to indicate no para.*
334.1-2 accompanied] *bef. del.* 'by evidence of'
334.3 it.] *period ov. comma*
334.3 When] 'W' *ov.* 'w' *aft. del.* 'and'
334.5 "conditioned",] *comma added*

334.5 goes.] *bef. del.* 'Something of the same sort becomes involved in an unpleasantness with another person.'

334.7 is] *ov.* 'are'

#334.9 has] *intrl.*

334.10 personal] *aft. del.* 'their'

334.12 the physical] *ab. del.* 'one'

334.12 – 13 the social] *w. caret ab. undel.* 'the other' [*undrl. then del.*]

334.14 It] *aft. del.* 'I give one further illustration drawn from material of greater scope and depth.'

334.14 all] *bef. del.* 'of you who are'

334.15 physiology] *bef. del. comma*

334.15 now] *intrl. w. caret*

334.16 a] *ov.* 'some'

334.17 one] *ab. del.* 'of you'

334.19 neural] *intrl. w. caret*

334.21 not;] *semicolon ov. comma bef. del.* 'and'

334.21 also] *intrl. w. caret*

334.21[2] imagine] *bef. del.* 'also'

334.25 is relied] *ab. del.* 'you rely'

334.25 – 26 communication;] *semicolon ov. comma*

334.26 while] *ab. del.* 'knowing also that'

334.27 are] *w. caret ab. del.* 'may be'

334.30 recall] *alt. fr.* 'recover'

334.31 The physical fact] *ab. del.* 'It'

334.33 being before] 'being' *bef. del. comma*

334.33 present.] *bef. del.* 'To what general conclusion do such facts point? [¶] The illustrative cases I have given are not so important as those which any physician can supply from his own experience. As I suggested at the outset, I can only use words, and their sole final meaning, whatever it amounts to, comes only from the use made of them in personal experience. But in connection with the dominant power of emotion in the phenomena that go by the name of the influence of mind over the body, there is another commonplace fact I want to summon up.'

334.35 as we say] *intrl. w. caret*

334.35 But] *intrl.*

334.35 when] 'w' *ov.* 'W' 560

334.36 *physical*] *undrl.*

334.37 may be] *ab. del.* 'is'

334.37 – 38 But while] *intrl. w. caret*

334.38 we] 'w' *ov.* 'W'

334.38 may] *intrl. bel. w. guideline*

334.39 grief,] *comma ov. period bef. del* 'But they have not the peculiar quality of the grief experience.'

334.39 there is also] *w. caret ab. del.* 'That is'
334.39 *total*] *undrl.*
#334.40 in the case of grief.] *ab. del.* 'produced by some profound disturbance of our relation to others.'
335.1 were] *intrl. w. caret*
335.1 them] *w. caret ab. del.* 'the organic structures affected,'
335.3 grief] *bef. del.* ', even if it felt like it'
335.9 is] *bef. del. comma*
335.10 emotion] *bef. del. comma*
335.10 procure] *alt. fr.* 'secure'
335.16 Now,] *insrtd.*
335.16 it] 'i' *ov.* I
335.17 tinged] *aft. del.* 'literally'
335.19 The] *alt. fr.* 'These'
335.20 conditions,] *comma ov. semicolon*
335.20 even] *intrl. w. caret*
335.21 in some cases] *intrl. w. caret*
335.24 part.] *bef. del.* '[¶] I have no right to say that the idea which I presented, namely: that that which we call "higher" and mental in contrast with "lower" is the result of the interaction of a human being with other human beings But I think I may venture to claim'
335.27 importance.] *period insrtd.*
335.28 disruption] *aft. del.* 'the'
335.29 the cases] 'the' *intrl. w. caret*
335.29 that] *ab. del.* 'which'
335.35 can,] *comma added*
335.35 accordingly,] *comma added*
335.36 psychic] *aft. del.* 'direct'
335.38[1] the] *alt. fr.* 'these'
336.5 on] *t. alt. fr.* 'in'
336.6 impression,] *comma added*
336.7 wide-spread,] *comma added*
336.9 We] 'W' *ov.* 'w' *aft. del.* 'For'
336.10 placed] *bef. x'd-out* 'in the'
336.10 context] *bef. del.* 'of knowledge'
336.11 do] *bef. x'd-out* 'on'
561 336.12 neglect] *bef. del.* 'of it'
336.13 belief] *t. intrl. w. caret*
336.13 soul,] *aft. x'd-out* 'being of the'; *comma added*
336.13–14 in mental] *aft. del.* 'and'
336.15 of somatic] 'of' *intrl.*
336.15 conditions.] *period ov. comma*
336.15 The] 'T' *ov.* 't' *aft. del.* 'and'
336.16 errors] *aft. x'd-out* 'theor'

336.18 required.] *bef. penc. del.* '[¶] I am ending my talk which like any talk consists only of words! It is the group of physicians you represent, which has to do with the acrual situations to which words can only remotely refer.'

336.19 I] *w.* '¶' *ab. del.* 'But I'

336.19 what I have said] *in penc. w. caret ab. del.* 'my words'

336.20 and should] *intrl. w. caret*

336.22 wording] *w. caret ab. del.* 'reading'

336.25 indeed] *w. caret ab. del.* 'or'

336.26 proper] *intrl. w. caret*

336.26 environment] *bef. del. comma*

336.28 beings,] *comma added bef. del.* 'and human beings'

336.28 in turn] *intrl. w. caret*

336.30 Its] *ov.* 'The'

336.31 phase] *w. caret ab. del.* 'aspect of it certainly'

336.32 phase] *intrl. w. caret*

336.34 perhaps] *intrl. w. caret*

336.35 aiding production of] *w. caret ab. del.* 'helping produce'

336.36 physician.] *period ov. comma*

336.36 There] 'T' *ov.* 't' *aft. del.* 'and'

336.36 as he has] *intrl. w. caret*

336.38 personalities] *bef. del.* ', as he'

336.39 physicians] *w. caret ab. del.* 'they'

336.40 laboratories.] *period ov. comma*

336.40 They] 'T' *ov.* 't' *aft. del.* 'though'

336.40 nevertheless] *intrl. w. caret*

337.1 conditions] *aft. del.* 'needed'

337.1-2 like ... laboratory.] *added*

337.4 bearing] *aft. del.* 'some'

337.4-5 upon the point made.] *intrl. w. caret*

337.14-15 and ... place] *intrl. w. caret*

#337.15 and] *bef. del.* 'of human beings'

#337.15 the effect] *intrl.*

#337.15 of human beings] *intrl.*

#337.15 if] *ov.* 'when'

#337.15 position] *aft. del.* 'unique'

#337.15 unique] *intrl. w. caret*

行末连字符列表

562 ## Ⅰ. 范本表

以下是编辑给出的一些在范本的行末使用了连字符的可能的复合词。

8.10	ready-made
11.23	mis-educative
12.6	scatter-brained
12.37	standpoint
16.5	“pushovers”
20.29	overindulging
22.26	seashore
33.22	well-ordered
38.9	one-sided
39.14	schoolroom
40.8	well-conducted
40.26	non-social
41.13	cooperative
41.38	“self-control”
43.4	self-control
48.11	subject-matter
49.32	subject-matters
52.11	subject-matter
52.26	subject-matter
53.25	subject-matter
55.1	subject-matter
59.21[1]	subject-matter
128.2	self-translating
128.11	counter-revolutionary
133.29	wage-workers
140.5	self-interest
159.15	searchlights
168.8	newspapers
177.8	self-government
188.3	short-span
192.20	preeminent
201.13	interpersonal
214.15	shortsighted
214.16	farsighted
230.1	frameworks
234.27	coordination
234.34	ongoing
250.13	nonhumanistic
250.16	nonhumanistic
256.27	non-empirical
275.16	cooperation
276.9	cooperation
277.18	ultra-radical
278.6	subconsciously

66.25	make-up	286.26	cooperation
74.29	self-interest	289.22	non-combatants
81.23	law-making	290.37	reechoed
87.7	cooperative	296.21	well-being
101.17	self-government	302.9	one-sided
107.15	self-government	305.25	ready-made
108.12	self-actuated	327.24	commonplace
109.31	self-interpreting	346.20	place-holders
114.39	so-called	348.12	sub-commission
120.15	self-determined	351.32	preconception
125.25	anti-scientific	360.4	overawed
127.39	"counter-revolution"		

Ⅱ. 校勘文本表

在当前版本的副本中,被模棱两可断开的可能的复合词中的行末连字符均未保留,除了以下这些:

11.15	self-explanatory	128.22	counter-revolutionary
18.14	non-democratic	155.4	self-governing
31.15	mis-educative	160.26	cannon-ball
35.4	subject-matter	169.1	ready-made
41.37	well-worn	173.28	self-evident
43.4	self-control	206.35	*a*-rational
43.16	self-evident	215.18	full-hearted
49.25	pre-school	219.4	far-fetched
52.21	subject-matter	229.37	money-making
71.24	by-products	267.16	first-hand
83.23	jug-handled	269.21	anti-scientific
85.23	pre-scientific	273.24	ready-made
91.35	self-government	277.18	ultra-radical
95.3	over-simplification	313.2	self-respecting
96.29	steel-plated	316.13	Re-grouping
101.17	self-government	318.36	re-adjusting
108.11	strike-breakers	345.29	subject-matter
108.12	self-actuated	346.19	chair-warmers
109.31	self-applying	347.12	sub-commission
114.11	self-government		

引文中的名词异文表

564 杜威引用中的名词异文被认为是十分重要的，故在此特别列表。杜威以多种形式呈现原材料，从根据记忆进行解释，到逐字逐句地抄写。他有时候一字不落地引用原材料，有时候只提及作者的姓名，还有些时候却完全省略文献引证的规范。引号内所有材料的出处全都找到，但不包括明显强调或重申的材料。杜威的引用在核实后，必要时还进行了勘误。因此，在查询本表时有必要查询勘误表。

与他所处的那个时期的许多学者一样，杜威对于形式的问题并不关心。不过，许多引文的改动也可能是在印刷的过程中出现的。举例来说，把杜威的引文与原文拿来比较，显示有些杂志给引文材料和杜威的材料加上了杂志社的印刷风格。因此，本版再现了原文的拼写和字母大写的原貌；这些改动记录在校勘表中，并以 WS(works，即本版，校勘来源于杜威的原材料)标注。类似地，在写作或打字输入中可能出现的错误，以及将名词或临时符号恢复原材料的改动，均以"WS修订"标注。杜威常常改动或省略引用材料中的标点；如果有必要恢复原材料中的标点，将用 WS 这个标记记录在校勘表中。

杜威在省略文献的某些段落时，经常不加以标明。省略了的短语在此表中出现；如果省略超过一行，则用括号加省略号[...]标明。原材料中的斜体字，被作为名词处理。杜威省略或加上的斜体，在此处不作说明。由于引用的上下文造成杜威的引用和原材料的不同并未记录在此，例如数字和时态。

565 本节所采用的标记方式遵循以下形式：当前文本的页码-行数，之后是条目标题，然后是括号，接下来是材料中的文本、原作者的名字及杜威参考文献目录的原著书(文章)名的缩写，之后是逗号及引文原著的页码-行数。

《自由与文化》

138.8 law] fixed laws (Mill, *Logic,* 549.1)

138.10 united] united together (Mill, *Logic,* 550.4 - 5)

140.24 the masters] masters (Hobbes, *Leviathan,* 64.21)

140.24 persons;] men's persons, wives, children, and cattle; (Hobbes, *Leviathan,* 64.22)

140.26 opinion or] opinion, and (Hobbes, *Leviathan,* 64.23 - 24)

140.28 nation.] nation, their profession, or their name. (Hobbes, *Leviathan,* 64.25 - 26)

160.27 theory] story (Russell, *Power,* 138.25)

172.15 government] society (Lincoln, in Jefferson, *Democracy,* 231.4)

172.22 Nothing] Nothing then (Jefferson, *Democracy,* 104.28)

172.23 inherent inalienable] the inherent unalienable (Jefferson, *Democracy,* 104.29)

172.28 - 29 self-evident:] self-evident — We hold these truths to be self-evident: (Jefferson, *Democracy,* 21.4 - 5)

174.27 know] know also (Jefferson, *Democracy,* 103.23 - 24)

174.31 must change] must advance (Jefferson, *Democracy,* 103.28)

174.32 wear] wear still (Jefferson, *Democracy,* 103.29)

174.34 regime] regimen (Jefferson, *Democracy,* 104.2)

175.1 a nation] the nation (Jefferson, *Democracy,* 26.1)

175.1 or] nor (Jefferson, *Democracy,* 26.1)

175.4 generation] generation may bind itself as long as its majority is in place, (Jefferson, *Democracy,* 104.25 - 26)

176.36 less] lesser (Dewey, *Public and Its Problems,* 212.17) [*Later Works* 2:367.40]

179.20 either] either that (Jefferson, *Democracy,* 30.7)

184.26 represents] represents, in other words, (Dewey, *Public and Its Problems,* 199.15) [*Later Works* 2:359.39 - 40]

《评价理论》

194.22 - 23 is ... present to] is given to something, namely, (Reid, *Theory of Value,* 43.22 - 23)

194.34 - 35 the value-quality ... value-act] We have distinguished (1) the value-quality or content of the experience, (2) the value-act (Reid, *Theory of Value,* 47.5 - 7)

196.29 *stating*] [*rom.*] (Ayer, *Language,* 158.14) 566

196.33 expression] expression of it (Ayer, *Language,* 158.25)

196.34 feelings] feeling (Ayer, *Language,* 160.11)

197.9 saying] saying that (Ayer, *Language,* 162.14)

197.9 is] was (Ayer, *Language,* 162.14)

197.10 a statement] any statement (Ayer, *Language,* 162.15)

197.11 – 12 own feelings] feelings (Ayer, *Language,* 162.17)

197.20 can get an] have only to get our (Ayer, *Language,* 166.1)

197.21 empirical] nature of the empirical (Ayer, *Language,* 166.2)

197.21 of the case he will adopt] for him to adopt (Ayer, *Language,* 166.3)

《作为社会问题的科学统一》

272.18 science] physics (Darrow, *Renaissance,* 6.8)

272.20 with] with much (Darrow, *Renaissance,* 6.11)

272.21 using] using much (Darrow, *Renaissance,* 6.11)

272.23 to London] with London (Darrow, *Renaissance,* 6.14)

272.24 twenty-four] twenty (Darrow, *Renaissance,* 6.15)

272.27 light] light which (Darrow, *Renaissance,* 6.18)

《作为教育之基础的科学与哲学的关系》

309.24 will have] I will mention as having (Dewey, "Internal," 387.16) [*Middle Works* 11:75.4]

310.2 of producing] the production of (Dewey, "Internal," 387.24 – 25) [*Middle Works* 11:75.11 – 12]

311.2 – 3 employment. "The] employment. [...] The (Dewey, "Internal," 388.31 – 389.13) [*Middle Works* 11:76.11 – 32]

311.3 evil] evil that I would mention (Dewey, "Internal," 389.14) [*Middle Works* 11:76.32]

311.18 on. We] on. [...] We (Dewey, "Internal," 389.31 – 390.20) [*Middle Works* 11:77.7 – 33]

312.21 suffered] suffered a little while ago (Dewey, "Internal," 391.28 – 29) [*Middle Works* 11:78.35]

313.10 *possibilities*] possibilities (this is simply repeating what I have already said) (Dewey, "Internal," 397.4 – 5) [*Middle Works* 11:83.24 – 25]

313.11 – 12 *could* be used to raise] will raise (Dewey, "Internal," 397.6) [*Middle Works* 11:83.26]

313.31 – 32 acceleration. "The] acceleration. [...] The (Dewey, "Internal," 397.29 – 398.4) [*Middle Works* 11:84.5 – 19]

567 313.38 doing. This] doing. [...] this (Dewey, "Internal," 398.11 – 399.4) [*Middle Works* 11:84.25 – 85.14]

313.40 common] common now (Dewey, "Internal," 399.7) [*Middle Works* 11:85.16]

314.25 – 26 labor, but] labor, as is indicated in this British document to which I have referred; but (Dewey, "Internal," 394.28 – 29) [*Middle Works* 11:81.20 – 22]

314.32 intelligence] available intelligence(Dewey, "Internal," 394.36 - 37) [*Middle Works* 11:81.28]

315.20 intelligent] the intelligent (Dewey, "Internal," 396.5) [*Middle Works* 11:82.30]

《人的统一性》

327.10 nervous] central nervous (Adrian, "Nervous System," 4.13)

327.11 plan of action] plan (Adrian, "Nervous System," 4.13)

330.2 swiftly moving] swift-moving (Houston, *Art of Treatment*, 450.18)

330.4 does not actually] actually does not (Houston, *Art of Treatment*, 450.21)

330.5 type] individual type (Houston, *Art of Treatment*, 450.21)

《为墨西哥听证会辩护》

347.24 - 25 Commission] Commission itself being composed of two ardent admirers of Trotsky, two liberals and one inaudible Herr Doktor, (Rodman, "Trotsky," 19.1.62 - 19.2.2) [*Later Works* 13:395.35 - 36]

347.30 leads] led (Rodman, "Trotsky," 19.2.12) [*Later Works* 13:396.8]

《手段和目的》

350.12 Means and Ends] End and Means (Trotsky, "Their Morals," 172.1.11 - 12)

350.14 turn] its turn (Trotsky, "Their Morals," 172.1.13)

350.14 Marxian] Marxist (Trotsky, "Their Morals," 172.1.14)

350.15 historic] historical (Trotsky, "Their Morals," 172.1.15)

350.31 *lead to*] leads to (Trotsky, "Their Morals," 172.1.16)

350.34 really] [*ital.*] (Trotsky, "Their Morals," 172.1.21)

351.26 dialectical] Dialectic (Trotsky, "Their Morals," 172.1.56)

351.26 knows no] does not know (Trotsky, "Their Morals," 172.1.56) *568*

351.37 proletariat] proletariat of necessity (Trotsky, "Their Morals," 172.1.23)

351.37 is of] is endowed with (Trotsky, "Their Morals," 172.1.23)

351.38 *deduces*] [*rom.*] (Trotsky, "Their Morals," 172.1.26)

351.38 of conduct] for conduct (Trotsky, "Their Morals," 172.1.26)

351.40 the law] this law (Trotsky, "Their Morals," 172.1.28)

《艺术哲学》

360.30 character, it] character itself (I mean that sort, of which, if I am anything, I am a member; that sort distinguished from the Wordsworthian, or egotistical Sublime; which is a thing per se, and stands alone), it is not itself — it has no self — It (Keats, *Works*, 4: 173.10 - 13)

360.31 high] foul or fair, high (Keats, *Works*, 4:173.15)

360.32 elevated.] elevated. — It has as much delight in conceiving an Iago as an Imogen. What shocks the virtuous Philosopher delights the chameleon poet. (Keats, *Works*, 4:173.16 - 18)

367.17 Man's] A man's (James, *Varieties*, 209.15)

367.17 will] will, so far as they strain towards the ideal, (James, *Varieties*, 209.16)

367.18 imagined as yet,] imagined. Yet (James, *Varieties*, 209.17 - 18)

367.19 organic] mere organic (James, *Varieties*, 209.18 - 19)

367.19 - 20 on. His] on towards their own prefigured result, and his (James, *Varieties*, 209.19 - 20)

367.21 which] which in their way (James, *Varieties*, 209.21)

367.22 - 23 definitely] pretty surely definite, and definitely (James, *Varieties*, 209.23 - 24)

367.23 - 24 determines. When] determines. [...] When (James, *Varieties*, 209. 25 - 210.19)

367.24 energy] personal energy (James, *Varieties*, 210.20)

367.24 incubated] subconsciously incubated (James, *Varieties*, 210.20 - 21)

367.25 to be brought] to be just ready to open (James, *Varieties*, 210.21)

杜威的参考书目

这里对杜威引用的每一本书提供了完整的出版信息。在杜威的私人图书馆(卡本代尔:南伊利诺伊大学,莫里斯图书馆,特别收藏)中的参考书另外列出。当杜威在给出参考书目的页码时,他所使用的版本与他的引文出处是一致的。至于其他的参考书目,根据出版的时间或地点,或书籍在这段时间的可及性,或依据信件和其他材料提供的数据,可以说,这里所列的版本是杜威最可能引用的版本。 569

Adrian, Edgar Douglas. "The Nervous System." In *Factors Determining Human Behavior*, vol. 1, Harvard Tercentenary Publications, pp. 3 - 11. Cambridge: Harvard University Press, 1937.

Angell, Norman. *The Defence of the Empire*. New York: D. Appleton-Century Co., 1937.

Ayer, Alfred J. *Language, Truth and Logic*. New York: Oxford University Press, 1936.

Bacon, Francis. *The New Organon*. In *Translations of the Philosophical Works*, vol. 4 of *The Works of Francis Bacon*, pp. 239 - 248. London: Longmans and Co., 1875.

Darrow, Karl K. *The Renaissance of Physics*. New York: Macmillan Co., 1936.

Dewey, John. *The Public and Its Problems*. New York: Henry Holt and Co., 1927. [*The Later Works of John Dewey*, 1925 - 1953, edited by Jo Ann Boydston. Carbondale and Edwardsville: Southern Illinois University Press, 1984, 2:235 - 372.]

——. "Internal Social Reorganization after the War." *Journal of Race Development* 8 (April 1918): 385 - 400. [*The Middle Works of John Dewey, 1899 - 1924*, edited by Jo Ann Boydston. Carbondale and Edwardsville: Southern Illinois University Press, 1982, 11:73 - 86.]

Hobbes, Thomas. *Leviathan; or, The Matter, Form and Power of a*

Commonwealth, Ecclesiastical and Civil. 4th ed. London: George Routledge and Sons, 1894.

Hogben, Lancelot. *Mathematics for the Million.* New York: W. W. Norton and Co., 1937.

570 Houston, William R. *The Art of Treatment.* New York: Macmillan Co., 1937.

James, William. *The Varieties of Religious Experience: A Study in Human Nature.* New York: Longmans, Green and Co., 1928.

——. "The Moral Equivalent of War." In *Memories and Studies,*. pp. 265 - 296. London: Longmans, Green, and Co., 1911.

Jefferson, Thomas. *Democracy.* Edited by Saul K. Padover. New York and London: D. Appleton-Century Co., 1939.

——. *The Writings of Thomas Jefferson.* Edited by H. A. Washington. Vol. 7. Washington, D.C.: Taylor and Maury, 1854.

Jörgensen, Jörgen. "Imperatives and Logic." *Erkenntnis* 7 (1937 - 1938): 288 - 296.

Kallen, Horace M. "Value and Existence in Philosophy, Art, and Religion." In *Creative Intelligence: Essays in the Pragmatic Attitude,* pp. 409 - 467. New York: Henry Holt and Co., 1917.

Keats, John. *The Complete Works of John Keats.* Edited by H. Buxton Forman. Vol. 4. Glasgow: Gowars and Gray, 1901.

Kohler, Wolfgang. *The Place of Value in a World of Facts.* New York: Liveright Publishing Corp., 1938.

Kraft, Viktor. *Die Grundlagen einer wissenschaftlichen Wertlehre.* Vienna: Verlag von Julius Springer, 1937.

Laird, John. *The Idea of Value.* Cambridge: At the University Press, 1929.

Maugham, W. Somerset. *Of Human Bondage.* New York: Grosset and Dunlap, 1915.

——. *The Summing Up.* Garden City, N.Y.: Doubleday, Doran and Co., 1938.

Mead, George H. "Scientific Method and the Moral Sciences." *International Journal of Ethics* 33 (1923): 229 - 247.

Mill, John Stuart. *A System of Logic, Ratiocinative and Inductive: Being a Connected View of the Principles and Evidence and the Methods of Scientific Investigation.* New York: Harper and Brothers, 1850.

Moore, George Edward. *Principia Ethica.* Cambridge: At the Univer-sity Press, 1903.

Neurath, Otto. *Empirische Soziologie; der wissenschaftliche Gehalt der Geschichte und Nationalökonomie.* Vienna: Julius Springer, 1931.

Oppenheimer, Franz. *The State: Its History and Development Viewed Sociologically.* Authorized translation by John M. Gitterman. New York: Vanguard Press, 1926.

Pell, Orlie A. H. *Value-Theory and Criticism.* Ph. D. diss., Columbia University, 1930.

571 Perry, Ralph Barton. *General Theory of Value: Its Meaning and Basic Principles Construed in Terms of Interest.* New York: Longmans, Green and Co., 1926.

——. "A Theory of Value Defended." *Journal of Philosophy* 28(1931): 449 - 460.

——. "Value and Its Moving Appeal." *Philosophical Review* 41(1932):337 - 350.

——. "Value as an Objective Predicate." *Journal of Philosophy* 28 (1931): 447 -484.

——. "Value as Simply Value." *Journal of Philosophy* 28(1931):519 - 526.

Plato. *The Republic.* In *The Dialogues of Plato,* translated by Benjamin Jowett, 2: 1 - 452. Boston: Jefferson Press, 1871.

Prall, David Wight. "In Defense of a *Worthless* Theory of Value." *Journal of Philosophy* 20 (1923): 128 - 137. [*Middle Works* 15:338 - 348.]

——. "A Study in the Theory of Value." *University of California Publications in Philosophy* 3(1918 - 1921):179 - 290.

Reid, John R. A *Theory of Value.* New York: Charles Scribner's Sons, 1938.

Rodman, Selden. "Trotsky in the Kremlin: An Interview. What the Exiled Bolshevik Leader Might Have Done in Stalin's Place." *Common Sense* 6 (December 1937):17 - 21.

Russell, Bertrand. *Philosophical Essays.* New York and London: Longmans, Green, and Co., 1910.

——. *Power: A New Social Analysis.* New York: W. W. Norton and Co., 1938.

Santayana, George. *The Sense of Beauty.* New York: Charles Scribner's Sons, 1896.

Schlick, Moritz. *Fragen der Ethik.* Vienna: Verlag von Julius Springer, 1930. [*Problems of Ethics.* Translated by David Rynin. New York: Prentice-Hall, 1939.]

Soddy, Frederick. *Science and Life.* London: John Murray, 1920.

Strachey, John. *What Are We to Do?* New York: Random House, 1938.

Stuart, Henry Waldgrave. "Valuation as a Logical Process." In *Studies in Logical Theory.* University of Chicago, The Decennial Publications, second series, 11: 227 -340. Chicago: University of Chicago Press, 1903.

Tennyson, Alfred. *The Poetical Works of Alfred Tennyson.* Boston: Houghton, Osgood and Co., 1880.

Trotsky, Leon. "Their Morals and Ours." *New International* 4 (June 1938): 163 -173.

索　引[①]

Absolutism, 241,绝对主义; or "objective" "realistic", 117,120,"客观的绝对主义"或"现实主义的绝对主义"; Physical, 184,物质绝对主义; theological form of, 122,神学形式; Truth in, 131,257,绝对真理

Action:行动(行为)

appetite influences, 162,受肉欲(欲望)影响的行动; careless, 238,轻率的行动; consequences of, 59, 105, 130, 256 - 257,行动的结果; day by day, 132,一天天的行动; "empirically" directed, 129,"经验主义"指导的行动; fair vs. unfair, 33 - 34,公平的行为与不公平的行为; group, 206,团体的(集团的)行动; habit as determinant of, 162,192,由习惯所决定的行动; impulse for, 43,45,行动的冲动; influences affecting, 94, 100, 161, 222, 250, 258, 283,对行动的影响; justification for, 108,证明……是正当的; rule-of-thumb, 131,按照老经验而行动; state, 128,147,国家的行动

Activity:活动(行动)

continuity of, 244,活动的连续性; as end-in-view, 209,234 - 235;作为所期望的结果的活动; evoked by signs, 198,200 - 201,由符号引起的活动; experimental, 131,实验活动; external vs. internal, 39 - 41, 104,外在活动与内在活动; intelligent, 45,57,理智活动; interpersonal, 200;人际交互活动; keeping track of, 59;追踪行动; materials in, 235 - 236,活动中的材料

Adams, John, 68,108,401,约翰·亚当斯

Adler, Felix, 295,402,费利克斯·阿德勒

Administration:管理

possibilities of intelligent, 313,理智管理的可能性

Adrian, Edgar: E·阿德里安

on nervous system, 327 and *n*, E·阿德里安论神经系统

Aesthetics:审美

need for, 287,审美需要

Agriculturalists, 319,农学家

Agriculture, 164,农业

Aims, 223,目标; social, 304,社会目标, unity of, 340,目标的统一

"Analysis and synthesis", 56 - 57,《分析与综合》

Anthropology:人类学

cultural, 248,文化人类学; research in, 85,文化人类学研究

Antinomy, 110,二律背反

Anti-Semitism, 301,反犹太主义

Appetite:欲望

and action, 162,欲望与行动

① 本索引的每个条目后所附的页码均为英文原版书页码,即本书边码。——译者

Appraisal:鉴定
of desires and ends-in-view, 233,238,对欲望和所期待的结果的鉴定;of means and ends, 229,对手段和目的的鉴定;of propositions, 222,237,对命题的鉴定;related to prizing, 212–213,与珍视相关的鉴定;valuation as, 195,209,210–211,216,223–224,评价作为鉴定
Apprehending, 194,理解
Aristocracy:贵族形式
vs. democracy, 295,贵族形式与民主
Aristotle, 58,136,160,268,亚里士多德;on politics, 73,118;亚里士多德论政治;on slavery, 287;亚里士多德论奴隶制;on taxes, 290,亚里士多德论税收(在本书中,杜威没有讲过亚里士多德论“税收”(taxes)的问题,讲的是亚里士多德论“利息”——译者)
Articulation:连接
of facts and ideas, 50,事实与观念的连接
Artificiality:人为
in education, 15,39–40,教育中的人为因素
Artist, 171,艺术家
balance in, 365,艺术家的平衡
Arts:艺术
common elements of, 358–359,艺术中的共同因素;definition of, 169;定义;function of, 366;函数;influence of, 69–70, 169–170, 367,艺术的影响;intellectual element in, 367,艺术中的智力因素;movement in, 365,艺术中的运动;plastic, 360,366,艺术塑造;problem with, 171,艺术问题;and religion, 70,艺术与宗教
Association:协和
and individuality, 181,个体的协和
Assumption of the Virgin (Titian), 363,《圣母升天》(提申)
Attitudes:态度
absolutistic, 117,绝对主义的态度;in democracy, 379,民主态度;formation of, 19,21–22,29,185–186,266,284,310,态度的形成;habitual, 153,154,习惯态度;of human nature, 96–97,人性态度;Political, 100,政党的态度;of pupils, 6, 35,学生的态度;science as, 271,科学态度;scientific vs. unscientific, 272–275, 279–280,科学态度与非科学态度
Authority, 154,权威(权威主义)
culture identified with, 85,文化原因与权威原因的等同;in French Revolution, 148,法国大革命中的权威;of ideas, 258,权威的各种观念;of individual, 33–34,295,个体权威;justification of, 83–84,证明权威的正当性;methods of, 187,权威主义的方法;of printed word, 393,书面材料上的证据;source of, 8, 148,权威的来源;of teacher xiv,教师的权威;of Truth, 157,绝对真理的权威
Autonomy:自治
industrial, 313–314,工业自治
Ayer, Alfred J., 196–197,阿尔弗雷德·艾耶尔

Bacon, Francis, 162,166,402,弗朗西斯·培根;on scientific knowledge, 161,163,培根论科学知识
Barnard, Henry, 297,亨利·巴纳德
Beals, Carleton, 395,404,卡尔顿·比尔斯
Beauty:美
in art, 360,366,艺术中的美
Beethoven, Ludwig van, 292,358,路德维希·范·贝多芬
Behavior, 200,221,行为;influences on, 193,对行为的影响;liking and disliking as, 202,作为行为方式的喜欢或讨厌;valuations of, 209,237,239,247,249–250,对行为的评价
Behaviorists, 328,行为主义者
Being:存在

formation of, 133 - 134,阶级意识的形成
Class struggle 阶级斗争;*See* Class war 参见:阶级斗争
Class war, 354,阶级斗争;city vs. rural, 134;城市与乡村阶级斗争;effects of, 121 - 122,阶级斗争的影响;as means, 352,353,阶级斗争作为手段;method of, 127,阶级斗争的方式;promotion of, 124,阶级斗争的推进
Cleveland, Grover, 402,格罗弗·克里夫兰
Coercion:高压
vs. discussion, 153,高压与讨论;rules maintained by, 82,高压统治
Collective bargaining, 110,劳资双方谈判
Commerce:贸易
Jefferson on, 81,102,107,杰斐逊论贸易
Commission of Inquiry into the Charges Made against Leon Trotsky in the Moscow Trials:托洛茨基案莫斯科审判调查委员会
sub-commission of inquiry, 348,395,404,托洛茨基案莫斯科审判调查委员会欧洲分委员会
Commission on the Teaching of the Social Studies, 389 - 390,社会研究教育委员会
Common Good:共同的善
Rousseau on, 149,卢梭论共同的善
Common Sense, 390;《常识》;Trotsky on, 392,托洛茨基论《常识》
Common Will:共同意志
Rousseau on, 149,卢梭论共同意志
Communication, xvi, 324,334,传播(交流);arts in, 70,艺术传播;in experience, 21,经验传播;intelligent use of, 90,92,明智地使用传播;prevention of, 323,妨碍交流;through senses, 366,通过感官交流
Communist Party:共产党
factions within, 135,共产党内的派系之争
Communist thought, 157,216,共产主义者的主张
Community:共同体
vs. society, 176,共同体与社会;teacher as part of, 36 - 37,教师作为共同体的一部分
Companionship, 286,交往
Competition, 32 - 33,竞争;Hobbes on, 140 - 142,霍布斯论竞争;in Marxism, 125,马克思主义论竞争
Compromise, 3,5,妥协
Comte, Auguste:奥古斯特·孔德
on *Sociology*, 121,奥古斯特·孔德论"社会学"
Conceptions:观念
in education, 3,教育观念;scientific, 159,371,科学观念
Conditioning:训练
perils of, 379 - 380,训练的危险
Conditions:条件(环境)
objective vs. internal, 23 - 24,26 - 27,客观条件和内部条件
Condorcet, Marie Jean Antoine Nicolas Caritat, marquis de, 162,马奎斯·孔多塞
Conduct:行动
habits as determinants of, 162,习惯作为行动的决定因素;influences on, 192,193,对行动的影响;standards and rules of, 5,行为标准和规则
Confederation, 99,100,联邦
Conflict:冲突
class, 121 - 122,124,127,133 - 134,阶级冲突;in democracy, 186 - 187,民主制中的冲突;in experiences, 256,经验中的冲突;between farmers and traders, 100,134,百姓和商人的冲突;function of, 233 - 234,冲突的功能;legislative and executive, 111,立法与执行冲突;of philosophies of education, 3,374,各种教育哲学的冲突;about philosophy, 255 - 257,论哲学的冲突
Consequences:结果
of action, 59,行动的结果;foresight of,

43 - 45,217 - 218,247,对行动结果的预见
Conservatism, 86,142,288,保守主义
Constitution, 99, 130, 175, 美国宪法; vs. Declaration of Independence, 100,美国宪法与《独立宣言》
Consumption, 69,318,消费
Continuity, 13,17,18 - 20,连续性; connected with interaction, 25 - 26,31,连续性与交互作用; in experience, 244,267,284,经验的连续性; meaning of, 28, 连续性的意义; principles of, 25 - 26,28,31,49,连续性原则
Control:控制
external, 13,42,外部控制; governmental, 126,158,317,政府控制; of individual actions, 33,对个体行为的控制; lack of, 34,105,缺乏控制; one-party, 127,一个政党的控制; public vs. private, 107,公共控制与私人控制; social, 32 - 33,34, 35,82,114,126,145 - 146,295,317, 320,社会控制
Controversies. 论战; *See* Conflict,参见:冲突
Conviction, 296,信念
Cooperation, 142,325,合作; in democratic ideal, 78,296,民主理想中的合作; need for, 286,合作的需要; between philosophy and science, 284 - 285,哲学与科学的合作; in science, 275 - 276,科学内部的合作
Corporation:法人
legalization and operation of, 112,法人的合法化与操作
"Counter-revolution", 127,135,"反革命"
Coyoacan, Mexico City, 391,394,395,墨西哥城科瑶坎
Criticism:批判(批评)
aim of, 117 - 118,批判的目的; of education, 6,14,对教育的批评; of experience, 255 - 256,对经验的批判; of governmental action, 130,对政府行为的批判; of novel, 362,对小说的批评; philosophy as, 259,哲学作为批判
Cults, 332,宗教崇拜
"Cultural lag", 97,"文化时滞"
Culture:文化
German, 84,121,德国文化; influence of, 75 - 76,77,文化的影响; and law, 85,文化与法律; pattern of, 77,文化类型; related to human nature, 84,86,163,文化与人性的关系; social philosophy in, 67 - 69,71 - 74,82,163,社会哲学; state of, 79,文化中的社会科学; superiority in, 84,文化的优越性; values of, 260,文化价值; variety of, 86,文化的多样性; war as constituent of, 164,165,172, 180,288 - 290,311,315,战争作为文化的要素
Curriculum:课程
focus on, xii, xiii,关注课程
Customs:习惯(习俗)
creation of, 259,习惯的产生; force of, 293,习惯的力量; history of, 51,习俗的历史; vs. ideas, 162,习俗与观念; persistence of, 288 - 289,习惯的持续; as product of interaction, 86,习惯作为交互作用的产物

Dance:舞蹈
differences in, 361,舞蹈; movement in, 365,舞蹈中的运动; as source of arts, 357 - 358,舞蹈作为艺术的起点
Darrow, Karl:卡尔·丹诺
on science, 272,卡尔·丹诺论科学
Darwin, Charles, 75,120,查尔斯·达尔文; on music and poetry, 359,查尔斯·达尔文论音乐和诗歌
Declaration of Independence, 66,99,101, 173,《独立宣言》; vs. Constitution, 100,《独立宣言》与美国宪法
Deduction, 352,353,演绎
Deliberation:深思熟虑
definition of, 213,关于深思熟虑的界定

Democracy:民主
as by-product of Christianity, 152,民主作为基督教的产物;complacency about, 289 - 299,对民主的自满;conditions in, 87 - 88,92,130,民主的条件;connected with capitalism, 137,146,民主与资本主义;economic factors in, 114 - 115,118,305 - 307,民主中的经济因素;in education, 17 -18,92 - 93,296,379,383,教育中的民主;"essential", 377,379,380 - 382,386,民主的"要素";fate of, 168,民主的命运;humanist view of, 151,170,303,人道主义的民主见解;Jefferson on, 173 - 179,杰斐逊论民主;Lincoln on, 14,林肯论民主;maintenance of, 90,106,113,186 - 187,299,383,民主的维护;meaning of, 151,294 - 295,305 - 307,308,379;民主的含义;means and end of, 386 - 388;民主的手段与目的;and morality, 154 - 155,156 - 157,178,303;民主与道德;over-simplification of, 95,101 - 102,对民主的过于简化;preference for, xvi, 17 - 18,对民主的偏好;problems in, 92 - 93,97 - 98,102 - 103,106 - 107,112,113,132,135,151,153,168,176,180,185 - 186,300,民主的各种问题;safeguards of, 87,130,保护民主的各种措施

Democracy and Education, xi《民主与教育》

Depression:萧条
of 1929,316,1929 年大萧条;recurring, 106,再现萧条

Designata, 204 - 205,所指

"Desirable":"值得欲求的"
vs. "desired", 219,"值得欲求的"与"被欲求的"

Desire:欲望
analysis of, 243,对欲望的分析;appraisal of, 238,对欲望的鉴定;*chosen*, 213,精选的欲望;compared with purpose, 42 - 43,44 - 45,欲望与意向(目的);content and object of, 205 - 206,欲望的内容与对象;emergence of, 219 - 220,231,239,欲望的出现;and frustration, 217,欲望与挫折;human action controlled by, 162,250,被欲望所控制的人类行动;"immediate", 214,227,"直接当下的欲望";isolation of, 240 - 241,欲望的隔离;maturation of, 217,欲望的成熟;and science, 167,171,欲望与科学;separation of knowledge and, 162,172,知识的分隔与欲望;shortsighted vs. farsighted, 214,目光短浅的欲望与有远见的欲望;and valuation, 205,213,237,欲望与评价;vs. wish, 205,222; *See also* Interests,参见:兴趣

"Determination of Ultimate Values or Aims, The", xvii and *n*,"决定终极价值或终极目的"

Determinism:决定论
economic, 119,经济决定论

Dewey, John:约翰·杜威
as chairman of Preliminary Commission of Inquiry, 395,404,约翰·杜威作为专门调查委员会主席;eightieth birthday of, ix,约翰·杜威 80 岁生日

Diana of Ephesus, 369,404,以弗所的狄安娜神庙

Dictatorship:独裁(专政)
influence of, 127,独裁(专政)政权的影响;of proletariat, 126,128,无产阶级专政;similarities among, xv,独裁政权的相似点

Differentiation:差异
in human nature, 78,人性的差异

Diffidence:胆怯
as motive, 140,142 - 143,胆小懦弱作为动机

Discipline, xii,纪律;aims and methods of, 6,纪律的目标与方法

Discrimination:差别
of experiences, 17,18,经验的差别

Discussion:讨论
vs. coercion, 153,讨论与高压
Dislike, 333,厌恶
Dissent, 127,异议
Distrust:怀疑
of experience, 256,怀疑经验;of government, 111,怀疑政府;of human nature, 152-153,怀疑人性
Dualism:二元论
traditional, 330-331,传统的二元论

Economics:经济学
democracy affected by, 305-307,受民主影响的经济学;divisions in, 114,经济(因素)的分化;and education, 386,经济学与教育;emphasis on, 73,115,强调经济学;historic and geographical aspects of, 338-339,经济学的历史与地理方面;laissez-faire, 137,自由放任的经济学;"mercantile", 73,"重商主义经济学";regulation of, 105-106,经济学规章;related to politics, 69,101,107,112, 118,129-130,338,经济学与政治学;and standards of living, 423-424,经济学与生活规范;and war, 400,经济学与战争
Education (Kant), xvii and *n*《教育》(康德)
Education:教育
aim of, 41,270,304,376,385,教育的目标;alternatives for, 58,教育的选择;artificiality in, 15,39-40,教育中的人为因素;authority in, 8,教育中的权威;Childs on, 377-378,381,382,蔡尔兹论教育;conflicts in theory of, 3,52-53,264,教育理论中的冲突;democracy in, 17-18,教育中的民主;developing theory of, 3,5,7,9,12,23,发展中的教育理论;and economics, 386,教育与经济学;vs. indoctrination, 385,教育与教化;Kant on, xvii,康德论教育;Mann on, 297-298,曼论教育;occupational vs. liberal, 268,职业教育与人文教育;as phase of philosophy, 259-260,282,教育作为哲学的一种形态;principles of, 7,17,61-62,292-293,296-297,376,教育原则;problems in xiii, 8,11,22-23,26-27,36,38,44-45,55-57,62, 270,283,301,教育中的各种问题;social implications of, 377,381,384-385, 387,教育的社会含义;social studies in, 340-341,教育中的社会研究;subject-matter of, 5,6,9,教材;technical, 278,技术教育;traditional and progressive, xii-xiv, 5-8,11-15;24,34,61-62, 284,375-377,379,383-385,传统教育与进步教育;uniformity in, 40,教育中的统一(一致性);vocational, 268,职业教育
Education and the Social Crisis (Kilpatrick), 387 and *n*,《教育与社会危机》(基尔帕特里克)
Educator. *See* Teachers 教育者;参见:教师
Effects:结果
and causes, 141,229,结果与原因
Efficiency:效率(率)
of production and distribution, 311,312,生产率和流通效率
Effort:努力
and desire, 71,313,努力与愿望
Einstein, Albert, 359-360,阿尔伯特·爱因斯坦
Either-Or philosophy, 5,7,8,14,24,30,55,非此即彼哲学
Electricity, 144,电
Eliot, Charles William, 110,401,查尔斯·威廉·艾略特
Emerson Ralph Waldo, xiv,拉尔夫·沃尔多·爱默生
Emotions:情感
arts and, 69-70,艺术与情感;Houston

on, 329-330,休斯顿论情感;ideas and, 162,169,182,观念与情感;influence of, 335,情感的影响;vs. sensation, 333,情感与感受能力;uncontrolled, 249,无拘无束的情感;during war, 400,战争期间的情感

Emotivism, xii,情感主义

Empiricism, 121,经验主义;meaning of, 11, 131,经验主义的意义;organization of, 6,经验的组织

Employment:雇佣

need for, 309-310,对雇佣的需要;right to, 312-313,雇佣权利

Ends:目的

absurdity of, 227,目的的荒谬性;desired vs. attained, 218,被欲求的目的与已经达到的目的;final, 230,终极目的;meaning of, 43,目的的意义;as mental state, 223,目的作为精神状态;significance of, 350-351,目的的重要性;social, 321,社会目的;within nature, 299,自然目的;*See also* Means,也见:手段

Ends-in-view:所期望的结果

and activities, 209,234-235,所期望的结果与行动;appraisal of, 233,238,对所期望的结果的鉴定;arbitrary, 226,"所期望的结果"的任意武断性;forming, 213,216,218,223,247,形成"所期望的结果";ideational, 237,351,观念的所期望的结果;solution as, 222-223,所期望的结果的解决方案

Energy:能量

conservation of, 123,能量守恒;kinds of, 238,能量的种类;need for, 286,对能量的需要;and valuation, 204,能量与评价;waste of, 274,消耗能量

England, 英国;*See* Great Britain,参见:大不列颠

Enjoyment:享受

immediate, 227;直接且当下的享受;two meanings of, 224,"Enjoyment"的两种含义(享受与欣赏);valuation as, 223-224,225,336,作为享受(欣赏)的评价;value of, 227-228,享受(欣赏)的价值

Enlightenment, 72,156,160,162,296,297,启蒙(教化)

Enterprise:企业

signification of, 146-147,企业的重要性

Environment:环境

definition of, 25,论环境的界定;expansion of, 49,环境的拓展;human, 328-329,人类环境;of infant, 48-49,婴儿的环境;shapes experience, 22-23,273,326-328,环境塑造经验

Equality, 89,296,平等;and liberty, 110, 388,平等与自由;meaning of, 108,平等的含义;threat to, 109,对平等的威胁

Ethics, 74,伦理学

Evaluation, 209,x, 213,评价

Evils, 233,罪恶

Evolution, 120,121,315,进化

Excitement:刺激(兴奋)

related to tranquility, 368,平静与兴奋

Existence:存在

a-rational, 206,合理的存在

Experience:经验

basing education on, 8,11-12,14,243,264, 266-267,296,314,376,385,以经验为基础的教育;childish, 364,儿童时代的经验;continuity of, 13,17,18-20,267,经验的连续性;correct idea of, 7,11-12, 15,31,58,正确的经验观念;criticism of, 255-256,对经验的评论;defects in, 12, 256,经验的缺点;democracy in, 17-18, 380,经验中的民主;development of, 36, 380,经验的发展;effect of, 13,经验的影响;environment and, 22-23,25-26,环境与经验;esthetic, 358,359,360,363, 365-368,371,审美经验;habit in, 18-19,经验中的习惯;*higher* and *lower*,

Ibsen, Henrik, 36,亨里克·易卜生
Idea:观念
end-in-view as, 216,351,所期望的结果作为观念;forming appropriate, 234,形成恰当的观念
Ideal, 55,理想
a priori, 226,先验理想;function of, 226,理想的功能;human, 183,人类理想;liberty as, 99,作为理想的自由;utopian, 284,乌托邦理想
Idealism, 133,唯心主义;affects values, 191,唯心主义对价值的影响;dialectic, 119,辩证唯心主义;German organic, 149,德国有机唯心主义
Ideas:观念(概念)
articulation of, 50,观念的结合;and emotions, 162,169,182,249,观念与情感;formation of, 45,58-59,345,观念的形成;generalized, 230,普遍的概念;importance of, 131, 132,观念的重要性;judging of, x,对观念的评价;keeping track of, 55,59,追踪观念;and opinions, 169,182,观念与意见;popular, 117,流行观念;power of, 162,观念的力量;in science, 58,249, 258,273,科学观念;test of, 59,对观念的检验;uniformity of, 132,齐一化观念
Imagination, 70,想象力
Imposition, 378-379,税收
Improvisation:即兴创作
value of, 52,即兴创作的价值
Impulse:冲动
and desire, 43,45-46,217,220-221,冲动与欲望;formation of, 218,冲动的形成;in human nature, 140,141,人性中的冲动;inhibition of, 41,压抑冲动;*inner*, 70,内在的冲动;as start of purpose, 42,43-45,冲动作为目的的起点;vital, 206,221,222,225,生命冲动 *See also* Desire; Habits:参见:欲望、习惯
Individual:个人(个体)
adapting to the, 27,个人适应;in democracy, 295,民主政治中的个体;development of, 319,个体的发展;freedom and, 80-81, 85,102,自由与个体;vs. group, 33-34, 108,个体与团体;Mill on, 138,穆勒论个体
Individualism, 138,个人主义;bad name of, 78,179,个人主义的污名;laissez-faire, 114,125,157,182,自由放任的个人主义;metaphysical, 248,形而上学个人主义;vs. socialism, 114,146,260,个人主义与社会主义
Individuality:个性
culture affects, 77-78,文化对个性的影响;freedom connected with, 80,102, 149,180-181,与个性相联系的自由
Indoctrination, 341,381,385,教化;definition of, 379-380,论教化的界定
Industrialists:企业家
rule of, 319,企业家的惯例
Industry, 147,工业;consequences of, 129, 311,工业的结果;depends on nature, 69,工业对自然的依赖;development of, 112,126,工业的发展;division of labor in, 180,工业中的劳动分工;processes of, 113,工业过程;as product of science, 267-268,工业作为科学的产物;social control of, 114,工业的社会控制
Inherency, 215,固有性
Inhibition:抑制
externally vs. internally imposed, 41,外部强加的抑制与内部强加的抑制
Initiative, 147,创造力
Inquiry, 86,232,320,探究;hypotheses in, 263,探究性假说;importance of, 222,探究的重要性;in science, 135,144,166,262-263,285,371,科学中的探究;in valuation, 221,242-243

Insincerities:伪善
frequency of, 97,伪善的频率
Instinct, 87,211,287 - 288,直觉
Institutions:惯例
formation of new, 186,形成新惯例; history of, 51,惯例的历史; political, 150,政治惯例; reform of, 147,惯例的改革; schools as, 5 - 6,学校作为惯例; self-governing, 155,自治
Instruction:教育
aims and methods of, xiii, 6,教育的目的与方法; beginning of, 49,教育始于
Insurance, 313,保险
Intelligence: 智力(智能、理智)
exercise of, 53,54,256,320 - 321,智力练习; in experience, 269,经验中的理智; freedom of, 39,理智的自由; impulses ordered by, 42,45,受理智约束的自由; work of, 43,266 - 267,智力的运作
Intelligence in the Modern World, 403,《现代世界智慧》
Interaction:交互作用
analytic observation of, 86 - 87,91,对交互作用的分析观察; and continuity, 25 - 26,31,交互作用与连续性; effects of, 68,89 - 90,交互作用的影响; of human nature and culture, 79, 86, 117, 142, 184,246 - 248,273,人性与文化的交互作用; of objective and internal, 24,137, 325 - 326,客观的与内在的交互作用; principles of, 25 - 26,27,31,86,325 - 327,交互作用原则; problems in, 273, 交互作用中的问题; significance of, 115,交互作用中的重要性
Interdependence:相互依赖
physical vs. moral, 180,物质与道德的相互依赖
Interests:兴趣(利益)
common and special, 111,379,385,共同兴趣和社会兴趣; conflict of, 100, 101, 115,124 - 125,133,兴趣的冲突; in contexts, 207,不同背景中的兴趣; of groups, 205 - 206,利益群体; objects in, 207,兴趣对象; scientific, 165,科学兴趣; subject to defeat, 217,兴趣遭失败; *See also* Desire,也参见:欲望受挫折
"Internal Social Reorganization after the War", 429*n*,《战后国内的社会重建》
Intolerance:不宽容
essence of, 152 - 153,277,不宽容的本质; in Germany and Italy, 301,德国和意大利的不宽容
Intrinsic:内在的
meaning of, 327,"内在的"含义
Intrinsicalness, 216,内在性
Intuiting:直觉
vs. valuing, 194,直觉与评价
Intuitionism, xii 直觉主义
Intuitions:直觉
a priori, 256,先验直觉
Inventions:发明
as products of science, 311 - 312,发明作为科学的产物; social effect of, 253,发明的社会影响
Investigation:研究
of valuations, 245,评价研究
Irresponsibility, 128,158,不负责任
Isolationism, xv, 186,孤立主义(孤立化); of cultural factors, 79;文化因素的孤立化; of desires, 240,欲望的孤立化
Italy, 180,301,315,意大利

James, William, 363,威廉·詹姆斯; on religious experience, 367,威廉·詹姆斯论宗教经验; on war, 290,威廉·詹姆斯论战争
Jefferson, Thomas, 82, 108, 300, 401, 403, 托马斯·杰斐逊; on commerce, 81,102, 107,论商业(贸易); on democracy, 91,100 - 101,102,173 - 175,177,179,论民主政治;

ideal, 99,自由作为理想;vs. license, 80,自由与放纵;responsibilities of, 295,自由的责任;*See also* Freedom,参见 Freedom(自由)
License:放纵
vs. liberty, 80,放纵与自由
Life:生活
connected with environment, 273,与环境相关的生活
Likes, 333,喜欢
Lincoln, Abraham:亚伯拉罕·林肯
on democracy, 14,173,294 - 295,402,403,亚伯拉罕·林肯论自由
Linguistics:语言表达
emotive and scientific, 236,情感语言表达与科学语言表达;related to value-facts, 193 - 196,与价值—事实相关的语言表达
Literacy, 168,169,读写能力;effect of, 95,读写能力的结果
Locke, John, 162,173,洛克;vs. Jefferson, 177,洛克与杰斐逊
Loeb, Harold:哈罗德·罗博
on Stalin, 394,论斯大林
Logic (Mill), 138,《逻辑》(穆勒)
Logical positivists, x,逻辑实证主义
Long, Huey:休伊·朗
on Fascism, 112,休伊·朗论法西斯主义
Love:爱
in teaching, 344,345,教学中的爱

Madison, James, 69,詹姆斯·麦迪逊
Magna Charta, 81,大宪章
Man:人
definition of, 258,281,324,326,人的不同;rights of, 148,173 - 174,人权
Mann, Horace, 300,霍拉斯·曼;on education, 297 - 298,342,霍拉斯·曼论教育
Manners:风俗
differences in, 37 - 38,风俗的差异
Marx, Karl:卡尔·马克思
on British industry, 122,卡尔·马克思论英国工业;compared with Hegel, 119 - 121,354,401,卡尔·马克思与黑格尔;dialectic materialism of, 120,唯物主义辩证法;on human nature, 134,卡尔·马克思论人性
Marxism, 85,144,184,349,马克思主义;absolutism in, 117,马克思主义绝对主义;class war in, 121,124 - 126,128,134,353 - 354,马克思主义论阶级斗争;on democratic government, 130,马克思主义论民主政府;production in, 71,118 - 119,133,马克思主义论生产;self-interest in, 132 - 133,马克思主义论利己主义;social philosophy of, 101,120,126,134,马克思主义中的社会哲学;support of scientific, 122 - 123,157,马克思主义支持科学形式;as uniformitarian theory, 132,马克思主义;use of terror in, 399,马克思主义中恐怖的运用;values in, 71,120,马克思主义对价值的见解;vogue of, 119,121 - 122,129,131,马克思主义的流行
Mass production, 104,大规模生产
Materialism, 133,唯物主义;dialectical, 120,351,辩证唯物主义
Mathematics:数学
contribution of, 55,数学的贡献
Mathematics for the Million (Hogben), 55,《大众数学》(霍格班)
Maturity, 21,57,219,成熟;meaning of, 218,成熟的意义;responsibilities associated with, 30,36 - 37,217,与成熟相联系的责任
Maugham, Somerest, 363,萨默塞特·毛姆
Means:手段
choice of, 352,手段的选择;class struggle as, 352 - 353,作为手段的阶级斗争;definition of, 214 - 215,关于手段的界定;determination of, 183,决定手段;

and ends, xi, 188,202,211,212,214, 215 - 216,228 - 229,299,381,386 - 387,399,手段和目的;freedom as, 39, 作为手段的自由;interrelation of, 57,手段的相互关系;selection of, 56,手段的选择
Means-consequence: 手段-结果
in experience, 56,经验中的手段-结果
Media:媒体
power of, xvi,媒体的力量
Memory:记忆力
use of, 41,50,51,记忆力的运用
Mendelism, 158,孟德尔主义
Metaphysics, 222,248 and *n*,形而上学; dialectic, 119,辩证形而上学;meaning of, 273 - 274,形而上学的意义;"subjective" and "objective", 191,"主观的"和"客观的"形而上学
Middle Ages, 290,中世纪; philosophy in, 264,中世纪哲学
Mill, John Stuart, 173,约翰·斯图亚特·穆勒;on social phenomena, 138,约翰·斯图亚特·穆勒论社会现象
Mind:心(有头脑)
and body, 332,心身;denotation of, 385, 有头脑表示
Modulation:转调
in education, 56,教育中的转调
Monism, 72,一元论
"Moral Equivalent of War, The" (James), 290,《战争的道德等价物》(詹姆斯)
Morality, 155,道德
"Moral re-armament", 74,"道德再武装化"
Morals: 道德
as social regulator, 73,道德作为社会裁决者
Moscow trials, 347,395,莫斯科审判
Motives:动机
complexity of, 140 - 141,230,动机的复杂性; as forces, 85 - 87,动机的力量; *inner*, 70,74,内在动机
Movement:运动
in art, 365,艺术中的运动;in education, 3 - 4,教育中的运动
Mussolini, Benito:贝尼托·墨索里尼
on democracy, 294,402,贝尼托·墨索里尼论民主

Nagel, Ernest:欧内斯特·内格尔
on *Theory of Valuation*, x - xi,欧内斯特·内格尔论《评价理论》
Napoleon III (Louis Napoleon Bonaparte), 84,拿破仑三世(路易斯·拿破仑·波拿巴)
Nationalism, 316,民主主义;German, 84, 88,德国的民主主义;one-sided, 302,片面的民主主义;and science, 159,民主主义与科学
"Natural aristocracy", 108,"自然的贵族制"
Natural Law, 136,178,自然法
Naturalness, 109,自然状态
Natural Rights, 85,136,174,178,自然权利
Nature, 136,自然;constitution of, 192,自然结构;*ends* within, 192,自然的目的; faith in, 179,对自然的信心;industry depends on, 69,依赖自然的工业; Jefferson on, 174,杰斐逊论自然;moral import of, 108,276,自然的道德重要性; and science, 163,自然与科学;surrender of, 123,废弃自然
Nazism, 132, 141, 153, 158,纳粹主义; appeals by, 88,纳粹诉诸; *See also* Germany,也见:德国
Necessity, 235,必然性(必要性);causal, 120 - 121,123,因果必然性;for valuation-propositions, 238,价值-命题的必要性
Needs, 223,需要;function of, 232,233 - 234,286,需要的功能;physical and non-physical, 286 - 287,物质需要与非物质需要

Personality, 26,人格(人格性);primacy of, 149,人格的至上性;respect for, 385,对人格的尊重
Persuasion, 153,说服力
Philanthropy, 75,慈善
Philosophy:哲学
absolute, 257,绝对哲学;a priori, 268 - 269,先验哲学;definition of, 255,256, 258 - 260,哲学解说;educational vs. general, 282,教育哲学与普遍哲学;empirical, 269, 281, 经验哲学;vs. science, 258,284,哲学与科学
Physical science:物理学
and economics, 69,物理学与经济学
Physicians:医生
opportunities of, 331 - 332,336,医生的机会
Pity, 289,同情
Planning:规划
in education, 36,46 - 47,68 - 70,教育规划;social, 321,388,社会规划
Plans:计划
ends-in-view as, 238,所期待的结果作为计划
Plasticity:可塑性
in human nature, 68,292,人性的可塑性
Plato, 140,143,401,柏拉图;compared with Dewey, xvii - xviii,柏拉图与杜威;on human nature, 139,柏拉图论人性;on knowledge, 161,柏拉图论知识;on slaves, 43,柏拉图论奴隶
Pleasure, 74,快乐
Pluralism, 131,多元主义;in science, 123,科学中的多元主义
Politics:政治
Aristotle on, 73,118,亚里士多德论政治;campaigns in, 294,政治运动;"class", 399,"阶级政治";economics related to, 69,101,107,112,118,129 - 130,338,与政治相关的经济学;foundation of, 136,政治的基础;power and, 75,权力与政治;problem of, 82,107,政治问题
Popular Front, 132,人民阵线
Possession:占有
connected with enjoyment, 224 - 225,占有与享受
Possibilities:可能性
of human values, 263,人类价值的可能性
Power (Russell), 160*n*, 402,《权力》(罗素)
Power, 54,86,109,140,143,力量(权力);of art, 367,艺术的力量;danger of, 128,权力的危险;freedom as, 41,自由作为力量;of habits, 96,162,习惯的力量;of laborers, 107,劳动者的权力;Lenin on, 400,列宁论权力;maintenance of, 321,维持权力;of man over man, 163,180,350,人控制人的力量;of man over nature, 179 - 180,350,人控制自然的力量;of media, xvi,媒体的力量;of politics, 75,102,政治的力量;of prediction, 243,预言的力量;of rabblerouser, 176,暴民煽动者的力量;state as, 128,国家权力;as trait of human nature, 68,74 - 75,91,285, 312,权力作为人性的特征
Pragmatism, 131,实用主义
Predestination, 292,宿命论
Prediction:预言
power of, 243,预言的力量
Prejudices, 88,偏见;racial, xv, 153,种族偏见;religious, xv,宗教偏见
Preliminary Commission of Inquiry:专门调查委员会
Dewey as chairman of, 347,395,404,杜威作为专门调查委员会主席
Preparation:预备
inflexible, 36,不可改变的预备;meaning of, 28 - 30,预备的含义
Present:现在
and future, 30,59,现在与未来;and past, 9,51 - 52,53,57,97,现在与过去
Press:报刊

influence of, 92,168,报刊的影响
Primogeniture, 81,长子继承权
Principles of Psychology, The (James), 363,《心理学原理》(詹姆斯)
Prizing, 195, 珍视; appraising related to, 213,与珍视相关的鉴赏;variants of, 203, 208,珍视的不同变体
Probability:可能性
in science, 123,科学的可能性
Problems:问题
artificial, 273 - 274,伪问题;regarding freedom, 147,162,185,自由问题;scientists' study of, 376,科学研究的问题;source of, 249,283,问题的根源;as stimulus to thinking, 52 - 53,激励思考的问题;troubles as, 233,麻烦作为需要解决的问题
Production:生产
efficiency of, 311,生产率;*expansion* and *restriction* of, 319,扩大生产与限制生产;machine vs. power, 159,机器生产与电力生产;problem of, 320,生产问题
Productivity:生产力
Marx on, 71,118 - 119,133,马克思论生产力
Progressivism:进步主义
reception of, 17,18,接受进步主义;weakness of, 100 - 101,进步主义的弱点
Proletariat, 126,133 - 134,无产阶级
Propaganda, 145,167 - 168,297,301,宣传;effect of, 89 - 90,95,96,宣传的影响;during war, 289,战争中的宣传
Property:所有权
Jefferson and Locke on, 177,杰斐逊和洛克论财产权;significance of, 104,291,财产权的重要性
Propositions:命题
about valuations, 201 - 202,208,212 - 213,217 - 218,236,242 - 243,246,关于价值的命题;appraisal of, 222,鉴定命题;grounded, 242,有根据的命题;matter-of-fact, 208,事实问题;as rules, 211,321,规则命题;scientific, 236,科学命题
Psychology, 162,222,247,心理;animal vs. human, 329,动物心理与人的心理
Public and Its Problems, The, 176 and *n*,《公众及其问题》
Pugnacity, 289,好斗
Pupils 学生; *See* Learner 参见:学习者
Purpose:目的
formation of, 43,44,45 - 46,223,258,目的的形成

Quality:特质
of experience, 12 - 13,经验的特质;inherent, 214 - 215,与生俱来的(内在的)特质;significance of, 330,特质的重要性
Quarrel:争执
Hobbes on, 140,霍布斯论争执

Races:种族
differences in, 76,种族的差异
Radical, 291 - 292,激进分子
Radicalism, 142,激进主义;sources of, 86,激进主义的根源
Rationalism, 123, 理性主义; reaction against, 169,对理性主义的反动
Rationality:合理性
freedom and, 80,自由与合理性;function of, 226,合理性的功能;reasonable vs. arbitrary, 225 - 226,合理的合理性与任意的合理性
Reaction:反应
elements in, 333,反应中的各种要素
Realism:实在论
affects values, 191,实在论对价值研究的影响

Republics，参见：苏联社会主义共和国
Russian Revolution，126，俄国革命

Santayana，George，ix，乔治·桑塔亚那
Satisfaction：满足
influence of，88 - 89，满足的影响；interpretation of，223，对满足的解释
Savage，22，291，野蛮人
Schilpp，Paul Arthur，ix，保罗·阿瑟·席尔普
Scholar：学者
vs. teacher，345，学者与教师
Schools：学校
business of，4，5，169，385，学校事务；and democracy，92 - 93，296，299，302，307，379，382，学校与民主；environment of，22 -23，学校环境；failure of，57，学校的不足；organization of，5 - 6，379，学校的组织；pressures upon，264 - 265，对学校施加压力；problems of，8，169，学校的问题；science in，265 - 266，284，科学在学校
Science：科学
application of，54 - 55，211，261，267 - 268，272，282 - 283，320，科学的运用；development of，85，117，123，143 - 144，156，170，181 - 182，263，265 - 266，275，277，299，370，科学的发展；experimental method of，131，266，科学的实验方法；in Germany，159，德国科学；in Great Britain，370，英国科学；influence of，xvi，57 - 59，93，94，160，163 - 165，167，275，281，284 - 285，369，科学的影响；isolation of，170，278 - 279，284，科学的隔离；language of，276，科学语言；natural，389，自然科学；opposition to，274 - 275，与科学相反对；physical，182 - 183，229，276，物理科学；problems with，156，274 - 275，278 - 279，科学问题；psychological，247 - 248，276，心理科学；"purity" of，171，272，"纯粹"科学；related to industry，157 - 159，182，267，283，339，与工业相关的科学；related to morals，171 - 172，与道德相关的科学；related to social life，53，54，58，85，157，159 - 160，165，167，171 - 172，192，250，262，269，371，与社会生活相关的科学；Russell on，160，罗素论科学；serviceability of，163 - 167，283 - 284，科学的适用性；as subject matter，278，284，作为科目的科学；theology conflicts with，123，182，神学与科学的冲突；understanding of，53 - 54，135，160，258，268，271，273，理解科学
"Science and Faith at the Moscow Trails" (Leob)，394，《莫斯科审判中的科学与信仰》(罗博)
Scientist，271 - 272，376，科学家；effect of science on，370 - 371，科学对科学家的影响
Second Coming，85，基督再临
Security，320，安全；desire for，106，对安全的欲求；need for，140，318，需要安全
Self：自我
Absolute，148 - 149，绝对自我；"use of the"，328，"运用自我"；wholeness of，323，完整的自我
Self-control，12，自我控制；and freedom，43，自我控制与自由；meaning of，41 - 42，自我控制的意义
Self-criticism，276 - 277，自我批判
Self-government，66，95，114，177，自治；Carlyle on，150，卡莱尔论自治；importance and complexity of，155，自治的重要性与复杂性；Jefferson on，107，175，杰斐逊论自治；Marxist，101，马克思主义的自治理论；means for，103，104，自治手段；Rousseau on，149，卢梭论自治
Self-interest：利己主义
in behavior，74，75，104，行为中的利己主义；in Marxism，132 - 133，马克思主义中的利己主义；as motivation，149，利己主义作为动机

Strachey, John:约翰·斯特雷奇
on "Communist" thought, 131,约翰·斯特雷奇论"共产主义"思想
Stuarts, 81,斯图亚特王朝
Student 学生;*See* Learner,参见:学习者
Sub-commission of inquiry:调查分委员会
Beals's resignation from, 347,比尔斯从调查分委员会辞职
function of, 348,调查分委员会的功能
Subject-matter:题材
choice and organization of, 7-8,9,35,51,52,55,56,108,376,396,题材的选择与组织; form of, 48,59,题材的形式; growth of, 49,题材的培育;isolation of, 340-341,题材的隔绝;problems of, 28,31,题材问题;scientific, 53-54, 271,284,科学题材;"social", 338,"社会"题材
Summing Up, The (Maugham), 363,毛姆《总结》
Superiority, 84,优势
Superstitions, 76,迷信
Suppression:压制(镇压)
of liberties, 316,321,对自由的压制(镇压)
Symbols, 13,322,符号(象征)
Sympathy:同情(同感)
in human nature, 74,78,147,150,289,人性中的同情;in teacher, 345,教师的同感
Symptoms, 248*n*,表征;treatment of, 197-198,对待表征

Taxes:税
Aristotle on, 290,亚里士多德论税收(见前注。——译者)
Teachers:教师
as agents for knowledge, 6,13,22-23, 35,46-47,283,332,344-345,381,教师作为知识的中介者;authority of, xiv, 33-34,58,教师的权威;Bode on, 389,博德论教师;concerns of, 26,41,59, 342,386-387,关涉教师;democratic vs. undemocratic, 307,390,民主的教师与非民主的教师;duties of, 21,26,27,30, 35,36-37,46,49,50,53,54,教师的职责;esteem for, 343,对教师的尊重;as leader, 37,教师作为指导者;progressive vs. traditional, 50-51,进步教师与传统教师;vs. scholar, 345,教师与学者
Teaching:教学
methods of, 31,教学方法;qualifications for, 344-346,教学需要满足的条件; rewards of, 343-344,教学的报酬; service provided by, 342,教学所提供的服务
Temptation:诱惑
senses as, 366,感官作为诱惑(的来源)
Terror:恐怖
Trotsky on, 399,托洛茨基论恐怖
Testing, 58-59,285,检验
"Their Morals and Ours" (Trotsky), 349 and *n*,《他们的道德与我们的道德》(托洛茨基)
Theology,神学;*See* Religion,参见:宗教
Theory of Valuation, ix, x, xi, xii,《评价理论》
Things:东西
qualities of, 214-215,东西的性质
Thinking, 362,思维;impulse in, 41-42,思维的冲动;interaction in, 91,思维中的交互作用;language and, 328,329,语言与思维; related to environment, 327-328,思维与周围环境相关;science as way of, 369-370,科学作为一种思维方式;stimulus to, 52-53,对思维的刺激;Trotsky on, 397,托洛茨基论思维
Thomas Aquinas, Saint, 58,268,圣托马斯·阿奎那
Thought,思想;*See* Thinking 参见:思维
Time, 187,时间

beliefs about, 191,价值信念;definition of, 194 - 195,225,价值的界定;in democracy, 379,民主的价值;in education, 270,375,教育价值;of ends, 232,价值与目的;estimate of, 87,143,价值判断;etymology of, 242,价值的词源;as feeling, 223,价值作为感情;"final," 227,236,241,"终极"价值;inherent, 215,内在(固有)价值;intrinsic and extrinsic, 216,内在价值与外在价值;linguistic nature of, 194,价值的语言学性质;need for, 71,134,价值需要;problem of, 192,价值问题;science related to, 171 - 172,科学与价值

Value-conceptions:价值概念

elimination of, 192,排除价值概念

Value-expressions:价值表达

in behavioral relations, 200,行动关系中的价值表达;propositions about, 236 - 237,关于价值的命题

Value-propositions, 237,238,价值命题

Valuing:评价

as interest, 194,作为兴趣的评价

Victorian period, 362,维多利亚时代

Vienna Circle, x,维也纳学派

Violence, 293,暴力

Vocation,天职;*See* Occupations,参见:职业

Vyshinsky, Andrei Yanuarievich, 398,安德烈·雅奴阿列维奇·维辛斯基

Wage:工资

minimum, 313,最低工资

Wagner, Richard, 358,理查德·瓦格纳

War:战争(冲突)

cause of, 289 - 290,战争的原因;as constituent of culture, 164,165,172,180,288 - 290,311,315,战争作为文化的组成部分;emotions in, 290,战争中的情绪;employment during, 310 - 311,战争期间的雇佣;learning from, 314 - 315,从冲突中学习

Washington Dance Association,华盛顿舞蹈协会

Washington, D. C. , 357,404,华盛顿哥伦比亚特区

Watson, David Lindsay:大卫·林赛·华生

on pursuit of science, 370,大卫·林赛·华生论科学追求;on the similarity of forms, 371,大卫·林赛·华生论各种形式的相似点

Welfare:福利

social, 159,164,社会福利

Whitehead, Alfred North:阿尔弗雷德·诺斯·怀特海

on Dewey, ix,阿尔弗雷德·诺斯·怀特海论杜威

Wholeness, 323,完整

Will:意愿

social, 296,社会意愿

Withdrawal:脱离

role of, 328 - 329,脱离的作用

Words, 13,文字(语词);authority of printed, 393,已印好的文字(书面材料)证据;invention of, 324,创造语词;meanings of, 323,365,语词的意义

Work:工作

right to, 312 - 313,工作的权利;*See also* Employment,也见:雇佣

World War I, 180,309,316,第一次世界大战

World War II, xv,第二次世界大战

页码说明

与《经验与教育》第一版的对应页码 592

过去的一些学术研究引用了 1938 年麦克米兰公司出版的《经验与教育》一书。下表将 1938 年版中的页码与本版的页码进行对照。在冒号前出现的是 1938 年版的页码;冒号后出现的是相应内容的本版页码。

v:3
vi:3 - 4
vii:4
1:5
2:5 - 6
3:6
4:6
5:6 - 7
6:7
7:7 - 8
8:8
9:8 - 9
10:9
11:9 - 10
12:11
13:11
14:11 - 12
15:12
16:12 - 13
17:13
18:13 - 14
19:14
20:14 - 15
21:15
22:15 - 16
23:17
24:17
25:17 - 18
26:18
27:18 - 19
28:19
29:19 - 20
30:20
31:20 - 21
32:21
33:21 - 22
34:22
35:22
36:22 - 23
37:23
38:23 - 24
39:24
40:24 - 25
41:25
42:25 - 26
43:26
44:26 - 27
45:27
46:27
47:27 - 28
48:28
49:28 - 29
50:29
51:29 - 30
52:30
53:31
54:31
55:31 - 32
56:32
57:32 - 33
58:33
59:33 - 34
60:34
61:34 - 35
62:35 - 36
63:36
64:36
65:36
66:36 - 37
67:37
68:37 - 38
69:39
70:39
71:39 - 40
72:40
73:40 - 41
74:41
75:41 - 42
76:42
77:43

78:43
79:43 - 44
80:44
81:44 - 45
82:45
83:45 - 46
84:46
592 86:47
87:48
88:48 - 49
89:49
90:49 - 50
91:50
92:50 - 51
93:51
94:51 - 52
95:52
96:52 - 53
97:53
98:53
99:53 - 54
100:54
101:54 - 55
102:55
103:55 - 56
104:56
105:56 - 57
106:57
107:57 - 58
108:58
109:58
110:58 - 59
111:59
112:59 - 60
113:61
114:61
115:61 - 62
116:62

与《自由与文化》第一版的对应页码

过去的一些学术研究引用了 1939 年 G·P·普特南出版公司的《自由与文化》一书。下表将 1939 年版中的页码与本版的页码进行对照。在冒号前的是 1939 年版的页码;冒号后的是相应内容的本版页码。

3:65
4:65 - 66
5:66 - 67
6:67
7:67 - 68
8:68 - 69
9:69
10:69 - 70
11:70 - 71
12:71 - 72
13:72
14:72 - 73
15:73 - 74
16:74
17:74 - 75
18:75 - 76
19:76
20:76 - 77
21:77 - 78
22:78 - 79
23:79
24:80
25:80 - 81
26:81 - 82
27:82
28:82 - 83
29:83 - 84
30:84
31:84 - 85
32:85 - 86
33:86 - 87
34:87
35:87 - 88
36:88 - 89
37:89
38:89 - 90
39:90 - 91
40:91
41:91 - 92
42:92 - 93
43:93 - 94
44:94
45:94 - 95
46:95 - 96
47:96
48:96 - 97
49:97 - 98
50:99
51:99 - 100
52:100 - 101
53:101
54:101 - 102
55:102 - 103
56:103
57:103 - 104
58:104 - 105
59:105
60:105 - 106
61:106 - 107
62:107 - 108
63:108
64:108 - 109
65:109 - 110
66:110
67:110 - 111
68:111 - 112
69:112 - 113
70:113
71:113 - 114
72:114 - 115
73:115
74:116
75:116 - 117
76:117 - 118
77:118
78:118 - 119
79:119 - 120
80:120
81:120 - 121
82:121 - 122
83:122
84:122 - 123
85:123 - 124
86:124 - 125
87:125
88:125 - 126
89:126 - 127
90:127
91:127 - 128
92:128 - 129
93:129
94:129 - 130
95:130 - 131
96:131 - 132
97:132
98:132 - 133

99:133 - 134
100:134
101:134 - 135
102:135
103:136
104:136 - 137
105:137 - 138
106:138
107:138 - 139
108:139 - 140
109:140
110:140 - 141
111:141 - 142
112:142 - 143
113:143
114:143 - 144
115:144 - 145
116:145
117:145 - 146
118:146 - 147
119:147
120:147 - 148
121:148 - 149
122:149 - 150
123:150
124:150 - 151
125:151 - 152
126:152
127:152 - 153
128:153 - 154
129:154
130:154 - 155
131:156
132:156 - 157
133:157 - 158
134:158
135:158 - 159
136:159 - 160
137:160
138:160 - 161
139:161 - 162
140:162
141:162 - 163
142:163 - 164
143:164
144:165
145:165 - 166
146:166 - 167
147:167
148:167 - 168
149:168 - 169
150:169
151:169 - 170
152:170 - 171
153:171
154:171 - 172
155:173
156:173 - 174
157:174 - 175
158:175
159:175 - 176
160:176 - 177
161:177
162:177 - 178
163:178 - 179
164:179
165:179 - 180
166:180 - 181
167:181 - 182
168:182
169:182 - 183
170:183 - 184
171:184 593
172:184 - 185
173:185 - 186
174:186
175:186 - 187
176:187 - 188

与《评价理论》第一版的对应页码

过去的一些学术研究引用了1939年芝加哥大学出版社的《评价理论》一书。下表将1939年版中的页码与本版的页码进行对照。在冒号前的是1939年版的页码；冒号后的是相应内容的本版页码。

1:191 - 192
2:192
3:192 - 193
4:193 - 194
5:194 - 195
6:195 - 196
7:196 - 197
8:197 - 198
9:198 - 199
10:199 - 200
11:200 - 201
12:201 - 202
13:202
14:202 - 203
15:203 - 204
16:204 - 205
17:205 - 206
18:206 - 207
19:207 - 208
20:208 - 209
21:209 - 210
22:210 - 211
23:211 - 212
24:212
25:212 - 213
26:213 - 214
27:214 - 215
28:215 - 216
29:216 - 217
30:217 - 218
31:218 - 219
32:219 - 220
33:220 - 221
34:221
35:221 - 222
36:222 - 223
37:223 - 224
38:224 - 225
39:225 - 226
40:226 - 227
41:227 - 228
42:228 - 229
43:229 - 230
44:230 - 231
45:231
46:231 - 232
47:232 - 233
48:233 - 234
49:234 - 235
50:235 - 236
51:236 - 237
52:237 - 238
53:238 - 239
54:239 - 240
55:240
56:240 - 241

57:241 - 242	60:244 - 245	63:247 - 248	66:250
58:242 - 243	61:245 - 246	64:248 - 249	67:250 - 251
59:243 - 244	62:246 - 247	65:249 - 250	

译后记

迄今,我仍然记得1998年在哈佛大学图书馆找到杜威的《评价理论》一书时的喜悦之情。2002年,我和余泽娜博士在翟振明教授的帮助下初译了此书。经过几年的努力,2007年,《评价理论》的中译本在上海译文出版社赵月瑟女士的大力支持下得以出版。在该译著近3万多字的译者序的结尾处,我写下了自己当时的感受:"杜威的哲学让我们看到的是一个站立在处于惊涛骇浪之中的巨轮上,目光如炬,坚定地将航船驶向前方的勇士;而不是一个闭目冥思的隐者。"这次重译杜威的这部著作,尤其是在翻译杜威1938年与1939年关于教育、民主制度、人性等问题的著述时重译杜威的这部著作,使我对他的价值理论有了更深的理解。

《杜威晚期著作》第十三卷令我印象最为深刻的,在以下三个主题。

主题一,自由民主是现代社会的核心价值①。在杜威看来,自由既是民主的前提,也是民主的目的;而民主是现代社会(自由)必不可少的手段。但无论是自由问题,还是民主制度问题,都与文化类型问题和自由政治制度的必要性紧密地联系在一起。离开了对文化类型的反思,离开了对人性和文化条件相互作用方式的反思,离开了对政治制度的讨论,在抽象的意义上讨论或倡导自由民主价值,是毫无意义的。要致力于一个自由的社会,就必须反思文化,反思制度,反思思维方式,反思教育理念和教育方式。正如杜威在《自由与文化》第一章的结尾所说:"我们感兴趣的是自由问题,而非这一问题的答案。因为我们确信,除非将自由问题放入既构成文化,又同天然人性因素互相作用的诸要素的背景中考虑,否则其答案是毫无意义的。"(第63页)

① 在本卷中,杜威532次提到民主,494次提到自由。——译者

杜威在美国文化的背景和人类历史的视野中讨论了民主的难题，杜威的结论是："把民主运动放在历史的视野中，承认难题的广度和深度，既不令人沮丧，也不令人灰心。"（《自由与文化》，第7章，第163页）

主题二，以现代科学为榜样的批判性理智思维方式。这是杜威在除了《艺术哲学》这篇演讲之外，反反复复地从否定和肯定两个方面所强调的一种思维方式。在杜威看来，这是社会科学研究必须培育的思维方式，更是实现自由民主的两种核心价值，是保证现代社会不断发展必须具有的思维方式。①

在杜威那里，理智思维方式在否定的意义上，与"愚昧、盲从和迷信"，与随波逐流地盲从权威、盲从习俗、盲从"教条"、墨守成规，是根本对立的；与"听任那些超乎意料、突如其来、肆虐我们情感的事件随意摆布"也是根本对立的。在《自由与文化》的第6章中，杜威写道："最大的社会灾难莫过于绝大多数人是通过习惯、周遭的偶发事件、宣传和阶级偏见来形成自己的信念。"（第147页）在《终极价值或终极目的取决于前件或先验推断还是实际或经验探究》一文中，杜威写道："哲学主要的竞争者不是科学，而是惯例；是各种不为人知地发展为成熟而具有强大的情感和推动力量的信念；是直接环境的压力；是未经批判的范例和训诫的影响；是对既存习俗和传统要求的顺从性适应。就与这些影响的对立而言，哲学是一种系统性批判；这种批判运用自由的力量，力图通过开启新的可能性将人类活动从习俗中解放出来。正是通过彼此冲突的风俗和习惯之间的比较，理智才能筹划新的价值，才能在新价值的基础上行动，从而创造新的习俗。"（第224页）

理智思维方式在肯定的意义上，是与真实地面对现实、面对问题，逻辑地分析问题，将所获得的结论诉诸经验检验，并在这一检验中修正、完善这一结论联系在一起的。杜威将自然科学的伟大进步作为理智思维方式的榜样。他说："经过许多世纪的挣扎和错误的信仰之后，自然科学现在拥有了将特殊事实和一般观念彼此有效地结合在一起的方法。但是，关于理解社会事件的方法，我们现在还处在前科学时代，尽管有待理解的事件乃是以史无前例的程度应用科学知识的结果。关于社会事件的信息及其理解，目前的状态是：一方面有大量未经消化、互不关联、各自被孤立地描述、因而很容易被扭曲地涂上利益色彩的事实；另一方面，则是大量未经证实的一般化概括。""这些一般化概括十分笼统，和它们试图概括的事件相距甚远，因此只是一些意

① 据不完全统计，杜威在本卷中使用形容词形式的理智（intellectual）和名词形式的理智（intelligence）不少于150次。——译者

见，并且往往是一些党派和阶级的战斗口号和标语。它们时常是披着理智语言外衣的党派欲望的表达。作为意见，这些笼而统之的概括辩来辩去，而且随着时髦的变化而变化。它们在实践上与科学的一般化概括完全不同，因为科学概括表达的是事实与事实之间的关系，当科学概括被用来涵盖更多事实时，便受到它们所应用于其中的材料的检验。”（《自由与文化》，第 2 章，第 75 页）

杜威的评价理论可以视作理智思维方式的一个例证。杜威在《评价理论》结尾一章中写道：“评价理论作为一种理论能提出的，就是在具体情境中构建欲望和兴趣的一种方法所必须遵循的条件。”（第 212 页）“评价可以接受经验观察，因此关于评价的命题可以被经验地证实。个人和群体认为宝贵或珍贵的东西，以及他们之所以如此珍视这些东西的根据，在原则上都是可以弄清楚的，无论所遇到的实际的困难有多大。但是，总的看来，过去价值是由习俗而确定的，这些习俗在当时之所以受到称赞，是因为它们有利于某种特殊的利益，而这些称赞是随着强制、劝诫或两者的混合物接踵而来的。科学地探究评价的实际困难是巨大的，这些困难如此之巨大，以至于它们极容易地被误认为是一种不可克服的理论障碍。而且，目前关于评价的知识远不是有条理的，更谈不上是充分的。认为评价并不存在于经验事实中，因而必须从经验之外的源泉中引入价值概念，这是人类心灵曾有过的最稀奇古怪的信念之一。”（第 213 页）在杜威看来，“评价是个体的和群体的人类行为中一再重复的现象，而且评价能够通过利用关于自然关系的知识所提供的资源而得到纠正和改善。”（《评价理论》，第 212 页）

主题三，教育的使命。在本卷中，杜威曾 794 次提到“教育”。在本卷中，杜威关于教育的论述给我最深的印象，就像史蒂文·卡恩在导言中所写的那样：“就像杜威的伦理理论遭到情感主义和直觉主义的夹击，腹背受敌，进退两难，他的教育理论也左躲右闪着两种危险的非此即彼的选择。”在导言中，史蒂文·卡恩较多地讨论了杜威对传统教育和进步教育的批评。在本卷中，杜威不仅有专论教育的《经验与教育》，而且有多篇文章涉及传统教育和进步教育的分歧及其各自的缺陷。这些讨论对于教育具有重要的指导意义，换言之，具有极强的操作性。但我更看重的，是杜威在现代社会中对教育使命的见解。用杜威自己的话来说，“根本的问题并不是新教育和旧教育的对立，也不是进步教育与传统教育的对立，而是究竟什么才能配享‘教育’之名的问题”。

在《自由与文化》第 6 章中，杜威写道：“公正，理智上的诚实，愿意将个人偏好服从于被确定了的事实，愿意将发现与他人分享而不是利用发现来获得私利，这些精神面貌的存在甚至只在较狭小的范围内存在，都是一种最彻底的挑战。为什么更多的或大部分人不能具有这种态度呢?”在杜威看来，美国民主先驱们的立场中后来发展起来的弱点，其真正根源之一是“他们没有看到，读写教育如何成了专制政府手中的武器，也没有看到欧洲推进初等教育的主要原因会是军事力量的升级。”“对这个挑战的回答，与民主的命运是息息相关的。识字人群的扩展，书籍、报纸、期刊等出版物巨大的影响范围，使这个问题对于民主来说特别紧迫。正是这些机构，一个半世纪以前，人们还将它们视为确实是推进民主自由事业的东西；而现在，却有可能是创造虚假的公众意见和从内部破坏民主根基的东西。天天听着重弹的老调所导致的麻木不仁，可能会让人们对更粗野的宣传拥有某种免疫力。”“相信每一个人都有可能和希望成为科学家，这种想法是荒唐的；但与此同时，民主的未来却是与这种科学态度的广泛传播紧密联系着的。这种科学态度是避免遭受宣传误导唯一的保证。甚至更为重要的是，它是形成一种足够明智地应付当前社会问题的公众意见的唯一保证。”(第147 页)

在现代社会，教育的使命就是为一个更好的社会准备有自由、民主之信念，有理智思维方式的创造者，一切教育方式都在这一基点上得到权衡和评价。杜威说:“如果用主动分词‘成长着’(growing)来解释成长，教育过程就意味着成长。”“成长，或作为发展的成长，不仅是身体的成长，而且是智力和道德的成长”(第 15 页)。作为教育者的教师，在“成长”的意义上，只有先行一步的可能，绝无“既成”的优越。教师和学生都在教育这一过程中成长着，而教师这个职业给人带来的幸福就是“对知识的热爱，对智力成长、道德成长的同感，以及通过使组成社会的个体更好而使社会更好的兴趣。”(《致有志于从事教师职业者》，第 291 页)

我非常赞同史蒂文·卡恩在导言中对杜威哲学立场本质的概括:“致力于一个自由的社会、一种批判的理智，以及为其发展而需要的教育。”我认为，这就是本卷杜威著述的精髓。这里借用杜威在《艺术哲学》中所引用的毛姆的一句话:“世界上最好的评论家在面对一幅他认为具有至高无上美感的画作时，如果他想谈论它，如果他够明智的话，那么，他应该告诉人们的是:你自己去观看，去体验吧!”(第 306 页)这句话放在这里，是再恰当不过的了。

本卷的翻译是六年来集体协作的成果。我要诚挚地感谢所有参译者付出的辛勤劳动。尤其要感谢刘冰和胡志刚两位博士:刘冰主持了第一阶段的组织和协调工作，并翻译了多篇论文；胡志刚认真地翻译了本卷中最长的一部专著《自由与文化》，并详细地做了大量的注释。

这里按照本卷篇目的顺序，具体地注明各位同仁承担的翻译工作：《导言》，刘冰翻译；《经验与教育》，戴曦翻译；《自由与文化》，胡志刚翻译；《评价理论》，冯平、余泽娜翻译；《终极价值或终极目的取决于前件或先验推断还是实际或经验探究》、《作为社会问题的科学统一》、《作为教育之基础的科学与哲学的关系》、《人的本性是变的吗？》、《当今世界的民主和教育》，刘冰翻译；《教育、民主和社会化经济》，鲍奕妍翻译；《新社会的经济基础》，周铁影翻译；《人的统一性》、《何谓社会研究？》，刘冰翻译；《致有志于从事教师职业者》、《为墨西哥听证会辩护》，鲍奕妍翻译；《手段和目的》、《艺术哲学》、《〈科学家是人〉序言》，刘冰翻译；附录1、附录2，戴曦翻译；附录3、附录4，胡志刚翻译；文本研究资料部分中的《文本注释》、《文本说明》，冯然翻译（脚注由周铁影翻译）；前后勒口的文字和索引部分，冯平翻译。冯平主持了第二阶段的组织和协调工作，审阅并修改了全部译文，纠正了原译文中的错译、漏译，统一了全书的语言风格及译名和关键词等。

此外，要特别感谢华东师大出版社曹利群编辑。几年来，她一直耐心地关注、催促我们，为我们的翻译工作提供了极为具体的指导，多次为我们复印所需的相关资料，并仔细地审阅译稿，贡献了精彩的修正。她所做的一切，使我深深地感到编辑工作的辛苦和奉献。在此，还要向出版社的各位校对、印制人员致以崇高的敬意！

最后要说：尽管我们在翻译工作中竭尽全力，但恐仍有疏漏或不妥之处，恳请专家和读者不吝指正。

冯　平

2015年3月

图书在版编目(CIP)数据

杜威全集. 晚期著作:1925～1953. 第13卷:1938～1939/(美)杜威著;冯平等译. —上海:华东师范大学出版社,2015. 4
ISBN 978-7-5675-3379-0

Ⅰ. ①杜… Ⅱ. ①杜…②冯… Ⅲ. ①杜威,J.(1859～1952)—全集
Ⅳ. ①B712. 51-52

中国版本图书馆CIP数据核字(2015)第075852号

国家社科基金重大项目资助(项目批准号:12&ZD123)

杜威全集·晚期著作(1925—1953)
第十三卷(1938—1939)

著　　者　[美]约翰·杜威
译　　者　冯　平　刘　冰　胡志刚　等
策划编辑　朱杰人
项目编辑　王　焰　朱华华
审读编辑　曹利群
责任校对　王丽平
装帧设计　高　山

出版发行　华东师范大学出版社
社　　址　上海市中山北路3663号　邮编200062
网　　址　www.ecnupress.com.cn
电　　话　021-60821666　行政传真021-62572105
客服电话　021-62865537　门市(邮购)电话021-62869887
地　　址　上海市中山北路3663号华东师范大学校内先锋路口
网　　店　http://hdsdcbs.tmall.com

印 刷 者　上海中华商务联合印刷有限公司
开　　本　787×1092　16开
印　　张　36.25
字　　数　606千字
版　　次　2015年4月第1版
印　　次　2015年4月第1次
印　　数　1—2100
书　　号　ISBN 978-7-5675-3379-0/B·929
定　　价　118.00元

出 版 人　王　焰